Rüdiger Götte

Wunsch und Wirklichkeit bei Exchange Traded Funds (ETFs)

Grundlagen, Funktionsweise und praktischer Einsatz

Das 1 x 1 der Exchange Traded Funds

Rüdiger Götte

WUNSCH UND WIRKLICHKEIT BEI EXCHANGE TRADED FUNDS (ETFS)

Grundlagen, Funktionsweise und praktischer Einsatz

Das 1 x 1 der Exchange Traded Funds

ibidem
Verlag

Bibliografische Information der Deutschen Nationalbibliothek
Die Deutsche Nationalbibliothek verzeichnet diese Publikation in der Deutschen Nationalbibliografie; detaillierte bibliografische Daten sind im Internet über http://dnb.d-nb.de abrufbar.

Bibliographic information published by the Deutsche Nationalbibliothek
Die Deutsche Nationalbibliothek lists this publication in the Deutsche Nationalbibliografie; detailed bibliographic data are available in the Internet at http://dnb.d-nb.de.

Cover image: ID 184067718 / Etf Word Hand © Spettacolare | Dreamstime.com

ISBN-13: 978-3-8382-1760-4

Printed in the EU

Vorwort zur 2. Auflage

Sie spielen mit dem Gedanken, sich einem ETF (Abk. für Exchange Traded Funds) zu kaufen, wollen sich aber zuvor gründlich informieren? Dann wird Ihnen dieses Buch eine große Hilfe sein. Es wartet auf Sie eine spannende Reise durch die Welt der ETFs von den Grundlagen bis hin zu deren Nutzung!

ETFs sind börsengehandelte Indexfonds, die einen bestimmten Aktienindex, z.B. den DAX oder MSCI World, abbilden. Ihr Ziel ist es, eine ähnliche Rendite wie diese Indizes zu erreichen. Durch die Index-Nachbildung sind bei ETFs keine aufwändigen Analysen zur Titelauswahl notwendig. Aber! Der Anleger muss dafür sorgfältig den Index auswählen in dem er investiert. Damit der Anleger dies kann, habe ich mich entschlossen Ihnen zunächst die Theorie der Indexinvestments näher zu bringen. Neu in diesem Kapitel ist der Abschnitt Factor Investing. Nach dem Lesen dieses Abschnittes, verstehen Sie die Theorie hinter den Indizes. Nur so können sie die Güte von Indizes wirklich abschätzen.

Im nächsten Abschnitt sehen wir uns konkret an, wie ein Index zusammengebaut wird. Welche Arten von Indizes es gibt usw. Sie werden beim Lesen des Kapitels feststellen, ohne Indizes geht in der Welt der ETFs gar nichts. Ohne ein fundiertes Wissen über Indizes laufen Sie Gefahr, dass sich Ihre Ziele und Wünsche die Sie mit dem ETF-Investment haben, nicht erfüllen.

Mit dem so erworbenen Rüstzeug näheren wir uns nun Schritt für Schritt dem Wesen der ETFs an. Sie lernen die ETFs kennen. Es werden alle wichtigen Funktionen bzw. Eigenschaften von ETFs erklärt: von den ETF-Namen über wie ETFs die Indizes nachbilden (z. B. Was ist der Tracking Error, Tracking Difference, Total Cost of Ownership usw.), welche Arten von ETFs es gibt (z. B. Smart-Beta-ETFs, Bitcoin-ETFs) und vieles mehr. Neu in diesem Kapitel sind die Abschnitte über Smart-Beta-ETFs, nachhaltige ETFs und Bitcoin-ETFs.

Danach sehen wird uns die „kleinen" Brüder von den ETFs an, nämlich die ETN, ETSF und ETC. Was hinter diesen Kürzeln steckt offenbart Ihnen dieser Abschnitt.

Darauf folgt das neue Kapitel Robo-Advisor. Eine „neuartige“ Vermögensverwaltung mit ETFs. Sie werden in diesen Abschnitt lernen, was Robo-Advisor sind und wie nützlich sie sind.

Natürlich lauern in der Welt der ETFs auch viele Risiken, die ihre Rendite gefährden. Darum werde ich Ihnen diese ausführlich da stellen. Nur durch Ihre Kenntnis kann man sie vermeiden und auf der Gewinnerseite platznehmen.

Da sie jetzt sowohl die Sonnen- als auch die Schattenseite der ETFs kennen, können wir die Theorie verlassen und uns dem Praktischen zu wenden. Darum erkläre ich Ihnen erst jetzt, wie sie ETFs kaufen oder verkaufen können, was ein Sparplan ist usw. Anschließend zeige ich Ihnen viele Strategien, die sie mit ETFs umsetzen können. Ebenso, wie sie sich ein Portfolio aus verschiedenen ETFs aus Risiko und Renditegesichtspunkten zusammenstellen.

Zuletzt lernen Sie noch das wichtigste über die Steuern, die fällig werden bei einem ETF-Investment, kennen.

Meiner Ansicht nach braucht man schon mehr als die sprichwörtlichen 5 Minuten, um sich ein Wissen über ETFs anzueignen, wie viele andere Bücher dies suggerieren. Darum habe ich mich entschlossen, Ihnen das Thema ETF möglichst umfassend näher zu bringen und von allen Seiten zu beleuchten. Der Lohn für die Arbeit bzw. das Durchlesen des Buches ist, dass sie Spaß mit ihrer ETF-Anlage haben werden und dauerhaft Gewinne erzielen.

Vorwort zur 1. Auflage

In der großen Börsenhausse[1] bis zum Frühjahr 2000 war fast jeder Anleger erfolgreich. Zu dieser Zeit war es kein allzu großes Kunststück, mit Aktien Gewinne einzufahren. In der darauf folgenden Börsenbaisse trennte sich die Spreu vom Weizen. Viele Anleger verließen das Börsenparkett als Bankrotteure. Woran liegt das? Wenn die Aktienkurse steigen, setzt der Verstand aus und die Urtriebe erwachen, oft wird dann das ganze Vermögen in wenige Aktien investiert und von Reichtum und Luxus geträumt. Fallen dagegen die Kurse, starren die Anleger auf ihr kollabierendes Depot (wie der Hase auf die Schlange) oder schlagen wild um sich. Wiederum ist ihr Verhalten bauchgesteuert: Angst und Panik sind nun die Ratgeber. Dieses Verhalten ist schon so alt wie die Börse selbst. So verfasste vor mehr als 300 Jahren José de la Vega seinen Börsenklassiker *Die Verwirrung der Verwirrungen*. Seine Erkenntnis war: „*Die Börsengewinne sind Koboldschätze. Bald sind sie Karfunkelsteine, bald Kohlen, bald Diamanten, bald Kiesel, bald Morgentau, bald Tränen.*“ Nicht umsonst stellten schon viele Investoren fest: In der Euphorie schießen die Aktienkurse weit über jedes rational zu begründende Ziel hinaus und bei vorherrschender Panikstimmung fallen dieselben Aktien ebenfalls ohne logischen Grund ins Bodenlose. So stellt sich für den Anleger die Frage: Wie verhindere ich, dass ich ein Getriebener meiner Emotionen werde?

Eine Möglichkeit, seiner Psyche ein Schnippchen zu schlagen, sind Indexanlagen. Hier konzentriert sich der Anleger nicht auf einzelne Aktien, sondern auf ganze Märkte. Als Königsklasse der Indexanlagen[2] gelten *Exchange Tra-*

---

[1] Die Begriffe Hausse und Baisse sind Ausdrücke aus der Fachsprache der Börsianer. So wird von einer Hausse (aus dem Französischen, „Anstieg“) gesprochen, wenn die Aktienkurse auf breiter Basis ansteigen. Synonyme hierfür sind auch die Begriffe *Bull market* oder Bullenmarkt. Fällt der Anstieg besonders kräftig aus, spricht man von einem Boom. Dagegen spricht man von einer Baisse, wenn die Aktienkurse auf breiter Front fallen. Synonyme hierfür sind auch *Bear market* bzw. Bärenmarkt. Kommt es zu einem heftigen Kursrückgang, spricht man von einem Crash. Im Vergleich der letzten Jahrzehnte hat sich gezeigt, dass die durchschnittliche Hausse bedeutend länger dauert als die Baisse. Wer jedoch glaubt, dass die Dauer einer Hausse oder Baisse vorhersagbar ist, der irrt. Die Börse ist immer für eine Überraschung gut. Beispielsweise konnte man im letzten Börsenjahrzehnt (1999-2009) immerhin zwei ausgeprägte Haussen und Baisse sehen, was historisch gesehen eher unnormal ist.

[2] Daneben existiert noch eine ganze Vielzahl anderer Indexanlagen. Die wohl wichtigsten sind die Indexzertifikate (vgl. Götte, Rüdiger: Richtig investieren mit Zertifikaten und He-

ded Funds (ETFs). *Exchange Traded Funds* beziehen ihren besonderen Charme daraus, mit einem *Trade* einen ganzen Markt kaufen zu können. Bei ETFs handelt es sich um börsengehandelte Investmentfonds, die einen Börsenindex (z. B. den DAX) nachbilden. Die Anteile können wie einzelne Aktien fortlaufend an der Börse gehandelt werden. Das heißt, *Exchange Traded Funds* sind an einen Vergleichsindex gekoppelt, dessen Wertentwicklung sie im Guten und Schlechten nachvollziehen, sie sind also keine aktiv verwalteten Fonds.

Mithilfe dieses Buches möchte ich den Indexgedanken weiter in die Anlegerschaft tragen und vor allem *Exchange Traded Funds* ins Bewusstsein der Anleger rücken. Der Leser erhält auf den folgenden Seiten einen tiefen (aber auch kritischen) Einblick in das Wesen der ETFs. Sie werden sehen, dass ETFs gute Anlagevehikel sind, da sie kostengünstig, flexibel und transparent sind. Mit ihnen kann der Anleger langfristig sein Vermögen aufbauen, aber auch auf kurzfristige Trends an den Börsen setzen.

---

belprodukten. Grundlagen – Funktionsweisen – Einsatz. Das 1x1 der Zertifikate und Hebelprodukte. Zweite, erweiterte und überarbeitete Auflage. ibidem-Verlag, Stuttgart 2009).

Inhaltsverzeichnis

Abbildungsverzeichnis

Tabellenverzeichnis

1. Einleitung

Eigentlich wollte ich ein Buch über das Thema *Exchange Traded Funds* (Abk. ETF) schreiben, dass dem Leser grundlegende Informationen vermittelt. Dabei sollten Fragen beantwortet werden wie „Was sind ETFs?" oder „Wie funktionieren ETFs?" Diese Einführung sollte kombiniert werden mit einer hohen Aktualität, sodass auch bereits mit ETFs vertraute Leser neue Informationen erhalten können.

Doch bei den Recherchen zu diesem Buch wurde schnell klar, dass ich dieses Thema wesentlich weiter fassen muss, als ursprünglich gedacht. Denn *Exchange Traded Funds* sind nicht einfach nur börslich gehandelte Fonds, die wie Aktien während der gesamten Börsenzeit gehandelt werden können. Sie kombinieren die Vorzüge eines klassischen Fonds hinsichtlich des Investorenschutzes und der Laufzeit mit den Vorteilen eines börsengehandelten Wertpapiers in Bezug auf die Handelbarkeit und Liquidität. Sie stehen auch in Verbindung mit Indizes und passiven oder aktiven Managementstilen. Es ist also zunächst ein theoretisches Grundgerüst nötig, um ETFs zu verstehen.

Dazu gehören die gängigen Finanzmarkttheorien, wie die Portfoliotheorie, die Theorie der effizienten Märkte sowie die *Behavioral Finance*. So startet dieses Buch auch mit einem Kapitel über diese Theorien. Zudem werfen wir einen Blick auf das Factor Investing. Aus diesen Theorien lassen sich zwei Wertpapiermanagementstile entwickeln, der passive und der aktive Stil. Diese beiden Stile stehen in einem permanenten Wettstreit miteinander, welcher der erfolgreichere ist. Das ist für die Befürworter des einen oder anderen Stiles häufig eine Glaubenssache. In der Wissenschaft gibt es folgenden Ausspruch: „*Menschen sehen Muster, wo keine sind, und das ständig: in Wolken, in Lotterien, im Kaffeesatz und sogar in Wurzeln.*" Genau hier ist das Problem. Seit der Preis von Computerrechenkapazität gegen null gesunken ist, hat sich unter Finanzwissenschaftlern die Unsitte eingebürgert, gigantische Mengen historischer Daten nach Mustern zu scannen, die den Beweis für die Überlegenheit des einen oder anderen Stiles bringen sollen. In diesem Buch werden Ihnen die beiden Stile möglichst objektiv erklärt und die Vor- und Nachteile aufgezeigt, damit Sie abwägen können, welcher der beiden Stile der richtige für Sie ist. In den folgenden Kapiteln werden Sie sehen, dass das wissenschaftliche Grundgerüst für ETFs der passive Managementstil ist, der auf dem Konzept der effizienten Märkte und der daraus abgeleiteten Portfoliotheorie aufbaut. Seit kurzem ist es allerdings auch möglich, mit ETFs aktive Strategien umzusetzen. Zudem ist mit Smart-Beta-ETFs eine Art Zwischenlösung zwischen (passiven) Indexfonds und aktiv gemanagten Aktienfonds am Markt.

Bei passiven Anlagen verzichtet man bewusst auf die Auswahl besonders aussichtsreicher Aktien oder Anleihen, die unter Umständen kurzfristig gute Renditechancen offerieren. Der Grundgedanke des passiven Investments ist die Abbildung der Wertentwicklung eines ganzen Marktes. Um dies möglichst kostengünstig zu bewerkstelligen, bieten sich die Indizes an. Sie werden im vierten Abschnitt sehen, dass das Rückgrat jedes ETFs ein Index ist. Ohne Indizes gäbe es keine ETFs, denn in fast allen Fällen repliziert ein ETF einen Index und versucht ihn 1:1 nachzubilden. Somit bestimmt der zugrunde liegende Index die Performance und das Risiko des ETFs. Heute gibt es schon mehr als 30.000 verschiedene Indizes. Aber keine Angst, nur ein Bruchteil (zurzeit ca. 250 Stück) von diesen wird von ETFs abgebildet.

Um dieser Vielfalt Herr zu werden, unterteilt man die Indizes nach verschiedenen Gesichtspunkten, wie Aktien-, Renten- oder Rohstoffindizes. Insbesondere bei der Zusammenstellung eines Portfolios aus ETFs müssen die Besonderheiten der Indizes berücksichtigt werden, ansonsten drohen unliebsame Überraschungen. Beispielsweise erlebten viele risikoscheue Anleger, die auf Value-Indizes setzten, da Value-Aktien als besonders risikoarm gelten, im Jahr 2008 ihr blaues Wunder. In diesen Indizes versammelten sich viele Werte aus der Finanzbranche, die im Rahmen der Krise Ende 2008 deutlich einbrachen. Mit ihnen verloren auch die Value-Indizes. Darum beschäftigt sich das dritte Kapitel des Buches mit den Indizes. Dort erfahren Sie z. B. etwas über die Indexberechnung und -zusammensetzung, über Indexarten und -familien.

Nach dieser Betrachtung können wir uns dem Begriff der *Exchange Traded Funds* nähern. Genau wie es für Rechtsanwälte unabdingbar ist, die Gesetzeslage genau zu kennen, ist es für den Anleger von zentraler Bedeutung, die Grundlagen und Funktionsweise von *Exchange Traded Funds* zu verstehen. Es werden Fragen beantwortet wie: „Was genau sind ETFs?", „Welche Vorteile und Nachteile haben ETFs?", „Welche grundsätzlichen Risiken gibt es bei der Fondsanlage?", „Wie werden ETFs an der Börse gehandelt?" „Welche Strategien kann man mit ETFs umsetzen?" oder „Was ist nachhaltiges investieren?".

Fast täglich kommen neue ETF-Innovationen auf den Markt. Seien Sie also offen für Neues! Im fünften Kapitel wenden wir uns den Optionen und Futures auf ETFs zu. Sie ermöglichen dem Anleger, beliebte Strukturen aus der Zertifikatewelt nachzubilden, wie Bonus-, Garantie- oder Discountzertifikate. Aber auch ganz andere Modelle sind möglich. So zeige ich in diesem Kapitel nicht nur, was Optionen und Futures auf ETFs sind, sondern erörtere auch einige beliebte Strategien.

Wer sich heute mit ETFs beschäftigt stößt fast zwangsläufig auf das Thema Robo-Advisor, weil die meisten Robo-Adivsor mit ETFs arbeiten. Darum habe ich mich entschlossen den Robo-Adivsor eigens ein Kapitel zu widmen. In diesem Kapitel werde ich deren Funktionsweise aufzeigen.

Zum Abschluss werfen wir noch einen Blick auf die steuerliche Behandlung von ETFs.

Bei der Lektüre dieses Buches werden Sie vieles über die unentdeckte Welt der ETFs lernen können. Ich hoffe ferner, dass ich Sie durch dieses Buch vertrauter mit *Exchange Traded Funds* machen werde – ganz gleich, ob Sie sparen, anlegen, spekulieren oder sich informieren möchten. Ich wünsche Ihnen viel Spaß beim Lesen.

2. Die Theorie des Indexinvestments[3]

Wie langweilig, werden Sie jetzt denken. Wofür ist denn eine Theorie notwendig? Schließlich ist ein Indexinvestments einfach der Kauf eines Indexproduktes – fertig. So ist z. B. der DAX trotz mancher Schwankungen über die Zeit betrachtet nur gestiegen. Wer z. B. 1945 in Gesellschaften investiert hätte, die später in den DAX aufgenommen worden sind (welche Aktien dies sind, zeigen Rückberechnungen des deutschen Aktieninstituts), hätte mit einem Einsatz von 5,10 Euro (ungefähr 10 DM) rund 4.800 Euro erzielt. Doch erinnern Sie sich an das Sprichwort „*Wer ständig in Luftschlössern wohnt, zahlt allzu hohe Miete*“ (Ilona Bodden). So sind nicht nur Aktien interessant. Bis zu 10 Prozent konnten in den letzten Jahren auch mit Staatsanleihen erzielt werden. Und nun die Überraschung: Wer zum Beispiel im Jahr 1960, also vor 62 Jahren, 350 Euro in Staatsanleihen investiert hätte, hätte heute 7.172 Euro. Bei einem Investment im DAX wären nur 3.800 Euro Gewinn erzielt worden. Die Erklärung ist: Nach 1960 bewegten sich die Aktienkurse über gut 20 Jahre seitwärts. So bewegte sich der DAX in den 1970er-Stagflationsjahren[4] kaum vom Fleck. Mehr als 10 Jahre ging es mehr oder weniger seitwärts. Erst Mitte der 1980er Jahre setzten die Aktienkurse wieder zu einem großen Sprung an. Ab diesem Zeitraum war ein Investment in Aktien die bessere Wahl. Wer aber nicht gleich zu Beginn des Aktienbooms dabei war, sondern erst 1989 DAX-Werte kaufte, und diese 2003 wieder verkaufen wollte, dessen Gewinn war niedriger als bei einer Investition in Staatsanleihen. Bei einem Verkauf 2006 sah das schon wieder anders aus. Wer einen noch längeren Atem hatte und bis 2009 wartete, der musste gegenüber einem Kauf von Staatsanleihen wieder Verluste einstecken, weil nach der ak-

---

[3] Vgl. auch: Götte, Rüdiger: Das 1 x 1 des Portfoliomanagementes. ibidem-Verlag, Stuttgart 2005 sowie Götte, Rüdiger: Finanzgenie oder Bankrotteur – wie psychische Effekte an der Börse wirken. ibidem-Verlag, Stuttgart 2006.

[4] Als Grund für die Stagflation wird vor allem auf die Ölkrise und eine ultralockere Geldpolitik verwiesen. Denn die Ölförderländer verknappten künstlich mehrmals ihr Angebot, um politischen Druck auszuüben. Dies ließ die Preise für das „schwarze Gold“ kräftig steigen. Hierdurch stieg die Inflation kräftig an und lähmte das Wirtschaftswachstum. In einer solchen Phase, sind reine Indexinvestments - etwa über einen DAX-ETF - nicht empfehlenswert. Stattdessen sind spezielle ETF-Strategien, welche ich in „Kapitel 4.12“ erkläre, von Nöten, um noch Gewinne zu erwirtschaften.

tuellen Krise das DAX-Portfolio ins Minus gerutscht ist. Alles in allem waren in den letzten Jahrhunderten aber Aktien meist profitabler.
Allerdings hat sich das Börsengeschehen verändert. Heute beobachtet man, dass die Schwankungen aufgrund der zunehmenden Spekulationen an der Börse größer geworden sind. So schwankte z. B. der DAX in den letzten zehn Jahren zwischen 5.898 und fast 16.000 Punkten. Ob die Börse jemals wieder so ruhig und für langfristige Anleger sicher werden kann, wie in früheren Jahren, bleibt abzuwarten. Das bedeutet, dass Anleger sich darüber klar werden müssen, dass die Zeitachse nicht mehr unbedingt für sie spielt. Früher sagte man an der Börse: „*Die Zeit heilt alle Wunden.*" Heute gilt das nicht mehr unbedingt. Selbst nach 20 Jahren können Anleger noch Verluste erwirtschaften. Das muss auch ein Indexanleger berücksichtigen, wenn er erfolgreich an der Börse sein möchte. Der Schlüssel zum Erfolg liegt hier beim Kauf. Der Anleger muss erkennen können, wann die Indizes zu teuer sind. Hätte beispielsweise ein Anleger am 29.12.2000 bei einen DAX-Stand von 6.433 Punkten ein Indexinvestment getätigt, hätte er bis zum 09.06.2009 (Indexstand von 4.997 Punkten) keinen Cent verdient, sondern sogar einen Verlust von ca. 22 % eingefahren. Wegen solcher Bewegungen reicht es heute nicht mehr aus, einfach einen Index zu kaufen und zu hoffen, dass irgendwann ein Gewinn erzielt wird. Erfolgreiche Indexinvestoren müssen die Theorie der Kapitalmärkte kennen, um böse Überraschungen zu vermeiden. Denn nicht der ETF definiert das Rendite-/Risikoprofil, sondern die im Index enthaltenen Komponenten und wie der Index zusammengestellt wird. Darum ist die Theorie des Indexinvestments unverzichtbar, um die Güte von Indizes beurteilen zu können!

2.1 Kapitalmarkttheorien

Dieses Kapitel beschreibt die ökonomischen Erklärungsansätze der klassischen (oder auch modernen) Kapitalmarkttheorie. Dabei stützt sich die moderne Kapitalmarkttheorie auf die Annahme, der repräsentative Marktteilnehmer sei ein *Homo oeconomicus*, und auf die Theorie der effizienten Märkte (engl. *Efficient Market Hypothesis*). Auf diesen Grundlagen entwickelte Harry M. Markowitz die Portfoliotheorie (engl. *Portfolio Selection Theory*).

Ausgehend von den Schwächen der Portfoliotheorie, entwickelt sich seit 2010 ein neuer Ansatz – das Factor Investing.
Abschließend werfen wir einen alternativen Blick auf die Kapitalmarkttheorie, mit der *Behavioral Finance*. Dabei versucht die *Behavioral Finance*, die Annahme des *Homo oeconomicus* als rational denkenden Menschen aufzuweichen. Am besten lässt sich die *Behavioral Finance* mit den Worten von Richard Thaler zusammenfassen: *„Think of the human brain as a personal computer with a very slow processor and a memory system that is both small and unpredictable. I don't know about you, but the PC I carry between my ears has more disk failures than I care to think about!"*

2.1.1 Klassische Theorie

Die klassische Finanztheorie geht von einem Homo oeconomicus aus, nennen wir ihn Mr. Cool. Bei Mr. Cool handelt es sich um das Idealbild eines durch und durch rational (= vernünftig) denkenden und handelnden Anlegers. Was genau steckt jedoch hinter dieser Rationalitätsvermutung? Im ökonomischen Kontext betrachtet geht Rationalität unmittelbar einher mit einem ganz bestimmten Prinzip der Bewertung, und zwar mit der Maximierung des „Erwartungsnutzens".
Mr. Cool ermittelt für jede Alternative eines Problems den erwarteten Nutzen und wählt die Alternative, die ihm den höchsten Nutzenerwartungswert bringt. Das wird als Risiko-Nutzen-Theorie bezeichnet, die uns direkt zum durch den Mathematiker Bernoulli aufgestellten Bernoulliprinzip führt: *„Jeder Mensch versucht bei seinen wirtschaftlichen Entscheidungen den erwarteten Nutzen zu maximieren."*[5]
Zu einer absoluten Rationalität gehören jedoch noch weitere Bedingungen. So zeigt Mr. Cool ein unbegrenztes Interesse an allen notwendigen Informationen, um zu einer fundierten Entscheidung zu kommen. Er benötigt sie, um verlässlich die Wahrscheinlichkeiten für den finanziellen Erfolg seiner Entscheidung ermitteln zu können. Denn schon ein einziger vernachlässigter Aspekt kann den Nutzen einer Investition deutlich reduzieren. Er blockt also keine Informationen ab und nimmt alles, was er wissen muss, unverzerrt und

[5] Der Nutzen für einen Anleger besteht darin, einem Zugewinn an Geld zu erzielen.

vollständig auf. Hierbei vernachlässigt er keine Neuigkeiten, die seiner bisherigen Erwartung nicht entsprechen. Ferner verarbeitet Mr. Cool die eingehenden Informationen ähnlich wie ein leistungsfähiger Computer, d. h. sorgfältig und logisch.

In der gleichen kühlen und sorgfältigen Weise, in der Mr. Cool sich Informationen verschafft, nimmt er natürlich auch ihre Bewertungen vor. Dabei ist Mr. Cool klar, dass das Handeln von Menschen allzu häufig von Motiven geleitet wird, die sich nur psychologisch erklären lassen und somit dem ökonomischen Handeln widersprechen. Aus diesem Grund lässt sich Mr. Cool auch nicht von solchen Beweggründen wie Freude, Gier, Angst, Panik, Kontrollwünschen und Selbstbestätigung bei seinen Entscheidungen leiten, d. h., er trifft seine Entscheidungen gefühllos, ähnlich wie eine Maschine. Zudem ist Mr. Cool von Natur aus risikoavers, d. h., er wünscht sich eine höchstmögliche Rendite bei minimalem Risiko. Daher belohnen die Finanzmärkte das Eingehen von Risiken. Wie stark die Belohnung ausfällt, hängt von der mittleren Risikoaversion der Anleger im Kollektiv ab. So gilt an der Börse: „*Sind vor allem Feiglinge am Markt aktiv, dann zahlt sich ein bisschen Mut aus. Wenn hingegen nur Zocker am Markt sind, findet nur ein bisschen Mut kaum Beachtung.*" Das bedeutet, dass die Risikoprämie im zeitlichen Ablauf schwankt. So kostete eine 5 %-ige BMW-Anleihe mit einer Laufzeit bis 2018 am 20.10.2008 (Höhepunkt der Finanzkrise) 78,10 %, und knapp ein Jahr später am 11.09.2009 (Entspannung) 104 %. Somit hätte ein Anleger im Oktober 2008 eine Effektivverzinsung[6] von 7,75 % erzielen können und mit derselben Anleihe ein knappes Jahr später nur noch 4,4 %. Insbesondere nach Kurseinbrüchen werden die Anleger extrem risikoavers, somit ist die Risikoprämie höher. Dagegen werden die Anleger im Laufe einer Aktienhausse immer risikofreudiger und die Risikoprämie sinkt.

Um das Verhalten der Anleger an den Börsen besser beschreiben zu können, wurde die klassische Finanztheorie in zwei Teilgebiete aufgeteilt: die Theorie

---

[6] Die BMW-Anleihe hat einen Nominalbetrag von 1000 Euro, eine Restlaufzeit (Oktober 2008) von 8 Jahren und einen Zins von 5 %. Die Anleihe wurde zu 78,10 % gekauft, d. h. zu einem Preis von 780,10 Euro. Die ersparten 219,90 Euro werden durch die Restlaufzeit geteilt, somit werden pro Jahr ca. 27,49 Euro (≈2,75 %) zusätzliche Rendite erzielt. Die Effektivverzinsung erhöht sich daher von 5 % auf 7,75 %.

der rationalen Erwartungen und die These der Informationseffizienz der Kapitalmärkte.

Die Theorie der rationalen Erwartungen geht auf den Wissenschaftler Muth zurück und unterstellt, dass alle Marktteilnehmer ihre Erwartungen so bilden und umsetzen, dass auch tatsächlich die Kurse zustande kommen, die sie erwartet haben. Wäre dies nicht der Fall, würden sie ihr Entscheidungsmodell so lange anpassen, bis sich die Erwartungen erfüllen, wobei die Anpassungen selbst zu entsprechenden Kursveränderungen führen. Durch dieses Lernverhalten können die Marktteilnehmer ihre Ergebnisse systematisch verbessern, bis sie das optimale Modell für sich gefunden haben. Auf dieser Vorstellung aufbauend hat der Ökonom Fama die These der Informationseffizienz[7] entwickelt, nach der alle öffentlich verfügbaren Informationen, welche die Wertpapierkurse beeinflussen können, sich auch unmittelbar zum Zeitpunkt ihres Bekanntwerdens in den Kursen niederschlagen. Folgerichtig müssen sich die Aktienkurse im Spiegel der zufälligen Nachrichten ebenso zufällig ändern. Insofern können lediglich unvorhersehbare Ereignisse zu unerwarteten Kursänderungen führen, die jedoch aufgrund des Überraschungseffekts nicht gewinnbringend ausnutzbar sind. Da die Ereignisse sowohl eine positive wie auch eine negative Wirkung haben können und von zufälliger Natur sind, haben sie auch einen Erwartungswert von null. Deshalb sind auf effizienten Kapitalmärkten Renditesteigerungen nur möglich, wenn man zugleich ein höheres Risiko eingeht[8]. Ein Witz unter Ökonomen verdeutlicht das Konzept der Markteffizienz.

---

[7] Nach neueren Forschungsergebnissen unterscheidet man drei Grade der Informationseffizienz. Bei einer schwachen Informationseffizienz sind sämtliche Informationen über vergangene Preisänderungen in die Preise eingegangen. Darum sagt man: „*Die Märkte haben kein Gedächtnis.*" Mit *Chart Reading* und anderen technischen Analysen kann man auf einem solchen Markt keine Hinweise auf die zukünftige Kursentwicklung finden. Herrscht dagegen eine mittlere Informationseffizienz vor, so enthalten die Kurse alle bereits publizierten Informationen. Man sagt: „*Die Märkte haben immer recht.*" In dieser Phase können mit fundamentaler, gesamt- oder einzelwirtschaftlicher Analyse keine Überrenditen erzielt werden. Die Kurse auf Märkten mit starker Informationseffizienz spiegeln alle – auch die unveröffentlichten – Informationen wider. In diesem Fall versprechen selbst Insiderinformationen keine Überrenditen mehr.

[8] Fama verlangt aber nicht, dass sich die Märkte 100 % effizient verhalten. Sie müssen lediglich so effizient sein, dass der erzielbare Gewinn durch eine systematische Abweichung kleiner ist als die Spesen, die anfallen, um sie gewinnbringend umzusetzen.

„Ein Ökonom geht mit einem Freund spazieren. Plötzlich sehen beide einen 50-Euro-Schein auf dem Boden. Als sich der Freund bücken will, um ihn aufzuheben, sagt der Ökonom: ‚Lass nur! Falls es ein echter 50-Euro-Schein wäre, hätte ihn schon längst jemand aufgehoben.'"[9]

So kommen wir ganz nebenbei zu der Efficient-Market-Theorie (EMT). Sie sagt aus, dass die Wertpapierkurse zu jedem gegebenen Zeitpunkt alle öffentlich zugänglichen Informationen zu diesem Wertpapier beinhalten. Deswegen ist der gegenwärtige Marktpreis die beste Schätzung des zukünftigen Marktpreises. Andere Schätzungen währen nur durch Zufall besser.

Hieraus folgt die Konsequenz, dass statistisch gesehen jede angelegte Geldeinheit (und letztlich somit auch die Anleger) von vornerein nur eine 50-prozentige Chance hat, vor Kosten mehr am Kapitalmarkt zur verdienen als die durchschnittliche Geldeinheit (also der Index).

Dies bedeutet, dass im Durchschnitt aktive und passive Investments innerhalb einer Asset-Klasse[10] (wie Aktien, Anleihen, usw.) vor Kosten exakt gleich, aber nach Kosten müssen die aktiven Investments jedoch schlechter rentieren, denn aktive Anleger produzieren höhere Nebenkosten (weil häufiger gehandelt wird) als passive Anleger.[11]

Somit macht die Suche nach der „optimalen Aktie" oder der „unübertreffbaren Anleihe" keinen Sinn. Denn man kann ungeachtet der täglichen Schwankun-

---

[9] Vortrag Invest Messe Stuttgart, 16. März 2007 Core/Satellite Anlagestrategie nicht nur für institutionelle Anleger, Roland Rupprechter Hypo Landesbank Vorarlberg, Bregenz, Österreich, S. 16, www.hypovbg.at

[10] Im Allgemeinen wird eine Asset-Klasse dadurch definiert, dass die in ihr zusammengefassten Wertpapiere vergleichbare Rendite- und Risikomerkmale haben, z. B. Aktien, Anleihen usw. Diese Haupt-Klassen können wiederum unterteilt werden. Beispielsweise die Haupt-Asset-Klasse Aktien in: Standwerte (Large Caps), mittelgroße Werte (Mid Caps) und Nebenwerte (Smalls Caps). Diese Unterklassen kann man natürlich noch weiter untergliedern, z. B. nach bestimmten Branchen, nationale oder internationale Aktien usw.

[11] Dies gilt natürlich nur wenn man nicht Äpfel mit Birnen vergleicht. Beispielsweise konnte Warren Buffet mit seinem Unternehmen Berkshire Hathaway die von ihm selbst genannte und von den Medien unkritisch akzeptierte aber falsche Benchmark, den S&P 500, in den vergangenen Jahrzehnten zumeist out-performen. Doch hier liegt ein klassischer Apfel/Birnen-Vergleich vor. Sieht man sich das Depot von Warren Buffet an, so erkennt man das dort vornämlich Value-Werte enthalten sind. Dagegen ist der S&P 500 ein Index ohne Value-Ausrichtung, der zudem auch noch im Durchschnitt größere Unternehmen enthält als diejenigen im Buffet-Depot. Möchte man wirklich die Leistung von Buffet bewerten, muss man einen USA-Gesamt-Value-Aktien-Index (wie den DFA US Marketwide Value Index) verwenden. Dann sieht die Welt schon anders aus. Diesen hat Buffet in den letzten 15 Jahren leicht unterperformt.

gen seines Vermögens beruhigt sein, dass man doch nichts Besseres hätte tun können, als sein Portfolio möglichst gut zu diversifizieren und stillzuhalten, weil zu jeder Zeit die Aktienkurse nach der These der Informationseffizienz bzw. Efficient-Market-Theorie fair gepreist sind. Es gilt: *„Keiner kann den Markt schlagen – also auch ich nicht.“*

Da eine allzu feine Stückelung der Anlagebeträge jedoch mit hohen Transaktionskosten verbunden ist, raten viele Börsenexperten Privatinvestoren zum Kauf eines kostengünstigen Fonds, der den Marktindex nachbildet, wie z. B. ETFs. Ausgehend von diesem theoretischen Konzept hat Harry M. Markowitz die Portfoliotheorie entwickelt, um die optimale Diversifikation eines Portfolios zu finden.

2.1.1.1 Portfoliotheorie

Im Kern der klassischen Portfoliotheorie steht die quantitative Beschreibung des Risikos sowie des Zusammenhanges zwischen erwarteter Rendite und Risiko. Deswegen müssen wir zunächst den Begriffen Rendite und Risiko auf den Zahn fühlen. Was versteht die Portfoliotheorie unter dem Begriff Rendite?

Die Rendite[12] gibt die Wertveränderung einer Anlage innerhalb einer bestimmten Periode (z. B. Jahr oder Monat) an. Um die Rendite einer bestimmten Periode zu messen, ermittelt man die Differenz zwischen dem Kurs am Ende und am Anfang der betrachteten Periode, zzgl. eventuell ausgezahlter Erträge, wie beispielsweise Dividenden oder Zinsen.

---

[12] Vorsicht: Rendite ist nicht gleich Wertzuwachs. Preisfrage: Ein ETF steigt innerhalb von 10 Jahren von 100 Euro auf 200 Euro, wie groß ist die Rendite und der Wertzuwachs? Sind beide identisch?
Viele Anleger verstricken sich nun im Begriffswirrwarr der Renditeberechnung. Während Rendite und Rentabilität das Gleiche bedeuten, dürfen diese nicht in den gleichen Topf geworfen werden mit den Begriffen durchschnittlicher Wertzuwachs bzw. Wertentwicklung. Viele Anleger unterliegen dem Irrtum und dividieren den Wertzuwachs des ETFs von 100 % durch die Anzahl der Jahre, weil sie glauben, auf diese Weise die Rendite des ETFs errechnen zu können. Sie kommen so auf 10 Prozent pro Jahr (=100/10). Doch das ist nicht die Rendite des ETFs. Der Gedankenfehler ist, dass der Anleger davon ausgeht, dass Jahr für Jahr 10 % Zinsen auf den ursprünglichen Anlagebetrag gezahlt würden. Berücksichtigt man aber die Zinseszinsen, beträgt die tatsächliche Rendite 7,2 % pro Jahr. Diese 7,2 % sind dann die Rendite des ETFs. Der Wertzuwachs des ETFs ist 10 %.

$$R_T = \frac{(K_T - K_0) + E_T}{K_0} \cdot 100\ \%$$

mit R_T= Rendite der Periode t; K_O= Kurs zu Beginn der Periode t; K_T= Kurs am Ende der Periode t; E_T= Erträge (z. B. Zinsen und Dividenden) innerhalb der Periode t

Beispiel für die Berechnung der Rendite für die SAP-Aktie im Jahr 2003:

$$R_T = \frac{(K_T - K_O) + E_T}{K_O} \cdot 100\ \% = \frac{(33{,}29\ \text{EURO-}21{,}21\ \text{EURO}) + 0\ \text{EURO}}{21{,}21\ \text{EURO}} \cdot 100\ \% = 56{,}95\ \%$$

Tabelle 1: Wertentwicklung der SAP-Aktie

Jahr	Kurs Anfang des Jahres	Kurs Ende des Jahres	Rendite
2003	21,21 €	33,29 €	56,95 %
2004	34,90 €	32,85 €	- 5,87 %
2005	33,11 €	38,29 €	15,64 %
2006	39,93 €	40,26 €	0,83 %
2007	41,08 €	35,53 €	- 13,51 %
2008	34,21 €	25,24 €	- 26,22 %

Um die durchschnittliche Rendite pro Periode (Jahr) einer Anlage über mehrere Perioden (Jahre) hinweg zu ermitteln, verwendet man folgende Formel:

$$R_{[x,y]} = \sqrt[n]{\frac{K_y}{K_x}} - 1 \quad \text{Beispiel für SAP-Aktie } R_{SAP_{[2003,2008]}} = \sqrt[n]{\frac{K_y}{K_x}} - 1 = \sqrt[6]{\frac{21{,}21\ \text{Euro}}{25{,}24\ \text{Euro}}} - 1 = 2{,}9\ \%$$

mit $R_{[x,y]}$ = durchschnittliche Rendite pro Periode im Zeitraum von x bis y; K_x = Kurs zu Beginn der Periode x; K_y = Kurs am Ende der Periode y und n = Anzahl der betrachteten Perioden

Diese Größe lässt jedoch die zum Teil erheblich schwankenden Renditen während der einzelnen Perioden bzw. Jahre vollkommen außen vor. Es werden lediglich die Werte zu Beginn und am Ende des Zeitraums berücksichtigt. Interessiert man sich jedoch dafür, wie hoch im Mittel die zu erwartende Rendite in jeder der betrachteten Perioden ist, so gibt hierüber der Mittelwert oder Erwartungswert Auskunft.

$$\mu_{[x,y]} = \frac{1}{n} \cdot \sum_{i=x}^{y} R_i$$ mit $\mu_{[x,y]}$ = Erwartungswert pro Periode im Zeitraum von x bis y

$$\mu_{[2003,2008]\text{ SAP-Aktie}} = \frac{1}{6} \cdot \sum_{i=x}^{y} R_i = \frac{1}{6} \cdot (56{,}95 - 5{,}87 + 15{,}64 + 0{,}83 - 13{,}51 - 26{,}22) = 4{,}64$$

Zunächst springt einem beim Betrachten der Formel ins Auge, dass der Erwartungswert nichts anderes ist als das gewichtete arithmetische Mittel der Renditen der einzelnen betrachteten Perioden bzw. Jahre, ist. Was sagt der Erwartungswert aus? Im statistischen Mittel des betrachteten Zeitraumes kann also davon ausgegangen werden, dass die SAP-Aktie pro Jahr eine Rendite von 4,64 % erzielt. Darum wird der Erwartungswert auch als die **erwartete Rendite** bezeichnet. Sie ist der beste Schätzwert für die langfristige durchschnittliche Rendite in der Zukunft.[13] [14]

Der andere Partner im Boot Portfoliotheorie neben der Rendite ist das Risiko. Was ist das Risiko?

Die spontane Antwort wäre, Risiko ist die Möglichkeit, einen Verlust zu erleiden. Diese Betrachtung ist asymmetrisch und blendet die Chance aus. Darum versteht Markowitz unter Risiko die Unsicherheit, Zielgrößen zu erreichen oder sie zu verfehlen. Mit anderen Worten: Der Begriff Risiko bezeichnet die Unsicherheit, mit der die erwarteten Renditen auch wirklich eintreten. Das heißt, je stärker das Risiko einer Anlageform (wie z. B. Aktien) ist, desto stärker schwankt die Wert- bzw. Renditeentwicklung im Zeitverlauf. Um diese Unregelmäßigkeit der Renditeentwicklung zu messen, greift man auf die Volatilität zurück. Um die Volatilität berechnen zu können, müssen wir einen Schritt zurück machen und uns mit der Standardabweichung (Sie wird mit dem griechischen Buchstaben σ (Sigma) abgekürzt.) beschäftigen.

---

[13] Aber Vorsicht es ist nahezu garantiert, dass dieser Schätzwert nächstes Jahr oder in irgendeinem anderen folgenden Jahr nicht eintreffen wird. Trotzdem ist die erwartete Rendite der beste Schätzwert, jede andere Schätzung wäre schlechter. Da je länger die Halteperiode ist, umso höher ist die Wahrscheinlichkeit, dass die erwartete Rendite oder ein ihr nahekommender Wert erzielt wird.

[14] Einige Experten sagen, der Grund, warum die erwartete Rendite der beste Schätzwert ist, ist die Regression zum Mittelwert. Hierunter versteht man, dass Renditen tendenziell Zurückpendeln zum langfristigen Renditedurchschnitt (mindestens 20 oder größerer Durchschnitt der Jahresrenditen) nach dem Auftreten von besonders hohen oder niedrigen Renditeextremwerten. Somit ist es sinnlos kurzfristiger Outperformance hinterherzujagen und damit seine Langfristrendite zu gefährden.

$$\sigma = \sqrt{\frac{1}{n} \cdot \sum_{i=1}^{n} (R_i - \mu)^2}$$

σ = Standardabweichung; n = Zahl der Renditen, i = Index für die Jahre; r_i = Rendite im Jahr i; μ = Erwartungswert der Rendite

Berechnen wir die Standardabweichung der SAP-Aktie der Jahre 2003 bis 2008, mit dem bereits vorhin berechneten Mittelwert bzw. Erwartungswert von 4,64 % aus. Somit erhält man:

$$\sigma = \sqrt{\frac{1}{6} \cdot \left((56{,}95\% - 4{,}64\%)^2 + (-5{,}87 - 4{,}64)^2 + (15{,}64 - 4{,}64)^2 + (-0{,}83 - 4{,}64)^2 + (-13{,}51 - 4{,}64)^2 + (-26{,}22 - 4{,}64)^2\right)} = 26{,}66$$

Die jahresbezogene Standardabweichung der SAP vom ihrem Erwartungswert bzw. erwarteten Rendite von 4,64 % beträgt 26,66 %.

Sofern die betrachteten Zeiträume zur Berechnung der Standardabweichung und die dem Datenmaterial zugrunde liegende Perioden exakt gleich sind (also die Berechnung von Jahres-Standardabweichungen erfolgt auf Basis von Jahresrenditen) ist die Standardabweichung mathematisch gesehen identisch mit der Volatilität!! Was sagt die Volatilität aus?

Im Allgemeinen gilt: Je höher die Volatilität ist, desto stärker schwankt der Aktienkurs. Damit sind zwar auch höhere Renditechancen verbunden, aber gleichzeitig verknüpft mit dem Risiko auf einen entsprechend höheren Verlust. Laut der Wahrscheinlichkeitstheorie liegen 2/3 (oder rund 70%) aller Renditewerte maximal eine Standardabweichung vom Durchschnitt entfernt. Also in dem Intervall [μ-σ; μ+σ], d. h. zwischen der erwarteten Rendite abzüglich der Volatilität und der erwarteten Rendite zuzüglich der Volatilität[15]. Sehen wir uns dazu doch unser Beispiel der SAP-Aktie an. Sie hatte zwischen 2003 bis 2008 eine erwartete Rendite μ = 4,64 % und eine Standardabweichung von σ = 26,66 %. Wir können damit erwarten, dass die SAP-Aktie mit 70 %iger Wahrscheinlichkeit, die Jahresrendite nie geringer als -22,02 % [μ-σ= 4,64 – 26,66] aber auch mit gleicher Wahrscheinlichkeit nicht höher als 31,3 % [μ+ σ= 4,64 + 26,66] liegen wird.

[15] Andere beachtete Intervall sind: 1. Es liegen mit einer 95 % Wahrscheinlichkeit, die Jahresrenditen maximal zwei Standardabweichungen von der erwarteten Rendite [μ-2σ; μ+2σ] entfernt. 2. Mit 99 % Wahrscheinlichkeit liegt die Jahresrendite maximal drei Standardabweichungen von der erwarteten Rendite entfernt [μ-3σ; μ+3σ].

Vielleicht noch wichtiger für den Anleger ist die leicht negative Korrelation zwischen Kursveränderungen einer Aktie und ihrer Volatilität. Das bedeutet:

- Wenn die Aktienkurse fallen, geht das tendenziell einher mit einer Erhöhung der Volatilität.
- Wenn dagegen die Aktienkurse steigen, geht das tendenziell einher mit einer Verringerung der Volatilität.

Für unser Beispiel der SAP AG sind wir bei der Berechnung der Volatilität von jährlichen Renditen ausgegangen. Die Volatilität kann aber auch für kürzere Zeiträume berechnet werden, zum Beispiel quartals- oder monatsweise. Überdies ist die Volatilität einer Aktie keine feststehende Größe, sondern sie kann sich innerhalb kurzer Zeit ändern. Deshalb werden für die Volatilitätsberechnung meistens kürzere Zeiträume verwendet. Allerdings werden in der Regel alle berechneten Volatilitäten auf ein Jahr bezogen[16]. Man erhält die Jahresvolatilität ($\sigma_{\text{annualisierte}}$) wie folgt:

Auf Basis Tagesrenditen: $\sigma_{\text{annualisierte}} = \sigma \cdot \sqrt{250}$

Aus Basis Monatsrenditen: $\sigma_{\text{annualisierte}} = \sigma \cdot \sqrt{12 \cdot \frac{250}{365}}$

Jahresrenditen: $\sigma_{\text{annualisierte}} = \sigma$

Bislang haben wir die Rendite und die Volatilität nur für einzelne Aktien betrachtet. Jetzt müssen wir unseren Horizont erweitern und uns mit der Berechnung der Rendite und des Risikos befassen, wenn sich mehrere Aktien in einem Wertpapierdepot vereinigen. Was passiert dann? Dazu nehmen wir an, dass Sie ein Wertpapierdepot aus den Aktien *Allianz, Bayer* und *E.ON* haben. Nach der bekannten Formel berechnen wir die Rendite während der einzelnen Monate, die Gesamtrendite und das Risiko (mittels Volatilität) jeder einzelnen Aktie.

[16] Es wird unterstellt, dass ein Börsenjahr 250 Handelstage hat.

Tabelle 2: Renditen und Volatilitäten der Aktien *Allianz, Bayer* und *E.ON*

Monat	Allianz	Monatsrendite	Bayer	Monatsrendite	E.ON	Monatsrendite
1	40 €		10 €		30 €	
2	35 €	-12,50 %	9 €	-10,00 %	31 €	3,33 %
3	39 €	11,43 %	11 €	22,22 %	30 €	-3,23 %
4	40 €	2,56 %	12 €	9,09 %	33 €	10,00 %
5	50 €	25,00 %	11 €	-8,33 %	34 €	3,03 %
6	45 €	-10,00 %	13 €	18,18 %	36 €	5,88 %
7	46 €	2,22 %	10 €	-23,08 %	35 €	-2,78 %
8	48 €	4,35 %	11 €	10,00 %	36 €	2,86 %
9	47 €	-2,08 %	12 €	9,09 %	37 €	2,78 %
10	48 €	2,13 %	13 €	8,33 %	38 €	2,70 %
11	49 €	2,08 %	11 €	-15,38 %	36 €	-5,26 %
12	50 €	2,04 %	14 €	27,27 %	38 €	5,56 %
μ	2,48 %		4,31 %		2,26 %	
σ*	9,49 %		15,48 %		4,24 %	
$\sigma_{annualisierte}$	$\sigma \cdot \sqrt{12 \cdot \frac{250}{365}} = 9{,}49 \cdot \sqrt{12 \cdot \frac{250}{365}} = 27{,}22\ \%$		$\sigma \cdot \sqrt{12 \cdot \frac{250}{365}} = 4{,}31 \cdot \sqrt{12 \cdot \frac{250}{365}} = 44{,}39\ \%$		$\sigma \cdot \sqrt{12 \cdot \frac{250}{365}} = 4{,}24 \cdot \sqrt{12 \cdot \frac{250}{365}} = 12{,}18\ \%$	

*Es liegen monatliche Rendite vor. Deswegen muss die Volatilität annualisiert werden.

Wir sehen, dass die Bayer-Aktie zwar mit Abstand den höchsten Erwartungswert (μ) für die Jahresrendite hat, zugleich birgt sie aber auch das höchste Risiko ($\sigma_{annualisierte}$). Dagegen weist die E.ON-Aktie zwar nur den geringsten Erwartungswert für die Jahresrenditen auf, dafür hat sie aber die absolut niedrigste Volatilität.

Die Frage, die man sich nun stellt, ist doch: Wie kann ich als Anleger mein Risiko minimieren, ohne im selben Umfang auf die Ertragschancen zu verzichten? Das ist scheinbar die Quadratur des Kreises. Um uns dieser Frage zu nähern, sollten wir uns die Wertentwicklung verschiedener Depots ansehen, welche aus jeweils zwei Aktien (also z. B. *Allianz* und *Bayer*) zusammengesetzt sind. Die Gewichtung der Aktien in den Depots liegt bei jeweils 50 %. Ferner ist der Anfangswert aller drei Depots in etwa gleich hoch, damit ihre Wertentwicklung vergleichbar ist. Um die Ergebnisse des Diversifikationsversuches möglichst übersichtlich darzustellen, tragen wir die Mittelwerte der Renditen und Volatilitäten in ein so genanntes Rendite-Volatilitäts-Diagramm oder μ-σ-Diagramm ein.

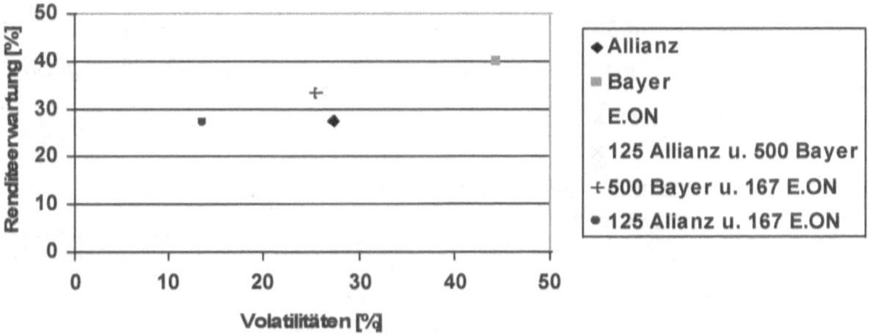

Abbildung 1: Lage der Aktien *Allianz, Bayer* und *E.ON* und der aus ihnen gebildeten Depots im Risiko-Rendite-Diagramm

Man sieht, dass die Depotrendite jeweils dem gewogenen arithmetischen Mittel der Renditen der im Depot enthaltenen Aktien entspricht. Demzufolge liegt die Depotrendite zwangsläufig zwischen der niedrigsten und der höchsten Einzelrendite der Wertpapiere des Depots. Anders als man erwarten würde, entspricht das Risikoprofil des Gesamtportfolios nicht dem Durchschnittswert der Einzelaktien. Manchmal ist die Volatilität des „zusammengesetzten" Depots sogar geringer als die niedrigste Volatilität der darin enthaltenen Einzelaktie.

Dieses Phänomen wird als Risikovernichtung durch Diversifikation bezeichnet. Hiervon leitet sich auch der bekannte Satz der Portfoliotheorie „*Lege nie alle Eier in einen Korb, denn es könnte ein Loch darin sein*" ab. Dies rührt daher, dass manche Aktien (bzw. Anlageobjekte) einen ähnlichen Kursverlauf aufweisen, wohingegen andere sich scheinbar gegenläufig verhalten. Um dieses Phänomen mathematisch zu erfassen, greift man auf das Konzept der Kovarianz zurück.

$$\sigma_{X,Y} = \frac{\sum_{i=1}^{n} R_{Xi} \cdot R_{Yi}}{n} - (\mu_X \cdot \mu_Y)$$

Mit: $\sigma_{X,Y}$ = Kovarianz der Aktien X und Y; R_{Xi} = Rendite der Aktie X in Periode i; R_{Yi} = Rendite der Aktie Y in Periode i; μ_X = Mittelwert der Renditen der Aktie X; μ_Y = Mittelwert der Renditen der Aktie Y; n = Anzahl der betrachteten Perioden.

Um Ihnen die Berechnung der Kovarianz möglichst spannend zu erläutern, sehen wir uns nochmals die Kursverläufe und die Monatsrenditen von *Allianz* und *Bayer* an. Im darauffolgenden Schritt werden diese Monatsrenditen miteinander multipliziert und danach die Summe gebildet.

Tabelle 3: 1. Schritt zur Berechnung der Kovarianz der Kursverläufe von *Allianz* und *Bayer*

Monat	Allianz	Monatsrendite	Bayer	Monatsrendite	$Rendite_{Allianz} \cdot Rendite_{Bayer}$
1	40 €		10 €		
2	35 €	-12,50 %	9 €	-10,00 %	125,00
3	39 €	11,43 %	11 €	22,22 %	253,97
4	40 €	2,56 %	12 €	9,09 %	23,31
5	50 €	25,00 %	11 €	-8,33 %	-208,33
6	45 €	-10,00 %	13 €	18,18 %	-181,82
7	46 €	2,22 %	10 €	-23,08 %	-51,28
8	48 €	4,35 %	11 €	10,00 %	43,48
9	47 €	-2,08 %	12 €	9,09 %	-18,94
10	48 €	2,13 %	13 €	8,33 %	17,73
11	49 €	2,08 %	11 €	-15,38 %	-32,05
12	50 €	2,04 %	14 €	27,27 %	55,66
Arithm. Mittel		2,48		4,31	
				Summe $\left(\sum_{i=1}^{n} R_{Allianz_i} \cdot R_{Bayer_i}\right)$	26,73
				Mittelwert $\frac{\left(\sum_{i=1}^{n} R_{Allianz_i} \cdot R_{Bayer_i}\right)}{n}$	2,43

Vom Mittelwert wird nun nur noch das Produkt der Erwartungswerte, d. h. das arithmetische Mittel der Renditen von *Allianz* und *Bayer*, abgezogen.

$$\text{Kovarianz} = 2{,}43\text{-}(2{,}48 \cdot 4{,}31) = -8{,}24$$

Was sagt die Kovarianz aus? Die Kovarianz nimmt umso höhere positive Werte an, je ähnlicher der Kursverlauf der beiden Aktien ist, unabhängig davon, ob die Kurse gestiegen oder gesunken sind. Ferner ist die Kovarianz negativ, wenn der Kursverlauf zwischen den betreffenden Aktien sehr unterschiedlich ist. Das bedeutet, dass eine negative Kovarianz darauf hindeutet, dass durch die Mischung der entsprechenden Aktien in einem Depot eine signifikante Risikominimierung erreicht wird. Dagegen führt eine hohe positive

Kovarianz meistens nur zu einer geringen bzw. sogar vernachlässigbaren Risikominimierung im Depot.

Mithilfe der Kovarianz und der Volatilität können wir das Risiko unterschiedlicher Depotstrukturen bestimmen. Doch genauso wichtig ist natürlich die Renditechance für ein Depot. Die Formel zur Ermittlung der Renditechance für ein Depot mit zwei Aktien lautet:

$$\mu_{Depot} = (\mu_1 \cdot x_1) \cdot (\mu_2 \cdot x_2)$$

(μ_{Depot}=Rendite des Depots, $\mu_{1,2}$ = Rendite der Aktien 1 und 2, $x_{1,2}$ = Anteil der Aktien 1 und 2 im Depot)

Wenn Sie über diese Formel nachdenken, dann erkennen Sie, dass sich für ein Depot bestehend aus zwei Aktien die Größen x_1 und x_2 zu 1 addieren, deswegen können wir die obige Formel vereinfachen.

$$\mu_{Depot} = (\mu_1 \cdot x_1) \cdot (\mu_2 \cdot x_2) = (\mu_1 \cdot x_1) \cdot (\mu_2 \cdot (1\text{-}x_1))$$

Durch diese Vereinfachung braucht man nur für x_1 stetig sinkende Werte einzusetzen, um mithilfe der bereits vorher berechneten Erwartungswerte der Renditen (d. h. arithmetische Mittel der Renditen) der einzelnen Aktien die Rendite für das Depot bei unterschiedlichen Depotstrukturen zu berechnen.

Die Formel zur Ermittlung des Depotrisikos für verschiedene Depotstrukturen lautet.

$$\sigma_{Depot} = \sqrt{x_1{}^2 \cdot \sigma_1{}^2 + x_2{}^2 \cdot \sigma_2{}^2 + 2 \cdot \sigma_{12} \cdot x_1 \cdot x_2}$$

(σ_{Depot} = Volatilität des Depots, $x_{1,2}$ = Anteil der Aktien 1 und 2 im Depot, $\sigma_{1,2}$= Kovarianz der Aktien 1 bzw. 2, $\sigma_{1,2}$ = Volatilität der Aktien 1 und 2)

Aus der Formel für die Gesamtdepotvolatilität sieht man, dass sich die Depotvolatilität nicht „nur“ aus der gewichteten Summe der Einzelvolatilitäten der darin enthaltenen Aktien zusammensetzt, sondern dass noch ein dritter Term auftaucht, der die wechselseitigen Abhängigkeiten zwischen den Einzel-Volatilitäten der im Depot enthaltenen Werte widerspiegelt. [17] [18] Das heißt,

[17] Je mehr Aktien ein Anleger in sein Depot aufnimmt, desto besser kann das Risiko diversifiziert werden. Beispielsweise beträgt bei einer Aktie im Depot die Renditestreuung in der Regel 36 %, bei zwei Anlagen 29 % und bei 20 Anlagen nur noch knapp 20 %. Es gilt: Nur durch die globale Diversifikation über Tausende von Aktien aus Industrieländern und Schwellenländer hinweg erhält man den theoretischen und praktischen Maxi-

das Gesamtrisiko des Depots, ist niedriger als die Summe oder der Durchschnitt der Einzelrisiken.

Um die doch „sperrige“ Formel des Depotrisikos zu vereinfachen, greifen wir auf das Konzept der Varianz zurück. Da sich mit der Varianz einfacher rechnen lässt, als mit der Standardabweichung. Dies liegt daran, weil die Varianz die quadrierte Standardabweichung, also σ^2, ist. So bekommt man rel. simpel die Wurzel aus der Gleichung des Depotrisikos entfernt.

Mithilfe der Annahme, dass sich wiederum die Größen x_1 und x_2 zu 1 addieren, kann man die Formel zur Ermittlung des Depotrisikos weiter vereinfachen.

$$\sigma_{Depot}^2 = x_1^2 \cdot \sigma_1^2 + x_2^2 \cdot \sigma_2^2 + 2 \cdot \sigma_{12} \cdot x_1 \cdot x_2 = x_1^2 \cdot \sigma_1^2 + (1-x_1)^2 \cdot \sigma_2^2 + 2 \cdot \sigma_{12} \cdot x_1 \cdot (1-x_1)$$

Die Standardabweichung bzw. die Volatilität des Portfolios ergibt sich aus der Wurzel der Varianz des Depots.

$$\sigma_{Depot} = \sqrt{\sigma_{Depot}^2} \quad (\sigma_{Depot} = \text{Volatilität des Depots}, \ \sigma_{Depot}^2 = \text{Varianz des Depots})$$

Haben Sie keine Angst beim Betrachten dieser Formeln. Schon Kant stellte fest: *„Formeln sind Regeln, deren Ausdruck zum Muster der Nachahmung dient.“* Letztlich sind diese Formeln nicht mehr als die simple Addition bzw. Multiplikation von längst bekannten schon ermittelten Größen. Um Ihnen zu zeigen, wie einfach diese Formeln sind, möchte ich die Depotrendite bzw. Depotvolatilität anhand eines Zahlenbeispiels berechnen. Dazu betrachten wir ein Depot, welches zu 50 % aus der Allianz-Aktie und zu 50 % aus der Bayer-Aktie besteht. Dann ist die Depotrendite:

$$\mu_{Depot} = (\mu_{Allianz} \cdot x_{Allinaz}) \cdot \left(\mu_{Bayer} \cdot (1\text{-}x_{Allianz})\right) = (2{,}48 \cdot 0{,}5) \cdot (4{,}32 \cdot (1 - 0{,}5)) = 2{,}67\ \%$$

---

malnutzen der Diversifikation. In diese Richtung geht z. B. der „MSCI All Country World Investable Market Index“ (ACWI IMI). Er bietet Zugang zu Aktien aus 23 Industrie- und 24 Schwellenländern weltweit. Der Index umfasst Wertpapiere aus den Segmenten Large Caps, Mid Caps und Small Caps. Darin vertreten sind ca. 9000 Wertpapiere. Der Index deckt etwa 99% der weltweiten Aktienanlagemöglichkeiten ab

[18] Dies ist eine der zentralen Bausteine der Portfoliotheorie.

Die Varianz desselben Depots lautet:

$$\sigma_{\text{Depot}}{}^2 = x_{\text{Allianz}}{}^2 \cdot \sigma_{\text{Allianz}}{}^2 + (1\text{-x}_{\text{Allianz}})^2 \cdot \sigma_{\text{Bayer}}{}^2 + 2 \cdot \sigma_{12} \cdot x_{\text{Allianz}} \cdot (1\text{-x}_{\text{Allianz}}) =$$
$$\sigma_{\text{Depot}}{}^2 = 0,5^2 \cdot 27{,}23^2 + (1\text{-}0{,}5)^2 \cdot 44{,}39^2 + 2 \cdot -8{,}24 \cdot 0{,}5 \cdot (1\text{-}0{,}5) = 675{,}95$$

Die Volatilität des Depots lautet:

$$\sigma_{\text{Depot}} = \sqrt{\sigma_{\text{Depot}}{}^2} = \sqrt{675{,}95} = 25{,}99\ \%$$

Zum Vergleich das arithmetische Mittel der Einzelvolatilitäten von Allianz und Bayer im Depot wäre:

$$(27{,}33\ \% \cdot 50\ \%) + (44{,}39\ \% \cdot 50\ \%) = 35{,}81\%$$

Man erkennt, dass die Gesamt-Depot-Volatilität (und damit das Risiko) tatsächlich nur bei 25,99 % und damit knapp 10 % niedriger liegt, als das arithmetische Mittel der Einzelvolatilitäten.
Markowitz sagt dazu: "*Diversification is the only free lunch in investing*!" Was meint: Diversifikation auf verschiedene Anlageklassen bzw. unterschiedliche Aktien, Anleihen usw. kostet nichts, bringt aber eine Reduktion des Risikos. Hierdurch wird das Verhältnis von Rendite zu Risiko im Portfolio verbessert. Gehen wir einen Schritt weiter und führen die Berechnungen für verschiedene Kombinationen der Aktien *Allianz* und *Bayer* aus. Dabei geht man von einem Depot aus, welches zunächst aus 100 % Allianz-Aktien besteht. Anschließend wird der Anteil der Allianz-Aktie zugunsten der Bayer-Aktie schrittweise um 10 % vermindert, bis keine Allianz-Aktien mehr im Depot sind. Um Sie nicht mit reinen Zahlenkolonnen zu langweilen, habe ich die Ergebnisse gleich in ein Rendite-Volatilitäts-Diagramm eingetragen.

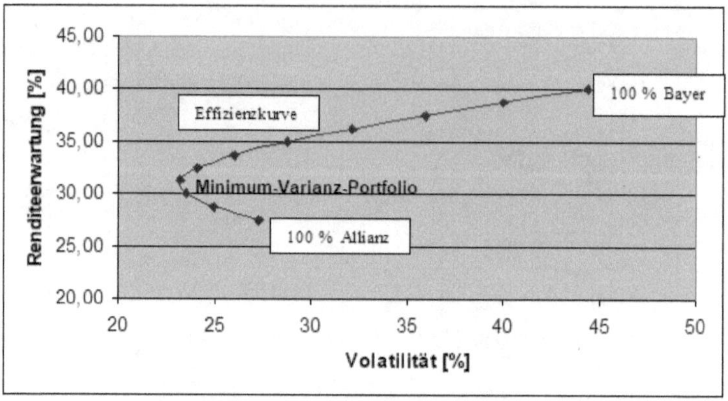

Abbildung 2: Rendite-Risiko-Diagramm unterschiedlicher Depotstrukturen der Aktien *Allianz* und *Bayer*

Aus Abbildung 2 erkennt man, dass die Form der Verbindungslinie zwischen den elf berechneten Depotstrukturen eine nach rechts offene halbe Ellipse ist. Ferner sind die beiden Endpunkte identisch mit den Rendite-Risiko-Punkten der einzelnen Aktien, weil sie ein Depot darstellen, welches zu 100 % entweder aus der Allianz- oder Bayer-Aktie besteht.

Gehen wir doch einmal von einem Depot bestehend aus 100 % Bayer-Aktien aus und verfolgen den Verlauf auf der Rendite-Risiko-Linie. Je mehr nun der Anteil der Allianz-Aktie am Depot zunimmt, desto stärker geht die Volatilität (Risiko) zurück. Diese Risikovernichtung erkauft sich der Anleger jedoch mit einem Verlust an Rendite. Bis zum Mischungsverhältnis von 70 % Allianz- und 30 % Bayer-Aktien lässt sich die Volatilität stets verringern. Da ein risikoscheuer Anleger stets versuchen wird, die Volatilität zu minimieren, wird dieses Depot auch als Minimum-Varianz-Portfolio bezeichnet (da es von allen möglichen Kombinationen das geringste Risiko hat).

Mischt man ab diesem Punkt mehr Allianz-Aktien zu, steigt die Volatilität an, ohne dass der Anleger dafür durch eine höhere Depotrendite entschädigt wird.

Was bedeutet die Rendite-Risiko-Linie für den Anleger? Sie bedeutet, dass alle Depotkombinationen, die sich auf dem vom Minimum-Varianz-Depot nach unten abgehenden Ast (risikoineffiziente Linie) befinden, für den Anle-

ger weniger interessant sind. Schließlich gibt es für alle Depotkombinationen auf diesem Ast eine Kombination auf dem oberen Ast, bei der bei vergleichbarem Risiko eine höhere Rendite erzielt werden kann.
Daher verbleibt für den risikoscheuen, aber zugleich renditesuchenden Anleger nur der obere Ast (risikoeffiziente Linie) der Rendite-Risiko-Linie übrig, d. h. das Minimum-Varianz-Portfolio bis zu einem Depot, welches allein aus der Bayer-Aktie besteht. Ferner kann der Anleger sicher sein, dass er bei gegebenem Risiko die beste Renditeerwartung oder bei gegebener Rendite das geringste Risiko hat, solange er eine Depotstruktur aus diesem Bereich wählt. Hieraus folgt das eherne Gesetz der Kapitalmärkte. „*There ain't no free lunch.*" Dies meint, je höher die erwartete Rendite eines Investments ist, desto höher ist auch das erwartete Risiko. Umgekehrt sind von Anlagen, welche ein geringes erwartetes Risiko besitzen, auch keine hohen Renditen zu erwarten. Nach Markowitz gibt es nämlich keine risikolosen Anlagen.
Dem hält Tobin entgegen, dass beispielsweise kurzfristige Anleihen mit Laufzeiten zwischen einem Monat und einem Jahr von als stabil geltenden Ländern, wie Deutschland, als sicher gelten. Solche Anlagen weisen eine Streubreite der Rendite von null auf, d. h. die Standardabweichung ist null. Lässt man diese sichere Anlage bei der Portfoliokonstruktion zu, dann erhält man so genannte supereffiziente Portfolios. Tobin stellte fest, dass alle aus Anleihen und Aktien gebildeten effizienten Portfolios auf der Kapitalmarktlinie (engl. *Capital Market Line*, kurz CML) liegen. Weiterhin erkannte Tobin, dass man in seinem Depot die sichere Anlage mit demjenigen Portfolio auf der Markowitz-Effizienzlinie kreuzen sollte, dass tangential von der Kapitalmarktlinie berührt wird. Der Berührungspunkt wird als Marktportfolio bezeichnet. Ferner sagt Tobin, dass alle effizienten Portfolios dadurch entstehen, dass ein Teil in dieses Marktportfolio investiert wird, und der verbleibende Teil risikofrei angelegt wird. Aufgrund dieser Definition gibt die CML alle möglichen effizienten Portfolios wieder. Ferner sagt Tobin, dass jeder Anleger seinen anzulegenden Betrag in zwei Teile trennt. Ein Teil wird in das risikobehaftete Marktportfolio investiert und der andere Teil in die risikofreien Anlagen (z. B. Staatsanleihen). Überdies geht Tobin davon aus, dass die Ermittlung des Marktportfolios und die Wahl des gewünschten Anteils von Aktien getrennt gelöst werden kann (Tobin-Separation). Geht man von einer ähnlichen Rendi-

teerwartung der Anleger[19] aus, so werden alle Anleger dieselbe Gewichtung risikobehafteter Anlagen wählen, d. h. ein identisch strukturiertes Portfolio haben. Einzig die Aufteilung, wie viel risikofrei bzw. risikobehaftet investiert wird, hängt noch von der persönlichen Risikoaversion des Anlegers ab, weil jeder Anleger in seinem Portfolio zwischen dem Festzinssatz (risikolose Anlage) und dem Marktportfolio wählen kann, also der Gewichtung zwischen sicherer und risikobehafteter Anlage. Aufgrund dieser Überlegung bieten Fondsmanager Musterportfolios (so genannte Strategiefonds) an, die das Risiko verschiedenartig dosieren, wie z. B. 50 % Aktien und 50 % Anleihen (das so genannte Fifty-Fifty- oder Balance-Portfolio). So kann der Anleger anhand seiner Risikoaversion das passende Portfolio für sich auswählen. Klingt kompliziert, ist es aber nicht, wenn man sich dies in einem Rendite-Risiko-Diagramm ansieht. Hierzu sollten wir auf unser Beispiel *Allianz* und *Bayer* zurückgreifen.

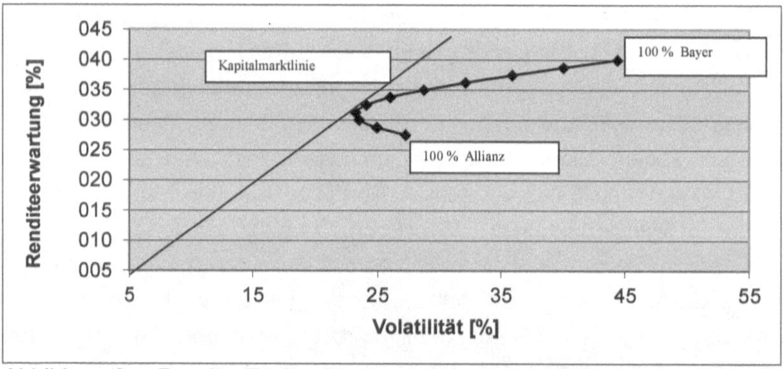

Abbildung 3: Rendite-Risiko-Diagramm unterschiedlicher Depotstrukturen der Aktien *Allianz* und *Bayer* mit der Kapitalmarktlinie. Die sichere Anlage hat einen Zinssatz von 5 %.

Abbildung 3 zeigt: Die Portfolios, die links oberhalb der Kapitalmarktlinie liegen, bieten mehr Rendite bei weniger Volatilität. Aber die möglichen Kombinationen von Allianz- und Bayer-Aktien lassen eine solche Investition nicht

[19] Dem liegt die Annahme zugrunde, dass viele verschiedene Anleger nach denselben Informationsstand handeln. Denn da die meistens Finanznachrichten öffentlich sind, dürften alle mehr oder weniger dieselben Erwartungen haben (Theorie der homogenen Erwartungen).

zu. Punkte rechts unterhalb der Kapitalmarktlinie wären zwar durch geeignete Kombinationen zwischen den Aktien von *Allianz* und *Bayer* möglich, weisen aber bei gleicher Rendite eine weitaus höhere Volatilität auf. Am Rande sei noch erwähnt, dass das optimale Depot nicht unbedingt das Minimum-Varianz-Portfolio, wie in unserem Beispiel, sein muss. Punkte oberhalb des Marktportfolios auf der Kapitalmarktlinie lassen sich erreichen, indem zum risikolosen Zinssatz geliehenes Geld in das Marktportfolio angelegt wird. Doch was versteht man genau unter dem Marktportfolio?

Laut Theorie handelt es sich dabei um ein Portfolio aus allen am Markt befindlichen nicht risikolosen Wertpapieren, die gewichtet werden nach ihrem im Umlauf befindlichen Wert, sozusagen ein kapitalgewichteter Mega-Index[20]. Da nun eigentlich niemand in der Lage ist, einen solchen breiten Mega-Index zu konstruieren, verwendet man in der Praxis als Näherungswert breit diversifizierte Aktienindizes[21], um das Marktportfolio zu erzeugen. Ein nicht vollständig risikoaverser Anleger wird je nach Risikoneigung mehr oder minder große Anteile des Marktportfolios seiner risikolosen Anlage hinzufügen. In der Praxis verwendet man für die risikolose Anlage Staatsanleihen oder Geldmarktanlagen. Offen ist bei der Betrachtung des Marktportfolios noch, wie es praktisch bestimmt wird.

Der erste Schritt ist festzulegen, welche Anlageklassen (wie Aktien und Anleihen) betrachtet werden sollen. Das kann von Anleger zu Anleger verschieden sein. So beschränken sich z. B. Anleger aus persönlichen Präferenzen nur auf Aktien der *Bluechips*. Dieses Anlageuniversum wird auch als *Investment Opportunity Set* (Abk. IOS) bezeichnet. Um das Marktportfolio auszurechnen, benutzt man am besten die Kapitalisierungsmethode. Sie geht von der Tobin-Separation und der Theorie der Annahme homogener Erwartungen aus. Das heißt, es wird unterstellt, dass alle Anleger dasselbe IOS haben und

---

[20] Eine gute Näherung für so einem Index ist z. B. der MSCI All Country Word-Index (kurz MSCI ACWI), der die Wertentwicklung von Unternehmen aus 23 Industrieländer und 27 Schwellenländern abbildet. In den Index sind ca. 2.965 Unternehmen enthalten. Er bildet ungefähr 85 % der weltweiten Marktkapitalisierung ab. Ein anderer Index ist der FTSE All-World er ermöglicht ein breit gestreutes und kostengünstiges Investment in ungefähr 4.027 Aktien. Er bildet ca. 90-95% der weltweiten Marktkapitalisierung ab.

[21] Aus diesem Grund werden auch bei bekannten Indizes am Markt, wie Dax oder MSCI World, die enthaltenen Aktien gewichtet nach ihrer Marktkapitalisierung. Es sind also die Unternehmen stärker im Index vertreten, deren Börsenwert (Anzahl der Aktien mal Börsenkurs) am höchsten ist. Manche Fachleute sprechen deswegen auch von Beta-Indizes.

die Renditeparameter in Übereinstimmung schätzen. Dann kämen alle theoretisch auf dasselbe Marktportfolio. So ergeben sich die gesuchten Gewichtungen der Aktien im Marktportfolio durch die Kapitalisierungen der Aktiengesellschaften. Mit Kapitalisierung ist der augenblickliche Wert eines Unternehmens beschrieben, der sich aus dem aktuellen Börsenkurs multipliziert mit der Anzahl der ausgegebenen Aktien ergibt. Deswegen haben sich als Näherungen für das Marktportfolio Indizes wie DAX, *Dow Jones*, NASDAQ, *Nikkei* u. a. bewährt. Zudem gilt: Wer einmal sein Marktportfolio gefunden hat, braucht nichts mehr zu korrigieren. Selbst wenn sich die Kurse ändern, hält man immer noch das Marktportfolio. Aufgrund dieser Tatsache raten auch einige Experten: *„Kaufe und halte das Marktportfolio, etwas Besseres kann man nicht machen.“* Hieraus leitet sich auch die berühmte Buy-And-Hold-Strategie des passiven Anlagestils ab.

Überdies stellte man fest, dass sich die Aktienkurse zwar nicht gleich, aber auch nicht ungeordnet bzw. unabhängig voneinander entwickeln. So steigen an guten Börsentagen die Kurse einer Vielzahl von Aktien und an schlechten Börsentagen wiederum sinken die meisten Aktienkurse.

Geht man der Sache noch tiefer auf den Grund, so stellt man fest, dass sich die Kurse verschiedener Aktien zwar grob in die gleiche Richtung bewegen, aber mit starken Schwankungen. Während beispielsweise die eine Aktie an guten Börsentagen sehr hohe Kursgewinne erzielt, kann eine andere Aktie nur geringe Kurszuwächse erzielen. Diese Erscheinung macht sich eine Weiterentwicklung der Portfoliotheorie zunutze.

Dabei wird im Indexmodell angenommen, dass sich die Entwicklung eines Aktienkurses zum überwiegenden Teil durch die Entwicklung der Gesamtheit aller Aktienkurse ergibt. Um die Entwicklung aller Aktienkurse zu messen, wurden Aktienindizes entwickelt. Der Zusammenhang zwischen einer Aktie und der Entwicklung eines Aktienindexes wird durch folgende Regressionsgleichung ausgedrückt.

$$\mu_{Aktie} = \alpha + \beta \cdot \mu_{Index}$$

μ_{Aktie} = Erwartungswert der Rendite der Aktie; α = Alpha-Faktor; β = Beta-Faktor, μ_{Index} = Änderung des Indexes

Nach der obigen Formel ist die erwartete Rendite einer Aktie abhängig von einem konstanten α-Faktor und der Änderung des Aktienindexes multipliziert mit dem β-Faktor[22]. Dabei beschreibt der Alpha-Faktor einen vom Index unabhängigen Ertrag der Aktie. So haben Unternehmen mit einem guten Management einen hohen Alpha-Faktor. Daher beschreibt der Alpha-Faktor meistens unternehmensspezifische Tatbestände, wie beispielweise besonders hohe Gewinne. Dieser hohe Alpha-Faktor sorgt dafür, dass bei einem allgemeinen Kursrückgang noch eine positive Rendite erreicht werden kann. Dagegen beschreibt der Beta-Faktor, wie stark oder schwach die Schwankungen der Aktienkurse im Verhältnis zu den Schwankungen des Indexes ausfallen. Wie berechnet man den α- und β-Faktor? Das sehen wir uns am Beispiel des Aktienindexes DAX und des Indexmitgliedes *Allianz* an.

Tabelle 4: Berechnungsgrundlage für den α- und β-Faktor für den DAX und die Allianz-Aktie

	DAX	Jahresrendite DAX	Allianz	Jahresrendite Allianz
2002	2892,63		90,65 €	
2003	3965,16	37,08 %	100,08 €	10,40 %
2004	4256,08	7,34 %	97,6 €	-2,48 %
2005	5647,42	32,69 %	127,94 €	31,09 %
2006	6596,92	16,81 %	154,76 €	20,96 %
arithmetische Mittel der Jahresrendite	23,5 %		15,0 %	
σ	12,0 %		12,5 %	
$\sigma_{DAX,\ Allianz}$ (Kovarianz)	82,01 %			

Mathematisch lässt sich der Beta-Faktor wie folgt darstellen:

$$\beta_{\text{Aktie}} = \frac{\text{systematisches Risiko der Aktie}}{\text{unsystematisches Risiko (Marktrisiko)}} = \frac{\sigma_{\text{Aktie, Index}}}{{\sigma_{\text{Index}}}^2} = \frac{82{,}01}{12^2} = \frac{82{,}01}{144} = 0{,}57$$

(β_{Aktie} = Beta-Faktor der Aktie, $\sigma_{Aktie,\ Index}$ = Kovarianz zwischen Aktie und Index, ${\sigma_{Index}}^2$ = Varianz des Indexes. Sie entspricht der Volatilität des Indexes zum Quadrat)

[22] Dabei bezeichnet das Produkt $\beta \cdot \mu_{Index}$ die indexabhängige Rendite (oder systematische Rendite). Die Konstante α beschreibt dagegen die indexunabhängige Rendite (oder unsystematische Rendite) der Aktie.

Der Beta-Faktor gibt an, wie stark einzelne Wertpapiere die Bewegungen des Gesamtmarktes vollziehen. Ein Beta-Faktor von 1 bedeutet, dass die Kursentwicklung proportional zu der Entwicklung des Gesamtmarktes verläuft. Dagegen bedeutet ein Beta-Faktor kleiner oder größer 1, dass die Kursentwicklung des Wertpapieres über- oder unterproportional zum Gesamtmarkt verläuft.

Der Beta-Faktor der Allianz-Aktie beträgt 0,57. Wenn der Index um 10 % steigt, so sollte die Allianz-Aktie um 0,57 · 10 = 5,7 % steigen. Umgekehrt sollte die Allianz-Aktie bei einem Indexrückgang von 10 % nur um 5,7 % fallen. Salopp formuliert: Wenn der DAX nach oben geht, dann kaufe Aktien mit hohem Beta, wenn der Markt fällt, dann kaufe Aktien mit niedrigem Beta, wie die Allianz-Aktie.

„*Gut Ding will Weile haben*", weiß ein deutsches Sprichwort zu berichten. Also lassen Sie uns das „Ding" Beta-Faktor noch genauer untersuchen. Die Güte des Beta-Faktors wird mit dem Korrelationskoeffizienten bestimmt. Der Korrelationskoeffizient misst, wie stramm der Zusammenhang zwischen der Indexentwicklung und der Kursentwicklung der betreffenden Aktie ist.

$$k_{\text{Aktie, Index}} = \frac{\sigma_{\text{Aktie, Index}}}{\sigma_{\text{Aktie}} \cdot \sigma_{\text{Index}}}$$

($k_{\text{Aktie, Index}}$ = Korrelationskoeffizient, $\sigma_{\text{Aktie, Index}}$ = Kovarianz zwischen Aktie und Index, σ_{Aktie} = Volatilität der Aktie, σ_{Index} = Volatilität des Index)

Aufgrund der mathematischen Konstruktion des Korrelationskoeffizienten[23] liegt er immer zwischen -1 und +1. Falls der Korrelationskoeffizient -1 ist, so liegt ein perfekt negativer Zusammenhang zwischen dem Index und der Aktie vor. Deswegen führt jeder Anstieg des Indexes zu einem Rückgang des Aktienkurses, dessen Stärke sich aus dem Beta-Faktor ergibt. Umgekehrt verhält es sich bei einem Indexrückgang, weil der Aktienkurs steigt. Beträgt der Korrelationskoeffizient genau +1, so führt jeder Anstieg des Indexes zu einem Anstieg des Aktienkurses gemäß des spezifischen Beta-Faktors.

[23] Der Korrelationskoeffizient wird heute nicht nur zwischen einem Index und einer Aktie berechnet, sondern auch zwischen zwei Aktien bzw. den Bestandteilen des Depots. Z. B. sagt man, die Microsoft-Aktie ist positiv korreliert zur Intel-Aktie (Wintel). Aufgrund der Definition des Marktportfolios ergibt sich für den Index immer ein β-Faktor von 1.

Liegt der Korrelationskoeffizient genau bei 0, dann ist statistisch gesehen kein Zusammenhang zwischen der Indexentwicklung und der Kursveränderung feststellbar. Liegt der Korrelationskoeffizient unter 1, so wird sich die Änderung der Aktienkurse im Durchschnitt aus der Änderung des Indexes multipliziert mit dem Beta-Faktor ergeben. Das gilt aber nicht für jeden Einzelfall. Je niedriger der Korrelationskoeffizient ist, desto unzuverlässiger ist der Beta-Faktor in seiner kurzfristigen Betrachtung.

Nach all der Theorie ist es nun an der Zeit, dem Korrelationskoeffizienten „Leben einzuhauchen". Berechnen wir also den Korrelationskoeffizienten zwischen der Allianz-Aktie und dem Index DAX.

$$k_{\text{Allianz, DAX}} = \frac{\sigma_{\text{Alianz, DAX}}}{\sigma_{\text{Allianz}} \cdot \sigma_{\text{DAX}}} = \frac{82{,}01}{12 \cdot 12{,}5} = \frac{82{,}01}{150} = 0{,}55$$

Der Korrelationskoeffizient zwischen der Allianz-Aktie und dem Index beträgt 0,55 [24].

Wegen ihrer Einfachheit haben sich die Korrelationen zwischen den einzelnen Märkten als Grundlage für die moderne Portfoliotheorie etabliert[25]. Obendrein gilt: Korrelationen nehmen in Phasen hoher Volatilität und in

[24] Die Korrelation bewegt sich zwischen zwei Einzeltiteln grundsätzlich zwischen + 1 (gleicher Verlauf der Kurse) und -1,0 (genau gegensätzliche Entwicklung der Kurse). Allerdings kommen in der Praxis diese Extrema relativ selten vor. Aus diesem Grund sagen Experten, dass Werte oberhalb von +0,5 ein Indiz für einen tendenziellen Gleichlauf sind. Zwei Einzeltitel, deren Korrelation in diesem Bereich liegt, haben daher nur ein geringfügiges Diversifikationspotenzial. Dagegen deutet eine Korrelation unter -0,5 auf gegenläufige Trends hin. Dies ist für die Diversifikation ein Horrorszenario, weil sich die Kursbewegungen gegenseitig neutralisieren und die Streuung des Vermögens zum Nullsummenspiel gerät. Wirklich interessant für die Diversifikation sind Werte der Korrelation zwischen +0,5 und -0,5. Innerhalb dieser Spanne zeigen die Kursreihen zweier Einzeltitel keinerlei messbare Wechselbeziehungen. Aber auch schon bei Korrelationen von unter +0,9, kann es sich lohnen, dieses Wertpapier dem Depot beizumischen, um die Gesamtvolatilität des erweiterten Portfolios zu drücken. Das Best-Case-Szenario für die Korrelation stellen Werte nahe der Nulllinie dar, denn diese signalisieren völlige Unabhängigkeit der Kurse voneinander.

[25] Der Korrelationskoeffizient ist systemendogen. Das bedeutet, die Anleger sind auf der permanenten Suche nach einer gering korrelierenden Anlageklasse. Das hat angefangen mit der internationalen Diversifikation, dann betraten die *Emerging Markets* die Bühne und jüngst kamen alternative Investments, wie Hedgefonds und Rohstoffe, dazu. Hat sich herumgesprochen, dass eine neue Anlageform eine niedrige Korrelation hat, so beginnen alle, in diese Anlageform zu investieren, mit der Folge, dass die Korrelation steigt. Somit ist der Korrelationskoeffizient nicht konstant und ändert sich mit der Zeit.

Marktabschwungphasen zu, um anschließend wieder zu sinken. Der Anleger muss allerdings beachten, dass Korrelationen innerhalb einer Asset-Klasse (also z. B. zwischen zwei Aktien) und zwischen Asset-Klassen (z. B. zwischen Aktien und Anleihen) im langfristigen Zeitablauf nicht unverändert bleiben. Trotz dieser Unzugänglichkeiten kann sich jeder Anleger mithilfe der Korrelation relativ einfach ein Depot zusammenstellen. Der Aufbau eines Depots sollte systematisch erfolgen. Hierzu sollte der Anleger sich zunächst den drei W-Fragen stellen: Was will man erreichen? Wie will man es erreichen? Und womit will man es erreichen? Bei der Beantwortung dieser Fragen, ist es ratsam sich an den drei Grundsätzen der Weisheit *„Sei du selbst, wähle immer die Mitte und erkenne Dich"* zu orientieren. Hiermit ist gemeint: Wähle eine Finanzstrategie, die zu dir passt, und befolge sie auch. Damit der Anleger sich nicht hoffnungslos verrennt, wurde die strategische und taktische *Asset Allocation*[26] eingeführt. Sie ist nichts anderes als eine ganz bestimmte Abfolge von Entscheidungen, die zur Auswahl einzelner Wertpapiere bzw. Indizes führt. Im Prinzip findet der Prozess der strategischen und taktischen *Asset Allocation* in sechs Stufen statt.

Stufe 1	Der eigenen Risikoneigung und Risikotragfähigkeit bewusst werden. Hierzu fragt sich der Anleger, wie viel kurzfristigen Wertverlust er ertragen kann, und wie viel Vermögen er am Ende der Laufzeit mindestens haben möchte.
Stufe 2	Wahl infrage kommenden Anlageklassen, wie z. B. Aktien, Rohstoffe, Renten usw.
Stufe 3	Gewichtung der Anlageklassen zueinander
Stufe 4	Festlegung der Struktur innerhalb einer Anlageklasse (z. B. Aktien: Region, Branche, Stile usw.)
Stufe 5	Auswahl der geeigneten Fondsbausteine
Stufe 6	Laufende Überprüfung

[26] Jeder Anleger sollte wissen, dass etwa 80 % des Anlageerfolges aus der strategischen *Asset Allocation* und nur 20 % aus der taktischen *Asset Allocation* stammt.

Definition Anlegerziele		Strategische Asset Allocation		Taktische Asset Allocation
× Vermögensstruktur × Finanzielle Verpflichtungen	⇨	× Anlagehorizont × Rendite/Risikopräferenz × Langfristige Portfolioausrichtung × Festlegung der Assetklassen × Gewichtung der Assetklassen am Gesamtportfolio	⇨	× Feinsteuerung × kürzerer Planungshorizont × Branchenallocation bei Aktien × Laufzeitenauswahl bei Renten × Markttiming × Einzeltitelselektion

Abbildung 4: Wegweiser für die *Asset Allocation*

Um Ihnen die *Asset Allocation* möglichst anschaulich zu erklären, gehe ich gleich von einem Beispiel aus[27]. Der Anleger Schmidt entscheidet sich dafür, sein Portfolio ausschließlich aus Aktien zusammenzustellen. Außerdem sollte der Großteil seines Anlagebetrages von 10.000 Euro im Euroraum bleiben und andere Währungsgebiete sollen nur als Beimischung dienen. Überdies sollte die Abbildung seiner Investmentstrategie möglichst kostengünstig sein. Außerdem beschränkt er sein Universum nur auf die großen Aktienindizes der Welt, so hat er automatisch eine vernünftige Branchenauswahl im Depot. Die Strategie unseres Anlegers verlangt, dass er einen Großteil seines Anlagebetrages im Euroraum investiert. Die Frage ist, wie er nun vorgehen soll. Anleger Schmidt könnte viele nationale Indizes (wie z. B. DAX, CAC40 usw.) kaufen oder auf den breit aufgestellten *Euro Stoxx 50* setzen. Sieht man sich die Korrelationen an, so stellt man fest, dass der *Euro Stoxx 50* stark positiv korreliert mit den meisten nationalen Indizes, wie dem *FTSE 100* (0,80) oder dem *DAX* (0,93). Zudem stellt man eine große Korrelation zwischen dem *Stoxx 50* (schließt die nicht Euroländer, wie z. B. Schweiz und Großbritannien, ein) und dem *Euro Stoxx 50* fest. Somit lohnt sich eigentlich die Diversifikation in die anderen europäischen Währungsräume, wie Schweizer Franken, aus Sicht eines Euroanlegers nicht. Aus diesen Gründen ist der *Euro Stoxx 50* der Index der Wahl. Der Anleger kann ihn kostengünstig kaufen, da viele ETFs den *Euro Stoxx 50* als Basiswert haben. Nun müssen wir einen Blick über den europäischen Wirtschaftsraum hinauswerfen. So bietet sich natürlich als Beimischung die USA an. Es zeigt sich allerdings, dass der *Euro Stoxx 50* mit den großen amerikanischen Indizes (*Dow Jones,* NASDAQ) ei-

[27] Vgl. portfoliotheorie.com, 1. Jahr, Ausgabe 09. 04. 2006, S. 1 ff.

ne hohe positive Korrelation hat. Dies ist eigentlich ja schon intuitiv klar, weil die amerikanische Börse als Leitbörse der Welt gilt. So richtet sich das Augenmerk der europäischen Investoren am Nachmittag der Eröffnung der New Yorker Börse zu. Startet sie im Minus, drehen auch die europäischen Börsen ins Minus. Ein Händler stellte dazu einmal fest: „*Wir sind einfach nur der Entwicklung der New Yorker Börse gefolgt.*" Somit bringt portfoliotechnisch eine Diversifikation mit einem breiten US-Index wegen der starken positiven Korrelation mit dem *Euro Stoxx 50* wenig. Die andere große Volkswirtschaft neben Europa und den USA ist Japan. Auch hier stellt man eine hohe positive Korrelation zwischen dem japanischen Leitindex *Nikkei 225* und dem *Euro Stoxx 50* fest, sodass es eigentlich aus portfoliotechnischer Sicht keinen Sinn macht, die beiden Indizes im Depot zu haben.

Schlussendlich richtet sich der Blick des Anlegers noch auf die Schwellenländer bzw. *Emerging Markets*[28]. Hier findet der Anleger endlich die niedrigen Korrelationen. So hat der *Euro Stoxx 50* etwa mit dem *DJ Asian Titans 50* eine Korrelation von 0,05. Das gleiche gilt für lateinamerikanische Aktienindizes.

Das Depot unseres Anlegers Schmidt sollte also zum Großteil aus dem *Euro Stoxx 50* bestehen und als Beimischung den *MSCI Emerging Markets* (dieser Index investiert in einige der größten Unternehmen aus den *Emerging Markets*. Er enthält Aktien von mehr als 23 Ländern) haben. Durch die hohe Korrelation zwischen *Euro Stoxx 50, Dow Jones* & Co und *Nikkei* deckt der Anleger mit einem Investment in den *Euro Stoxx 50* rund 80 % der Weltwirtschaft ab. Die restlichen 20 % liefert der *MSCI Emerging Markets*.

Ähnlich wie bei einem Auto, bedarf auch das Depot bzw. die gewählte Strategie einer regelmäßigen Kontrolle. Dazu muss der Anleger mindestens einmal jährlich überprüfen, ob die gewählten Relationen noch Bestand haben. So entwickelten sich die *Emerging Markets* in den vergangenen Jahren (bis 2007) deutlich besser als der *Euro Stoxx 50*. Dies führt dazu, dass der Emerging-Markets-Anteil im Depot immer mehr Raum einnimmt, als in der ursprünglichen Aufteilung. Hierdurch verändert sich das gesamte Rendite/Risiko-Profil des Portfolios. Um dies zu verhindern, muss der Anleger, die

---

[28] Im Allgemeinen versteht man unter den *Emerging Markets* die Märkte in den aufstrebenden Staaten aus der „zweiten Welt". Dazu zählen z. B. China, Russland, Brasilien oder Indien.

Quote der *Emerging Markets* wieder auf das geplante Maß reduzieren, obwohl die *Emerging Markets* in den letzten Jahren sehr erfolgreich waren. Das durch den Verkauf der *Emerging Markets* frei gewordene Kapital wird dann im Regelfall zugunsten der im Laufe der Zeit untergewichteten Positionen (*Euro Stoxx 50*) investiert. So wird die ursprüngliche Depotaufteilung wiederhergestellt. Dies regelmäßige zurückführen des Portfolios auf sein Ausgangsgewicht, nennt man in der Fachsprache „Rebalancing". Dem Rebalancing[29] wohnt ein wunderbar antizyklisches Moment inne. Man erhöht durch das Rebalancing den Anteil der Assets, die schlecht gelaufen sind und führt das Gewicht der Assets zurück, die gut gelaufen sind. Dies ist der Stoff, aus dem Outperformance[30] gemacht ist! Denn schon im Jahr 2008 drehte sich das Blatt, und der *Euro Stoxx 50* performte besser als die *Emerging Markets*. Bleibt noch die Bestimmung des α-Faktors übrig. Diesen erhält man nachfolgender Formel.

$$\alpha = \mu_{Aktie} - \beta \cdot \mu_{Index} = 15{,}0\% - 0{,}57 \cdot 23{,}5\% = 1{,}61$$

Die *Allianz* hat ein α von 1,61 %, d. h. selbst wenn der Index sich einmal ein ganzes Jahr lang überhaupt nicht bewegt, würde für die Allianz-Aktie eine Rendite von 1,61 % herausspringen. Ähnlich wie der Beta-Faktor ist auch der Alpha-Faktor im zeitlichen Verlauf nicht konstant.

---

[29] Behalten Sie bitte im Hinterkopf: Alle in diesem Buch vorgestellten Strategien benötigen ein Rebalancing mindestens einmal im Jahr. Hat beispielsweise ein Anleger 20.000 €, welches er investieren möchte. Zusammen mit seinem Berater erarbeitet er einen Chance-Risiko-Mix für sein Depot aus. Dies sieht so aus, dass sein Portfolio zu gleichen Teilen aus Anleihen und Aktien bestehen soll. Dieses setzt der Anleger auch so um, d. h. er investiert das Kapital zu 50 % in Aktien und zu 50 % in Anleihen.
Nach der Investition entwickeln sich beide Märkte positiv. Allerdings legt der Aktienanteil deutlich stärker zu als der Anleiheteil des Depots. Dadurch verschiebt sich das Verhältnis von Aktien zu Anleihen im Depot und liegt plötzlich bei 60 % Aktien zu 40 % Anleihen, d. h. 60 % des Gesamtkapitals des Anlegers entfällt jetzt auf Aktien und nur noch 40 % in Anleihen. Hierdurch ändert sich der ursprüngliche Chance-Risiko-Mix im Depot. Dies ruft den Anleger auf dem Plan. Er führt ein Rebalancing durch, indem er Gewinner (Aktien) verkauft und Verlierer (Anleihen) zukauft. Um den 60% Depotanteil der Aktien wieder auf den ursprünglichen Anteil von 50 % zu bringen, muss der Anleger solange Aktien verkaufen bis deren Verkaufserlös 10 % des Depotwertes (Wert der Anleihen und Aktien im Depot) entspricht. Danach investiert der Anleger den Verkaufserlös in Anleihen, hierdurch stellt er die ursprüngliche Aufteilung des Depots wieder her.

[30] Mit Outperformance bezeichnet man die Tatsache, dass man mehr Rendite erzielt als der Markt. Mit Markt werden in der Finanzwelt häufig die großen Indizes, wie DAX, Dow Jones oder Euro Stoxx 50, bezeichnet.

2.1.1.1.1 *Kritische Würdigung der Portfoliotheorie von Markowitz*

„An der Börse wird immer dasselbe Theater gespielt, nur die Schauspieler ändern sich.“ (Andre Kostolany) Derzeit tritt im Theater Börse häufig der Schauspieler Markowitz auf. Ihr Anlageberater wird Ihnen früher oder später Vorschläge zur Portfoliooptimierung nach Markowitz unterbreiten und Ihnen vorschlagen, einen bestimmten ETF zu kaufen, damit Sie ein optimales Portfolio haben. Solche Vorschläge sollten Sie mit Vorsicht genießen.

Markowitz wollte eigentlich nur zeigen, dass das Risiko unter Beachtung von Kovarianzen beurteilt werden sollte. Das ist nach wie vor richtig. Somit stellt ein Anleger nach Markowitz bei seinen Anlageentscheidungen nur Rendite- und Risikoüberlegungen an und kann anhand der zwei Parameter „erwartete Rendite“ und „Varianz“ bzw. „Standardabweichung“ (in der Markowitz-Welt die zentrale Kennzahl zur Risikoquantifizierung) seine Anlagen bewerten. Daher spricht man auch von einem Zwei-Parameter-Modell oder *Mean-Variance-Model*. Das Problem ist „nur“, wie man diese Idee in die Praxis umsetzt.

Für ein Portfolio aus zwei Aktien bzw. Wertpapieren ist die Berechnung noch relativ einfach. Bei zwei Anlagealternativen sind nur fünf Größen zu beachten, aber schon bei 10 sind es 65 und bei hundert Wertpapieren sind es ca. 5.150 Größen, die Sie berechnen müssen. Das ist ein großes Handicap bei der Anwendung der Portfoliotheorie. So werden bei der Wertpapierberatung die Anzahl der Wertpapiere in einem Depot, für die die Berechnung durchgeführt wird, häufig auf eine bestimmte Anzahl beschränkt. Allein dies führt schon zu fehlerhaften Ergebnissen, weil nicht alle Bestandteile eines Depots berücksichtigt werden. Aber auch die Eingabeparameter muss man kritisch sehen.

Zur Beschreibung des Risikos eines Wertpapiers bzw. einer Assetklasse verwendet man in der Regel die Volatilität. Sie wird meistens als Standardabweichung des monatlichen Gesamtertrags während des Beobachtungszeitraums gemessen. So kann mit ihrer Hilfe die Wahrscheinlichkeit der Abweichung des zukünftigen Returns vom erwarteten gemessen werden, d. h., die Volatilität gibt das Risiko an, eine erwartete Rendite nicht zu erreichen. Über die Sinnhaftigkeit der Verwendung der Volatilität bzw. Varianz als Risikomaß lässt sich streiten. Denn die Varianz streut beidseitig um den Mittelwert. Jeder vernünftige Anleger würde jedoch nur das Unterschreiten der erwarteten Rendite als Risiko bezeichnen, und nicht deren Übertreffen. Alles was über die erwartete Rendite hinausschießt, wird doch als gerne gesehene Überschussrendite angesehen, nicht aber als Risiko.

Doch das wirkliche Problem bei der Portfoliooptimierung ist die Abschätzung der erwarteten Rendite eines Wertpapieres. Sie wird häufig aufgrund von Vergangenheitswerten getroffen. Oftmals hat sich in der Vergangenheit aber gezeigt, dass die Börse immer wieder Überraschungen bietet. Das liegt daran, dass die empirische Verteilung der Renditen regelmäßig von der Normalverteilung[31] abweicht. Man sagt, die Verteilung ist stärker leptokurtisch, d. h. die Wölbung im Zentrum der Verteilung ist stärker ausgeprägt und die Flanken sind dicker (so genannte *Fat Tails*). Folglich ist es wahrscheinlicher als bei einer Normalverteilung, kleine und sehr große Renditen zu erzielen als mittlere. Mit anderen Worten: Es kommt häufiger zu einem Börsencrash oder -hausse als die Normalverteilung erwarten lassen würde. Deswegen stehen alle mathematischen Modelle der klassischen Theorien, wie der Portfoliotheorie, auf tönernen Füßen, weil sie von einer Normalverteilung der Kurse ausgehen. Überdies zeigt sich, dass in der näheren Vergangenheit die *Fat Tails* größer geworden sind, d. h. in immer kürzeren Abständen werden die Börsen durchgeschüttelt.

> „Zum Beispiel ergibt sich aus der Normalverteilung für eine negative Abweichung um mehr als 5 Standardabweichungen vom Mittelwert eine extrem kleine Wahrscheinlichkeit von ungefähr 1 zu 3 Millionen, d. h. mit einem solchen Ereignis wäre nur alle 12000 Jahre (zu je 250 Handelstagen) zu rechnen. Beim Dax entsprechen 5 Standardabweichungen bei einer geschätzten Tagesvolatilität von 1,6 % einem Tagesverlust von 8 %. Dieser Wert wurde z.B. am Tag des Anschlages auf das *World Trade Center* am 11.9.2001 (Dax: -8,5 %), davor beim Gorbatschow-Putsch am 19.8.1991 (Dax: -9,4 %) und beim Börsencrash am 19.10.1987 (Dax: -9,4 %) überschritten. Die Häufigkeit derartiger extremer Ausschläge steht also in einem of-

[31] So stellte man im 19. Jahrhundert die These auf, dass sich die Börsenbewegungen ähnlich einer Brownischen Bewegung vollziehen. Das ist eine Vereinfachung, weil es einfach zu schwierig ist, das Verhalten von Abertausenden von Anlegern vorherzusagen. Dies führt dazu, dass sich die Börsenkurse normalverteilt verhalten, ähnlich einer Gaußschen Glockenkurve. Dies hat zur Folge, dass sich die tägliche Schwankungsbreite der Börsenkurse in einem engen Band vollzieht und man diese täglichen Kursschwankungen aussitzen kann.

fensichtlichen Widerspruch zu der sich aus der Normalverteilung ergebenden Wahrscheinlichkeitseinschätzung."[32]

Auch im Rahmen der Finanzkrise mit Beginn Ende 2008 wurden solche Schwankungen häufig beobachtet. Man beobachtet ebenso häufig auch extreme Ausschläge nach oben. So stieg z. B. der DAX am 4. März 2009 um knapp 5,5 % innerhalb eines Tages. Diese extremen Ausschläge führen dazu, dass die zu erwartenden Renditen regelmäßig falsch eingeschätzt werden. Dies liegt auch daran, dass die Anleger häufig die Performancezahlen falsch interpretieren. Beispielsweise gewann ein DAX-ETF im Jahr 2006 22,26 % und im Jahr 2007 nochmals 21,98 %. Dagegen verlor er im Jahr 2008 (-) 40,37 %. Liegt der ETF noch im Plus? Naive Anleger würden das meinen. Schließlich erzielte der DAX-ETF in den beiden guten Jahren eine Performance von 44,27 %, bliebe unter dem Strich nach Abzug des Verlustes von -40,37 % ein Gewinn von knapp 3,9 % übrig. Leider spielt hier die Mathematik nicht mit. Tun wir einmal so, als hätten wir 100 Euro in den ETF investiert. Dann sehe die Rechnung so aus:

Jahr	Rendite	Kapital zu Anfang des Jahres	Kapital zum Ende des Jahres
2006	22,29 %	100,00 €	122,29 €
2007	21,98 %	122,29 €	149,17 €
2008	-40,37 %	149,17 €	88,95 €

Tatsächlich hätten wir mit einer Investition in den ETF also 11 % verloren. Die Berechnung erfolgt dann: 1,229 x 1,2198 x 0,5963 = 0,8895, das entspricht - 11,05 %.

Zudem zeigen viele Untersuchungen, dass sich Verzerrungen in der Varianz (also beim Risiko) nur untergeordnet auf die Portfoliozusammensetzung auswirken, während die Renditeschätzungen einen sehr großen Einfluss auf die Wertpapiergewichtungen innerhalb eines optimierten Portfolios ausüben. Als Faustregel gilt, dass Fehler in den Renditeschätzungen in etwa elfmal so schwerwiegend sind wie ein Fehler in den Varianzen. Daher sollte bei der Konstruktion von optimalen Portfolios das Hauptaugenmerk auf den Renditeschätzungen liegen. Je besser diese sind, desto besser ist auch das optimier-

[32] Rau-Bredow, Hans: Value at Risk, Normalverteilungshypothese und Extremverhalten; Finanz Betrieb, Zeitschrift für Unternehmensfinanzierung und Finanzmanagement, 3. Jahrgang, Oktober 2002, S. 603- 607

te Portfolio. Deswegen raten Experten auch, alle Inputparameter bei der Portfoliooptimierung kritisch zu hinterfragen – besonders die Renditeerwartungen. Vielmehr führt die in der heutigen Praxis durchgeführte Portfoliooptimierung nach Markowitz häufig zu prozyklischen Investments, die langfristig meist nicht robust sind und daher ständig umgeschichtet werden müssen, was zu hohen Transaktionskosten führen kann und somit den passiven Anlagestil ad absurdum führt. In der Regel empfehlen Wertpapierberater einmal im Jahr, das Portfolio optimieren zu lassen.

Zudem führen weltweite Krisen dazu, dass die Korrelationen der einzelnen Anlageklassen höher (Korrelation nimmt in Richtung von +1 zu) sind als im langfristigen Durchschnitt. Kommt es z. B. zu einem Börsencrash, so werden massenhaft Aktien von den Anlegern abgestoßen. Dies führt zu einer höheren Korrelation von Aktien. Aus diesem Grund funktioniert in Zeiten einer Krise, die Diversifikation weniger gut als sonst. Allerdings ist auch in einen solchen Fall ein diversifiziertes Portfolio besser als Einzelinvestments.

Aber auch andere Scharlatanerie wird mit der Theorie von Markowitz getrieben. So werden die wildesten Assetklassen angeboten, mit dem Hinweis, dass sich bestimmte Assets wegen der geringen Korrelation zu Aktien oder Anleihen besonders als Beimischung zu bestehenden Grundportfolios eignen. Eine Beimischung zu einem Portfolio ist natürlich nichts Verwerfliches, trotzdem sollte der Anleger immer hellhörig werden, wenn ihm etwas mit dem Hinweis „ideale Beimischung zum Portfolio“ verkauft wird und nicht auf die Rendite des angebotenen Produktes verwiesen wird. Der Anleger sollte immer hinterfragen, wie hoch die erzielten Renditen der angebotenen Anlagen sind. So wurden z. B. 2008 verstärkt Produkte als gute Diversifikation angepriesen, die von den Währungsschwankungen profitieren. Tatsächlich lag deren Rendite allerdings unter der von Anleihen, sodass sich die vermeintliche Diversifikation zu einem Renditekiller entwickelte.

Vielfach sollen Assets, die ein hohes Risiko aufweisen, mit dem Mäntelchen Markowitz verkauft werden. Das Risiko der Anlage wird für den Anleger nur wegen der geringen Risikokorrelation zu seinem bestehenden Portfolio erträglich. Zugegeben: Nach der Theorie von Markowitz sollte dies tatsächlich vorteilhaft sein. Das Problem ist, dass die geringe Korrelation meist aus historischen Renditen abgeleitet wird, wobei durch die Wahl einer geeigneten Zeitreihe und ihres Stützzeitraumes die Ergebnisse deutlich beeinflussbar sind.

Das Tolle ist zudem, dass die meisten neuen Assets noch keine lange Historie aufweisen und in den ersten Monaten häufig eine Sonderbewegung zeigen, sodass per se eine geringe Korrelation herausspringt. Somit sind neue Assets nur scheinbar zur Beimischung geeignet.

„Die Wirklichkeit nimmt keine Rücksicht auf unsere Illusionen. Die Wand ist immer härter als der Kopf.“ (Arnulf Baring) So ist es leider auch an den Börsen. Es hat sich nämlich gezeigt, dass das Bild des rational handelnden Anlegers (Grundkonzept der Portfoliotheorie) immer wieder Kratzer bekommen hat.

Der Verlauf der Aktienkurse war im vorletzten Börsenjahrzehnt (1999-2009) so außergewöhnlich, dass er vermutlich einen Platz in den Geschichtsbüchern bekommt. Seit Mitte der neunziger Jahre haben sich die Aktienkurse weit von ihren Fundamentalwerten entfernt. Die meisten führenden Aktienmärkte hatten z. B. ein Kurs/Gewinnverhältnis erreicht, das fast doppelt so hoch war, wie in der spekulativen Blase der 1920er Jahre. Im März 2000 platzte nun die spekulative Blase der 1990er Jahre. In wenigen Jahren verloren die großen Indizes der Welt mehr als 50 % ihres Wertes, d. h., nach dem dramatischen Kursanstieg erlebten die Anleger ein ebenso großes Waterloo.

Dennoch schafften die Finanzmärkte ein Revival. So stiegen die Aktienkurse von 2003 bis Anfang 2008 fast alle wieder auf ihre alten Höchststände von März 2000, getrieben durch eine der größten Wirtschaftswachstumszeiten der jüngeren Vergangenheit, ausgelöst durch den Boom in den Schwellenländern, besonders in China, Indien, Russland und Brasilien.

Doch Ende 2008 schlug das Pendel gnadenlos in die andere Richtung. So reduzierten sich im Jahr 2008 die Aktien innerhalb eines Jahres (häufig sogar innerhalb eines Quartals) um 41 %, dem höchsten Jahresverfall seit 1871. Die deutsche Wirtschaft driftete z.B. in die größte Rezession seit Gründung der Bundesrepublik. Ausgelöst wurde dies durch die Finanzkrise Ende 2008, die auf die reale Wirtschaft übergriff.

Weiterhin offenbarte das Jahr 2008, dass die moderne Portfoliotheorie nicht vor schweren Depotverlusten schützt. Scheinbar ist die alte Grundregel *„Streue das Vermögen über möglichst viele Assetklassen und mindere so das Risiko“* nicht mehr gültig. Im Jahr 2008 bot nämlich die Streuung des Depots über verschiedene Anlageklassen, Regionen, Länder und Schuldner keinen Schutz vor herben Verlusten im Portfolio, weil zwischenzeitlich alle Vermögensklassen gleichzeitig abtauchten. Es spielte keine Rolle, ob ein Investor relativ sichere Aktien wie *Nestlé* oder *Roche* im Depot hatte, oder riskantere wie Internetaktien, alles fiel im Rahmen der Panik der Märkte. Der Fall der Ikone *Lehman Brothers* brachte schließlich das Fass zum Überlaufen und beschleunigte den Verfall nochmals. Im Börsensaal wurde das Lied „*I don't like Mondays*" von den *Boomtown Rats* angestimmt (zu Deutsch: „Ich mag keine Montage"). Dies Lied traf die Stimmung der Börsianer, weil an einem schwarzen Montag *Lehman Brothers* Insolvenz anmelden musste.

In dieser Situation gelangte die Portfoliotheorie an ihre Grenzen. Doch man sollte sie nicht vorschnell verdammen, sondern sich an ihren grundsätzlichen Aussagen orientieren. So sagt die Portfoliotheorie aus, dass die effizienten Portfolios immer von den Anforderungen des jeweiligen Anlegers abhängen. Sie legen also ihre persönlichen Anlageklassen (Aktien, Anleihen, Immobilien usw.) fest, ebenso die erhoffte Rendite, die Varianzen und die Korrelationen sowie die Regeln für das Depot. Mit anderen Worten: Die Portfoliotheorie verlangt, dass der Anleger sich bewusst mit der Rendite und dem Risiko seiner Anlageentscheidung bzw. seines Depots auseinandersetzt. Hinzu kommt noch das Bewusstsein der persönlichen Risikobereitschaft. All dies mündet schließlich in einer Strategiefindung.

Der gleiche Herdentrieb, der im Jahr 2008 alle Vermögensklassen ins Minus zog, funktioniert auch umgekehrt. So legten seit März 2009 bis Ende August 2009 die Aktienmärkte eine beeindruckende Aufholjagd mit zweistelligen Kurszuwächsen hin, wie z.B. der DAX mit 47,3 %. Aber nicht nur Aktien legten eine beträchtliche Performance hin, sondern auch die bekannten Anleihen-, Rohstoff- oder Hegdefondsindizes.

Dennoch bleibt der Grundgedanke von Markowitz auch weiterhin gültig: Diversifikation. Hätte z.B. ein Anleger sein Geld ausnahmslos im Jahr 2008 in einen ETF auf den DAX gesetzt, wäre am Jahresende ein Verlust von ca. 40 % entstanden. Wer jedoch sein Kapital zu gleichen Teilen in den DAX und den Rentenindex *iboxx € Sovereigns Eurozone*[33] anlegte, musste „nur" Verluste von 25 % verkraften. Markowitz bringt es auf den Punkt:

[33] Dieser Index bildet die Gesamtheit der auf Euro lautenden Staatsanleihen ab, die von Regierungen der Eurozone emittiert wurden.

„Man sagt, dass erstens während Finanzkrisen die verschiedenen Anlageklassen stärker untereinander korrelieren; darum zweitens die Diversifikation versagt, wenn man sie braucht und darum drittens die moderne Portfolio-Theorie nutzlos ist. Die erste Aussage ist korrekt, die zweite Aussage ist teilweise korrekt, die dritte Aussage ist falsch. Hätte sich ein Anleger zum Beispiel nur auf eine Anlageklasse konzentriert (Aktien) und innerhalb dieser sich nicht breit diversifiziert – wenn er also beispielsweise in Unternehmen wie AIG, Citigroup oder General Motors investiert gewesen wäre –, dann wäre das Ergebnis entsprechend katastrophal. Bei einem Investment in Staatsanleihen wäre ein Anleger weniger stark unter die Räder gekommen. So gesehen weist ein diversifiziertes Depot immer noch den besten Schutz auf, da niemand mit Sicherheit vorhersagen kann, welche Klassen sich wie entwickeln werden.“[34]

Egal wie beeindruckend die Portfoliotheorie auch immer sei, es wird immer jemanden geben, der auch angesichts ihres großen Erfolges weitere Fragen stellt und noch tiefer bohrt. Diese Fragen führten in den letzten Jahrzehnten zu einer neuen Variante des Passiv-investieren, nämlich dem „Factor Investing“, oft auch als „Smart Beta Investing“ bezeichnet.

2.1.2 Der Weg zu den Faktoren

Wenngleich der Begriff Smart Beta noch relativ neu ist, sind dessen Ursprünge schon wesentlich älter. Ausgangspunkt war das Capital Asset Pricing Model oder kurz CAPM. Um dieses Modell zu verstehen, müssen wir uns die Frage stellen: Was ist Risiko?
Diese Frage stellte sich auch William F. Sharpe. Er kam zu dem Schluss, dass man das Risiko in zwei Teile sezieren kann:

- Das systematische Risiko (Marktrisiko), bezieht sich auf die Kursschwankungen (Risiko) die man als Anleger in Kauf nehmen muss, wenn man sich an der Börse engagiert. So können z. B. politische Krisen, gesetzliche Änderungen oder Umweltkatastrophen eine negative Wirkung auf den gesamten Finanzmarkt haben. Hierbei spielt es keine Rolle, welches Unternehmen man betrachtet. Das systematische Risiko kann nicht durch Diversifikation gesenkt werden, da es das Risiko der Anlageklasse selbst innewohnt. Hierauf hat der Investor also de facto keinen Einfluss. Für das Eingehen, dieses Risikos erhält der Anleger ein Plus an Rendite, als Ausgleich für das „Ausgeliefert sein“. Bei-

[34] 10x10 THE ETF Newsletter, Ausgabe 07/09, S. 4, www.10x10.ch

spielsweise ist das systematische Risiko beim Tagesgeld sehr gering. Folglich bekommt man nur eine geringe Rendite. Wohingegen das systematische Risiko bei Aktien wesentlich höher ist. Aus diesem Grund darf ein Aktienanleger auch auf eine deutlich höhere Rendite hoffen als beim Tagesgeld.

- Im Gegensatz dazu handelt es sich beim unsystematischen (oder spezifischen) Risiko, um das Risiko, welches einer einzelnen Anlage oder Branche innewohnt. Ein unsystematisches Risiko wäre z. B. eine unglückliche Entscheidung der Geschäftsführung, die sich senkend auf den Kurs auswirken kann oder eine negative Berichterstattung aufgrund eines Skandals. Beispielsweise ist dies der aufgedeckte Abgasbetrug bei Volkswagen, oder die Bayer AG deren Aktienkurs abgestürzt ist, nach dem im August 2018 ein Glyphosat-Urteil verloren ging und sich eine Klagewelle abzeichnete.

Nach Sharpe darf der Anleger für das Eingehen von unsystematischen Risiken keine zusätzliche Rendite erwarten, weil diese Risiken durch eine geeignete Depotstreuung (Diversifikation) weitestgehend beseitigt werden können. Dafür darf der Anleger auf eine zusätzliche Entlohnung hoffen, für das Eingehen von systematischen Risiken. Im Fachjargon heißt das, Risikoprämie[35].

Aus dieser Überlegung heraus entwickelten in den 1960er Jahren William F. Sharpe, John Lintner und Jan Mossin unabhängig voneinander das Capital Asset Pricing Model (kurz CAPM). Um das CAPM entwickeln zu können, trafen deren Erfinder folgende Annahmen (nur die wichtigsten):

1. Alle Marktteilnehmer
    a. sind risikoavers und handeln rational
    b. investieren ausschließlich in effiziente Portfolios im Sinne der Portfoliotheorie
    c. besitzen den gleichen Erwartungswert bezüglich der Rendite und des Risikos
    d. besitzen eine homogene Renditeerwartung in Bezug auf zukünftige Renditen.
2. Der Markt

---

[35] Der Anleger erhält also die Prämie (bzw. Rendite) für das Eingehen des allgemeinen Marktrisikos (oder Excess-Markt-Beta).

a. ist vollkommenen. Das bedeutet, dass Kapital zum gleichen risikolosen Zinssatz[36] sowohl aufzunehmen als auch anzulegen möglich ist.
b. ist frei von jeglichen Transaktionshemmnissen
c. die Renditen der Anlagen sind normalverteilt
d. er befindet sich im Gleichgewicht. Das Gleichgewicht stellt sich ein, wenn die risikoaversen Anleger ihre Portfolios gemäß der Portfoliotheorie effizient zusammenstellen. Letztlich bedeutet dies: Gäbe es am Kapitalmarkt ineffiziente Wertpapiere, dann würden sie durch die Marktteilnehmer verkauft und gegen effiziente getauscht. Im Gleichgewichtszustand sind alle diese Transaktionen abgeschlossen, d. h. es gibt keine ineffizienten Wertpapiere mehr auf dem Markt.

Das CAPM lässt sich in zwei Teile untergliedern. Teil eins, quasi die Vorstufe des Modells, beschäftigt sich mit der Ableitung der Capital Market Line, die auch als Kapitalmarktlinie oder kurz CML bezeichnet wird. Der zweite Teil beschäftigt sich mit der Security Market Line. Sie stellt den eigentlichen Kern des CAPM dar. Die Security Market Line dient dazu, das bewertungsrelevante Risiko mit den Erwartungswerten der Rendite der Finanztitel zu verbinden.

„*Der Anfang ist die Hälfte des Ganzen.*“ (Aristoteles) Darum werfen wir zunächst einen kurzen Blick auf die Capital Market Line.

Als Konsequenz der von William F. Sharpe, John Lintner und Jan Mossin aufgestellten Annahmen ergibt sich für alle Anleger unabhängig von ihrer Risikoeinstellung ein bestimmtes optimales Portfolio risikobehafteter Finanztitel (wie z. B. Aktien). Dieses nennt man Marktportfolio[37]. Je nach Risikopräfe-

---

[36] Also eine Geldanlage, bei der man ohne Risiko einzugehen Rendite erhält bzw. zu dessen Zinssatz man sich Geld leihen kann. Als Näherung für diesen risikolosen Zins verwendet man häufig den Zinssatz von kurzläufigen Staatsanleihen mit einem sehr guten Rating, wie z.B. von Deutschland oder der Schweiz, oder schlicht die Sparbuch- bzw. Tagesgeldzinsen.

[37] Das Marktportfolio entsteht, weil im Marktgleichgewicht sämtliche risikobehaftete Anlagen in diesem Portfolio enthalten sein müssen, da sie woanders nicht sein können. Deshalb sorgen Marktprozesse und damit Kursbewegungen dafür, dass sich genau dieses Marktportfolio als ein (risiko-)effizientes Portfolio im Sinne der Portfolio-Theorie und bei Existenz einer risikolosen Anlage (wie CAPM) als das Tangentialportfolio herausbildet. Aus dieser Definition des Marktportfolios folgt, dass es alle am Markt existenten, risikobehafteten Vermögensgegenstände (wie Aktien, Anleihen usw.) enthält. Die Ge-

renz wählen die Anleger eine Kombination aus eben diesem Marktportfolio und der risikolosen Anlage aus (Dies wird auch als Tobin-Separation bezeichnet, s. S. 23 ff). Hieraus ergeben sich verschiedene Risiko-Rendite-Kombinationen. Sie werden durch die Kapitalmarktlinie abgebildet. Schauen wir uns das mal anhand eines Graphens an.

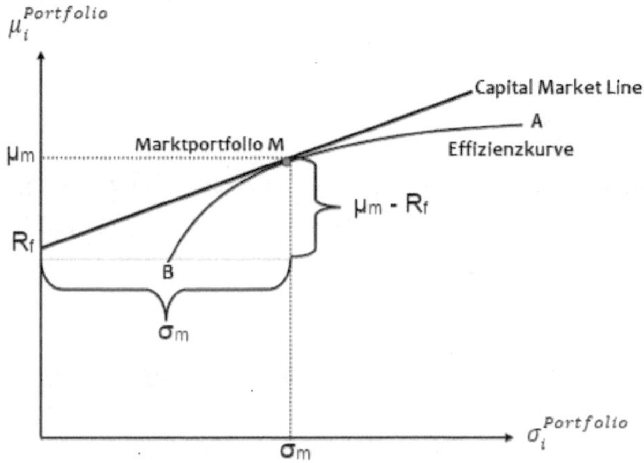

mit $\mu_i^{Portfolio}$= Erwartungswert der Rendite eines Portfolios, μ_m = Erwartungswert der Rendite des Marktportfolios; R_f = risikoloser Zins; σ_m = Standabweichung der Renditeerwartung des Marktportfolios; $\sigma_i^{Portfolio}$ = Standardabweichung der Rendite eines Portfolios; A = Wertpapier A; B = Wertpapier B

Abbildung 5: Capital Market Line

Die Gerade in der Abbildung stellt die Capital Market Line (bzw. Kapitalmarktline) da. Der Berührungspunkt zwischen der Capital Market Line und der Effizienzkurve ist das Marktportfolio (M).

Es zeigt sich, dass für Portfolios auf der Kapitalmarktline gilt: Die Rendite ist für das eingegangene Risiko stets höher und im Fall des Markportfolios zumindest gleich hoch, wie die Rendite eines auf der Effizienzkurve liegenden Portfolios.

---

wichtung der einzelnen Bestandteile des Marktportfolios erfolgt nach deren Marktkapitalisierung.

Somit ist es für jeden Anleger vorteilhaft, sein Vermögen nicht mehr lediglich auf die Wertpapiere A und B aufzuteilen (und damit einen Punkt auf der Effizienzlinie zu erreichen, wie die Portfoliotheorie lehrt), sondern ein Depot aus risikofreier Geldanlage, sowie dem Marktportfolio zu bilden. Hierdurch bewegt der Anleger sich jetzt auf der Kapitalmarktlinie. Der Erwartungswert der Rendite eines Portfolios lässt sich so bestimmen:

$$\mu_i^{Portfolio} = R_f + \underbrace{\frac{\mu_m - R_f}{\sigma_m} \cdot \sigma_i^{Portfolio}}_{Risikoprämie}$$

Die Formel besagt, wenn man ausgehend von der risikolosen Anlage mehr von den risikobehafteten Marktportfolio ins Depot nimmt, dann erhöht sich die erwartete Rendite des Gesamtdepots um den Marktpreis für eine Risikoeinheit.

„*Wer den Kern sucht, muss die Schale brechen.*" (Erasmus von Rotterdam)

Die Schale des CAPM haben wir mit der Kapitalmarktline bildlich gesprochen geknackt. Stoßen wir jetzt zum Kern des CAPM vor.

Dazu sollten wir zunächst der Frage nachgehen: Welche erwartete Rendite ein Wertpapier oder auch ein Portfolio haben müsste, wenn alle Anleger ihre Portfolios gemäß der Kapitalmarktline zusammenstellen?

Zur Beantwortung der Frage muss man sich darüber im Klaren sein, dass das unsystematische (finanztitelspezifische) Risiko eines Wertpapiers nicht vergütet werden muss, weil es durch eine passende Portfoliozusammenstellung eliminiert werden kann. Demgemäß dürfen nur solche Risiken vergütet werden, die nicht durch Portfoliobildung wegdiversifiziert werden können, also die systematischen Risiken.

Die Security Market Line, auch Wertpapierlinie oder kurz SML genannt erhält man einfach durch umformen der Capital Market Line.

$$\mu_i = R_f + \beta_i \cdot (\mu_m - R_f)$$

Dabei ist

- R_f: ist der risikolose Zinssatz

- ß : ist der Beta-Faktor. Er gibt an, wie „sensibel" ein Wertpapier, z. B. eine Aktie, auf Veränderungen des Marktes (der Börse) reagiert. Oder anders ausgedrückt: es zeigt, wie stark die Kurse des Wertpapiers im Vergleich zur durchschnittlichen Volatilität am Gesamtmarkt schwanken.
- μ_m :, ist die Marktrendite. Dies ist die Rendite, die auf dem Kapitalmarkt bei breiter Streuung der Anlagen realisiert wird (i.d.R. durch Aktien- oder Anleiheindizes ermittelt, allerdings aus Vergangenheitsdaten).

Aus der Formel erkennt man, dass die erwartete Rendite eines Wertpapiers sich der Marktrendite abzüglich des risikolosen Zinses multipliziert mit dem Beta-Faktor ergibt. Zu diesem Wert wird dann noch der risikolose Zinssatz addiert. Dies ist zugleich die zentrale CAPM-Gleichung und Kernaussage des Modells. In der Zeichnung sieht das dann so aus.

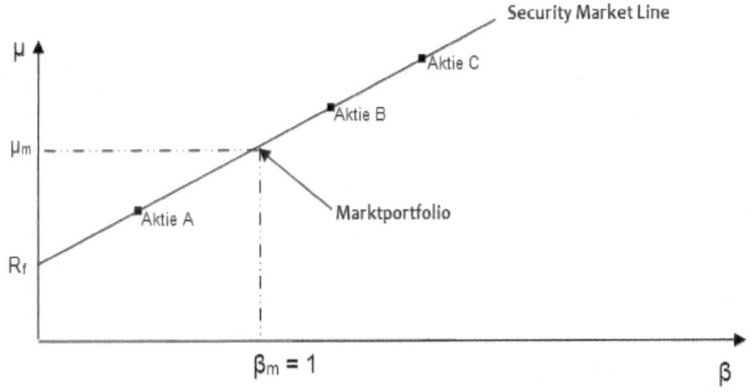

mit μ = Erwartungswert der Rendite eines Wertpapiers, μ_m = Erwartungswert der Rendite des Marktportfolios M; R_f = risikoloser Zins; β_m = Standabweichung der Renditeerwartung des Marktportfolios; β = Standardabweichung der Rendite eines Wertpapiers

Abbildung 6: Security Market Line

Die Security Market Line kombiniert die erwarteten Risiken mit den erwarteten Renditen, wenn ein unterschiedlicher Anteil des Portfolios in den Markt (bzw. Marktportfolio) investiert wird, während der Rest zum sicheren Zinssatz angelegt wird bzw. ein Kredit zum sicheren Zinssatz aufgenommen wird. Alle möglichen Risiko-Rendite-Kombinationen liegen dann auf der Security Market

Line und setzen damit den Standard für die von Anlegern geforderte Rendite. Diese Line beschreibt also den Zusammenhang zwischen der erwarteten Rendite und dem Risiko einzelner Wertpapiere (unter den Annahmen eines vollkommenen Kapitalmarktes)[38].

Anton Brucker sagte: „*Wer hohe Türme bauen will, muss lange beim Fundament verweilen.*" Genau, dass sollten wir auch tuen. Das Fundament der Security Market Line ist der β-Faktor.

Der β-Faktor quantifiziert das systematische Risiko. Dabei beschreibt der β-Faktor wie sich ein Wertpapier zum Gesamtmarkt bewegt. Der β-Faktor des Gesamtmarktes beträgt 1, deshalb hat das Marktportfolio (oder seine Annäherung, wie z. B. ein großer Index) immer ein β = 1. Für den β-Faktor haben sich folgende Zusammenhänge herauskristallisiert:

- Betafaktor = 1: Das Wertpapier wird als neutral eingestuft. Dies bedeutet, dass die erwartete Rendite des Wertpapiers identisch ist mit der Rendite des Marktes. Allerdings kann das Risiko abweichen. Hat beispielsweise eine Aktie einem β-Faktor von 1 so bedeutet dies: Steigt das Marktportfolio um 10 %, gemessen mittels eines breiten Marktindex, dann steigt auch der Aktienkurs um 10 %.
- Betafaktor > 1: Man stuft das Wertpapier als aggressiv ein, da es besonders stark auf Marktschwankungen reagiert. Hat z. B. eine Aktie einen β-Faktor von 2, so bedeutet dies: Steigt das Marktportfolio (bzw. Index) um 10 %, dann steigt der Aktienkurs um 20 %. Für Wertrückgänge des Marktportfolios gilt dieselbe Relation. Die Aktie ist also gemessen am Gesamtmarkt vergleichsweise volatil. Damit einher geht in der Welt des CAPM eine risikoerhöhende Wirkung und aus Sicht des Anlegers eine Renditeerwartung, die oberhalb der Rendite des Marktportfolios (bzw. Index) liegt.
- Betafaktor < 1: Solche Wertpapiere stuft man als defensiv ein. Schwankungen des Marktes beeinflussen die Aktie nur in geringem Maße. Hat ein Unternehmen einen β-Faktor von 0,3, so bedeutet dies: Steigt das Marktportfolio um 10 %, dann steigt der Aktienkurs nur um 3 %. Für Wertrückgänge des Aktienindex gilt dieselbe Relation, d. h. der Aktien-

[38] Wohingegen die Kapitalmarktlinie, die Renditeerwartung riskanter Portfolios im Kapitalmarktgleichgewicht anzeigt.

kurs ist gemessen am Gesamtmarkt vergleichsweise stabil. In der Welt des CAPM findet also eine risikodämpfende Wirkung statt. Dafür darf der Anleger auch nur eine Rendite unterhalb des Marktportfolios (bzw. Index) erwarten.

- Negativer Betafaktor: Wenn eine Aktie sich gegenläufig zum Marktportfolio bewegt, liegt eine negative Korrelation und damit ein negatives β vor. Diesen Aktien wird eine besonders gute Diversifikationskraft zugeschrieben.

Da Beta die einzige Risikoeinflussgröße im CAPM ist, spricht man auch von einem Ein-Faktor-Modell.

„Auch ein Schritt zurück ist oft ein Schritt zum Ziel." Also kehren wir zur Gleichung der Security Market Line zurück. Um sie besser zu verstehen, berechnen wir die erwartete Rendite für die SAP-Aktie aus. Der

- risikolose Zinssatz (gemessen mit einer Bundesanleihe) sei -0,45 %
- die Marktrendite, die anhand des EuroStoxx50 ermittelt wurde, beträgt 16,43 % (letzten 12 Monate)
- der ß-Faktor von SAP-AG beträgt 1,06 (letzten 12 Monate)

Dann ist die erwartete Rendite der SAP-Aktie:

$$\mu_{SAP} = R_f + \beta_{SAP} \cdot (\mu_m - R_f) = -0{,}45 + 1{,}06 \cdot (16{,}43 - 0{,}45) = 17{,}4\ \%$$

Dies bedeutet, dass von der SAP-Aktie eine Rendite von 17,4 % erwartet werden darf. Warum, diese hohe Rendite? Würde man sein Geld sicher in Bundesanleihen anlegen, bekäme man -0,45 % und wenn man sein Geld breit gestreut in Aktien anlegt, dürfte man auf eine Rendite (bzw. Marktrendite) von 16,43 % hoffen. Die SAP-Aktie ist mit einem ß-Faktor von 1,06 riskanter als ein Portfolio bestehend aus Aktien des Aktienindex EuroStoxx50, deshalb fordern die Anleger eine höhere Rendite als die Marktrendite, da sie ein höheres Risiko eingehen als mit dem Aktienindex EuroStoxx50.

Es gilt: Je höher der Beta-Faktor eines Wertpapiers ist, desto höher fällt seine erwartete Rendite aus und umgekehrt. Mit anderen Worten: Investoren sind nur dann bereit, ein Wertpapier mit einem höheren Risiko als das Marktportfolio (β_m) zu halten, wenn sie eine entsprechend hohe Rendite erwarten dürfen. Wer mehr Risiko eingeht, erwartet halt auch eine höhere Entlohnung.

„Das Wesen der Dinge hat die Angewohnheit sich zu verbergen." (Heraklit) Tatsächlich verbirgt sich noch etwas anders im CAPM, nämlich der Alpha-Faktor.

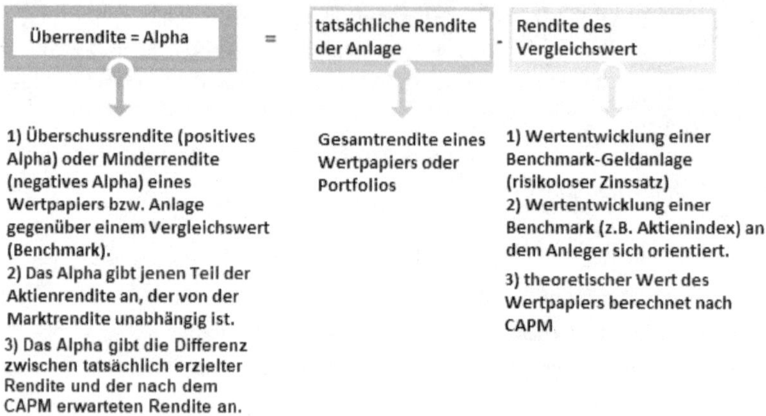

Abbildung 7: Alpha

Aus der Abbildung ist ersichtlich, dass der Alphafaktor beschreibt, um wie viel die Rendite eines Wertpapiers (z. B. Investmentfonds oder einer Aktie) über oder unter der Rendite des gewählten Referenzwertes für den Markt (der Benchmark) liegt[39]. Als Benchmark für die Berechnung des Alpha-Faktors wird normalerweise ein Börsenindex, wie z. B. *DAX* oder *MSCI World* genommen.

Anders ausgedrückt, zeigt der Alpha-Faktor an, in welchem Ausmaß sich die Anlage eines Anlegers besser oder schlechter als der Markt im gleichen Zeitraum entwickelt hat. Das Alpha kann sowohl negativ als auch positiv sein - dies hängt von der Abweichung von der Marktperformance ab.

Darum hört man häufig im Börsensaal dem Spruch: *„Ich suche eine Aktie mit hohem Alpha*". Denn in der Praxis wird Alpha synonym gesetzt mit Überrendite.

[39] Dies gilt selbstverständlich nur, wenn man die Rendite des Wertpapieres und des Referenzmarktes für denselben Zeitraum vergleicht.

Deswegen wird in der Praxis auch der Unterschied zwischen der prognostizierten und der tatsächlichen erzielten Rendite eines Wertpapiers als Alpha-Faktor bezeichnet.

Zu dessen Berechnung des Alpha-Faktors hat sich eine fortschrittlichere Technik, die das CAPM berücksichtigt etabliert. Sie wird dann nach ihren Erfinder Jensen-Alpha und Jensens Alpha bezeichnet.

Hierbei ist das Jensen-Alpha eines Wertpapiers i (α_i) nichts anders, als die Differenz zwischen der tatsächlich erzielten Rendite (r_i) und der nach dem CAPM zu erwartender Rendite (μ_i) des Wertpapieres oder als Formel:

$$\alpha_i = r_i - \mu_i$$

Durch Einsetzen in der CAPM-Formel ergibt sich:

$$\alpha_i = (r_i - R_f) - \beta_i \cdot (\mu_m - R_f)$$

Nehmen wir an, die SAP- Aktie hat eine tatsächliche Rendite 18,9 %. Die risikofreie Rendite beläuft sich auf -0,45 %, der Beta-Faktor beträgt 1,06 und die Marktrendite 16,43 % (bezogen auf den Euro-Stoxx50). Die Berechnung von dem Alpha der SAP-Aktie gestaltet sich folgendermaßen:

$$\alpha_i = (r_i - R_f) - \beta_i \cdot (\mu_m - R_f) = (18{,}9\% - -0{,}45\%) - 1{,}06 \cdot (16{,}43\ \% - -0{,}45\%) = 1{,}45$$

Ist Alpha = 0, hat sich das Wertpapier genauso entwickelt, wie es vom theoretischen Modell vorhergesagt worden ist[40]. Ein positives Alpha[41] zeigt eine Überrendite an, d. h. die tatsächliche Rendite ist höher als die vorhergesagte Rendite, wie bei der SAP-Aktie. Dagegen zeigt ein negatives Alpha eine Unterrendite an, weil die tatsächliche Rendite des Wertpapieres unterhalb der prognostizierten Rendite liegt.

---

[40] Bei Indexfonds (ETFs) muss das Alpha gegen Null tendieren, weil das Fonds-Portfolio hier einen Marktindex eins zu eins nachbildet, kann es sich nicht anders entwickeln als der Markt.

[41] Ein gemessenes positives Alpha deutet auf eine zusätzliche, vom systematischen Risiko der Aktie unabhängige Rendite innerhalb des Beobachtungszeitraums.

Abschließend bleibt festzuhalten: Das Capital Asset Pricing Model beschreibt den Zusammenhang zwischen systematischem Risiko und der erwarteten Rendite einer Aktie. Letztlich unterteilt das CAPM die Aktienrendite in zwei Komponenten:

1. Das Beta (oder allgemeinen Marktrisikoprämie), welches die Sensitivität des Portfolios gegenüber dem Gesamtmarkt ausdrückt. Ein Beta von über 1 zeigt dabei eine höhere Schwankung des Portfolios gegenüber dem Gesamtmarkt und ein Beta von unter 1 eine geringere an. Die langfristig erzielte Überrendite eines Portfolios mit einem Beta von über 1 stellt dabei eine Risikoprämie dar.
2. Das Alpha, beschreibt die Überrendite, die durch aktives Investieren, also aktive Wertpapierauswahl und Markttiming, erzielt wird.

Trotz dieser Bahnbrechenden Entdeckung erfuhr das CAPM durch eine richtungsweisende Arbeit der Finanzmarktforscher Fama und French (1992) eine entscheidende Erweiterung. Sie konnten aufzeigen, dass es neben dem Beta noch zwei weitere Faktoren gibt, mit denen man Risikoprämien[42] erzielen kann.

Die beiden Forscher konnten empirisch nachweisen, dass mit niedrig bewerteten Aktien (Value) sowie mit Aktien geringer Marktkapitalisierung (Small Cap) systematisch überdurchschnittliche Renditen erzielt werden. Spätere Untersuchungen von Fama und French haben „Value" und „Size" als wichtige Einflussgrößen für Risiko und Rendite eines Wertpapieres bestätigt. Deswegen bauten sie, die beiden Faktoren in das CAPM ein. Es entstand das Drei-Faktoren-Modell von Fama und French. Dies hatte enorme Konsequenzen für die Erklärung der Renditen von Portfolios, wie folgende Abbildung zeigt.

[42] Geldanlage ist immer mit Risiko verbunden. Das Risiko ist aber nur die eine Seite der Medaille. Die andere Seite ist, dass Anleger für das Risiko, dass sie zu tragen bereit sind, eine Risikoprämie erhalten. Sie ist Teil des Ertrags der Anlage. Für unseren Fall bedeutet dies, dass durch das rein mechanische, disziplinierte Übergewichte von Risikoprämien in einem Portfolio es möglich ist, gegenüber dem Gesamtmarkt (z. B. MSCI World) eine Zusatzrendite zu erwirtschaften. Daher auch die Bezeichnung „Prämie".

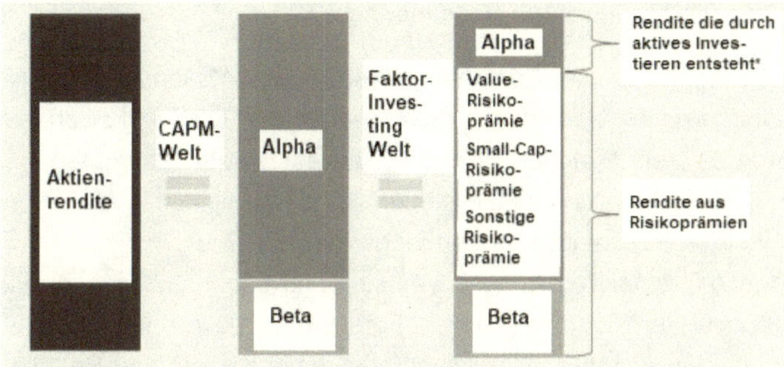

* Hiermit ist die Rendite gemeint, die durch aktive Wertpapierauswahl und Markttiming erzielt werden kann.

Abbildung 8: Wie die Rendite zustande kommt

Die Abbildung zeigt, dass in der Welt des CAPM die Portfolio-Performance allein auf die Fähigkeiten des jeweiligen Portfoliomanagers zurückgeführt wurde. Also durch aktives Investieren, d. h. durch aktive Wertpapierauswahl und Markttiming.

Dies änderte sich grundlegend in der „Faktor Investing Welt". In dieser neuen Welt wurde nämlich ein Teil des Alphas in Beta umgeschlüsselt. Das heißt, ein Teil der Überrendite, des Alphas, welches z. B. ein Fondsmanager nach alter Lesart erwirtschaftet hat, konnte nun durch eine Exponierung hinsichtlich des Value- und/oder Size-Risikofaktors erklärt werden und war nicht mehr Teil seiner überlegenen Stock Picking-Fähigkeiten.

In vielen Studien konnte aufgezeigt werden, dass der größte Teil der erzielten Überrenditen von aktiv gemanagten Portfolios nicht auf das eigentliche Alpha zurückzuführen ist, also durch aktive Wertpapierauswahl und Markttiming oder durch die Expertise eines Fondsmanagers erzielt wird, sondern sich aus Risikoprämien für Faktoren speist. So ist es nicht verwunderlich, dass in der Folgezeit immer weitere Faktoren mit positiven Prämien entdeckt wurden.

Meiner Ansicht nach ist, die Verteilung der Anlagegelder auf traditionelle Anlageklassen (Aktien, Anleihen, Immobilien usw.) ebenso wenig zielführend wie eine Ernährungsempfehlung entlang allgemeiner Nahrungsmittelgruppen – Fleisch, Fisch, Gemüse etc. Sie berücksichtigt nämlich nicht die zu Grunde liegenden Inhaltsstoffe - Kohlenhydrate, Fett, Eiweiß, Vitamine etc. - in ausreichendem Maße.

2.1.3 Factor Investing. Die wahren Renditebringer?

Früher hörte ich manchmal den Spruch im Hörsaal: „*Die Wissenschaft ist wie ein Johannisbeerstrauch: Man muss immer wieder den Blickwinkel ändern um die leckeren Beeren zu finden.*“ So änderten auch viele Ökonomen ihre Sichtweise auf die Risikofaktoren. Sie gingen der Fragen nach: Was genau sind Faktoren? Wie kann man sie gewinnbringend nutzen?

Faktoren sind für Wertpapiere das, was Nährstoffe für Lebensmittel sind: Wie in Milch Kohlenhydrate, Vitamine, Zucker, Fett, Eiweiß usw. enthalten sind, so bringen Anlagen in Aktien oder Anleihen bestimmte Risiken und Renditen mit sich. Wie der Blick auf die Nährstoffe Menschen Aufschluss über die Qualität ihrer Lebensmittel gibt, so helfen Faktoren dabei, eine Vielzahl an Anlageklassen (wie Aktien und Anleihen) zu durchforsten, um die wahren Quellen von Risiko und Rendite auszumachen.

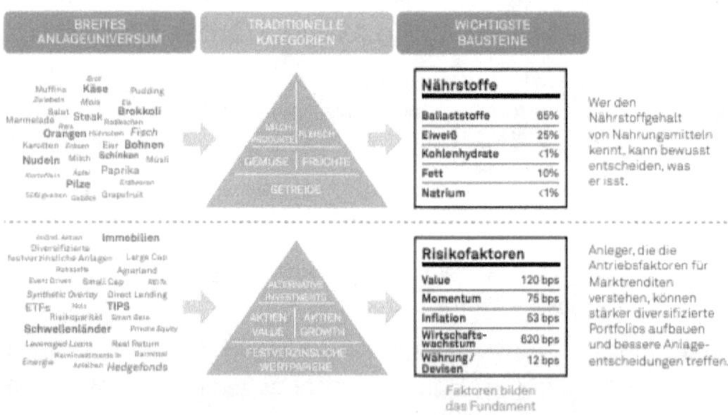

Abbildung 9: Was sind Faktoren? (Quelle: BlackRock, Smart Beta Leitfaden, Stand September 2015, Seite 13; alle Rechte bei BlackRock)

„*Wer durch das Leben saust, verpasst die schönsten Haltestellen.*“ Damit wir keine Haltestelle verpassen, sollten wir den Begriff „Faktoren“ nochmals zur Hand nehmen und genauer spezifizieren.

Als Faktor (im Fachjargon auch als Faktorprämie bezeichnet) werden im Allgemeinen quantifizierbare, objektive Merkmale von Aktien bezeichnet die statistisch besonders große Erklärungskraft für historische bzw. zukünftige Renditen und Risiken besitzen, d. h. Faktoren sind die wahren „Rendite-Risiko-Treiber" eines Wertpapieres. Um diese Faktoren zu finden, verwendet man mathematische Formeln, die sich Faktor- oder Multi-Faktor-Modelle nennen. Um als Faktor anerkannt zu werden, hat sich in der Wissenschaft ein Kriterienkatalog etabliert:

- Der Faktor muss über viele Jahre hinweg von mindestens einigen Dutzend gänzlich unabhängigen Wissenschaftler dokumentiert und bestätigt worden sein.
- Der Faktor muss beständig sein, d. h. er muss in jahrzehntelangen Datenserien bis in die Gegenwart nachweisbar sein.
- Der Faktor muss in „beinahe" allen relevanten Märkten nachweisbar sein. Er darf nicht nur in einzelnen Ländern oder Branchen vorhanden sein.
- Da fast alle Faktoren mit einzelnen oder mehreren Finanzkennzahlen herausfiltern kann, darf der Faktor nur dann in den Daten erscheinen, wenn die jeweilige Finanzkennzahl bzw. -kombination angewendet wird. Sie muss also robust in ihrer Definition sein.
- Die Faktorprämie muss so hoch sein, dass noch ein Gewinn nach Transaktionskosten und andern Umsetzungskosten anfällt.
- Der Faktor muss eine sachlich fundierte Erklärung haben.
- Der Faktor darf nicht bloß eine Variation eines bereits bestehenden Faktors sein.

Erfüllt ein potenzieller neuer Faktor diese Kriterien, so wird er nach dem Prinzip „Intensiv-minus-Schwach" aufgenommen. Sehen wir uns dazu z. B. die von Fama und French gefundene Value-Faktor an. Als Value-Faktor bezeichnet man die Renditedifferenz zwischen Value- und Growth-Aktien. „Intensiv" steht für die starke Ausprägung des Value-Filter-Kriteriums, z. B. dem KGV. „Intensiv" kennzeichnet also eine Aktie mit einem niedrigen KGV. Ein hohes KGV, wie bei einer Growth-Aktie üblich, signalisiert dagegen ein schwaches Value-Kriterium. Deshalb gibt der Value-Faktor die Rendite zwischen Value

(Intensiv) und No-Value ≙ Growth (Schwach) an und nicht die Renditedifferenz zwischen Value-Aktien und dem Gesamtmarkt[43].

Inzwischen wurden mehrere hundert verschiedene Faktoren gefunden. Doch hier ist Vorsicht geboten. Beispielsweise haben vor knapp 20 Jahren Forscher nachgewiesen, dass 99 Prozent der Rendite des amerikanischen Aktienmarktes mit der Butterproduktion in Bangladesch, der Käseproduktion und der Anzahl der Schafe in den USA erklärbar ist. Statistisch betrachtet ist dieser Zusammenhang sogar richtig (zur damaligen Zeit), aber es ist offensichtlich, dass es sich hierbei um ein statistisches Artefakt ohne logische Erklärungsgrundlage handelt. In diesen Zusammenhang sprechen viele Experten auch gerne vom „Faktor-Zoo“. Damit ist gemeint, dass die zur Verfügung stehenden Kursreihen und Daten so lange ausgewertet werden, bis ein scheinbar aber nicht real existierende Faktor gefunden wurde.

Welche Faktoren werden nun beim Factor- bzw. Smart Beta-Investing herangezogen? Auf Basis der wissenschaftlichen Forschung wurden folgende Faktoren identifiziert.

---

[43] Um die volle Value-Prämie zu bekommen müsste ein Anleger Value-Aktien kaufen und gleichzeitig im gleichen Umfang Growth-Aktien leerverkaufen. Nimmt der Anleger lediglich z. B., einem Value-ETF ins Depot, darf er nur auf die Hälfte der Value-Prämie hoffen.

Tabelle 5: Die wichtigsten Faktoren

Faktor	Was wird genutzt?	Gängige Kennzahlen
Size	Zusatzrendite kleiner Unternehmen (nach Marktkapitalisierung) im Vergleich zu ihren großen Kontrahenten	Marktkapitalisierung (voll oder nur Streubesitz)
Value	Zusatzrendite von Aktien, welche im Vergleich zu ihrer Fundamentalbewertung zu einem niedrigen Kurs gehandelt werden	Kurs-Buch-Verhältnis, Kurs-Gewinn-Verhältnis, Buchwert, Cashflow je Aktie, Kurs-Umsatz-Verhältnis
Low Volatility	Zusatzrendite von Aktien mit einer geringen Volatilität	Standardabweichung (bzw. Volatilität) der vergangenen 12 Monate
Quality	Zusatzrendite von Aktien, welche eine geringe Verschuldung und stabiles Ertragswachstum haben.	Eigenkapitalrendite, Gewinnstabilität, Stabilität des Dividendenwachstum, Verschuldung
Momentum	Zusatzrendite von Aktien mit starker Wertentwicklung in der Vergangenheit	Rendite von 3, 6, oder 12 Monaten
Gleichgewicht	Zusatzrendite durch die Gleichgewichtung aller Aktien, d. h. alle Aktien haben das gleiche Gewicht im Index	
High-Dividend-Yield	Aktien mit einer hohen Dividendenrendite haben eine bessere Performance als Aktien mit niedriger Dividendenrendite	Hohe Dividendenrendite

„*Alles hat eine Ursache*", so ist es auch bei Faktoren. Bei der Erklärung der Renditen der einzelnen Faktoren gibt es unterschiedliche Ansätze:

1. Risiko: Früher ging man, davon aus, dass die alleinige Ursache für Faktorprämien „Risiko" sei. Deswegen wurde früher die Faktorprämie auch als „Risikoprämie" bezeichnet. Hier liegt die Annahme zugrunde, dass die Faktorprämie eine systematische Risikoquelle für den Anleger darstellt und die Finanzmärkte informationseffizient sind. Auf informationseffizienten Finanzmärkten sind rationale Anleger nur bereit, systematische Risiken zu übernehmen, wenn sie dafür mit einer höheren Rendite entschädigt werden.
2. Anlegerirrationalitäten: Dieser Ansatz basiert auf verhaltensbezogene Anomalien der Anleger. Solche Verhaltensanomalien sind z. B.: Selbstüberschätzung, Über- bzw. Unterreaktion auf neue Nachrichten, Verlustaversion, selektive Wahrnehmung oder die sogenannte mentale Buchführung (siehe für weiter Informationen Kapitel Behavioral Finance).

3. Strukturelle Bedingungen: Hierunter versteht man strukturelle Bedingungen im Asset Management, die das Handeln bzw. Investitionsentscheidungen der Anleger beeinflussen. Dies sind beispielsweise die Ausrichtung an marktkapitalisierungsgewichteten Benchmark-Indizes, die Orientierung an bestimmten Zeithorizonten (typischerweise ehe kürzer- bis mittelfristige), sonstige Anlagehindernisse wie die Beschränkung auf Long-only-Investments (also Ausschluss von Short-Positionen in Anlagerichtlinien) oder Arbitrage-Hemmnisse wegen aufsichtsrechtlichen, steuerlichen oder anderen rechtlichen Beschränkungen.

In der wissenschaftlichen Literatur gibt es eine Vielzahl von Studien, die eine Begründung für das Existieren der verschiedenen Faktorprämien liefert. Dabei schließen sich die drei Erklärungsansätze (Risikoprämien versus Verhaltensanomalien bzw. strukturelle Bedingungen) nicht aus, sondern existieren auch parallel. In der nachfolgenden Tabelle sind für verschiedene Faktoren dargelegt, welche der drei Erklärungsansätze bei den einzelnen Faktoren von der Mehrzahl der Ökonomen für wahrscheinlich gehalten werden.

Tabelle 6: Erklärungsansätze für Faktorprämien

Faktor	Erklärungsansätze		
	Risikoprämie	Verhaltensanomalie	Strukturelle Bedingungen
Low Volatility		X	X
Value	X	X	
Momentum		X	
Size (Small Cap)	X		X
High Dividend Yield	X	X	
Quality		X	

Auf welche Faktoren sollte man setzen? Generell diejenige, die Sie für am überzeugendsten halten. Jetzt ist Geduld gefragt, um nicht durch *„Schnellschüsse vom Regen in die Taufe zu kommen“*. Darum sehen wir uns nun die wichtigsten Faktoren im Detail an.

Die vielleicht berühmteste Faktorprämie ist der Small-Cap-Effekt (oder auch Small-Size, Low-Size-Effekt, Size genannt). Sie besagt - wie oben schon besprochen - dass kleine Aktiengesellschaften eine höhere Rendite haben als große Unternehmen. Wie wird nun ein Small-Cap definiert?

Hierzu nimmt z. B. der Index-Hersteller *MSCI* folgende Definition vor. Die Aktien einer Index-Region, die die oberen 70 % der Marktkapitalisierung der

Region ausmachen sind Large Caps. Die folgenden 15% der Marktkapitalisierung darunter sind Mid Caps, also mittelgroße Unternehmen. Die darauffolgenden 14 % darunter sind Small Caps. Die untersten 1 % sind Micro Caps, also extrem kleine Aktiengesellschaften. Nimmt man dieser Einteilung für Europa vor, so ergibt sich: MSCI Europe Large Cap 201 Unternehmen, MSCI Europe Mid Cap 243, MSCI Europe Small Cap 990 und der MSCI Europe Mircocap 1381 Unternehmen. Hieraus erkennt man, die Anzahl der Unternehmen nimmt nach unten hin (von Large- zu Mirco Caps) von Größenklasse zu Größenklasse deutlich zu.

Wie groß ist eigentlich die Small-Cap-Prämie? Mit Small-Caps hätte man zwischen 2000 bis 2017 rund 6,4 % p. a. verdienen können, während im selben Zeitraum mit Large Caps 4,6 % p. a. drin waren.

Die Small-Cap-Prämie wird dadurch erklärt, dass kleinere Unternehmen (Small Caps) häufig eine volatilere Ergebnisentwicklung als große Unternehmen aufweisen. Ferner zeichnen sie sich durch höhere Geschäfts- sowie Insolvenzrisiken aus.

Von Benjamin Graham stammt das bekannte Zitat, „*dass ein gutes Unternehmen kein gutes Investment ist, wenn die Aktien zu teuer sind*". Dies Motto hat sich der Value-Faktor auf die Fahne geschrieben. Er sagt aus, dass Value-Aktien besser performen als Growth-Aktien. Um sich der Value-Prämie (oder Low-Relative-Price-Effect) zu nähern, muss man zunächst definieren, was eine Value-Aktie ist. Value-Aktien weisem im Allgemeinen zu ihren betriebswirtschaftlichen Größen wie Umsatz, Cash-Flow, Gewinn oder Bucheigenkapital einem besonders niedrigen Aktienkurs aus. Value Aktien sind also aus den verschiedensten Gründen unterbewertet. Entweder hat der Finanzmarkt ihren Wert noch nicht erkannt oder das Unternehmen wurde aufgrund eines bestimmten Vorkommnisses abgestraft. Dabei spielt der absolute Preis der Aktie keine Rolle und letztlich auch nicht, ob der Aktienkurs in der jüngeren Vergangenheit gesunken ist oder nicht. Drei Kennzahlen haben sich durchgesetzt mit denen man den Value-Grad eines Unternehmens bestimmt: Kurs-Gewinn-Verhältnis (KGV), Kurs-Buchwert-Verhältnis (KBV) und die Dividendenrendite.

Ein Value-Identifikationsfilter könnte so aussehen. Als erstes muss der Anleger sich sein relevantes Universum z. B. westeuropäische Large- und Mid-Caps ansehen. Dies Universum bildet der MSCI Europe Standard ab. Per Filterfunktion werden zunächst alle 450 Aktien des Index nach niedrigen KGV, niedrigen KBV und hoher Dividendenrendite aufsteigend geordnet. So erhält zwei Hälften. Erstens man erhält eine „billige" Hälfte mit niedrigen KGV, niedrigen KBV und hoher Dividendenrenditen, sprich die Value-Aktien. Zweitens eine „teure" Hälfte mit hohen KGV, hohen KBV und niedriger Dividendenrendite. Sie symbolisiert die Growth-Aktien. Mit den Value-Aktien hätte man von 1975 bis 2016 folgende Rendite verdienen können:

Zeitraum	**Beispiel Index für Value-Aktien:** MSCI Word Standard Value	**Beispiel Index für marktneutrale Ausrichtung:** MSCI Word Standard	**Beispiel Index für Growth-Aktien:** MSCI World Standard Growth
1975 bis 2016	8,2 % p. a.	7,5 % p. a.	5,9 % p. a.
Standardabweichung der Jahresrenditen	19,1 %	20,2 %	21,1 %

Außerdem zeigt sich, dass die Value-Aktien ein geringeres Risiko haben, als die marktneutrale Ausrichtung.

Eine Erklärung für die Value-Prämie ist, dass Anleger die positive Ergebnisentwicklung von Unternehmen, die sich aktuell in einer erfolgreichen Geschäftsphase befinden, häufig extrapolieren und dadurch zu optimistische Zukunftserwartungen haben. Darum werden Aktien von Unternehmen, denen der Konsens hervorragende Zukunftsaussichten zugesteht, auch als „Glamour"-Aktien bezeichnet und stellen das Gegenstück zu Value-Aktien dar. Diese „Glamour"-Aktien weisen aufgrund der zu optimistischen Ergebniserwartungen häufig eine Überbewertung auf. Darum werden Value-Aktien oftmals vernachlässig gegenüber den hippen „Glamour"-Aktien. Sie stehen in der Gunst der Anleger nicht hoch in Kurs. Dies liegt u. a. daran, dass Aktien von Value-Unternehmen häufig temporär eine schwierige Geschäftsphase durchlaufen, dementsprechend eher unbeliebt und günstig bewertet sind. Die Value-Prämie könnte man auch schlicht weg als Risikoprämie ansehen. Denn Value-Unternehmen zeichnen sich häufig durch einen höheren Verschuldungsgrad aus, verhalten sich zyklischer und weisen eine volatilere Gewinnentwicklung auf.

Der Momentum-Faktor, geht auf die Beobachtung zurück, dass Portfolios mit den in den letzten 3 bis 12 Monaten gut gelaufenen Aktien auch in den darauffolgenden 3 bis 12 Monaten eine bessere Performance aufweisen als der Gesamtmarkt. Somit spiegelt der Momentum-Faktor die Tendenz, von Aktien ihre positive oder negative Rendite relativ gesehen zum Gesamtmarkt während der vergangenen 12 Monate noch einmal einige Monate weiter fortzusetzen, wider. Getreu dem Motto: „*the trend is your friend*". Danach verschwindet das Momentum oder schlägt sich in sein Gegenteil (Long Term Reversal) um. Um den Momentum-Faktor zu ernten, muss man die Aktien, die in den letzten 12 Monaten besonders hohe Überschussrenditen (Top-Performer in dem betrachteten Markt) hatten kaufen und für rund drei Monate Übergewichten, d. h. der Anleger kauft nur die Gewinneraktien der jüngeren Vergangenheit, während die kurzfristigen Verliereraktien außen vor bleiben. Nach drei Monaten werden die Aktien verkauft und man setzt auf neue Momentum-Aktien. Problematisch an diesem Faktor sind die hohen Transaktionskosten wegen des enormen Depotumschlages, der erforderlich ist, um die Momentum-Prämie zu kassieren. Doch der Aufwand lohnt sich, weil die Momentum-Prämie eine ordentliche Rendite abwirft. Allerdings muss der Anleger diese höhere Rendite erkaufen mit einem höheren Risiko als bei der marktneutralen Gewichtung.

Zeitraum	**Beispiel Index für Momentum-Aktien:** MSCI Word Standard Momentum	**Beispiel Index für marktneutrale Ausrichtung:** MSCI Word Standard
1994 bis 2017	9,5 % p. a.	6,4 % p. a.
Standardabweichung der Jahresrenditen	22,9 %	18,3 %

Die Momentum-Prämie wird damit begründet, dass professionelle Investoren Ansehensrisiken meiden. Deshalb setzen Fondsmanager lieber auf allgemein beliebte Aktien, die sich gut entwickelt haben, als auf zurückgebliebene und unbeliebte „Außenseiter"-Aktien, bei denen eine Fehlinvestition einen großen Ansehensverlust beinhaltet. Hierdurch entstehen Herdeneffekte, die Aktien mit positivem Kursmomentum temporär begünstigen. Daneben spielen selbstverständlich verschiedene Verhaltensanomalien wie Über-/Unterreaktion und Selbstüberschätzung bei der Erklärung der Momentum-Prämie eine Rolle.

Aktien die den Quality-Faktor „in sich haben", weisen eine niedrige Verschuldung, stabile Erträge, kontinuierliches Vermögenswachstum und eine starke Corporate Governance auf. Folglich handelt es sich um qualitativ hochwertige Aktien, welche anhand gängiger Finanzkennzahlen wie Eigenkapitalrendite (ROE, Return-on-Equity), Verschuldungsgrad (D/E; Dept to Equity) oder die Gewinnvariabilität ermittelt werden.

Mit anderen Worten: Unter Quality werden Aktien ertragsstarker Unternehmen mit einer goldenen Bilanz verstanden, wie z. B. Apple. Quality-Aktien haben höhere Aktienrenditen als ihre Gegenpartei am anderen Ende des Spektrums, also die Low-Quality-Aktien. Wie hoch ist die zu erwartende Prämie?

Zeitraum	**Beispiel Index für Quality-Aktien:** MSCI Word Standard Quality	**Beispiel Index für marktneutrale Ausrichtung:** MSCI Word Standard
1994 bis 2017	9,8 % p. a.	6,4 % p. a.
Standardabweichung der Jahresrenditen	19,8 %	18,3 %

Genauso, wie bei der Momentum-Prämie, kann der Anleger eine ordentliche Rendite mit Quality-Aktien einfahren. Dafür muss er, aber ein etwas erhöhtes Risiko im Vergleich zur marktneutralen Ausrichtung hinnehmen.

Die Erklärung für das Entstehen der Quality-Prämie lautet: Die Anleger bevorzugen Aktien mit einer spannenden (Wachstums-) Story. Darum werden die „Quality-Aktien" vernachlässigt. Durch diese Vernachlässigung, werden die „Quality-Aktien" unterbewertet. Aufgrund dieser Unterbewertung kommt, es im nach Gang zu überproportionalen Renditen.

Der Low Volatility (oder Minimum-Volatility, Low-Variance, Low Beta) Faktor setzt auf die Volatilität auf. Weist eine Aktie z. B. eine hohe Volatilität auf, schwankt ihr Kurs sehr stark. Dies kann positiv sein, wenn es in erster Linie bergauf geht. Mark Twain stellte schon fest: *„Jeder ist ein Mond und hat eine dunkle Seite, die er niemandem zeigt."* So ist es auch bei der Volatilität. Eine hohe Volatilität, kann für den Anleger auch sehr negativ sein, da die Gefahr starker Kursverluste entsprechend höher ist. Demgegenüber ist bei Aktien mit einer niedrigen Volatilität die Schwankungsintensität sehr gering. Somit sind bei Low-Volatility-Aktien die Standardabweichung der Monats- oder Jahresrenditen niedrig. Der Low Volatility-Faktor sagt nun aus, dass Aktien mit niedriger Volatilität eine höhere Rendite haben als Aktien mit hoher Volatilität. Beispielsweise hatte von Juli 1994 bis Juni 2017 der MSCI World Standard Minimum Volatility eine um einen Prozentpunkt höhere Rendite als der marktneutrale MSCI World Standard.

Die Low Volatility-Prämie kann man mit dem Lotterie-Effekt erklären. Der Lotterie-Effekt beschreibt dem Umstand, dass der Kauf sehr volatilen Aktien, dem Kauf eines Lotterie-Tickets gleicht. Hier reizt dem Anleger die Möglichkeit mit der Investition eine besonders hohe Rendite zu erzielen, auch wenn die Wahrscheinlichkeit gering ist. Die daraus folgende Präferenz für stark schwankende Aktien führt zu einer Überbewertung bei „High Volatility-Aktien" und zu einer Unterbewertung von „Low Volatility-Aktien". Folglich weisen die „Low Volatility-Aktien" früher oder später überdurchschnittliche Renditen auf. Ein andere Erklärungsansatz ist, dass eine Präferenz für „High Volatility-Aktien" wegen der Hoffnung auf überdurchschnittliche Renditen, sich auch dadurch ergeben kann, dass sich die Anleger in ihren Fähigkeiten, die Zukunft der Unternehmen vorherzusagen, überschätzen (Overconfidence). Dies führt ebenfalls zu einer Unterbewertung von „Low Volatility-Aktien", in deren Folge es früher oder später zu überdurchschnittlichen Renditen kommt.

Der High-Dividend-Yield-Faktor (oder Dividendenrenditefaktor) beschreibt dem Umstand, dass Aktien mit einer hohen Dividendenrendite eine bessere Performance haben als Aktien mit niedriger Dividendenrendite. Hierbei darf man nicht nur die Höhe der Dividenden im Augen haben, sondern man muss auch auf die Nachhaltigkeit der Ausschüttungen achten, d. h. die Ausschüttungsquote darf nicht auf Kosten der künftigen Investitionskraft des Unternehmens gehen. Dies trifft z. B. auf die sog. Dividendenaristokraten zu, bei denen die Dividenden in der vergangenen Dekade zumindest konstant oder besser noch gestiegen sind. So hatten z. B. Dividendenaktien in den letzten 20 Jahren eine Mehrrendite gegenüber dem allgemeinen Markt, aber jedoch nicht in den letzten 10 Jahren. Derzeit ist unter Experten dieser Faktor heftig umstritten. Das Problem ist „Dividendenaktien" haben in der Investor Community schon Zügen eines Kults, welcher die Fakten teilweise nicht mehr berücksichtigt. So haben Dividendenaktien in zehn, fünf und drei Jahren jeweils bis Juni 2017 schlechter performt als der allgemeine Markt. Es ist auch ein Ammenmärchen, das Dividendenaktien besonders risikoarm sind. So hat z.

B. der *MSCI World Standard High Dividend Yield-Index* in den letzten 23 Jahren einen maximalen kumulativen Verlust von 56 % erzielt, also nur minimal risikoärmer als der *MSCI World Standard*. Dies liegt daran, dass diese Strategie die Gefahr innewohnt, dass bestimmte Branchen deutlich übergewichtet werden. Damit steigt das Klumpenrisiko. Viele Experten vermuten das hinter dem Dividendenrenditefaktor anderer Faktorprämien stecken, welche auch in einem Dividendenportfolio tief im Verborgenen schlummern. Dies könnten Value und Quality-Faktoren sein.

Einer der simpelsten Faktoren, ist die Gleichgewichtung. Hier werden die Mitglieder eines Aktienindex nicht wie üblich anhand ihrer Marktkapitalisierung zueinander gewichtet, sondern vielmehr gleichgewichtet. Für den DAX würde dies bedeuten, dass jede Aktie ein vierzigstel vom Index ausmacht. Solche Konstruktionen haben in der Vergangenheit langfristig besser abgeschnitten als am Börsenwert (Marktkapitalisierung) orientierte Indizes. Dies liegt daran, dass kleine und mittlere Unternehmungen in der Wertentwicklung des Indizes genauso berücksichtigt werden, wie die großen Unternehmen. Außerdem werden Klumpenrisiken vermieden oder zumindest reduziert, die bei klassischen Indizes durch die Überrepräsentation bestimmter Branchen oder einiger weniger, den Index „beherrschenden" Aktien auftreten. Allerdings streiten die Wissenschaftler darüber, ob die Gleichgewichtung wirklich ein Faktor ist. Viele sehen darin eigentlich nur eine Umsetzung des Small-Cap-Effekts.

Ein noch sehr umstrittener Faktor ist die Political-Risk-Prämie bei Aktien und Anleihen. Sie beschreibt den Umstand, dass Schwellenländer Aktien bzw. Anleihen über längere Zeiträume höhere Renditen erzielen als Aktien bzw. Anleihen von Industrieländern. So betrug die reale Rendite von 1988 bis 2016 beim *MSCI Emerging Markets* (Schwellenländeraktien) 9,2 % p. a., während der *MSCI World Standard* im selben Zeitraum nur 6,2 % p. a. erzielte. Dabei waren die Schwellenländeraktien (Standardabweichung der Jahresrenditen im *MSCI Emerging Markets* 36 %) deutlich riskanter als die Industrieländeraktien (Standabweichung der Jahresrenditen im *MSCI World Standard* 20 %). Dieses erhöhte Risiko der Schwellenländeraktien wurde durch einem extra Schnaps bei der Rendite kompensiert.

Die Frage, ob es auch im Rentenmarkt Faktoren gibt, nimmt in der Forschung deutlich weniger Raum ein, als die oben dargestellten Faktoren im Bereich der Aktien. Im Rentenmarkt sind im Wesentlichen folgende Faktoren bestätigt.

Der erste Faktor ist das Zinsänderungsrisiko. Es beschreibt die gegenläufige Beziehung zwischen dem Zinsniveau und dem Kurs einer Anleihe, d. h., wenn die Zinsen steigen, fällt der Kurs einer Anleihe. Hierzu ein Beispiel: Am 01.01.2020 emittiert BASF eine Anleihe mit einer Laufzeit von zwei Jahren, einem Zinskupon von 5 % zu einem Kurs von 100 €. Die Zinsen werden einmal jährlich zum 31. Dezember gezahlt. Das vom Markt vorgegebene Zinsniveau für eine Industrieanleihe mit einer Laufzeit von 2 Jahren beträgt zum Emissionszeitpunkt 5 % p. a., also genauso hoch wie der Kupon der BASF-Anleihe. Sechs Monate später liegt das Zinsniveau bei 7 % p. a. Dies bedeutet die BASF-Anleihe hat noch eine Restlaufzeit von 18 Monaten. Der Anleger möchte die Anleihe jetzt verkaufen. Jeder potenzielle Käufer wird in diesem Moment natürlich verlangen, dass die BASF-Anleihe ihm auch die Marktverzinsung, also 7 % p. a., bietet. Der Kupon (für die Zinszahlungen jeweils zum 31. Dezember von 2020 und 2021) mit 5 € (5 % von 100 €) ist allerdings unveränderlich. Deswegen muss der Anleihekurs sinken, bis der Käufer eine Rendite von 7 % p. a. erwirtschaftet, für die verbleibenden 18 Monate. Aus diesem Grunde sinkt Kurs der BASF-Anleihe auf 93,15 €.

Das Zinsänderungsrisiko wird durch die Faktorprämie TERM (oder Laufzeitenprämie) kompensiert. Die Höhe der Faktorprämie TERM ergibt sich aus der Steigung der Zinskurve. Beispielsweise war die Zinskurve zwischen 2010 bis 2014 relativ steil, darum war die Faktorprämie TERM sehr attraktiv. Um die TERM zu vereinnahmen müsste ein Anleger in seinen Depot Anleihen mit langer Laufzeit Übergewichten. Als im Jahr 2015 sich der „Wind" drehte und die Zinskurve sich abflachte, musste der Anleger seine langlaufenden Anleihen umschichten in kurzlaufende, weil die TERM deutlich zurückging.

Die Faktorprämie DEF (oder Kreditausfallprämie) dient als Kompensation des Kreditausfall- oder Kontrahenten-Risikos eines Schuldners. Deswegen erzielen Anleihen von Schuldner niedriger Bonität im langfristigen Mittel höhere Renditen als die Anleihen von Schuldnern hoher Bonität. Dabei umfasst das Ausfallrisiko alle Verluste, die durch eine potenzielle Unfähigkeit des Schuldners zur vollständigen und fristgerechten Bedienung seiner Verbindlichkeiten auftreten können. Die Prämienhöhe des Faktors DEF ergibt sich aus dem

Spread zwischen bedingt ausfallsicheren Anleihen (BBB Rating) zu ausfallsicheren Anleihen (AAA Rating).

Jetzt klären wir erstmal: Was ist eine Faktorprämie? Wir werden schließlich auf den folgenden Seiten ständig darüber reden. Dann ist es nicht schlecht kurz zu definieren, was Faktorprämien genau sind.

Die Bezeichnung Prämie rührt daher, dass man als Anleger mit den Faktoren eine Zusatzrendite (bzw. Mehr- oder Überrendite) zur Rendite des Gesamtmarktes (also der marktneutralen Abbildung des Marktes) erzielen kann. Diese Zusatzrendite wird als Faktorprämie bezeichnet. Sie kann sowohl positiv als auch negativ sein, je nachdem, ob der Faktor dem Markt schlägt. Um die Faktorprämie messbar zu machen, braucht man einem Bezugspunkt. Dazu wird folgender Kniff angewendet:

Zunächst muss der Anleger sein Anlageuniversum definieren. Das Anlageuniversum beinhaltet eine Anlageregion (z. B. Aktien Europa) oder mehrere Anlageregionen zusammen (z.B. Aktien Welt). Danach muss der Anleger sich überlegen, welcher breite nach Marktkapitalisierung gewichtete Index, seiner Meinung nach diese Anlageregion abbildet. Wählt der Anleger als Anlageregion Aktien Welt, so würde ein Weltindex dafür in Frage kommen. Es bieten sich dafür an: *MSCI World, FTSE All-World, MSCI ACWI, S&P Global* usw. Nach Ansicht des Anlegers bildet der *MSCI World* die Anlageregion Welt gut genug ab. Danach entscheidet sich der Anleger, in welchen Faktor er investieren möchte. Der Anleger möchte in den Faktor Momentum investieren.

Der *MSCI World* gilt nun als Gesamtmarkt bzw. als marktneutrale Abbildung der Anlageregion. Er ist unser Bezugspunkt zur Ermittlung der Faktorprämie. Aus den Bestandteilen dieses Indizes (*MSCI World*), findet dann die Titelselektion für den Faktorindex statt. Die Titelselektion findet so statt, dass die Positionen im Index (*MSCI World*) systematisch auf Basis bestimmter Merkmale – Faktoren (hier Momentum) - analysiert, auswählt, gewichtet und neu in einem sog. Faktorindex strukturiert werden.

Im Faktorindex „*MSCI World Standard Momentum*“ sind nur Aktien enthalten die ein hohes Momentum besitzen, also die Gewinneraktien der jüngeren Vergangenheit.

Der „*MSCI World Standard Momentum*“ legte im Jahr 2020 um 13,1 % zu. Dagegen schaffte der *MSCI World* (marktneutrale Abbildung der Anlageregion) im selben Jahr nur eine Rendite von 12,3 %. Somit beträgt die Faktorprämie Momentum in diesem Jahr 0,8 %. Allerdings gilt strenggenommen diese Faktorprämie nur für das Paar *„MSCI World Standard Momentum“* vs. *„MSCI World“*. Hätte wir das europäische Pendant betrachtet *„MSCI Europe Momentum“* vs. *„MSCI Europe“* betrachtet, so würde die Momentum-Faktorprämie nur 0,1 % betragen.

Ein deutsches Sprichwort lautet: *„Säen ist nicht so beschwerlich wie Ernten!“* Da wir nun die Samen der einzelnen Faktoren kennen, müssen wir uns fragen: Wie lassen sich Faktorprämien ernten?

Faktorbasiertes Investieren ist, das Übergewichten von Faktorprämien in einem Portfolio gegenüber einer marktneutralen Gewichtung. Dabei bildet die marktneutrale Gewichtung den Gesamtmarkt bzw. „alle“ Aktien nach ihrer Marktkapitalisierung ab. Sie ist der Klassiker oder die Urform aller passiven Anlagestrategien.[44]

Durch das Übergewichten der Faktorprämien möchte man, also eine Mehrrendite gegenüber der marktneutralen Abbildung des Marktes erzielen. Die Kröte, die der Anleger dafür zahlen muss ist, dass er die Mehrrendite durch ein erhöhtes Risiko erkaufen muss, allerdings kann ein Teil dieses zusätzlichen Risikos wegdiversifiziert werden.

Wie genau erfolgt jetzt die Ernte der Faktor-Prämien? Was versteht man unter den Übergewichten der Faktoren gegenüber der marktneutralen Gewichtung? Was muss ein Anleger z. B. tuen, wenn er die Faktorprämie Small-Cap ernten möchte?

Wie bereits erwähnt, definiert der Index-Hersteller *MSCI* folgende Größenverhältnisse: Die größten Unternehmen, welche 70 % der Marktkapitalisierung einer Index-Region ausmachen, werden zu den Large Caps gezählt. Die nächsten 15 % zu den Mid Caps. Die folgenden 14 % werden zu der Gruppe

[44] Im Fachjargon wird der Begriff „Beta“ auch für die marktneutrale Abbildung eines Marktes verwendet. Warum? Dies ist, den ETFs geschuldet. Die allerersten ETFs basierten auf Indizes, die nach Marktkapitalisierung gewichtet wurden. Diese ETFs spiegeln die Indizes wider und sollten den Anlegern ein Portfolio bieten, das dasselbe Risiko wie der Markt liefert und sich mit ihm entsprechend bewegt. Um dies greifbar für die Anleger zu machen, wurde folgender Kniff angewendet. Als Maß für das Risiko wurde die Volatilität festgelegt. Aus dieser Überlegung folgte, dass das Maß für die Volatilität eines ETFs im Vergleich zum Markt als „Beta“ bezeichnet wird. Deshalb ist der Begriff „Beta“ heute gleichbedeutend mit einer breit angelegten Abbildung des Markts (wie durch einen Index). Deshalb bezeichnet man die marktkapitalisierten Indizes, wie MSCI World, DAX, S&P 500 usw., auch als Beta-Indizes.

der Small Cap Unternehmen gezählt, die verbleibenden 1 % bildet die Gruppe der Mirco Caps. Um jetzt die Small-Cap-Prämie kassieren zu können, muss ein Anleger in seinem Portfolio mehr als 14 % Small Caps haben, weil 14 % die marktneutrale Gewichtung (dafür wird keine Prämie gezahlt) entspricht.

Will man keine Fehler bei der Ernte von Faktor-Prämien machen, hilft es die grundsätzlichen Eigenschaften von Faktorprämien zu kennen.

Faktorprämien sind nicht stetig und verlässlich (also die Renditedifferenz eines Faktors zum Gesamtmarkt oder zum jeweils anderen Ende des Faktorspektrums, als z. B. beim Value-Faktor ist „Growth" das Ende des Faktorspektrum, bei Small-Cap ist sind die Large Cap usw.). Sie sind vielmehr ein „launischer Geselle", da ihre Rendite von Jahr zu Jahr stark schwankt. Der Grund warum Faktorprämien nicht stetig und verlässlich sein können liegt „eigentlich auf der Hand", sie wären sonst schon längst weg arbitriert worden. Zudem ist alles was stetig und zuverlässig ist, kein Risiko. Darum schwanken Faktorprämien von stark positiv zu negativ und sind mittelfristig nicht zuverlässig prognostizierbar. Unter schätzen Sie diese Schwankungen nicht. So wies die Political-Risk-Faktorprämie zwischen 2009 bis 2018 eine Minderrendite von jährlich 0,3 % auf, während sie eine Dekade zuvor eine jährliche Outperformance von unglaublichen 12,8 % gegenüber dem marktneutralen Pendant erreichte. Ein anderes Beispiel ist die Small-Cap-Prämie. Mit ihr erzielte der Anleger zwischen 1989 und 1998 eine Minderrendite von jährlich 3,1 % gegenüber dem marktneutralen Pendant. Dafür wurde der Anleger in der folgenden Dekade mit einer jährlichen Outperformance von 4,8 % gegenüber dem marktneutralen Pendant entschädigt.

Das heißt Faktoren können aus der Mode kommen und dem Markt einige Jahre hinterherlaufen. Dies bedeutet es wird immer wieder Perioden von fünf, zehn oder sogar mehr als 15 Jahren geben, in denen eine Faktorprämie negativ war, also schlechter lief als ihr marktneutrales Pendant. Wegen solch langen Dürreperioden, muss ein Anleger der in Faktoren investieren möchte, über einen langen Atem verfügen.

Dies liegt u. a. daran, dass die Faktoren „Value", „Momentum", und „Size" sich eher prozyklisch entwickeln. Also besonders gut Renditen abwerfen, wenn die Wirtschaft wächst und die Inflation und die Zinsen steigen. Dagegen

sind die Faktoren „Quality“ und „Low Volatility“ eher defensiv und liefern gerade in schlechten Marktphasen eine bessere Performance ab.
Bei der exakten Definition und Berechnung von Faktorprämien, kann man sich leicht im Dickicht verschiedener Faktor-„Weltanschauungen“ verheddern. Beispielsweise könnte man Value-Aktien so definieren: Der gesamte relevante Markt wird nach dem Schema 50/50 hälftig in Growth und Value-Aktien unterteilt. Zum anderen könnte man das Schema 30/40/30 anwenden. Hierbei gibt es eine mittlere Zone von 40 % - die sog. neutrale Zone. In ihr sind weder Value- noch Growth-Aktien enthalten. Naturgemäß führt die 30/40/30 Methode zu einem extremen Value-Ergebnis oder Growth-Ergebnis, also zu einer höheren Faktorprämie, als bei der 50/50 Methode.
Außerdem sind Faktorprämien nicht additiv, weil sie auf vielfältige Weise miteinander interagieren, d. h. Faktorprämien beeinflussen sich gegenseitig. Deshalb kann man die Rendite mehrerer Faktorprämien nicht einfach aufaddieren. Es ist daher nicht möglich, die Summe aller einzelnen Faktorprämien in einem Multi-Faktor-Portfolio aufzuaddieren.
Diese Wechselwirkungen sind nicht nur von Faktor zu Faktor unterschiedlich, sondern können sowohl negativ als auch positiv sein. Dies bedeutet, dass sich verschiedene Faktorprämien gegenseitig verstärken können, aber auch abschwächen. Dies liegt daran, dass die Faktoren zueinander korreliert sind.

Tabelle 7: Korrelationen der Faktoren

Faktor	Risiko	Korrelation
Value	Vergleichbar mit breitem Markt	Niedrig zu Momentum und Quality
Momentum	Vergleichbar mit breitem Markt	Niedrig zu Value und Quality
Size	Höher als der breite Markt	Niedrig zu Low Volatility und Quality
Quality	Niedriger als der breite Markt	Niedrig zu Value, Size und Momentum
Low Volatility	Niedriger als der breite Markt	Niedrig zu Value und Moment
High Dividend-Yield	Niedriger als der breite Markt	Niedrig zu Size, Quality und Momentum

Klingelt bei Ihnen etwas, wenn sie den Begriff Korrelationen hören? Die Wechselwirkung der Korrelation der Faktoren kann man ausnutzen zur Diversifikation. Denken Sie daran: „*Diversifikation ist die Mutter aller Risikovermeidung.*“
Also auf in ein neues Diversifizierungszeitalter! Wie bei der Anlage in Einzelaktien, Branchenindizes oder ganzen Asset-Klassen bietet es sich auch bei

der Investition in Faktorstrategien an, durch Diversifikation ein effizienteres Rendite-Risiko-Verhältnis zu erzielen. Es gilt: Je geringer die Korrelation zwischen den einzelnen Faktorstrategien ist, desto größer ist der Diversifikationsgewinn in Bezug auf die Rendite-Risiko-Eigenschaften, die erzielt werden können.

Viele Studien zeigen, dass die Strategiekombinationen Value und Minimum Volatility, Value und Quality, Value und Momentum, Quality und Low Size (Equal Weighted) gutes Diversifikationspotenzial haben. Weniger gutes Diversifikationspotenzial haben die Faktorkombinationen Minimum Volatility und Low Size, High Dividend Yield und Momentum sowie Momentum und Low Size.

Der Vorteil der Faktoren ist, dass sie, anders als eine Vermögensklasse, besser von Panikausbrüchen und Dominoeffekten, die häufig mit Marktverschiebungen einhergehen, isoliert sind. So haben viele wissenschaftliche Studien gezeigt, dass die durchschnittliche Korrelation von Risikofaktoren deutlich niedriger ist als die Korrelation zwischen Vermögensklassen, und dass Risikofaktorkorrelationen dramatischen Marktverschiebungen gegenüber widerstandsfähiger sind. Sie nähern sich zwar auch in Marktverwerfungen an, aber der Diversifikationseffekt bleibt im Großen und Ganzen erhalten.

Als Anleger mögen sie jetzt denken, die Faktoren sind nützlich, aber die Zerlegung der einzelnen Wertpapiere in ihre Faktoren ist sehr aufwendig und eigentlich nicht zu bewerkstelligen. Denken Sie jedoch an den Spruch von Friedrich Nietzsche: *„Hindernisse und Schwierigkeiten sind Stufen, auf denen wir in die Höhe steigen."* Damit Privatanleger die Faktoren nutzen können, wurde die zweite Generation an börsengehandelten Indexfonds – die sog. Smart-Beta-ETFs erfunden. Mit den Smart-Beta-EFTs kann der Anleger gezielt auf einzelne Faktoren setzen oder gleich einen ganzen Korb von ihnen erwerben. Das Ziel der Smart-Beta-EFTs ist, den Markt zu schlagen oder ihn mit einem besseren Rendite-Risiko-Verhältnis nachzubilden. Wie das geht sehen wir uns im Kapitel „Smart-Beta-ETFs" an.

Vielleicht sind sie noch nicht überzeugt, dass es Faktoren wirklich gibt. Lassen sie uns dazu einen anderen Blick auf die Finanzmärkte werfen. Sie werden sehen, dass hinter den Faktoren ein theoretisches Konzept steht.

Beispielsweise treten an den Börsen häufig so genannte Kapitalmarktanomalien auf. Das sind empirisch beobachtete Effekte, die gegen die Hypothese der klassischen Kapitalmarkttheorie sprechen. So beschreibt z. B. der Mean-Reversion-Effekt, dass Aktienkurse langfristig ihrem Mittel (= arithmetisches Mittel) entgegenstreben. Dabei schwanken die Kurse in einer bestimmten Bandbreite um das arithmetische Mittel.

Diese Schwankungen können aufwärts, abwärts oder seitwärts laufen. Daraus leitet sich die Börsenweisheit „*What goes up, must come down and vice versa*" ab. Viele der bekannten Börsenweisheiten leiten sich von Kapitalmarktanomalien ab, wie z. B. „*Sell in May and go away*".

Diese Kapitalmarktanomalien und die extremen Kursbewegungen haben deutlich gemacht, dass mit der Rationalitätshypothese der klassischen Kapitalmarkttheorie den Aktienmärkten nicht beizukommen ist. Warum dies so ist, versucht die *Behavioral Finance* zu ergründen.

2.1.4 *Behavioral Finance*

Die *Behavioral Finance* geht davon aus, dass der Anleger „Mr. Emotion" ist. Bei Mr. Emotion handelt es sich um einen Anleger, der aufgrund psychischer und mentaler Beschränkungen nur eingeschränkt rational handelt. Weiter geht die *Behavioral Finance* davon aus, dass Mr. Emotion aufgrund der begrenzten Verarbeitungskapazitäten von Informationen immer wieder Fehler unterlaufen. Ferner ist Mr. Emotion nicht ein (Gewinn-)Maximierer, sondern er ist eher ein Satisfizierer, d. h., er sucht unter den vorhandenen Alternativen solange, bis er eine hinreichend akzeptable Lösung für sich gefunden hat, welche er dann auch auswählt.

Das Handlungsmotiv von Mr. Emotion beinhaltet außerdem neben der monetären Gewinnerzielung, wie es in der herkömmlichen Finanztheorie vorherrscht, weitere Beweggründe, wie das Bedürfnis nach Kommunikation und Unterhaltung oder Neidgefühle und ähnliche. Solche Motive können bei Anlegern zu anderen Verhaltensweisen führen, als sie nach der klassischen Theorie zu erwarten wären. Man könnte sagen: Dem Anleger schlägt seine eigene Psyche auf die eine oder andere Art ein Schnippchen. So gibt es ein ganzes Bündel von psychischen Effekten, die dem Anleger an der Börse in Bedrängnis bringen können.

Diese Effekte führen dazu, dass es systematische Verhaltensmuster gibt, welche von den durch die klassischen Kapitalmarkttheorien postulierten Verhaltensannahmen signifikant abweichen. Aus diesem Grund wird häufig auch der Terminus Verhaltensanomalien für diese Verhaltensmuster verwendet. Ich möchte an dieser Stelle nur die fünf wichtigsten nennen:

Anomalie 1: Anwendung von Heuristiken (vorschnelles Handeln)
Der Anleger nimmt sich nur wenig Zeit, die aktuelle Lage einzuschätzen, und greift auf wenige Informationen für seine Entscheidung zurück. Das Problem hierbei ist, dass die für den Anleger leicht verfügbaren Informationen sein Urteil und somit seine Engagements zu stark bestimmen. Dies führt nicht selten zu Fehleinschätzungen und -entscheidungen. Überdies denkt der Anleger in bestimmten Mustern bzw. in Stereotypen. Er wird hierbei leicht Opfer bestimmter Trugschlüsse, Wünsche und Irrtümer. Die Folge ist, dass der Anleger nur die Zusammenhänge sieht, die gut in sein Schema passen, auch wenn sie tatsächlich gar nicht bestehen.

Anomalie 2: Relatives Bewerten (zu starke Orientierung an Einstandspreisen)
Der Anleger führt typischerweise für jedes Engagement ein separates Konto im Kopf. Dabei orientiert er sich sehr genau am Einstandspreis und möchte jedes seiner Konten mit Gewinn abschließen. Dazu neigt er bei einem negativ verlaufenden Engagement zur Risikofreude, d. h., er lässt Verluste laufen. Gerne erhöht er auch seine Position zu günstigeren Kursen, um somit den Einstandspreis zu verbilligen. Zugleich ist er bei einem gut laufenden Engagement zu risikoscheu und tendiert somit zu verfrühten Gewinnmitnahmen.

Anomalie 3: Streben nach Dissonanzfreiheit (das Festhalten an Entscheidungen)
Der Anleger kann sich nur schlecht eingestehen, dass er bei einem Engagement einen Fehler gemacht hat. Er klebt förmlich an seiner Entscheidung und sucht daher nach Möglichkeiten, diese missliche Situation irgendwie auszugleichen. Sein Problem besteht darin, dass er sein Verlustengagement zumindest noch zum Einstandspreis abschließen möchte, auch wenn dies nicht mehr sinnvoll oder möglich erscheint. Deshalb neigt der Anleger dazu, die Gewinnchancen seiner im Wert stark gefallenen Wertpapiere im krassen Maße zu überschätzen, nur um sich selbst keinen Fehler eingestehen zu müssen. Überdies nimmt er nur noch Informationen wahr, die ihm gelegen kom-

men, während er unangenehme Neuigkeiten weitgehend verharmlost oder gar ignoriert.

Anomalie 4: Kontrollillusion (Überschätzen der Kontrollmöglichkeiten)
Der Anleger neigt dazu, seine Fähigkeiten zur Kursprognose insbesondere nach einigen erfolgreichen Investments zu überschätzen. Er glaubt, die Situation gut im Griff zu haben, und nimmt überhöhte Risiken in Kauf. Die Folge: Er läuft Gefahr, an seinen Prognosen bzw. Anlageentscheidungen zu lange festzuhalten. Meistens hat der Anleger dann viel Geld in einige wenige Wertpapiere investiert, von deren Erfolg er felsenfest überzeugt ist. Häufig agiert er dann nur in einem einzigen Marktsegment, d. h. er kauft zum Beispiel nur Autoaktien. Sein Ziel ist es, vor aller Welt gut dazustehen und so schnell wie möglich reich zu werden.

Anomalie 5: Kontrollverlust (Angst vor nicht kontrollierbaren Engagements)
Der Anleger hat ein hohes Bedürfnis, das Risiko seiner Investments zu kontrollieren. Er möchte gut informiert sein und gerät darum unter starken Stress, wenn er erkennen muss, dass er die Situation kaum kontrollieren kann. Insbesondere bei heftigen Kursschwankungen fühlt er sich hoffnungslos den Märkten ausgeliefert. Verluste machen den Anleger nervös und lassen ihn unüberlegt handeln. Aus diesem Grund meidet der Anleger solche Situationen und verpasst somit möglicherweise eine Vielzahl lukrativer Investments.

Sobald sich die angesprochenen Anomalien der Marktteilnehmer in konkrete Handlungen niederschlagen, werden sie die Tageskurse in irgendeiner Form beeinflussen. Da diese Tageskurse einer Zyklizität unterliegen, kann von einem durch anomales Anlegerverhalten generierten Börsenzyklus ausgegangen werden. Denn nach Ansicht der *Behavioral Finance* führt die soziale Intervention in bestimmten Börsenphasen zu gleichgerichtetem Verhalten der Anleger. Ein solcher Börsenzyklus ist anhand des Beispiels des *Deutschen Aktienindexes* (Abk. DAX) dargestellt.

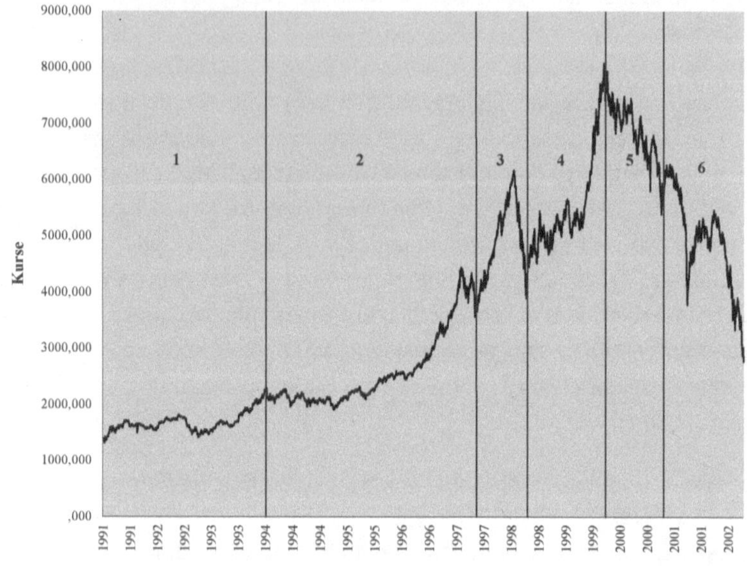

Abbildung 10: *DAX* von 1991 bis 2002 mit Einteilung des Börsenzyklus

Ein Börsenzyklus beginnt mit der Phase der trendlosen Volatilität. In dieser Phase herrscht eine allgemeine Unsicherheit vor. Das Verhältnis zwischen rational und irrational agierenden Anlegern ist hier ausgeglichen. Die vorherige Talfahrt der Aktienbörsen hat die Aktien aus fundamentaler Sicht unterbewertet gemacht. Die Verunsicherung der Anleger geht auf die Erinnerung an die frühere Talfahrt der Aktien zurück. Die Verbesserung der Fundamentaldaten wird nicht wahrgenommen. Die hohe Liquidität der Anleger verleitet immer wieder zu Engagements, die aber oftmals schief gehen. Das heißt, diese Tradinggeschäfte führen zu einem bescheidenen Erfolg. Ein Anleger fasste seine Erlebnisse in einer solchen Phase so zusammen: „*Es ist wie beim Pferderennen. Man weiß, dass ein Pferd gewinnen wird, nur welches, das weiß man nicht.*"

Während des kohärenten Trend I werden die Marktteilnehmer zunehmend rationaler. Die Besserung der Fundamentaldaten wird jetzt allmählich in der Öffentlichkeit wahrgenommen. Der steigende Index wird über die Massenmedien kommuniziert. Die Erinnerungen an die Talfahrt sind nicht mehr so verfügbar und verblassen immer mehr. Die anhaltende und stabile Nachfrage sorgt für steigende Kurse.

Viele Investoren haben den Eindruck, von einem Markt mit steigenden Gewinnen ausgeschlossen zu sein. Darum steigen viele Anleger noch ein, damit ihnen keine Gewinne entgehen. Die Anleger haben Angst, etwas zu verpassen. Das Marktverhalten stabilisiert sich. Die Börsenumsätze wachsen stark an. Allmählich kommt der Zustrom immer neuer Anleger durch das Zusammenspiel der Massenmedien und Börsengurus in Fahrt. Zusätzlich führen die Phänomene wie soziale Imitation, Harmoniebedürfnis oder selektive Wahrnehmung zu einer immer stärkeren Homogenisierung des Marktverhaltens. Die Folge ist, dass der kohärente Trend I in den Börsenzyklus der Trendakzeleration I mündet.

In der Phase der Trendakzeleration I entfernen sich die Kurse mehr und mehr von der wirtschaftlichen Realität. Die positive Stimmung vom boomenden Aktienmarkt verbreitet sich immer mehr, was zu einer Euphorie unter den Anlegern führt. Jetzt steigen auch immer mehr unerfahrene Anleger wegen der Gier nach schnellen Kursgewinnen ein. Der Überoptimismus führt zu einer Überbewertung der Aktien, was hohe Kurssprünge auslöst. Man sagt: *„Die Hausse nährt die Hausse."* Die gleichzeitige Verschlechterung der wirtschaftlichen Rahmendaten bzw. das gebremste Wachstum wird nicht wahrgenommen.

Die Trendwende beschreibt die Marktübergangsphase mit nachfolgender Trendwende. Der Markt kommt erstmalig ins Stoppen. Die Anleger halten immer noch krampfhaft an der Erwartung steigender Kurse fest und verkaufen ihre Aktien nicht. Im Gegenteil, es wird sehnsüchtig nach positiven Nachrichten gesucht. Gleichzeitig versuchen Analysten mit immer neuen fragwürdigen Methoden, die hohen Kurse zu rechtfertigen. Nachrichtendienste und Börsenbriefe heizen die Kaufstimmung zusätzlich an. Warner werden von der Mehrzahl der Anleger als Spielverderber abgetan. Die letzten unerfahrenen Anleger steigen bei nervösem und volatilem Handel ein. Die so genannte Hausfrauenrallye beginnt. Leider gibt es keine Regel für die Zeitspanne dieser Phase. Sie kann sehr kurzlebig sein, oder mehrere Monate, manchmal sogar Jahre dauern.

Der kohärente Trend II ist von einer Verschlechterung der Fundamentaldaten gekennzeichnet, die sich allmählich am Markt durchsetzt. Viele Investoren verkaufen immer mehr Aktien, ohne ausreichend Käufer auf der Gegenseite zu finden. Ein stabiler Abwärtstrend setzt sich im Index durch. Jedoch halten viele irrational handelnde Anleger aus psychologischen Motiven an ihren Aktien fest. Zudem tendieren viele Anleger dazu, zunächst Aktien nachzukaufen, um ihre Einstiegskurse zu verbilligen. In solchen Phasen hört man häufig den Spruch: „*Vielleicht steigt der DAX wieder?*" Außerdem versuchen Profis mit Durchhalteparolen das Niveau künstlich hochzuhalten, um ihre Bestände abzubauen. Man hört dann solche Sprüche wie: „*Der nächste Aufschwung kommt bestimmt, wer jetzt verkauft ist dumm.*"

Schlussendlich setzt die Trendakzeleration II in die Abwärtsbewegung ein. Irrationale Panik erfasst die Marktteilnehmer auf breiter Ebene, nicht selten ausgelöst durch banale Anlässe. Die entstehende Stresssituation führt dazu, dass sich die Panik noch weiter steigert. Die Kurse fallen überproportional bei hohen Umsätzen. Viele naive Anleger mobilisieren jetzt ihre letzten Reserven, um ihre überteuerten Aktienkäufe zu verbilligen. Der fallende Index wird in der Medienberichterstattung verstärkt thematisiert. Die Verfügbarkeit der Crashsituation führt zu Verkäufen der Aktien zu Tiefstkursen. Ein massiver Ausverkauf (*Sell Out*) setzt ein. Aktien werden jetzt wieder billig. Der zeitlich schwer zu bestimmende Übergang in die trendlose Volatilitätsphase schließt den Kreis. Dies ist aber zugleich auch wieder der Beginn eines neuen Zyklus. Nach dem Börsenaltmeister Kostolany befindet sich der Markt ab jetzt in ruhigen Händen. Für das Verständnis der folgenden Kapitel reicht diese kurze Darstellung der beiden Theorien aus.

Tabelle 8: Wesentliche Unterschiede zwischen der klassischen Kapitalmarkttheorie und der *Behavioral Finance*

Klassische Kapitalmarkttheorie	Kriterien	Behavioral Finance
Homogene Investoren (alle denken ähnlich)		Heterogene Investoren (jeder Anleger ist ein Individuum)
Rationales Verhalten	Rationalitätskonzept	Menschen mit unvollständigen Informationsaufnahme- und -verarbeitungskapazitäten. Irrationales Verhalten individuell und kollektiv, beeinflusst durch soziale Interaktion
Vollkommene Informationen (vollständig, korrekt, kostenlos und zeitgleich)	Informationsverhalten	Unvollkommene Informationen (unvollständig, fehlerbehaftet, kostenpflichtig, mit time lag)
„As-if"-Betrachtung für die Marktebene: Gesamtmarkt ist im Ergebnis rational, Irrationalitäten Einzelner werden eliminiert.	Marktebene	Irrationalitäten auch im Aggregat, Verstärkung individueller Verhaltensmuster möglich (Infektion, Imitation)

Nun müssen wir aus den beiden Finanzkonzepten (klassische Kapitalmarkttheorie und *Behavioral Finance*) unser theoretisches Konzept für *Exchange Traded Funds* ableiten.

2.1.3 Was ist besser, der aktive oder der passive Managementstil?

> „Das Kapital ist ihr Gott, die Börse ihr Tempel und der Aktienkurs ihr Credo. Und wie in vielen Religionen tobt auch in der Gemeinschaft der Börsianer ein Glaubensstreit um die reine Lehre."[45]

Die Entscheidung zwischen einer aktiven und passiven Ausrichtung des Portfoliomanagementes ist von entscheidender Bedeutung für das Börsenleben eines Anlegers. Leider sind die Bezeichnungen aktives bzw. passives Management problematisch, weil der Begriff aktiv eher positiv und der Begriff passiv eher negativ besetzt ist. Somit kann es zu einer unbewussten Parteinahme zugunsten einer aktiven Strategie kommen. Vor dem Hintergrund der zum Teil recht heftig diskutierten Frage „Was ist besser, aktiv oder passiv?" möchte ich die beiden Managementarten gegenüberstellen, ohne dabei für die eine oder andere Seite Stellung zu beziehen.

---

[45] Hammer, Thomas: Indexprodukte – Investieren mit Autopilot. Zeit Online 26/2002; www.zeit.de

Nur mittels des aktiven Managementstils[46] sind überdurchschnittliche Anlageerfolge möglich. Dieser Managementstil zielt darauf ab, den Markt zu schlagen, d. h. durch gezielte Investmententscheidungen die Performance einer festgelegten Benchmark[47] (z. B. Indizes) zu übertreffen. Hierzu greift das aktive Management auf die Annahmen der *Behavioral Finance* zurück, d. h. es geht davon aus, dass die Anleger sich aufgrund psychischer und mentaler Beschränkungen nur eingeschränkt rational verhalten. Tatsächlich sind die Börsenkurse häufig unsinnig. So notierte zum Beispiel während der New-Economy-Hausse Anfang 2000 die Infineon-Technologie-Aktie (Ausgliederung des Halbleitergeschäfts der *Siemens AG*) bei 75,10 Euro. Nach dem Platzen der Blase kannte der Kurs nur noch eine Richtung – nach unten. Knapp neun Jahre später notiert die Aktie bei 2,35 Euro (Stand: 08.05.2009), um wiederum 11 Jahre später bei 36,16 € (Stand:01.02.2022) zu stehen.

Prinzipiell stehen dem Anleger zwei Mittel zur Verfügung: Die Auswahl der richtigen Aktien (Titelselektion oder *Stockpicking*) oder die Auswahl des richtigen Momentes (*Markttiming*). Die Strategie *Markttiming* wird häufig mit der Formel umschrieben: „*Buy low – sell high.*“ Wenn der Anleger z. B. von einem starken Kurswachstum eines bestimmten Bereiches ausgeht, so investiert er massiv in diesen Bereich. Dagegen zielt die Titelselektion auf eine relative Bewertung einzelner Wertpapiere innerhalb eines Marktes ab. Ähnlich wie die Nadel im Heuhaufen zu finden, wird bei der Titelselektion versucht, den Titel zu finden, der im Vergleich zum Marktsegment eine bessere Kursentwicklung verspricht.

---

[46] Vgl. Spiwoks, Markus: Prognosekompetenz als wichtigste Determinante der Auswahlentscheidung, Sofia-Diskussionsbeiträge zur Institutionenanalyse Nr 01-2, Darmstadt 2001, S. 1-16

[47] Im Allgemeinen bezeichnet der Begriff Benchmark eine Größe, die als Maßstab für Leistungsvergleiche dient. Beispielsweise ist für viele Anleger bei Anlagen in deutsche Aktien der Aktienindex DAX die Benchmark. Liegt sein Ergebnis über der Rendite der Benchmark DAX, wird von einer Outperformance gesprochen, ansonsten von einer Underperformance. Kritiker werfen hier ein, dass häufig Äpfel mit Birnen verglichen werden. Für deutsche Aktien bietet sich auch der breiter aufgestellte CDAX an, er ist nur nicht so bekannt. Die Auswahl der Benchmark hat also immer etwas Willkürliches an sich.

Prinzipiell bedeutet aktives Management, dass der Anleger eine Meinung zu der künftigen Marktentwicklung[48] hat und diese umsetzt. Um die Marktsituation zu ermitteln und vom Eintreffen der eigenen Meinung zu profitieren, stehen dem Anleger die Hilfsmittel technische und fundamentale Analyse zur Verfügung.

Die Fundamentalanalyse vergleicht den inneren Wert eines Unternehmens mit dem aktuellen Aktienkurs unter Berücksichtigung von Makrofaktoren wie Konjunkturentwicklung, Inflation, Zinsentwicklung usw. Hierzu trifft die Fundamentalanalyse zwei Grundannahmen. Zum einen sind die Märkte nie vollkommen effizient, ein informierter Investor kann seinen Informationsvorsprung gewinnbringend nutzen. Zum anderen existieren Bewertungsanomalien, die systematisch und vorhersehbar den Markt beeinflussen.

Die technische Analyse befasst sich mit der Deutung von Aktienkursverläufen und ignoriert fundamentale Daten. Die technische Analyse geht wie die *Behavioral Finance* davon aus, dass sich die Masse der Anleger in bestimmten wiederkehrenden Situationen gleich verhält, d. h., die Geschichte wiederholt sich. Somit stellen die Kursverläufe die aktuelle Marktsituation dar, wobei sich die Kurse in Trends bewegen, d. h., der Markt bewegt sich abwechselnd auf-, seit- oder abwärts. Außerdem sind im aktuellen Aktienkurs sämtliche vorhandenen Informationen schon vorhanden. Dies hat zur Folge, dass sich in den Kursverläufen bestimmte Muster erkennen lassen, aus denen die Chartdeuter den zukünftigen Kursverlauf der Aktie vorhersagen. Spötter sagen dazu: „*Die Vorhersage der Märkte gleicht oftmals dem Blick in eine Glaskugel. Ihre Vorhersagekraft ähnelt der von Wahrsagern auf den Jahrmärkten.*"

Das aktive Management versucht ja durch geschickte Investmententscheidungen einen Vergleichsindex zu schlagen. Das bedeutet nichts anderes, als dass sich die Zusammensetzung des Depots des Anlegers mehr oder weniger deutlich vom Vergleichsindex unterscheidet.

Daraus wird ersichtlich, dass der Anleger beim aktiven Management mehr Risiko eingeht als der Vergleichsindex, weil durch die andere Zusammensetzung des Portfolios oftmals das Risiko im Vergleich zum Index steigt. Hierfür erhofft er sich natürlich eine höhere Rendite als der Vergleichsindex. Hierzu

[48] Vgl. Benesch, Thomas: Aktives versus Passives Portfoliomanagement – Was in Glaskugeln über effiziente Märkte steht, Working Paper Series Number 16 by the University of Applied Sciences of bfi Vienna, Juni 2005, S 4 ff.

sagte Louis Bachelier zu Beginn des vorigen Jahrhunderts: *„Spekulation hat einen Ertragswert von null, abzüglich der Kosten.“*

Dies rief Mitte der 1990er Jahre das passive Management auf den Plan. Die Philosophie hier ist, dass durch aktive Investmententscheidungen der zugrunde liegende Vergleichsindex nicht dauerhaft geschlagen werden kann. Denn Kurse ändern sich nur dann, wenn neue preisrelevante Informationen an den Markt gelangen. Das Eintreffen dieser Nachrichten ist jedoch nur für tatsächliche Insider vorhersehbar (diese dürfen ihr Wissen laut Gesetz nicht zum Handeln nutzen) und nicht für alle anderen Marktteilnehmer. Kommen neue Informationen an den Markt, spiegeln sie sich in Sekundenbruchteilen in einem neuen Kurs wider. Folglich ist es unmöglich, schneller zu sein, als der Markt. Damit sind jegliche Über- und Unterperformancen zufälliger Natur. Somit begründet sich die passive Anlagestrategie in der Annahme, dass sich die Kapitalmärkte weitgehend effizient verhalten. Das heißt, dass es dem Anleger mit dem Einsatz von noch so ausgefeilten Analysetechniken zur Bestimmung der attraktivsten Investmentmöglichkeiten nicht gelingen wird, dauerhaft besser abzuschneiden, als der Markt. Diese Erfahrung musste auch die Elite-Universität *Harvard* machen. Ihr Kapitalvermögen betrug vor der Finanzkrise im Jahr 2008 rund 37 Milliarden US-Dollar. Aus den jährlichen Zinsen ihres Guthabens finanzierte die Universität die laufenden Kosten – wie Neubauten, Gehälter usw. Damit die Renditen stimmen, beschäftigte *Harvard* seit 1974 Finanzmanager. Zunächst investierten sie vorsichtig, doch seit 1990 wurden sie mutiger – mit zunächst exzellenten Ergebnissen. So betrugen die Renditen in den vergangenen zehn Jahren 13,8 Prozent p. a., also deutlich mehr als der Marktdurchschnitt. Im Herbst 2008, als die Finanzkrise in voller Blüte stand, machte sich jedoch unter *Harvards* Finanzmanagern Panik breit. Es mussten viele Investments mit hohen Verlusten geschlossen werden, weil sich die Manager verzockt hatten. Man schätzt, dass das Vermögen der Universität um 12 bis 16 Milliarden US-Dollar geschrumpft ist, also um knapp die Hälfte. Die Folgen sind bereits auf dem Campus schmerzlich zu spüren. So wurde beispielsweise ein neuer, 1,2 Milliarden teurer Wissenschaftskomplex auf Eis gelegt. Hinzu kommt noch der Spott: *„Amerikanische Genies im freien Fall. Sie müssen fortan kleine Brötchen backen.“*

Da die Jagd nach einer besseren Rendite mit Mühe, Zeit und Kosten verbunden ist, erbeuten aktive Anleger im Mittel eine unterdurchschnittliche Performance. Dazu sagt Sharpe: „*Portfoliomanagement korrekt definiert, dann sind folgende Aussagen zwangsläufig wahr: Erstens, vor Kosten ist die Rendite der durchschnittlichen aktiv gemanagten Geldeinheit gleich hoch wie die der durchschnittlichen passiv gemanagten Geldeinheit. Zweitens, nach Kosten ist die Rendite der durchschnittlichen aktiv gemanagten Geldeinheit niedriger als diejenige der durchschnittlichen passiv gemanagten. Diese zwei Aussagen gelten für jede Zeitperiode und setzen keine zusätzliche voraus.*"
Somit ist das einzig lohnende Risiko das Marktrisiko (bzw. systematische Risiko). Je höher dieses Risiko ist, auf desto mehr Ertrag darf der Anleger hoffen. Dafür kann der Anleger in einen risiko- und ertragreicheren Markt investieren, z. B. anstatt in den europäischen *Euro Stoxx 50* in den *MSCI Emerging Markets*. Doch das eigentliche Ziel eines passiven Investors ist es, einen Markt möglichst kostengünstig abzubilden, da er die Kosten nicht durch eine höhere Rendite im Vergleich zur Benchmark wieder herausholen kann. Deswegen führt das passive Management zu einer systembedingten Unterperformance gegenüber der Benchmark. Mit anderen Worten: Die maximale Rendite, die ein Anleger erwarten darf, ist die Marktrendite abzüglich seiner Kosten für die Abbildung des Marktes.
Die Entscheidung, ob ein Anleger eine aktive oder passive Strategie verfolgen sollte, hängt einzig von seiner Prognosekompetenz ab. Der Erfolg eines aktiven Portfoliomanagementes hängt von der erfolgreichen Einschätzung der künftigen Marktentwicklung ab. Nur wenn es gelingt, rechtzeitig und zuverlässig den Verlauf des Marktgeschehens abzuschätzen, darf der Anleger auf einen Anlageerfolg hoffen. So sagte ein blühender Befürworter dieses Managementstiles „*uns ist gelungen, wovon die alten Alchemisten geträumt haben, nämlich aus Blei Gold zu machen, d. h. mittels einer geschickten Anlagestrategie erhebliche Überrenditen gegenüber dem Markt zu erwirtschaften.*" In seiner Euphorie blendet dieser Anleger aber aus, dass die Ertragspotenziale schnell verloren gehen, wenn das künftige Marktgeschehen nicht in ausreichendem Maße richtig eingeschätzt wird. In der Regel beobachtet man, dass sich günstige und ungünstige Entscheidungen die Waage halten, sodass der Anleger ungefähr zu demselben Ergebnis kommt, wie bei einer passiven Portfoliostrategie. Überdies ist die Umsetzung einer aktiven Portfolio-

managementstrategie mit verhältnismäßig hohen Kosten verbunden. So muss ein aufwendiges *Research* betrieben werden, um die erforderlichen Prognosen erstellen zu können. Zudem entstehen durch die häufigen Portfolioumschichtungen Kosten, durch Gebühren für Käufe oder Verkäufe, die einen erheblichen Umfang erreichen können. Allerdings kann eine erfolgreiche aktive Strategie diese Kosten leicht überkompensieren. Gelingt allerdings die Prognose des zukünftigen Marktgeschehens nicht, dann sind es genau diese Kosten, die langfristig den Nachteil aktiver gegenüber passiver Portfoliomanagementstrategien verursachen.

Dabei reicht die Hoffnung, die künftige Marktentwicklung hinreichend exakt einschätzen zu können, nicht aus, um mit aktiven Strategien erfolgreich zu sein. Viele Anleger verlieren nämlich mit aktiven Strategien, weil sie ihre Prognosekompetenz überschätzen. Liegt die erforderliche Prognosekompetenz nicht vor, sollte der Anleger die passive Strategie dem aktiven Pendant vorziehen. Anders formuliert: Wenn Ihnen die Erkenntnisse der modernen Portfoliotheorie und der Effizienz der Märkte schlüssig erscheinen, sollten Sie die langfristige Ausrichtung ihrer Vermögensanlage mit Hilfe von Indexprodukten durchführen. Sollten Sie dagegen eher den Erkenntnissen der *Behavioral Finance* vertrauen, lohnt sich ein Blick auf die aktiven Strategien. Wesentlich entspannter sehen dies die institutionellen Investoren. Sie verfolgen nämlich eine zweigleisige Strategie. Handelt es sich um hochkapitalisierte und sehr liquide Anlagesegmente, wie z. B. Bluechipaktien oder Staatsanleihen, wird eher eine passive Strategie favorisiert. Dagegen wird bei Nischenmärkten bzw. illiquiden Märkten, wie z. B. kleinen Unternehmen oder Emerging-Markets-Anleihen, tendenziell auf eine aktive Strategie zurückgegriffen. Hintergrund dieser Vorgehensweise ist, dass solche Nischenmärkte weniger intensiv analysiert werden und deshalb eher ineffizient sein sollten. Es gilt: Je ineffizienter ein Markt ist, desto größer sind die Chancen, durch eine aktive Strategie dauerhaft mehr Rendite zu erzielen als der Markt.

Tabelle 9: Unterschied zwischen aktiver und passiver Strategie

	Aktiv	Passiv
Renditeziel	Den Vergleichsindex outperformen.	Eine ähnliche Rendite zu erzielen, wie der Vergleichsindex.
Transparenz	Niedrige Transparenz. Von den Fonds werden nur Pflichtberichte, wie Halb- oder Jahresberichte, vorgelegt. Ansonsten nur Veröffentlichung der 10 größten Positionen.	Hohe Transparenz. Es wird jeden Tag die genaue Zusammensetzung des Fonds veröffentlicht.
Risiko	Es wird das diversifizierbare Risiko akzeptiert, d. h. das titelspezifische Risiko. Dazu geht der Anleger gezielte Abweichungen vom Index ein.	Es wird versucht, das diversifizierbare Risiko zu vermeiden. Deshalb erfolgt eine Abbildung des Indexes. Es wird nur das Marktrisiko akzeptiert.
Kosten	Hohe Kosten durch Fundamentalanalyse, Analysten, technische Analyse und aktives Trading (Depot wird häufig umgeschichtet).	Geringe Kosten, da kein Research anfällt und die Depots selten umgeschichtet werden.
Verfahren	Titelauswahl, Branchenauswahl oder Market-Timing, Buy and Sell	Kaufen und Halten
Investitionsumfang	Asset Allocation, Asset Selection, nicht immer voll investiert (d.h. Vorhalten einer Kasse).	Eigentlich immer voll investiert im Index
Reaktion auf Marktveränderungen	Markt wird als ineffizient angesehen, somit sind Marktänderungen zur Gewinnerzeilung erwünscht	Nicht gewünscht, da der Markt als effizient angesehen wird.

Bleibt festzuhalten, dass das Investieren auf den Aktien- bzw. Finanzmärkten weitaus komplizierter ist, als uns die klassische Kapitalmarkttheorie vorgaukelt. So sagte zwar schon Louis Bachelier um 1900, dass die Aktienkurse rein zufällig verlaufen: Wie ein Betrunkener, dessen Schritte zufällig nach rechts oder nach links vom Weg abweichen, bewegen sich die Aktienkurse in einem unvorhersehbaren Zickzack-Kurs (dem so genannten *Random Walk*). Verantwortlich hierfür ist die Rationalität der Anleger. Dies mündet in der These: „*Keiner kann den Markt schlagen – also auch ich nicht.*" Ein passiver Fondsmanager sagte dazu:

„There are three classes of people who do not believe that markets work: - the Cubans, the North Koreans and active Managers"[49]

Er rät den Anlegern dazu, einen Fonds (z.B. ETFs) zu kaufen, der den Marktindex abbildet, da eine zu feine Stückelung der Anlagebeträge mit hohen Kosten verbunden ist.

Leider sind die Thesen (Rationalität und Informationseffizienz der Märkte) der klassischen Kapitalmarktanomalie empirisch nicht uneingeschränkt haltbar. So gibt es tatsächlich eine Vielzahl von psychologisch begründbaren Marktanomalien, die durch geeignete Strategien gewinnbringend ausgenutzt werden können. Selbst im Lager der passiven Anleger hat sich dies herumgesprochen. So kommen z. B. heute immer mehr Strategieindizes auf den Markt, die versuchen, durch Abbildung einer Kapitalmarktanomalie einen Vergleichsindex zu schlagen.

Ein Beispiel für eine solche Kapitalmarktanomalie ist der Kleinfirmeneffekt. So haben die Anbieter von Indizes ein ganzes Arsenal von Small-Cap-Indizes aufgelegt. So versucht z. B. der *DJ Stoxx Small 200* den *DJ Stoxx 600* zu schlagen. Das allgemeine Rezept hinter diesem Vorgehen lautet: *„Man suche eine Marktanomalie, für die es eine gut begründete psychologische Erklärung gibt, und bilde eine Strategie, welche diese Anomalie ausnutzt.*" Diese Strategie wird dann verpackt in einen Index und dem Anleger in Form z. B. eines ETFs zugänglich gemacht.

Das bedeutet nichts anderes, als dass der Markt nicht vollkommen rational ist und es durchaus möglich ist, den Markt zu schlagen. Dem entgegen halten Verfechter des passiven Stils, dass die aktiven Anleger den Ast, auf dem sie sitzen, selbst absägen, weil sie durch das Ausnutzen der Anomalie diese mit der Zeit zerstören. Somit müsste der Markt im Laufe der Zeit immer rationaler werden. Ich persönlich teile diese Meinung nicht. So ist es z. B. schon seit Jahrzehnten möglich, mit einer Auswahl der dividendenstärksten Aktien den Gesamtindex zu schlagen. Zudem denke ich, dass sich der Aktienmarkt ständig wandelt, sodass immer wieder neue Marktanomalien entstehen. Überdies bestreitet die Mehrzahl der Vertreter der *Behavioral Finance* nicht den grundsätzlichen Einfluss von fundamentalen Faktoren auf die Marktent-

---

[49] Vortrag Invest Messe Stuttgart, 16. März 2007. Core/Satellite Anlagestrategie nicht nur für institutionelle Anleger, Roland Rupprechter Hypo Landesbank Vorarlberg, Bregenz, Österreich, S. 16, www.hypovbg.at

wicklung. Sie betrachtet diese jedoch nur auf lange Sicht als tendenzgebend, wobei die Trends von nicht-ökonomisch verursachten Schwingungen deutlich überlagert werden. Das liegt daran, dass sich die Anleger bei ihren Entscheidungen häufig nach naiven Heuristiken (z. B. Verfügbarkeitsheuristik) richten. Besonders in spekulativen Phasen verdrängen sie das rationale Denken. Die Entscheidungen des Anlegers werden dann immer mehr abhängig von seinen Stimmungen, seiner verzerrten Wahrnehmung. Wenn die Spekulationsblase platzt und es zum Crash kommt, endet dies meist fatal, weil mentale Lähmung, Kontrollverlust, Panik und erlernte Sorglosigkeit dem Anleger beim Handeln in die Quere kommen.

Besonders diese Emotionen wirken sich beim aktiven Management stärker aus als beim passiven, weil der Anleger beim aktiven Stil wesentlich näher an den Märkten dran ist. Somit wird er auch leichter ein Opfer der Märkte, was sich in einer geringeren Durchschnittsrendite niederschlägt.

Ein Fondsmanager sagte dazu einmal: „*Habe Mut, dich deines eigenen Verstandes zu bedienen. Lasse nicht zu, dass dich deine Emotionen besiegen. Sei ein Verstandesmensch. So ist dir dein Börsenerfolg sicher.*“ Ein weiteres verblüffendes Ergebnis dieses Kapitels ist, das sowohl der aktive wie auch der passive Stil auf ein tragfähiges theoretisches Konzept aufbauen, sodass beide ihre Berechtigung haben. Der Anleger muss sich nur entscheiden, welches Konzept er für sich anwenden möchte. Zudem kann der Anleger heute beide Investmentstile mittels ETFs abbilden.

Ein Anleger erzählte mir einmal folgendes: „*Mein Geld wird kontinuierlich weniger, zuerst investierte ich in den Emerging Markets, danach in China, jetzt am Neuen Markt. Das alles beim Versuch, um die Anfangsverluste irgendwie wieder aufzuholen. Was soll ich machen! Auf meinem Anlagekonto herrschen Raubbau und Verwüstung. Was ist mit den verdammten Indizes los, die ich ausgewählt habe? Ist meine Lage hoffnungslos?*“ Nein davor schützt ein fundiertes Wissen über Indizes.

3. Der Index ist das Maß der Dinge

Erst in den letzten eineinhalb Jahrzehnten verzeichneten Indizes eine stetig steigende Bedeutung in Anlegerkreisen. Gerade die Aktienboomjahre in der zweiten Hälfte der 1990er Jahre brachten den Durchbruch, weil nun z. B. die Aktienberichterstattung breiten Einzug in Regionalzeitungen und TV-Nachrichten fand. Damit die Medien kurz und bündig über die Entwicklung der Märkte berichten konnten, benötigten sie Gradmesser. Schließlich ist es für den Leser, Hörer oder Fernsehzuschauer sehr ermüdend, lange Zeilen von Kursdaten zu lesen bzw. zu hören. In diese Lücke sprangen die Indizes, indem sie die Kursentwicklung eines Marktes in einer einzigen Zahl verdichtet darstellen. So ist es auch nicht verwunderlich, dass die jetzt im Rampenlicht stehenden großen Indizes, wie z. B. der *DAX*, zumeist erst in den 1980er und 1990er Jahren geschaffen wurden.

Ursprünglich waren die Indizes also dazu gedacht, die Entwicklung von Märkten mehr oder minder transparent darzustellen. Heute ist eine zweite Funktion hinzugekommen: Indizes dienen als Basiswerte für Zertifikate und *Exchange Traded Funds*. Deshalb verdienen die Anbieter von Indizes durch die Lizenzgebühren kräftig am Boom der passiven Investmentprodukte mit. Die amerikanische Research-Gesellschaft *Tabb Group* rechnet, dass die Indexanbieter im Jahr 2008 mehr als eine Milliarde US-Dollar an Lizenzgebühren eingenommen haben. Dies führt zu der paradoxen Situation, dass es mittlerweile weltweit mehr als 50.000 Indizes gibt (mit steigender Tendenz), denen aber nur rund 40.000 börsennotierte Unternehmen gegenüberstehen. Spötter sagen deswegen auch: *„Egal ob Renten-, Aktien-, Rohstoff-, Geldmarkt, die Indexanbieter zimmern für jeden Trend das passende Börsenbarometer. Ähnlich wie im Fernsehen gibt es viele Wiederholungen und nichts wirklich viel Neues."* Beispielsweise berechnet die *Deutsche Börse* nicht nur die große DAX-Indexfamilie, sondern auch maßgeschneiderte Indizes für Banken und Fondsanbieter, wie z. B. den *World Luxury Index* für die *BNP Paribas*.

Um sich hier noch zurechtzufinden, braucht der Anleger ein fundiertes Wissen darüber, wie Indizes im Einzelnen konstruiert sind und welche Kriterien bei der Auswahl der Indexwerte angewandt werden. In diesem Abschnitt

werde ich die unterschiedlichen Konstruktionsmöglichkeiten von Aktien-, Renten-, Geldmarkt-, Rohstoff- und Hedgefondsindizes beschreiben. Wie wichtig fundierte Kenntnisse von Indizes bei der Anlage im ETF-Bereich sind, zeigen folgende Zeilen aus einem Emissionsprospekt eines ETFs.
„*Die Anlagestrategie des Fonds besteht darin, die Entwicklung eines anerkannten Wertpapierindex nachzubilden und dabei gleichzeitig die Standardabweichung der Renditen zwischen dem Fonds und dem Wertpapierindex so gering wie möglich zu halten. Der Anleger wird dazu aufgefordert sich seine eigene Meinung hinsichtlich des Wertpapierindex zu bilden...*“ Dieses Satz sollten Sie ernst nehmen, viele ETF-Anleger sind nämlich schon deshalb auf die Nase gefallen. Ein Witz verdeutlich dies: Bei einem Klassentreffen fragt ein Mathematiklehrer seinen ehemaligen Schüler. „Es geht dir offensichtlich gut, du kannst dir ja einen teuren Mercedes leisten. Wie machst Du das?“ Der ehemalige Schüler antwortet: „Ich lebe vom Kauf und Verkauf von Indexpapieren, z.B. kaufe ich bei einem *DAX-Stand* von 5000 Punkten und verkaufe anschließend bei 6000 Punkten, von diesen 15 % lebe ich.“ Erwidert der Lehrer: „Man merkt, in Mathe warst Du schon immer schwach, es sind nämlich 20 %. Doch wie kommt eigentlich die Punktezahl zustande?“ Der Schüler blickt den Lehrer erstaunt an und sagt: „Ist doch egal, Hauptsache, ich verdiene.“ Der Lehrer antwortet: „Eben nicht. Woher willst Du wissen, dass der *DAX* die wirkliche Kursentwicklung der Indextitel anzeigt? Zeigt er eine falsche Kursentwicklung an, kannst du ganz schnell wieder Fahrrad fahren, Du bist also doch nur ein Glücksritter, der nicht weiß, was er tut.“
Es gilt: Der Index ist ein wesentlicher Bestandteil des ETF. Darum ist ein fundiertes Wissen über Indizes die Grundlage für ein erfolgreiches Investment in ETFs.

3.1 Aktienindex

Aktien gibt es bereits seit mehreren hundert Jahren. So war der Motor der industriellen Revolution im 19. Jahrhundert das eingesammelte Aktienkapital. Mehrere Geschäftspartner schlossen sich damals zusammen und ihr jeweiliger Anteil an der neu gegründeten Gesellschaft wurde als Aktie verbrieft. Diese Aktien wurden dann rege gehandelt. Im Jahr 1896 dachten die beiden

Herausgeber des *Wall Street Journals*, Charles Henry Dow und Edward David Jones, „*als Börsianer muss man seinen Blick von der schimmernden Oberfläche der Dinge in ihre dunkleren Tiefen lenken*". So hoben sie den ersten Aktienindex, den *Dow Jones Industrial Average*, aus der Taufe. Dieser Index sollte die wichtigsten Industrien der USA repräsentieren und enthielt bei seiner Einführung 12 Titel. Heute sind es 30 Titel. Es sollte nicht bei diesem einen Index bleiben. Allein die *Deutsche Börse* bietet in verschiedenen Währungen insgesamt über 295 Aktien- und 1.720 Rentenindizes an. Andere wichtige Indexinitiatoren sind das japanische Verlagshaus *Nihon Keizai Shimbun* (z.B. *Nikkei 225*), die englische *FTSE Russell* (FTSE), die Ratingagentur *Standard & Poors* (S&P), der US-Indexanbieter *MSCI Inc. (MSCI World)* sowie das Tochterunternehmen *Qontigo (Euro Stoxx)* der *Deutschen Börse*.

Dank der Erkenntnisse der modernen Portfoliotheorie (s. S. 11 ff.) wissen wir, dass Diversifikation, also die geschickte Kombination mehrerer Aktien, für den langfristigen Anlageerfolg entscheidend ist. Etwas abstrakt betrachtet sind Aktienindizes nichts anderes als ein diversifiziertes Aktienportfolio. Somit kann der Anleger sein unsystematisches Risiko (s. S. 41) (das titelspezifische Risiko) deutlich senken, da durch die Streuung auf mehrere Schultern (Titel) innerhalb eines Indizes das Verlustrisiko deutlich reduziert wird, d. h. das Anlagerisiko sinkt. Beispielsweise meldete im Juni 2009 das MDAX-Unternehmen *Arcandor* (Eigner u. a. von *Karstadt* und *Quelle*) Insolvenz an. Daraufhin kam es zu Kurskapriolen, mit einem deutlichen Anstieg der Volatilität (Risiko) bei der Arcandor-Aktie. Dagegen beobachtete man beim MDAX-Index kaum eine merkliche Zunahme der Volatilität, sodass die meisten Indexinvestoren nur geringfügig von der Insolvenz von *Arcandor* beeinflusst wurden.

Überdies liefern die Indizes dem Anleger einen wichtigen Vergleichsmaßstab (Benchmark), mit dem sie den Erfolg ihrer eigenen Investitionen objektiv beurteilen können. Mit einem Aktienindex kann also kontrolliert werden, ob der Anleger in der Lage war, durch geschickte Titelauswahl (*Stockpicking*) und/oder geschickten zeitlichen Kauf und Verkauf von Aktien (*Timing*) eine höhere Rendite zu erzielen als der Gesamtmarkt.

3.1.1 Das Wesen eines Aktienindexes

Bevor man an die Konstruktion eines Aktienindexes gehen kann, muss man sich die Frage stellen, welchen Zweck der zu erstellende Index erfüllen soll. Im ersten Schritt muss man sich überlegen, welche geografische Region der Index beschreiben soll. Danach muss man sich darüber Gedanken machen, ob der Index den eingegrenzten Markt vollständig oder nur in Teilen abbilden soll.
„*Wenn man einen falschen Weg einschlägt, verirrt man sich umso mehr, je schneller man geht.*" (Denis Diderot) Um dies zu verhindern müssen wir erstmal klären: Wie werden Aktienindizes gewichtet? Was versteht man genau darunter?

3.1.1.1 Wie werden Aktienindizes gewichtet?

Um einen Schnellschuss zu vermeiden, sehen wir uns zunächst die gängigen Arten der Gewichtung von Aktienindizes an. Es gibt für Indizes unterschiedliche Arten, die einzelnen Werte im Index zu gewichten. Die für Börsenindizes üblichen drei Methoden eine Gewichtung vorzunehmen sind folgende:

- **Gleichgewichteter Index** – Bei einem gleichgewichteten Index sind alle darin befindlichen Indexwerte mit der gleichen prozentualen Gewichtung vertreten. Damit die Gewichtung über die Zeit konstant bleibt, ist eine regelmäßige Zurücksetzung auf das Ursprungsverhältnis notwendig.
- **Preisgewichteter Index** – Aktienkurse aller Indexwerte werden aufsummiert und danach durch die Anzahl der Indexwerte dividiert.
- **Kapitalisierungsgewichteter Index** – Die Gewichtung der einzelnen Werte wird nach dem Marktwert des Wertpapiers vorgenommen.

3.1.1.1.1 Gleichgewichtete Indizes

Beim gleichgewichteten Index, wird der Marktkapitalisierung der Aktien keine Bedeutung beigemessen, und allen Aktien wird das gleiche Gewicht zuge-

wiesen. Beispielsweise bekommt bei einem Index mit 25 Werten jeder Indexwert ein Gewicht von 1/25 = 4 Prozent.
Mit der Zeit verschieben sich durch Kursveränderungen die Gewichte im Index. Dann ist ein Rebalancing erforderlich. Demgemäß werden alle Einzeltitel an regelmäßigen Bewertungstagen wieder auf ein gleiches Maß rückgewichtet. Dabei wird das Gleichgewicht wiederhergestellt, indem mehr Aktien eines Unternehmens mit fallendem Aktienkurs gekauft und Aktien verkauft werden, wenn der Aktienkurs eines Unternehmens steigt.
Darum wird der Marktansatz eines gleichgewichteten Index als konträr angesehen, weil Aktien des beliebten Unternehmens A verkauft werden, während Aktien des ungünstigen Unternehmens B gekauft werden. Hierdurch wird also bei zuvor gut gelaufenen Aktien ein Teil der Gewinne mitgenommen, während schwächere Werte automatisch einen höheren Stellenwert im Index erhalten.
Außerdem begünstigen gleichgewichtete Indizes praktisch kleinere Unternehmen, da sie die gleiche Bedeutung haben wie Large-Cap-Unternehmen, d. h. sie geben jedem Unternehmen innerhalb des Index die gleiche Chance. Dies bedeutet, dass selbst das kleinste Unternehmen in einem gleichgewichteten Index mehr Macht ausübt als in einem nach Marktkapitalisierung gewichteten Index.
Der Nachteil der gleichgewichteten Indizes ist, sie weisen eine hohe Portfolioumschlagsrate auf, was höhere Gesamttransaktionskosten für Indexprodukte, wie ETF, nach sich zieht.
Beispielsweise setzt der bekannte US-Branchen-Index NYSE Arca Biotech alle seine 20 Einzelwerte im Abstand von drei Monate auf einen Anteil von jeweils 5% zurück.

3.1.1.1.2 Preisgewichtete Konzept

Das preis- (oder kurs-) gewichtete Konzept greift auf das ungewogene arithmetische Mittel als Berechnungsformel zurück. Dabei werden einfach die einzelnen Aktienkurse zusammengezählt und anschließend durch die Anzahl der im Index enthaltenen Titel geteilt, d.h. man addiert einfach die Aktienpreise und dividiert durch die Anzahl der Indexmitglieder. Dies führt dazu, dass Aktien mit einem hohen Kurs ein stärkeres Gewicht als Werte mit einem niedrigeren Kurs im Index erhalten. Im Umkehrschluss bedeutet dies aber nicht, dass ein Titel mit einem höheren Aktienkurs wertvoller ist als eine Aktie mit einem niedrigeren Aktienkurs. Beispielsweise ist das Unternehmen *Adidas* mit einem Aktienkurs von 198 Euro (Marktkapitalisierung: 48.512 Mio. Euro) nicht mehr als zehnmal wertvoller als die *Deutsche Telekom* mit 17,40 Euro (Marktkapitalisierung: 86.392 Mio. Euro)[50]. Dies kann dazu führen, dass beispielsweise kleine Aktiengesellschaften mit einem hohen Aktienkurs auch ein entsprechend höheres Indexgewicht erhalten als große „Flaggschiffe", die zu einem sehr niedrigen Preis gehandelt werden. Ein weiteres Problem bei dieser Berechnung ist, dass eine Veränderung im Kapital der Aktiengesellschaften (Aktienanzahl) nicht berücksichtigt wird. Wird z. B. ein Aktiensplit vorgenommen oder erfolgt die Ausgabe von Gratisaktien, so würde dies zu einem niedrigeren Indexstand führen, ohne dass es zu einer Veränderung des Marktwertes des Unternehmens gekommen ist. Um diesem Problem Herr zu werden, wurde ein Korrekturfaktor eingeführt.

$I(t) = \frac{1}{c} \cdot \frac{\sum_{i=1}^{n} p_{it}}{n}$ mit I = Indexwert; p = Börsenkurs; t = aktueller Zeitpunkt; i = i-Ter Titel im Index; n = Anzahl der im Index enthaltenen Aktien; c = Korrekturfaktor[51]

Aus der Formel erkennt man, dass sich beim ungewogenen arithmetischen Mittel der relative Anteil jeder einzelnen Aktie im Index aus ihrem absoluten Kurswert ergibt, d. h., es wird keine Gewichtung innerhalb des Indexes vorgenommen und alle Indexmitglieder sind gleichermaßen verantwortlich für die Höhe der Indexzahl. Das bedeutet, dass eine Aktie mit einem Kurs von 100 Euro einen zehnmal höheren Einfluss auf den Index hat als eine Aktie, deren Kurs 10 Euro beträgt.

---

[50] Der Unternehmenswert ergibt sich aus dem Aktienkurs multipliziert mit der Anzahl der ausgegebenen Aktien.

[51] Die Formel wird so gelesen: Das arithmetische Mittel ergibt sich als einfacher Kursdurchschnitt von (n) Aktien zum Zeitpunkt (t), wobei (p_{it}) den jeweiligen Aktienkurs zum Zeitpunkt (t) meint. Die Werte für den Korrekturfaktor (c) werden auf der Homepage des Indexanbieters veröffentlicht.

Aufgrund dieser Tatsache werden Aktienindizes, die anhand des ungewogenen arithmetischen Mittels berechnet werden, auch als kursgewichtete Aktienindizes bezeichnet. Das Problem bei dieser Berechnungsmethode ist, dass starke Kursbewegungen einzelner Aktien zu einem Klumpenrisiko im Index führen können. Steigt der Aktienkurs stark an, gewinnt der Titel im Index an Gewicht. Im Extremfall kann es dann passieren, dass einige stark steigende Werte hauptsächlich für die Indexentwicklung verantwortlich sind. Letztendlich entscheidet einzig der absolute Kurswert einer Aktie über ihr Gewicht im Index, unabhängig davon, ob dies der tatsächlichen Bedeutung des Unternehmens auf dem Markt beispielsweise in Bezug auf seine Marktkapitalisierung entspricht.

Das kann bei kleinen Werten zu einer Überinterpretation und bei großen Werten zu einer Unterinterpretation des allgemeinen Marktgeschehens führen. Zudem ist problematisch, wenn Aktien kleiner Gesellschaften allein durch die absolute Höhe ihres Aktienkurses unangemessen stark im Index vertreten sind. Dann spiegelt der Index nämlich das Marktgeschehen nur noch verzerrt wider. Die bekanntesten Vertreter dieser Berechnungsmethode sind der amerikanische Leitindex *Dow Jones Industrial Average* und der japanische *Nikkei 225 Index*. Die Verwendung dieser Berechnungsmethode für den *Nikkei 225* ist zweifelhaft, weil in Japan die absoluten Aktienkurse teilweise stark divergieren. So kosten beispielsweise die beiden Mitglieder des Nikkei 225 *Tokyo Electron* 54.750 Yen und *Unitika* nur 280 Yen (Stand Mai 2022). Im Gegensatz dazu befinden sich die Aktienkurse im *Dow Jones* in einem engen Preisband. So ist der niedrigste Kurs in Dow 43,08 US-$ von Walgreens Boots Alliance und der höchste Kurs ist 499,09 US-$ von UnitedHealth. Dies liegt daran, dass es in Amerika üblich ist, bei zu groß werdenden absoluten Aktienkursen Aktiensplits und bei zu klein werdenden absoluten Kursen Reservesplits durchzuführen.

3.1.1.1.3 Kapitalisierungsgewichtete Index

Geschichte wird gemacht, es geht voran heißt es im berühmtesten Lied der Band Fehlfarben. Manchmal geht es aber auch voran, weil die Geschichte korrigiert wird. So wie jetzt bei den kapitalisierungsgewichteten Indizes. Sie verlassen nämlich die bewerten Wege. Ihr Berechnungskonzept ist der Preisindextheorie entnommen, die auf den Indexformeln nach Laspeyres, Paasche oder der Wertindexformel beruhen.

Im Gegensatz zum ungewogenen arithmetischen Mittel werden jetzt die aktuellen Kurse zunächst gewichtet, danach auf den Basiszeitpunkt bezogen und abschließend mit dem Basiswert (in der Regel 100 oder 1.000 Punkte) multipliziert. Ein weiterer Unterschied ist, dass bei den gewichteten Indexformeln das Gewicht der Indexmitglieder nach Gewichtungskriterien gezielt festgelegt wird. Als Gewichtungskriterien kommen die Marktkapitalisierung, das Grundkapital, der Börsenumsatz oder der Streubesitz infrage. Je nach Indexanbieter findet man unterschiedliche Kombinationen der Gewichtungskriterien vor. So ermöglicht eine Kombination von Marktkapitalisierung und Grundkapital die Gewichtung nach der wirtschaftlichen Bedeutung und Unternehmensgröße, wohingegen die Kombination Börsenumsatz und Streubesitz die Handelbarkeit bzw. Liquidität der Aktien in den Blickpunkt rückt.

Der Unterschied zwischen den Indexformeln nach Laspeyres, Paasche oder der Wertindexformel besteht eigentlich nur in der unterschiedlichen Gewichtung der Kurse.

Bei der Formel nach Laspeyres werden zunächst die aktuellen Kurse sowie die Kurse zum Basiszeitpunkt mit den Gewichten der Basisperiode gewichtet. Für die Gewichtung werden stets die zum Basiszeitpunkt vorhandenen Gewichtungen verwendet. Dies hat die angenehme Konsequenz, dass sich bei der Ermittlung des aktuellen Indexstandes lediglich die aktuellen Kurse ändern, während alle übrigen Variablen konstant bleiben.

$$I_L(t) = \frac{\sum_{i=1}^{n} (p_{it} \cdot q_{i0})}{\sum_{i=1}^{n} (p_{i0} \cdot q_{i0})} \cdot B$$

mit: IL = Indexwert nach Laspeyres; p = Börsenkurs; q = Gewichtung; t = aktueller Zeitpunkt; 0 = Basiszeitpunkt; i = i-ter Titel im Index; B = Basiswert[52]

[52] Mit q_{i0} wird das Gewicht des i-ten Indexmitgliedes im Index zum Zeitpunkt 0 und mit p_{it} der entsprechende Kurs zum Zeitpunkt t beschrieben. Dagegen beschreibt die Variable p_{i0} den Kurs zum Basiszeitpunkt. Die Variable B beschreibt den Wert des Indexes zum Basiszeitpunkt. Die meisten Indexanbieter verwenden einen Wert von 100 oder 1000.

Ein Laspeyres-Index zeichnet sich also dadurch aus, dass er die Wertentwicklung eines Aktiendepots gegenüber der Basisperiode mit den Gewichtungsfaktoren wiedergibt, die im Basisjahr gegolten haben. Der Gewichtungsfaktor im Nenner bleibt über den Zeitverlauf (Gewichtungsfaktoren des Basiszeitpunktes) unverändert. Dagegen wird der Gewichtungsfaktor im Zähler meist vierteljährlich (je nach Indexanbieter) zu den so genannten Verkettungsterminen angepasst. Er bleibt aber ebenfalls bis zum nächsten Verkettungstermin konstant.

Einer der bekanntesten Laspeyres-Indizes ist der *DAX*. Beim *DAX* wird der Aktienkurs von 40 Indexmitgliedern arithmetisch gemittelt, allerdings gewichtet mit der Anzahl der Aktien, die jeweils im Umlauf sind. Somit gibt der *DAX* den (in Promille ausgedrückten) Börsenwert der 40 *DAX*-Unternehmen im Vergleich zum Startzeitpunkt am 30.12.1987 an. So sagt ein *DAX*-Stand von z. B. 5.090 Punkten (Stand Juni 2009) mathematisch gesehen aus, dass der Börsenwert der 40 *DAX*-Unternehmen seit dem 30.12.1987 (als er bei 1.000 Punkten stand) um ca. 4.090 Promille bzw. 409 Prozent gestiegen ist.

Die Vorteile der Laspeyres-Formel sind zum einen die einfache Berechnung und zum anderen die gute Interpretierbarkeit. Die gute Interpretierbarkeit resultiert daraus, dass aufgrund der konstanten Gewichtungsfaktoren die Veränderungen im Indexstand ausschließlich aus den Kursveränderungen der Indexmitglieder resultieren. Ein Nebeneffekt der Konstanz der Gewichtungsfaktoren ist, dass sich die Indizes besonders für langfristige Vergleiche eignen.

Aber es gibt natürlich auch ein „*Haar in der Suppe*". Leider werden bei dieser Berechnungsart Gewichtungsänderungen, die z. B. verursacht werden durch Aktiensplits oder Kapitalerhöhungen, nicht direkt erfasst. Um eine realitätsgetreue Darstellung der Marktentwicklung sicherzustellen, muss der entsprechende Indexanbieter eingreifen, und manuell eine Änderung der Gewichte vornehmen.

Im Gegensatz zur Laspeyres-Indexformel berücksichtigt die Indexformel nach Paasche die zum Zeitpunkt (t) aktuelle Gewichtung der Indexmitglieder (q_{ii}) mit dem Wert, den diese zur Basisperiode gehabt hätten. Das heißt, sie gibt die Veränderung des Kursniveaus unter der Annahme an, dass die aktuelle Gewichtung bereits zum Basiszeitpunkt vorgelegen hätte. Daher verändert sich das Gewichtungsverhältnis im Laufe der Zeit, dennoch spiegelt die Formel die reine Preisänderung der Indexmitglieder wider.

$$I_P(t) = \frac{\sum_{i=1}^{n}(p_{it} \cdot q_{it})}{\sum_{i=1}^{n}(p_{i0} \cdot q_{it})} \cdot B$$

mit: IP = Indexwert nach Paasche; p = Börsenkurs; q = Gewichtung; t = aktueller Zeitpunkt; 0 = Basiszeitpunkt; i = i-ter Titel im Index; B = Basiswert

Der große Vorteil des Paasche-Indexes ist seine ständige Aktualität, weil bei seiner Berechnung jeweils die aktuellen Gewichte zum Berichtszeitpunkt verwendet werden. Somit zeichnet der Paasche-Index zu jedem Zeitpunkt die aktuellen Marktverhältnisse nach. Das hat den Nachteil, dass sich die ursprüngliche Indexgewichtung durch die ständigen Anpassungen der Gewichte der Indexmitglieder im zeitlichen Ablauf erheblich verändert. Nach dieser Berechnungsmethode werden z. B. der *FTSE All-World Index* des Indexanbieters *FTSE International Limited* berechnet.
Bei der Wertindexformel wird der aktuelle Kurs (p_{it}) multipliziert mit der aktuellen Gewichtung (q_{it}), mit dem Kurs (p_{i0}) und der Gewichtung (q_{i0}) der Basisperiode verglichen.

$$I_W(t) = \frac{\sum_{i=1}^{n}(p_{it} \cdot q_{it})}{\sum_{i=1}^{n}(p_{i0} \cdot q_{i0})} \cdot B$$

mit: IW = Indexwert nach Wertindexformel; p = Börsenkurs; q = Gewichtung; t = aktueller Zeitpunkt; 0 = Basiszeitpunkt; i = i-ter Titel im Index; B = Basiswert

Aus der Formel erkennt man, dass der Wertindex sofort die durchschnittliche Marktveränderung anzeigt. Um die Vergleichbarkeit des Indexes zu ermöglichen, müssen alle Veränderungen der Zusammensetzung oder der Gewichtung durch Verkettungen laufend aktualisiert werden. Nach dieser Formel werden z. B. der japanische *Topix Index* und der französische *CAC 40 Index* berechnet.

Am häufigsten werden die Laspeyres, Paasche oder die Wertindexformel bei den kapitalisierungsgewichteten Indizes[53], wo jede Aktie mit ihrer Marktkapitalisierung (Kurs ·Aktienanzahl) gewichtet[54] wird, angewendet. Allerdings geht hier meistens nicht die gesamte Marktkapitalisierung auf Basis aller ausgegebenen Aktien ein. In der Regel zählt für die Gewichtung nur die Marktkapitalisierung im Streubesitz. Unter Streubesitz (eng. Free Float) wird der Anteil der Aktien eines Unternehmens verstanden, der dem regulären Börsenhandel zur Verfügung steht. Dies liegt daran, dass selten sämtliche Aktien eines Unternehmens handelbar sind, weil z. B. Gründer oder strategische Investoren große Aktienpakete halten. Viele Indizes schreiben sogar vor, dass mindestens zwischen 5 % bis 20 % der Aktien im Free Float befinden müssen, damit die Aktie überhaupt in den Index aufgenommen wird [55].

Es gilt: Je höher die Marktkapitalisierung eines Unternehmens ist, umso größer ist seine Gewichtung im Index. Steigt also eine Aktie stärker als der Markt (bzw. Index), so wird die Aktie im Index immer höher gewichtet. Fällt ihr Wert, wird der Anteil der Aktie im Index reduziert und in deren Schlepptau korrigiert der Index.

Viele bekannte Indizes wie *Dax*, *DivDax*, *Euro STOXX 50* oder *S&P 500* folgen dieser Gewichtungsmethode. Seinen Siegeszug verdankt diese Gewichtungsmöglichkeit, weil sie allgemein leicht verständlich ist und ein Index relativ einfach konstruiert werden kann, was besonders wichtig ist für passive Anlageprodukte, wie ETFs. Weiterhin ist vorteilhaft, dass bei der marktkapitalisierten Gewichtung jeder, der einen Index nachbilden möchte, jederzeit ausreichend Wertpapiere am Markt vorfindet.

Freilich hat der Marktkapitalisierungsansatz seine Tücken:

---

[53] Da die Preise in effizienten Märkten stets korrekt die Erwartungen aller Marktteilnehmer widerspiegeln, gehen die Befürworter der kapitalgewichteten Indizes davon aus, das dies die Beste Abbildung der Realität des Marktes ist.

[54] Bei Anleihen verwendet man den Wert der begebenen Schulden, d. h. die Summe des Wertes aller Schulden eines Emittenten.

[55] Die Marktkapitalisierung gibt den aktuellen Marktwert eines Unternehmens wieder. Sie wird berechnet, indem man den aktuellen Kurswert multipliziert mit der Anzahl der ausgegebenen Aktien. Zum Streubesitz (engl. *Free Float*) zählen sämtliche Aktien, die nicht von einem Großaktionär (Anteil am Unternehmen größer 5 %) gehalten werden und somit frei über die Börse gekauft oder verkauft werden können. Beispielsweise hatte die Allianz AG im Jahr 2008 452.350.000 Aktien im Streubesitz und einen Aktienkurs von 70 Euro, d. h. die Marktkapitalisierung nach Streubesitz war 31.664,5 Mio. Euro.

- Klumpenrisiko: Durch diese Art der Gewichtung kann es dazu kommen, dass ein paar wenige Unternehmen in dem Index für einen Großteil der Kursgewinne bzw. -verluste verantwortlich sind. So sind z. B. im *DAX* die sechststärksten gewichteten Unternehmen (Allianz, Airbus, Linde, Mercedes-Benz-Group, SAP und Siemens) für etwa 43,5 % der Punkte verantwortlich (Stand 20.12.2021). Demgegenüber stehen dann die restlichen 34 Unternehmen, welche die anderen 56,5 % ausmachen. Auch im amerikanischen *S&P 500* kommt es zu solchen Ungleichgewichten. Dort sind die ersten 10 Unternehmen mit einem Anteil von knapp 30 % gewichtet, d. h. die anderen 490 Unternehmen im Index haben ein Gewicht von nur 70 % zusammen. Wegen dieser Gewichtungsschieflage beobachtet man an der Börse häufig folgendes Phänomen: An einem Handelstag, wo der Großteil der Unternehmen im Index Verluste beim Aktienkurs erlitten hat, steigt der Index trotzdem, weil die wenigen hochgewichteten Unternehmen jedoch Kursgewinne verzeichneten[56]. Um dies zu verdeutlichen sehen wir uns die Performance des *S&P 500* Index von Jahresende 2017 bis März 2018 an. Die Entwicklung des *S&P 500* war in diesem Zeitraum sehr stark von Technologie-Aktien getrieben. Konkret heißt das, dass die fünf Titel Amazon, Microsoft, Apple, Netflix und Cisco für rund 50 % des Indexanstiegs verantwortlich waren, während gleichzeitig viele andere Unternehmen im *S&P 500* fielen.
- Momentum-Bias: Ein kapitalisierungsgewichteter Index erhöht seine Allokationen in Aktien, deren Kurs steigt, und bauen ihre Allokation in Titeln ab, deren Kurs fällt – ohne Rücksicht darauf, ob die Aktien über oder unterbewertet sind. Es sind somit tendenziell solche Aktien (Growth-Aktien) im Index übergewichtet, die gerade in der Gunst der Anleger stehen (und damit eher teuer sind). Dies ist solange kein Problem bzw. sogar von Vorteil, solange der Trend anhält. Beispielsweise

[56] Zudem wird besonders zu Zeiten des Window-Dressing z.B. der DAX gerne mit den schwersten Aktien versucht zu manipulieren. Dies gelingt, weil bei einem Kursplus von 1% bei Siemens, müsste beispielsweise die Beiersdorf-Aktien schon 12,5% zulegen, um den gleichen Effekt auf den Dax-Index zu erzielen.

sind von den 10 größten Aktien im „*MSCI AC World Index*“[57] 50 % überbewertet (Aktuelles Kurs-Gewinn-Verhältnis vs. 10 Jahres-Durchschnitt) (Stand: 31.12.2018).

- Branchen-Bias: Es ist möglich, dass Wachstums-Aktien (Growth-Aktien), die gerade einen Hype erleben und somit teuer bewertet sind, im Index deutlich höher gewichtet sind als andere Aktien. Meistens stammen diese Growth-Aktien aus einer Branche. Deren Gewicht, dann im Index deutlich zunimmt. So hat beispielsweise das Gewicht der Technologie/Internet-Aktien im *S&P 500* Index zwischen 1995 und 2000 von 11% auf über 34% zugenommen. Dies bescherte dem Index herbe Verluste, als die Internet-Blase platzte.
- Proxy-Bias: Indizes wie der *S&P 500* werden auch stellvertretend für den gesamten US-Aktienmarkt herangezogen. In Deutschland wäre dies der *DAX*. Dies hat weitreichende Folgen. Wenn der Index bzw. der Markt letztlich nur noch von der Entwicklung weniger Titel bestimmt wird, lässt sich nicht mehr behaupten, dass der Index den Verlauf des gesamten Marktes widerspiegelt. Die Gefahr besteht, dass bei einer Analyse eines kapitalgewichteten Index ein falsches Bild von der Marktrealität vermittelt wird. Hierdurch könnten die Anleger falsche Schlüsse für ihre Investmententscheidung treffen.
- Geografische Gewichtung (vor allen bei Regionen-Indizes): Werden Länder zu Regionen und Regionen zu einem Welt-Index aggregiert, so entscheidet der Wert aller börsengelisteter Unternehmen über das Gewicht des Landes bzw. der Region im Welt-Index. Beispielsweise haben sich zahlreiche große Unternehmen aus dem Common Wealth für London als „Heimat- Börse“ entschieden. Deswegen tragen z. B. auch australische und südafrikanische Bergbaukonzerne dazu bei, dass das Gewicht von England in einem Welt-Index mehr als doppelt so hoch ist, als das von Deutschland. Obwohl Deutschland die größere Volkswirtschaft ist. Die Marktkapitalisierung führt auch dazu, dass die USA mehr als zwanzigmal so schwer gewichtet ist, wie China in einem Welt-Index. Dies spiegelt die ökonomische Wirklichkeit nicht mehr wider.

[57] Der MSCI All Countries World Index (ACWI) enthält Aktien der 3.000 größten börsengehandelten Unternehmen aus insgesamt 50 Ländern.

Das Wesen der marktkapitalisierungsgewichteten Indizes lässt sich gut mit der Strategie „*Teuer kaufen, billig verkaufen*" umschreiben. Um diese Strategie zu durchbrechen, wurden in den letzten Jahren Strategie-Indizes entwickelt, die unter dem Begriff „Smart-Beta" (s. Kapitel Smart-Beta-ETFs) zusammengefasst werden. In diesen Indizes wird die Gewichtung beispielsweise maßgeblich an fundamentalen Kriterien wie Dividende, Buchwert, Cashflow oder Umsatz ausgerichtet. Bei Faktor-Indizes werden bestehende Indizes auch ganz gezielt auf individuelle Risiko- bzw. Renditefaktoren wie Unternehmensgröße, Bewertung, Qualität, Momentum oder Minimum-Volatilität hin getrimmt.

Heinrich Heine fragte: „*Was ist Geld? Geld ist rund und rollt weg ...*" Damit uns das Geld nicht wegrollt, sollten wir uns fragen: Wie werden die Erträge der in einem Index enthaltenen Wertpapiere, wie z. B. Zinsen oder Dividenden, bei der Indexberechnung mitberücksichtigt? Hat die Einbeziehung der Dividende in die Indexberechnung überhaupt einen Einfluss auf die Performance? Ja, so legte z. B. der gewöhnliche *Euro Stoxx 50* (ohne Dividenden) zwischen Januar 1992 und Juni 2003 um 150 Prozent zu, also um 8,1 Prozent p. a. Dagegen brachte der mit den fetten Dividenden gefütterte *Total Return-Euro Stoxx 50 Index* 235 Prozent auf die Waage, also 10,8 % p. a.

3.1.1.2 Was bedeuten die Kürzel TR, PR, NR und GR bei Indizes?

Wie Sie später sehen werden, tragen viele ETFs und Aktienindizes Abkürzungen wie TR, PR, NR, oder GR in ihren Namen. Lassen Sie sich nicht ins Bockshorn jagen! Was auf den ersten Blick wie eine Randbemerkung anmutet, entpuppt sich bei genauerem Hinsehen als wichtiges Detail. Schließlich verbergen sich dahinter Informationen, welche und wie die Mitglieder eines Indizes zur Indexperformance beitragen:

1. TR/GR (Total Return): Die gesamte Performance auf einem Blick
   Das Kürzel TR bedeutet Total Return. Solch ein Total-Return Index spiegelt den Gesamtertrag des Indizes wider. Darin sind Kursgewinne oder -verluste aus den Veränderungen des Aktien- oder Bond-Kurses enthalten, hinzu kommen noch die Dividenden und Zinserträge aus den

Wertpapieren im Index. Ebenso werden Erträge z. B. aus dem Verkauf von Bezugsrechten berücksichtigt. Es wird für die Berechnung unterstellt, dass die Erträge zu 100 Prozent wiederangelegt werden. Man spricht hier auch von einem **Performanceindex**. Da durch die Einbeziehung der Dividenden in die Indexberechnung die Kursentwicklung wirklich den Ertrag widerspiegelt, den Sie erzielt hätten, wenn Sie alle Indexmitglieder des Indizes in Ihrem Depot gehalten hätten. Das prominenteste Beispiel für einen TR-Index ist der *DAX*.

2. NR/TNR (Net Return/Total Net Return): Ablass ans Finanzamt
   Die Berechnung eines Total Net Return Index ist nahezu identisch mit dem Total Return Index, mit dem Unterschied, dass eine fiktive Besteuerung (Quellensteuer) auf Dividenden und Kapitalerträge berücksichtigt wird, d.h. die Dividende abzüglich der Kapitalertragssteuer wird in den Index reinvestiert. Prinzipiell verwenden Indexanbieter grundsätzlich die maximalen Quellensteuersätze, um die Net Return Indizes zu berechnen. Die Höhe der verwendeten Quellensteuersätze werden auf der Website des Indexproviders veröffentlich. Es werden also nur die Netto-Dividenden (Dividende nach Steuerabzug) betrachtet. Deswegen ist auch eine andere Bezeichnung für diese Indexvariante üblich NDTR (Net Dividend Total Return). Beispielsweise ist der der *S&P 500 Net Total Return Index* ein solcher Index. Er weist also den Kurs zuzüglich der Nettobardividende aus. Die Nettobardividende in USA entspricht der Dividende abzüglich 30 Prozent Quellensteuer. Um es etwas komplizierter zu machen, gibt es auch Indexvarianten, in denen die Quellensteuer nicht berücksichtigt wird. Solche Indizes, die die Bruttodividenden als Grundlage verwenden, setzen die Wiederanlage der Dividenden ohne Abzug von Steuern voraus. Dieser Bruttorenditeansatz wird auch als Gross Return-Ansatz (Abk. „GR") bezeichnet. Der *DAX* ist ein Beispiel für die Indexberechnungsmethode. Sie ist im Großen und Ganzen identisch mit der Total Return-Methode.
3. PR (Price Return): Die reine Kursentwicklung
   Im Gegensatz zum TR, handelt es sich beim PR um eine Berechnungsmethode, welche ausschließlich auf der Änderung der Preise bzw. Kurse der zugrundeliegenden Wertpapiere eines Indizes beruht. Daher leitet sich auch die Bezeichnung Price Return (PR) oder **Kursin-**

dex ab. Folglich bleiben Erträge aus Dividenden oder Zinsen unberücksichtigt, d. h. sie fallen durchs Rost. Die meisten Aktienindizes, (so werden z.B. in Österreich und der Schweiz der SMI und der ATX ohne Dividenden-Reinvestition berechnet), weltweit werden nach dieser Methode berechnet, vor allem weil es technisch einfacher ist. Hier wird auch die Abkürzung STDR (Stripped Dividend Return) verwendet, das entspricht einem Kursindex ohne Dividenden Berücksichtigung.

Tabelle 10: Unterschied bei der Verwendung der Erträge bei Indizes

Indexvariante	Beschreibung	zeigt an
Price Return (PR)	Kurs-Index (ausschließlich Kursbewegung wird berücksichtig)	Kursentwicklung
Total Return (TR/GR)	Brutto-Index (weil alle Erträge enthalten sind)	Kursentwicklung + Erträge
Total Net Return (NR/TNR)	Netto-Index (wegen Steuerabzug)	Kursentwicklung +Erträge -Ertragssteuern

Ein Anleger der sich im ETF-Universum tummelt, muss diese Begriffe verinnerlichen. Gerne wird nämlich mit ihnen Schabernack getrieben. Die allermeisten ETF-Anbieter sind auch im Euroraum vertreten. Dies ermöglicht ihnen einen Teil der Quellensteuern, die bei den Dividendenzahlungen z. B. der im *Euro STOXX 50* vertretenen Unternehmen anfallen, bei den lokalen Behörden zurückzufordern. Hierdurch sind die meisten ETFs auf den *Euro STOXX 50* in der Lage, den „PR"-Index komfortabel zu übertreffen[58]. Eine derartige Outperformance wäre bei der „TR"-Variante des Standardwerte-Index der Eurozone indes nicht möglich.

Am Ende des Tages ist es reine Geschmackssache, ob man den PR- oder die TR-Variante eines Index bevorzugt. Achten Sie bei einem Rendite-

[58] Ein ETF folgt immer der TR-Methode, d. h. als Anleger fließen Ihnen die Erträge aus den im Index enthaltenden Wertpapiere zu. Haben Sie einen thesaurierenden Fonds, dann werden die Erträge sofort reinvestiert, wenn Sie einen ausschüttenden Fonds haben, dann erhalten Sie die Dividenden ausgezahlt. Je nachdem, welche Ziele Sie mit Ihrem ETF-Investment verfolgen, sollten Sie ebenfalls ein Augenmerk auf die Behandlung von Erträgen innerhalb der Indizes haben. Zielen Sie darauf, mit den vom Fonds erwirtschafteten Dividenden und Zinserträgen Ihren Lebensunterhalt zu finanzieren, sollten Sie stets zu ausschüttenden Fonds greifen. Im anderen Fall, bei welchem Sie auf die Auszahlung von Erträgen verzichten können, ist der wiederanlegende (thesaurierende) Fonds das geeignete Vehikel.

Vergleich, Äpfel mit Äpfeln zu vergleichen. Bedenken Sie: ETFs sind quasi TR-Geschöpfe, weil den Anleger die Erträge der Wertpapiere des ETFs zustehen. Wird die Leistung eines ETFs gegen eine Price-Return-Variante des zugrundeliegenden Index gemessen, verzerrt das seine Leistung. Ein derartiges Vorgehen dürfte heute allerdings kaum noch vorkommen, da es global verbindliche Performance-Darstellungs-Standards für die ETF-Branche gibt.
„Nur wer sein Ziel kennt, findet den Weg,“ lehrt Laozi. Unser Ziel in diesem Abschnitt ist es dem Wesen der Aktienindizes auf der Spur zu kommen. Dazu befassen wir uns zunächst mit den Leitindizes.

3.1.1.3 Leitindizes

Eigentlich hat so gut wie jeder Aktienmarkt in den Industrie- und Schwellenländern einen sog. Leitindex. Er ist für die betreffende Börse der bekannteste Index, welche in der Regel die Kurse der größten an der jeweiligen Börse notierten Aktien misst. In Deutschland ist der *DAX* der Leitindex. Er umfasst die nach Marktkapitalisierung 40 größten deutschen Unternehmen, d. h. der *DAX* repräsentiert rund 80 Prozent der Marktkapitalisierung der börsennotierten Aktiengesellschaften in Deutschland. Deswegen wird er häufig auch als Barometer für die deutsche Wirtschaft verwendet.[59] [60]
Deshalb sehen wir uns am Beispiel des *DAX* in groben Zügen deren Konstruktion an. Sie ist auf eine Vielzahl von Leitindizes übertragbar.
Am 28. Oktober 2008 vollführte die VW-Aktie eine Kurskapriole. Sie stieg von Montagmorgen bis Dienstagmittag von 250 Euro auf knapp über 1000 Euro. Dadurch drückte die VW-Aktie den *DAX* künstlich nach oben, und obwohl die meisten *DAX*-Werte (21 im Verlust und 9 im Gewinn) in den roten Zahlen schlossen, notierte der *DAX* über elf Prozent im Plus. Ein Händler sagte dazu *„der Index gibt ein falsches Signal“*. Der Grund war, dass VW aufgrund seines Kursanstieges überproportional hoch im *DAX* gewichtet war, mit knapp 27 %. Außerdem zeigte sich, dass viele Indexinvestoren gezwungen waren, die anderen *DAX*-Mitglieder zu verkaufen, um ansatzweise an der aktuellen *DAX*-

[59] Dies gilt auch für die anderen Leitindizes, z. B. ist der CAC40 der Leitindex von Frankreich und wird als Barometer der französischen Wirtschaft angesehen.
[60] Oftmals werden diese Indizes als Grundlage verwendet in der Kapitalmarkttheorie. Beispielsweise als Annäherung an das Marktportfolio im CAPM.

Entwicklung teilhaben zu können. Vor diesem Hintergrund sah sich der Indexanbieter *Deutsche Börse* (heute Tochterunternehmen Qontigo) gezwungen, eine außerordentliche Anpassung der *DAX*-Indexgewichtung vorzunehmen. Die zu den regulären Verkettungsterminen vorgesehene Kappungsgrenze von 10 % für die VW-Aktie wurde außerordentlich zum Handelsstart am 3. November 2008 vorgezogen, d. h. das Gewicht der VW-Aktie wurde im *DAX* auf 10 % zurückgesetzt. Mit der Kappung änderten sich auch die Gewichte der übrigen *DAX*-Mitglieder.

Doch ein anderer Skandal führte zu einer grundlegenden Änderung des Regelwerkes für den *DAX*. So sah sich Qontigo harter Kritik ausgesetzt, weil sie den insolventen Zahlungsabwickler Wirecard einfach weiter im *DAX* geführt hat, trotz der spektakulären Insolvenz im Juni 2020 nach dem milliardenschweren Bilanzskandal[61]. Eigentlich wollte Qontigo Wirecard zum regulären Termin am 21. September 2020 aus dem *DAX* nehmen. Der Druck vor allem der großen ETF-Anbieter, die sich teilweise weigerten Wirecard in ihre ETFs noch zu halten, führte dazu, dass Qontigo Wirecard am 21. August aus dem *DAX* nahm. Fast gleichzeitig kündigte sie an ihr Regelwerk zu überarbeiten, nach einer Befragung von Investoren und Fondsmanagern. Dies sollte die größte Regeländerung in der 30-jährigen Geschichte des *DAXs* werden.

Welche grundsätzlichen Kriterien muss ein Unternehmen erfüllen, um sich für eine Aufnahme in den *DAX* zu qualifizieren?

Das Hauptkriterium für die Aufnahme in den *DAX*-Index ist,

- die Free Float-Marktkapitalisierung zum letzten Handelstag im Monat. Diese wird aus dem durchschnittlichen volumengewichteten Durchschnittspreis bzw. Aktienkurs (volume weighted average price, kurz VWAP) der letzten 20 Handelstage ermittelt.

Um zu überprüfen, ob dies Kriterium erfüllt ist, veröffentlich Qontigo monatlich eine Rangliste, wo die Aktien nach ihrer Free Float-Marktkapitalisierung geordnet sind[62]. Um einen Platz auf dieser Rangliste zu erhalten, müssen die Unternehmen folgendes erfüllen:

---

[61] Dies war auch ein Unikum. Zum ersten Mal ging ein DAX-Unternehmen direkt in die Insolvenz.

[62] Diese Rangliste wird im Internet veröffentlicht: https://www.dax-indices.com/de/web/dax-indices/ranglisten

- mindestens ein Listing im Regulierten Markt der FWB Frankfurter Wertpapierbörse
- einen Streubesitzanteil von mindestens 10 Prozent aufweisen
- ihren juristischen Sitz oder Schwerpunkt ihres operativen Geschäfts in Deutschland haben
- für zwei Jahre ein positives EBITDA nachweisen
- fortlaufend auf Xetra gehandelt werden
- mindestens 30 Handelstage seit Erstnotiz
- Jahresabschlüsse, Halbjahresberichte und Quartalszahlen einreichen
- bestimmte Vorschriften des Deutscher Corporate Governance Kodex in Bezug auf Prüfungsausschüsse einhalten.

Nach welchen Regeln werden neue Mitglieder in den *DAX* aufgenommen oder alte Mitglieder aus dem *DAX* entfernt?

Hierzu muss man im Hinterkopf haben, dass die Indexgewichtung für die Werte im *DAX* entsprechend ihrer Streubesitz-Marktkapitalisierung erfolgt. Also benötigt Qontigo ein Hilfsmittel, um von allen relevanten Unternehmen deren Streubesitz-Marktkapitalisierung im Überblick zu behalten. Dazu ermittelt Qontigo zu den Anpassungsterminen des Indizes eine Rangliste. Sie ordnet die Unternehmen nach ihrer Streubesitz-Marktkapitalisierung absteigend in diese Rangliste ein, d. h. das Unternehmen mit der größten Streubesitz-Marktkapitalisierung bekommt den Rang 1, das nächstfolgende den Rang 2 usw. In diese Rangliste werden sowohl die *DAX*-Mitglieder als auch potenzielle Kandidaten aufgenommen.

Ernst für die Unternehmen wird es bei den „ordentlichen" Anpassungsterminen im März und September. Dort regeln folgende Regeln, den Verbleibt, die Neuaufnahme und das Verlassen im *DAX*:

1. Regular-Entry-Regel: Diese greift, wenn das Unternehmen nach Börsenwert der frei handelbaren Aktien unter die ersten 40 kommt und gleichzeitig ein anderes Unternehmen auf Rang 47 oder schlechter gefallen ist.
2. Regular-Exit-Regel: Ein Unternehmen kann aus dem Index genommen werden, wenn es auf Rang 53 oder schlechter in der Rangliste steht. Der Wechsel wird nur durchgeführt, wenn ein Unternehmen, dass nicht

im Index enthalten ist, existiert, welches mindestens Rang 47 in der Rangliste belegt.

Zusätzlich findet jeweils in den verbleibenden Quartalsendmonaten (also Juni und Dezember) eine Überprüfung der Indexzusammensetzung auf Basis der sogenannten „Fast-Entry“ und „Fast-Exit“-Regeln statt. Sie dient dazu, signifikanten Verschiebungen auf der Rangliste Rechnung zu tragen. Sie könnte beispielsweise notwendig werden, wenn Großemissionen erfolgen, die zeitnah im Index berücksichtigt werden sollen.

3. Fast-Exit-Regel: Ein Unternehmen wird aus dem *DAX*-Index genommen, wenn es auf Rang 61 oder schlechter in der Rangliste steht. Dies Unternehmen wird ersetzt durch ein Unternehmen, welches sich vorher nicht im DAX befand, wenn es mindestens auf Rang 47 der Rangliste steht.
4. Fast-Entry Regel: Die wichtigste Voraussetzung dafür ist ab September 2021, dass ein Unternehmen nach Börsenwert (Aktienkurs mal Anzahl der frei gehandelten Aktien) an der Börse direkt unter die besten 33 größten Unternehmen Deutschlands landet. Abtreten muss das Unternehmen, deren Börsenwert weniger wert sind als die des Unternehmens auf Rang 47. Falls es ein solches nicht gibt, muss das Unternehmen mit dem schlechtesten Börsenwert der *DAX*-Mitglieder weichen.

Falls Änderungen aufgrund der Regeln notwendig werden, werden sie zeitnah bekannt gegeben. Die Berechnung (wie die genaue Berechnung geht s. Kapitel Indexformeln) des *DAXs* mit der neuen Zusammensetzung findet erst nach den sog. Verkettungstermin rund zwei Wochen nach Bekanntgabe statt. Allerdings findet noch mehr an den Anpassungsterminen statt. Beispielsweise wird das Gewicht von Indexmitgliedern auf höchstens 10 Prozent gekappt. Hierdurch soll verhindert werden, dass Schwergewichte den Index dominieren. Ist ein Unternehmen z.B. insolvent, wird von einem anderen übernommen oder der Streubesitz fällt unter 10 Prozent, wird es aus dem Index ausgeschlossen. Dies kann jederzeit stattfinden, also auch außerhalb der Anpassungstermine.

In der Presse ist zwar nur vom *DAX* die Rede. Hier müsste man eigentlich fragen, um welchen *DAX* handelt es sich. Es werden nämlich drei verschiedene *DAXs* berechnet. Erstens der Kursindex, der „nur“ die reine Kursentwicklung abbildet. Zweitens der Performanceindex, der die vollständige Reinvestition der Dividenden berücksichtigt. Drittens als Net Return-Index, der nur die steuerbereinigte Reinvestition der Dividenden einfließen lässt. Wenn in der Presse üblicherweise von dem *DAX* gesprochen wird, ist damit die Performanceindex-Variante gemeint.

Man könnte nun meinen: *„Der DAX ist der Mittelpunkt der Welt bzw. für Deutschland*". Doch weit gefehlt! Es gibt sehr viel mehr Indizes, es gibt eine ganze *DAX*-Familie[63]. In ihr finden sich immens spannende Aktien aus der zweiten oder dritten Reihe. Bisweilen laufen dort eigene, dynamische Trends ab, während der „große" *DAX* gemütlich für sich hindümpelt. Wer sich besser auskennt, findet eine spannende Auswahl an Indizes oder die Möglichkeit, mit einem der „Cousins" des *DAX* den deutschen Gesamtmarkt weit umfassender abzubilden.

3.1.1.4 Indexfamilien: DAX-Familie

Um den Überblick im Universum der Indizes zu behalten, werden die Indizes eines Anbieters zu einem Familienbaum zusammengefasst. Ich möchte diesen exemplarisch für die Indizes der *Deutschen Börse* (www.dax-indices.com)[64] aufzeigen, weil sie in Deutschland die meiste Verbreitung haben. Die *DAX*-Familie untergliedert sich wie folgt:

- *DAX*-Indizes mit Schwerpunkt deutschen Aktien
- „*DAX-Global*"-Indizes mit internationalen Aktien
- „*DAX-Plus*"-Indizes, die aus abgeleiteten Finanzkennzahlen wie Dividendenrendite, Volatilität oder Momentum berechnet werden.

Der Familienbaum fängt natürlich mit dem *DAX* an. Auf dem *DAX* folgt der *MDAX* mit den nächst 50 kleinen Unternehmen (*Mid Caps*). Direkt unterhalb

[63] Die DAX-Indexfamilie ist eine Zusammenstellung von ca. 900 Aktienindizes.

[64] An der Frankfurter Wertpapierbörse gibt es drei Listing-Segmente. Die im Prime Standard versammelten Konzerne müssen nicht nur die gesetzlichen Transparenzregeln für EU-regulierte Märkte erfüllen, sondern auch ein internationales Berichterstattungswesen haben, z. B. Quartalsberichte in englischer Sprache oder die Ausrichtung mindestens einer Analystenkonferenz im Jahr. Dagegen müssen Unternehmen im General Standard nur die gesetzlichen Anforderungen für EU-regulierte Märkte, wie Jahresabschluss und Zwischenberichte nach internationaler Rechnungslegung, erfüllen. Noch geringere Anforderungen stellt der Entry Standard. Hier muss das Unternehmen lediglich einen Jahresabschluss bzw. Zwischenbericht nach nationalen Rechnungslegungsstandards vorlegen.

des *MDAXs* schließt sich der *SDAX* an. In ihm haben die deutschen Small Caps ihr zu Hause, weil im ihm die 70 nächstgrößten börsennotierten deutschen Unternehmen nach den 50 des *MDAX* wiederfinden. Unabhängig davon gibt es noch den *TecDAX*-Index. Er umfasst die 30 bedeutendsten im Prime Standard gehandelten Technologieunternehmen. Eine Besonderheit ist, dass seit dem 24. September 2018 im *TecDAX* gelisteten Werte parallel auch in *DAX, MDAX* oder *SDAX* notiert sein können.
Alle Aktien von *DAX, MDAX* und *TecDAX* fasst der *HDAX* zusammen, wegen der Parallelnotierung von *TecDAX*-Werten in weiteren Indizes ist die Gesamtzahl der Aktien im *HDAX* variabel.
Alle diese Indizes werden in zwei Formen berechnet. Erstens als Kursindex und zweitens als Performanceindex. Die Kurse werden börsentäglich von 9 bis 17:30 Uhr sekündlich berechnet. Für die darüber hinaus gehenden Zeiten von 8 bis 20 Uhr existieren die Indizes *L-DAX, X-DAX, L-MDAX, X-MDAX, L-SDAX* und *L-TecDAX*. Sie werden als Late- oder Late/Early Indizes bezeichnet.
Den nächsten Ast auf dem Familienbaum bilden die DAX*sector*-Indizes. Hierbei handelt es sich um indexübergreifende Abbilder einzelner Branchen. So bildet z.B. der DAX*sector* Automobile alle mit der Autobranche verbundenen Unternehmen ab.
Einen anderen Ast auf den Familienbaum belegen die Strategieindizes. Sie werden von der *Deutschen Börse* unter der Marke DAX_{Plus} vermarktet. Wie der Name schon andeutet, verfolgen solche Indizes bestimmte Investmentstrategien.
So geht z. B. der *DAX_{Plus}Seasonal Strategy Index* auf die alte Börsenweisheit „*Sell in May and go away*" zurück. Er nutzt also gezielt die saisonalen Schwächen in den Sommermonaten aus. Möchte ein Anleger auf die 10 exportstärksten Unternehmen aus dem *DAX* und *MDAX* setzen, so bietet sich der *DAX_{Plus}Export Strategy-Index* an.
Für risikobewusste Anleger bietet sich der *LevDAX* an. Er vollzieht die Tagesbewegung des *DAXes* doppelt nach, d. h., steigt der *DAX* um einen Punkt, steigt der *LevDAX* um zwei Punkte. Wenn der *DAX* aber fällt, vollzieht dies der *LevDAX* auch mit doppelter Geschwindigkeit nach. Fällt also der *DAX* um einen Punkt, fällt der *LevDAX* um zwei Punkte. Dagegen ist der *ShortDAX* an die umgekehrte Tagesentwicklung des *DAXes* gekoppelt, d. h.,

fällt der *DAX*, steigt der *ShortDAX*, und steigt der *DAX*, fällt der *ShortDAX*. Am 1. April 2009 starteten zwei neue *ShortDAX*-Indizes und ein *LevDAX*-Index mit größerer Hebelwirkung. Mit dem *LevDAX x4* kann der Anleger von der vierfachen Tagesperformance des Leitindexes *DAX* profitieren (der bisherige *LevDAX* hat einen Hebel von 2, darum wird er auch als *LevDAX x2* bezeichnet). Als Ergänzung zum *ShortDAX* sind der *ShortDAX x2* und *ShortDAX x4* auf den Markt gekommen. Dabei spiegelt der *ShortDAX x2* eine doppelte negative und der *ShortDAX x4* sogar eine vierfache negative Tagesperformance des *DAX*es wider. Um gegenüber einem Totalverlust geschützt zu sein, haben alle gehebelten Indizes einen Schutzmechanismus eingebaut. Verliert der Leitindex *DAX* untertägig zu einem festgelegten Zeitpunkt mehr als 50 %, so werden die Hebel sofort angepasst und die Berechnung erfolgt dann auf Basis des letzten *DAX*-Standes, bevor die 50-Prozent-Regelung griff.

Mit dem *DAX_{Plus}Covered Call-Index* bekommt der Anleger eine der meist genutzten Optionsstrategien (Covered-Short-Call- oder Buy-Write-Strategie) in die Hand. Der Index basiert auf einem *DAX*-Portfolio und dem rollierenden Verkauf einer an der *Eurex* (Optionsbörse) gehandelten Call-Option auf den *DAX*, die 5 Prozent aus dem Geld[65] notiert. Mit dem *DAX_{Plus}Protective Put-Index* erwirbt der Anleger eine Put-Option auf eine offene Kassamarktposition. Diese *DAX*-Put-Option ist 5 Prozent aus dem Geld. Bei steigenden Aktienmärkten ist das Gewinnpotenzial um die bezahlte Prämie für die Put-Option reduziert. Dagegen schlägt beifallenden Kursen die Stunde des Indexes, weil der Verlust auf die Höhe der gezahlten Put-Prämie begrenzt ist.

Auch Anleger, die die moderne Portfoliotheorie umsetzen möchten, werden hier fündig. So bildet der *DAX_{Plus}Minimum Variance Germany-Index* ein *DAX*-Portfolio ab, dessen Zusammensetzung maßgeblich durch die Varianzen und Korrelationen der Titel zueinander bestimmt wird. Einen anderen Weg beschreitet der *DAX_{Plus}Maximum Sharpe Ratio Germany-Index*. Er nutzt die Op-

---

65 Charakterisierung einer Option, deren Ausübungspreis über (bei einem Call) bzw. unter (bei einem Put) dem aktuellen Kurs des Basiswertes (DAX) liegt. Eine Option ist das verbriefte Recht, eine bestimmte Menge des Basiswertes zu einem vereinbarten Preis innerhalb eines festgelegten Zeitraumes zu kaufen (Call) oder zu veräußern (Put). Dafür zahlt der Optionskäufer dem Verkäufer eine Prämie. Dafür verpflichtet sich der Verkäufer, den Basiswert gegen Zahlung des Basispreises (Ausübungspreises) zu liefern (Call) oder zu übernehmen (Put), wenn die Option ausgeübt wird. Nimmt der Optionskäufer sein Recht nicht wahr, verfällt die Option am Ende der Laufzeit der Option wertlos.

timierungsmöglichkeiten der Zusammensetzung analog zum *DAX$_{Plus}$Minimum Variance Germany-Index*. Hier wird allerdings der Schwerpunkt auf eine möglichst große *Sharpe Ratio* gelegt. Dabei beschreibt die *Sharpe Ratio* die Rendite eines Portfolios unter Berücksichtigung des eingegangenen Risikos. Je höher die *Sharpe Ratio*, umso höher ist auch die Überrendite, die ein Investor für sein übernommenes Risiko erhält. Wie man aus dieser kleinen Aufzählung erkennt, ist das Ziel der *DAX$_{Plus}$*-Indexwelt eine bessere Performance zu erzielen als der *DAX*.

Einen weiteren Zweig in der Indexfamilie nehmen die *DAX$_{global}$*-Indizes ein. Diese Gruppe bildet verschiedene internationale Märkte und Anlagestrategien ab. Eine Besonderheit ist, dass alle Indizes in Echtzeit sowohl in Euro, US-Dollar und britischem Pfund berechnet werden. So kann der Anleger mit dem *DBIX Deutsche Börse India Index* auf bis zu 25 indische Werte setzen, die weltweit an den Börsen gehandelt werden. Möchte der Anleger einen bequemen Zugang zu den wachstumsstarken Märkten in Brasilien, Russland, Indien sowie China (die so genannten BRIC-Staaten) haben, so bietet sich der *DAX$_{global}$ BRIC-Index* an. Er umfasst die 40 größten Werte dieser Länder nach deren Marktkapitalisierung, Handelsumsatz und Liquidität. Dagegen bildet der *DAX$_{global}$ Russia-Index* die Performance der 30 größten und liquidesten russischen Unternehmen ab, die weltweit an verschiedenen Börsen gehandelt werden. Mit dem *DAX$_{global}$ Asia-Index* bekommt der Anleger einen Index zur Hand, der die Entwicklung der zehn wachstumsstärksten Länder Ostasiens ohne Japan abdeckt. Er umfasst die 40 größten Werte dieser Region.

Ein noch junges Mitglied im Familienbaum sind die REIT-Indizes. Darunter versteht man Aktiengesellschaften, deren Geschäftszweck der Erwerb und die Bewirtschaftung von Immobilien ist. Erst im Sommer 2007 startete die *Deutsche Börse* nach Verabschiedung des REIT-Gesetzes ein eigenständiges Segment nach dem Motto: *„Immobilienfonds handeln wie Aktien.“* [66] Ferner können deutsche REITs im *General Standard* oder *Prime Standard* gelis-

[66] Diese Aussage ist irreführend. Es hat sich nämlich gezeigt, dass Portfolios aus Immobilienaktiengesellschaften nicht die Eigenschaften aufweisen wie direkte Immobilienanlagen. Dies liegt daran, dass Immobilienaktien nicht nur nach den gehaltenen Immobilien bewertet werden, sondern auch nach z. B. der Managementqualität, dem Verschuldungsgrad usw., d. h. nach den gleichen Modellen wie andere Aktiengesellschaften auch. Es sind Aktien, nicht mehr und nicht weniger.

tet werden. Dagegen können ausländische REITs auch im *Entry Standard* gelistet werden.
Zurzeit berechnet die *Deutsche Börse* zwei eigenständige REIT-Indizes. Der *RX REIT-Index* enthält die 20 größten und liquidesten REITs aus dem *Prime Standard.* Dabei erfolgt die Gewichtung anhand der Free-Float-Marktkapitalisierung. Dagegen erfasst der *RX REIT All-Share-Index* alle REITs des *Prime* und des *General Standards* und ist sowohl für deutsche als auch für ausländische REITs offen.
Den nächsten Zweig im Familienbaum nehmen die Benchmarkindizes (All-Share-Indizes) ein. Sie dienen vornehmlich den Fonds- und Asset-Managern dazu, ihren Anlageerfolg an der Performance des Gesamtmarktes bzw. einzelner Branchen zu messen. So misst der *Prime All-Share-Index* die Entwicklung des gesamten *Prime Standards.* Dieser Index ist in 18 Branchenindizes, die sich aus 62 Industriegruppen ergeben, aufgeteilt. Im *CDAX* sind alle deutschen Unternehmen aus den Marktsegmenten *Prime* und *General Standard* der Frankfurter Börse vertreten, d. h. neben allen Aktien der bereits vorgestellten Indizes der *DAX*-Familie sind hier zahllose kleinere, nicht indexnotierte Titel dabei, zurzeit umfasst der *CDAX* über 420 Aktien. Er beschreibt also die gesamte Breite des deutschen Aktienmarktes. Dagegen ist der *GEX*-Index ein Indikator für die Wertentwicklung börsengelisteter, von Eigentümern dominierten Unternehmen. Der *Entry All Share* umfasst alle Unternehmen des *Entry Standards.* Er gilt als ein sehr dynamischer Index, weil seine Zusammensetzung mit jedem neuen Wert im *Entry Standard* neu angepasst wird. Der *Classic All-Share-Index* besteht aus Unternehmen der klassischen Branchen unterhalb des *DAXes*, d. h., hier werden Unternehmen aus dem *MDAX*, *SDAX* und alle im *Prime Standard* enthaltenen klassischen Werte eingeordnet. Dagegen bildet der *Technology All-Share-Index* die Entwicklung aller Technologiewerte des *Prime Standards*, die nicht im *DAX* enthalten sind, ab.
Die Zahl der Indizes der *DAX*-Familie ist immens. Dabei haben wir hier noch nicht einmal „Exoten“ wie z.B. den $VDAX_{new}$ angesprochen, der die Volatilität abbildet. Sie sehen das Bild, dass man sich mit dieser Vielfalt an Indizes aus der *DAX*-Familie machen kann, ist breit. Oftmals lohnt sich aber auch ein Blick über den Tellerrand. Er offenbart eine Neue Welt – die der Gesamtindizes.

3.1.1.5 Gesamtindizes (so genannte All-Share- oder Composite-Indizes)

Werden alle Aktien der Grundgesamtheit in die Indexberechnung eingeschlossen, so spricht man von einem Aktienindex mit Vollerhebung (All-Share-Index oder Composite-Index). Ein Beispiel für einen All-Share-Index ist der schon besprochene *CDAX*. Ein anderer All-Share-Index ist der weltumspannende *MSCI World*. In ihm sind über 20 Länder (wie die USA, Deutschland, Japan usw.) enthalten. Allerdings fallen kleinere Märkte mit einer geringen Börsenkapitalisierung der Aktiengesellschaften einfach unter den Tisch. Das liegt daran, dass sich der *MSCI World* bei seiner Auswahl der Indexmitglieder einfach von der Marktkapitalisierung nach Streubesitz ableitet.
In der Schifffahrt gibt es den Ausspruch: „*Wenn ich als Kapitän zu viel Fracht an Bord nehme, dann geht das Schiff früher oder später unter.*" Ganz ähnlich ist es bei den Indizes. Die breiten All-Share-Indizes enthalten alle gehandelten Aktien einzelner Handelssegmente. Heute ist zwar der Rechenaufwand bei der Erfassung der Werte kaum noch mit Schwierigkeiten versehen, aber die Vielzahl der Indexmitglieder treibt die Kosten in die Höhe, sowohl für die Indexanbieter als auch für die auf den Index angebotenen Produkte (wie ETFs). Ein weiteres Problem ist, dass bei einigen marktengen Papieren nicht täglich ein Kurs auf Basis tatsächlicher Umsätze zustande kommt. Damit die All-Share-Indizes entschlackt werden können, haben die Indexanbieter zusätzliche Auswahlkriterien entwickelt. Mithilfe dieser Kriterien gelangt man zu den Auswahlindizes (oder Stichprobenindizes)[67]. So schließt sich der Kreis, da Auswahlindizes nichts anders sind als z. B. der *DAX, MDAX, SDAX* oder *TECDAX*. So können wir gleich unseren Blick auf die Branchen- oder Sektorenindizes werfen.

3.1.1.6 Branchen- oder Sektorenindizes und Regionalindizes

Wie der Name schon sagt, spiegelt ein Branchenindex die Wertentwicklung aller Unternehmen einer Branche wider. Da hier sämtliche Indexmitglieder

[67] Im Gegensatz zu den All-Share-Indizes versuchen die Auswahlindizes aus einer Gesamtheit von zahlreichen Aktien nur einige wenige nach bestimmten Kriterien herauszufiltern. Sie versuchen also, einen Großteil des betrachteten Marktes mit deutlich weniger Indexmitgliedern abzubilden, als die Gesamtmarktindizes.

aus einer Branche[68] stammen, weisen die Branchenindizes eine hohe Korrelation auf. Das bedeutet, die Titel in einem Branchenindex bewegen sich ähnlich, d. h., sie steigen oder fallen gemeinsam. Nur unternehmensspezifische Sondersituationen führen dazu, dass sich kurzfristig eine Aktie von dem Branchentrend absetzen kann. So stieg beispielsweise durch den Übernahmeversuch *Porsches* an VW der VW-Aktienkurs im Jahr 2008 wesentlich stärker an als im Branchenvergleich.

Ein weiteres Problem, das bei Branchenindizes auftreten kann, ist, dass wenige Gesellschaften eine starke oder gar dominierende Marktposition mit einer hohen Marktkapitalisierung haben können. Dies führt dazu, dass der Branchenindex stark von wenigen Unternehmen dominiert wird. So umfasst z. B. der Branchenindex *STOXX TMI Automobil* 19 Werte. Doch Goethe lehrte schon: *„Was glänzt, ist für den Augenblick geboren, das Echte bleibt der Nachwelt unverloren."* Bei näherem Hinsehen stellt man nämlich fest, dass 3 Werte (*Daimler, Volkswagen* und *Renault*) knapp die Hälfte des Indexes ausmachen. Durch eine derartige Konzentration ist das Risiko bei einem Branchenindex wesentlich höher als bei einem Topwerte- bzw. Gesamtmarktindex.

Um die Börsenentwicklung einzelner Regionen abzubilden, wurden die Regionalindizes entwickelt. Hierbei handelt es sich um länderübergreifende Indizes. Es gibt heute Regionalindizes für fast alle Flecken der Welt, von Afrika, Amerika, Asien, Lateinamerika bis hin zu Europa. Man kann also auf den Spuren der großen Entdecker wandeln und überall in der großen weiten Welt sein Geld investieren. Es gibt fast keine weißen Flecken mehr auf der Finanzweltkarte.

Zudem werden auch regional bezogene Indizes konstruiert, welche vielversprechende Volkswirtschaften miteinander kombinieren. So sind im osteuropäischen *CECE*-Index die größten und liquidesten Titel aus Polen, Tschechien und Ungarn zusammengefasst. Aber auch die bekannten Indizes *Stoxx*

---

[68] Die Branchenzugehörigkeit eines Unternehmens richtet sich nach dem Tätigkeitsschwerpunkt des Unternehmens. Hierzu werden alle Unternehmen im Prime Standard der *Deutschen Börse* nach ihrem Tätigkeitsschwerpunkt in eine Industriegruppe eingeordnet. Es gibt insgesamt 62 Industriegruppen, wie z. B. Biotechnologie und Pharma. Um die Übersichtlichkeit zu erhöhen, werden diese 62 Industriegruppen zu 18 Prime-Standard-Branchen zusammengefasst, so werden z. B. Biotechnologie und Pharma zu der Standard-Branche Pharma zusammengefasst, für die dann ein Branchenindex berechnet wird.

und *Euro Stoxx* sind Regionalindizes, da sie nur bestimmte Aktien aus Westeuropa bzw. der Eurozone enthalten.

3.1.1.7 Strategieindizes

Streng genommen sind auch die Auswahl- oder Branchenindizes Strategieindizes, da sie die Indexmitglieder nach gewissen Kriterien (wie Größe der Unternehmen) aufnehmen. So kann ein Anleger mit diesen Indizes bequem die Strategie verfolgen, immer nur in die größten und liquidesten Titel eines Landes, einer Branche oder Region zu investieren.

Unter Strategieindizes versteht man Indizes, die komplexe Investmentstrategien abbilden. Die abgebildeten Strategien sollen eine bessere Performance als ein Vergleichsindex (z. B. *DAX*) ermöglichen.

Eine solche Strategie könnte z. B. die Dividendenstrategie auf den *DAX* sein. Bei dieser Strategie werden die Aktien aus dem *DAX* ausgewählt, die die höchste Dividendenrendite aufweisen. Diese Aktien werden dann in einem eigenen Strategieindex, dem *DivDAX*, zusammengefasst. Er umfasst die 15 *DAX*-Werte mit der höchsten Dividendenrendite.

Das Universum der Strategieindizes ist vielfältig und wird laufend erweitert. Welche Blüten dies treiben kann, zeigt sich z. B. an den von *Dow Jones* ins Leben gerufenen *Dow Jones Stoxx Grand Prix Index*. Sie erraten vielleicht schon, welche Aktien er abbildet: Die der Zulieferer der Formel 1, vom Motorenhersteller bis zum Benzinlieferanten. Solche Indizes fassen ein beliebiges Trendthema in Zahlen auf, statt einen zusammenhängenden Markt zu betrachten. Spötter sagen auch, solche Indizes seien weniger für ernsthafte Anleger konstruiert, sondern eher für die Spielwarenabteilung der Finanzwelt.

Der Anleger sollte Strategieindizes niemals blind kaufen, sondern sich mit dem Strategiemechanismus hinter dem Index auseinandersetzen. Er sollte sich immer fragen, ob die gewählte Strategie (hinter dem Index) nur eine kurzfristige Mode an der Börse ist, oder ob wirklich etwas dahintersteckt. Die Geschichte lehrt nämlich, dass kurzfristige Moden an der Börse wie Sternschnuppen sind. Sie glühen einmal wunderschön auf und verglühen dann.

„*Ohne Träume kann ich nicht schlafen, ohne Tränen kann ich nicht weinen, ohne Licht kann ich nicht sehen*“ sagt man. Alles hängt also irgendwie miteinander zusammen. Daher kann etwas teuer oder billig sein, es kommt auf die Perspektive an. So ist es auch bei den Indizes.

3.1.2 Teuer oder billig?

Es ist ein Märchen aus 1.001 Nacht, dass Aktienindizes nicht zu teuer sein können. Schon 1922 verewigte Fritz Lang in seinem Filmklassiker *Dr. Mabuse* den Typus des gerissenen Spielers, der seine Opfer durch Hypnose in seinen Bann schlägt. So ähnlich ist es auch bei den Aktienindizes. Sie können einen Anleger in ihren Bann ziehen. Ein Beispiel ist der japanische *Nikkei*.

In den 1960er und 1970er Jahren verzeichnete die japanische Wirtschaft einen kometenhaften Aufstieg. Das Land stieg zur zweitgrößten Volkswirtschaft der Welt auf. Ebenso florierte der Aktienmarkt. In den 1980er Jahren kannte die Tokioter Börse nur eine Richtung – nach oben. Dieser Trend wurde Mitte der 1980er Jahre durch einen enormen Zufluss von spekulativem Kapital (immer mehr Anleger wurden durch die Rendite angezogen) sogar noch beschleunigt. In nur sechs Jahren, von 1983 bis Ende 1989, vervierfachte sich der *Nikkei* fast. Seinen Höhepunkt erreichte der Index am 29. Dezember 1989, als er bei 38.915 Punkten schloss. Danach begann der fast zwei Jahrzehnte andauernde Abstieg des *Nikkei*, der ihn im Jahr 2001 bis auf unter 10.000 Punkte führte. Es folgten zwar zwischenzeitliche Aufwärtsbewegungen auf etwa 20.000 Zähler, dies waren allerdings nur Strohfeuer. Erst 2015 konnte der *Nikkei* nachhaltig die Marke von 20.000 Punkten knacken. Derzeit notiert der *Nikkei* bei 27.284,52 Punkten (Februar 2022). Hätten Sie im Dezember 1989 ein Indexinvestment in den *Nikkei* getätigt, hätten Sie bis heute keinen einzigen Cent gewonnen. Aus diesem Beispiel sollten Sie lernen, dass Indizes zu teuer sein können. Seien Sie deswegen auf der Hut! Wahrscheinlich ist zwar, dass sich die Aktienmärkte in den nächsten 5, 10, 15 oder gar 20 Jahren wieder erholen und so irgendwann wieder eine positive Langfristbilanz erreichen. Doch schon 1925 schrieb der Ökonom John Maynard Keynes „*langfristig sind wir alle tot*“. Im Umkehrschluss bedeutet dies, dass die Aktienmärkte langfristig nicht immer nur steigen. Zwar ist der *Dow Jones Industrial* seit 1896 von 30 auf über 36.000 Indexpunkte in der Spitze gelaufen.

Doch die Aktienindizes vermitteln nur die halbe Wahrheit. So wechseln sich Haussephasen regelmäßig mit langfristigen Seitwärtsbewegungen, die Jahrzehnte andauern können, ab. Wer z. B. kurz vor der Weltwirtschaftskrise 1929 Aktien des *Dow Jones* kaufte, musste über 25 Jahre warten, bis der *Dow Jones* wieder diese Stände erreichte. Das heißt, Baissephasen können zu so großen Kursverlusten führen, dass Anleger Jahrzehnte lang warten müssen, bis sie wieder die Gewinnzone erreichen. Außerdem sind die berühmten Indexcharts eine reine Nominalwertbetrachtung, d. h., die Inflation wird vernachlässigt. So kann bspw. eine Seitwärtsbewegung über 10 Jahre zu 20 % oder mehr an Kaufkraftverlusten führen – also auch in solchen Phasen verliert der Anleger Geld.

Zudem muss der Anleger bedenken, dass Aktienindizes nicht für die Ewigkeit gemacht sind. Sie können auch verschwinden und durch neue Indizes abgelöst werden. Beispielsweise startete am 10. März 1997 die *Deutsche Börse* ein eigenes Segment für junge Wachstumsunternehmen, den *Neuen Markt.* Der *Neue Markt* startete recht beschaulich mit zwei Unternehmen, *Bertrandt* und *Mobilcom.* Danach ging es steil bergauf. So erreichte der *Neue Markt* mit einem Indexstand von 9.631 Punkten am 10. März 2000 seinen Höhepunkt. Wer beispielsweise 1997 beim Börsengang von *EM.TV* mit 6.000 Euro einstieg, war dank eines Kurszuwachses von 16.600 Prozent im Sommer 1999 Millionär – zumindest auf dem Papier. Dann begann auch schon die Rutschpartie des *Neuen Marktes.* Sie endete am 21. März 2003, als die Börse den *Neuen Markt* schloss, bei einem Indexstand von 309 Punkten. Zu diesem Indexstand wurden dann auch sämtliche Indexpapiere abgerechnet. Dieser Markt hatte schlicht seine Bedeutung für die Anleger verloren. Wenig später wurde der *TecDAX* aus der Taufe gehoben, in dem sich heute die Technologie- bzw. Wachstumsunternehmen tummeln.

Deshalb führt die Aussage „*Timing spielt keine Rolle. Der beste Einstiegspunkt ist im Grunde genommen immer jetzt. Aufgrund des Zinseszinseffektes wächst ein Wertpapierdepot mit der Zeit immer schneller (gemessen in Geldeinheiten), da Aktien langfristig steigen.*“ in die Sackgasse. Der amerikanische Ökonom Joseph Stiglitz stellte dazu fest: „*Finanzkrisen, die eigentlich nur alle hundert Jahre passieren dürften, geschehen alle zehn Jahre.*“ Die Folge ist, dass der Zeitpunkt, zu dem man in einen Markt investiert, eine deutlich höhere Bedeutung auch für langfristige Investments hat, als üblicherweise angenommen. Somit liegt der Schlüssel zum Börsenerfolg beim Indexinvestment beim Kauf. Kauft der Anleger nämlich einen Index zu teuer, leidet seine langfristige Rendite deutlich. Manche Anleger erwirtschaften sogar jahrelang keine Renditen, weil sie in überbewertete Indizes investiert haben. Deshalb muss ein Anleger stets überprüfen, wie teuer oder billig ein Index ist.

Um die Gewinnchancen eines Aktieninvestments beurteilen zu können, legen die Investoren eine Unternehmensbewertung zugrunde. Die gängigen Methoden sind: KGV-Methode oder Ermittlung des Barwertes der zukünftigen Erträge. Diese für einzelne Aktien entwickelten Methoden sind auch auf Indizes übertragbar.

Eine der wichtigsten Kennzahlen ist das KGV (engl. *price earnings ratio*, PE) eines Aktienindexes. Es berechnet sich aus dem Indexstand geteilt durch den Gewinn der im Index enthaltenen Unternehmen. Ein Anstieg des drückt einen Anstieg des Indexes oder einen Rückgang des Gewinns aus. Für historische Betrachtungen wird das KGV auf Basis der Gewinne in den letzten 12 Monaten berechnet. Eine stärker auf die Zukunft gerichtete Betrachtung beruht auf der Basis der Schätzungen des zukünftigen Gewinns. Ein im Vergleich zur Historie hohes KGV deutet darauf hin, dass ein Markt teuer ist. Dagegen deutet ein historisch niedriges KGV darauf hin, dass der Markt billig ist.

$$\text{KGV} = \frac{\text{aktueller Kurs}}{\text{Gewinn je Index}} = \frac{4950}{325} = 15{,}23$$

Die Berechnung des KGVs erfolgt für den DAX. Historisch gesehen hatte der DAX ein durchschnittliches KGV von 15. KGV-Werte unterhalb von 15 deuten darauf hin, dass der DAX günstig bewertet ist, Werte über 15, dass er teuer ist.

Häufig wird das KGV auch als Maßstab für den inneren Wert eines Unternehmens angesehen. Denn der Kehrwert des KGVs ergibt die Rendite für jeden investieren Euro in %. Somit ergibt sich aus dem aktuellen DAX-KGV von 15,23 ein Kehrwert von 0,067 oder 6,7 % Gewinn pro investierten Euro. Das ist der Gewinn in Prozent, den die im Index enthaltenen Unternehmen mit jedem investierten Euro erzielen.

Eine andere wichtige Kennzahl, die besonders in baisseträchtigen Börsenzeiten auf großes Interesse bei den Anlegern stößt, ist die Dividendenrendite. Die Dividende ist der Anteil des Unternehmensgewinns, der an die Aktionäre ausgeschüttet wird. Bei Indizes ist dies die Dividende der im Index enthaltenen Unternehmen.

$$\text{Dividendenrendite} = \frac{\text{Dividende je Index}}{\text{aktueller Indexstand}} = \frac{201}{4950} \cdot 100 = 4{,}06\ \%$$

Die Berechnung erfolgt für den DAX. Der DAX hat eine Dividende je Index von 201 Euro.

Aktien und Anleihen stehen seit jeher in einem Konkurrenzverhältnis zueinander. Beide buhlen um die Anleger. So bedeuten steigende Anleihekurse fallende Zinsen. Dies verringert die Attraktivität von Anleihen, was wiederum das Interesse für Aktien steigert. Daher findet häufig ein Vergleich von Zinssätzen und Aktienmarkt-KGV statt, um herauszufinden, welches die bessere Anlage ist. Hierzu wird das Aktienmarkt-KGV durch den Kehrwert des Kapitalmarktzinses (= 100 dividiert durch die Rendite einer zehnjährigen Staatsanleihe) dividiert.

$$\text{Earning Yield Ratio} = \frac{\text{Aktienmarkt-KGV}}{\left(\frac{100}{\text{zehnjährige Staatsanleihe}}\right)} = \frac{\text{Aktienmarkt-KGV}}{\text{Rentenmarkt-KGV}}$$

$$\text{Earning Yield Ratio}_{\text{DAX}} = \frac{15{,}23}{\left(\frac{100}{4{,}16}\right)} = \frac{15{,}23}{24{,}04} = 0{,}63$$

Die Anleiherendite von 10-jährigen Staatsanleihen beträgt ca. 4,16 % und das Aktienmarkt-KGV 15,23 (gemessen am DAX).

Ist die *earning yield ratio* < 1, so ist die Aktienrendite kleiner als die Anleiherendite. Das bedeutet, dass die Aktienmärkte relativ günstig bewertet sind. Eine *earning yield ratio* < 0,4, daraufhin deutet, dass die Anleger vorsichtig agieren und künftige Gewinnrückgänge bei den dem Index zugrunde liegenden Unternehmen nicht ausschließen. Dagegen ist eine *earning yield ratio* > 1 ein Indiz dafür, dass die Anleiherendite kleiner ist als die Gewinnrendite der Aktien. Das ist ein Hinweis darauf, dass die Aktienmärkte relativ teuer bewertet sind.

Michael O'Higgins hat ein ähnliches Modell entwickelt. Er vergleicht den durchschnittlichen Unternehmensgewinn in einem Index (KGV) mit der durchschnittlichen Rendite von sicheren Unternehmensanleihen. Dabei empfiehlt O'Higgins, als durchschnittliche Rendite von sicheren Unternehmensan-

leihen einfach die Rendite von 10-Jahres-Staatsanleihen des Landes zu nutzen, plus einen Sicherheitsaufschlag von 0,3-0,5 %. Heute braucht man diesen Umweg nicht mehr zu gehen, sondern kann direkt die Rendite der Unternehmensanleihen aus dem Internet entnehmen. Dazu bietet z. B. www.boerse-stuttgart.de unter dem Punkt „Anleihen" Zinsstrukturkurven an. Dort wählt man dann für sichere Unternehmensanleihen *Corporate Bonds A* aus. Im April 2009 lag die sichere Rendite von Unternehmensanleihen mit einer Laufzeit von 10 Jahren bei 5,467 %.
Vergleicht man nun diese Rendite mit dem Kehrwert des KGV des Aktienindexes (Beispiel DAX 6,56 %), so stellt man fest, dass momentan Aktien bei weitem attraktiver sind als Anleihen, da Aktien eine höhere Rendite abwerfen als die sicheren Unternehmensanleihen. Manche vergleichen die Aktienrendite auch noch mit der Rendite von *Corporate Bonds BBB* (der unsicheren Unternehmensanleihe). Schließlich unterliegen Investitionen in Aktien auch größeren Risiken als sichere Unternehmensanleihen. Für eine Laufzeit von 10 Jahren beträgt die Rendite der *Corporate Bonds BBB* 6,966 %. Auch dieser Vergleich liefert das Ergebnis, dass Aktien derzeit ein ähnliches Chance-Risikoprofil aufweisen wie Anleihen.
In meinem Buch „Das 1x1 der fundamentalen Aktienanalyse[69]" habe ich ein alternatives Verfahren zur Berechnung des fairen Aktienkurses eines Unternehmens ausgehend vom Gewinn je Aktie entwickelt. Der Vorteil dieses Verfahrens war, dass alle benötigten Daten relativ einfach zu erhalten sind. Mit ein paar Umstellungen kann man mit diesen Formeln auch den fairen Wert eines Indexes berechnen.
Ausgangspunkt für die Berechnung ist die Vorstellung, dass ein Unternehmen bzw. Index umso mehr wert ist, je größer der Barwert der zukünftigen Gewinne ist. Dabei wird der Gewinn für einen Zeitraum von 7 Jahren vorhergesagt. Für den Zeitraum danach tätigen Sie wegen der Vorhersehbarkeit keine weiteren Aussagen zum Wachstum, aber Sie gehen davon aus, dass der erzielte Gewinn gehalten werden kann.

[69] Vgl. Götte, Rüdiger: Das 1x1 der fundamentalen Aktienanalyse, ibidem-Verlag 2004, S. 172 ff.

$$\text{Fairer Aktien} = \frac{\text{EPS im Jahr (1)}}{(1+R)^1} + \frac{\text{EPS im Jahr (2)}}{(1+R)^2} + \dots + \frac{\text{EPS im Jahr (n)}}{(1+R)^n} + \underbrace{\frac{\text{EPS im Jahr (1)}}{(1+R)^1} \cdot \frac{\frac{1}{1+R}}{(1-\frac{1}{1+R})}}_{\text{Ewige Rente}}$$

Fairer Aktien = Fairer Aktienwert; EPS = zukünftiger Gewinn je Aktie; n = 7 Jahre; R = Abdiskontierungsfaktor (Bsp. 11 % wird in Form 0,11 in die Formel eingetragen)

Lassen Sie uns nun die Formel am Beispiel des *DAX*es lösen. Zunächst muss der Anleger die zukünftigen Gewinne der Unternehmen im Index abschätzen. Für die zukünftige Gewinnerwartung wird meist auf die Konsensusprognose (Durchschnitt mehrerer unabhängiger Prognosen) zurückgegriffen. Sie werden im Internet z. B. von onvista.de veröffentlicht. Genau hier liegt der Hund begraben: Akkurate Gewinnprognosen sind unmöglich. So zeigen Studien, dass die Gewinnprognosen der *Wall Street* entweder 15 % zu hoch oder 15 % zu niedrig sind. Einige Experten sagen sogar, dass der Anleger mit dem einfachen Fortschreiben des aktuellen Gewinns besser fahren würde, als mit den Konsensusprognosen. Hierzu bemerkte Benjamin Graham spitz: „*Wie können wir den Wert eines Unternehmens auf Grund eines Gewinnes bewerten, den es noch gar nicht gemacht hat? Das wäre so, als würden wir den Preis eines Hauses auf Grund eines Gerüchtes bewerten, dass Cinderella ihr neues Schloss gleich um die Ecke bauen wird.*“

Ich nutze dennoch immer die Konsensusprognose für das laufende bzw. nächste Jahr, weil hier auch aktuelle Ereignisse einfließen. Das heißt, die Werte werden mehrmals jährlich angepasst. Zudem sind in einem Index eine ganze Reihe von Aktien enthalten, sodass man davon ausgehen kann, dass sich die Fehleinschätzungen für einzelne Aktien im Durchschnitt für den ganzen Index gegenseitig zumindest teilweise ausgleichen sollten. Dies ist aber eine Frage des Geschmacks. Sie können natürlich auch auf die aktuellen Gewinne zurückgreifen.

Mittlerweile berechnen eine Vielzahl von Publikationen oder Internetseiten das KGV von ganzen Indizes. Meist wird das geschätzte KGV für das laufende Jahr (geschrieben: 2009e) und für die folgenden Jahre (2010e) angegeben. Wir nehmen ein *DAX*-Index-KGV von 15,23 für das Jahr 2009 an. Daraus folgt ein Gewinn je Index von:

$$\text{Gewinn je Index} = \frac{\text{aktueller Kurs}}{\text{KGV}} = \frac{4950}{15{,}23} = 325$$

Jetzt müssen wir eine Annahme über das Gewinnwachstum tätigen. Meiner Meinung nach können Unternehmen auf Dauer kein höheres Gewinnwachstum erzielen, als die Weltwirtschaft bzw. das Heimatland wächst. Da für das Jahr 2009 mit einem Rückgang der Wirtschaftsleistung von bis -5 % gerechnet wird, nehme ich für das Gewinnwachstum der Unternehmen im *DAX* den Mittelwert der Schätzungen von -2 % an. Nach dem folgenden Schema wird nun der Gewinn je Index für die nächsten 7 Jahre berechnet.

$$\text{Gewinn je Index 2009} = \text{geschätzter Gewinn je Index 2009} \cdot 0{,}98 = 318{,}50 \text{ Euro}$$
$$\text{Gewinn je Index 2010} = \text{Gewinn je Index 2009} \cdot 0{,}98 = 312{,}13 \text{ Euro}$$
$$\vdots$$
$$\text{Gewinn je Index 2015} = \text{Gewinn je Index 2014} \cdot 0{,}98 = 282{,}14 \text{Euro}$$

Tabelle 11: Geschätzter Gewinn je Index für den DAX

	2009	2010	2011	2012	2013	2014	2015
Geschätzter Gewinn je Aktie [Euro]	318,50	312,13	305,89	299,77	293,77	287,90	282,14

Im nächsten Schritt müssen wir ermitteln, wie viel die zukünftigen Gewinne je Index in der Gegenwart wert sind. Dazu verwendet man folgende Formel:

$$\text{Abdiskontierter Gewinn je Aktie im Jahr n} = \frac{\text{Gewinn je Aktie im Jahr}_n}{D\text{^}n}$$

D = Abdiskontierungsfaktor; n = Anzahl der Jahre

Als Faustformel für den Abdiskontierungsfaktor hat sich bei der Indexberechnung für die Industrieländer bewährt, ähnlich wie beim Michael-O'Higgins-Modell, die durchschnittliche 10-jährige Rendite von sicheren Unternehmensanleihen zu verwenden, also 5,467 %. Andere Modelle verwenden z. B. den doppelten Zinssatz der 10-jährigen Staatsanleihen oder den von 10-jährigen unsicheren Unternehmensanleihen *(Corporate Bonds BBB)* als Abdiskontierungsfaktor. Welchen Abdiskontierungsfaktor Sie verwenden, bleibt Ihnen überlassen. Mithilfe dieses Diskontierungsfaktors werden nun die geschätzten Gewinne je Index auf den heutigen Wert abdiskontiert.

$$\text{Abdiskontierter Gewinn je Index 2009} = \frac{\text{geschätzter Gewinn je Index (2009)}}{\text{Diskontierungsfaktor für DAX^1}}$$

$$\text{Abdiskontierter Gewinn je Index 2010} = \frac{\text{geschätzter Gewinn je Index (2010)}}{\text{Diskontierungsfaktor für DAX^2}}$$

$\vdots$

$$\text{Abdiskontierter Gewinn je Index 2014} = \frac{\text{geschätzter Gewinn je Index (2014)}}{\text{Diskontierungsfaktor für DAX^7}}$$

Tabelle 12: Abdiskontierter Gewinn je Index für den DAX

	2009	2010	2011	2012	2013	2014	2015
Abdiskontierter Gewinn je Index [Euro]	301,99	280,61	260,74	242,28	225,13	209,19	194,38
Summe abdiskontierter Gewinn je Aktie	1714,32						

Im nächsten Schritt wird die Ewige Rente des Indexes nachfolgender Gleichung bestimmt.

$$\text{Ewige Rente} = \frac{\left(\frac{1}{\text{Diskontierungsfaktor}}\right)}{1-\left(\frac{1}{\text{Diskontierungsfaktor}}\right)} \cdot \text{Abdiskontierter Gewinn je Index nach sieben Jahren}$$

$$\text{Ewige Rente für den DAX} = \frac{\left(\frac{1}{1{,}05467}\right)}{1-\left(\frac{1}{1{,}05467}\right)} \cdot 194{,}38 = 3555{,}50$$

Der faire Wert des Indexes ergibt sich aus der Addition der Ewigen Rente und der Summe der abdiskontierten Gewinne je Index.

$$\text{Fairer Wert} = \text{Ewige Rente} + \text{Summe abdiskontierter Gewinn je Index}$$
$$\text{Fairer Wert für den DAX} = 3555{,}50 + 1714{,}32 = 5269{,}82$$

Der faire Indexstand wäre 5.269,82 Punkte. Sollte der *DAX* unterhalb von 5.269,82 Punkten notieren, so ist er unterbewertet. Liegt der *DAX* oberhalb von 5.269,82 Punkten, so deutet dies auf eine Überbewertung hin. Somit sollte der *DAX* mit einem aktuellen Punktestand von 4.950 Punkten leicht unterbewertet sein. In diesen Fall wäre ein Indexinvestment noch sinnvoll. Schon Bertold Brecht dichtete (etwas frei zitiert): *„Es ist schwer, den richtigen Weg* *eines fallenden Blattes im Herbst vorherzusagen, man kann ihn nur erahnen."* So ähnlich ist es auch mit diesen Formeln. Sie ersetzen nicht den Kopf des Anlegers. Sie sind vielmehr als eine Hilfestellung bei der Entscheidungsfindung zu verstehen. So kann ein Indexstand unterhalb des fairen Wertes auch auf Rezessionsbefürchtungen des Finanzmarktes zurückgehen. In diesem Fall nimmt der Aktienmarkt schon einen Gewinnrückgang der Unternehmen voraus. Zudem können diese Formeln keine exogenen Schocks vorhersagen, wie z. B. den massiven Kursverlust im zweiten Halbjahr 2008 infolge der Finanzkrise. Das überfordert die Formeln. Man sollte diese Formeln also nicht als Schicksal ansehen. Das Bild kann sich jederzeit ändern. Daher ist es ratsam, die Ergebnisse mehrmals im Jahr (quartalsweise) an die aktuellen Gegebenheiten anzupassen. Denn wichtige Inputfaktoren, wie Gewinne im Index oder das Wirtschaftswachstum, werden mehrmals jährlich neu geschätzt.

3.1.3 Die wichtigsten Anbieter von Indizes

Eigentlich sollen Aktienindizes an der Börse für mehr Durchblick sorgen. Somit ist ein Index eine feine Sache. Er zeigt dem Anleger auf einem Blick, wie sich die Aktien bestimmter Branchen oder Regionen im Schnitt entwickelt haben. Doch inzwischen ist ein wahrer Indexurwald herangewuchert. So manch ein Anleger mag sich da im Indexurwald verlaufen. Damit Ihnen das nicht passiert, habe ich einen kleinen Indexguide erstellt. Er zeigt die wichtigsten Aktienindizes. Der Schwerpunkt liegt auf den Indizes, für die ein ETF angeboten wird. Falls Sie einen umfassenden Überblick über die ETFs auf Aktienindizes haben möchten, empfehle ich Ihnen die im Internet angebotenen ETF-Datenbanken bzw. ETF-Matrizen (z. B. www.onvista.de, www.boerse-online.de, www.extra-funds.de/tools/etf-datenbank oder www.justetf.com).

Tabelle 13: Kleiner Indexguide für Aktien Teil1

Index	Indexstart	Anbieter	Internetadresse
Deutscher Aktien-index, DAX	30.12.1987 1.000 Punkte	Deutsche Börse Performanceindex: Enthält die 40 nach Börsenwert und -umsatz größten deutschen Unternehmen	www.qontigo.com
Midcap-Index, MDAX	19.01.1996 1.000 Punkte	Deutsche Börse Performanceindex: Enthält die 50 größten Unternehmen, die auf die DAX-Werte folgen.	www.qontigo.com
TecDAX	24.03.2003 500 Punkte	Deutsche Börse Performanceindex: Enthält die 30 nach Börsenwert und -umsatz größten Technologieaktien, die auf den DAX folgen.	www.qontigo.com
DJ Euro Stoxx 50	31.12.1991 1.000 Punkte	Stoxx Limited Kursindex: Enthält die 50 nach Marktkapitalisierung größten Unternehmen der Eurozone	www.qontigo.com
DJ Stoxx 50	31.12.1991 1.000 Punkte	Stoxx Limited Kursindex: Enthält die 50 nach Marktkapitalisierung größten Unternehmen Europas.	www.qontigo.com
Financial Times Stoxx Exchange 100, FTSE 100	03.01.1984 1.000 Punkte	FTSE Group Kursindex: Enthält die 100 größten Werte nach Marktkapitalisierung der Börse London. Währung: Britisches Pfund	www.ftserussell.com
Dow Jones Industrial Average, DJIA	16.05.1896 40,94 Punkte	Dow Jones & Company Kursindex: Er umfasst 30 Aktien Währung: US-Dollar	www.djindexes.com
Standard and Poors 500, S&P 500	05.03.1957 44,42 Punkte	Standard and Poors Kursindex: Enthält 500 US-amerikanische Unternehmen nach Marktkapitalisierung Währung: US-Dollar	www.indices.standardandpoors.com
NASDAQ 100	31.01.1985 250 Punkte	NASDAQ Stock Exchange Kursindex: Enthält die 100 größten Unternehmen der NASDAQ Währung: US-Dollar	www.nasdaq.com

Tabelle 14: Kleiner Indexguide für Aktien Teil2

Index	Indexstart	Indexanbieter	Internetadresse
MSCI World	31.12.1969 100 Punkte	MSCI Barra Kursindex Währung: US-Dollar	www.mscibarra.com
MSCI Emerging Markets Index		MSCI Barra Kursindex Währung: US-Dollar	www.mscibarra.com
Nikkei 225	16.05.1949 176,21 Punkte	Nihon Keizai Shimbum (Nikkei) Kursindex: Enthält 225 japanische Aktien Währung: Yen	www.tse.org.jp
Tokyo Stock Price Index, TOPIX	1988 1.000 Punkte	Tokyo Stock Exchange Kursindex: Enthält alle 1.700 Werte der Tokyoter Börse nach Marktkapitalisierung Währung: Yen	www.tse.org.jp
S & P CNX Nifty	03.11.2005 1.000 Punkte	Standard and Poors Kursindex: Enthält die 50 größten indischen Unternehmen nach Börsenwert der National Stock Exchange of India (NSE) Währung: indische Rupien	www.indices.standardandpoors.com
Hang Seng Index, HIS	24.11.1969 100 Punkte	HIS Services Limited Kursindex: Enthält die 40 größten Unternehmen der Börse Hongkong Währung: Hongkong-Dollar	www.hsi.com.hk
Hang Seng China Enterprise, HSCE	08.08.1994 2.000 Punkte	HIS Services Limited Kursindex: Er versammelt die Aktien der Unternehmen, die ihren Sitz auf dem chinesischen Festland haben, jedoch in Hongkong gelistet sind, die so genannten H-Aktien. Währung: Hongkong-Dollar	www.hsi.com.hk
FTSE/JSE Africa Top 40	14.05.2007 1.000 Punkte	FTSE Group und Johannesburg Stock Exchange: Enthält die 40 größten Unternehmen aus Südafrika. Währung: Euro und US-Dollar	www.ftse.jse.co.za

3.3 Rentenindizes

Wie der vorherige Abschnitt zeigte, sind Aktienindizes einfach zu konstruieren und intuitiv zu verstehen. Leider ist das bei Rentenindizes nicht der Fall. Sie sind wesentlich komplizierter. Verantwortlich dafür sind mehrere Faktoren. Zum einen werden sowohl von Staaten als auch von Unternehmen eine Vielzahl von Anleihen zu verschiedenen Zeitpunkten, mit unterschiedlichen Laufzeiten und Volumen ausgegeben. Andererseits werden Anleihen laufend ungültig, weil sie vom Schuldner zurückgezahlt werden. Schlussendlich werden ständig neue Renten aufgelegt, die in einem Anleiheindex berücksichtigt werden müssen. Um Ordnung in das System zu bringen, sollten wir zunächst die wesentlichen Merkmale einer Anleihe ansehen. Im darauffolgenden Schritt sollten wir daraus die Rentenindizes ableiten.

3.3.1 Wie funktionieren Anleihen?

Gestatten, mein Name ist *Bond* (engl. für Anleihe). Was dann folgt, ist weder „*geschüttelt*" noch „*gerührt*", wie die Fans des englischen Spions James Bond erwarten würden, sondern eine Anlageform. Doch was verbirgt sich hinter dem Begriff Anleihe (Synonyme: festverzinsliches Wertpapier, Obligation, Rente, Schuldverschreibung)?

Wer als Anleger eine Anleihe kauft, vergibt für einen bestimmten Zeitraum einen Kredit an einen Staat, eine Bank oder ein Unternehmen. Mit dem Geld aus der Emission der Anleihe kann der Emittent (er wird auch als Schuldner bezeichnet) wirtschaften. So kann er z. B. größere Investitionen tätigen. Im Gegenzug für seine Kreditvergabe erhält der Anleger vom Emittenten regelmäßige Zinszahlungen. Dabei können die Zinsen gleich bleiben oder variabel (d. h., sie können während der Laufzeit der Anleihe steigen oder sinken) sein. Welche Form der Zinszahlung gilt, wird bei Emission der Anleihe bekannt gegeben. Üblicherweise wird am Ende der Laufzeit[70] der Nennwert[71] der Anleihe zurückgezahlt, möglich sind aber auch anteilige Tilgungen über die Lauf-

[70] Die Laufzeit bezeichnet den Zeitraum von der Emission des Wertpapieres bis zur Rückzahlung des Nennwertes. Dagegen beschreibt die Restlaufzeit den verbleibenden Zeitraum vom Betrachtungszeitpunkt bis zur Rückzahlung.

[71] Der Nennwert (Synonyme: Nominalwert oder Nennbetrag) gibt den Betrag an, den der Emittent der Anleihe bei Fälligkeit an den Inhaber des Wertpapieres zurückzahlen muss.

zeit der Anleihe. Der prinzipielle Unterschied zwischen Aktien und Anleihen ist folgender: Durch den Kauf von Aktien erwirbt man Anteile an einem Unternehmen und wird somit Mitbesitzer. Durch den Kauf einer Anleihe leiht der Anleger dem Unternehmen für eine bestimmte Zeit und zu bestimmten Konditionen Geld. Somit wird das Unternehmen zum Schuldner des Anlegers und der Anleger zum Gläubiger des Unternehmens. Ähnlich wie Aktien, können Anleihen über die Börse gekauft und verkauft werden.

Zudem ist die Anleihe eine äußerst vielseitige Anlageform mit einer schier unerschöpflichen Vielfalt von Variationen. Um dieses Kapitel nicht zu ermüdend zu machen, stelle ich Ihnen nur die Anleiheformen vor, die mittels Renten-ETFs investierbar sind:

- Unter einer Bundesanleihe (Synonym: Staatsanleihe) versteht man die langfristige börsengehandelte Schuldverschreibung der Bundesrepublik Deutschland mit einer Laufzeit von 10 bis 30 Jahren. Demgegenüber stehen die Bundesobligationen (kurz Bobl) mit einer Laufzeit von 5 Jahren. Beide Anleihen sind mit einem festen Nominalzins ausgestattet und die Ausgabepreise sind variabel. Zudem werden diese Anleihen zum Nennwert zurückgezahlt.
- Pfandbriefe sind ähnlich wie Anleihen ausgestattet. Sie unterscheiden sich von Anleihen dadurch, dass sie durch eine so genannte Deckungsmasse besonders gut gesichert sind. Ein Pfandbrief ist nämlich zu jeder Zeit durch grundpfandrechtlich besicherte Darlehen (Hypotheken) gedeckt[72]. Überdies haben Pfandbriefe meist eine lange Laufzeit. Wegen der Deckungsmasse liegt die Verzinsung etwas über der von Staatsanleihen, aber unter der von Industrieanleihen. Jumbo-Pfandbriefe haben dieselben Deckungsregeln wie Pfandbriefe, zeichnen sich aber durch eine größere Anlegerfreundlichkeit aus, da sie über eine deutlich höhere Liquidität verfügen als normale Pfandbriefe. So müssen die Jumbos z. B. ein Mindestvolumen von einer Milliarde Euro haben und nach der Emission müssen sich mindestens drei *Market Maker* verpflichten, An- und Verkaufskurse zu stellen.

---

[72] Daneben gibt es öffentliche Pfandbriefe – besichert durch Forderungen gegen staatliche Stellen –, Schiffspfandbriefe für Schiffshypotheken und Flugzeugpfandbriefe für Flugzeughypotheken.

- Industrieanleihen (Synonym: *Corporate Bond*) werden von Unternehmen emittiert und weisen gegenüber Staatsanleihen in der Regel eine höhere Rendite auf, weil sie ein größeres Ausfallrisiko haben.
- Inflationsindexierte Anleihen (Synonym: Inflationsanleihen): Normalerweise führt eine steigende Inflationsrate bei konventionellen Anleihen zu einer sinkenden Realverzinsung. Beträgt z. B. der Nominalzins einer Bundesanleihe vier Prozent, die Inflationsrate 3 Prozent, so liegt die reale Verzinsung bei 1 Prozent. Das bedeutet, dass sich die Realverzinsung in Abhängigkeit von der Inflation verändert. Je höher diese ausfällt, desto niedriger ist die reale Verzinsung. Ganz anders sieht es bei Inflationsanleihen aus. Bei diesen erhält der Anleger einen Inflationsausgleich. Das heißt, der reale Zinskupon wird zu den jeweiligen Zinszahlungsterminen mit der relativen Veränderung der Teuerungsrate in der abgelaufenen Zinsperiode multipliziert. Gleichzeitig wird der Nennwert der Anleihe an die Inflationsentwicklung während der Laufzeit angepasst. In der Regel liegt der Kupon unter dem konventioneller Anleihen. Deswegen muss die Inflationsrate eine bestimmte Höhe erreichen, damit eine Investition in eine Inflationsanleihe eine ähnliche Rendite abwirft wie konventionelle Anleihen.

Max Planck wusste schon: „*Wirklich ist, was sich messen lässt.*" Also, wie werden Anleihen quotiert? Um das Verfahren möglichst anschaulich zu machen, dient die folgende fünfjährige Bundesobligation als Beispielanleihe für sämtliche in diesem Abschnitt durchgeführten Berechnungen.

Tabelle 15: Beispielanleihe

Bundesobligation (kurz Bobl)	Kupon 5 %	Nominalwert 100 €	Zinstermin 31.01.2009
Rückzahlungstermin 31.01.2014	Laufzeit 5 Jahre	Zinszahlungsmodalität jährlich	Zinskonvention: act/360

Die Preisquotierung bei Anleihen erfolgt üblicherweise als %-Satz vom Nennwert. Z. B. entspricht der Preis unserer Bundesobligation von 100,26 %, dem Preis von 100,26 Euro pro hundert Euro Nominalbetrag. Demnach muss der Anleger für die Anleihe 100,26 Euro (=Nominalbetrag * (aktueller Preis (in %)/100)) bezahlen.

Jede Anleihe hat einen Nennwert. Dieser Nennwert ist die Basis für die Zinszahlung. Daher versteht man unter der Nominalverzinsung einer Anleihe die Höhe des Kupons im Verhältnis zum Nennwert. Somit ist die Nominalverzinsung für unsere Bundesobligation 5 %, d. h., bei einem Nennwert von 100 Euro bekommt der Investor 5 Euro Zinsen jährlich ausbezahlt.

Im Normalfall weichen Nennwert[73] und der gehandelte Preis der Anleihe voneinander ab. Das heißt, der Wert der Anleihe liegt unter oder über dem Nennwert. Da unsere Bundesobligation bei 100,26 % notiert, muss dies bei der Berechnung der Rendite berücksichtigt werden.

$$\text{Effektive Rendite} = \frac{\text{Zinssatz} + \frac{\text{Nennwert-aktueller Kurs}}{\text{Restlaufzeit}}}{\text{aktueller Kurs}} = \frac{5 + \frac{100 - 100{,}26}{5}}{100{,}26} = 4{,}9\ \%$$

Bei einer Anleihe, welche über (unter) dem Nennwert notiert, ist die Effektivverzinsung geringer (höher) als die Nominalverzinsung. Da Anleihen meistens börsennotierte Wertpapiere sind, kann der Anleger sich während der Laufzeit zu jedem beliebigen Zeitpunkt von seiner Anleihe trennen, indem er sie über die Börse verkauft. Um dies zu bewerkstelligen, wurde folgendes Verfahren eingeführt. Dem Inhaber einer Anleihe steht für jeden Tag (Stückzinstag), den er im Besitz der Anleihe ist, ein anteiliger Zinsbetrag zu. Diesen Betrag bekommt er auch beim Verkauf der Anleihe vor dem eigentlichen Zinstermin vom Käufer vergütet. Da eine Berücksichtigung der anfallenden Stückzinsen beim Börsenhandel die Vergleichbarkeit der Preise stark beeinträchtigen würde, werden die Anleihepreise ohne die bisher angefallenen Stückzinsen quotiert. Den Preis ohne Stückzinsen nennt man auch *Clean Price* (Börsenkurs). Dagegen wird der Preis, der die anfallenden Stückzinsen berücksichtigt, auch *Dirty Price* benannt. Unsere Bundesobligation wird zum Preis von 100,26 % (= *Clean Price*) verkauft. Seit der letzten Zinszahlung sind 100 Tage vergangen. Somit ergibt sich der *Dirty Price* wie folgt:

[73] Als pari bezeichnet man Anleihen, deren Kurs gleich dem Nennwert ist. Hat eine Anleihe einen Kupon, der unter der aktuellen Marktrendite liegt, sind die Anleger nur bereit, diese Anleihe zu kaufen, wenn der Anleihekurs unterhalb des Nennwertes liegt (unter pari), um die im Vergleich zur Marktrendite niedrigere Kuponzahlung auszugleichen. Dagegen sind die Anleger bereit, mehr als den Nennwert (über pari) zu zahlen, wenn die aktuelle Rendite der Anleihe über der Marktrendite liegt.

$$\text{Dirty Price} = \text{aktueller Kurs} + \left(\text{Kupon} \cdot \frac{\text{verstrichene Tage seit Zinszahlung}}{360}\right)$$

$$\text{Dirty Price}_{\text{Bundesobligation}} = 100{,}26 + \left(5 \cdot \frac{100}{360}\right) = 100{,}26 + 1{,}39 = 101{,}65$$

Der Käufer der Bundesobligation muss also den *Dirty Price* von 101,65 Euro bezahlen. Schon Heinrich Waggerl führte aus: *„Immer mit der Nase anstoßen, heißt auch, einen Weg finden.“* Also lassen sie uns nicht weiter die Nase anstoßen, und uns der Frage stellen: Wie bildet sich der Preis einer Anleihe? Der Preis einer Anleihe unterliegt folgenden Haupteinflussfaktoren: Restlaufzeit, aktuell marktübliche Rendite für Anleihen mit gleicher Restlaufzeit, Zinssatz der Anleihe und dem mit der Anleihe verbundenen Kreditrisiko (Bonität des Emittenten). Wie kann man den fairen Preis einer Anleihe bestimmen? Die Antwort ist, der faire Preis einer Anleihe ist identisch mit dem Wert, der in der Zukunft aus der Anleihe zu erwartenden Zahlungen an ihren Inhaber. Das ist nichts anderes als die jährlichen Zinsen und der Tilgungsbetrag der Anleihe am Ende der Laufzeit. Daher entspricht der Barwert des zukünftigen *Cashflows* dem fairen Wert der Anleihe.

$$FW = \frac{C}{1+r} + \frac{C}{(1+r)^2} + \frac{C}{(1+r)^n} + \ldots + \frac{C}{(1+r)^N} + \frac{\text{Nennwert}}{(1+r)^N}$$

FW = Barwert = fairer Kurs der Anleihe; C = Kupon in Dezimalen, z. B. 5 % = 0,05; n = laufendes Jahr; N = Laufzeit in Jahren; r = aktuelle Marktrendite in Dezimalen je Zahlungszeitpunkt, die sich je nach Laufzeit n aus der Zinsstrukturkurve[74] [75] ergeben. Konkret heißt das, dass ein in einem Jahr zur Auszahlung kommender Zinskupon mit dem Einjahreszinssatz aus der Zinsstrukturkurve abdiskontiert wird, ein in zwei Jahren anstehender Zins mit dem Zweijahreszinssatz usw.

---

[74] Die Zinsstrukturkurve ist die grafische Darstellung der Renditen festverzinslicher Wertpapiere in Abhängigkeit ihrer Restlaufzeit. Im Normalfall erhalten Anleger, die ihr Kapital länger binden, auch eine höhere Rendite als bei kürzerer Laufzeit. Deswegen wird eine steigende Zinsstrukturkurve auch als Normalfall bezeichnet. Aber auch andere Kursverläufe sind möglich. So spricht man von einem flachen Verlauf, wenn der Zinssatz über alle Laufzeiten gleich ist. Dagegen kennzeichnet eine inverse Struktur, wenn mit zunehmender Restlaufzeit die Zinsen sinken. Die Zinsstrukturkurven werden z. B. von der Stuttgarter Börse (www.boerse-stuttgart.de) in der Rubrik Anleihen veröffentlicht.

[75] Genauer gesagt stellt die Zinsstrukturkurve die internen Zinsfüße einer Nullkuponanleihe (oder *Zero Bond*) in Abhängigkeit von der Laufzeit der Anlage und bei gleicher Bonitätsklasse dar. Hierzu ordnet sie jedem *Zero Bond* einen laufzeitenkongruenten Zinssatz zu, zu dem der jeweilige *Zero Bond* auf den Barwert im Ausgangszeitpunkt abdiskontiert wird. In der Praxis werden allerdings die entsprechenden Renditen von Staatsanleihen über das Laufzeitenspektrum genutzt.

Beispielrechnung für unsere Bundesobligation:

Jahr	Zahlungsart	Betrag	R	Barwert
1 Jahr	Zinsen	5 Euro	4,10 %	4,80
2 Jahre	Zinsen	5 Euro	4,28 %	4,60
3 Jahre	Zinsen	5 Euro	4,38 %	4,40
4 Jahre	Zinsen	5 Euro	4,57 %	4,18
5 Jahre	Zinsen	5 Euro	4,99 %	3,92
	Tilgung	100 Euro	4,99 %	78,39
			Summe (fairer Kurs)	100,29
Der faire Wert der Obligation beträgt also 100,29 Euro.				

Ein Jahr später wäre der Kurs der Bundesobligation auf 100,17 % gefallen. Der Grund ist, dass aus der zunächst 5-jährigen nun eine 4-jährige Obligation geworden ist. Es gilt: Bei einer während der Laufzeit über (unter) pari notierenden Anleihe nähert sich der Kurs zum Ende der Laufzeit dem Rückzahlungskurs der Anleihe durch Fallen (Steigen) an. Im Normalfall ist bei Fälligkeit der Anleihe der Anleihekurs gleich dem Rückzahlungskurs bzw. Nennwert. Dieser Effekt wird auch als Rolling-Down-The-Yield-Curve-Effekt bezeichnet.

Hieraus erkennt man auch den Zusammenhang zwischen Marktrendite und Anleihekurs. Steigt die Marktrendite, so müssen die zukünftigen *Cashflows* mit einem höheren Zinssatz diskontiert werden, woraus sich logischerweise ein niedrigerer Barwert ergibt – und umgekehrt. Deswegen sinken die Anleihekurse mit steigender Marktrendite, wohingegen bei fallender Marktrendite die Anleihekurse steigen. Die eigentliche Frage ist doch: Wie stark reagiert eine Anleihe auf Zinsänderungen? Zur Beantwortung dieser Frage bietet sich das Konzept der Duration an.

Das Konzept der einfachen Duration wurde von Frederick R. Macaulay entwickelt. Nach Macaulay hat die Änderung der Marktzinsen zwei gegensätzliche Auswirkungen auf den Anleihekurs. Erstens wird sich der Anleihekurs ändern. Zweitens können die Kuponzahlungen zu einem anderen Zinssatz reinvestiert werden. Steigt z. B. die Marktrendite, so sinkt der Kurs der Anleihe, andererseits können die Zinsen günstiger wieder angelegt werden, was den Kursverlust der Anleihe im Normallfall ausgleicht. So gibt die Duration den Zeitpunkt an, an dem eventuelle Kursänderungen aufgrund von Renditeänderungen durch die möglicherweise geänderten Wiederanlagebedingungen der Zinsen kompensiert werden können.

$$D_{Macaulay} = \frac{\sum_{n=1}^{N} \frac{n \cdot CF_n}{(1+r)^n}}{\sum_{n=1}^{N} \frac{CF_n}{(1+r)^n}}$$

$D_{Macaulay}$ = Macaulay Duration; n = fortlaufendes Jahr; N = Gesamtlaufzeit in Jahren; CF_n = *Cashflow* (auf Nominale 100) zum Zeitpunkt n; r = aktuelle Rendite[76]

„*Mit kleinen Hieben fällt man auch große Bäume.*" (Benjamin Franklin) Lassen Sie uns die Formel in ihre Einzelteile zerlegen. Im ersten Schritt müssen wir, ähnlich wie beim fairen Kurs einer Anleihe, die zu verschiedenen Zeitpunkten anfallenden Zahlungen auf ihren heutigen Barwert abzinsen. Im nächsten Schritt müssen die Barwerte der einzelnen Zahlungen mit der Zeit bis zu ihrer Fälligkeit gewichtet werden. Dazu wird der Barwert der beispielsweise in zwei Jahren fälligen Zahlung verdoppelt, der Barwert, der in drei Jahren fällig ist, wird verdreifacht usw.

Tabelle 16: Berechnung der Duration für die Bundesobligation

Jahr	Zahlungsart	Betrag	i	Barwert	Gewichtungs-faktor	Gewichteter Barwert
1 Jahr	Zinsen	5 Euro	4,10 %	4,80	1	4,79
2 Jahre	Zinsen	5 Euro	4,28 %	4,60	2	9,20
3 Jahre	Zinsen	5 Euro	4,38 %	4,40	3	13,19
4 Jahre	Zinsen	5 Euro	4,57 %	4,18	4	16,73
5 Jahre	Zinsen	5 Euro	4,99 %	3,92	5	19,6
	Tilgung	100 Euro	4,99 %	78,39	5	391,95
					Summe	455,45

Die Duration einer Anleihe erhalten wir, indem wir die Summe der gewichteten Barwerte durch die Summe der Barwerte teilen.

$$\text{Duration} = \frac{\text{Summe der gewichteten Barwerte}}{\text{Summe der Barwerte}} = \frac{455{,}45}{100{,}29} = 4{,}54$$

Was bedeutet nun die Kennzahl Duration? Die Duration gibt den Zeitpunkt an, zu dem die künftigen Zahlungen im Durchschnitt beim Anleger ankom-

[76] Macaulay geht bei seinem Modell von der Annahme einer flachen Zinsstrukturkurve sowie einer Parallelverschiebung der Kurve aus, d. h. einer gleichmäßigen Zinsveränderung.

men, also für unser Beispiel genau 4,54 Jahre. Anders ausgedrückt bedeutet eine Duration von 4,54 Jahren, dass die Anleihe 4,54 Jahre benötigt, bis sich die durch eine aus einer Zinsänderung ergebenden Kurs- und Zinseszinseffekte wieder ausgleichen. Die Duration ist von folgenden Faktoren abhängig.

1. Von der Laufzeit: Je länger die Laufzeit ist, desto höher ist die Duration.
2. Von der Höhe des Kupons: Je höher der Kupon ist, desto schneller fließt das Kapital zurück und umso kleiner ist die Duration.
3. Von der Rendite: Je größer die Rendite ist, umso schneller fließt das gebundene Kapital aufgrund der Verzinsung zurück und umso geringer ist die Duration.

Aus der Duration lässt sich einfach die Kurssensitivität einer Anleihe berechnen. Sie wird als *Modified Duration* bezeichnet.

$$\text{Modified Duration} = \frac{\text{Duration der Anleihe}}{1+\text{Nominalzinssatz der Anleihe}} = \frac{4{,}54}{1+0{,}05} = 4{,}32$$

Mithilfe der Kennzahl *Modified Duration* kann man das Zinsänderungsrisiko einer Anleihe vorhersagen. Für unser Beispiel führt eine Erhöhung des Marktzinses um 1 % dazu, dass der Kurs der Anleihe um 4,32 % fällt. Umgekehrt steigt der Kurs der Anleihe um 4,32 %, wenn der Marktzins um 1 % fällt. Die modifizierte Duration lässt sich auch auf Rentenfonds bzw. -indizes anwenden[77]. Sie gibt dann darüber Auskunft, wie stark der Rentenfonds steigt oder fällt, wenn der Marktzins um 1 % steigt oder fällt. Die Höhe der *Modified Duration* ist abhängig von der Laufzeit, der Kuponhöhe und der Marktrendite. Im Allgemeinen nimmt die *Modified Duration* mit der Laufzeit der Anleihe zu. Dagegen bewirkt ein hoher Kupon, dass Teile der Anleihe in Form von Zinszahlungen schnell zurückgezahlt werden. Dadurch ergibt sich eine niedrigere *Modified Duration.* Da die *Cashflows* (Zinsen) mit der Marktrendite abgezinst werden, gilt: Je höher die Marktrendite ist, desto niedriger ist der Barwert und somit auch die *Modified Duration.* Das heißt, dass sich bei einem hohen Zinsniveau eine Änderung der Zinsen um ein Prozent weniger stark auswirkt als bei einem niedrigeren Zinsniveau.

---

[77] Hierzu werden die Durationswerte der einzelnen Anleihen im Index bzw. Fonds mit dem prozentualen Anteil am Gesamtbarwert des Portfolios gewichtet und addiert.

Jede Theorie kommt aus dem Reagenzglas. Deshalb hat auch die *Modified Duration* ihre Schwächen. Sie unterstellt einen linearen Zusammenhang zwischen der Rendite und der Kursänderung. Es wird also davon ausgegangen, dass die Preisänderung einer Anleihe sowohl bei einem Anstieg als auch bei einem Rückgang des Zinsniveaus um bspw. 1 Prozent gleich hoch ist. Leider zeigt die Realität ein anders Bild, dort bewegt sich der Anleihekurs bei einer Änderung der Zinsen nicht entlang einer Geraden, sondern entlang einer Kurve.

Aus Abbildung 11 erkennt man, dass bei der Anwendung der Duration ein Schätzfehler entsteht, d. h., die Schätzung einer Preisänderung mittels der modifizierten Duration führt zu einer Unter- bzw. Überschätzung der Kursänderung.

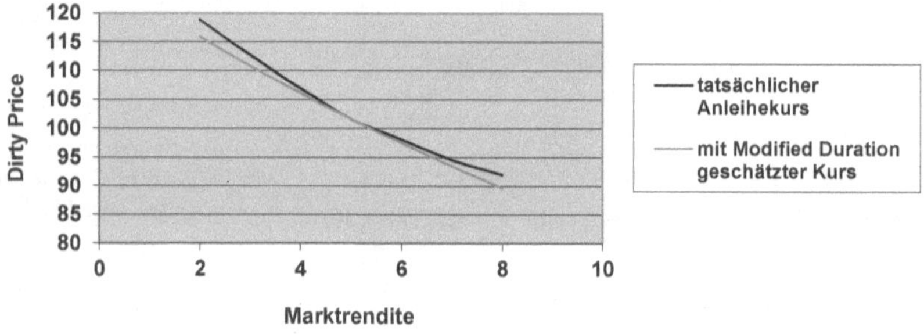

Abbildung 11: Bundesobligation tatsächlicher Anleihekurs zu geschätztem mit *Modified Duration*

Der Maßstab für diesen Schätzfehler ist die Konvexität[78]. Daher sind Anleihen mit gleicher Duration umso attraktiver, je geringer ihre Kurssensibilität bei steigenden Renditen (modifizierte Duration wird kleiner) und je höher ihre Kurssensitivität bei fallenden Renditen (modifizierte Duration wird größer) ist. Demzufolge gilt: Je höher die Konvexität einer Anleihe ist, umso attraktiver ist die Anleihe für den Anleger. Daher ist die Konvexität eine Vergleichsgröße für Anleihen verschiedener Kupons und gleicher Duration.

[78] Diese sagt aus, wie der Anleihekurs auf schnell steigende bzw. fallende Zinsen reagiert. So ist eine hohe Konvexität für den Anleger vorteilhaft, weil sich in diesem Fall die Anleihen bei schnell steigenden Zinsen etwas besser entwickeln als Anleihen mit niedriger Konvexität.

Stellt sich die Frage, wann eine Anleihe attraktiv ist. Der wesentliche Dreh- und Angelpunkt für die Attraktivität einer Anleihe ist der *Spread* (Renditedifferenz) zu einer Benchmarkanleihe gleicher Laufzeit. Die Gründe für das Entstehen des *Spreads* sind vielfältig, wie z. B. Laufzeit, Liquidität, Bonität usw. Als Benchmarkanleihe für den Euroraum haben sich die Bundesanleihen wegen ihrer geringen Ausfallwahrscheinlichkeit etabliert. Für den US-Dollar-Raum werden als Vergleichsmaßstab Anleihen der US-Regierung herangezogen. Der *Spread* (Renditeaufschlag), den andere Anleihen zu der Benchmarkanleihe haben, wird oftmals in Basispunkten (100 Basispunkte = 1 Prozent) angegeben. Bringt z. B. eine Bundesanleihe mit einer Restlaufzeit von fünf Jahren eine Rendite von 3,8 % und eine Anleihe der *Deutschen Bank* mit vergleichbarer Restlaufzeit 4 %, so beträgt der *Spread* zwischen Deutscher-Bank-Anleihe und Benchmarkanleihe 20 Basispunkte. Je kleiner diese Differenz ist, umso geringer ist normalerweise das Ausfallrisiko der Anleihe. Denn auch bei Anleihen gilt: Wer mehr Rendite haben möchte, muss bereit sein, ein höheres Risiko einzugehen.
Die *Spreads* sind aber nicht stabil. Sie können sich ausweiten oder einengen. Steigt z. B. der *Spread* wegen einer Bonitätsverschlechterung an, so fällt der Anleihekurs. Grob gesagt drückt die Bonität eines Emittenten das Vertrauen der Marktteilnehmer in seine Fähigkeit aus, Zinsen und Tilgungsverpflichtungen nachzukommen. Als Bonitätsmaßstab dienen die Ratings internationaler Ratingagenturen, wie z. B. *Moody's* und *Standard & Poors*. Dabei wird versucht, das mit den Emittenten verbundene Ausfallrisiko in vergleichbare Kategorien einzuordnen. Hierzu bekommen Anleihenemittenten von verschiedenen Kreditratingagenturen wie S&P *(Standard & Poors)* oder *Moody's*[79] ein Rating, mit dem die Kreditwürdigkeit des Schuldners eingeschätzt wird. Bei S&P gilt ein Rating von AAA[80] als Indikator für die geringste Ausfallwahrscheinlichkeit. AAA, AA, A und BBB gehören zum Bereich hoher Kreditqualität *(Investment Grade)*. Ratings von BB und darunter werden als *Non-Investment Grade* (Synonyme: *High Yield Grade, Speculative Grade* oder

[79] Welches Rating ein bestimmter Emittent hat, erfährt der Anleger auf den Internetseiten der Ratingagenturen www.standardandpoors.com oder www.moodys.com.

[80] Bei den von *Standard & Poors* bewerteten AAA-Unternehmen liegt die Insolvenzquote in den nächsten 15 Jahren bei 0,61 %, bei AA-Unternehmen immerhin schon bei 1,4 %, bei A-Unternehmen bei 3 %. Die Quote wächst rasant an, je schlechter das Rating wird. So hat ein CCC-geratetes Unternehmen immerhin schon eine Quote von 60 %.

Junk Bond) bezeichnet und tragen demnach ein höheres Ausfallrisiko. Zudem nimmt die Wahrscheinlichkeit der Zahlungsunfähigkeit von Ratingstufe zu Ratingstufe zu. So gilt, dass bei einem BBB-Rating das Risiko einer Zahlungsunfähigkeit eines Emittenten innerhalb von zehn Jahren etwa doppelt so hoch ist als bei einem AAA-Rating. Durch die Erweiterungen +/- ergibt sich eine weitere Differenzierung innerhalb der einzelnen Ratingstufen.

Je höher die Bonität eines Emittenten ist, umso geringer ist die Rendite bzw. der Zinssatz einer Anleihe. Im Umkehrschluss bedeutet das, dass ein Emittent mit schlechterer Bonität eine hohe Rendite bieten muss, um überhaupt noch einen Kapitalgeber zu finden, der bereit ist, seine Anleihen zu kaufen.

Aber auch schon die Ankündigung bzw. Überprüfung einer Herabstufung durch ein Rating-Unternehmen führt zu Kursverlusten bei der Anleihe. Beispielsweise wurde Anfang März 2009 über eine Herabstufung des Unternehmens *General Electric* diskutiert. Dies führte dazu, dass eine bis zum Jahr 2012 laufende Anleihe des Unternehmens, mit einem Zinssatz von 4,75 %, innerhalb von drei Tagen rund 16 Punkte verlor und nur noch bei 82 % notierte.

Hieraus folgt, dass sich jeder Anleger bevor er in Anleihen bzw. Anleihenindizes investiert, folgende vier W-Fragen stellen muss.

1. Welcher Emittent? In Staatsanleihen, Unternehmensanleihen, Pfandbriefe usw. könnte investiert werden.
2. Welche Region? Neben den Industrieländern decken die Anleihen auch die Märkte wichtiger Entwicklungsländer ab. Allerdings tritt beim Verlassen des Euroraumes das Wechselkursrisiko auf den Plan.
3. Welche Bonität? Grob gesagt unterscheidet man zwischen dem *Investment* und dem *Non-Investment Grade*. Wer das Risiko nicht scheut, kann auch eine Anlage aus dem Non-Investment-Grade-Bereich ins Auge fassen.
4. Welche Laufzeit? Die Laufzeit spielt eine wichtige Rolle für die Kursentwicklung der Anleihe. Für die kurzen Laufzeiten ist die Geldpolitik der Zentralbanken von entscheidender Rolle, wohingegen bei langen Laufzeiten die Inflationserwartungen eine Rolle spielen. So kommen Leitzinssenkungen besonders den kurzen Laufzeiten zugute. Dagegen profitieren die Anleihen mit langer Laufzeit von abnehmenden Inflationserwartungen.

Die Beantwortung dieser vier W-Fragen führt den Anleger schnell zu der für ihn richtigen Anleihe. Sie sollten diese Fragen sehr gewissenhaft beantworten, da an der Börse Erfolg und Schweiß einfach zusammengehören. Dafür winkt am Ende des Prozesses bei der Rendite ein *„extra Schnaps"*. Diese Überlegungen müssen auch Anleger durchführen, die beabsichtigen, in Rentenindizes zu investieren.

3.3.2 Aufbau eines Rentenindizes

Erklingen die Namen *DAX*, *Dow Jones* & Co. hören Investoren genau hin. Doch welcher Anleger bekommt schon leuchtende Augen, wenn er die Namen *eb.rexx, REX*, *J.P. Morgan GBI Europe* hört? Niemand, die meisten Anleger können mit diesen Namen nichts anfangen. Denn das Investieren in Rentenindizes steckt noch in den Kinderschuhen. Der Grund dafür liegt in der recht komplizierten Natur der Anleiheindizes. Denn Anleihen haben von vornherein eine begrenzte Laufzeit. So springen sie nach und nach von einem Laufzeitensegment ins nächste, bis sie ganz getilgt sind. Zusätzlich kommen laufend neue Anleihen auf den Markt, die im Index berücksichtigt werden müssen, damit der Markt repräsentativ abgedeckt wird. Schließlich ist das Ziel jedes Rentenindexes, den Rentenmarkt so gut und realistisch wie möglich abzubilden. Damit ein Rentenindex diese Funktion erfüllen kann, muss er einige Kriterien erfüllen.

So sollte ein Index den jeweiligen Markt möglichst komplett umfassen und die Gewichte, die die Anleihen innerhalb des Marktes haben, korrekt wiedergeben. Überdies sollten die Anleihen im Index über ein bestimmtes Mindestvolumen verfügen. Zudem sollte für die Indexmitglieder ein liquider Markt vorhanden sein. Da permanent Anleihen aus dem Index ausscheiden bzw. neu hereinkommen, muss der Index regelmäßig angepasst werden. Obendrein sollte sich die Zusammensetzung der Indizes nicht häufiger als nötig ändern und sie sollte transparent und nachvollziehbar sein. Deswegen sollten sowohl für die Aufnahme als auch für die Herausnahme von Anleihen aus dem Index nachvollziehbare Regeln existieren.

Die Laufzeit hat eine wichtige Rolle für die Kursentwicklung einer Anleihe, daher findet eine Aufteilung des Gesamtmarktes in unterschiedliche Laufzeitensegmente statt. So beobachtet man, dass die Geldpolitik der Zentralbanken für die kurzen Laufzeiten von zentraler Bedeutung ist, während bei langen Laufzeiten die Inflationserwartung für die Kursentwicklung verantwortlich ist. Die Auswahl von Anleihen für einen Index sollte auch den Schuldner berücksichtigen, also seine Bonität. So wird z.B. unterschieden zwischen Corporate-Bond- oder Staatsanleihenindizes.

Obendrein sollte natürlich der Index die Wertveränderung der Indexmitglieder vollständig widerspiegeln. Zusätzlich müssen Performanceindizes sämtliche Kursveränderungen, Kuponzahlungen, Stückzinsen usw. enthalten. Um die Replizierbarkeit des Indexes zu gewährleisten, müssen Informationen über die Zusammensetzung und historische Indexrenditen möglichst zeitnah zur Verfügung gestellt werden.

„Lass nicht zu, dass was du dir wünscht, dein Urteil beeinflusst. Bedenke alle Tatsachen.“ (Baruch Bernard) Also, wie konstruiert man einen Rentenindex?

Prinzipiell gibt es zwei grundlegende Arten, einen Rentenindex zu konstruieren. Der Index kann aus real existierenden Anleihen konstruiert werden oder er wird über die Hilfskonstruktion mit fiktiven Rentenpapieren berechnet. Der deutsche Rentenperformanceindex (REXP) setzt sich beispielsweise zusammen aus 30 idealtypischen Anleihen mit ganzzahligen Laufzeiten zwischen einem und zehn Jahren und vier Kupontypen von 5, 6, 7 und 9 %. Der Vorteil dieser Rentenindizes ist, dass sie nicht durch Änderungen des Emissionsgeschehens unmittelbar beeinflusst werden. Sie sind mit einer festen Portfoliostruktur konstruiert. Daher sind Indexneugewichtungen nur in großen Zeiträumen notwendig. Der Nachteil dieser Indizes ist, dass die theoretischen Kupon- und Laufzeiteneinteilungen veralten können und damit gar nicht mehr den realen Markt abbilden. Zudem können diese Indizes nicht unmittelbar durch Käufe und Verkäufe nachgebildet werden. Somit spielen solche Indizes im Renten-ETF-Bereich nur eine geringe Rolle. Dagegen haben Indizes von real existierenden Anleihen eine große Bedeutung im ETF-Sektor, weil sie von den Renten-ETFs nachgebildet werden können. Deswegen sollten wir einen vertiefenden Einblick in die Konstruktion eines Rentenindizes von real existierenden Anleihen nehmen. Ein gutes Beispiel ist der auf deutsche Staatsanleihen spezialisierte *eb.rexx Government Germany*.

Damit eine Staatsanleihe in den Index[81] aufgenommen werden kann, muss sie über ein Mindestvolumen von 4 Mrd. Euro verfügen sowie auf der Handelsplattform *Eurex Bond* gehandelt werden. Der *eb.rexx Government Germany-Auswahlindex* umfasst die 25 liquidesten Staatsanleihen mit Restlaufzeiten zwischen 1,5 bis 10,5 Jahren. Sollten zu irgendeinem Zeitpunkt weniger als sechs Anleihen die Kriterien erfüllen, wird der Index nicht berechnet und der Indexstand bleibt konstant. Sobald sich wieder sechs Anleihen für den Index qualifiziert haben, wird die Indexberechnung wieder aufgenommen. Generell werden auch Anleihen berücksichtigt, die noch innerhalb des laufenden Monats den Handel auf der Plattform *Eurex Bonds* aufnehmen. Um die Anleihen in den Index aufnehmen zu können, wird eine Rangliste gebildet. Die Rangliste umfasst alle zulässigen Anleihen absteigend geordnet nach ihren ausstehenden Nominalvolumen. Bei gleichen Volumen wird jeweils die jüngere Anleihe bevorzugt. Die Gewichtung im Index findet nach der Marktkapitalisierung statt. Überdies ist das maximale Gewicht einer Anleihe in einem Index auf 30 % begrenzt.
Die Indexberechnung erfolgt auf Basis der gehandelten Börsenpreise. Falls zu irgendwelchen Zeitpunkten keine Börsenpreise zustande kommen, werden die besten verbindlichen Geldquotierungen verwendet. Der *eb.rexx Index* basiert auf einem volumengewichteten Summationskonzept, bei welchem die relativen Veränderungen im Vergleich zum Stichtag betrachtet werden. Deswegen werden am Stichtag sowohl die Zusammensetzung als auch das Volumen im Indexportfolio angepasst. Der Kursindex (oder Preisindex) wird nachfolgender Formel berechnet. Er umfasst ausschließlich die Kursentwicklung der im Index enthaltenen Anleihen. Er ist ein Indikator für das allgemeine Zinsniveau.

[81] Vgl. Deutsche Börse AG: Leitfaden zur eb.rexx-Indexfamilie. Version 3,7, Frankfurt am Main, Januar 2008, S. 2- 17

$$PI_t = PI_{t-s} \cdot \frac{\sum_{i=1}^{n} P_{i,t} - N_{il,t-s}}{\sum_{i=1}^{n} P_{i,t-s} - N_{i,t-s}}$$

PI_t = Kurs-Indexstand zum Zeitpunkt t; PI_{t-s} = Kurs-Index-Endstand am letzten Kalendertag des Vormonats; $P_{i,t}$ = Kurs bzw. Quotierung der Anleihe i zum Zeitpunkt t; $P_{i,t-s}$ = Schlusskurs bzw. Schlussquotierung der Anleihe i am letzten Handelstag des Vormonats $N_{i,t-s}$ = Ausstehendes Volumen der Anleihe i am drittletzten Handelstag des Vormonats; n = Anzahl der Anleihen im Index; s = Kalendertage seit der letzten Anpassung; t = Berechnungszeitpunkt[82]

Der Performanceindex (oder Total-Return-Index) berücksichtigt neben den Kursänderungen auch die Zinszahlungen und ist somit Ausdruck des Gesamtertrages der dem Index zugrunde liegenden Anleihen. Somit ist er ein Gradmesser für den Erfolg einer Anlage in Anleihen. In der Regel werden die in einem Monat gezahlten Kupons erst am Stichtag der Neuzusammensetzung in das gesamte Portfolio reinvestiert, d. h. einmal monatlich.

$$TR_t = TR_{t-s} \cdot \frac{\sum_{i=1}^{n} \left(\left(P_{i,t} + A_{i,t} \right) + XD_{i,t-s} \cdot \left(CP_{i,t} + G_{i,t} \right) \right) \cdot N_{i,t-s}}{\sum \left(P_{i,t-s} + A_{i,t-s} + XD_{i,t-s} \cdot CP_{i,t-s} \right) \cdot N_{i,t-s}}$$

$A_{i,t}$ = Aufgelaufene Stückzinsen der Anleihe i zum Zeitpunkt t, $A_{i,t-s}$ = Aufgelaufene Stückzinsen der Anleihe i am letzten Kalendertag des Vormonats; $CP_{i,t}$ = Wert der nächsten Kuponzahlung zum Zeitpunkt t, falls Anleihe i sich in der Ex-Dividend-Periode befindet, sonst 0; $CP_{i,t-s}$ = Wert der nächsten Kuponzahlung am letzten Kalendertag des Vormonats falls Anleihe i sich in der Ex-Dividend-Periode befand, sonst 0; $G_{i,t}$ = Wert einer Kuponzahlung der Anleihe i vom Kupontermin bis Ende des Monats. Ist keine Kuponzahlung in diesem Monat erfolgt, dann ist der Wert=0; TR_t = Performanceindexstand zum Zeitpunkt t; TR_{t-s} = Performanceindexstand am letzten Kalendertag des Vormonats; $XD_{i,t-s}$ = Flag zur korrekten Behandlung von Anleihen mit Ex-Dividend-Eigenschaft. Während der Ex-Dividend-Periode einer Anleihe erhält der Käufer nicht die nächste Kuponzahlung. Der Wert für XD ist 0, falls die Anleihe i während ihrer Ex-Dividend-Periode neu in den Index aufgenommen wird, damit die nächste Kuponzahlung nicht in den Performanceindex eingeht. In allen anderen Fällen und für Anleihen ohne die Ex-Dividend-Eigenschaft beträgt der Wert 1.

In der Regel werden von den Anbietern noch andere wichtige Indexkennzahlen fortlaufend berechnet. Die Wichtigsten sind:

[82] Um die Übersichtlichkeit zu erhöhen, werden in allen folgenden Formeln die Benennungen der Variablen beibehalten.

Um die durchschnittliche Rendite des Indexes berechnen zu können, wird die Anleiherendite mit der entsprechenden Marktkapitalisierung sowie der Duration gewichtet.

$$RY_t = \frac{\sum_{i=1}^{n} Y_{i,t} \cdot (P_{i,t} + A_{i,t}) \cdot N_{i,t-s} \cdot D_{i,t}}{\sum_{i=1}^{n} (P_{i,t} + A_{i,t}) \cdot N_{i,t-s} \cdot D_{i,t}}$$

RY_t = Durchschnittliche Rendite zum Zeitpunkt t; $Y_{i,t}$ = Rendite der Anleihe i zum Zeitpunkt t; $D_{i,t}$ = Duration der Anleihe i zum Zeitpunkt t

Dagegen braucht man bei der Berechnung der durchschnittlichen Duration bzw. der modifizierten Duration nur die Gewichtung der Marktkapitalisierungen der Anleihen zu berücksichtigen. Ebenso wird die durchschnittliche Konvexität eines Indexes berechnet.

$$DU_t = \frac{\sum_{i=1}^{n} D_{i,t} \cdot (P_{i,t} + A_{i,t}) \cdot N_{i,t-s}}{\sum (P_{i,t} + A_{i,t}) \cdot N_{i,t-s}} \qquad MDU_t = \frac{\sum_{i=1}^{n} MD_{i,t} \cdot (P_{i,t} + A_{i,t}) \cdot N_{i,t-s}}{\sum_{i=1}^{n} (P_{i,t} + A_{i,t}) \cdot N_{i,t-s}}$$

DU_t = Durchschnittliche Duration zum Zeitpunkt t; $D_{i,t}$ = Duration der Anleihe i zum Zeitpunkt t; MDU_t = durchschnittliche mod. Duration zum Zeitpunkt t; $MD_{i,t}$ = modifizierte Duration der Anleihe i zum Zeitpunkt t

$$CX_t = \frac{\sum_{i=1}^{n} X_{i,t} \cdot (P_{i,t} + A_{i,t}) \cdot N_{i,t-s}}{\sum_{i=1}^{n} (P_{i,t} + A_{i,t}) \cdot N_{i,t-s}}$$

CX_t = durchschnittliche Konvexität; $X_{i,t}$ = Konvexität der Anleihe i zum Zeitpunkt t

Die Berechnung des durchschnittlichen Kupons des Indexes erfolgt, indem die Kupons mit dem jeweiligen ausstehenden Volumen der Anleihen gewichtet werden. Ebenso erfolgt die Berechnung der durchschnittlichen Restlaufzeit.

$$CO_t = \frac{\sum_{i=1}^{n} C_{i,t} \cdot N_{i,t-s}}{\sum_{i=1}^{n} N_{i,t-s}} \quad LF_t = \frac{\sum_{i=1}^{n} L_{i,t} \cdot N_{i,t-s}}{\sum_{i=1}^{n} N_{i,t-s}}$$

CO_t = durchschnittlicher Kupon zum Zeitpunkt t; $C_{i,t}$ = Kupon der Anleihe i zum Zeitpunkt t; LF_t = durchschnittliche Restlaufzeit zum Zeitpunkt t; $L_{i,t}$ = Restlaufzeit der Anleihe i zum Zeitpunkt t

Die Bedeutung der Indexkennzahlen ist analog der Kennzahlen, die für einzelne Anleihen gelten. Konfuzius lehrte „*Menschen stolpern nicht über Berge, sondern über Maulwurfshügel*". Damit Sie als Anleger nicht stolpern, gebe ich an dieser Stelle einen kurzen Überblick über die wichtigsten Anleiheindizes, die Sie mittels ETFs erwerben können. Sie werden sehen, dass Sie mit Renten-ETFs das gesamte Spektrum von Anleihen abdecken können. Selbst in Fremdwährungen können Sie mit Renten-ETFs investieren. Falls Sie einen umfassenden Überblick über die Renten-ETFs haben möchten, empfehle ich Ihnen die ETF-Datenbanken auf www.etf.fundexplorer.ch/stock_market_indices oder www.extra-funds.de/tools/etf-datenbank.

Tabelle 17: Kleiner Indexguide für Rentenindizes

Indexname	Anbieter	Schwerpunkt
Rentenindizes – Europa		
Staatsanleihen IBOXX € Sovereigns Eurozone I- BOXX € Sovereigns Eurozone 1-3 IBOXX € Sovereigns Eurozone 3-5 IBOXX € Sovereigns Eurozone 3-5 IBOXX € Sovereigns Eurozone 5-7 IBOXX € Sovereigns Eurozone 7-10 IBOXX € Sovereigns Eurozone 15 + IBOXX € Sovereigns Eurozone 25 + eb.rexx Government Germany	International Index Company, IIC (www.indexco.com) Deutsche Börse (www.deutsche-boerse)	Allgemeine Staatsanleihen Kurzläufer (> 2 Jahre) Mittelfristig (2 bis 7 Jahre) Langfristig (> 7 Jahre) Deutsche Staatsanleihen, ähnliches Laufzeitenspektrum wie IBOXX € Sovereigns Euro.
Inflationsgebundene Anleihen IBOXX € Inflation Linked Euro MTS Inflation Linked Index	IIC (www.indexco.com) EuroMTS Limited (www.euromtsindex.com)	inflationsgebundene Anleihen inflationsgebundene Anleihen
Pfandbriefe iBOXX € GERMANY COVERED EuroMTS Covered Bond Aggregate	IIC (www.indexco.com) EuroMTS	Deutsche Pfandbriefe Europäische Pfandbriefe
Unternehmensanleihen iBoxx € Liquid Corporate Index	EuroMTS	Europ. Unternehmensanleihen
Geldmarkt EONIA Total Return Index eb.rexx Money Market	Deutsche Börse (www.deutsche-boerse)	Europäischer Geldmarktsatz Deutsche Staatsanleihen von 0 bis 1 Jahr
Außerhalb des Euroraumes (Achtung, Währungsrisiko tritt auf)		
Staatsanleihen Barclays US Tresaury 1-3 years Barclays US Tresaury 7-10 years Citigroup Group-of Seven (G7) Index JPMorgan EMBI Global Core Index Emerging Market Liquid Eurobond	Barclays Capital www.barcap.com JP Morgan Chase (www.morganstanley.com) Deutsche Bank (www.index.db.com)	US-Staatsanleihen von 1 bis 3 Jahren US-Staatsanleihen von 7 bis 10 Jahren Staatsanleihen der führenden Industrieländer Staatsanleihen von Schwellenländern in US-Dollar Staatsanleihen von Schwellenländern in Euro
Inflationsgebundene Anleihen Barclays US Government Inflation-Linked Bond Index Barclays UK Government Inflation-Linked Bond Index	Barclays Capital www.barcap.com	inflationsgesicherte US-Staatsanleihen inflationsgesicherte britische Staatsanleihen
Unternehmensanleihen iBoxx USD Liquid Investment Grade Top 30	IIC (www.indexco.com)	Unternehmensanleihen US-Dollar

3.4 Geldmarkt

Der wohl wichtigste Geldmarktindex ist der EONIA (*Euro Overnight Index Average*, www.euribor.org; www.de.euribor-rates.eu/eonia.asp). Er ist der offiziell berechnete Tagesgeldzinssatz für den Euroraum. Der Index besteht aus dem gewichteten Durchschnitt der Zinssätze, die eine Gruppe größerer Bankinstitute im Euroraum auf den Interbankenmarkt für unbesicherte Übernachtkontrakte effektiv abgeschlossen haben. Zur Ermittlung des Zinssatzes steht eine Gruppe von derzeit 57 Banken (47 aus der Eurozone, 4 aus sonstigen EU-Ländern und 6 außerhalb der EU) zur Verfügung. Diese Banken werden auch als Panel-Banken bezeichnet. Sie liefern der *Europäischen Zentralbank* (Abk. EZB) täglich bis spätestens 18:30 Uhr die Daten über den Umfang und die durchschnittlichen Zinssätze der für diesen Tag durchgeführten unbesicherten Tagesgeldausleihungen. Nun ermittelt die EZB unter Eliminierung der jeweils 15 höchsten und tiefsten Werte den Durchschnittswert. Danach veröffentlicht die EZB den Durchschnittswert als Zinssatz p. a. Dieser Wert wird seit September 2007 berechnet. Der EONIA hat sogar eine eigene WKN 965994 (oder ISIN: EU000969945).

Um den EONIA-Zinssatz investierbar zu machen, verwenden die ETF-Anbieter einen kleinen Trick. Dazu wurde der Index zu einem Stichtag auf einen Stand von 100 Punkten festgeschrieben. Danach wird der aktuelle EONIA-Zinssatz durch 360 bzw. 365 geteilt und zum aktuellen Indexstand addiert. Das Ergebnis ist, dass der Index jeden Tag um den aktuellen EONIA-Zinssatz steigt.

Allerdings unterliegen Anlagen auf dem Geldmarkt auch Schwankungen. Während der großen Misstrauensphase zwischen den Banken, die der Pleite von *Lehman Brothers* im September 2008 folgte, stieg der EONIA auf nie dagewesene Höhen von über 4,40 %. Das hat dazu geführt, dass gerade die Zinssätze im kurzfristigen Bereich mit einer Laufzeit von bis zu einem Jahr überproportional gestiegen sind. Dies ging sogar so weit, dass im November 2008 die Anleger bessere Zinsen im Ein-Jahres-Bereich erzielen konnten, als mit langlaufenden Anleihen. Doch schon im März 2009 stabilisierte sich die Lage mit EONIA-Sätzen von 1,25 % und weniger wieder. Anleger sollten niemals vergessen, dass eine Senkung der Leitzinsen auch zu einer Senkung des EONIA-Satzes führt. So führte die Senkung der Leitzinsen Anfang 2009 dazu, dass der EONIA-Satz im April 2009 auf 0,89 % fiel.

„*Wandlung ist notwendig wie die Erneuerung der Blätter im Frühling.*" (Vincent van Gogh) So muss auch die Europäische Zentralbank gedacht haben. Wegen des Libor-Skandals (2011), wo Zinssätze von den Banken manipuliert wurden, geriet auch der EONIA in Verruf. Deswegen entschloss sich die Europäische Zentralbank den EONIA bis Ende des Jahres 2021 zu ersetzen durch die Euro Short-Term Rate - kurz: ESTR (oder €STR). €STR (ISIN: EU000A2X2A25) wird nicht mehr auf bei Banken abgefragten Zinssätzen für Geldmarkt-Transaktionen beruhen (wie der EONIA), sondern auf tatsächlich realisierten Geschäften, die im Rahmen der Geldmarkt-Statistik fortlaufend erfasst werden. Die ESTR-Zinssätze werden für verschiedene Laufzeiten ermittelt: eine Woche, ein Monat, drei Monate, sechs Monate und 12 Monate.

Manchmal bringt der Blick über den Tellerrand überraschende Erkenntnisse. So gibt es auch ETFs, die den ausländischen Geldmarkt abbilden.

Der *SONIA Total Return Index* bildet eine täglich rollierte Einlage zum SONI-A-Satz *(Sterling Overnight Index Average)* ab, also dem kurzfristigen Geldmarktreferenzzinssatz in England. Dieser Index wird von der *Wholesale Markets' Brokers Association* (WMBA) bereitgestellt. Er ist der gewichtete Durchschnittssatz aller unbesicherten Tagesgeldausleihungen in Pfund Sterling, die über Mitglieder der WMBA mit allen Gegenparteien in London geschlossen wurden, mit einem Mindestvolumen von 25 Mio. GBP.

Dagegen bildet der *Fed Funds Effective Rate Total Return Index* eine täglich rollierte Einlage der *Federal Funds Effective Rate* (www.federalreserve.gov) ab, dem kurzfristigen Geldmarktreferenzzinssatz in den USA. Die *Federal Funds Effective Rate* stellt den gewichteten durchschnittlichen Tagesgeldzinssatz dar, zu dem *Federal Funds* tatsächlich innerhalb eines Tages gehandelt werden. Er wird vom Offenmarktausschuss (*Federal Open Market Committee* – FOMC) festgelegt. Zurzeit sind Anlagen auf den US-Geldmarkt und Großbritannien weniger gefragt, weil die Leitzinsen nahezu bei null (April 2009) und damit deutlich unterhalb der europäischen Leitzinsen liegen. Doch im Jahr 2022 verkehrte sich das Bild, d. h. die Rendite des ESTR war niedriger als die ihres US-Pendant.

3.5 *Credit Default Swaps* (kurz CDS)

Die Schauspielerin Ingrid Bergmann sagte einmal: „*Es gibt keine Grenzen, nicht für die Gedanken, nicht für die Gefühle. Die Angst setzt die Grenze.*“ So ähnlich ist es an der Börse. Bei neuen Produkten gibt es keine Grenzen, so entstand die neue Klasse der *Credit Default Swaps*. Bei den *Credit Default Swaps* handelt es sich um Kreditderivate. Diese Derivate haben es ermöglicht, Kredite von ihren Risiken zu trennen und die Risiken separat zu verkaufen. Im Prinzip ist dies nichts anderes als ein Tausch von Risiken gegen Geld.

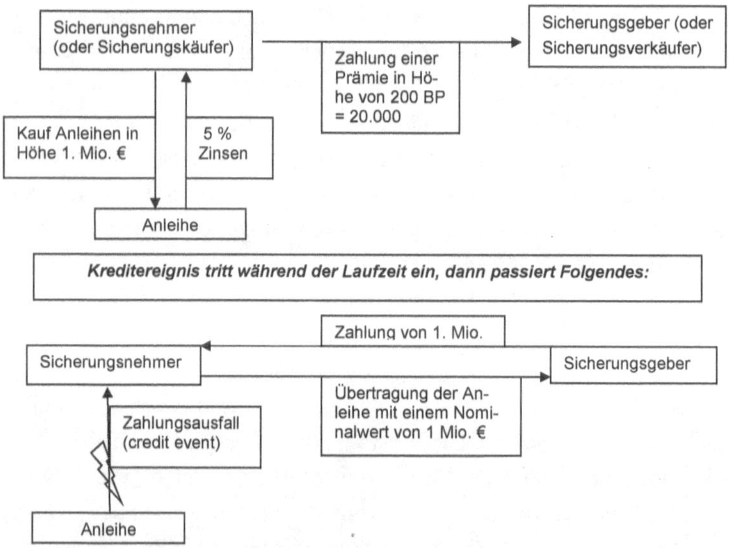

Anmerkung: Mit diesem *Credit Default Swap* soll eine Anleihe über 1. Mio. € (Nominalwert) abgesichert werden, gegen eine Prämie in Höhe von 200 Basispunkten bezogen auf den Nominalwert der Anleihe.

Abbildung 12: Funktionsweise eines *Credit Default Swaps*

Mit einem CDS[83] kann sich ein Sicherungsnehmer (Sicherungskäufer) gegenüber bestimmten Risiken aus einer Kreditbeziehung gegen Bezahlung einer Prämie an den Sicherungsgeber (Sicherungsverkäufer) für eine gewisse Laufzeit absichern. Die vom Sicherungsgeber zu übernehmenden Risiken werden im Voraus als so genannte Kreditereignisse *(credit events)* festgelegt. Was ein Kreditereignis ist, wird meistens nach dem Regelwerk der ISDA *(International Swaps and Derivatives Association)* festgelegt. Danach ist ein Kreditereignis der Zahlungsausfall, Konkurs, qualifizierter Verzug, Zahlungsverweigerung oder Kapitalherabsetzung usw. Der Sicherungsgeber ist verpflichtet, bei Eintritt eines derartigen Ereignisses dem Sicherungsnehmer eine Ausgleichszahlung zu leisten.

Kommt es zu einem Kreditereignis, überträgt der Sicherungsnehmer dem Sicherungsgeber das Referenzaktivum (z.B. die Anleihe). Im Gegenzug bekommt der Sicherungsnehmer den Nennwert der Anleihe vom Sicherungsgeber gutgeschrieben. Erfolgt dagegen die Abwicklung durch eine Lieferung von Wertpapieren (*physical settlement*, Standardverfahren), hat der Sicherungsnehmer die Wahl zwischen gleichartigen Wertpapieren (cheapest-to-deliver-Option) oder einer Ausgleichszahlung in Höhe der Differenz zwischen dem Nominalwert des Referenzaktivums und ihrem Marktwert nach Eintritt des Kreditereignisses *(cash settlement)*. Diese zweite Variante findet häufig Anwendung, wenn mittels des CDS ein Kreditportfolio abgesichert wird, aus dem einzelne Kredite schwer zu separieren sind. Welchen Preis muss der Anleger für diesen Schutz bezahlen?

Die Höhe der Prämie *(Default Swap Spread)*[84] richtet sich nach der Qualität der zugrunde liegenden Anleihe, d. h. der erwarteten Ausfallwahrscheinlichkeit. Die Prämie wird ausgedrückt in Basispunkten je Nominalwert. Wie bei Anleihen spricht man auch bei CDS-Prämien von Kupons, die an den Risikokäufer gezahlt werden. Kuponzahlungen finden in der Regel vierteljährlich statt und sind abhängig vom Fälligkeitsdatum des CDS-Kontraktes. Als marktübliche Kupondaten hat sich der Zwanzigste der Monate Dezember,

---

[83] Vgl. Deutsche Bundesbank: Monatsbericht Dezember 2004. Credit Default Swaps – Funktionen, Bedeutung und Informationsgehalt, S. 43 - 58

[84] Dabei kann der CDS-Spread näherungsweise als der Unterschied zwischen einer risikofreien Anleihe (Staatsanleihe) und einer risikobehafteten Anleihe (Unternehmensanleihe) vergleichbarer Laufzeit gelten. Dabei gilt: Je geringer der *Credit Spread* eines Unternehmens ist, desto besser ist die Bonität dieses Unternehmens.

März, Juni und September durchgesetzt. Verfällt bspw. ein CDS-Kontrakt am 20. Dezember 2010, so finden die Kuponzahlungen jeweils am 20. März, 20. Juni, 20. September und 20. Dezember statt. Darüber hinaus bleibt die ursprüngliche Beziehung zwischen dem Emittenten der Anleihe und dem Käufer unangetastet, d. h., die Anleihe wird nicht übertragen. Normalerweise weiß der Emittent der Anleihe nicht, dass für seine Anleihe ein CDS abgeschlossen wurde. Wo findet der Handel von CDS statt?

Die CDS werden im so genannten OTC-Markt[85] gehandelt. In diesem Markt gibt es keine Verpflichtung, Kurse zu stellen oder sich an eine vorgeschriebene Geld-/Briefspanne zu halten. Deswegen kann es in extremen Marktphasen (z. B. wie beim vorläufigen Höhepunkt der Finanzkrise im Oktober 2008) schwierig sein, einen Handelspartner zu finden, oder es findet ein Handel nur mit erheblichen Preisauf- oder -abschlägen statt. Welche Risiken haben CDS?

Ein Risiko ist die am Markt gehandelte Prämie (CDS-Spread). So führt eine Verbesserung der Bonität zu einer Verringerung des CDS-Spreads, was den Marktwert des CDS für den Sicherungsnehmer sinken und für den Sicherungsgeber steigen lässt.

Das Ausfallrisiko beschreibt Folgendes. Der Sicherungsverkäufer übernimmt durch die Übernahme des Risikos z. B. einer Unternehmensanleihe ein ähnliches Risikoprofil wie der Besitzer der Anleihe. Denn er ist im Konkursfall verpflichtet, den Differenzbetrag zwischen Konkursquote und dem Rückzahlungsbetrag auszugleichen. Das Kontrahentenrisiko beschreibt, dass einer der Vertragspartner (Käufer oder Verkäufer der Sicherung) seinen Verpflichtungen nicht nachkommt, weil er z. B. zahlungsunfähig ist. Warum ist der Handel mit CDS interessant?

Der besondere Reiz für den Sicherungsgeber liegt darin, die Prämie (CDS-Spread) zu vereinnahmen und dafür in Anleihen vorerst kein Kapitel binden zu müssen. Auf der anderen Seite können die Sicherungsnehmer ihr Rentenportfolio besser steuern, da sie sich das Emittentenrisiko vom Hals schaffen.

85 Ein OTC-Markt (Over-the-Counter-Markt) ist nicht lokalisiert und hat keine festen Handelszeiten. Demzufolge werden die Preise am Markt zwischen dem Handelspartner frei ausgehandelt. Die Transaktionen finden außerhalb der Verantwortung der Börsen statt. Sie unterliegen aber den geltenden gesetzlichen Bestimmungen für den Wertpapierhandel.

Somit können die Sicherungsnehmer teilweise in höher verzinsliche Anleihen schlechterer Bonitäten investieren, um so die Rendite ihres Depots zu steigern. Heute können auch Privatanleger in diesem Markt mitspielen, indem sie ETFs auf Kreditindizes kaufen. Der bedeutendste ist der *iTraxx*.

***iTraxx*:**

Beschreibung:

Über die Swaps werden zunächst einmal die Kreditrisiken der ausstehenden Schulden von den ebenfalls in den Anleihen enthaltenen Zinsänderungsrisiken getrennt. Somit wird die Gefahr gebannt, dass sich die Anleihekurse mit dem allgemeinen Zinsniveau verändern. Das heißt, die iTraxx-Indizes messen nur die Veränderung der Swapsätze und nicht die des Zinsniveaus. Um dies zu ermöglichen, werden iTraxx-Indizes alle sechs Monate in neuen Serien zusammengestellt und nicht verkettet.

Der *iTraxx Europe* enthält die *Credit Default Swaps* von 125 namhaften europäischen Firmen mit einem Rating nicht unter BBB- (*Fitch Ratings/Standard & Poors*) oder Baa3 (*Moody's Investor Service*). Alle 125 Mitglieder des Indexes werden gleich gewichtet.

Dagegen bildet der *iTraxx Europe HiVol* die 30 Schuldner mit dem jeweils höchsten *Spread* aus den 100 *Non-Financials* (also z. B. keine Banken) des *iTraxx-Europe* ab.

Mit dem *iTraxx Europe Crossover* werden 50 CDS von Emittenten, deren Rating unterhalb BBB- *(Fitch Ratings/Standard & Poors)* oder Baa3 *(Moody's Investor Service)* liegt, aufgenommen.

Besonderheiten:

Alle iTraxx-Indizes werden als Kursindizes berechnet.

Indexanbieter: *International Index Company*, ICC[86] (www.indexco.com).

Überdies hat sich heute der CDS-Markt immer mehr als Referenz für die Bonitätsbeurteilung von Unternehmen herausgebildet. Man hat nämlich beobachtet, dass unternehmensrelevante Ereignisse sich schneller in der Quotierung der entsprechenden CDS widerspiegeln als in der Entwicklung der *Spreads* bzw. Bonität der Anleihen des Unternehmens.

[86] Heute gehört die Gruppe zu dem Indexanbieter S&P Global.

Wer kennt nicht die gefürchtete Karte aus dem Spiel *Monopoly „Gehen Sie in das Gefängnis, gehen Sie direkt dorthin, gehen Sie nicht über Los*". Schon durch ein paar kleine Änderungen eröffnet dieser Satz dem Anleger völlig neue Perspektiven: „*Investieren Sie in neue Assetklassen, gehen Sie direkt dorthin und legen Sie sofort los.*" Darum sollten wir uns die neue Assetklasse Rohstoffe ansehen.

3.6 Rohstoffindizes

Rohstoffe unterscheiden sich stark von den anderen Anlageformen. So können die meisten Rohstoffe im Gegensatz zu Aktien nicht einfach physisch gehandelt werden. Welcher Anleger kauft schon mehrere hunderte Kilos von Sojabohnen und lagert sie in der Garage?[87]
Zum anderen wären die Kosten für Transport und Lagerung unverhältnismäßig hoch. Außerdem stellt die Verderblichkeit vieler Rohstoffe (wie Agrarrohstoffe) für die meisten Anleger ein Problem dar. Deswegen sind an den physischen Rohstoffmärkten (Spot- oder Kassamarkt) meist keine Privatanleger aktiv. Eine Ausnahme bilden die Edelmetalle (Gold und Silber), die auch von Privatanlegern in Form von Barren und Münzen physikalisch erworben werden können. Bei allen anderen Rohstoffen sind die Terminmärkte am liquidesten. So sagen auch viele Experten: Rohstoffhandel ist Futurehandel.
Bei einem Future handelt es sich um einen standardisierten Vertrag. In diesem Vertrag wird genau geregelt, zu welchem Zeitpunkt geliefert werden muss, in welcher Menge, in welcher Qualität und an welchem Ort die Lieferung des Rohstoffes zu erfolgen hat. Deswegen müssen sich die Marktteilnehmer nur noch auf den zu zahlenden Preis für den Futurekontrakt einigen. Am Laufzeitende des Futures ist der Future-Verkäufer verpflichtet, den Rohstoff zu den festgelegten Konditionen zu liefern und der Future-Käufer muss den Rohstoff abnehmen.
Natürlich hat der Anleger kein Interesse an einer Lieferung bzw. Abnahme des Rohstoffes. Er möchte vielmehr an der Preisentwicklung partizipieren. Das ist an den Futuremärkten auch möglich, denn jeder Käufer oder Verkäu-

---

[87] Vgl. Der Wegweiser zum erfolgreichen Investment in Rohstoffe. Das 1x1 der Rohstoffe. ibidem-Verlag, Stuttgart 2009

fer eines Futures kann durch ein Gegengeschäft sein eingegangenes Geschäft egalisieren. Hierdurch befreit sich der Anleger von sämtlichen Liefer- oder Abnahmeverpflichtungen. Überdies handeln bei einem Futuregeschäft nicht die Marktteilnehmer direkt miteinander, sondern mit einer zentralen Gegenpartei – der Warenterminbörse. Der Vorteil an diesem System ist, dass die Warenterminbörse dafür sorgt, dass die Verpflichtungen aus dem Future von beiden Seiten eingehalten werden. Hierzu verlangt die Terminbörse von beiden Vertragsparteien (Käufer und Verkäufer eines Futures) die Hinterlegung einer Sicherheitszahlung (Margin) in einer bestimmten Höhe (meistens zwischen 5 bis 10 % des Kontraktwertes). Man kann sich also die Terminbörse als eine Art Treuhänder vorstellen, der die Margin nur dann wieder ausbezahlt, wenn der Vertrag von beiden Vertragsparteien erfüllt wurde. Wenn z. B. der Kassapreis zum Lieferzeitpunkt eines Terminkontraktes über den vereinbarten Preis gestiegen ist, so hätte der Verkäufer einen starken Anreiz, vertragsbrüchig zu werden und die Ware anderweitig zu verkaufen. Das macht er aber nicht, weil er in diesem Fall die Margin verlieren würde. Würde der Preis allerdings über die Margin steigen, kann die Börse die Einhaltung des Vertrages nicht mehr garantieren. Um hier vorzubeugen, verlangt die Terminbörse täglich weitere Sicherheiten, den so genannten *Margin Call*, wenn die Preisbewegungen einen bestimmten Prozentsatz überschreiten. Das heißt die Terminbörse verrechnet börsentäglich die auflaufenden Gewinne oder Verluste in einer Futureposition.

Die Hauptaufgabe von Rohstoffindizes ist den Anlegern die Möglichkeit zu geben, das Marktgeschehen zu verfolgen und einzuschätzen. Hierzu fassen die Rohstoffindizes die Preisbewegungen von mehreren Rohstoffen zusammen, wobei nicht die Preise der Kassamärkte verwendet werden, sondern die entsprechenden Futurepreise.

Hier tritt ein schwerwiegendes Problem auf: Rohstofffutures haben eine begrenzte Laufzeit. Um dieses Problem zu umschiffen, haben sich die Rohstoffindexanbieter etwas Besonderes einfallen lassen. Am Laufzeitende eines Futures wird einfach in einen nächst fälligen Futurekontrakt gewechselt. Hierzu wird das Geld, welches durch den Verkauf des auslaufenden Futures eingenommen wird, einfach in den nächst fälligen Futurekontrakt investiert. Dieses Verfahren wird als *Roll Over* bezeichnet.

Das heißt aber auch, dass zu jeder Zeit mehrere Futures mit demselben Rohstoff am Markt vorhanden sind, die sich durch unterschiedliche Laufzeiten voneinander unterscheiden. Für jede einzelne Laufzeit der unterschiedlichen Futurekontrakte stellt sich der Preis zu jedem Zeitpunkt separat durch Angebot und Nachfrage ein. Trägt man den Futurepreis eines bestimmten Rohstoffs zu verschiedenen Fälligkeiten ab, so erhält man die Termin- bzw. Forwardkurve. Sie ist durch *Backwardation* (übersetzt Kursabschlag) oder *Contango* (übersetzt Kursaufschlag) gekennzeichnet. Dabei beschreibt die *Backwardation*, dass die Futurepreise von weiter in der Zukunft liegenden Lieferterminen niedriger als näher liegende sind, d. h., die Terminkurve hat eine negative Neigung. Somit liegen die Terminkurse umso niedriger, je länger die Laufzeit ist. Der Kauf zu einem späteren Zeitpunkt ist also günstiger als heute. Das bedeutet, dass der Kauf des Rohstoffes auf Termin via Futurekontrakt günstiger ist als der sofortige Kauf am Spotmarkt.

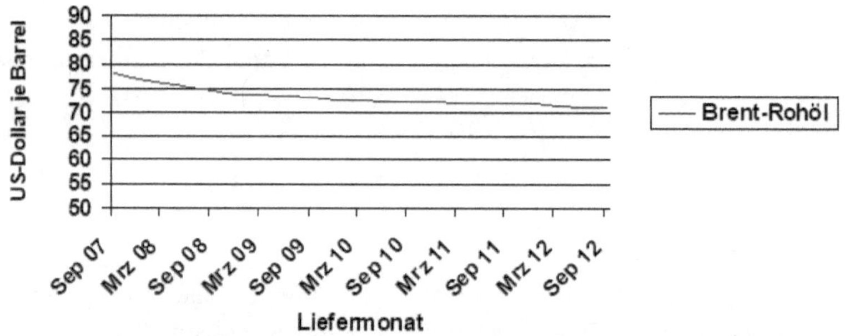

Abbildung 13: Forward-Kurve von Brent-Rohöl in *Backwardation*, d. h. fallende Kurve

Das umgekehrte Verhalten wird durch das *Contango* beschrieben. Dann notieren die weiter in der Zukunft liegenden Futurepreise höher als die näher liegenden. Somit hat die Terminkurve eine positive Neigung. Demnach liegen die Terminkurse umso höher, je länger die Laufzeit ist, d. h. der Futurepreis liegt über dem Spotpreis. Deswegen ist der Kauf des Rohstoffes auf Termin via Futurekontrakt teurer als der Kauf zum Spotpreis. Im historischen Vergleich ist die *Backwardation* häufiger als ihr Pendant *Contango* vorgekommen.

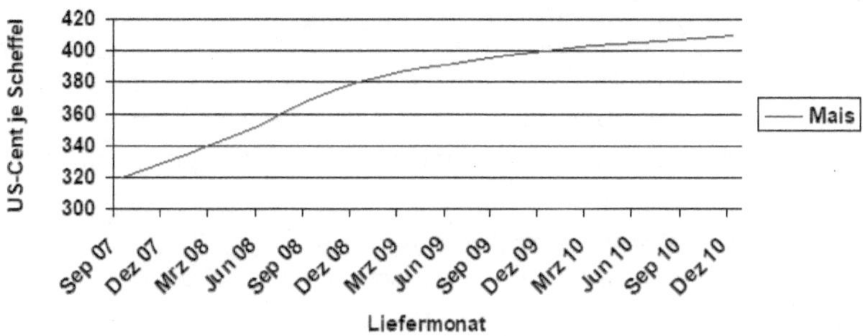

Abbildung 14: Forwardkurve von Mais in *Contango*, d. h. steigende Kurve

Als Faustregel kann man festhalten: Die meisten Industriemetalle notieren oftmals in *Backwardation*, Erdöl und Erdgas wechseln zwischen *Backwardation* und *Contango* und die Agrarrohstoffe liegen die meiste Zeit in *Contango* vor. Erschwerend kommt hinzu, dass ein Terminkurs in *Backwardation* oder *Contango* nicht von Dauer sein muss. Vielmehr kommt es häufig vor, dass sich im Zeitverlauf diese beiden Eigenschaften bei ein und demselben Rohstoff abwechseln.

Diese Kurvenformationen haben Konsequenzen. In einer Contango-Situation ist der Erlös aus dem Verkauf des auslaufenden Kontraktes geringer als der Betrag, der zum Kauf des neuen Futurekontraktes nötig ist. Dieses Minus im Rollvorgang wird als Rollverlust bezeichnet. Das kann dazu führen, dass unabhängig von der eigentlichen Preisentwicklung des einzelnen Rohstoffes schon ein Verlust aus dem Rollen in den nächsten Future entsteht. Dieser Verlust schlägt sich natürlich auch im Index nieder. *„Des einen Freud ist des anderen Leid.“* So tritt im entgegengesetzten Fall bei der *Backwardation* ein Rollgewinn auf. Denn nun übersteigen die Erlöse aus dem Verkauf des auslaufenden Futures den benötigten Kapitalbedarf zum Kauf des nächst fälligen Futures. Diese beiden Effekte haben also Auswirkungen auf den Ertrag einer Futureanlage. Im Prinzip setzt sich der Ertrag einer Futureanlage aus drei Komponenten zusammen:

- Spot-Rendite *(Spot Yield)*: Die Spotpreise für Rohstoffe werden am Spotmarkt (oder Kassamarkt) einer Börse für physische Rohstoffe festgestellt. Demnach ergibt sich die Spotrendite aus den Preisveränderungen des physischen Rohstoffes.

- Roll-Rendite *(Roll Yield)*: Rendite aus dem Rollen des Futures. In einer Backwardation-Situation resultieren daraus positive Erträge, in einer Contango-Situation negative.
- *Collateral Yield* : Da nur ca. 5-10 % des Rohstoffwertes als Sicherheitsleistung hinterlegt werden müssen, kann der Rest des Kapitals zum risikofreien Geldmarktsatz angelegt werden.

All diese unterschiedlichen Einkommensarten von Rohstofffutures müssen natürlich bei einem Rohstoffindex berücksichtigt werden. Hierzu haben sich drei unterschiedliche Berechnungsmethoden durchgesetzt.

- *Spot Return* (Abk. SP): Bei dieser Berechnungsmethode geht der jeweils kürzest laufende Futurekontrakt eines Rohstoffes, bereinigt um sein Indexgewicht, ein. Kurz vor Fälligkeit eines Futures wird die Berechnung auf den Future mit der nächst längeren Laufzeit umgestellt. Allerdings findet in der Berechnung der Wertunterschied zwischen dem kürzesten und dem nachfolgenden Future keine Beachtung. Dies führt dazu, dass der *Spot Return* nach dem Rollen eines in *Backwardation* notierenden Rohstoffs sinkt und umgekehrt bei einem in *Contango* notierenden Rohstoff steigt. Im Prinzip eignen sich solche Indizes nur als ein allgemeines Maß für die Preisentwicklung eines Rohstoffkorbes.
- *Excess Return* (Abk. ER): Auch hier findet die Berechnung mittels des kürzest laufenden Futures statt. Der Unterschied ist, dass beim Übergang auf einen neuen Kontrakt tatsächlich gerollt wird. Dafür muss beim Rollen in den nächsten Future ein Verkettungsfaktor festgelegt werden. Dieser Faktor muss die Entwicklung abbilden, die sich ergeben würde, wenn ein Anleger zum Schlusskurs eines Handelstages den kürzesten Future verkauft und den zweitkürzesten Future zum Schlusskurs gekauft hätte, d. h., er muss dezidiert die Rolltransaktionen beschreiben. Diese Indexberechnung ist vergleichbar mit einem Aktienpreisindex, wie dem *Euro Stoxx 50*, bei dem die anfallenden Dividenden bzw. Erträge der im Index enthaltenen Aktien nicht berücksichtigt werden.
- *Total Return* (Abk. TR): Im Prinzip findet hier der Rollvorgang genauso statt wie bei der Excess-Return-Berechnungsmethode, d. h., es findet eine Investition in den kürzesten Future statt und das Rollen erfolgt in die nächste Laufzeit des Futures. Jedoch wird bei der Total-Return-Berechnungsmethode davon ausgegangen, dass die gesamte Futureposi-

tion mit Kapital unterlegt ist. Hier wird also dem Umstand Rechnung getragen, dass bei einem Futureinvestment eine Margin hinterlegt werden muss. Für dieses Kapital wird nun ein Zins gezahlt. Er orientiert sich an einem Referenzzinssatz, wie z. B. der Rendite amerikanischer Staatsanleihen. Die erhaltenen Zinsen werden dann zusätzlich der Indexentwicklung berücksichtigt. Vergleichbar ist diese Methodik mit einem Aktienperformanceindex, wie dem *DAX*, wo die Erträge, wie Dividenden, bei der Indexberechnung berücksichtigt werden.

Welche Methode ist besser? Hier sollte man sich die Performance der Berechnungsmethoden ansehen.

Die Excess-Return-Variante (Abk. ER) des *S&P GSCI Indexes* (einer der wichtigsten Rohstoffindizes) ist rückberechnet seit dem 1. Januar 1970 um lediglich durchschnittlich 5,7 Prozent pro Jahr gestiegen. Dagegen stieg die Total-Return-Variante des *S&P GSCI* im Schnitt um 12,5 Prozent pro Jahr. Verzichten Sie nicht auf diese Erträge, denn sie machen bei Rohstoffinvestments teilweise mehr als 2/3 des Ertrages aus. Im ETF-Bereich gibt es eigentlich nur Produkte, die sich auf die Total-Return-Indizes beziehen.

Außerdem muss der Anleger bedenken, dass es auch bei Rohstoffindizes die Contango-Falle gibt. Dies wird besonders deutlich, wenn man sich die verschiedenen Performancequellen (Spot-, Roll- und Zinsrendite) von Rohstofffutures im Jahr 2007 am Beispiel des *S&P GSCI Indexes* ansieht.

Tabelle 18: Renditen der verschiedenen Berechnungsvarianten des *S&P GSCI* für das Jahr 2007

Berechnungsvariante	Rendite
S&P GSCI SP (Abk. für Spot-Return)	41,21 % => Spotrendite ca. 41,21 %
S&P GSCI ER (Abk. für Excess-Return)	27,26 % => Rollrendite ca. - 13,95 %
S&P GSCI TR (Abk. für Total-Return)	33,04 % => Zinsrendite ca. 5,78 %

Das Beispiel *S&P GSCI SP* (misst nur die Preisveränderung der enthaltenen Rohstoffe) zeigt, dass der Anleger im Jahr 2007 eine Spotrendite von ca. 41,21 % hätte erzielen können. Doch tatsächlich war eine solche Rendite mit einem Rohstoffinvestment nicht möglich, weil die Rollperformance des *S&P GSCI* mit -13,95 % negativ war. Versöhnlicher sah die Welt beim *S&P GSCI TR* aus. Dessen Rendite betrug 33,04 %. Zu diesem Ergebnis trug die *Collateral Yield* mit einer Rendite von 5,78 % bei. Allerdings betritt bei einem Roh-

stoffinvestment noch eine zweite Variable das Spielfeld, die Ihre Rendite heftig durcheinanderwirbeln kann, nämlich der US-Dollar. So lautet eine alte Börsenweisheit „*Rohstoffmärkte sind US-Dollarmärkte*", weil für die meisten global gehandelten Rohstoffe, wie Gold oder Rohöl, der US-Dollar die Haupthandelswährung ist. Somit stellt für einen europäischen Investor eine Anlage in Rohstoffe gleichzeitig ein Investment in eine Fremdwährung dar. So können veränderliche Devisenkurse die Renditechancen positiv wie negativ beeinflussen.
Dies musste ein Anleger im Jahr 2007 schmerzlich feststellen. Berücksichtigt man die Entwicklung des Euro/US-Dollars, so reduzierte sich die mögliche Rendite eines Rohstoffinvestments um -9,85 %. Das bedeutet, dass ein Investor unter dem Strich mit einem Investment in den *S&P GSCI TR* 23,19 % oder in den *S&P GSCI ER* 17,14 % Rendite hätte erzielen können.
Folgende Rohstoffindizes sind zurzeit wegen ihrer Größe und Wichtigkeit im Markt besonders hervorzuheben.

Reuters/Jefferies CRB Index (CRB): Dies ist der älteste Rohstoffindex überhaupt. Seine Wurzeln gehen bis ins Jahr 1957 zurück. Die letzte grundlegende Neugestaltung des Indexes erfolgte im Jahr 2005 in Zusammenarbeit mit der US-Investmentbank *Jefferies*, somit sind langjährige Rückberechnungen oder Chartvergleiche mit anderen Indizes äußerst fragwürdiger Natur, da das Indexkonzept in der Vergangenheit häufig gewechselt hat. Seit dem Jahr 2005 beziehen sich die im Index enthaltenen Rohstofffutures immer auf den nächst fälligen, der zudem regelmäßig in den nächst fälligen gerollt wird. Seit 2005 (284 Punkte) konnte der Index bis Mai 2008 auf 431 Punkte fast verdoppeln. Mit der im dritten Quartal 2008 einsetzenden Korrektur an den Rohstoffmärkten verlor der Index knapp 16 % (Stand September 2008: 360 Punkte). Dieser Kursverlust setzte sich bis Mai 2009 fort, mit einem Stand von 246,46 Punkten, d. h. von Mai 2008 bis Mai 2009 verlor der Index ca. -42 %. Bis April 2022 konnte der Index sich bis auf 327 Punkte wiedererholen.
Die Gewichtung der Rohstoffe erfolgt, indem die Rohstoffe zunächst in vier Kategorien eingeordnet werden. Die Kategorie I heißt Petroleum und enthält sämtliche Energierohstoffe außer Erdgas. Zudem hat diese Kategorie einen konstanten Anteil am Index von 33 %. Dieser soll die Bedeutung der Energie-

träger für die Wirtschaft widerspiegeln, aber auch verhindern, dass der Index eine zu starke Fokussierung auf den Energiebereich bekommt. Überdies erfolgt die Gewichtung der drei Rohstoffe der Kategorie I anhand ihres Handelsvolumens zueinander. Demnach hat Rohöl den Löwenanteil mit ca. 23 %, die restlichen 10 % verteilen sich auf Heizöl und unverbleitem Benzin.
In der Kategorie II (ca. 42 % des Indexes) werden weitere sieben Rohstoffe eingeordnet, mit sehr liquiden Futures. Jedem Rohstoff in dieser Gruppe (Kupfer, Erdgas, Lebendrind, Mais, Sojabohnen, Aluminium und Gold) wird das feste Gewicht von 6 % zugewiesen. Dagegen werden in der dritten Kategorie (liquide Rohstoffe) (ca. 20 % des Indexes) weitere vier Rohstoffe (Zucker, Kakao, Baumwolle und Kaffee) eingeordnet, deren Gewicht jeweils 5 % beträgt. In der Kategorie IV (ca. 5 % des Indexes) werden die Diversifikationsrohstoffe eingeordnet. In der Regel werden in dieser Gruppe 5 Rohstoffe (Nickel, Chicago-Weizen, mageres Schwein, Orangensaft und Silber) eingeordnet. Sie gehen mit nur 1 % in die Indexberechnung ein. Um die Gewichte im Index konstant zu halten, wird monatlich eine Umschichtung vorgenommen, d. h., es müssen Rohstoffe, die nun ein Übergewicht im Index haben, verkauft werden, bis ihr ursprüngliches Gewicht wieder erreicht ist. Dagegen werden die Rohstoffe, die nun im Index untergewichtet sind, in einem entsprechenden Verhältnis nachgekauft. Durch dieses Vorgehen soll eine Klumpenbildung im Laufe des Jahres verhindert werden. Im Vergleich mit den anderen großen Rohstoffindizes hat dieser Index einen relativ kleinen Energieanteil. Dafür sind die Industrie- und Edelmetalle und besonders landwirtschaftliche Produkte überdurchschnittlich vertreten.
Zurzeit sind in dem Index 19 verschiedene Rohstofffutures enthalten. Neben dem Hauptindex gibt es noch weitere Subindizes, mit deren Hilfe auch gezielt auf einzelne Rohstoffsegmente, wie z. B. Agrarrohstoffe, gesetzt oder bewusst ein bestimmter Sektor, wie Energierohstoffe, nicht beachtet werden kann. Weiterführende Informationen zu der Indexfamilie des *Reuters/Jefferies CRB Index* finden Sie auf den Internetseiten www.crbtrader.com oder www.jefferies.com.

S & P Goldmann Sachs Commodity Index (S&P GSCI): Der Indexstandstart war 1991, aber Rückrechnungen sind bis zum Jahr 1970 vorhanden. Denn als Berechnungsstart des Indexes wurde der 02.01.1970 mit 100 Punk-

ten festgelegt. Im Mai 2008 notierte der *S&P GSCI Total Return* bei 9.849,1 Punkten. Allein von 2003 (3.985 Punkte) bis Mai 2008 verdreifachte sich der Index knapp. Mit der Korrektur an den Rohstoffmärkten im dritten Quartal 2008 verlor der Index knapp 20 % und notierte im September 2008 bei 7.830 Punkten. Dieser Niedergang ging bis Mai 2009 und bis 4.070 Punkte weiter, der Index verlor also von Mai 2008 bis Mai 2009 ca. -58 %. Der Index verlor stärker als z. B. CRB-Index, weil hier die Energieträger deutlich stärker gewichtet sind und diese besonders stark in der Korrektur gefallen sind. Der Index konnte bis April 2022 seine Höchststände von 2008 nicht wieder erreichen und notiert bei 3927 Punkten (Stand April 2022).
In diesem Index sind ausschließlich US-Rohstofffutures enthalten, die eine ausreichend hohe Liquidität aufweisen. Zudem erfolgt eine Aufnahme nur dann, wenn der Kontrakt sofort ein Indexgewicht von mindestens 0,75 Prozent aufweist. Überdies beziehen sich die Futures im Index auf den nahen Kontrakt und es wird von einem in den nächsten Monat gerollt. Aus dem Index ausgeschlossen wird ein Kontrakt bei einem Abrutschen unter 0,1 % Gewichtung im Index. Zudem erfolgt eine jährliche Neugewichtung der zurzeit 24 enthaltenen Rohstoffe. Als Gewichtungsfaktor wird die weltweite Produktion der letzten fünf Jahre verwendet. Wegen der Vormachtstellung der fossilen Rohstoffe bei der Weltproduktion ist der *S&P GSCI Index* eigentlich ein Energieindex, weil nur ca. 21 % Nicht-Energie-Rohstoffe enthalten sind.
Man schätzt, dass ca. 70 Prozent der insgesamt in Rohstoffindizes angelegten Gelder in der S&P-GSCI-Indexfamilie gebündelt sind. Neben dem Hauptindex gibt es noch ein ganzes Füllhorn von Subindizes. Mithilfe dieser Subindizes kann der Anleger gezielt auf einzelne Rohstoffsegmente setzen oder bewusst bestimmte Sektoren außer Acht lassen. So gibt es Subindizes, deren Energieanteil deutlich geringer ist. Sie sind gedacht für Anleger, denen das Gewicht von Energieträgern im S&P-GSCI-Gesamtindex für ihren Bedarf zu hoch erscheint. Weiterführende Informationen zu der GSCI-Familie finden Sie auf der Internetseite www.gs.com/gsci oder www.standardandpoors.com.

Rogers International Commodity Index (RICI): Dies ist der am breitesten aufgestellte Index. Der von Jim Rogers erdachte RICI-Index startete am 31.07.1998 mit 1.000 Punkten. Bis Mai 2008 konnte er auf 5.338 Punkte zulegen. Im Rahmen der Rohstoffkorrektur fiel der Index im September 2008 auf 4.401 Punkte (er verlor also seit Mai 2008 knapp 17 %). Der Kursverfall setzte sich auch 2009 fort. So stand der Index im Mai 2009 bei 2.826 Punkten, d. h., der Index fiel innerhalb eines Jahres von Mai 2008 bis Mai 2009 um ca. -47 %.

Dabei erfand Jim Rogers das Rad nicht neu, daher bezieht sich der RICI auf den nahen Kontrakt und wird von einem in den nächsten Monat gerollt, und auch hier sind eine Reihe verschiedener Futurekontrakte, konkret sind es derzeit 36, im Index enthalten. Sie werden nach dem weltweiten Verbrauch von Rohmaterialien gewichtet. Aber bei der Gewichtung der einzelnen Rohstoffe zueinander kommen auch subjektive Entscheidungen zum Tragen. Jim Rogers umschrieb dies so: *„Der Rogers International Commodity Index spiegelt meine Version der Welt, er reflektiert die Kosten des alltäglichen Lebens und Überlebens.“* Deshalb kann es zu einer starken Positionierung in einem Einzelrohstoff kommen, wie derzeit bei Rohöl mit einem Indexgewicht von 35 %. Überdies werden die Gewichtungen einmal monatlich wieder auf die einmal im Jahr definierte Gewichtung angepasst, d. h. es werden nicht gewünschte unterjährige Über- oder Untergewichtungen in bestimmte Rohstoffe verhindert. Zusätzlich ist es eine Spezialität des RICI, dass auch recht exotische Rohstoffe im Index vertreten sind. Hierdurch wird die Handelbarkeit erschwert. Aus diesem Grund sind Finanzprodukte auf den RICI in der Regel mit höheren Managementgebühren belegt als z. B. vergleichbare Produkte auf den *S&P GSCI*.

Zudem haben viele Rohstoffe im RICI ein sehr geringes Gewicht im Index. Beispielsweise hat Seide ein Gewicht von 0,05 %. Somit haben auch Preisbewegungen von Seide nur einen sehr geringen Effekt auf die Performance des Indexes.

Zusätzlich lancierte Jim Rogers 2004 drei Subindizes auf Energie, Metalle und landwirtschaftliche Rohstoffe. Weiterführende Informationen finden Sie auf den Internetseiten www.rogersrawmaterials.com oder www.jimrogers.com.

Dow Jones-AIG Commodity Index (DJ-AIGCI): Der Index startete im Juli 1991 mit 100 Punkten. Seit 2003 (107 Punkte) konnte er sich bis Mai 2008 (217,9 Punkte) verdoppeln. Im Rahmen der Rohstoffkorrektur büßte er bis zum September 2008 wieder 19 % ein (Stand 176 Punkte). Der Kursverfall ging fast ungebremst weiter, so stand der Index im Mai 2009 bei 121 Punkten, d. h., er verlor innerhalb eines Jahres von Mai 2008 bis Mai 2009 ca. -44 %. Er ist vor allem bei institutionellen Investoren beliebt. Ebenfalls bezieht sich der DJ/AIGCI[88]- auf den jeweils nahen Futurekontrakt.

Dabei leitet sich die Gewichtung der im Index repräsentierten Rohstoffpreise aus einer Kombination der durchschnittlichen globalen Produktion mit dem durchschnittlichen Handelsvolumen in den letzten fünf Jahren ab. Überdies gibt es bei der Gewichtung ein enges Korsett von Maximal- und Minimalgewichten. So darf ein Sektor ein Gewicht von nicht mehr als 33 % haben. Obendrein darf kein einzelner Rohstoff ein Gewicht von mehr als 15 % oder von weniger als 2 % haben. Anpassungen an die Ursprungsgewichtung erfolgen einmal jährlich. Mithilfe dieser Konstruktionsregeln werden z. B. die Energiefutures auf 33 % begrenzt. Dafür sind die Industrie- und Edelmetalle überdurchschnittlich stark vertreten. Zusätzlich hat auch der Agrarsektor ein relativ hohes Gewicht im Index. Derzeit umfasst der Index die Preise von 19 verschiedenen Rohstofffuturekontrakten. Neben dem Hauptindex gibt es noch eine Vielzahl von Subindizes. Weiterführende Informationen finden Sie auf der Internetseite www.djindexes.com.

Der Anleger steht bei der Auswahl des passenden Rohstoffindexes vor der Qual der Wahl. Die Wahl des richtigen Indexes ist entscheidend für die Performance und das Risiko. Ein Anleger stellte treffend dazu fest: „*Wer zum falschen Zeitpunkt in den falschen Index investiert, kann sich schnell eine blutige Nase holen.*“

---

[88] Wegen des durch die Finanzkrise 2008 in Bedrängnis geratenen US-Versicherungskonzerns *American International* wurde am 7. Mai 2009 der Bereich Rohstoff-Indizes an die Schweizer Bank *UBS* verkauft. Daher werden die *Dow Jones-AIG Commodities Indizes* umbenannt in *Dow Jones UBS Commodities Indizes.* Das Indexkonzept soll beibehalten werden. Im Jahr 2022 ist aus *Dow Jones UBS Commodity Index* der *Bloomberg Commodity Index* geworden. Aktuell bietet der Bloomberg Commodity Index Zugang zu 23 Rohstoffen aus den Bereichen Energie, Edelmetalle, Industriemetalle, Lebendvieh und Landwirtschaft.

Tabelle 19: Vergleich von Performance und Volatilität der großen Rohstoffindizes

Index	ETF	Performance*	Volatilität*
S&P GSCI	EASYETF S&P GSCI	-54,76 %	41,84 %
CRB	LYXOR ETF COMMODITIES CRB	-36,76 %	31,34 %
RICI	MARKET ACCESS JIM ROGERS INTERNATIONAL COMMODITY	-41,90 %	34,65 %
DJ/AIGCI	ISHARES DOW JONES-AIG COMMODITY SWAP	-37,90 %	25,76 %
S&P GSCI Light Energie Dynamic TR	EASYETF S&P GS ULTRA LIGHT ENERGY DYNAMIC	-37,21 %	29,57 %
Zum Vergleich			
DAX	ISHARES DAX	-30,08 %	40,29 %
Euro Stoxx 50	ISHARES DJ EURO STOXX 50	-33,08 %	41,67 %
EB.REXX GOVERNMENT (deutsche Staatsanleihen)	ISHARES EB.REXX (R) GOVERNMENT GERMANY	+ 9,47 %	4,48 %

*1-Jahres-Werte Zeitraum Mai 2008 bis Mai 2009

Aus Tabelle 17 erkennt man, dass für das Risiko und die Rendite eines Indexes folgende Kriterien verantwortlich sind: Gewichtung der Rohstoffe im Index, die zugrunde liegenden Rohstoffterminkontrakte, der Rollmechanismus und die Indexart.

Im Universum der Rohstoffindizes gibt es eine Vielzahl von Gewichtungsmechanismen, die sich grob gesagt in statische und dynamische unterteilen. Statische Indizes gewichten jeden Rohstoff mit einem fixen Anteil (der CRB-Index z. B. setzt Energierohstoffe mit 33 % fest) und wollen so das *Exposure* für den Anleger möglichst konstant halten. Dagegen setzen die dynamischen Indizes entweder auf makroökonomische Daten (Konsum, Handelsvolumen usw., wie z. B. die S&P-GSCI-Indexfamilie) oder auf Trends und saisonale Muster als Grundlage für die Gewichtung.

Dies führt dazu, dass die Indizes unterschiedliche Schwerpunkte haben, bspw. liegt der Fokus beim *S&P GSCI* auf Energie oder beim CRB-Index auf Agrarrohstoffen.

Im Prinzip sind Rohstoffindizes nichts anderes als ein definiertes Rezept, wie über Futures in den Rohstoffmarkt investiert wird. Rohstofffutures unterscheiden sich einerseits in ihrer Restlaufzeit und andererseits hinsichtlich der Saisonalität. Beispielsweise sind Benzin-Futures, die im Sommer verfallen, aufgrund des hohen Benzinverbrauches der Amerikaner in der Urlaubszeit teurer als im Winter. Da saisonale Muster bereits in den Futurepreisen enthalten sind, lässt sich mit Indexanlagen nur in den seltensten Fällen davon profitieren. Deshalb ist es vielversprechender, sich auf die Laufzeit der dem Index zugrunde liegenden Futures zu konzentrieren. Grundsätzlich gilt, dass Futures mit kürzerer Restlaufzeit volatiler sind als solche mit einer langen Laufzeit.

Da Futures eine begrenzte Laufzeit haben, basieren alle investierbaren Rohstoffindizes auf einem Rollmechanismus, durch den der Future mit der kürzesten Restlaufzeit regelmäßig durch Futures mit einer längeren Laufzeit ersetzt wird. Die traditionellen Rohstoffindizes verwenden Futures mit einer Restlaufzeit von wenig mehr als einem Monat. Durch das regelmäßige Rollen entstehen Rollgewinne oder -verluste. Diese haben einen maßgeblichen Einfluss auf die Performance des Indexes. Da gerade ausgeprägte Contango-Situationen zu überdurchschnittlichen Verlusten führen, ist eine Diversifikation über die Laufzeit interessant. Hier kommen jetzt die Rohstoffindizes der 2. Generation ins Spiel. Sie versuchen, die negativen Effekte von *Contango* auf zwei Arten zu beseitigen. Einmal setzen sie nur auf Rohstoffe, die in *Backwardation* notieren. Das ist aber keine echte Alternative, weil sich dadurch die Indexanbieter selbst Fesseln anlegen und womöglich gute Investmentmöglichkeiten nicht nutzen können. Pfiffiger ist es, alle Rohstoffe zu betrachten und den Contango-Effekt dadurch zu mindern, dass man auf unterschiedliche Fälligkeiten der Futures setzt. Hierzu investieren die Indizes zugleich in Futures mit verschiedenen Laufzeiten und schichten diese kontinuierlich um. So wird ein Diversifikationseffekt über verschiedene Laufzeiten und Rolltage erzielt. Auf solche Mechanismen setzen beispielsweise der *db ETF Commodity Booster – S&P GSCI Light Energy* oder der *EasyETF S&P GSCI Light Energy Dynamic TR*.

Eine andere Möglichkeit ist, bei Rohstoffen die typischerweise in *Contango* notieren, auf Aktien auszuweichen, die ihren Schwerpunkt in dieser Branche haben. So bietet sich z. B. als Alternative für ein Investment in Agrarrohstoffe ein Investment in den *DAX_{global} Agribusiness Index* (Index für Agrarunternehmen) an.

Überdies offenbart Tabelle 19, dass Rohstoffe im Jahr 2008 ihrer Rolle als Gegengewicht zu den volatilen Aktienindizes in einem Depot nicht gerecht wurden. Rohstoffe gingen ähnlich dramatisch in die Knie wie Aktien. So sagte ein frustrierter Anleger: „*Rohstoffe sind schlechte Freunde. Wenn es gut geht, unterstützen sie durch Diversifikation, verdrücken sich aber, wenn die Zeiten schwierig werden.*" So ist zwischen Experten ein Streit darüber entbrannt, ob Rohstoff- und Hedgefondsinvestments (hier gibt es eine ähnliche Entwicklung wie bei den Rohstoffen) wirklich zur Absicherung von Portfolios dienen. Das Jahr 2008 hat gezeigt, dass in Extremsituationen beide Assetklassen die gewünschte Unabhängigkeit von Aktien verlieren können. Aber in den meisten Jahren (ohne Extremsituationen) tragen beide durch ihre geringe Korrelation zu Aktien zu einer Stabilität des Portfolios bei.

Zudem zeigte das Jahr 2008, dass die letzte Bastion zum Schutz eines Portfolios gehalten hat, nämlich die Staatsanleihen. Das bedeutet, dass eine signifikante Diversifizierung eines Depots durch die Beimischung von sicheren Staatsanleihen erzielt werden kann. Schließlich legten Staatsanleihen im Jahr 2008 zu.

„*Geld ist wie eine schöne Frau. Wenn man es nicht richtig behandelt, läuft es einem weg.*" (Paul Getty) Damit uns das Geld nicht wegläuft, sollten wir auch einen Blick auf die Hedgefondsindizes werfen.

3.7 Hedgefondsindizes

Im Gegensatz zu Renten- und Aktienindizes sind die Hedgefondsindizes[89] keine homogene Angelegenheit. Denn Aktien und Renten sind typische Finanzierungsinstrumente von Unternehmen und daher viel homogener als Hedgefonds. Dies liegt daran, dass Hedgefonds Anlage- bzw. Finanzierungsstrategien sind. Dies hat zur Folge, dass es keine typischen Hedgefonds gibt. Denn das Spektrum der Hedgefondsstrategien ist so breit wie das Spektrum der Marktineffizienzen, von denen sich die Hedgefonds ernähren. Um einen gewissen Überblick über die vielen Hedgefondsstrategien zu bekommen, werden sie häufig nach ihrem Marktrisiko eingeordnet.

---

[89] Vgl. Götte, Rüdiger: Hedgefonds: Die Millionenformel? Grundlagen, Einsatz und Strategien. Das 1x1 der Hedgefonds. ibidem-Verlag, Stuttgart 2007

Tabelle 20: Beispiele von Hedgefondsstrategien

	Relative Value (Marktneutrale)	Event Driven (oder ereignisorientierte Strategien)	Opportunistic (oder gelegenheitsorientierte Strategien
	Convertible Arbitrage	Merger Arbitrage	Global Marco
	Fixed Income Arbitrage	Distressed Securities	Long/Short
	Equity Market Neutral		
Marktrisiko	Niedrig	Mittel	Hoch

Die Vertreter der Relative-Value-Strategien versuchen mittels des Mottos „*Make money on spreads*" Gewinne zu erzielen. Hierzu setzen sie auf Preisunterschiede zwischen verbundenen Wertpapieren (den *Spreads*).

Die Convertible-Arbitrage-Strategie nutzt Preisdifferenzen zwischen verschiedenen Wertpapieren aus, z. B. wird eine unterbewertete Wandelanleihe eines Unternehmens gekauft und gleichzeitig die höher bewertete Aktie verkauft. Dagegen konzentriert sich die Fixed-Income-Arbitrage-Strategie auf Preisdifferenzen zwischen unterschiedlichen Anleihen. Bei der Equity-Market-Neutral-Strategie versucht der Manager, das Marktrisiko zu verkaufen. Hierzu kauft er unterbewertete Aktien einer Branche und verkauft für dieselbe Summe vermeintlich überbewertete Aktien des gleichen Sektors leer.

Die Vertreter der Event-Driven-Hedgefonds haben sich das Motto „*Make money on events*" auf die Fahne geschrieben. Daher konzentrieren sich diese Hedgefonds auf Unternehmen, die vor außergewöhnlichen Situationen stehen, weil solche Ereignisse in einem Unternehmen deutliche Spuren im Aktienkurs hinterlassen. Die *Merger* (oder *Risk*) *Arbitrage* konzentriert sich auf Unternehmensfusionen bzw. -übernahmen, wohingegen sich die *Distressed Securities* auf schwierige Unternehmenssituationen, wie drohende Insolvenz oder Bonitätsverluste, spezialisiert haben. Sie setzen also darauf, dass es nicht so schlimm kommt, wie alle vermuten.

Die Long-Short-Equity-Manager versuchen mit dem Motto „*Make money on alpha*" glücklich zu werden. Bei dieser Strategie werden gezielt unterbewertete Aktien gekauft, von denen langfristig eine Wertsteigerung erwartet wird. Gleichzeitig werden überbewertete Aktien leer verkauft. Dagegen setzen die Vertreter der Global-Marco-Strategien auf das Motto „*Make money on trends*". Hier versuchen die Manager, makroökonomische Marktentwicklungen frühzeitig zu erkennen und gewinnbringend auszunutzen. Ihr Erfolg hängt

somit eng mit den Fähigkeiten der Manager zusammen, die makroökonomischen Fakten korrekt deuten zu können.
Einen übergeordneten Ansatz fahren die *Multi-Strategy-Manager*. Sie kombinieren verschiedene Hedgefondsstrategien miteinander. Dafür kann der Manager mehrere Handelsstile auf einmal umsetzen oder das Kapital auf verschiedene Hedgefonds mit unterschiedlichen Strategien verteilen. Normalerweise haben die Multi-Strategy-Hedgefonds ein ähnliches Risiko wie die Relative-Value-Strategien. Unter *Managed Futures* versteht man die professionelle und aktive Vermögensverwaltung über so genannte *Commodity Trading Adviors* (CTA). Sie investieren die Anlagegelder über verschiedene Assetklassen unter Verwendung börsengehandelter Futures. Dabei unterscheidet man zwischen dem systematischen und dem diskretionären Ansatz. Der systematische Ansatz verwendet einen technischen Ansatz aus der Chartanalyse und statistische Modelle. Dagegen verwendet der diskretionäre Ansatz zwar ähnliche Modelle wie der systematische Ansatz, aber die Anlageentscheidungen basieren auf der Markteinschätzung von Managern. Zur Umsetzung der beiden Strategien werden mehr oder minder komplexe Computersysteme eingesetzt. Diese Strategie benötigt, um Gewinne zu erzielen, einen dauerhaften Trend im Markt. So wird häufig die Jahresperformance nur in ein paar Monaten erzielt.
Sie sehen schon aus dieser kleinen Aufzählung, wie komplex die Hedgefondswelt ist. Dies führt zu einer Vielfalt von Indizes mit einer teilweise stark unterschiedlichen Performance.
Aber allen Hedgefondsindexanbietern ist gemein, dass sie versuchen, das ganze Hedgefondsuniversum mithilfe einer kleineren Anzahl von Hedgefonds nachzubilden. Denn alle Hedgefondsindizes stehen vor derselben Frage: Was genau ist das Hedgefondsuniversum? Sogar bis zum heutigen Tag kann die Anzahl der existierenden Hedgefonds nur geschätzt werden – ganz zu schweigen von ihrem verwalteten Vermögen. Aus diesem Grund legt jeder Hedgefondsindexanbieter fest, welches Hedgefondsuniversum er nachbildet, wie die Komponenten des Indizes gewichtet werden, wie mit schließenden sowie relativ illiquiden Hedgefonds umgegangen oder wie eine Neugewichtung des Indexes bewerkstelligt wird. All diese Entscheidungen werden von den Anbietern relativ willkürlich getroffen. Somit ist es nicht verwunderlich, dass sich die Hedgefondsindizes recht deutlich unterscheiden. Dies führt

auch dazu, dass sich die Definition der abgebildeten Strategien deutlich voneinander unterscheiden. So gibt es beispielsweise bei *Credit Suisse First Boston/Tremont* neun, bei *Van Hedge* 17 und bei *Hedge Fund Research* sogar 37 verschiedene Strategien.

Um diese unterschiedlichen Strategien in einem Index abbilden zu können, unterscheidet man zwischen einem *Master* (oder *Composite*) *Index* und einem Subindex. Der Masterindex stellt sozusagen das große Ganze dar. In ihm werden alle Hedgefondsstrategien abgebildet. Dieser Masterindex zerfällt wiederum in Subindizes, welche nur bestimmte Teile des Masterindexes abbilden. Meistens bilden die Hedgefondssubindizes einzelne Strategien ab. Generell werden sie in US-Dollar berechnet. Doch nach welchen Kriterien wird nun eigentlich ein Hedgefondsindex zusammengestellt?

Zunächst einmal bestimmen die Indexanbieter, nach welchen Selektionskriterien sie die Hedgefonds in ihren Index aufnehmen und welcher Strategie sie einem bestimmten Hedgefonds zuordnen. Dies führt zu der kuriosen Situation, dass ein und derselbe Hedgefonds je nach Indexanbieter in unterschiedlichen Strategieindizes eingeordnet wird. Aus diesem Grund weicht auch die Performance der Strategieindizes der einzelnen Indexanbieter stark voneinander ab. Als nächstes Kriterium werden die Hedgefonds je nach Indexanbieter gleich- oder größengewichtet in den jeweiligen Index aufgenommen. Bei der Größengewichtung bzw. der Kapitalgewichtung werden die Hedgefonds nach ihrem Anlagevolumen in den Index eingruppiert. Bestünde beispielsweise ein Strategieindex aus dem Hedgefonds A mit einer Anlagesumme von 120 Mio. US-Dollar und einem Hedgefonds B mit einem Volumen von 80 Mio. US-Dollar, so hätte der Strategieindex eine Marktkapitalisierung von 200 Mio. US-Dollar. Demzufolge hätte der Hedgefonds A eine Gewichtung von 60 Prozent und der Hedgefonds B von 40 Prozent. Wenn nun der Masterindex (bestehend aus 20 Hedgefonds) eine Marktkapitalisierung von einer Milliarde US-Dollar haben würde, so würde das Gewicht des Strategieindexes im Masterindex 20 % betragen, davon entfielen auf Hedgefonds A 12 % und auf Hedgefonds B 8 %.

Ganz anders sieht das Ergebnis für unsere Hedgefonds A und B aus, wenn sie nach der Gleichgewichtung in den Strategieindex aufgenommen würden. In diesem Fall hätten die beiden Hedgefonds A und B eine Gewichtung von jeweils 50 % innerhalb des Strategieindexes. Da unser Masterindex aus 20

Hedgefonds besteht, so würde das Gewicht unseres Strategieindexes im Masterindex 10 Prozent betragen und das der Hedgefonds A und B jeweils 5 %.

Sieht man sich nun gleich definierte Strategieindizes (z. B. *Global Marco*) unterschiedlicher Datenanbieter an, so stellt man beachtliche Unterschiede bei den ausgewiesenen Renditen und Risiken fest. Beispielsweise berichtete der Indexanbieter *Zürich* im Februar 2000 für den Strategieindex *Long/Short Equity* von einem Wertzuwachs von 20,48 Prozent, wohingegen der Indexanbieter EACM für dieselbe Strategie im selben Monat einen Verlust von -1,56 Prozent meldete.

Bei aller Unterschiedlichkeit der Hedgefondsindizes gibt es eine Gemeinsamkeit. Alle Hedgefondsindizes sind wesentlich dynamischer als Aktienindizes. Beispielsweise ging im Mai 2003 die Anzahl der Hedgefonds im *CSFB/Tremount-Index* um zehn Fonds zurück, weil sieben Hedgefonds keine Daten mehr lieferten und drei liquidiert wurden. Aber schon zum 1. Juli 2003 erhöhte sich die Anzahl der Hedgefonds im Index um mehr als 30 Fonds.

Die wichtigsten Anbieter von Hedgefondsindizes sind: *Standard & Poors*, *BlueX, Credit Suisse First Boston* (CSFB) und *Tremont Advisors, Evaluation Associates Capital Markets* (EACM), *Hedge Fund Research* (HFR), *Hennessee Group, Van Hedge, Zurich Capital Markets* (ZCM) und die *Morgan Stanley Capital International* (MSCI).

Der große Vorteil der Hedgefondsindizes ist ihre Transparenz in Bezug auf Konstruktion und Indexmitglieder. So veröffentlichen zum Beispiel *Standard & Poors* oder CSFB auf ihrer Website detaillierte Informationen zu all ihren Hedgefondsindizes. Weiterhin liefern Hedgefondsindizes eine Orientierungshilfe, um sich im Hedgefondsdschungel zurechtzufinden. Die genaue Konstruktion eines Hedgefondsindexes sehen wir uns am Beispiel des CSFB Tremont Hedgefondsindizes an. Er wird wie folgt ermittelt:

Abbildung 15: Konstruktion des *CSFB/Tremont-Indexes*

Die Zusammensetzung des *CSFB/Tremont-Indexes* erfolgt nach der Größengewichtung. Wann wird nun aber ein Hedgefonds in den Index aufgenommen? Um in den Index aufgenommen zu werden, müssen die Hedgefonds einige Mindestanforderungen erfüllen. Sie müssen mindestens ein Vermögen von 10 Mio. US-Dollar verwalten, geprüfte Zwischen- und Jahresberichte vorlegen, eine Mindesthistorie von einem Jahr haben und über die Nettoinventarwerte rechtzeitig und akkurat berichten. Wie so häufig im Leben gibt es auch hier eine Ausnahme von der Regel. Diese liegt vor, wenn ein Hedgefonds mehr als 500 Mio. US-Dollar verwaltet, aber noch nicht über eine Mindesthistorie von einem Jahr verfügt. Trotzdem wird der Hedgefonds in den Index aufgenommen, weil der Index ohne dieses „Schwergewicht" nicht ausreichend repräsentativ wäre. Die Berechnung des Indexes erfolgt monatlich. Die dem Index zugrunde liegenden Hedgefonds werden quartalsweise ausgetauscht, wenn sie nicht mehr die Mindestanforderungen erfüllen. Außerdem werden Hedgefonds aus dem Index genommen, wenn sie liquidiert werden. Da dieser Hedgefondsindex viele bereits geschlossene Fonds enthält, ist eine Teilhabe nicht ohne weiteres möglich. Um Anlegern einen bequemen Zugang zu bieten, wurde eine investierbare Variante konstruiert.

Der *CSFB/Tremont Investable Index* besteht aus zehn Subindizes, die die zehn wichtigsten Hedgefondsstrategien abbilden. Nur die sechs nach verwalteten Anlagevolumen größten Fonds der einzelnen Strategien kommen in die entsprechenden Subindizes. Die Gewichtung in den Subindizes erfolgt nach ihrem Anlagevolumen. Infrage kommen alle Hedgefonds, die im großen *CSFB/Tremont-Index* vertreten sind. Alle Subindizes wiederum bilden zusammen den *CSFB/Tremont Investable Index*, somit umfasst der Index 60 Fonds. Um den Index investierbar zu machen, gelten noch weitere Aufnahmekriterien. Die Hedgefonds dürfen keine Mindesthaltedauer haben. Zudem müssen Anleger mindestens einmal monatlich Investitionen in den Fonds tätigen können. Außerdem muss sichergestellt sein, dass die Rückgabe von Anteilen ebenfalls monatlich möglich ist bzw. für weniger liquide Anlagestile mindestens quartalsweise. Wegen dieser Regeln bleiben die geschlossenen Hedgefonds außen vor.

Hedgefondskritiker sagen, dass die Hedgefonds ihren Glorienschein verloren haben. So seien die Hedgefondsmanager mit dem Wahlspruch angetreten, in allen Marktlagen hohe Erträge zu erzielen. Zwar ist der *CSFB/Tremont-Index* seit 1994 um durchschnittlich 10,24 Prozent im Jahr gestiegen, ein Wermutstropfen ist aber, dass die Wachstumsdynamik nachgelassen hat. So lagen die jährlichen Steigerungsraten seit 2004 nur noch bei durchschnittlich 2,5 % pro Jahr. Darum eignen sich Hedgefonds nur als Depotbeimischung, weil sie das Risiko des Gesamtportfolios des Anlegers etwas reduzieren können. Wie sich der Wind bei Hedgefonds gedreht hat, zeigen wiederum die Entwicklungen im Jahr 2008, wo erstmals mehr Hedgefonds geschlossen als neue eröffnet wurden. Zu dieser Entwicklung beigetragen haben auch die großen Betrugsfälle, wie das 65-Milliarden-Dollar-Schneeballsystem der Bernie Madoffs Hedgefonds. So schrumpfte das verwaltete Volumen in Hegdefonds von geschätzten zwei Billionen US-Dollar im Jahr 2007 auf geschätzte 1,5 Billionen US-Dollar im Jahr 2008. Ein Anleger sagte dazu: „*Das Jahr 2008 hat endgültig die Hedgefondsbranche entmythologisiert. Sie sind kein Perpetuum mobile zum Börsenerfolg.*"

Lassen Sie mich noch zum Abschluss des Kapitels eine Anmerkung machen: Eine der wichtigsten Voraussetzungen, um erfolgreich zu investieren, ist, die allgemeinen und konkreten Risiken der einzelnen Indizes zu kennen. Sie müssen als Anleger wissen, worin Sie investieren. Anleger sollten wissen, welche Mitglieder im Index enthalten sind, die Gewichtungen und die grundsätzlichen Indexkonstruktionen kennen. Schließlich haben auch Indizes ihre Haken und Ösen. Denn je nach Kursbewegung der Aktien verschiebt sich ihr Gewicht im Index. Steigt der Aktienkurs eines Unternehmens stark an, so gewinnt der Titel in einem marktkapitalisierungsgewichteten Index an Bedeutung, weil durch den Kursanstieg auch seine Marktkapitalisierung (im Streubesitz) ansteigt. Dies kann zu Klumpenrisiken innerhalb eines Indexes führen.

Dann dominieren nur noch wenige stark steigende Einzelwerte bzw. Branchen den Index, d. h. die Ausgewogenheit geht verloren.
Die ETFs, denen wir uns im nächsten Kapitel nähern, sind eigentlich nur das Mittel zum Zweck, um Ihre Investmententscheidung umzusetzen.

4. Investieren mit Köpfchen – ETF

Kennen Sie den alten Werbespruch der deutschen Betonindustrie? „*Es kommt darauf an, was man daraus macht.*“ So zeigt Beton auch erst in Form von Brücken, Gebäuden usw., was tatsächlich in ihm steckt. Ähnlich ist es mit *Exchange Traded Funds*. Sie offenbaren dem Anleger erst auf den zweiten Blick, was wirklich in ihnen steckt. Sie haben sich im Laufe der Zeit von ihrem eher tristen Image zu einem glamourösen Investmentvehikel gewandelt. Heute zielen ETFs nicht mehr nur darauf ab, die Wertentwicklung eines bestimmten Indexes nachzubilden, sondern sie versuchen durch gezielte Strategien die Wertentwicklung eines bestimmten Vergleichsindexes zu schlagen. Somit sind heutzutage sowohl passive als auch aktive Managementstile mit ETFs umsetzbar. Deswegen sind sie genauso wie Beton ein universeller Baustoff für Ihr Portfolio. In diesem Kapitel werden wir alle Facetten von ETFs beleuchten. Dazu fangen wir am besten beim Anfang an, der Geschichte!

4.1 Die Geschichte der ETFs

Ein Sprichwort lautet: „*Pech ist nur die Kehrseite des Glücks. Jedes Missgeschick ist eine Chance.*“ So erging es auch den berühmten Amerikanern Henry Wells und William Fargo, die vor 150 Jahren den berühmten Postkutschendienst *Wells Fargo* gründeten. Ihre Nachfolger mussten sich nach dem Niedergang des Postkutschenwesens nach einer neuen Tätigkeit für ihr Unternehmen umsehen. Heute ist *Wells Fargo* eine der größten Banken in den USA. Im Jahr 1971 entwickelten William Sharpe und Bill Fouse bei *Wells Fargo* den ersten Indexfonds (den *Samsonite Pension Fund*) für institutionelle Investoren. Er ging auf die Anregung von Samsonite Junior, Sohn des berühmten Kofferfabrikanten, Schülers von Markowitz und Anhänger der Portfoliotheorie, zurück. Dieser Indexfonds bildete die damals 1.500 an der *New York Stock Exchange* gelisteten Einzelwerte ab. Er konnte nur einmal täglich zum festgestellten Fondspreis gehandelt werden.
Erst im Jahr 1975 legten John Bogle und Burton Malkiel den ersten indexbasierten Publikumsfonds, den *Vanguard 500 Indexfonds*, für Privatanleger auf. Zuerst wehte den beiden Pionieren der Wind kräftig ins Gesicht. Die Kritik der

so genannten Experten war vernichtend, beispielsweise nannte die US-Zeitschrift *Money* das neue Anlageprodukt „Bogles Folly“ (Bogles Narrheit). Das Vorurteil lautete: In Indexfonds anzulegen heißt, von vornherein auf Mittelmäßigkeit zu setzen. Dabei übersahen die Kritiker, dass schon 1900 der französische Mathematiker Louis Bachelier nachwies, dass die Chancen, besser zu sein als der Markt, genau bei 50 Prozent liegen. Diese trivial klingende Aussage ist bis heute wissenschaftlich unangefochten. So lässt sich bis heute feststellen, dass die bessere Option für eine langfristig ansehnliche Performance ist, auf den Durchschnitt zu zielen.

Einen weiteren Schub erfuhren die Indexfonds Anfang der 1980er Jahre, weil es mit dem aufkommenden Programmhandel und Futures institutionellen Investoren möglich wurde, große Aktienkörbe leicht zu kaufen bzw. zu verkaufen und zu verwalten. Doch dauerte es bis 1987, bis der Handel von *Cash Index Participations* (CIPs) an der *Philadelphia Stock Exchange* und von *Index Participation Shares* (IPS) an der *American Stock Exchange* startete.

Schon kurz darauf, im Jahr 1988, emittierte die Luxemburger Commerzbank-Tochter *CB German Index Fund Company* den ersten deutschen Indexfonds *(CB German Index Fund)* für institutionelle Investoren.

Eine weitere Innovation fand im Jahr 1989 statt. In Kanada startete der Handel mit dem auf dem *TSE-35-Index*[90] basierenden *Toronto Index Participation Shares* (TIPS). Die TIPS waren die ersten Indexfonds, die wie Aktien an der Börse gehandelt werden konnten.

Der erste erfolgreiche ETF-Start in den USA wurde 1993 mit dem SPDR S&P 500 ETF Trust (SPY) von State Street Global Advisors aufgelegt. Er ist bis heute einer der weltweit größten ETFs mit einem Vermögen von über 200 Milliarden US-Dollar (Stand: März 2020). Drei Jahre später wurden mit den WEBS und *Country Baskets* die ersten ETFs auf einzelne Länderkörbe emittiert.

Interessant für die deutschen Anleger wurde es am 11. April 2000. Zu diesem Zeitpunkt startete an der Frankfurter Börse das XTF-Segment als erste ETF-Plattform in Europa mit zwei ETFs auf die beiden europäischen Indizes *Euro*

---

[90] Dieser ETF existiert noch heute als iShares S&P/TSX 60 Index ETF (XUI) mit einem Vermögen von etwa 8,8 Milliarden US-Dollar.

Stoxx 50 und *Stoxx 50*. Mit dem ersten DAX-ETF im Jahr 2001 kam langsam Bewegung in den Markt.

Auch die folgenden Jahre war der ETF-Markt getrieben von einem atemberaubenden Wachstum und einer immens Innovationswelle. Darum habe ich hier die wichtigsten Meilensteine bei der Entstehung von ETFs chronologisch geordnet.

Tabelle 21: Meilensteine der ETF-Geschichte

Jahr	Meilenstein
2000	Am 11. April 2000 sind zum ersten Mal zwei Aktien-ETFs auf den Euro Stoxx 50 und den Stoxx Europe 50 an der Börse Xetra handelbar.
2001	Der erste DAX-ETF (iShares Core DAX UCITS ETF (WKN: 593393)) und der erste Welt-ETF (iShares Dow Jones Global Titans 50 UCITS ETF (WKN: 628938)) erblicken das Licht der Welt.
2003	Die ersten Anleihe-ETFs werden herausgegeben.
2004	Im Jahr 2004 kamen weitere ETFs, die sowohl in Schwellenländer als auch in andere, einzelne Länder und Regionen investieren, wie zum Beispiel Irland, Südafrika oder Osteuropa, auf dem Markt.
2005	Die ersten Dividenden-ETF und Rohstoff-ETFs kommen auf dem Markt.
2006	Die Deutsche Bank steigt ins ETF-Geschäft mit der Marke db x-trackers ein.
2007	Die ersten Short-ETF kommen auf den Markt. Damit können Anleger auf sinkende Kurse spekulieren.
2008	Neue ETF-Anbieter betreten das Spielfeld. So nehmen DEKA, Comstage und ETF Securities ihr Geschäft auf.
2011	Smart-Beta-ETF kommen auf dem Markt.
2012	Der 1000. Handelbare ETF wird an der Börse Xetra gelistet.
2014	Der erste ETF auf chinesische A-Aktien wird gelistet.
2015	Der Wettbewerb unter den ETF-Anbietern nimmt weiter zu. WisdomTree kommt auf den deutschen Markt.
2018	Erste Konsolidierungswelle unter den ETF-Anbieter läuft. Beispielsweise übernimmt Lyxor Comstage.
2019	Die ersten Nachhaltigkeit-ETFs, welche verschiedene Nachhaltigkeitskriterien wie ESG oder SRI berücksichtigen, setzen sich am Markt durch.
2020	Die Anzahl der handelbaren ETFs steigt im Jahr 2020 auf rund 1.600 (weltweit sind sogar über 7.600 Produkte am Markt). Es gibt ungefähr 29 ETF-Anbieter in Deutschland.

Auch in den kommenden Jahren werden die Anleger eine rasante Ausweitung des Spektrums an verfügbaren Indizes, Investmentstilen und Anlageklassen erleben. Mittelfristig ist auch von einer Zunahme der Bandbreite an verfügbaren Strategieindizes, wie z. B. Short-Indizes oder aktiven Indizes, auszugehen. Im weiteren Blickpunkt bei der Entwicklung neuer Produkte stehen die Renten-, Kredit-, Währungs- und Geldmärkte.

Tabelle 22: Anlagespektrum von ETFs

		Anlagespektrum
Aktien		
	Länder oder Regionen	Globale Märkte, Standardmärkte (z. B. DAX), Emerging Markets, BRIC, Asien, Lateinamerika oder Afrika
	Sektoren	Technologie, Health Care, Versicherungen, Banken, Private Equity usw.
	Stile	Value, Growth, Small Cap, Large Cap, dividendengewichtete Indizes etc.
	Strategien	Leverage (gehebelte Indizes) , Covered Call, Protective Put, Fundamental Indizes, Short-Indizes etc.
	Themen	Wasser, Erneuerbare Energien, Atomkraft, Infrastruktur, Immobilien usw.
Anleihen		
	Staatsanleihen	Verschiedene Laufzeiten (1-3, 3-5 etc.)
	Pfandbriefe	
	Unternehmensanleihen	Anleihen von Unternehmen
	Inflation	Inflationsgesicherte Anleihen
	Emerging Markets	Anleihen aus den Emerging Markets
	Short-Indizes	Auf fallende Zinsen spekulieren.
Geldmarkt		Basierend auf Tagesgeldzinsen
Rohstoffe		Alle große Rohstoffindizes und viele ihrer Subindizes
Währungen		Drei Strategien
Kredit		Auf mehrere Indizes auch Short-Indizes verfügbar.

Aber auch weltweit stehen die ETFs bei den Anlegern im Blickpunkt. So halten weltweit Anleger ein verwaltetes Vermögen[91] in ETFs von über 9,5 Billionen US-Dollar (Stand: erstes Halbjahr 2022) in ETFs. Heute gibt es sogar einzelne ETFs mit einen Anlagevolumen im zweitstelligen Milliardenbereich. So wurde der Vanguard 500 Index Fund Admiral Shares (VFIAX) im Jahr 2020 mit einem Fondsvolumen von etwa 500 Milliarden US-Dollar zum weltweit größten Publikumsfonds der Welt gekürt. Diese Entwicklung veranlasste Peter Lynch zu der Feststellung: *„All die Mühe und Zeit, die viele dafür aufwenden, den richtigen Fonds zu finden, den richtigen Manager mit der goldenen Nase – all das hat in den allermeisten Fällen zu keinem Vorteil geführt.“*

[91] Die weltweit größten ETF-Anbieter (Stand Ende 2021) sind: *Blackrock* mit 2.472.327 Millionen US-Dollar verwaltetem Vermögen, gefolgt von *Vanguard* mit 2.084.418 Mill. US-Dollar. Auf den folgenden Plätzen kommen mit weitem Abstand *State Street Global Investors* (1.108.645 Mill. US-Dollar), *Invesco* (403.835 Mill. US-Dollar) und *Charles Schwab* (271.843 Mill. US-Dollar).

Also lassen Sie uns das geheimnisvolle Land - ETF- mit seinen sagenumwobenen Fabelwesen betreten.

4.2 Was sind *Exchange Traded Funds*? – Das Innenleben

Beworben werden ETFs mit Werbesprüchen wie: *„Wir haben Sie gefunden, es gibt sie wirklich – die eierlegende Wollmilchsau in Gestalt von Exchange Traded Funds. Sie sind ein Multitalent, das vielseitige Einsatzmöglichkeiten bietet und zudem noch einfach zu verstehen, preiswert und sicher ist. Was will man mehr?"* Aber stimmen diese Versprechen wirklich? Um diese Frage beantworten zu können, müssen wir einen Blick hinter die Kulissen der ETF-Fabrik werfen.

In diesem Abschnitt werden Sie erfahren, wie ETFs konstruiert werden und funktionieren, aber auch welche Rollen die Marktteilnehmer in den jeweiligen Prozessen spielen. Wir legen die ETFs auf den Röntgentisch und durchleuchten sie, um so ihren Geheimnissen auf die Spur zu kommen.

ETFs können wie Aktien über jede Bank bzw. Sparkasse ge- bzw. verkauft werden. Dafür gründete die *Deutsche Börse AG* im April 2000 eine eigene Handelsplattform – das XTF-Segment. Das XTF-Segment entwickelte sich zum führenden Handelsplatz für ETFs in Europa. Daher lohnt sich ein näherer Blick auf dieses Segment. Die wesentlichen Vorteile für den Anleger im XTF-Segment sind vor allem die fortlaufenden Notierungen der ETF-Kurse[92] und der Handel ohne Ausgabeaufschlag. Die Mindesthandelsgröße ist ein ETF-Anteil[93]. Handelbar sind die *Exchange Traded Funds* sowohl auf dem computergestützten Handelssystem *Xetra* als auch im maklergestützten Handel.

Viele der bekannten deutschen Aktienindizes wie *DAX* oder *MDAX* sind Performanceindizes. Das heißt, die Dividenden der im Index enthaltenen Unternehmen fließen in die Indexberechnung mit ein. Aus diesem Grund werden bei ETFs auf Performanceindizes generell die Ausschüttungen (wie Dividen-

[92] Bei klassischen Aktienfonds wird in der Regel nur einmal täglich ein Kurs von der Kapitalanlagegesellschaft anhand der im Fonds-Portfolio enthaltenen Wertpapiere errechnet und veröffentlicht. Zu diesem Kurs können die Anleger dann ihre Fondsanteile kaufen oder verkaufen.

[93] Außerdem zeichnet sich u.a das XTF-Segment durch eine schnelle Orderausführung, hohe Liquidität, hohe Preistransparenz und geringe Transaktionskosten aus.

den usw.) wieder reinvestiert. Nur auf diese Weise ist eine möglichst indexnahe Wertentwicklung des Indexfonds gewährleistet. Dieses Verfahren wird auch als Thesaurierung bezeichnet.

Dagegen sind viele bekannte ausländische Indizes, wie *Dow Jones*, *S&P 500* usw., Kursindizes. Da in die Berechnung eines Kursindexes die Dividenden- bzw. Zinszahlungen nicht einfließen, werden diese in der Regel quartalsweise oder jährlich an die Anleger ausgeschüttet. Die genauen Ausschüttungstermine erfahren Sie auf der Internetseite des ETF-Anbieters.

Der Preis für einen ETF-Anteil entspricht einem vom Emittenten festgelegten Bruchteil des Indexwertes, der dem ETF zugrunde liegt. Dabei verbriefen die ETFs meistens nur ein Zehntel oder ein Hundertstel des betreffenden Indexes (wird auch als Bezugsverhältnis bezeichnet), um die Handelbarkeit des *Exchange Traded Funds* zu verbessern. In der Regel steht nämlich jeder Indexpunkt für einen Euro[94].

ETF auf den DAX mit einem Bezugsverhältnis von 1:100				
DAX-Stand	5.500	6.000	6.500	7.000
Preis des Exchange Traded Funds	55 (5.500/100)	60 (6.000/100)	65 (6.500/100)	70 (7.000/100)

Außerdem berechnet die Fondsgesellschaft einmal täglich den NAV (Nettoinventarwert, *Net Asset Value*). Er gibt den Wert des Fondsvermögens zu einem festgelegten Zeitpunkt an. Der NAV errechnet sich aus dem Wert der enthaltenen Wertpapiere zu einem bestimmten Zeitpunkt, zuzüglich der sonstigen Vermögensgegenstände, und dem Barvermögen, dividiert durch die Anzahl der Fondsanteile. Konkret bezeichnet der NAV den Rücknahmepreis des Fondsanteils durch den ETF-Anbieter. Für einen Börsenhandel der ETFs benötigt man allerdings einen fortlaufenden NAV. Dazu wurde der indikative Nettoinventarwert (iNAV) erfunden.

Vereinfacht ausgedrückt repräsentiert der indikative Nettoinventarwert den fairen Wert des ETFs in Echtzeit. So kann der Anleger jederzeit überprüfen, ob der Börsenpreis gerechtfertigt ist. Somit ist der indikative Nettoinventarwert ein zusätzliches Transparenzgut der ETFs.

---

[94] Beispielsweise gab die *Zürcher Kantonalbank* (ZKB) am 2. Mai 2008 bekannt, einen Split von 1 zu zehn für ihre Edelmetall-ETFs (z.B. auf Silber, Gold, Platin usw.) durchzuführen, um sie einem breiteren Anlegerkreis zugänglich zu machen.

Hierzu wird das Fondsvermögen auf Basis der aktuellen Werte der enthaltenen Wertpapiere ermittelt. Dazu wird das Barvermögen addiert und eventuelle Verbindlichkeiten abgezogen. Der so erhaltene Wert wird zum Schluss noch durch die Anzahl der im Umlauf befindlichen Fondsanteile des ETFs dividiert. Auf diese Weise erhält man den iNAV. Für viele ETFs berechnet die *Deutsche Börse* den iNAV. Dazu übermitteln die Fondsgesellschaften jeden Tag vor Handelsbeginn das aktuelle Portfolio an die *Deutsche Börse*. Während des gesamten Handelstages bleibt die Zusammensetzung dieses Portfolios konstant. Erst nach Handelsschluss können Anpassungen vorgenommen werden. Für dieses (Tages-)Portfolio berechnet dann die *Deutsche Börse* den iNAV. Ausländische Werte gehen prinzipiell mit den Kursen der Heimatbörse in die Berechnung ein. So ist für ein US-Papier wie *Apple* der Handelskurs der NASDAQ oder für die japanische *Sony* die Notierungen aus Tokio relevant. Wenn diese Börsen noch geschlossen sind, dann werden die Preise im Handel mit Auslandsaktien an der Börse Frankfurt als Referenzkurse zu Rate gezogen. Normalerweise wird der indikative Nettoinventarwert während der Handelszeit minütlich berechnet.

Der iNAV dient den *Designated Sponsors* (oder *Market Makern*) zur Kontrolle des Handels. Die *Designated Sponsors* sind offizielle Börsenmitglieder (wie Banken oder Broker), die kontinuierlich für ein Mindestquotierungsvolumen verbindliche Geld- und Briefkurse für ETFs stellen und auf eigenes Risiko und Rechnung handeln. Sie sorgen für die Marktliquidität der ETFs. Die Vergütung ihrer Dienstleistung besteht in der Spanne zwischen An- und Verkaufskurs der ETFs.

- Der Briefkurs (auch Verkaufskurs, *Offer* oder *Ask* genannt) ist der Kurs, zu dem der *Designated Sponsor* bereit ist, die Kaufaufträge des Anlegers zu erfüllen.
- Der Geldkurs (auch Ankaufskurs oder *Bid* genannt) ist der Kurs, zu dem der *Designated Sponsor* bereit ist, Verkaufsaufträge zu bedienen.

Die Differenz zwischen dem besten (verbindlichen) Geld- und Briefkurs wird als *Spread* bzw. Geld-/Briefspanne bezeichnet. Diese beschreibt also, wie weit Geld- und Briefkurs auseinander liegen, und wird üblicherweise in Prozent angegeben. Es gilt: Je kleiner der *Spread*, desto näher liegt der Preis des ETFs an seinem theoretischen Wert.

$$\text{Spread (in \%)} = \frac{\text{Briefkurs - Geldkurs}}{\text{Geldkurs}} \cdot 100$$

Dabei gilt, dass der Briefkurs grundsätzlich höher ist als der Geldkurs. Im Prinzip zahlt der *Designated Sponsor* dem Verkäufer des ETFs weniger als er im selben Moment für den gleichen ETF-Anteil von einem Käufer verlangt. Hat ein ETF einen *Spread* von z. B. 0,5 Prozent, dann liegen der Kauf- und Verkaufspreis um jeweils 0,25 Prozent über beziehungsweise unter dem Nettoinventarwert. Folglich zahlt der Anleger je nachdem, ob er als Käufer oder Verkäufer auftritt, die eine oder die andere Hälfte des *Spreads*.

Die ETF-Anbieter legen vorab einen maximalen *Spread* fest, der vom *Designated Sponsor* genommen werden darf. Im Normalfall liegt der tatsächlich verlangte deutlich darunter. So hat z. B. der *x-trackers DAX ETF* einen maximalen *Spread* von 3 %, aber beim täglichen Börsenhandel beobachtet man einen *Spread* von 0,1 % und kleiner.

Die Höhe des *Spreads* wird durch Angebot und Nachfrage im Handel mit den jeweiligen ETFs bestimmt. Darum haben große Volumen-ETFs, wie ETFs auf den *DJ Euro Stoxx 50*, einen geringeren *Spread* als illiquide ETFs, z.B. auf Branchenindizes. Anleger müssen bedenken: Je geringer der *Spread* ist, desto niedriger sind auch die Kosten, die die Rendite schmälern. Mit anderen Worten: Je liquider die Werte im Index, desto liquider ist der ETF und umso geringer der Spread.

Aber auch die Volatilität beeinflusst die Geld-Brief-Spanne. So zieht z. B. ein stark schwankender Index breitere Spreads nach sich. Vor allem bei kurzfristigen, starken Schwankungen des Index kann sich die Spanne kurzfristig ausweiten. Bei liquiden Märkten beträgt der Spread meist zwischen 0,05 und 0,3 Prozent, bei weniger liquiden oder geschlossenen Märkten liegt er zwischen 0,3 und 1,0 Prozent.

Angenommen, Sie möchten in Japan anlegen – und zwar am frühen Nachmittag. Dummerweise ist die japanische Börse seit 8 Uhr mitteleuropäischer Zeit geschlossen. Was passiert nun? Natürlich können Sie auch am Nachmittag einen Japan-ETF handeln, also auch dann, wenn die Börse in Japan geschlossen ist. In diesem Fall weitet sich die Differenz zwischen An- und Verkaufskurs – *Spread* – aus. In der Regel ist der *Spread* während der Öffnungszeiten der jeweiligen Börse geringer, als wenn Sie geschlossen ist. Das liegt u. a. an dem „schlafenden“ iNAV, der erst wieder bei einem offenen Markt seine vollständige Aussagekraft erhält. Obendrein trägt der *Designated Sponsor* bei geschlossener Börse das Risiko, dass der Index bei Eröffnung der Börse höher steht, als er beim Verkauf angenommen hat. Diese Unsicherheit lässt er sich bezahlen.

Neben diesen Kosten muss der Anleger noch die Verwaltungsgebühren berappen. Sie unterteilen sich in Managementgebühren und Transaktionskosten, wobei diese aufgrund des passiven Investmentstils sehr niedrig sind. Außerdem werden bei ETFs nur geringe Gebühren für die Lizenzen sowie für die Prospekterstellung in Rechnung gestellt. Ebenfalls erfolgt die automatische Portfolioanpassung als Reaktion auf Veränderungen der Indexgewichtung gegen eine geringe Gebühr, wie auch das Management von Dividendeneinnahmen. Daher liegen die durchschnittlichen Verwaltungsgebühren der ETFs auf dem deutschen Markt zwischen 0,09 % bis 1 % p. a. (selten darüber).

Wie schafft es der *Designated Sponsor* aber, dass sich der Börsenpreis stetig in Richtung des iNAV entwickelt? Dies wird gewährleistet durch den so genannten Creation-Redemption-Prozess. Dieser Prozess regelt, wie die ETF-Anteile ausgegeben bzw. auch wieder zurückgenommen werden. Hierzu stellt der *Designated Sponsor* einen Wertpapierkorb zusammen, dessen Zusammensetzung dem Index bzw. ETF eins zu eins entspricht. Dann liefert der *Designated Sponsor* diesen Wertpapierkorb an den ETF-Anbieter. Im Gegenzug erhält der *Designated Sponsor* vom ETF-Anbieter ETF-Anteile im Wert des Wertpapierkorbes (i. d. R. werden die Körbe so zusammengestellt, dass 50.000 Anteile geschaffen werden). Diese neuen ETF-Anteile kann der *Designated Sponsor* anschließend den ETF-Anlegern zur Verfügung stellen. Dieser Prozess wird als *Creation* (Schaffung, Ausgabe) bezeichnet. Umgekehrt kann natürlich auch der *Designated Sponsor* ETF-Anteile an den ETF-Anbieter zurückgeben und erhält dafür als Gegenleistung den entsprechenden Wertpapierkorb zurück. Dies wird als *Redemption* (Rücknahme) bezeichnet.

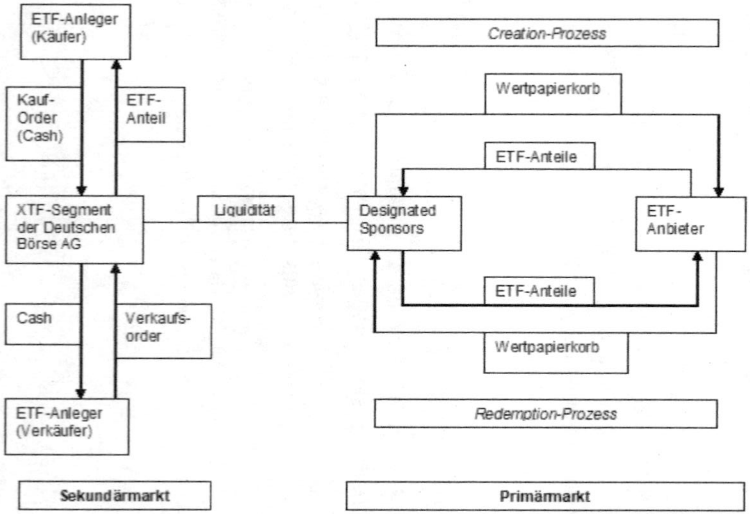

Abbildung 16: Creation-Redemption-Prozess am Beispiel des XTF-Segments

Ein deutsches Sprichwort lehrt „*Wer das Kleine nicht ehrt, ist des Großen nicht wert*". Genau das trifft auf den Creation-Redemption-Prozess zu. Er wurde nämlich erdacht, um die Verwaltungsgebühren der ETFs klein zu halten und um einen liquiden Handel mit ETFs zu ermöglichen.

Denn die über diesen Prozess zu- bzw. abfließenden Mittel müssen nicht durch den ETF in Wertpapiere investiert bzw. liquidiert werden, sondern sind bereits als Wertpapiere ein- bzw. ausgebucht. Deswegen entstehen dem Anleger innerhalb dieses Prozesses keinerlei Transaktionskosten, was sich positiv auf die Performance des Fonds auswirkt. Denn die Kosten für den Erwerb und den Verkauf der Aktien trägt allein der *Designated Sponsor*. Zusätzlich wird der Kassenbestand (also die Barmittel) des ETFs auf ein Minimum reduziert. Außerdem verhindert dieser Prozess, dass sich eine starke oder schwache Nachfrage nach einem ETF auf dessen Marktkurs auswirkt. Steigt die Nachfrage, werden einfach neue Anteile kreiert. Fällt dagegen die Nachfrage, so werden Anteile vom Markt genommen.

Beim Betrachten der Abbildung 18 fällt zunächst auf, dass es einen Primär- und Sekundärmarkt gibt. Im Sekundärmarkt handeln die Marktteilnehmer an der Börse. Hier führen die Banken und Broker die Aufträge ihrer Kunden aus, d. h., ein Kauf- oder Verkaufsauftrag wird im Sekundärmarkt abgewickelt. Dagegen agieren im Primärmarkt der *Designated Sponsor* und der ETF-Anbieter unter sich. Nur im Primärmarkt findet der Creation-Redemption-Prozess statt. Wie sieht aber die Rollenverteilung der Marktteilnehmer im Primär- und Sekundärmarkt aus?

Der ETF-Anbieter (Kapitalanlagegesellschaft) emittiert den ETF und verwaltet die ihm zufließenden Einlagen im Sondervermögen. Daher obliegt der gesamte Prozess der Produktgestaltung ihm. Er schließt u. a. Verträge mit den Indexanbietern und den *Designated Sponsors* und kümmert sich um das Marketing und die Vertriebsaktivitäten. Überdies erwirkt der ETF-Anbieter für den *Exchange Traded Funds* beim zuständigen Aufsichtsamt die Genehmigung, dies ist Voraussetzung zur Börsenzulassung. Danach sorgt er für die Börsenzulassung. Ist der ETF aufgelegt, so kann entweder der ETF-Anbieter das Fondsmanagement selbst übernehmen, oder er beauftragt einen externen Manager.

Die Hauptaufgabe des ETF-Managements ist es, den dem ETF zugrunde liegenden Index möglichst exakt nachzubilden bzw. eine ähnliche Wertentwicklung zu erzielen. Hierzu muss das Fondsmanagement die Informationen des Indexanbieters laufend auswerten und Kapitalmaßnahmen wie Aktiensplits, Fusionen, Indexänderungen oder Bezugsrechte im ETF entsprechend berücksichtigen. Obendrein ist das Management für die Verwaltung der Zins- und Dividendeneinnahmen verantwortlich.

Wie schon erwähnt, sichert der *Designated Sponsor* (oder auch *Market Maker*) den liquiden Handel der ETFs. Hierzu stellt er permanent für ein Mindestquotierungsvolumen verbindliche Geld-/Briefkurse. Er stellt sicher, dass Käufe und Verkäufe der Anleger während mindestens 90 % der Handelszeit zwischen 9.00 und 17.00 Uhr auch tatsächlich möglich sind. Dabei wird das Mindestquotierungsvolumen und der maximale Geld- und Briefkurs durch den ETF-Anbieter und die Börse festgelegt. Für jeden ETF muss mindestens ein *Designated Sponsor* vom ETF-Anbieter benannt werden, um eine Börsenzulassung zu bekommen. In der Regel sind zwei oder mehr *Designated Sponsors* für einen ETF zuständig. Bei mehreren *Designated Sponsors* kommt der Geschäftsabschluss mit dem *Designated Sponsor* zustande, der dem Anleger den besten Preis bietet, d. h. die *Designated Sponsors* stehen untereinander im Wettbewerb. Dies führt auch dazu, dass der ETF an der Börse stets nahe seinem fairen Preis notiert.

Private genauso wie institutionelle Anleger können ETFs nur im Sekundärmarkt handeln. Um ETF-Anteile zu kaufen oder zu verkaufen, müssen sie die entsprechenden Aufträge über ihre Bank oder ihren Broker an der Börse platzieren. Dabei sind die auf *Xetra* gestellten Geld- und Briefkurse verbindlich und dem Anleger bei der Ordererteilung deshalb bekannt.

Es gibt noch eine andere Möglichkeit ETFs zu kaufen, nämlich außerhalb der Börse als OTC-Geschäft (Abk. *Over the Counter*). Hier wickelt der Anleger (meist nur institutionellen Anlegern mit großen Stückzahlen vorbehalten) den Kauf oder Verkauf direkt über den *Designated Sponsor* bzw. (extrem selten) über den ETF-Anbieter ab[95]. Hierzu stellt der *Designated Sponsor*, ähnlich wie im Börsenhandel, verbindliche Geld- und Briefkurse im Direkthandel. Die-

[95] *db x-trackers* bietet nun auch Privatanlegern die Möglichkeit, ETFs außerbörslich zum NAV zu handeln.

se können sich von denen im Börsenhandel unterscheiden. Zu diesen Geld- und Briefkursen können die *Trades* während der Handelszeit direkt als OTC-Geschäft abgewickelt werden. Eine andere Möglichkeit, die vornehmlich großen institutionellen Anlegern vorbehalten ist, ist eine direkte, in der Regel telefonische Preisanfrage an den *Designated Sponsor*. Hier wird dann der Preis für einen ETF-Anteil direkt zwischen den Vertragspartnern ausgehandelt. Das Interesse der großen Anleger an OTC-Geschäften wächst stetig. Offiziell macht der OTC-Handel schon 55 % des gesamten ETF-Handelsvolumens in Deutschland aus. Der Grund dafür ist, dass die Handelskosten im OTC-Handel für große Anleger wesentlich kleiner sind als beim börslichen Handel.
Die anderen Teilnehmer im Sekundärmarkt sind die Banken oder Broker – hierzu gehören auch die *Designated Sponsors*. Sie nehmen die Aufträge der Anleger entgegen und leiten sie direkt zur Börse weiter oder bedienen die Anleger aus ihrem eigenen Handelsbestand zu den verbindlichen Geld- und Briefkursen in *Xetra*. Zum Ende unserer kleinen Aufzählung sollten wir unseren Blick auf den Handelsplatz Börse werfen. Grundsätzlich werden ETFs in speziellen Handelssegmenten (z. B. bei der *Deutschen Börse AG* im XTF-Segment) an der Börse gehandelt. Der Börsenhandel erfolgt im fortlaufenden Handel oder in zwischenzeitlichen Auktionen. Bei den zwischenzeitlichen Auktionen geben die an einem ETF interessierten Anleger während einer bestimmten Zeitspanne ihre Gebote für Käufe und Verkäufe ab, dann erfolgt die Preisfeststellung nach dem Meistausführungsprinzip.
Damit niemand über den Tisch gezogen wird, berechnet die *Deutsche Börse* mindestens minütlich (bei ETFs auch mehrmals in der Minute) den indikativen Nettoinventarwert für einen ETF-Anteil. Dieser faire Wert des ETF-Anteils dient den *Designated Sponsors* zur Kontrolle der von ihnen gestellten Geld- und Briefkurse, den institutionellen Anlegern zur Aufdeckung von Arbitragemöglichkeiten[96] und den Privatanlegern zur Beurteilung der Fairness des Börsenpreises.
„*Die Welt befindet sich im permanenten Wandel*" sagt ein Sprichwort. So ist jetzt der ETF-Handel auch über Fondsplattformen (wie z. B. ebase, Fondsdepotbank, Finvesto und FFB) möglich. Auf den Fondsplattformen kann der An-

96 Arbitragemöglichkeiten entstehen, wenn der ETF kurzzeitig unterhalb seines fairen Wertes gehandelt wird.

leger die ETFs nur einmal täglich zum jeweiligen Nettoinventarwert (NAV) handeln. Dort fallen dann die Additional Trading Cost (Abk. ATC) an. Die ATC-Gebühr wird auf den Nettoinventarwert des ETFs aufgeschlagen.

Beim Handeln über die Fondsplattform ist nämlich nicht die Plattform, sondern ein Market Maker, die Gegenpartei für den Kauf oder Verkauf des ETFs. Würde der Market-Maker die ETF-Anteile zum Nettoinventarwert an dem Anleger verkaufen bzw. kaufen, würde er seine Aufwände[97], die er beim Börsenhandel sonst über den Spread verdient, bei diesen Geschäften nicht erstattet bekommen. Aus diesem Grund berechnet der Market-Maker eine zusätzliche Gebühr – die Additional Trading Cost (ATCs). Somit ähneln die ATCs im Grunde der Geld-/Briefspanne (Spread) an den Börsen. Es handelt sich also nicht um eine Vertriebsgebühr, wie dies beim Ausgabeaufschlag bei klassischen Fonds der Fall ist.

Die Angabe der ATC erfolgt in der Regel in Prozent des Kurses (NAVs) oder in Basispunkten (100 Basispunkte = 1 Prozent). Die Höhe der ATC orientiert sich eher an den Kosten die ein Market Maker hat, um neue Anteile eines ETFs zu kreieren (Primärmarkt). Während sich die Geld-/Briefspanne an der Börse aufgrund der Marktlage sekündlich ändern kann, werden die ATCs im Vorfeld festgelegt und ändern sich nur selten, weil sie einem Puffer eingebaut haben. Dies führt dazu, dass die ATCs in der Regel höher sind als die Geld-/Briefspanne an der Börse. Zudem sind die ATCs von ETF zu ETF unterschiedlich hoch. Sie variieren zwischen 0 bis 3 Prozent des Kurswertes (im Durchschnitt 0,24 Prozent). Außerdem weichen selbst die ATC-Kosten für ETFs auf den gleichen Index deutlich voneinander ab. So liegen beispielsweise die ATC-Kosten für den MSCI World ETF von ComStage bei 0,05 Prozent und die des db X-trackers MSCI World ETF bei 0,35 Prozent (Stand Mai 2017).

Ein Sprichwort lautet: „*Es ist einfach schön, wenn man Entwicklungen verfolgen kann.*" So stellt sich doch die Frage, wie ETFs einen Index abbilden können.

---

[97] Dies sind z. B. Kostenbestandteile, wie Hedging-, Beschaffungs-, Inventory-, Primärmarkt- & Buchungskosten sowie Kommissionen.

4.2.1 Herausforderung präzise Indexabbildung

Wenn von Indexierung gesprochen wird, ist damit das passive Nachbilden (engl. *Replication*) der Performance (=Rendite) eines Korbes von Einzeltiteln gemeint. Demzufolge versteht man unter passivem Management eines Aktien-, Renten-, Rohstoffportfolios usw. die Nachbildung des ausgewählten Benchmarkindexes (=Messlatte) hinsichtlich der Titelzusammensetzung und Gewichtung.

Ein Börsen-Bonmot lautet: „*Was haben Wertpapiere und Eier gemeinsam? Richtig. Wenn sie fallen, wird es meist eine unangenehme Sache.*" Bislang galt: Wer einen Index kaufen möchte, kauft einfach einen ETF. Das hat sich leider geändert. Mittlerweile muss der Anleger darauf achten, wie der ETF den Index abbildet und ob dabei eventuell Derivate zum Einsatz kommen. Schließlich beeinflusst die Konstruktion eines ETFs die Performance, die Kosten und Erträge, die im ETF anfallen.

Deswegen beschäftigen wir uns in diesem Abschnitt damit, auf welche verschiedenen Arten die ETFs einen Index nachbilden, und welche Gefahren damit verbunden sind. Nur so können Sie den richtigen Fonds für sich auswählen.

Mittlerweile haben sich drei Methoden zur Indexnachbildung am Markt etabliert: die volle Nachbildung, die teilweise Nachbildung sowie die synthetische Nachbildung.

Die wohl einfachste Methode[98] einem Index abzubilden, ist die **physikalische Replikation**. Bei dieser Methode investiert der ETF direkt in die Wertpapiere, die der Index enthält. Beispielsweise kauft der ETF-Anbieter, wenn er dem DAX abbilden möchte, alle 40 Werte des *DAX* und gewichtet sie entsprechend dem Original. Haben z. B. die BASF-Aktien im *DAX* ein Gewicht von 4,0 %, dann haben die BASF-Aktien auch im DAX-ETF ein Gewicht von 4 %. Der DAX-ETF ist also ein Abbild des *DAX*-Index. Darum bildet der DAX-ETF die Indexentwicklung vom *DAX* eins zu eins ab[99].

[98] Portfoliotheorie.com, Betreiben ETFs Etikettenschwindel? Jahr 3, Ausgabe 10, 15.06.2008, S. 1 ff.

[99] Langfristig wird der ETF allerdings etwas hinter Indexentwicklung zurückbleiben, weil der Index keine Nebenkosten verkraften muss, ein ETF jedoch schon.

Da alle Titel eines Indizes gekauft werden und auch noch das Gewicht der einzelnen Titel im Index beachtet wird, nennt man diese Methode auch **Full-Replication-Methode**. Diese Methode wird hauptsächlich bei zahlenmäßig kleinen und liquiden Indizes, wie dem *DAX*, *Euro Stoxx 50* usw., angewendet. Denn sie stößt schnell an ihre Grenzen:

- Anpassungen in der Gewichtung eines Indexes, die Aufnahme von neuen Mitgliedern sowie der Herausfall von alten Indexmitgliedern führen in der Regel zu Transaktionskosten, da hierdurch entsprechende Wertpapierkäufe bzw. -verkäufe ausgelöst werden.
- Außerdem fällt in einigen Ländern eine Stempelsteuer (0,5 % in Großbritannien, 1 % in der Schweiz oder Irland) beim Kauf und Verkauf von Aktien an. Solche Kosten finden im Index keine Beachtung.
- Bei Preisindizes kommt noch hinzu, dass die Dividenden und Zinsen möglichst schnell abfließen müssen, um keine unnötig große Barreserve aufzubauen. Das Problem ist nur, dass es unterschiedlich lange dauert, bis die Dividenden bzw. Zinsen den ETF erreichen. Während in Deutschland die Dividenden dem Fonds sofort zufließen, dauert es in den Niederlanden 15 Tage, in Japan 74 Tage oder in den USA 22 Tage.
- Bei Performanceindizes tritt das Problem mit der verzögerten Gutschrift der Dividenden noch stärker zutage, weil der Fonds nicht sofort eine Wiederanlage der Ausschüttungen durchführen kann, während diese im Index bereits berücksichtigt ist.
- Überdies haben viele Schwellenländer rechtliche Beschränkungen zum Erwerb von Wertpapieren. Aus diesem Grund müssen ETFs häufig auf *American Depositary Receipts* (ADR) oder *Global Depositary Receipts* (GDR) ausweichen. Bei den ADRs und GDRs handelt es sich nicht um Aktien, sondern um Zertifikate, die den Besitz von Aktien verbriefen.

Um diese Kosten in Grenzen zu halten, nutzen *Full-Replication-ETFs* einen Trick. Sie verleihen nämlich ihre Aktienpositionen gegen eine Gebühr an Hedgefonds oder Investmentbanken, damit diese Leerverkäufe[100] durchfüh-

[100] Einige Experten halten dies Vorgehen der ETF-Anbieter für kontra produktiv. Wie besprochen bildet ein ETF einen Marktindex ab. Deswegen folgt die Rendite vor Kosten des ETF recht exakt der Indexentwicklung. Der Verleih von Wertpapieren dient dem Leerverkauf. Das Ziel der Shortseller (wie z. B. Hedgefonds, Investmentbanken usw.)

ren können. Dank dieses Tricks hat z. B. der *MSCI Turkey ETF* von *iShares* es geschafft, zwischen 1 bis 2 Prozent zusätzlicher Rendite zu erwirtschaften, womit die Kosten mehr als ausgeglichen wurden. Allerdings kann dieser Weg jederzeit durch staatliche Maßnahmen verbaut werden. So wurden z. B. im Rahmen der Finanzkrise im Oktober 2008 Leerverkäufe zeitweise verboten.

Ein anderer Weg, um die Kosten der Nachbildung von Indizes zu reduzieren, ist, nur einen Teil der Wertpapiere im Index zu kaufen. Dabei erfolgt die Investition des Fondsvermögens in eine repräsentative Auswahl der im Index enthaltenen Wertpapiere. Ziel ist es, ein Portfolio so zusammenzustellen, dass die Marktkapitalisierung, Branchenstruktur sowie fundamentalen Anlagemerkmale ähnlich denen des abzubildenden Indexes sind. Das wird als

---

ist, durch die Leerverkäufe die Kurse zu drücken. Dies kann sich nachteilig auf die Rendite der ETFs auswirken, wenn durch massive Leerverkäufe die Indizes in Kurs sinken, denen die ETF nachbilden. Quasi *sägen die ETF den Ast ab, auf den sie sitzen*. Ein anderes Problem welches nicht unterschätzt werden darf, ist das Kontrahentenrisiko. Hiermit ist gemeint, dass der Shortseller seine Verpflichtungen aus der Wertpapierleihe nicht mehr nachkommen kann, d. h. die geliehenen Wertpapiere nicht mehr zurückgeben kann, weil er z. B. Pleite ist. Um dies Risiko zu minimieren muss der Entleiher neben einer Gebühr für das Entleihen des Wertpapiers auch Sicherheiten hinterlegen, damit der ETF im kritischen Fall gegen Zahlungsunfähigkeit geschützt ist. Die Gefahr besteht dabei darin, dass Sicherheiten von schlechter Qualität sind und im Ernstfall äußerst illiquide oder schwer zu bewerten bzw. zu verkaufen sein können. Aus diesem Grund schreibt das UCITS-Regelwerk der Europäischen Union Anforderungen vor, die die Sicherheiten erfüllen müssen, damit ein UCITS-ETF überhaupt Wertpapierleihe durchführen darf. Beispielsweise sind akzeptable Sicherheiten Staatsanleihen der G-10-Staaten, qualitativ sehr hochwertige Unternehmensanleihen (A+ Rating oder höher) oder Aktien aus anerkannten OECD-Märkten. BlackRock – Muttergesellschaft von iShares – betreibt Wertpapierleihe seit 1981. Seitdem konnten lediglich drei Entleiher die ausgeliehenen Wertpapiere nicht zurückgeben. Allerdings sind durch die hinterlegten Sicherheiten nie ein Schaden für die Fonds entstanden. Eine weitere Gefahr besteht darin, dass die Verleiher (ETF) die erhaltenen Sicherheiten von den Shortsellern wieder reinvestieren. Üblicherweise werden diese Sicherheiten in Geldmarktprodukten angelegt. Gleichwohl wurden einige Verleiher (ETF) im Zuge der letzten Finanzkrise (2007) vom Niedergang der Lehman Brothers Geldmarktfonds kalt erwischt. Hierdurch reduzierten sich die Sicherheiten deutlich. Bei Rückgabe der geliehenen Wertpapiere muss der Verleiher die Sicherheit in voller Höhe zurückzahlen. Da viele Lehman Brothers Geldmarktfonds 2007 deutliche Verluste verzeichneten, wurde ein erheblicher Teil der Sicherheiten „verzockt“. Auch in diesem extremen Fällen konnten die ETF-Anbieter ihre Investoren vor Verlusten schützen, indem sie mit ihrem eigenen Kapital oder dem einer Drittpartei für Schäden aus der Wertpapierleihe hafteten. Ein andere Kritikpunkt an der Wertpapierleihe ist, dass der Anleger nicht sämtliche Einnahmen aus der Wertpapierleihe bekommt. Beispielsweise schätzt man, dass iShares „nur“ 70–80 Prozent der Nettoeinnahmen aus Wertpapierleihe an seine Fonds weitergibt. Der Vorteil der Wertpapierleihe ist, dass sich durch die zusätzlichen Einnahmen die laufenden Gesamtkosten (TER) des ETFs reduzieren lassen.

Representative-Sampling-Methode (oder schlicht Sampling) bezeichnet. Dies wird umgesetzt, indem der ETF nur die Aktien kauft, die im Index das meiste Gewicht ausmachen. Die zu klein gewichteten Titel im Index kauft der ETF nicht, sondern ersetzt sie mit anderen Titeln oder Derivaten. Oftmals wird dies so umgesetzt, dass Titel, die im Index ein Gewicht von unter 0,01 % haben, nicht repliziert bzw. gekauft werden. Beispielsweise hält der *iShares ETF MSCI World* ca. 1.473 Aktien, obwohl der Index 1.542 (Stand Januar 2021) Einzeltitel hat.

Dies hat zur Folge, dass der ETF den Originalindex nicht mehr eins zu eins abbildet. Deshalb kann sich eventuell die ETF-Performance von der Index-Performance unterscheiden. Man spricht in diesem Fall auch vom Tracking Error oder der Tracking Difference (s. S. 195 ff.).

Um dies zu verhindern, entwickelte man die **optimierte Replikation** *(optimized sampling)*. Dieser quantitativ-statistische Ansatz versucht, durch ein computergestütztes Verfahren (so genannte Faktormodelle) das optimale Gleichgewicht zwischen *Tracking Error* (Abweichung der Rendite von der Benchmark), und den Transaktionskosten (hohe Kosten fallen vor allem bei wenig liquiden Titeln an) zu finden. Das Ziel ist demnach die Generierung eines Portfolios, das langfristig das Risiko-Rendite-Profil der Benchmark stabil nachbildet.

„*Wer Neues schaffen will, hat alle zu Feinden, die aus dem Alten ihren Nutzen ziehen.*“ (Machiavelli) So erging es auch dem **synthetischen Verfahren** (oder **Swap-ETF)** zur Abbildung eines Indexes. Einen synthetisch replizierenden ETF nennt man auch Swap-ETF.

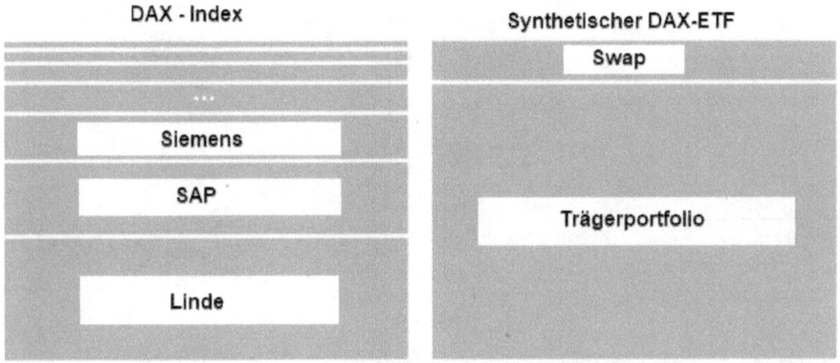

Abbildung 17: Aufbau eines synthetischen DAX-ETF

Tausch heißt auf Englisch „swap". Dabei läuft der Tausch so ab: Zunächst schließt der ETF-Anbieter mit einem Swap-Partner einen Vertrag. In den meistens Fällen ist der Swap-Partner die Mutterbank des Emittenten, z. B. die Deutsche Bank bei Xtrackers. Der Swap-Partner verpflichtet sich, dem ETF die Wertentwicklung des Indizes inklusive aller Dividendenzahlungen zu liefern. Hierzu investiert er oftmals direkt in den Index. Dafür bekommt der Swap-Partner eine Gebühr (sog. „Swap-Gebühr") und die Rendite eines Wertpapierkorbs, den der ETF-Anbieter vom Geld der Anleger gekauft hat und als Sicherheit hinterlegt wird. Dieser Wertpapierkorb wird auch als Träger- oder Sicherheiten-Portfolio bezeichnet.

„*Nur die halben Sachen sind kompliziert*," lehrt ein Sprichwort. Deswegen lassen sie uns die Details eines Tauschgeschäftes am Beispiel des *DAX*s erläutern. In diesem Beispiel hält der Swap-Partner Deutsche Bank den Index *DAX*. Im Rahmen des Tauschgeschäfts bekommt er die Rendite des ETF-Trägerportfolios des „Xtrackers DAX ETF". Im Gegenzug bekommt der „Xtrackers DAX ETF" die Rendite des *DAXs* aus dem Portfolio des Swap-Partners Deutsche Bank.

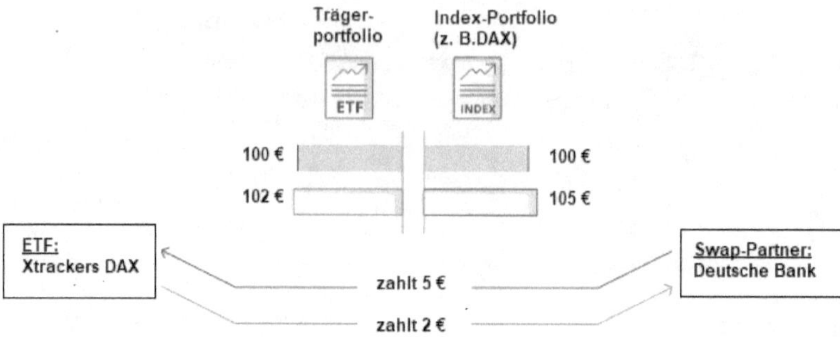

Abbildung 18: Ablauf eines Swap-Geschäftes

Folgendes kleine Rechenbeispiel soll, die Wechselwirkung zwischen den Renditen erklären. Dazu gehen wir davon aus, dass beide Portfolios (Träger- und Index-Portfolio) einen ursprünglichen Wert von 100 € haben.

- Steigt der Kurs des *DAX*s um 5 %, so erhöht sich das Index-Portfolio des Swap-Partners Deutsche Bank von 100 € auf 105 €.
- Dagegen steigt das Trägerportfolio des *Xtrackers DAX ETF* nur um 2% und hat einen Wert von 102 €.

Im Rahmen des Tauschgeschäftes muss der Swap-Partner Deutsche Bank dem „*Xtrackers DAX ETF*" die Indexrendite des DAXs bezahlen, also zahlt der Swap-Partner Deutsche Bank dem „*Xtrackers DAX ETF*" 5 Euro. Auf der anderen Seite muss der „*Xtrackers DAX ETF*" die Rendite des Trägerportfolios bezahlen. Folglich zahlt der „*Xtrackers DAX ETF*" dem Swap-Partner Deutsche Bank 2 €.

Entwickelt sich das Ganze umgekehrt, wird natürlich auch getauscht und der „*Xtrackers DAX ETF*" zahlt einen höheren Betrag an den Swap-Partner Deutsche Bank[101], als er selbst erhält. Dies geschieht täglich. Das bedeutet, dass der Swap-Partner Deutsche Bank auf täglicher Basis die Performance des *DAX*s zur Verfügung stellt und somit eine nahezu Eins-zu-Eins-Abbildung des Indexes gewährleistet. Durch diesen Tausch erhalten also die Investoren des „*Xtrackers DAX ETF*" die Rendite des *DAX*s. Diesen bildet der „*Xtrackers*

[101] Unabhängig von den Renditetausch bekommt der Swap-Partner Deutsche Bank von dem „Xtrackers DAX ETF" noch die Swap-Gebühr bezahlt.

DAX ETF" zwar nicht wirklich nach, aber die Rendite ist dennoch annähernd die gleiche.

Denn die Zusammensetzung des Träger- bzw. Sicherheiten-Portfolio muss nicht mit der Zusammensetzung des dem ETF zugrunde liegenden Indexes übereinstimmen. So kann z. B. ein ETF auf den *DAX* auch europäische Aktien enthalten oder ein europäischer Renten-ETF auch Fremdwährungsanleihen. Zudem unterscheiden sich diese Aktienkörbe von Anbieter zu Anbieter. Beispielsweise enthält der *Lyxor ETF DAX* europäische Aktien, während der *x-trackers ETF DAX* japanische Aktien (s. Tabelle 23, S. 190) enthält[102].

[102] Im Rahmen der Finanzkrise haben viele ETF-Anbieter versucht, die Sicherheit ihrer Produkte zu optimieren. So enthielt früher der Aktienkorb des *db x-trackers DAX ETFs* beispielsweise japanische Aktien, nun sind es europäische. Das heißt, die Zusammensetzung der Körbe nähert sich wieder der der Referenzindizes an. Auch die Körbe in den Rentenprodukten änderten sich, sie enthalten heute einen wesentlich höheren Anteil von Staatsanleihen mit hoher Bonität als früher.

Tabelle 23: Beispiele für einen Aktienkorb

Lyxor ETF DAX Stand 31.Dezember 2007 (Quelle: Multi Units Luxembourg Jahresbericht –Lyxor ETF DAX, S. 130 ff.)		db x-trackers ETF DAX (Quelle: db x-trackers geprüfter Bericht für den Zeitraum vom 2.Oktober bis 31. Dezember 2007, S. 39 ff.)	
Aktie	Anteil am Fondsvermögen	Aktie	Anteil am Fondsvermögen
Vivendi	8,53 %	Nippon Oil Corp	2,81 %
CARREFOUR	6,47 %	Okuma Corp.	2,69 %
France Telecom	5,82 %	Jtekt Corp.	2,00 %
UBS S.A.	5,34 %	Nippon Steel Corp.	1,97 %
Telefonica	5,23 %	Yamato Holdings Co. Ltd.	1,97 %
Credit Agricole	4,69 %	Nitto Denko Corp.	1,93 %
Commerzbank	4,59 %	Kuraray Corp.	1,91 %
BNP PARIBAS	4,58 %	Kyocera Corp.	1,88 %
LAFARGE	4,09 %	Kao Corp.	1,87 %
SWISSCOM	3,55 %	Dentsu Inc.	1,86 %
ASSICURAZIONI GENERALI	3,46 %	Nippon Yusen Kabushiki Kaisha	1,85 %
Fortis	2,96 %	Nissan Chemical Industries Ltd.	1,83 %
BASF	2,82 %	Fanuc Ltd.	1,83 %
UNICREDITO ITALIANO	2,60 %	Mazda Motor Corp.	1,81 %
INTESA SANPAOLO SPA	2,5 %	Mitsui OSK Lines Ltd.	1,78 %
UPM KYMMENE	2,26 %	Kubota Corp.	1,77 %
ALSTROM	2,12 %	Heiwa Real Estate	1,76 %
AXA	1,92 %	Kawasaki Kisen Kaisha Ltd.	1,73 %
Mediaset	1,69 %	Eisai Co. Ltd.	1,72 %
Deutsche Bank	1,63 %	Mitsukoshi Ltd.	1,67 %
Air France-KLM	1,40 %	DA Office Investment Corp.	1,51 %
Royal Dutch Shell	1,34 %	Mitsui Fudosan Co.	1,36 %
Aegon NV	1,31 %	COMSYS Holdings Corp.	1,35 %
Valeo	1,28 %	Nikon Corp.	1,33 %
Suez	1,23 %	Nippon Residential Investment Corp.	1,31 %
Volkswagen	1,20 %	Toyo Suisan Kaisha Ltd.	1,29 %
und weitere		und weitere	
Dieser Aktienkorb enthält europäische Aktien mit Schwerpunkt Frankreich (knapp 50 %)		Dieser Aktienkorb enthält nur japanische Aktien	

Wegen dieses Aufbaus der Swap-ETFs sagen Kritiker: „*Sie stellen nicht den zugrunde liegenden Index des ETFs dar, sondern verbriefen, vereinfacht ausgedrückt, nur noch das Recht auf die Auszahlung der prozentualen Veränderung des Indexes. Wie dies geschieht, bleibt dem Anleger verschlossen, wie ein Buch mit sieben Siegeln.*“ Tatsächlich haben diese Kritiker recht, da die Performance eines Swap-ETFs letztlich durch den Swap generiert wird, sodass die Wertentwicklung der als Sicherheit für den Swap dienenden Träger- bzw. Sicherheiten-Portfolio des ETFs keinen Einfluss auf die Performance des Swap-ETF hat. Bei den Swap-ETFs haben sich drei Varianten etabliert.

1. Variante: Unfunded
   Bei einem Unfunded Swap-ETF werden max. 10 % des Fondsvermögens in Swap-Anteile investiert, welche nicht extra über eine Versicherung oder Sicherheiten rückversichert sind. Somit verbleibt ein Ausfallrisiko in Höhe des Swap-Gegenwertes für den Anleger.
2. Variante: Funded
   Der wesentliche Unterschied zum Unfunded Swap-ETF ist, dass bei einer Funded-Struktur das Ausfallrisiko des Swaps zusätzlich abgesichert wird. Hierzu hinterlegt der Swap-Partner den Swap-Gegenwert mindestes in gleicher Höhe mit Sicherheiten bei einem Sicherungsverwahrer. Kommt es zu einem Ausfall des Swaps, so werden die hinterlegten Sicherheiten durch den Treuhänder sofort verwertet. Deshalb besteht für den Anleger nur noch ein minimales Restrisiko. Dieses Restrisiko hängt unter anderem von der Preisentwicklung der hinterlegten Sicherheiten ab. Die Gefahr besteht, dass bei einer extremen Marktphase die Sicherheiten drastisch an Wert verlieren und möglicherweise den Gegenwert des Swap-Geschäfts nicht mehr kompensieren.
3. Variante: Fully-Funded
   Anders als bei den anderen beiden Varianten hält ein Fully-Funded Swap-ETF kein Wertpapierkorb. Er investiert also zu 100 Prozent seines Anlagevermögens in einem Swap. Zur Sicherheit für die Anleger werden allerdings Sicherheiten mit entsprechenden Abschlägen hinterlegt. Der Sicherungswert liegt zwischen 100 und 120 Prozent des Swap-Wertes. In einem solchen Fall spricht man auch von einer Übersicherung. Die hinterlegten Sicherheiten werden durch einen Treuhänder verwaltet und bei einem Ausfall sofort verwertet.

Stellt sich die Frage: Welches Risiko haben Swaps? Der Investmentguru Warren Buffet nannte Derivate wie Swaps in seinem Jahresbericht für die

Berkshire Hathaway 2002 *„finanzielle Massenvernichtungswaffen"*. Die Sichtweise ist vielleicht etwas übertrieben. Dennoch bergen Swaps ein Risiko in sich, das dem Anleger nicht sofort in die Augen springt. Zwar zählt die Einlage im ETF zum Sondervermögen des Emittenten und bleibt somit auch bei seiner Insolvenz erhalten. Doch auf den zweiten Blick erkennt man, dass ein Swap nichts anderes als eine Schuldverschreibung ist. Deshalb gibt es hier ein Emittentenrisiko bzw. Kontrahenten-Risiko innerhalb des ETFs. Ist der Swap-Partner insolvent, ist auch der Swap gefährdet, wertlos zu werden. Dieses Risiko hat auch der Gesetzgeber erkannt. Gemäß den Vorschriften der UCITS (Abk. für *Undertakings for Collective Investments in Transferable Securities*)[103] ist der Anteil des Swaps auf 10 % des Nettoinventarwertes beschränkt. Das heißt, dass mindestens 90 % des eingesetzten Kapitals unterliegen also keinem Kontrahenten-Risiko. In der Praxis ziehen ETF-Anbieter allerdings schon wesentlich früher die Reißleine.

Einen weiteren Schutz führen die ETF-Anbieter selbst durch, indem sie nur große Banken als Swap-Partner wählen. Allerdings wird die Bonität der großen Banken zurzeit auch nicht als besonders hoch eingeschätzt, am Markt werden für Bankanleihen Risikoprämien von mehr als 200 Basispunkten verlangt. Dagegen wird bei einem Swap kaum eine ähnliche Risikoprämie gewährt, obwohl das gleiche Gläubigerrisiko besteht. Die Finanzkrise im Jahr 2008 hat gezeigt, dass der Spruch *„to big to fall"* bei Banken nicht immer zutrifft. Was passiert aber, wenn der Swap-Partner insolvent wird?

Gehen wir vom schlimmsten Fall aus: Der Swap-Wert steht bei 10 % zugunsten des ETFs, und der Swap-Partner fällt vollständig aus. Dann verliert der ETF unwiederbringlich 10 % seines Fondsvermögens. Zudem kann natürlich auch die Performance des Aktien- bzw. Rentenkorbs des ETFs deutlich von der Performance des zugrunde liegenden Indexes abweichen. Dann muss der Anleger kurzzeitig eine deutliche Underperformance in Kauf nehmen. Im nächsten Schritt wird der Fonds vermutlich einen Kapitalschnitt vornehmen, um den Index wieder 1:1 abbilden zu können. Darauffolgend wird sich das Fondsmanagement, um die versprochene Indexabbildung weiter gewährleis-

---

[103] Die OGAW-Richtlinie (engl. UCITS Directive) ist eine EU-Richtlinie, die auf eine Vereinheitlichung des europäischen Investmentrechts zielt, um Hindernisse für den europäischen Vertrieb von Investmentfonds zu beseitigen.

ten zu können, einen neuen Swap-Partner – mit neuerlichem Kontrahentenrisiko – suchen.

Genau dieses Kontrahentenrisiko macht den Anlegern seit der Lehman-Brothers-Pleite zunehmend Sorgen. Die ETF-Anbieter reagieren auf die Ängste der Anleger auf verschiedenste Weise. So versicherte die Deutsche-Bank-Tochter *db x-trackers*, dass bei ihren ETFs die Swap-Quote weit unterhalb der Höchstgrenze liegt oder sogar negativ sein kann. Zusätzlich hat *db x-trackers* im August 2009 bekannt gegeben, dass ausgewählte ETFs aus den Bereichen Aktien, Devisen und Rohstoffen (68 ETFs) übersichert werden. Das bedeutet, dass die hinter den ETFs stehenden Wertpapierkörbe, deren Wertentwicklung per Swap mit der des zugrunde liegenden Basisindex getauscht wird, auf ein Volumen von mindestens 108 % des ETF-Volumens angehoben werden. Sollte der Swap-Partner ausfallen, kann auf die zusätzlichen Sicherheiten zurückgegriffen werden. Damit wird bei einem Swap-ETF praktisch das Kontrahentenrisiko eliminiert.

Im September 2009 zog die Commerzbank-Tochter *Comstage* nach und besicherte ihre ETFs mit 130 % über. Dazu wurden Sicherheiten erstklassiger Qualität, wie zum Beispiel Staatsanleihen, genutzt.

Grundsätzlich ist diese zusätzliche Besicherung positiv, aber zugleich macht sie den ETF-Markt auch ein Stückchen unübersichtlicher. Jetzt müssen Anleger neben Swap und Full-Replication-Methode auch noch überprüfen, ob es sich bei einem Swap-ETF um einen besicherten handelt. Zudem bleibt abzuwarten, ob die Kosten für die zusätzliche Sicherheit nicht früher oder später auf die Anleger abgewälzt werden.

Auf Drängen der institutionellen Anleger gab *iShares* bekannt, zukünftig keine Swaps mehr zu verwenden. Falls nötig, wird auf besicherte Zertifikate zurückgegriffen. Wenn die Krise erst einmal verdaut ist, werden wohl sämtliche Beschränkungen im Einsatz von Swaps wieder fallen.

Dagegen haben voll replizierende ETFs, die den zugrunde liegenden Index 1:1 über die entsprechenden Aktien oder Anleihen abbilden, kein Ausfallrisiko. Bei ihnen trägt der Anleger lediglich das Marktrisiko (s. S. 327 ff.) des zugrunde liegenden Indexes.

Kritiker werfen den Swap-ETFs auch eine schlechte Informationspolitik und mangelnde Transparenz vor. Nur die wenigsten ETFs führen das Wort Swap

(z. B. *iShares DJ-AIG Commodity Swap*) im Namen und machen so deutlich, worum es geht. Viele ETFs erwähnen diesen Umstand nur im Verkaufsprospekt. Daher kann sich der Anleger mittlerweile nicht mehr darauf verlassen, dass ein ETF auf den *Euro Stoxx 50* auch zum Großteil europäische Aktien enthält. Bei einem Swap-ETF können beispielsweise auch amerikanische oder japanische Aktien enthalten sein. Somit muss der Anleger genau prüfen, ob im ETF auch das enthalten ist, was auf dem Etikett steht.

Zugespitzt besteht der wohl wichtigste Unterschied zwischen den Methoden der Indexabbildung darin, dass ein Swap-ETF lediglich verspricht, die Wertentwicklung eines Indexes 1:1 abzubilden. Der Anleger kauft sich also Anteile an einem Portfolio, das mit dem zugrunde liegenden Index eigentlich nichts mehr zu tun hat. Dagegen investiert der Anleger bei den physikalischen Replikationsmethoden direkt in die Wertpapiere, die dem Index zugrunde liegen. Darum gilt: Legt ein Anleger besonderen Wert auf eine hohe Transparenz, so fährt er mit den ETFs, welche die physikalischen Replikationsmethoden anwenden, besser. Nur bei diesen ETFs weiß der Anleger genau, in welche Werte der Fonds tatsächlich investiert.

Tabelle 24: Übersicht über die Methoden der Indexreplikation

Physikalische Replikationsmethoden			Synthetische Methode
Full Replication (Vollständige Nachbildung)	Approximative Nachbildung (Sampling)		
	Representative-Sampling-Methode	Optimized Sampling	
Auswahl aller Indextitel gemäß der Gewichtung im Index	Kriterienorientierte Titelauswahl (z. B. Sektor, Kapitalisierung)	Titelauswahl basierend auf Optimierungsverfahren	Einsatz von Swaps zur Indexnachbildung

Ein Vorteil der Swap-ETFs ist, dass mit Hilfe von Swaps einfach exotische Märkte und Anlagestrategien wie beispielsweise *Emerging Markets*, Währungen, Rohstoffe oder Short-Strategien kostengünstig abgebildet werden können. Ein weiterer Vorteil ist, dass die Kosten bei der Indexnachbildung relativ klein sind (z. B. keine Stempelsteuer, Dividendenverwaltung, Nachvollzug von Indexänderungen usw.). Deswegen sind die Verwaltungsgebühren meis-

tens geringer als bei ETFs, die die physikalische Replikationsmethode anwenden.
Unter dem Strich können Swap-ETFs einen Index effizienter abbilden und weisen einen niedrigeren *Tracking Error* auf als alle anderen Formen der Indexnachbildung. Was ist der *Tracking Error*? Schlägt man im Wörterbuch nach, so erhält man die technische Übersetzung „Spurfehler“. Was versteht man aber in der Finanzwelt darunter?

4.2.2 *Tracking Error* – Der Erfolg der Indexnachbildung

„Leute, die sich die Finger verbrennen, verstehen nichts vom Spiel mit dem Feuer“, sagte Oscar Wilde. Genauso ist es bei ETFs. Viele Anleger vernachlässigen bei ihrer Anlageentscheidung die Frage: Wie stark weicht die Performance meines ETFs vom Referenzindex ab? Um diese Frage zu beantworten, wurde der *Tracking Error* eingeführt. Er wurde von William F. Sharpe 1992 in seiner Arbeit zur Analyse des Investmentstils definiert. Als *Tracking Error*[104] bezeichnete er die Differenz aus der Rendite eines Investmentfonds sowie eines passiven Portfolios, das dem Investmentstil des Fonds sehr nahe kommt. Die Varianz dieser Differenz wird als *Tracking Error Variance* bezeichnet. Da diese Bezeichnung ein Zungenbrecher ist, wurde sie durch die Werbeabteilungen der Fondsindustrie auf den Begriff *Tracking Error* zusammengestrichen.

$$TE = \sqrt{\frac{1}{n-1} \cdot \left(\left(r_{PF,t} - r_{BM,t} \right) - \left(\bar{r}_{PF} - \bar{r}_{BM} \right) \right)^2}$$

$r_{PF,t}$= Rendite des replizierenden Portfolios zu m Zeitpunkt t, z. B. ETF; $r_{BM,t}$= Rendite der Benchmark zum Zeitpunkt t; n = Anzahl der Renditebeobachtungen.

Der *Tracking Error* ist heute in erster Linie eine Kennzahl zur Beurteilung passiver Investmentfonds. Demnach bezeichnet der *Tracking Error* somit den

[104] Der *Tracking Error* gibt die Standardabweichung der ETF-Rendite von der Rendite der Benchmark (Vergleichsindex) an. Ein niedriger *Tracking Error* steht für eine sehr ähnliche Wertentwicklung des ETFs mit seinem Vergleichsindex – er würde idealtypisch bei null Prozent liegen. Je größer die durchschnittliche Abweichung der Fondsentwicklung von der Wertentwicklung des Vergleichindexes wird, umso größer ist auch der *Tracking Error*. Diese Differenz entsteht u. a. durch die jährliche Verwaltungsgebühr.

durch die Renditedifferenz gemessenen Nachbildungsfehler des Portfolios (ETF) im Vergleich zu einer Benchmark.

Es gilt: Je größer der *Tracking Error* ist, umso schlechter wird die Wertentwicklung des Referenzindexes nachgebildet. Allerdings ist Vorsicht bei der Verwendung des *Tracking Errors* geboten. Denn ein *Tracking Error* von null sagt aus, dass die Differenz zwischen Benchmark- und Fondsrendite konstant ist, aber nicht, ob sie positiv oder negativ ist. Es wäre also bei einem *Tracking Error* von null theoretisch möglich, dass die Renditen zwar die gleiche Differenz aufweisen, sich aber auf unterschiedlichen Niveaus parallel bewegen.

Wie hoch sollte der *Tracking Error* bei ETFs im Idealfall sein? Zur Beantwortung der Frage muss man sich folgendes vor Augen führen:

Wie schon häufig erwähnt bildet ein ETF ganz einfach nur einem Index nach. Daher folgt seine Rendite recht exakt der Indexentwicklung. Allerdings muss die Rendite des ETFs auf lange Sicht hinter der Indexrendite zurückbleiben, weil der Index ja keine Nebenkosten hat, während ein ETF sie jedoch hat. Demzufolge entspricht der *Tracking Error* im Idealfall der Verwaltungsgebühr des ETFs.

Da es sich bei Indizes um theoretische Gebilde handelt, die viele Faktoren aus der realen Welt nicht berücksichtigen, ist der *Tracking Error* jedoch oftmals größer als die jährliche Verwaltungsgebühr. Folgende Einflussfaktoren führen bei ETFs zu einem *Tracking Error*.

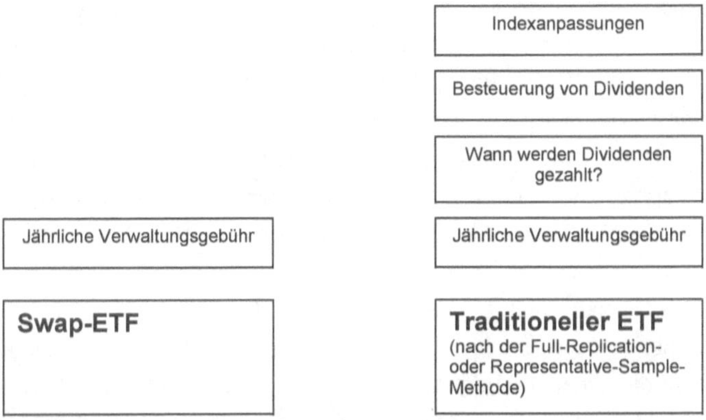

Abbildung 19: Wie entsteht der *Tracking Error*?

Abbildung 19 zeigt, dass eine Verwaltungsgebühr bei allen ETFs anfällt. Sie wird dem Sondervermögen des ETFs entnommen. Dazu wird meistens täglich ein 365stel der dem ETF-Anbieter zustehenden jährlichen Verwaltungsgebühr vom Sondervermögen abgezogen. Damit für die Begleichung der Verwaltungsgebühr und anderer Verbindlichkeiten keine Wertpapiere verkauft werden müssen, halten die meisten ETFs geringe Bargeldbestände vor. Wegen dieser Bargeldbestände beobachtet man bei steigenden Märkten eine geringfügige Underperformance des ETFs gegenüber seinem zugrunde liegenden Index. Auf der anderen Seite kommt es bei fallenden Märkten wegen der geringen Kassenhaltung häufig zu einer geringen Outperformance, weil die Bargeldbestände nicht in den Index investiert sind (sondern im Geldmarktbereich) und daher nicht vom negativen Kursverlauf des zugrunde liegenden Index tangiert werden.

Ferner zeigt Abbildung 19, dass bei ETFs nach der Full-Replication- oder Representative-Sampling-Methode weitere Kostenfaktoren, neben der Verwaltungsgebühr, auftreten.

So führt die Dividendenzahlung zu einer Abweichung der Performance des ETFs vom Referenzindex. Dies liegt daran, dass die meisten Indexanbieter, wie z. B. MSCI, annehmen, dass die Dividenden am so genannten ex-Tag gezahlt werden und somit auch gleich zur Reinvestition in weitere Aktien zur

Verfügung stehen. Allerdings kommt es in der Realität zu Verzögerungen, d. h., das Geld steht nicht am ex-Tag zur Reinvestition zur Verfügung. So erhält der ETF z. B. Dividenden von US-Aktien mit einer Verzögerung von 22 Tagen. Darüber hinaus fließen die Dividenden dem ETF auch zu unterschiedlichen Zeitpunkten zu. Um ständige Transaktionskosten zu sparen, werden die Dividenden zunächst angespart und dann in einem Rutsch investiert. Das wird als *Cash Drag* (Barbestand kann nicht vollständig investiert werden) bezeichnet.

Somit besteht das Risiko, dass es aufgrund der Methode der Indexkalkulation in einem steigenden Marktumfeld zu einer Underperformance kommt. Dieser Trend wird durch die Tatsache verstärkt, dass viele Unternehmen im Rahmen des Shareholder-Value immer größere Dividendenbeträge ausschütten. Einige Experten sagen, dass dieser Effekt auf den *Tracking Error* über den Zeitverlauf eher gering ist, da bei fallenden Aktienkursen dieser Effekt sogar positiv zu Buche schlägt, weil die akkumulierten Dividendenzahlungen in Form von *Cash* als Puffer dienen können. Je früher sie dem Fonds als Cash-Bestandteil bei fallenden Kursen zufließen, umso positiver ist die Performance gegenüber dem Index. Das liegt daran, dass der Fonds die Reinvestition der Dividenden nicht zu hohen Kursen durchführen muss, sondern auf einem niedrigeren Niveau. Folglich kann der Fonds mehr Aktien erwerben.

Aber auch die steuerliche Behandlung der Dividenden führt zu einer Abweichung der Performance zwischen ETF und Referenzindex. So muss z. B. zum Zeitpunkt der Reinvestition der Dividenden bzw. Zinsen u. a. die Abgeltungsteuer an das Finanzamt abgeführt werden. Folgerichtig führen die unterschiedlichen nationalen Steuersysteme dazu, dass der ETF in vielen Ländern zwar einen Teil der Steuern auf Dividenden und Zinsen zurückfordern kann, aber die Nettodividende (die dem ETF zur Verfügung steht) ist deutlich geringer als die Bruttodividende. Bei der Berechnung des zugrunde liegenden Indexes werden diese Abgaben meist nicht berücksichtigt. Allerdings berücksichtigt der Indexsponsor *Stoxx* bei der Berechnung des *DJ Euro Stoxx 50 TR Index* (*Total Return Netto*) eine Steuerbelastung von circa 24 %, d. h. es werden nur 76 % der ausgeschütteten Dividenden reinvestiert.

Kommt es dagegen bei ETFs, die einen Kursindex abbilden, zu einer Auszahlung von Dividenden und Zinsen, gehen diese am Ausschüttungstag als Bardividenden in den ETF ein und verursachen dadurch schon eine Abweichung der Wertentwicklung. Durch die zusätzlichen Dividenden- oder Zinseinnahmen erhöht sich der Anteilspreis, bis er an die Anleger ausgeschüttet wird. Hier kann ein Feintuning bei der Auszahlung der Dividenden helfen. So schütten z. B. die ETFs von *iShares* bis zu vier Mal pro Jahr ihre vereinnahmten Dividenden aus. Hierdurch wird der bei ETF-Anbietern gefürchtete *Cash Drag* abgemildert. Denn mit jeder Dividendenzahlung reichern sich die Bargeldbestände des ETFs an. Hierdurch sinkt die Investitionsquote und die Wertentwicklung des ETFs weicht zunehmend von der Performance des Vergleichsindexes ab.

Aber auch die Art und Weise, wie Indexanpassungen behandelt werden, hat einen Einfluss auf die Gesamtkosten des ETFs. Schließlich impliziert jede Indexänderung Kosten für den Fonds, die durch Transaktionskosten entstehen. Hierbei ist ein besonderes Problem, dass Aktien, die aus einem bekannten Index fallen, meistens an Wert verlieren, während Aufsteiger in einem Index im Wert steigen. Deswegen muss der Fonds zu niedrigen Kursen verkaufen und zu hohen Kursen kaufen. Dieser Markteinfluss kann zu einer Abweichung vom Vergleichsindex führen. Beispielsweise findet bei den MSCI-Indizes im Mai ein Hauptjahresrückblick statt, dem dann kleine Quartalsrückblicke folgen, die sich vor allen mit kürzlich erfolgten IPO's oder Free-Float-Änderungen beschäftigen.

Daneben sehen sich ETFs, die direkt in die zugrunde liegenden Aktien investieren, mit weiteren Kosten belastet, die aus *Corporate Actions* (Anpassungen der Unternehmensstrukturen) resultieren. Damit sind z. B. Kapitalerhöhungen umfasst, bei denen der Zeitpunkt der Implementierung in den entsprechenden Index vom Zeitpunkt der *Corporate Action* abweicht. Aber auch die Behandlung von Fusionen kann zu Problemen führen, wenn der letzte gehandelte Preis vor der Indexanpassung vom Übernahmepreis abweicht. Ein Bonmot sagt aus: „*Neues entdecken kann man nur, wenn man auch bereit ist, es in sein Leben zu lassen.*“ So versuchen die ETFs mit den verschiedensten Mitteln den *Tracking Error* so gering wie möglich zu halten. Schließlich ist der *Tracking Error* ein wichtiges Instrument in der Kundenakquise.

So eröffnet sich bei Swap-ETFs eine Möglichkeit einer steuereffizienten Vereinnahmung von Dividenden. Das Geheimnis ist die Konstruktion der Swap-ETFs. Sie wandeln die Dividendenerträge über Swaps in Erträge aus Termingeschäften um. Denn laut deutschem Steuerrecht kommen dann die Erlöse nicht mehr von den Dividenden, sondern von den Kursgewinnen der Derivate (Swap). Weiterhin gilt, dass Kursgewinne außerordentliche Erträge sind, die nicht der Abgeltungsteuer unterliegen. Allerdings ist die langfristige steuerliche Behandlung von Swap-ETFs keinesfalls mit Sicherheit vorherzusagen. Schließlich können sich Steuergesetze relativ schnell ändern, wenn dem Staat zu viel Geld durch dieses Schlupfloch verloren geht.

Aber auch ETFs nach der Full-Replication-Methode nutzen verschiedenste Optimierungsstrategien zur Verbesserung der Quellensteuerbelastung von ausländischen Dividendenerträgen. Dabei wird z. B. eine Aktie vor dem Dividendentermin durch ein Zertifikat ersetzt und danach wieder als Aktie zurückgekauft. Die Dividende wird so umgemünzt in Kursgewinne[105]. Wie erfolgreich dieses Optimierungsverfahren ist, zeigt sich daran, dass der *iShares Dow Jones Euro Stoxx 50* (nach der Full-Replication-Methode) seit Januar 2007 fast durchgehend einen geringeren *Tracking Error* aufwies und zudem eine um circa 20 Basispunkte bessere Performance zeigte als sein Swap-basiertes Konkurrenzprodukt aus demselben Haus. Dennoch sind solche Optimierungsverfahren nicht ohne Risiko. So zeigt der Halbjahresbericht des ETFs *iShares Euro Stoxx 50* vom 30. April 2008, dass in der Vergangenheit Zertifikate von *Merrill Lynch* oder *Lehman Brothers* genutzt wurden. Wegen der Finanzkrise im Jahr 2008 und der Pleite von *Lehman Brothers* entschied sich *iShares* im September 2008 vorerst, die Dividendenzahlungen nicht über kurzfristige Positionen in Zertifikaten zu optimieren. Schließlich kommt hier durch die Hintertür kurzfristig ein Emittentenrisiko in den ETF hinein.

---

[105] ETFs verwenden aber auch die Methode des Dividenden-Stripping. Bei dieser Methode verkauft der ETF seine Aktie unmittelbar vor der Dividendenzahlung an einen Partner. Am Dividendentag erhält der neue Aktienbesitzer die Dividende. Allerdings fällt der Aktienkurs am Zahltag der Dividende (ex-Tag) meist um die Höhe der Dividende. Nun kauft der ETF die Aktie zum ermäßigten Kurs zurück. In der Regel wird nämlich der Dividendenabschlag in kurzer Zeit wieder aufgeholt. Was verbleibt sind Kursgewinne und keine Gewinne durch Dividendenzahlung.

Obendrein nutzen viele ETFs zur Performancesteigerung die Wertpapierleihe[106]. Hierzu gibt der Fondsmanager die beim Creation-Prozess erhaltenen Wertpapiere zur Leihe frei. Dann sucht die Fondsgesellschaft einen Partner, der die Wertpapiere leihen möchte. Die Fondsgesellschaft erhält dann für das Verleihen der Wertpapiere eine zwischen dem Leiher und dem Verleiher ausgehandelte Gebühr. Nach Ablauf der festgelegten Laufzeit erhält der Verleiher die Wertpapiere und die Leihgebühr in gleicher Art und Güte zurück. Wichtig zu wissen ist, dass die Wertpapierleihe auch Risiken in sich birgt. So existiert neben operativen Risiken auch ein Gegenparteirisiko.
So könnte ein Fondsmanager eines Swap-ETFs im Wettbewerb um die niedrigsten Kosten dazu geneigt sein, das frei zu bildende Wertpapierdepot nach Gesichtspunkten der Maximierung des potenziellen Wertpapierleiheertrags auszurichten. In der Regel erzielen volatile Aktien die höchsten Leiherträge. Die Gefahr besteht darin, dass der Entleiher der Aktien, die er ja leer verkauft, bei einem starken unerwarteten Kursanstieg erhebliche Verluste erleidet und deshalb nicht mehr in der Lage ist, die entliehenen Wertpapiere zu beschaffen. Dies ist natürlich ein extremes Szenario, allerdings sind schon häufiger Wertpapierleihegeschäfte geplatzt. Um dieses Risiko etwas zu minimieren, verlangen ETF-Anbieter meist eine Sicherheit (so genanntes *Collateral*) von den Entleihern oder führen eine Begrenzung auf 10 % des Fondsvermögens je Entleiher durch. Bei unbefristeter Wertpapierleihe darf der gesamte Wertpapierbestand des ETFs verliehen werden. Dies gilt für alle Varianten von ETFs. Beispielsweise hat der nach der Full-Replication-Methode zusammengestellte *ETFlab DAX-ETF* nahezu all seine Aktien verliehen.
Durch die Generierung von Zusatzerträgen durch Aktienleihe oder einer steuereffizienten Vereinnahmung von Dividendenerträgen kann die Verwaltungsgebühr bzw. *Management Fee* kompensiert oder, unter günstigen Umständen, sogar überkompensiert werden. Über die Höhe der erzielten Erträge gibt der Geschäftsbericht bzw. Jahresbericht Auskunft. So konnte z. B. der *db x-trackers DJ Euro Stoxx 50* aufgrund dieser Zusatzerträge den Referenzindex *Euro Stoxx 50* im Zeitraum Januar 2007 bis März 2008 um 0,47 % übertreffen. Diese guten Ergebnisse bei der Indexnachbildung veranlassten *db x-*

[106] Der Wertpapierleihemarkt ist ein riesiger Markt. Im Juni 2020 waren weltweit Vermögenswerte im Wert von über 20 Billionen US-Dollar für die Wertpapierleihe verliehen (Quelle: International Securities Lending Association; ISLA, Juni 2020).

trackers am 20.07.2009, die Gebühren für den *db x-trackers ETF DJ Euro Stoxx 50* von 0,15 % auf null Prozent zu senken. Im Gegenzug werden die Zusatzerträge aus z.B. der Wertpapierleihe nicht mehr komplett an die Anteilsinhaber weitergegeben. *db x-trackers* behält von diesen Mehrerträgen jedes Jahr 0,15 %, die Höhe der bisherigen Verwaltungsgebühren, ein. Kritiker sagen deswegen auch, dass der Verzicht der Verwaltungsgebühr an die Mogelpackungen bei Lebensmitteln erinnert, bei denen der Preis gleich bleibt aber der Inhalt weniger wird.

Somit verbleibt als Kostenfaktor nur noch der *Spread*, also der Unterschied zwischen Geld- und Briefkurs. Selbst diesen können Anleger sparen, da diverse ETFs zurzeit an der Börse Stuttgart ohne *Spread* angeboten wird.

Generell werden bei einem Swap-ETF alle Ursachen des *Tracking Errors*, außer der Verwaltungsgebühr, auf den Swap-Kontrahenten übertragen. Sie haben damit keine Auswirkungen auf die Performance des ETFs. Deswegen ist der *Tracking Error* eines Swap-ETFs am geringsten. Bei der Full-Replication-Methode fällt der *Tracking Error* eher niedriger aus als bei der Representative-Sampling-Methode. Ein Anleger fasste die Bedeutung des *Tracking Errors* einmal so zusammen: „*Wieso so kompliziert? Der Tracking Error beschreibt schlicht und einfach die Abweichung des ETFs im Vergleich zu seiner Benchmark. Je größer sie ist, desto stärker weicht der ETF von der Performance des Referenzindexes ab.*“

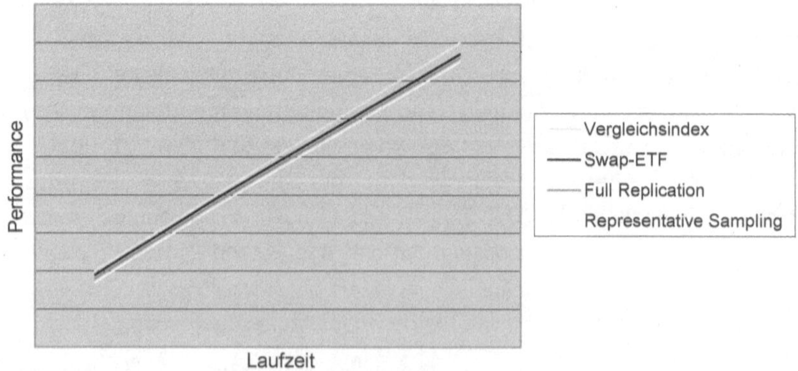

Abbildung 20: Vergleich der Replikationsmethoden

Eines darf der Anleger bei der Abbildung von Indizes durch ETFs niemals vergessen: Ein einfaches Schwarz oder Weiß gibt es nicht in der Frage nach der besten Methode hinsichtlich der Transparenz und der Genauigkeit der Abbildung. Je nach Anlageziel ist zu entscheiden, welche Abbildungsmethode die beste ist.
Ein weiteres Problem für den Anleger, das sich aus der Abbildung von Indizes ergibt, ist die unterschiedliche Handhabung der Generierung von Zusatzerträgen durch die ETF-Anbieter. Prinzipiell können mit allen Replikationsmethoden solche Erträge generiert werden. Die Höhe dieser Erträge ist vom Geschick des Fondsmanagers abhängig. Aber auch davon, ob der ETF-Anbieter überhaupt solche Geschäfte durchführt. Es kann vorkommen, dass ETFs mit der gleichen Replikationsmethode auf denselben Index eine unterschiedliche Performance haben. Außerdem können solche zusätzlichen Erträge durch externe Faktoren erschwert werden. So wurde im Rahmen der Finanzkrise im Jahr 2008 wegen temporärer Leerverkaufsverbote eine geringere Nachfrage nach Wertpapierleihen festgestellt. Somit existieren durchaus Performanceunterschiede zwischen verschiedenen ETFs auf ein und denselben Index. Überdies kann jederzeit durch den Emittenten beschlossen werden, auf einige Zusatzerträge zu verzichten, sodass aufgrund der historischen Wertentwicklung nicht mehr zwingend auf die zukünftige Entwicklung eines ETFs geschlossen werden kann.

Tabelle 25: Vergleich der Performance verschiedener ETFs auf den Referenzindex DAX

Fondsname*	Nach **	WKN (TER)	Geld-/Brief-spanne	Kurs vom 31.08.09	Performance***	Volatilität***
DAX			Ein Hundertstel	5464,61 54,65	- 6,28 %	27,94 %
Comstage ETF DAX TR	Swap	ETF001 TER: 0,12 %	0,04 %	54,99 €	- 5,43 %	30,25 %
db x-trackers DAX ETF	Swap	DBX1DA TER: 0,15 %	0,07 %	55,08 €	- 5,46 %	28,41 %
ETFlab DAX	Voll	ETFL01 TER: 0,15 %	0,07 %	54,03 €	- 6,81 %	28,91 %
iShares DAX (DE)	Voll	593393 TER: 0,15 %	0,07 %	50,96 €	- 7,55 %	29,58 %
Lyxor ETF DAX	Swap	LYX0AC TER:0,15 %	0,09 %	53,97 €	-6,58 %	27,98 %

* Die ETFs verbriefen ein Hundertstel des DAX-Standes; ** Nachbildungsmethode des Indexes, Swap = Swap-ETF, Voll = Full-Replication-Methode, *** berechnet auf Basis des Monatsendkurses auf *Xetra* von 30.09.2008 bis 31.09.2009; Quelle: Frankfurter Börse.

Tabelle 25 zeigt, dass die unterschiedlichen ETFs auf ein und denselben Index Unterschiede bei den ausgewiesenen Renditen und Risiken aufweisen. Darum sollte der Anleger, wenn mehrere ETFs zur Auswahl stehen, immer auch die ausgewiesenen Rendite- und Risikokennzahlen bei seiner Investmententscheidung zurate ziehen. Demnach gilt der alte Werbespruch „*Wer einen Index kaufen will, kauft einfach einen ETF auf den Index. Einfach, billig und sicher*" nicht mehr. Mittlerweile muss jeder Anleger darauf achten, wie der ETF den Index abbildet und ob er Zusatzerträge (eventuell durch Wertpapierleihe) generiert. Ein Indiz für solche Zusatzerträge ist, wenn der ETF eine geringe Outperformance bzw. eine ähnliche Performance gegenüber dem Referenzindex hat. So verlor z. B. der *iShares DJ Euro Stoxx 50* seit der Auflage am 27.12.2000 -5,41 %, während der Index -5,61 % verlor. Im Gegensatz dazu verlor der *iShares DAX* seit Auflage am 27.12.2000 -3,52 %, wohingegen der DAX nur -3,31 % verlor.

Überdies erkennt man aus Tabelle 25, dass der Börsenkurs der ETFs gemäß dem Indexanteil – von einem Hundertstel – nicht dem Stand des DAXes ent-

spricht. Bei einem DAX-Stand von 5464,61 Punkten müssten die ETFs eigentlich um 54,65 Euro kosten. Das ist nicht der Fall, weil dem Fondspreis regelmäßig die anteilige Verwaltungsgebühr abgezogen wird.
Anleger sollten deswegen immer ein Auge auf die Kosten haben. Schließlich gilt: Weniger Kosten, mehr Gewinn. Zudem erkennt man aus Tabelle 25, dass es auch bei ETFs Preisunterschiede gibt. Daher lohnt sich ein Vergleich der jährlichen Gesamtkosten (*Total Expense Ratio*, TER).
Die TER gibt die jährlichen Kosten eines Fonds an, die zusätzlich zum Ausgabeaufschlag anfallen. Die TER ergibt sich aus folgenden Positionen: jährliche Verwaltungsgebühr, Umtauschgebühr, Depotbankgebühr sowie den erfolgsabhängigen Gebühren für Fondsmanager. Ferner wird die TER jeweils für das vergangene Geschäftsjahr des Fonds ermittelt. Dabei werden aber die Kosten, die aus Käufen und Verkäufen innerhalb des Fondsvermögens entstehen, nicht berücksichtigt. Allerdings ist es üblich geworden, dass ETF-Anbieter *All-in Fees* verrechnen, also eine Kostenpauschale, welche alle anfallenden Kosten beinhaltet. Der *db x-trackers DAX ETF* und der *comstage ETF DAX TR* schneiden bei allen Kriterien am besten ab. Sie haben die beste Rendite und die geringsten Kosten. Zudem zeigt sich, dass beide Fonds wegen der im Vergleich zum *DAX* besseren Rendite sehr erfolgreich waren, zusätzliche Erträge (z.B. durch Wertpapierleihe) zu generieren.
Sieht man sich jetzt die 15 Marktindizes (wie *DAX*, *Euro Stoxx 50*) an, auf welche mehr als ein ETF emittiert wurde, so stellt man Kostenunterschiede fest. Am augenfälligsten ist dies bei einem ETF auf den *DJ Euro Stoxx 50*, wo der teuerste ETF eine TER von 0,36 % hat und der günstigste von 0,15 %. Lässt man von den Direktvergleichen ab und sieht sich die Märkte an, so fällt auf, dass ETFs auf Nischenmärkte bzw. illiquide Märkte hohe Kosten haben. ETFs in diesem Bereich haben teilweise Gesamtkosten von mehr als 0,85 %.
Neben der TER gibt es zwei weitere Kostenpositionen, die zu beachten sind. Einerseits muss man für den Kauf bzw. Verkauf eines ETF-Anteils Gebühren bei seiner depotführenden Bank bezahlen, anderseits müssen Unterschiede im Kaufs- und Verkaufspreis berücksichtigt werden. Dieser *Spread* hängt insbesondere von der Liquidität des Marktes ab. Je liquider der Markt ist, desto geringer sind die Unterschiede im An- und Verkaufspreis. Die volumenstarken ETFs, z. B. auf den DAX, weisen wegen ihrer hohen Liquidität einen ge-

ringen *Spread* auf, die Differenz bewegt sich im Rahmen von 0,05-0,3 %. Dagegen weisen selten gehandelte ETFs, wie z. B. der *Lyxor ETF Turkey DJ Turkey Titan 20*, einen *Spread* von bis zu 1,5 % auf. Das heißt, der *Spread* kann bei illiquiden ETFs erheblich sein und ein Vielfaches der jährlichen Verwaltungsgebühren ausmachen. Zudem ist der *Spread* für alle ETFs auf ein Thema nicht konstant. Bei den großen Volumen-ETFs beobachtet man eigentlich einen relativ ähnlichen *Spread*, wobei es immer wieder zu Ausreißern kommt. Dagegen zeigen sich bei selten gehandelten ETFs durchaus Unterschiede. So betrug der *Spread* beim *Market Access Turkey Titans 20 Index Fund* ca. 1,5 %, während er beim *Lyxor ETF Turkey DJ Turkey Titan 20* zur selben Zeit nur 1,3 % betrug.

Außerdem beobachtet man, dass in schwierigen Zeiten mit hohen Volatilitäten die *Designated Sponsors* die *Spreads* (Geld-/Briefspanne) ausweiten. Sie können in solchen Fällen bis zu den in den Verkaufsprospekten angegebenen maximalen *Spreads* von über 3 % reichen.

Dem Anleger kann man eigentlich nur den Rat geben, sich bei einem langfristigen Investment für ETFs mit einem geringen TER zu entscheiden, wohingegen kurzfristig agierende Anleger ETFs mit einem kleinen *Spread* bevorzugen sollten.

Noch ein Phänomen kann auftreten. Am 30. Dezember 2008 schloss der DAX bei 4.810 Punkten, der *Comstage ETF DAX TR* (WKN: ETF 001) notierte deutlich höher bei 49,50 Euro. Eigentlich hätte der ETF um die 48,10 Euro kosten müssen. Was ist also passiert? Der *Market Maker*, die *Commerzbank*, war am 30. Dezember 2008 nicht am Markt präsent. Die Abwesenheit an diesem Tag verteidigte die *Commerzbank* damit, dass sie nur in 80 % der Fälle verpflichtet ist, verbindliche Preise zu stellen. Deshalb wurde in der Schlussauktion der Preis durch Angebot und Nachfrage der Anleger gebildet, was zu Abweichungen vom Index führen kann, vor allem, wenn viele unlimitierte Aufträge vorliegen. Aus diesem Grund kann der Anleger sich nicht immer darauf verlassen, dass die ETFs an der Börse auch tatsächlich fair gepreist sind. Dies ist nur dann der Fall, wenn der *Market Maker* verbindliche Geld- und Briefkurse stellt. Ein frustrierter Anleger sagte dazu: „*Ein echter Partner ist jemand, der einen nie im Stich lässt.*" So bleibt eigentlich nur zu hoffen, dass die *Market Maker* aus diesem Desaster gelernt haben, und nun in 100 % der

Fälle einen Kurs stellen, d. h. während der gesamten Handelszeit. Bis jetzt wurde allerdings noch nichts in dieser Richtung bekannt gegeben. Auch die Forderung von einigen Kritikern, dass die *Market Maker* bekannt geben müssten, wenn sie verbindliche Kurse stellen, ist bis jetzt nicht umgesetzt. Deswegen sollten ETF-Anleger in handelsschwachen Zeiten generell mit Limitaufträgen (s. S. 383 ff.) arbeiten.

„*Mit kleinen Schritten schafft man es auch ans Ziel und die Lücken sind nicht so groß, falls Sie mal daneben treten*," lautet ein Sprichwort. So kommt man von Tracking Error mühelos in kleinen Schritten zur Tracking Difference. Sie versucht alle Kosten und Erträgen eines ETFs sichtbar zu machen.

4.2.3 *Tracking Difference*

Wir alle können die Qualität von Kaffee beurteilen. Kaffee eingießen vielleicht noch ein bisschen Milch und Zucker zugeben und dann kommt der Geschmackstest. Leider ist dies bei ETF nicht ganz so einfach. Obwohl die ETFs sich dadurch auszeichnen, dass sie einem Index wie den DAX nachbilden. Das Ziel ist, die Wertentwicklung des ETF soll die jeweilige Indexentwicklung möglichst 1:1 nachvollziehen. Was logisch klingt, funktioniert in der Praxis nicht immer. Hier kommt jetzt die Tracking Difference (zu Deutsch Nachbildungsabweichung) ins Spiel.

In der Regel versteht man unter der Tracking Difference (Abk. TD), die Abweichung der Wertentwicklung des ETFs von der Wertentwicklung des zugrunde liegenden Index in einem Betrachtungszeitraum, z. B. ein Jahr[107].

Tracking Difference = Wertentwicklung ETF – Wertentwicklung Index

---

[107] Im Gegensatz zum Tracking Error ist die Tracking Difference je nach WEB-Seite bzw. ETF-Anbieter anders formuliert. Die meisten Seiten verwenden die obige Formel. Allerdings gibt es auch WEB-Seiten wie z. B. TrackingDifferences.com die die Formel: TD = Indexperformance – Fondsperformance verwenden. Hierdurch verkehren sich natürlich alle aus der TD abgeleiteten Aussagen ins Gegenteil! Also prüfen Sie immer die verwendete Definition der TD, bevor Sie die Werte für ihre Investmententscheidung nutzen.

Erzielt ein ETF eine jahresbezogene Rendite von 10 %, der betreffende Referenzindex eine Wertentwicklung von 9,5 %, liegt die Tracking Difference bei 0,5 %. Eine positive Abweichung bedeutet, dass der ETF den Index «geschlagen» hat, während eine negative Abweichung bedeutet, dass die Wertentwicklung des ETFs geringer war als der Index. Je näher die Tracking Difference Richtung 0 tendiert, desto exakter wird der Index abgebildet. Denn entwickelt sich der ETF exakt wie der Referenzindex, beträgt die Tracking Difference 0.

„*Wo gibt es noch einmal zwei Dinge so entgegengesetzt und doch so nahe verwandt, so unähnlich und doch so oft kaum voneinander zu unterscheiden*" (Marie von Ebner-Eschenbach) Hier möchte man sagen. Denn beim Tracking Error und Tracking Difference handelt es sich um ähnliche Dinge, jedoch nicht um das gleiche. Der Tracking Error misst die Streuung des ETF-Kurses um den Mittelwert des Index, d. h. die Standardabweichung der Fondsrendite um die Indexperformance. Es gilt: Je geringer sie ist, desto stabiler folgt der ETF seinem Index. Dagegen misst die Tracking Difference die Abweichung der ETF-Rendite von der Indexperformance zum Ende eines Beobachtungszeitraums, unabhängig von den Bewegungen innerhalb dieses Zeitraums. Folglich misst die Tracking Difference im Ziel, wie weit der ETF von seiner Spur abgewichen ist, während der Tracking Error etwas aus über die Fehltritte auf dem Weg dorthin preisgibt.

In der Regel verwendet man für die Berechnung der Tracking Difference Jahresrenditen. Somit lässt sich die TD eines ETFs für jedes Jahr berechnen, wenn sowohl die Index- als auch die Fondsperformance veröffentlicht wurden. Die meisten ETF-Anbieter tuen dies jeweils kurz nach Ablauf eines Kalenderjahres, z.B. teilen Sie die Werte auf ihrer WEB-Seite mit. Übrigens: die Angabe von kurzfristigen, z.B. monatlichen oder quartalsweisen Tracking Differences ist nicht sinnvoll. Nur über längere Zeiträume lassen sich verlässliche Aussagen über die Qualität der ETF-Performance treffen. Nur dann kann man feststellen, ob der ETF-Anbieter die Abbildungsqualität des ETFs auch bei unterschiedlichen Marktphasen aufrechterhalten können. Außerdem schwankt die Tracking Difference mit der Zeit. Hierzu sehen wir uns das Beispiel des iShares STOXX Europe 600 an.

Tabelle 26: Tracking Difference des iShares Stoxx Europe 600

Jahr	Tracking Difference in %
2018	+ 0,20 %
2017	- 0,21 %
2016	+ 0,17 %
2015	- 1,20 %
2014	- 0,23 %

Wegen dieser Schwankungen berechnet man häufig die durchschnittliche TD aus, um ein besseres Bild zu bekommen. Für den iShares STOXX Europe 600 liegt die durchschnittliche TD bei -0,11 % (seit 2006).

Ebenfalls kann die ETF-Konstruktion die Tracking Difference beeinflussen. Bei einen synthetisch replizierten ETF ist in der Regel die Index-Nachbildung relativ genau. Darum ist die Tracking Difference weitgehend kostenbedingt und relativ stabil.

Anders sieht es bei den physisch replizierten ETFs aus, hier kann es zu mehr Abweichungen kommen. Dabei haben ausschüttenden Fonds tendenziell eine größere Tracking Difference als thesaurierende. Der Grund hierfür ist, dass ausschüttende Fonds in größerem Umfang Beträge für Ausschüttungszwecke als Liquidität vorhalten müssen. Quasi eingebaut ist die Tracking Difference beim Sampling. Sampling ist eine Variante der physischen Replikation, wo ein Index nicht 1:1 nachgebildet wird, sondern man beschränkt sich – meist aus Kostengründen – auf eine repräsentative Auswahl. Dies erhöht natürlich die Wahrscheinlichkeit von Abweichungen nach oben oder unten.

„Die Menschen stolpern nicht über Berge, sondern über Maulwurfshügel" (Konfuzius) Damit uns das nicht passiert, muss man folgendes beachten:

- Nicht jeder ETF-Anbieter verwendet auch genau ein Kalenderjahr für die Berechnung der Index- und ETF-Performance. Denn das Geschäftsjahr des ETF kann vom Kalenderjahr abweichen. Dies erklärt, warum es bei verschiedenen ETF-Anbietern für das gleiche Jahr leicht unterschiedliche Performance-Angaben für ein und denselben Index gibt. Bei sehr großen Unterschieden, ist, meist die Ursache, dass zwar der gleiche Index, aber unterschiedliche Währungen verwendet werden.
- Einige ETF-Anbieter verwenden auch einen Kursindex (dieser enthält keine Dividenden) und vergleichen dessen Performance-Entwicklung

aber mit einem thesaurierenden ETF (mit Dividenden). Dies lässt den ETF Jahr für Jahr um etliche Prozentpunkte besser erscheinen als er es tatsächlich verdient hätte.

Wie kann ein ETF seinen Index überhaupt schlagen, wenn doch Verwaltungsgebühren anfallen? Wie kann es also zu einer positiven Tracking Difference kommen, wenn ein ETF das Spiegelbild des Indizes ist?

Schließlich fallen die Verwaltungsgebühren immer an. Kein ETF-Anbieter zahlt dem Anleger dauerhaft Geld dafür, dass er in sein ETF investiert. Um den Index zuschlagen, muss deswegen der ETF-Anbieter andere Wege beschreiten:

- Ein Weg um den Index zu schlagen ist, dass der ETF-Anbieter versucht zusätzliche Erträge zu erzielen durch den zeitweisen Verleih der Wertpapiere aus dem Vermögen des ETFs.
- Üblicherweise wird als zugrundeliegende Index für ein ETF, ein TRN (Total Return Net)-Index verwendet. Dies ist ein Index, dessen Entwicklung im Vergleich zum Brutto-Index, um die jeweils maximal zu zahlenden Steuern reduziert ist (deshalb Net=Netto). Viele ETF-Anbieter versuchen nun, die Zahlung des maximalen Steuersatzes in den jeweiligen Ländern zu vermeiden. Dies kann gelingen z. B. durch die geschickte Wahl des Fondsdomizils und dem Ausnutzen etwaiger Doppelbesteuerungsabkommen.
- Barbestände aufgrund von Dividenden oder sonstigen Einnahmen (u. a. Verkauf von Bezugsrechten) werden nicht bei jeden ETF sofort reinvestiert. Barbestände sorgen bei Kursanstiegen für eine Underperformance (Cash Drag).

„Es gibt immer zwei Sichtweisen,“ so kann man die Tracking Difference auch als Kostenindikator interpretieren. Hier steht dem Anleger eigentlich eine andere Kennzahl zur Verfügung, die Total Expense Ratio (TER) oder Gesamtkostenquote.

Die TER gibt alle im Rahmen der Fondsverwaltung anfallenden Kosten als Prozentsatz p.a. an. Allerdings ist sie unvollständig, weil die Transaktionskosten (z. B. wenn eine Indexanpassung stattfindet) und Provisionen außen vor bleiben. Somit ist die TER eine reine Kostengröße und betrachtet die Kosten auf Ebene des Fonds.

Dagegen zeigt die Tracking Difference an, was der ETF den Anleger effektiv kostet, weil in ihrer Berechnung sämtliche Kosten und Gebühren eines ETFs berücksichtigt werden, u. a. auch Einnahmen durch Wertpapierleihe.
Somit versteht sich von selbst, dass die Tracking Difference im Vergleich zur Gesamtkostenquote die aussagekräftigere Größe ist.
Um sich ein Bild über die wirklichen Kosten zu machen, wandelt man einfach die Formel für die Tracking Difference etwas um.

Tracking Difference = Wertentwicklung Index – Wertentwicklung ETF

Hierdurch kann die Tracking Difference besser in Relation zur Gesamtkostenquote (TER) gesetzt werden. Ein ETF mit einer TER von 0,20 % und einer Tracking Difference von 0,15 % hat den Anleger in Wirklichkeit also nur 0,05 % gekostet, und damit weniger als die angegebene TER erwarten lässt. Die Differenz von 0,15 % wurde vom ETF-Anbieter über verschiedene Optimierungsverfahren verdient (u. a. Quellensteueroptimierung) und kam der Wertentwicklung des ETFs zu Gute.
„*Wie ein Spürhund einer Spur folgt*", kann der Anleger mit der Total Cost of Ownership weiter der Spur der Kosten eines ETFs folgen.

4.2.4 Total Cost of Ownership - Was kostet mich wirklich ein ETF?

Einer der großen Vorteile von ETFs sind ihre geringen Kosten im Vergleich zu anderen Geldanlagen. Günstiger und einfacher können Anleger langfristig kaum investieren. Dennoch müssen Anleger auch hier stets im Auge behalten, was an ETF-Gebühren und anderen laufenden Kosten für den ETF anfällt. Gerade für den langfristigen Erfolg Ihrer Geldanlage sind die ETF-Kosten von entscheidender Bedeutung.
Der erste Blick um sich über die Kosten eines ETFs zu informieren, führt sicherlich zu der Total Expense Ratio (TER) oder die Gesamtkostenquote. Die TER gibt die laufenden jährlichen Kosten für den Besitz eines ETF an. Sie wird seit 2004 in Deutschland für alle zugelassenen ETFs verpflichtend an-

gegeben und zwar als Prozentsatz, der jährlichen laufenden Kosten. Doch, welche Kosten sind in der TER enthalten?

- Verwaltungsgebühren: Das sind Management- und Betriebskosten, die beim ETF-Anbieter für die Indexnachbildung anfallen. Dies sind zum Beispiel Kosten für Portfolio-Management, Wirtschaftsprüfung, Revision usw.

- Depotbankgebühren: Die Wertpapiere, in die der ETF investiert, werden in einem gesonderten Depot aufbewahrt. Dafür erhebt die Depotbank des ETFs Gebühren.

- Lizenzgebühren: Damit der ETF einen Index nachbilden darf, muss er dem Index-Anbieter Lizenzgebühren bezahlen.

- Vertriebsgebühren: Dies sind die Kosten, die für die Vermarktung bzw. den Vertrieb des Produkts anfallen, wie beispielsweise die Erstellung von Fondsdokumenten und Broschüren.

„*Wer die Wahrheit finden will, muss tief blicken, nur so kann er sie finden.*" So ist es auch bei den Kosten bei ETF. Es gibt nämlich noch weitere Ausgaben und Einnahmen, die nicht in der TER enthalten sind. Dies sind:

- Swap-Gebühren: Diese Gebühr fällt bei synthetisch replizierende ETFs an, für den Bezug der Index-Rendite.

- Wertpapierleihe-Erträge: Das sind Gewinne, die mit der Verleihung von Wertpapieren aus dem Vermögen des ETFs erzielt werden.

- Transaktionskosten auf Fondsebene: Diese Kosten entstehen, wenn der ETF sein Portfolio umschichtet. Dies passiert z. B. wenn der zugrundeliegende Index des ETFs eine Indexanpassung vornimmt, also neue Mitglieder aufnimmt und alte rausfallen oder Erträge reinvestiert werden.

Diese Kosten sind in der Total Cost of Ownership (TCO) enthalten, d. h. die TCO umfasst auch die zusätzlichen internen ETF-Kosten, die in der TER nicht enthalten sind.

Während die Total Expense Ratio, die TER, im Factsheet oder im Key Investor Document (KID) zu finden ist, findet man die TCO weder auf der Anbieter-Website, noch in anderen Dokumenten wie dem Factsheet. Das liegt daran, dass für die Kennzahl noch keine gesetzliche Regelung existiert und die Broker und ETFs nicht verpflichtet sind, die TCO anzugeben.

Ganz allgemein betrachtet, gibt die TCO oder Total Cost of Ownership dem Anleger die tatsächlichen Kosten für den Besitz eines ETFs an. Somit setzt sich die TCO aus den internen und externen Kosten eines ETFs zusammen.
Zu den externen Kosten gehören beispielsweise Depotgebühren, Ordergebühren, Steuern bei der Vereinnahmung von laufenden Erträgen und weitere Handelsgebühren wie der Spread (Geld- und Briefspanne eins ETFs). Sie können eigentlich bequem aus der Abrechnung des Brokers bzw. Ihrer Bank entnommen werden. Deswegen sind die externen Kosten von Anleger zu Anleger unterschiedlich, da jede Bank unterschiedliche Depot- und Handelsgebühren erhebt.
Zu den internen Kosten zählen die TER, eventuelle Transaktionskosten (z. B. für Neugewichtungen im Index) bei physisch replizierenden ETFs, Swapgebühren bei synthetischen ETFs oder Wertpapierleiheerträge.
Wie lassen sich die zusätzlichen internen ETF-Kosten bemessen, die nicht in der TER enthalten sind?
Dies mag sie vielleicht erstaunen, die Antwort ist die Tracking Difference. Sie gibt - wie schon erwähnt – den Unterschied zwischen der Rendite des Index und der Rendite des ETF, der den Index nachbildet, an. Schließlich werden alle internen Kosten und Erträge dem ETF-Vermögen entnommen bzw. fließen ihm zu, so muss die Tracking Differenz (bis auf vernachlässigbare Abweichungen) mit der Summe aller internen Kosten und Erträge eines ETFs identisch sein.

Abbildung 21: Wie Tracking Difference und Total Cost of Ownership zusammen hängen

Wenn ein Index zum Beispiel eine Rendite von 10 Prozent ausweist und der entsprechende ETF nur eine Rendite von 9,5 Prozent erzielt, dann ist die Tracking Difference -0,5 Prozent. Dies bedeutet, aber auch, dass die internen Kosten des ETFs zu einer um 0,5 Prozentpunkt geringeren Rendite als der zugrundeliegende Index geführt haben.

Allerdings gibt die Tracking Difference nur einen Fingerzeig wo die Reise hingeht. Um die wirklichen internen Kosten eines ETFs herzufinden, muss der Anleger die Jahresberichte der ETFs studieren. Dort werden alle Kosten mehr oder weniger verklausuliert veröffentlich. Dennoch sollten Anleger sich die Mühe machen die Total Cost of Ownership zu ermitteln, da beispielsweise ein ETF mit einer niedrigen TER nicht unbedingt auch der günstigste ETF mit den niedrigsten Gebühren ist. Denn die TCO kann weit über der Gesamtkostenquote (TER) liegen. Beispielweise liegt beim *iShares Core MSCI World UCITS ETF USD (Acc)* (ISIN: IE00B4L5Y983) die TER bei 0,2 % und TCO 0,8639 % für den Zeitraum vom 31.08.2016 bis 31.08.2017. Die hier angegebene TCO ist vor Ordergebühren und Steuern ermittelt. Da die Ordergebühren und Steuern Anleger spezifisch sind. Um dies noch weiter zu vertiefen sehen wir uns folgendes hypothetisches Beispiel an. Man erkennt am besten die Auswirkungen impliziter Kosten und zusätzlicher Erträge auf die Gesamtkosten eines ETFs, wenn man den Performance-Unterschied (Tracking Difference – 12 Monate) zwischen dem ETF und dem nachgebildeten Index analysiert. In dem Beispiel bilden beide ETFs den *Euro Stoxx 50* nach.

Tabelle 27: Beispiel Auswirkungen implizierter Kosten und zusätzlicher Erträge

	Tracking Difference (12 Monate)	Transaktionskosten	Total of Ownership (TCO)
ETF1 (TER 0,30 %)	-0,10 %	0,09 %	0,19 %
ETF2 (TER 0,25 %)	-0,10 %	0,10 %	0,20 %

Auf den ersten Blick erscheint der ETF2 als die günstigere Variante, weil seine TER mit 0,25 % niedriger ist, als die von ETF1 mit 0,30 %. Werden aber auch weitere Kosten, wie Transaktionskosten bei Neugewichtungen oder Indexanpassungen, sowie zusätzliche Erträge (Wertpapierleihe) mit einbezogen, schindet der Vorteil von ETF2 gegenüber ETF1. Dann liegen die Gesamtkosten beider ETFs fast gleichauf. Deswegen raten Experten den Anle-

ger bei ihrer Anlageentscheidung nicht nur auf die TER, sondern auf sämtliche Kosten und darüber hinaus auch die Möglichkeit zusätzliche Ertragsgenerierung (z. B. durch Wertpapierleihe) mit zu berücksichtigen. Denn, jeder Anleger sollte sich darüber im Klaren sein, dass die angebliche Gesamtkostenquote TER nicht alle Gesamtkosten eines ETFs abbildet.
„Die Zeit ist kein Geld. Aber den einen nimmt das Geld die Zeit und den anderen die Zeit das Geld.“ (Ron Kritzfeld) Darum wird es jetzt Zeit, sich anzusehen, welche ETFs es gibt.

4.3 Who is Who? – Die verschiedenen ETFs stellen sich vor

Aus der Biologie wissen wir, dass jedes Tier seinen eigenen Lebensraum hat. Sein Körper passt genau zu dem, was ringsum vorhanden ist, was ihn ernährt, schützt oder bedroht. So ist es auch mit den ETFs. Es gibt eine Vielzahl von verschiedenen Arten, die an ihren jeweiligen Lebensraum optimal angepasst sind. Im folgenden Abschnitt werde ich Ihnen ein tieferes Verständnis für die verschieden Arten von ETFs vermitteln.
Wie stellt man die ETFs vor, natürlich mit Ihren Namen. Allein am Namen eines ETFs, kann der Anleger sehen, worin dieser investiert und wie er ausgestattet ist.

4.3.1 ETF-Namen: Was man aus ihnen lesen kann

Um die Anleger zu verwirren, haben sich die ETF-Anbieter monströse Namen für ihre Produkte ausgedacht. So hat z. B. der UBS ETF (LU) Barclays MSCI US Liquid Corporates Sustainable UCITS ETF (hedged to EUR) A-acc., ganze 91 Zeichen voller Fachbegriffe und Abkürzungen. Um sie zu verstehen braucht man eine Art „Code-Buch“. Dieses „Code-Buch“ werden wir in diesem Abschnitt aufschlagen und darin etwas lesen, weil richtig gelesen, bringt der Code schnell die wichtigsten Merkmale des ETFs zu tage.

Abbildung 22: Grundstruktur eines ETF-Namens

Um den Code zu verstehen, betrachten wir jetzt die Bestandteile der Grundstruktur eines ETF-Namens näher[108].

An erster Stelle steht meist die Marke des ETF-Anbieters, wie z. B. Xtrackers, iShares usw. ETF-Anbieter sind in der Regel Tochtergesellschaften großer Banken oder Vermögensverwalter. So ist beispielsweise Xtrackers die ETF-Marke der Deutschen Bank oder iShares gehört zu Blackrock (aus den USA stammender weltweit größter Vermögensverwalter).

Manchmal steht hinter den Anbieternamen der Begriff „Core" (o. ä.). Dies deutet auf eine Untergruppe innerhalb der Angebotspalette des jeweiligen Anbieters hin. Core-ETFs sind häufig sehr kostengünstige und populäre Indexfonds, wie z. B. auf den DAX.

An zweiter Stelle steht der Index, dem der ETF abbildet. Beispielsweise S&P 500, DAX, EURO STOXX 50 oder iBoxx Euro Germany 1-3. Ebenfalls gibt der Index-Name Aufschluss über die abgedeckte Region sowie die Anzahl der Einzeltitel im Index. So bietet z. B. der EURO STOXX 50 Zugang zu Aktien der Eurozone und enthält die 50 größten börsengehandelten Unternehmen dieser Region.

Manchmal wird noch angezeigt, ob man es mit einem Performance- oder einen Kurs- bzw. Preisindex zu tun hat. Hierzu werden die Kürzel: TR, NR oder TRN verwendet.

Dabei steht TR für Total Return, d. h. es wird ein Performanceindex (manchmal abgekürzt durch GR = Gross Return) abgebildet. Ein Performanceindex bezieht Kursveränderungen und Dividendenausschüttungen mit ein. Dagegen steht NR (Net Return) oder TNR (Total Net Return) dafür, dass bei der Indexberechnung die Nettodividenden/-zinsen nach Abzug von Quellensteuern berücksichtigt werden.

An dritter Stelle folgen meistens die regulatorischen Hinweise. Sie sind wichtig für den Anlegerschutz. Hinter vielen Index-Namen folgt häufig die Abkürzung „UCITS". Dies steht für die „UCITS"-Richtlinie. In ihr werden eine Reihe von Mindest-Anforderungen festgelegt, an welche sich Anlagefonds in Europa halten müssen, z. B. hinsichtlich Diversifikation usw. So dürfen u. a.

[108] Natürlich kann es vorkommen, dass die Reihenfolge der Namensbausteine abweicht oder das sogar einzelne Bausteine wegfallen. Zudem sind meistens alle Angaben im ETF-Namen in Englisch.

höchstens 20% des Nettovermögens eines Fonds in Wertpapiere eines einzelnen Unternehmens investiert werden. Ein weiterer wichtiger regulatorischer Begriff an dieser Stelle ist „ETF“. Dieser grenzt den ETF deutlich von anderen börsengehandelten Anlage-Instrumenten wie ETCs oder ETNs ab, die oft unter dem Überbegriff ETPs (Exchange Traded Products) zusammengefasst werden.

Am Schluss des ETF-Namens befinden sich meist Abkürzungen, welche Rückschlüsse zur Anteil-Scheinklasse zulassen. Diese sind:

- USD, CHF, GBP etc.: Lautet der ETF nicht auf Euro, sondern auf eine andere Währung, so geht der Anleger ein Währungsrisiko ein. Unser Xtrackers-Beispiel-ETF enthält zudem den Zusatz „EUR hedged“. Die S&P 500 Aktien, welche gewöhnlich in US-Dollar gehandelt werden, sind somit währungsgesichert (engl. hedged) in EUR, d. h. das US-Dollar-Währungsrisiko entfällt. Oftmals findet man im Fall von währungsgesicherten ETFs häufig auch die Zusatzangabe „Daily” oder „Monthly”. Diese Bezeichnung bestimmt, ob die Währungsabsicherung täglich oder monatlich erfolgt.

- Die Kürzel C, Acc, D, Dis, Dist beschreiben die Ertragsverwendung. Die Ertragsverwendung informiert darüber, ob Dividenden der Aktien bzw. bei Anleihen die Zinserträge im Fonds ausgeschüttet oder reinvestiert werden (Thesaurierung). Dabei werden ausschüttende ETFs (eng. distributing) abgekürzt mit: D, Dis oder Dist. Dagegen werden thesaurierende ETFs (engl. accumulating) üblicherweise durch folgende Abkürzungen gekennzeichnet: C oder Acc.

- DR: Eher selten findet man diese Kürzel im ETF-Namen. Er gibt Auskunft über die Art der Replikation, also ob es sich um einen physisch replizierenden oder swapbasierten ETF handelt. Dabei steht "DR" für direkte Replikation.

- DE etc.: Dieser selten vorkommende Codebuchstabe gibt Auskunft über das ETF-Domizil. Da es steuerliche Vorteile haben kann, wenn das Domizil in Deutschland ist, führen es manche Anbieter an. Leider hat sich für das ETF-Domizil keine einheitliche Beschreibung durchgesetzt: Bei iShares steht (DE) im Fondsnamen, während bei ComStage "1" steht

- Short/2x/Double/3x etc.: Dieser Bezeichnungen stellen klar, dass es um gehebelte ETFs handelt. "Short" heißt, dass der ETF die Entwicklung des Index invers wiedergibt. Solche ETFs eigenen sich, um auffallende Indizes zu setzen. Der Code 2x, Double, 3x zeigt an, dass die Entwicklung des Indizes doppelt oder dreifach wiedergegeben wird. Vorsicht:

Bei Anleihen kann Short auch heißen, dass im ETF kurz laufende Anleihen abgebildet werden

- Long/2x/Double/3x etc.: Es handelt sich um einem Leveraged ETF, also um einen gehebelten ETF. Er hebelt die Rendite des zugrundeliegenden Index beispielsweise um den Faktor 2. Der Code 2x, Double, 3x zeigt an, dass die Entwicklung des Indizes doppelt oder dreifach wiedergegeben wird.
- 1c, 2c etc.: Diese Kürzel beschreiben die Anteilsklasse eines ETFs. Denn oftmals ist ein ETFs in mehrere Anteilsklassen mit eigener ISIN und WKN verfügbar. Sie unterscheiden sich etwa hinsichtlich der Währung, der Gebühren oder der Art der Ertragsverwendung. Auch hier ist die Bezeichnung nicht vereinheitlicht, Details finden sich im Fondsprospekt.

Zugegeben die ETF-Namen sind auf den ersten Blick nicht leicht zu verstehen und müssen entschlüsselt werden. Dazu kennen Sie jetzt die wichtigsten Begriffe bzw. Abkürzungen. Um dies zu vertiefen, sehen wir uns noch einige Beispiele von ETF-Namen an und entschlüsseln sie.

Tabelle 28: Beispiels-ETF-Namen

ETF-Name	Bedeutung
ComStage DAX UCITS ETF	Dies ist ein ETF von Comstage, der den DAX abbildet und UCITS-konform ist.
iShares Core MSCI World UCITS ETF USD (Acc)	Dies ist ein ETF aus dem Hause iShares. Er bildet den MSCI World in US-Dollar ab. Also es besteht ein Währungsrisiko. Der ETF ist ferner UCITS-konform und die Erträge werden thesauriert. Die Bezeichnung Core ist eine unternehmensspezifische Bezeichnung von iShares.
iShares EURO STOXX 50 UCITS ETF (DE):	Dies ist ein ETF von iShares, der den Euro Stoxx 50 abbildet, UCITS-konform ist und sein Fondsdomizil in Deutschland hat.
ComStage Commerzbank Bund-Future Double Short UCITS ETF	Dieser Fonds kommt aus dem Hause Comstage. Er bildet die Entwicklung auf den Bund-Future invers und mit einem Hebel von 2 ab. Zudem ist er UCITS-konform.
iShares Euro Corp Bond ex-Financials 1-5yr UCITS ETF (Dist)	Dieser UCITS-konforme ETF von iShares, gibt die Entwicklung des Euro Corporate Bond ex-Financials 1-5yr wieder, d.h. für europäische Unternehmensanleihen ohne Bankanleihen mit Laufzeiten von 1 bis 5 Jahren. Die Zinsen bzw. Erträge werden ausgeschüttet.

Da wir die Namen der ETFs entschlüsseln können, müssen wir uns ansehen, was genau dahintersteckt. Also uns mit solchen Fragen beschäftigen: Was sind Aktien-ETFs? Oder Was sind ESG-ETFs? usw.

4.3.2 Aktien-ETFs

Häufig hört man in den Börsensälen der Welt folgenden Ausspruch: *„Der Kleinaktionär ist das Kanonenfutter des Wertpapierhandels."* Doch mit Einführung der Aktien-ETFs ändert sich das Bild. Wie der Name schon andeutet, befinden sich in Aktien-ETFs Aktien als Basiswert. Die Aktien-ETFs nehmen im Universum der ETFs den größten Platz ein. Dies liegt daran, dass Aktien eine Anlageklasse mit hohen Renditeerwartungen sind, aber auch ein ebenso hohes Risiko beinhalten. Um dieses Risiko zu minimieren, rückt die Diversifikation ins Blickfeld der Anleger. Durch den Kauf eines ETFs kann der Anleger mit einem einzigen Wertpapier einen ganzen Korb voll Aktien erwerben und ist so automatisch relativ gut diversifiziert.

Aktien-ETFs ermöglichen den Anlegern, an der Entwicklung nationaler wie internationaler Aktienmärkte zu partizipieren. Dabei stehen die großen deutschen, europäischen, amerikanischen und japanischen Leitindizes als ETFs zur Verfügung. Daneben stehen aber auch viele Aktienmärkte der Schwellenländer zur Verfügung, wie Brasilien, Indien, China, Russland usw. Aber auch wer es exotisch mag, kommt auf seine Kosten, so machen ETFs auch Investitionen in kleine Aktienmärkte, wie Vietnam, möglich.

Aber nicht nur Investitionen in die Welt der bekannten Leitindizes der Aktienmärkte sind möglich, sondern es gibt noch eine Vielzahl weiterer Instrumente im Aktiensegment. Zur Portfoliodiversifikation bieten sich auch Branchen- und Regionenindizes an. Aber auch Themenindizes, die ausschließlich Aktien von Unternehmen beinhalten, deren Tätigkeitsschwerpunkt im Zusammenhang mit einem bestimmten Thema, wie z. B. erneuerbare Energien, stehen, bieten sich an. Darüber hinaus bieten ETFs den Anlegern auch die Möglichkeit in strukturierte Handelsansätze, wie die Dividendenstrategie, durch den Erwerb eines ETFs auf einen entsprechenden Strategieindex zu investieren.

Außerdem gibt es noch Unterklassen der Aktien-ETFs. Sie alle beziehen sich aber auch auf Aktienindizes, auch wenn ihr Name etwas anderes suggeriert.

- Immobilien-ETFs: Immobilien-ETFs verhalten sich aufgrund ihrer Konstruktion oftmals ganz anders als der Direktkauf eines Mietobjektes, z. B. durch einen offenen Immobilienfonds. Denn die Immobilien-ETFs investieren in Aktien und REITs, deren Tätigkeitsschwerpunkt im Immobilienmarkt (Immobilien zu besitzen oder verwalten) liegt. Daher tragen sie nicht zur Diversifikation der Aktienrisiken bei, sondern sind eher zur Branchenstreuung innerhalb eines Aktiendepots geeignet.
- Strategie-ETFs: Diese ETFs bieten dem Anleger die Möglichkeit, in strukturierte Handelsansätze, wie z. B. die Covered-Call-Writing-Strategie, zu investieren. Dazu muss er einfach einen ETF auf einen entsprechenden Strategieindex erwerben. Aber Strategieindizes müssen nicht zwingend mit Termingeschäften zusammenhängen. Ebenso ist eine Zusammensetzung der Indizes, z. B. an exakt definierten Fundamentaldaten, möglich.
- Themen-ETFs: Mit diesen ETFs investiert der Anleger in ein genau abgegrenztes Anlagethema, wie z. B. in Aktien, deren Tätigkeitsschwerpunkte im Internet oder der Infrastruktur liegen. Dabei unterliegt die genaue Zusammensetzung der Indizes einem streng definierten Regelwerk.

Der Vorteil einer Investition in die Aktienmärkte über Aktien-ETFs liegt in ihrer Transparenz und ihren geringen Kosten. Zudem zeigt die Erfahrung, dass die Mehrheit der aktiv gemanagten Fonds ihre Benchmark langfristig nicht schlägt, wodurch der Kauf von ETFs besonders für weniger involvierte Anleger einen besonderen Reiz bietet. Der Anleger kann durch den Kauf eines ETFs auf einen bekannten Leitindex, wie dem *Euro Stoxx 50*, einfach mit dem Markt schwimmen, d. h., er erzielt eine ähnliche Rendite wie die dem ETF zugrunde liegenden Indizes. Aber auch aktive Anleger, die ihre Positionen häufig in Abhängigkeit der jeweiligen Marktlage umschichten, profitieren mit ETFs nicht nur durch den entfallenden Ausgabeaufschlag, sondern auch durch die fortlaufende Notierung und hohe Liquidität. So können sie zeitnah auf marktbeeinflussende Ereignisse reagieren. Zudem entfällt das zeitaufwendige *Research* von Einzeltiteln, es kann einfach der vielversprechendste Markt gekauft werden.

4.3.3 Renten-ETFs oder Fixed-Income-ETFs

Renten-ETFs basieren auf Anleiheindizes und setzen daher auf verzinsliche Wertpapiere. Die meistgehandelten Renten-ETFs beziehen sich auf Staatsanleihen bester Bonität. Dennoch muss der Anleger Kursrisiken in Kauf nehmen, weil Änderungen des Zinsniveaus am Rentenmarkt die Anleihekurse erhöhen oder verringern. Denn es existiert eine inverse Beziehung zwischen Renditen und Kursen einer Anleihe, steigende (fallende) Renditen gehen mit fallenden (steigenden) Anleihekursen einher. Im Gleichklang bewegen sich die Renten-ETFs, entsprechend kann der Wert des ETFs steigen (wenn die Zinsen fallen) und fallen (wenn die Zinsen steigen).

Ein Anleger sagte hierzu: „*Ebenso wie beim Tennis gewinnt man an der Börse nicht durch spekulative Aktionen, sondern dadurch, dass man möglichst wenige Fehler macht. So kaufte ich in früheren Zeiten Anleihen, wovon manche leider kaputt gingen, weil die Schuldner insolvent wurden. Heute kaufe ich Renten-ETFs. Ich kann sie genauso handeln wie Anleihen, allerdings sind sie einfach sicherer, da mehr als ein Schuldner hinter ihnen steht. So kann ich meine Fehler auf einfache Weise minimieren.*"

Die Anleger können heute mit Renten-ETFs die ganze Bandbreite des Rentenmarktes abbilden.

- Geldmarkt: Mit ETFs kann der Anleger das ganze Spektrum des Tagesgeldmarktes abdecken. So kann er mit einem ETF auf den Euro Short-Term Rate (€STR) die Eurozone, mit dem *SONIA Total Return Index* das britische Pfund oder mit dem *FED Funds Effective Rate Total Return Index* den US-Dollar abdecken.
- Staatsanleihen: Mit Renten-ETFs kann der Anleger das ganze Laufzeitspektrum von Investment-Grade-Staatsanleihen abdecken. Hierzu kann der Anleger einfach einen ETF auf den *iBoxx Sovereign Eurozone Total Index* mit der gewünschten Laufzeit (1-3, 3-5, 5-7, 7-10, 10-15, über 15 und über 25 Jahre) kaufen. Damit sich der Anleger im Dschungel der Laufzeiten zurechtfinden kann, hat sich Folgendes eingebürgert. In den Fondsnamen werden Zahlen aufgenommen, die jeweils signalisieren, welche Restlaufzeiten die Anleihen im ETF haben. So drücken die Zahlen 3-5 im Fondsnamen aus, dass die Restlaufzeiten der gekauften Anleihen zwischen drei und fünf Jahre beträgt. Aber auch auf

Staatsanleihen außerhalb der Eurozone kann der Anleger setzen. Beispielsweise deckt der *iBoxx Pfund Gilts* den gesamten Markt der auf Pfund Sterling lautenden Staatsanleihen ab, die von der britischen Regierung ausgegeben wurden.

- Emerging-Markets-Anleihen: Mit ETFs kann der Anleger auch auf Rentenpapiere aus den *Emerging Markets* setzen, z. B. mit dem *Emerging Markets Liquid Eurobond-Index*.
- Pfandbriefe: Mit den *iBoxx € Germany Covered* erschließt sich der Anleger den deutschen Pfandbriefmarkt. Dagegen eröffnet sich dem Anleger mit dem *EuroMTS Covered Bond Index* sogar ein europäisches Bündel von Pfandbriefen.
- Unternehmensanleihen: Renten-ETFs ermöglichen dem Anleger ein Investment in Indizes auf verschiedene Investment-Grade-Unternehmensanleihen und Laufzeiten.
- Inflationsgesicherte Anleihen: Der *iBoxx Inflation-Linked Total Return Index* gibt den Anlegern die Möglichkeit an der Entwicklung von internationalen inflationsgebunden Staatsanleihen (s. S. 126) zu partizipieren, deren Kupon an einen Verbraucherpreisindex gekoppelt ist. Mit ETFs kann der Anleger Inflationsanleihen im Euroraum, im Vereinigten Königreich sowie weltweit abdecken.
- Short-Renten-ETFs: Mit diesen Renten-ETFs kann der Anleger von fallenden Rentenkursen profitieren. So ist z. B. der *Short-iBoxx € Sovereigns Eurozone Total Return Index inverse* mit der Kursentwicklung des *iBoxx € Sovereigns Eurozone Total Return Index* verbunden.

Das Angebotsspektrum an Renten-ETFs ist so groß, dass es dem Anleger erlaubt, eigentlich alle Themen im Anleihemarkt abzudecken. Zudem können Anleger mit Renten-ETFs einen Großteil der Zinsstrukturkurve abbilden. Da die Duration (s. S. 129 ff.) der meisten zugrunde liegenden Rentenindizes nahezu konstant ist, kann der Anleger die Zinssensitivität seines Anleiheportfolios optimal zusammenstellen. Hierzu muss man einfach die Rentenindizes mit kurzen, mittleren und langen Laufzeiten gezielt miteinander mixen.

4.3.3 Smart-Beta-ETFs

Die Smart-Beta-ETFs werden häufig als die zweite Generation[109] an börsengehandelten Indexfonds bezeichnet. Das Ziel eines Smart Beta-ETF ist es, den Markt zu schlagen oder ihn mit weniger Risiko nachzubilden – also denjenigen Markt, der durch einen nach Marktkapitalisierung gewichteten Index abgebildet wird.

„Es ist völlig egal, wer vor dir steht, wenn du weißt, wer hinter dir steht." Hinter den Smart-Beta-ETFs stehen, alternative, speziell gewichtete Indizes. Die wiederum gezielt auf einzelne Faktoren setzen oder gleich einen ganzen Korb von ihnen erwerben. Als Grundlage zur Konstruktion dieser ETFs haben sich folgende Faktoren (weil am besten erforscht) durchgesetzt:

- Value: Aktien mit niedriger Bewertung – gemessen an betriebswirtschaftlichen Größen wie dem Kurs-Gewinn-Verhältnis – haben tendenziell höhere Renditen als hoch bewertete Aktien („Growth-Aktien").
- Size (Small-Cap): Aktien mit geringer Marktkapitalisierung („Small Caps") haben höhere Renditen als große Unternehmen („Large Cap")
- Momentum: Aktien, die kürzlich eine hohe Rendite hatten, haben begrenzte Zeit höhere Renditen als der Gesamtmarkt.
- Quality: Aktien von Unternehmen hoher „Qualität" – gemessen an Profitabilitätskennzahlen wie dem Kurs-Buchwert-Verhältnis oder Verschuldungskennzahlen – haben höhere Renditen als Unternehmen geringer Qualität.
- Low Volatility: Aktien mit niedriger Volatilität haben höhere Renditen als Unternehmen hoher Volatilität.
- High Dividend: Aktien mit hoher Dividendenrendite entwickeln sich besser als Aktien mit niedriger Dividendenrendite.
- Gleichgewicht: Aktien werden nicht nach ihrer Marktkapitalisierung im Index zueinander gewichtet, sondern gleichgewichtet, d. h. alle Aktien haben das gleiche Gewicht im Index.

---

[109] Ursprünglich bildeten die ETFs der ersten Generation ihren zugrundeliegenden Index (wie, z. B. DAX) Eins zu Eins nach. Hierdurch erzielt der ETFs die gleiche Rendite wie dieser Index. Natürlich abzüglich der Kosten des ETFs. So kann man den Markt nicht schlagen.

Das Ziel des Smart-Beta-Investing ist, entweder den Markt zu schlagen oder ihn mit einem besseren Rendite-Risiko-Verhältnis nachzubilden. Also im Prinzip dasselbe, was aktive Investmentfonds auch versuchen. Wo liegt der Unterschied?

Smart-Beta-ETFs verfolgen zwar eine bestimmte Strategie, etwa unterbewertete Aktien zu kaufen, und wollen besser sein als der über den Standard-Index definierte Markt. Doch hier zieht kein Fondsmanager aktiv die Fäden. Die Auswahl der Aktien erfolgt stattdessen regelbasiert nach Vorgaben von Computern, über fest definierte Kennzahlen, die sich oft aus der Unternehmensbilanz berechnen lassen. Klingt fast so, als wollte die Smart-Beta-ETFs das Beste aus der passiven und der aktiven Investment-Welt vereinen.

Dem hält der Nouriel Roubini entgegen: „*Während aktiv gemanagte Fonds-die den Markt stets schlagen möchten – hohe Kosten haben, sei der passive Ansatz der Smart-ETFs zwar kostengünstig, aber auch nur die Summe aus Gut und Schlecht.*" Ist das wirklich so?

Um Smart-Beta-Investing betreiben zu können, werden in der Regel Faktorindizes gebildet. Vom Grundsatz her, sind bei der Konstruktion dieser Indizes vier Schritte von Bedeutung: Anlageuniversum, Titelselektion, Gewichtung und Rebalancing.

Als ersten Schritt zur Konstruktion eines Faktorindex erfolgt die Definition des Anlageuniversums. Das Anlageuniversum beinhaltet eine Anlageregion (z. B. Aktien Europa) oder mehrere Anlageregionen zusammen (z.B. Aktien Welt). Danach sucht man sich einen passenden nach Marktkapitalisierung gewichteten Index der dieses Anlageuniversum abbildet.

Sei beispielsweise die Anlageregion Aktien Welt. So kommen viele Weltindizes in Frage: *MSCI All Countries World Index, MSCI World, FTSE All-World, FTSE Developed World* oder *STOXX Global.* Als Anleger muss man sich jetzt entscheiden, welcher dieser Indizes am besten nach seinen Vorstellungen die Anlageregion Aktien Welt abbildet. Dies sei der *MSCI World.* Dieser Index gilt als Mutterindex des Faktorindizes. Aus den Bestandteilen des Mutterindex, findet dann die Titelselektion für den Faktorindex statt. So kommen wir unkompliziert zum 2. Schritt bei der Konstruktion eines Faktorindizes, nämlich die Titelselektion.

Einer der einfachsten Ansätze zur Titelselektion ist, die Wertpapiere im Index gleich zu gewichten, statt nach Marktkapitalisierung. Beispielsweise lag beim *S&P 500* das Indexgewicht des nach Marktkapitalisierung größten Unternehmens Apple bei ca. 6,8 % (15.10.2021) und des kleinsten Unternehmens Xerox Holdings Corporation bei nicht einmal 0,01 %. Dem Gleichgewichtungsansatz folgend haben beim *S&P 500 Equal Weigt* jedes Unternehmen des *S&P 500* ein Gewicht von 0,2 %, somit haben sowohl Apple als auch Xerox Holdings Corporation ein Gewicht von 0,2 % im *S&P 500 Equal Weigt*. Die Änderung der Gewichtung kann erhebliche Performanceunterschiede bedingen, weil kleine Unternehmen aufgrund höherer Risiken auch höhere Renditen erwarten lassen. Dies geht bei einen nach Marktkapitalisierung gewichteten *S&P 500* unter, weil hier besonders die schwergewichtigen Unternehmen für die Indexentwicklung verantwortlich sind.

Andere Ansätze zur Titelselektion bestehen aus einem quantitativen Ansatz, der die Positionen im Mutterindex systematisch auf Basis bestimmter Merkmale - Faktoren - analysiert, auswählt, gewichtet und neu in den Faktorindex strukturiert.

Beispielsweise gewichtet der *S&P 500 Value Index* unterbewertete Aktien aus dem *S&P 500* über und die teuer erscheinenden Aktien unter, oder sortiert sie sogar ganz aus. Aktuell sind 432 Aktien im *S&P 500 Value I*ndex enthalten, im Vergleich dazu enthält der „*S&P 500*“ 500 Aktien.

Wird aus dem Mutterindex - *S&P 500* - nur ein Teil der Aktien in den Faktorindex „*S&P 500 Value*“ aufgenommen, so stellt sich zwangsläufig die Frage: Nach welcher Faktordefinition werden die Titel ausgewählt?

Mit Faktordefinition meine ich, wie zum Beispiel bei einem Value-Faktorindex die Value-Komponente der einzelnen Aktien beurteilt wird. Also wie bestimmt der Anbieter des Value-Faktorindex, ob eine Aktie über- oder unterbewertet ist? Um nicht gänzlich in ein Definition-Dickicht der Aktienfaktoren verloren zu gehen, setzen die meisten Anbieter von Faktorindizes auf die aus der Forschung gängigen Faktordefinitionen, auf die wir im Kapitel „Factor Investing ...“ eingegangen sind. So wird beispielsweise für die Value-Definition als klassische Selektionskennzahl das Kurs-Buchwert-Verhältnis herangezogen. Allerdings setzen manche Anbieter weitere Selektionskennzahlen ein, wie z. B das Kurs-Gewinn-Verhältnis. Das bedeutet, dass Faktorindizes bei einem gleichen Faktor unterschiedliche Selektionskennzahlen haben können. Und selbst bei gleichen Selektionskennzahlen kommt es zu Abweichungen, je nachdem wie die Kennzahlen berechnet werden. Somit ist es nicht verwunderlich, dass Faktorindizes von unterschiedlichen Anbietern auf demselben Faktor, eine andere Gewichtung der Aktien aufweisen, selbst beim gleichen Mutterindex oder Anlageregion. Aus diesem Grund muss der Anleger sich den Faktorindex genau ansehen und kritisch beurteilen, ob die Abbildung des Faktors seinen Wünschen und Erwartungen entspricht.

Bei der Konstruktionsweise von Faktorindizes wird, zudem zwischen Einzelfaktor (oder Single-Faktor-Index) und Multifaktorindizes unterschieden.

Einzelfaktorindizes betrachten jeweils nur einen Faktor pro Index. Hier werden also die jeweiligen Titel aus dem Anlageuniversum (Mutterindex) mit der gewünschten Faktoreigenschaft herausgefiltert. Beispielsweise zählt der *MSCI World Enhanced Value* Index zu dieser Art von Index.

Ein Sprichwort lautet: *„Du sollst den Vorteil nicht vor dem Nachteil loben.“* Also, welche Nachteile haben Einzelfaktorindizes?

Ein Nachteil wohnt den Faktoren selbst inne. Sie interagieren miteinander, d.h. sie sind nicht völlig unabhängig voneinander. Manche verstärken sich gegenseitig, wiederum andere schwächen sich gegenseitig. Darüber hinaus kann nicht jeder Faktor in jeder Markt- und Konjunkturphase konstant einen Mehrwert erzielen. Temporär entwickeln sich einzelne Faktoren besser, andere schlechter als der Markt, z. B. erzielt man mit dem Faktor „Momentum“ besonders gute Renditen, wenn die Wirtschaft wächst und die Inflation und die Zinsen steigen. Die Herausforderung liegt daher darin, die richtigen Faktoren zur richtigen Zeit einzusetzen und deren Allokation der jeweiligen Marktphase entsprechend im Portfolio anzupassen. Um diesen Prozess zu vereinfachen wurden die Multifaktorindizes entwickelt.

Multifaktorindizes ermöglichen eine Anlage in mehreren Faktoren zur selben Zeit in einem Index. Das heißt, in diesen Indizes werden mehrere Faktoren, wie z. B. Quality, Momentum, Value und Size miteinander kombiniert. Zur Konstruktion von Multifaktorindizes haben sich zwei Varianten durchgesetzt:

1. Die Einzelfaktoren (welche im Multifaktorindex enthalten sein sollen) werden zunächst einzeln (analog der Einzelfaktorindizes) betrachtet. Dies bedeutet jede Aktie aus dem Anlageuniversum (Mutterindex) wird

nacheinander nach den verschiedenen Faktoren bewertet. Hieraus werden Subportfolios für die jeweiligen Faktoren gebildet. Je nachdem können deswegen in jeden dieser Subportfolios (Subindizes) unterschiedliche Titel enthalten sein oder gleiche Titel aber mit einer unterschiedlichen Gewichtung. Diese Subindizes werden danach mit einem Gewichtungsansatz (z. B. alle Subindizes werden gleichgewichtet) kombiniert und bilden so den Multifaktorindex.

2. Hier werden die unterschiedlichen Einzelfaktoren gesamtheitlich betrachtet. Dies bedeutet die Aktien aus dem Anlageuniversum (Mutterindex) werden für sämtliche Faktoren gleichzeitig nach verschiedenen Faktoren bewertet. Umfasst der Multifaktorindex die Faktoren: Quality, Momentum, Value und Size, dann muss jede einzelne Aktie, die in diesen Index enthalten ist, gleichzeitig die vier Faktoren erfüllen.

Durch die Kombination verschiedener Faktoren in Multifaktorindizes ist es möglich, Aktien auszuwählen, die z. B. sowohl eine überdurchschnittliche Rendite versprechen als auch historisch geringe Schwankungen gezeigt haben. So kann durch die Kombination der Faktoren „Size“ und „Low Volatiliy“ ein Multifaktorindex entstehen, der von der höheren Rendite der Small-Cap-Aktien profitiert, während gleichzeitig das zusätzliche Risiko der kleinen Unternehmen durch die Low Volatiliy-Aktien abgemildert wird. Hierdurch erreicht man ein günstigeres Rendite-/Risiko-Verhältnis gegenüber einer „reinen“ Small-Cap-Strategie.

Das Problem bei verschiedenen Multifaktorindizes ist, sie müssen nicht die gleichen Einzelfaktoren berücksichtigen. Deswegen muss der Anleger im konkreten Fall, immer im jeweiligen Indexreglement nachschlagen, um herauszufinden, welche Faktoren im Index Berücksichtigung finden. So enthält z. B. der „*MSCI World Diversified Multiple-Factor*“ die Faktoren Value, Momentum, Quality und Size, während der „*Goldman Sachs Equity Factor Index World*“ noch als weiteres Kriterium Low Volatility hat.

„*Eine Katze in Handschuhen fängt keine Mäuse.*“ (Benjamin Franklin). Damit die Faktorindizes „ihre Rendite einfangen“ können, müssen sie ein möglichst hohes Faktorexposure erreichen. Hierzu wenden Faktorindizes bei der Selektion von Aktien aus dem Anlageuniversum unterschiedliche Verfahren an. Am häufigsten werden das Rankingverfahren und das Scoring eingesetzt.

Beim Rankingverfahren werden die jeweiligen Selektionskennzahlen (bei Value z. B. KGV), anhand deren der Faktor bestimmt wird, zu nächst separat betrachtet. Für jede Selektionskennzahl wird eine Rangliste erstellt. Die verschiedenen Ranglisten werden anschließend in Abhängigkeit der gewünschten Gewichtung der Kennzahlen zu einer Gesamtrangliste zusammengefasst. Aus dieser Liste werden dann die Aktien mit dem besten Ranking selektiert und die Aktien am unteren Ende der Rangliste ausgeschlossen. Um eine sinnvolle Selektion von Aktien aus dem Mutterindex zu ermöglichen, legt der Indexanbieter eine fixe Anzahl von Titel für den Faktorindex fest. Legt der Indexanbieter z. B. 50 Titel im Index fest, so werden die 50 Aktien aus der Gesamtliste mit dem besten Ranking ausgewählt.
Beim Scoring wird für jede Selektionskennzahl ein sog. Z-Score berechnet. Er wird ermittelt, indem von der jeweiligen Selektionskennzahl (x) der Durchschnittswert dieser Kennzahl aller Aktien im Anlageuniversum (Mutterindex) (μ) abgezogen und durch die Standabweichung der Kennzahl aller Aktien des Mutterindex (σ) dividiert wird:

$$Z = (x - \mu) / \sigma$$

Der Indexanbieter legt dann fest, ab welchen Z-Score, die Aktien in den Faktorindex zugelassen werden.
Die so selektieren Aktien nimmt der Indexanbieter nochmals genau unter die Lupe. Ziel ist es eine bessere Diversifikation im Faktorindex zu erreichen und Klumpenrisiken zu vermeiden. Es kann z. B. sein, dass Aktien bestimmter Branchen überdurchschnittliche positive Selektionskennzahlen vorweisen, wodurch eine starke Branchenkonzentration im Faktorindex zustande kommt. Um dies zu verhindern begrenzen einige Indexanbieter das Gewicht einzelner Branchen am Faktorindex. Andere Indexanbieter verfolgen das Ziel, dass die Branchengewichtungen im Faktorindex nicht zu stark vom Mutterindex abweichen. Nach dieser Vorgehensweise wird z. B. der „*MSCI World Sector Neutral Quality Index*" konstruiert. Deswegen hat der „*MSCI World Sector Neutral Quality Index*" eine ähnliche Branchenzusammensetzung, wie der „*MSCI World*". Nach derselben Methodik führen die Indexanbieter auch Länderrestriktionen durch.

Trotz all dieser Maßnahmen kann es bei der Indexkonstruktion vorkommen, dass es bei einzelnen Faktorindizes zu einer unerwünschten Sektorgewichtung kommt. So waren beispielsweise um 2009 Banken stark in Dividendenindizes gewichtet, weil sie eine hohe Dividendenrendite hatten. Durch die Finanzkrise 2009 verloren sie massiv an Wert, wodurch auch die Dividendenindizes überproportional im Vergleich zum Gesamtmarkt verloren. Ebenso muss der Anleger berücksichtigen, dass sich die Sektorgewichte der Faktorindizes im Zeitverlauf spürbar verändern. So flogen z. B. während der Finanzkrise 2009 Banken massiv aus den Dividendenindizes. Sie ändern also ihr Gesicht, wesentlich häufiger als die nach Marktkapitalisierung gewichteten Indizes.

Nach dieser Titelselektion, d. h. welche Aktien in den Faktorindex aufgenommen werden, muss nun deren Gewichtung im Faktorindex festgelegt werden.

Dabei muss man berücksichtigen, dass das bei der Zusammenstellung des Faktorindex verwendete Gewichtungsmodell die Risiken des Index bestimmt. Das Hauptziel der Gewichtungsmodelle ist, die Positionen in den Zielfaktoren und die Investierbarkeit zu maximieren sowie die Umschlagsrate (und damit die Kosten bei einer Indexanpassung) zu verringern. Daher lassen sich die Faktorindizes grob in zwei Klassen einteilen:

- High-Exposure-Indizes zielen auf eine maximale Gewichtung im entsprechenden Faktor. Allerdings unter Wahrung der Regeln des Indexanbieters bezüglich der Investierbarkeit.
- High-Capacity-Indizes werden hingegen so konstruiert, dass sie großvolumige Investments in den Index ermöglichen. Insofern steht im Mittelpunkt bei der Indexkonstruktion eine möglichst hohe Investierbarkeit bei möglichst geringer Umschlagsrate zu erreichen.

Die Gewichtung in den Faktorindizes erfolgt auf vielfältige Weise. So können faktorbasierte Indizes, die selektionierten Aktien gleich gewichten. Bei dieser Vorgehensweise haben alle Indextitel das gleiche Gewicht, wie z. B. beim „*MSCI World Mid Cap Equal Weighted In*dex".

Eine weitere Möglichkeit besteht darin, dass sich die Gewichtungen am Risiko der enthaltenen Aktien orientieren. So werden Aktien mit einem hohen Risiko beispielsweise geringer gewichtet, als Titel mit einem geringen Risiko, sodass sie alle den gleichen Beitrag zum Risiko im Index liefern. Der „*SPI Multi Premia Index*" wendet dieses Prinzip an.

Damit die Indizes auch über die Zeit noch die einzelnen Faktoren oder die ursprüngliche Gewichtung im Multifaktorindex widerspiegeln, führen die Anbieter regelmäßig ein Rebalancing durch. Hierbei überprüft der Anbieter, ob die im Index enthaltenen Aktien ausgetauscht oder neu gewichtet werden müssen. Bei vielen Faktorindizes wird das Rebalancing halbjährlich durchgeführt, manchmal auch quartalsweise.

Da sich die Faktoren bzw. deren Selektionskennzahlen der Aktien häufig ändern, führt dies zu einem großen Turnover in den Faktorindizes. Unter Turnover versteht man den Prozentsatz eines Portfolios, der innerhalb eines bestimmten Zeitraums umgeschichtet wird, z. B. bei einem Rebalancing halbjährlich, gibt der Turnover an, wie häufig das Portfolio in einem halben Jahr umgeschlagen wird. Dabei bedeutet ein Turnover von 100, dass Aktien im Wert des gesamten Portfolios einmal gehandelt wurden.

So hat beispielsweise der *MSCI World* ein durchschnittliches Turnover von 7 Prozent, also relativ wenige Transaktionen. Dagegen haben die Faktorindizes „*MSCI World Quality*", „*MSCI World Size*", „*MSCI World Enhanced Value*", „*MSCI World MinVol*" und „*MSCI World Multifaktor*" im Durchschnitt ein Turnover zwischen 30 und 43 Prozent. „*Den Vogel schließt*" mit einem durchschnittlichen Turnover von 131 Prozent der „*MSCI World Momentum*" ab. Da diese Turnover zu hoch sind, weil dadurch beim Rebalancing zu hohe Kosten anfallen würden, haben sich die Indexanbieter Methoden einfallen lassen, um die Höhe der Turnovers zu begrenzen. Beispielweise wird festgelegt, dass bei jedem Rebalancing höchstens ein Turnover von 20 Prozent stattfinden darf. Bei einem halbjährlichen Rebalancing beträgt dieses Limit immerhin im Jahr noch 40 Prozent.

„*Probleme sind keine Stopp-Schilder, sondern Hinweise.*" Auch bei der Indexkonstruktion gibt es Probleme, weil die Regelwerke nicht in Stein gemeißelt sind, sondern sich im Zeitablauf ändern.

So neigen Indexanbieter dazu, die Definition der einzelnen Faktoren von Zeit zu Zeit einem Update zu unterziehen. Beispielsweise änderte sich bei *MSCI* über die Zeit nicht unwesentlich die Definition des Value-Faktors, nicht nur die einzelnen Variablen, sondern auch die Art und Weise, wie sie kombiniert werden. In den letzten 20 Jahren wurde die Definition des Value-Faktors viermal grundlegend geändert. Einzig konsistente Value-Variable über 20 Jahre war das Kurs-Buchwert-Verhältnis, alle anderen Kennzahlen änderten sich mit der Zeit, z. B. wurde 2014 die Variable „*Enterprise Value to Cash Flow*" neu eingeführt, war aber schon 2018 wieder verschwunden.

Bei Multi-Faktor-Indizes ist es möglich, dass sich das Faktorset ändert. So findet sich in fast allen Faktorregelwerken der folgende Satz wieder: „Faktoren oder Faktorengruppen können hinzugefügt, abgeändert oder entfernt werden ..."

Aus diesen Gründen muss ein Anleger regelmäßig das Regelwerk des Faktorindex überprüfen, ob es noch den Faktor nach seinen Vorstellungen abbildet.

„*Die wahre Schönheit eines Pferdes liegt in den Augen*," sagt man. Bildlich gesprochen liegt die Schönheit der Faktorindizes in ihrer Performance. Sie zaubert den Anlegern ein Lächeln ins Gesicht oder eben nicht. Wie schlugen sich diese Indizes auf deren Rücken, der Anleger zum Erfolg reiten möchte? Auch auf der Gefahr hin, dass ich mich wiederhole. ETFs bilden einfach „nur" einen Faktorindex nach. Somit folgt die Rendite eines Smart-Beta-ETF recht exakt der Indexentwicklung. Daher lohnt sich ein detaillierter Blick auf die Rendite- und Risikoentwicklung der Faktorindizes, um Mythen die sich um die Smart-Beta-ETF sich ranken, zu erkennen.

Bei der nachfolgenden Betrachtung der Rendite/Risiko-Eigenschaften von Faktorindizes stütze ich mich auf die Indexfamilie von *MSCI*. Dabei betrachte ich diejenigen *MSCI* Faktorindizes, die sich auf dem *MSCI World* als Mutterindex beziehen, dem wohl bekanntesten globalen Aktienindex.

Tabelle 29: Verwendete MSCI-Faktorindizes

Faktor	MSCI-Index
Value	MSCI Value Weighted Index: Erfasst dem Value-Faktor durch Gewichtung nach vier Fundamentalkennzahlen (Umsatz, Gewinne, Cashflow, Buchwert; jeweils in Relation zum Kurs bzw. Unternehmenswert).
Momentum	MSCI Momentum Index: Erfasst dem Momentum-Faktor durch Gewichtung auf Basis der 6- und 12- Monats-Kursentwicklung skaliert nach der Volatilität.
Low Volatility	MSCI Minimum Volatility Index: Spiegelt ein empirisches Portfolio mit der geringsten prognostizierten Volatilität auf Basis einer Minimum-Varianz-Optimierung wider.
High Dividend Yield	MSCI High Dividend Yield Index: Erfasst High Dividend Aktien mit Screenings in Bezug auf Qualitätskriterien und potenzielle Dividendenfallen.
Low Size (Small Cap)	MSCI Equal Weighted Index: Erfasst Low Size-Faktor durch Gleichgewichtung aller Aktien eines gegebenen – i.d.R. marktkapitalisierungsgewichteten – Ursprungsindex (hier MSCI World).
Quality	MSCI Quality Index: Erfasst Quality-Aktien durch Gewichtung auf Basis der Kennzahlen Verschuldung zu Eigenkapital, Eigenkapitalrendite und Gewinnstabilität.
Multifaktor	MSCI World Diversified Multi-Factor-Index: Enthält solche Aktien des MSCI World, die über hohe Ausprägungen gegenüber den vier Ziel-Faktoren: Value, Quality, Momentum und Low Size verfügen.

Zunächst sehen wir uns die Rendite und das Risiko der einzelnen Faktorindizes und Multi-Faktor-Index für einem Zeitraum von 18 Jahren an.

Tabelle 30: Jährliche Rendite von Faktorindizes für den Zeitraum 1999-2017

	MSCI World Standard	MSCI World Diviersified	MSCI World Eqal Weighted	MSCI World Value	MSCI World Quality	MSCI World Minimum Volatility	MSCI World Momentum
1999-2017	3,9 % p.a.	6,2 % p.a.	6,1 % p.a.	4,5 % p.a.	5,2 % p.a.	5,7 % p.a.	6,2 % p.a.
Stand*	14,9 %	13,1 %	15,3 %	15,0 %	14,2 %	11,9 %	16,2 %

*Standabweichung der Jahresrendite

Alle Faktorindizes weisen für den 18-Jahres-Zeitraum eine höhere durchschnittliche Rendite auf als der Mutterindex *MSCI World*.

Allerdings unterscheiden sich die einzelnen Faktorindizes stark hinsichtlich ihres Risikos. Das geringste Risiko weist – wenig überraschend – der „*MSCI World Minimum Volatility-Index*“ auf, der die Low Volatility-Faktorprämie vereinnahmt. Dieser Index erzielte das insgesamt beste Rendite-Risiko-Verhältnis. Das höchste Risiko zeigt der „*MSCI World Momentum-Index*“, der allerdings mit 6,2 % p.a. gleichzeitig auch die höchste durchschnittliche Rendite erzielte.

Der Risikovergleich zeigt aber auch: Der Multi-Faktor-Index und die Single-Faktor-Indizes Quality, Value und Minimum Volatility haben ein geringes Risiko oder ähnliches Risiko, wie der *MSCI World*. Dagegen weisen die Single-Faktor-Indizes Equal Weighted und Momentum ein höheres Risiko auf. Außerdem zeigen viele Studien zu Multi-Faktor-Indizes, dass sie selten in einer gegebenen Zeitperiode die Position 1 im Wettrennen um die Rendite bzw. Risiko belegen. Dafür sind, die relativen Renditeabweichungen eines Multifaktorindexes weniger extrem und weniger stark schwankend.

Dies liegt daran, dass Multi-Faktor-Indizes, die vorteilhaften Wechselwirkungen zwischen den einzelnen Faktorprämien bewusst ausnutzen, manche negative Wechselwirkungen reduzieren und von den niedrigen Korrelationen zwischen den einzelnen Faktorprämien profitieren. Bei den obigen Renditezahlen handelt es sich um sehr langfristige Betrachtungen. Sehen wir uns die Renditen der Faktorindizes in unterschiedlichen Marktphasen an, um das Bild abzurunden

Zwei große Aufwärtsphasen des *MSCI World* fanden von August 2011 bis Dezember 2014 (121 %) und von November 2004 bis Juni 2007 (64 %) statt. Auf der anderen Seite stehen die beiden großen Abwärtsphasen von September 2000 bis März 2003 (-60 %) und von Juni 2007 bis März 2009 (-59 %). Daneben betrachten wir noch zwei Seitwärtsbewegungen von September 2003 bis November 2004 sowie von Dezember 2014 bis November 2016, dort pendelte die Rendite des *MSCI World* um null Prozent herum.

Tabelle 31: Renditen ausgewählter Faktorindizes in verschiedenen Auf-, Ab- und Seitwärtsbewegungen

Start	Ende	MSCI World Standard	MSCI World Value Weighted	MSCI World MinVol	MSCI World Momentum	MSCI World Quality	MSCI World Equal Weigh.	MSCI World Diviersified
09.2000	03.2003	-59,7 %	-55,2 %	-43,5 %	-60,1 %	-53,4 %	-53,6 %	-48,8 %
09.2003	11.2004	0,5 %	5,2 %	5,1 %	5,2 %	-2,6 %	9,1 %	11,9 %
09.2004	06.2007	64,0 %	70,2 %	55,4 %	89,7 %	63,2 %	84,2 %	91,7 %
06.2007	03.2009	-58,9 %	-62,2 %	-48,1 %	-55,1 %	-54,5 %	-59,7 %	-59,2 %
08.2011	12.2004	121,0 %	120,5 %	113,0 %	139,1 %	124,9 %	104,9 %	137,2 %
12.2014	11.2016	0,3 %	-1,7 %	8,8 %	3,5 %	2,6 %	3,4 %	1,5 %

Die obige Tabelle zeigt, dass sich die einzelnen Renditen der Faktorindizes in den verschiedenen Marktphasen stark voneinander unterscheiden, auch im Vergleich zum Mutterindex *MSCI World*. Dies liegt u. a. daran, dass sich die verschiedenen Faktoren aufgrund ihrer Konstruktionsweise und Charakteristika besser oder schlechter den jeweiligen Konjunkturzyklus (also Boom, Rezession usw.) anpassen[110].

Tabelle 32: Abhängigkeit der Faktorperformance vom Konjunkturzyklus

Prozyklische Faktoren: Outperformance bei guten bzw. sich verbesserndem makroökonomischen Umfeld (d. h. sie legen oftmals überdurchschnittlich in Boomphasen zu)	Defensive Faktoren: Outperformance bei schlechten bzw. sich eintrübendem makroökonomischen Umfeld (d. h. sie zeigen ihre Stärke tendenziell in schlechten Marktphasen)
Size Value Momentum	Minimum Volatility Quality High Dividend Yield

„*Der Zauber steckt immer im Detail.*" (Theodor Fontane). Daher sehen wir uns die Entwicklung der Faktorperformance in Abhängigkeit der einzelnen Marktphasen an der Börse an.

- Aufwärtsphase: In den Aufwärtsphasen konnte der „*MSCI World Diviersified*" fast ausnahmslos eine Mehrrendite gegenüber dem Vergleichsindex *MSCI World* erzielen. Ebenso gut schnitten der „*MSCI World Equal Weight*", der „*MSCI World Momentum*" sowie der „*MSCI World Value Weighted*" ab. Sowohl der „*MSCI World MinVo*", „*MSCI High Dividend Yield*" und der „*MSCI Quality*" konnten nicht überzeugen, weil sie in fast jeder Aufwärtsphase weniger Rendite erzielt haben als der *MSCI World*.
- Abwärtsphasen: In den Abwärtsphasen konnte der „*MSCI World MinVo*", „*MSCI High Dividend Yield*" und „*MSCI Quality*" überzeugen, weil sie weniger starke Einbußen als der *MSCI World* erlitten. Die

110 Diese Abhängigkeit der Faktoren vom Konjunkturzyklus bietet auch eine Chance für die Diversifikation. So ist das Diversifikationspotenzial häufig dann am größten, wenn prozyklische Faktoren mit defensiven kombiniert werden.

anderen Faktorindizes verzeichneten größtenteils Verluste im Rahmen des *MSCI Worlds*, aber auch darüber hinaus.

- Seitwärtsphasen: In den Seitwärtsphasen konnten eigentlich alle Faktorindizes besser abschneiden als der „*MSCI World*".

Dies Bild wird bestätigt, wenn man sich die Wertentwicklung der Faktorindizes nicht für bestimmte Marktphasen ansieht, sondern für einzelne Kalenderjahre für den Zeitraum von 40 Jahren. Es zeigt sich, dass die relative Kursentwicklung der MSCI-Faktorindizes Value, Low Size, Low Volatility, High Dividend Yield, Quality, Momentum mehrjährige Underperformance-Phasen (schlechter entwickelten als der *MSCI World*) aufwiesen, die zum Teil auch kräftig ausfielen. Beispielsweise generierte der „*MSCI Equal Weighted-Index*" im gesamten 40-Jahres-Zeitraum von 1976 bis 2016 eine klare Outperformance gegenüber dem *MSCI World*. „*Doch der Teufel steckt im Detail.*" Der „*MSCI Equal Weighted-Index*" entwickelte sich von etwa Mitte 1994 bis Mitte 2000 jedoch deutlich schlechter als der Gesamtmarkt (*MSCI World*) und zehrte in diesen sechs Jahren die in den 17 Vorjahren erzielte Outperformance fast vollständig auf. Dem folgte dann allerdings wieder eine mehrjährige klare Outperformance-Phase.

Ebenso erging es dem „*MSCI Quality Index*". Er erzielte seit 1976 eine beachtliche Outperformance gegenüber dem *MSCI World*. Dabei wies er allerdings mehrjährige Underperformance-Phasen auf. Diese lagen jedoch in anderen Zeiträumen, wie beim „*MSCI Equal Weighted-Index*", nämlich von 1981 bis 1988, von 1993 bis Mitte 1994 sowie von 2003 bis 2006.

Diese Betrachtung zeigt, dass die relative Kursentwicklung der Faktorindizes, immer wieder Phasen der Out- und der Underperformance gegenüber dem *MSCI World* gegeben hat. Diese Phasen waren erstens nicht deckungsgleich (d. h. zu unterschiedlichen Zeitpunkten) und zweitens die Korrelation der relativen Performance der Faktorindizes im Zeitablauf weist große Schwankungen auf. Beispielsweise zeigten der „*MSCI World Quality-Index*" und der „*MSCI World High Dividend Yield-Index*" in den 1980er und frühen 1990er Jahren eine weitgehend parallele Entwicklung der relativen Performance auf, seit Ende der 1990er Jahre entwickeln sich die beiden Indizes dagegen sehr unterschiedlich. Folglich muss der Anleger damit rechnen, dass wenn ein Faktorindex in einem Jahr besonders gut abschneidet, schon im nächsten

Jahr die Welt ganz anderes aussieht, und eine Enttäuschung droht. Dies ist im Wesentlichen wieder der unterschiedlichen Abhängigkeit der Faktorenperformance vom Konjunkturzyklus geschuldet.

„Die Wahrscheinlichkeit weißt uns den Weg, dass etwas eintritt." Also, wie hoch liegt die Wahrscheinlichkeit, dass Faktorindizes ihren Mutterindex bzw. Vergleichsindex schlagen?

Kurzfristig, also über 1 Jahr betrachtet, liegt die Wahrscheinlichkeit, den Vergleichsindex „*MSCI World*" zu übertreffen, zwischen 54,2 % (*MSCI World MinVol*) und 81,3 % (*MSCI World Multifaktor*). Mittelfristig, also über 5 Jahre, beträgt die Wahrscheinlichkeit den *MSCI World* zu übertreffen zwischen 64,2% (*MSCI World Enhanced Value*) und 92,5 % (*MSCI World Multifaktor*). Über 10 Jahre sieht die Sachlage sogar noch besser aus, dann liegt die Wahrscheinlichkeit, den Vergleichsindex zu übertreffen, zwischen 79,1 % (*MSCI World Enhanced Value*) und 99,1 % (*MSCI World Multifaktor*).

Es gilt: Mit zunehmendem Anlagehorizont geht eine Abnahme der Minderrenditen zum Vergleichsindex (Mutterindex) einher. Gleichzeitig steigt mit zunehmendem Anlagehorizont die Wahrscheinlichkeit den Vergleichsindex zu übertreffen deutlich an. Deshalb sollte ein Investment in Faktorindizes eher als langfristiges Investment angesehen werden.

Allerdings lauert bei einem Investment in Faktoren noch von anderer Seite „Ungemach". Einzelne Faktoren reagieren besonders empfindlich gegenüber anderen Fundamentalfaktoren, wie z. B. Zinsen. So sind beispielsweise Aktien mit hohen Dividendenrenditen oftmals besonders zinssensitiv. Deswegen wird der „*MSCI World High Dividend Yield-Index*" stark von der Zinsentwicklung beeinflusst. Als es ab Mitte 2016 in den USA zu einem Zinsanstieg kam, schnitt der „*MSCI World High Dividend Yield-Index*" spürbar schlechter ab als der „*MSCI World*", nachdem er zuvor viele Jahre vom globalen Zinsrückgang profitiert hatte. Gleiches gilt auch für den „*MSCI Minimum Volatility-Index*", dessen Zinssensitivität noch ausgeprägter ist.

Ein Sprichwort lautet: „*Ein Index ohne ETFs ist so sinnvoll wie ein Fahrplan ohne Eisenbahn.*" Deswegen werden die Smart-Beta-ETFs auf Grundlage der Faktorindizes konzipiert. Sie verfolgen einen bestimmten Faktor oder auch mehrere Faktoren, und wollen besser sein als der über dem Standard-Index (Mutterindex wie z. B. *MSCI World*) definierte Markt. Beispielsweise möchte der „*iShares Edge MSCI World Size Factor UCITS ETF*" eine bessere Rendite bei gleichzeitig geringerem Risiko erzielen als sein Mutterindex „*MSCI World*".

Dies ist der Stoff aus dem die Träume vieler Anleger gemacht sind. Deswegen ist die Nachfrage nach Smart-Beta-ETFs deutlich gestiegen und damit einhergehend auch deren Vielfalt. So kann der Anleger mittels Smart-Beta-ETFs auf jeden erdenklichen Faktor setzen oder auf mehrere. Hier eine kleine Auswahl:

Tabelle 33: Beispiel für Smart-Beta-ETF

Faktor	Beispiel für Smart-Beta-ETF	Kosten (gemessen in TER)
Size	iShares MSCI World Small Cap UCITS ETF	0,35 %
Momentum	Xtrackers MSCI World Momentum UCITS ETF	0,25 %
Value	iShares Edge MSCI World Value Factor UCITS ETF	0,30 %
Quality	Xtrackers MSCI World Quality UCITS ETF	0,25 %
Low Volatility	iShares Edge MSCI World Minimum Volatility UCITS ETF	0,30 %
Multi-Faktor	HSBC Multi Factor Worldwide Equity UCITS ETF	0,25 %
Gleichgewichtung	iShares Edge MSCI World Size Factor UCITS ETF	0,30 %

„*Die ganz Schlauen sehen um fünf Ecken und sind geradeaus blind.*" (Benjamin Franklin) Damit uns, das nicht so ergeht, müssen wir zum Finden einer passenden Anlagemöglichkeit im Smart-Beta-Universum eine systematische und logische Herangehensweise durchführen. Hierzu sollte sich der Anleger vor Augen führen, wie sich eine bestimmte Smart-Beta-Strategie verhält. Hierdurch hat der Anleger bessere Chancen seine Anlageziele zu erreichen. Um dies zu bewerkstelligen ist es vernünftig, sich einen Fahrplan zu erstellen, wie man vorgeht, um die passende Smart-Beta-Anlage für sich zu finden. Dies könnte so aussehen:

1. Festlegung des Anlageziels und mit welchen Faktoren man sie umsetzt:

   Der Anleger sollte sich bei der Auswahl eines Smart-Beta-ETFs zunächst darüber Gedanken machen, welche Smart-Beta-Strategie er umsetzen möchte. Strebt er nach einer höheren Rendite, weniger Risiko oder mehr Diversifikation? Der Anleger muss dann danach Ausschau halten, mit welcher Smart-Beta-Strategie bzw. Faktorindex er seine Ziele am besten umsetzen kann. Wenn er z. B. das Risiko reduzieren möchte, könnte er auf Low-Volatility-Strategien setzen. Wenn er dagegen eine Outperformance anstrebt, sollte er auf ertragsorientierte Faktorindizes wie Value, Quality, Size und Momentum sein Augenmerk richten.

Der Anleger muss ich aber auch über den Einsatz der Smart-Beta-Strategie Gedanken machen. Soll es sich um eine kurzfristige Position oder um ein langfristiges Engagement handeln? So können Smart-Beta-ETFs deren Faktorindizes einem diversifizierten und breiten Markt abdecken, strategisch eingesetzt werden als Alternative zu herkömmlichen auf Marktkapitalisierung beruhenden Indizes im Portfoliokern. Wer hingegen kurzfristig agieren möchte, der sollte auf ein taktisches Engagement abzielen. Er könnte mit Einzelfaktoren gezielt seine jeweilige Marktansicht umsetzen.

Zum Schluss dieser Überlegungen sollte eine Smart-Beta-Strategie stehen, mit denen der Anleger seine Anlageziele umsetzen kann.

2. Prüfung ob die gewählte Smart-Beta-Strategie bzw. der Faktor durch einem Smart-Beta-ETF abgebildet wird:

   Hierzu gehen Sie auf eine der gängigen Suchplattformen im deutschsprachigen Raum für ETFs, wie z. B. justetf.com und extraETF.com. Hier brauchen Sie in der Suchfunktion nur noch den Faktornamen bzw. Faktorindexnamen eingeben und die Suchmaschine zeigt Ihnen, welche ETFs diesen Index abbilden.

   Danach muss man die ETFs auf „Herz und Nieren“ prüfen. Definiert die Methodik des ETFs die Faktoren so, dass sie zu der Smart-Beta-Strategie des Anlegers passen. Welche Kennzahlen verwendet der Anbieter des ETFs bei der Auswahl der Indexbestandteile? Wie häufig führt der Anbieter ein Rebalancing aus? Entstehen durch die gewählte Methodik unbeabsichtigte Risiken? Ergeben sich z. B. durch die angewendete Methodik des ETFs dauerhafte Über- oder Untergewichtungen in bestimmten Sektoren, welche die Rendite belasten können?

   Ein genaues Verständnis der Methodik, wie der ETF den Faktor abbildet, ist unerlässlich, um zu ermitteln, ob der ETF zu einem passt oder nicht. Daneben muss der Anleger wissen, nach welchen Kriterien der Faktorindex konstruiert wird, der dem Smart-Beta-ETF zu Grunde liegt.

Sonst kann es passieren, dass der Anleger ein Smart-Beta-ETF kauft, das auf einem schlecht konstruierten oder nicht zur Strategie passenden Faktorindex beruht. Das ist nicht ungefährlich, glaubt z. B. ein Anleger, viele Quality-Aktien im Portfolio zu haben, dies jedoch nicht der Fall ist, kann das etwa bei einem Crash zu Verlusten führen, die deutlich höher ausfallen als erwartet.

3. Bewertung der potenziellen Wertentwicklung in unterschiedlichen Marktszenarien des Smart-Beta-ETFs:

   Anleger müssen wissen, wie der gewählte Smart-Beta-ETFs auf unterschiedliche Marktszenarien reagiert. Dies sollte der Anleger tuen, weil die Rendite der Faktoren in Abhängigkeit der Marktszenarien schwankt. So besteht die Möglichkeit, dass ein Faktor-Investment in einer bestimmten Marktphase schlechter abschneidet als der breite Markt. Die Kombination von verschiedenen Faktoren in einem Portfolio kann bei unterschiedlichen Marktszenarien zu einer höheren Diversifizierung und zu einer besseren Wertentwicklung führen.

4. Betrachtung im Kontext des bereits bestehenden Portfolios:

   Wie fügen sich die Faktoren in die übrigen Bestandteile des Depots ein? Deshalb sollten Faktoren immer unter Berücksichtigung des gesamten Rendite-Risiko-Profils des Depots gesehen werden. Der Anleger sollte auch die Faktoren kennen, die sein aktuelles Depot bestimmen, so können gezielt Faktoren als Ergänzung ausgewählt werden. Außerdem sollte sich der Anleger fragen: Welches Produkt lässt sich in seinem Depot unterumständen durch ein Smart-Beta-ETF ersetzen.

5. Vergleich der Kosten mit Konkurrenzprodukten:

   Kosten fressen immer einen Teil der Rendite auf. Deswegen sollte der Anleger die Kosten der zur Verfügung stehenden Produkte immer vergleichen.

„Ich fühle mich sehr abenteuerlustig. Es gibt noch so viele Türen, die zu öffnen sind, und ich habe keine Angst, dahinter zu schauen.“ (Elizabeth Taylor) Also lassen Sie uns die Tür zur Umsetzung einiger Smart-Beta-Strategien öffnen. Mit dem Smart-Beta-ETFs können die Anleger verschiedene Ziele umsetzen. Ich möchte hier einige Beispiele dafür geben.

1. Beispiel:

Ein Anleger hat ein Depot bestehend aus 60% MSCI Europe Index und 40% MSCI USA Index, jeweils abgebildet durch die beiden ETFs: *Xtrackers MSCI Europe* und *Xtrackers MSCI USA*.

Er möchte sein Portfolio an verschiedene makroökonomische Umfelder anpassen. Dabei soll, dass Risiko seines bestehenden Portfolios erhalten bleiben. Hierzu untersuchte sein Anlageberater das Verhalten von Faktorindizes in verschiedenen Wirtschaftslagen und entwickelte für jedes Marktumfeld eine optimierte Strategie. Diese Strategie sieht vor, dass die Hälfte des Portfolios in eine Kombination aus Quality- und Momentum-Strategien investiert wird, wobei diese auf dieselben regionalen Aktienmärkte zugreifen. Die Allokation soll sich nach dem erwarteten Marktumfeld richten:

Aufschwung: In einem von Wachstum geprägten Umfeld werden 20%, welche im *Xtrackers MSCI USA* investiert sind, durch eine Allokation von 10% in Quality und 10% in Momentum Smart-Beta-ETFs ersetzt sowie 30% der ursprünglichen Allokation im *Xtrackers MSCI Europe* durch 20% Quality und 10% Momentum-Smart-Beta-ETFs ersetzt. Dabei soll die Mischung aus Quality und Momentum bei steigenden Aktienmärkten zu höheren Renditen mit vergleichbarem Risiko führen. Das Depot sieht so aus:

Vorher	Nach der Umstellung
40% Xtrackers MSCI USA 60% Xtrackers MSCI Europe	20% Xtrackers MSCI USA 10% iShares MSCI USA Quality Factor 30% iShares Edge MSCI USA MOMENTUM FACTOR ETF 30% Xtrackers MSCI Europe 20% iShares Edge MSCI Europe Quality Factor UCITS ETF 10% Amundi MSCI Europe Momentum Factor UCITS ETF

Abschwung: Bei rückläufigem Umfeld werden 10 % „*iShares Edge MSCI USA MOMENTUM FACTOR ETF*“ getauscht in „*iShares MSCI USA Quality Factor*“. Ebenso werden die 10 % des „*Amundi MSCI Europe Momentum Factor ETFs*“ umgeschichtet in den „*iShares Edge MSCI Europe Quality Factor UCITS ETF*“. Letztlich, werden alle

Moment-Faktorindex-Investment vollständig durch die Quality-Strategien ersetzt. Hierdurch soll in Phasen der Marktkorrektur, Volatilität und Verluste des Portfolios reduziert werden. Das Depot sieht so aus:

Vorher	Nach der Umstellung
40% Xtrackers MSCI USA 60% Xtrackers MSCI Europe	20% Xtrackers MSCI USA 20% iShares MSCI USA Quality Factor 30% Xtrackers MSCI Europe 30% iShares Edge MSCI Europe Quality Factor UCITS ETF

2. Beispiel:

   Ein anderer Anleger möchte mithilfe von Faktoren ein ergebnisorientiertes Portfolio aufbauen. Als sein Anlage-Universum definiert er, die Anlageregion Welt. Seiner Ansicht spiegelt der *MSCI World* diese Anlageregion gut wider. Außerdem beschließt er jeden Faktor im Portfolio gleich zu gewichten, um möglichst einfach seine Strategie abzubilden.

<u>Defensives Portfolio:</u> Ziel ist es ein Portfolio zu konstruieren, was eine geringere Volatilität als der Mutterindex (bzw. Benchmark) *MSCI Word* hat. Dazu setzt er auf die beiden defensiven Faktoren - Low Volatility und Quality – sowie einen diversifizierenden Faktor wie Value.

Faktor	Smart-Beta-ETF	Gewicht im Depot
Low Volatility	iShares Edge MSCI World Minimum Volatility UCITS ETF	33 %
Value	iShares Edge MSCI World Value Factor UCITS ETF	33 %
Quality	iShares Edge MSCI World Quality Factor UCITS ETF	33 %

<u>Ausgewogenes Portfolio:</u> Zur Umsetzung dieser Strategie kombiniert der Anleger die folgenden Faktoren: Size, Low Volatility, Value, Quality und Momentum. Mit diesem Portfolio ist er neutral ausgerichtet. Allerdings strebt er eine höhere Rendite an, als er mit dem defensiven Portfolio erreichen kann. Dafür muss er allerdings ein höheres Risiko in Kauf nehmen, als beim MSCI World.

Faktor	Smart-Beta-ETF	Gewicht im Depot
Low Volatility	iShares Edge MSCI World Minimum Volatility UCITS ETF	20 %
Value	iShares Edge MSCI World Value Factor UCITS ETF	20 %
Quality	iShares Edge MSCI World Quality Factor UCITS ETF	20 %
Size	iShares MSCI World Small Cap UCITS ETF	20 %
Momentum	iShares Edge MSCI World Momentum Factor UCITS ETF	20 %

Dynamisches Portfolio: Ziel ist eine Outperformance gegenüber dem *MSCI World* zu erreichen. Aus diesem Grund werden prozyklische Faktoren - Value, Momentum und Size – die sich historisch gesehen deutlich besser als der *MSCI World Index* entwickelt haben, ins Portfolio aufgenommen. Für die Chance auf eine Outperformance muss der Anleger, aber eine höhere Volatilität seines Depots im Vergleich zum *MSCI World* in Kauf nehmen.

Faktor	Smart-Beta-ETF	Gewicht im Depot
Value	iShares Edge MSCI World Value Factor UCITS ETF	33 %
Momentum	iShares Edge MSCI World Momentum Factor UCITS ETF	33 %
Size	iShares MSCI World Small Cap UCITS ETF	33 %

Wie entwickelten sich die drei Portfolios im „Live-Betrieb“. Dazu schauen wir uns die Entwicklung für den 10-Jahres-Zeitraum von Okt. 2004 bis Okt. 2015 an. Ich habe diesen Zeitraum ausgewählt, weil in diesem eine der schwersten Finanzkrisen (US-Subprime-Krise, mit Bankenkrise und daraus resultierende EURO-Schuldenkrise) der neueren Zeit stattfand.

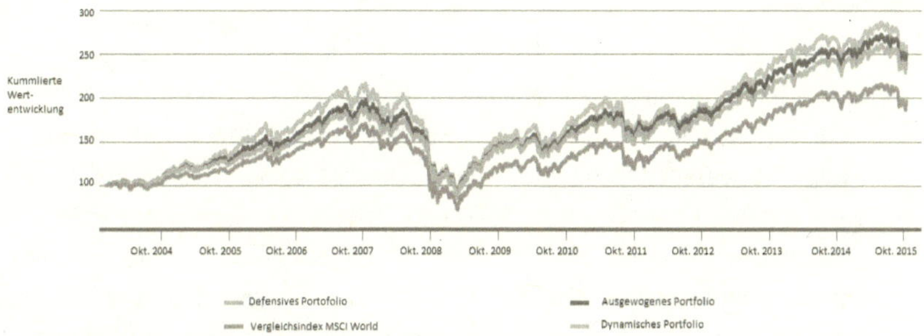

Abbildung 23: Wertentwicklung von Faktor-Portfolios (Intervall: täglich, Kurse in US-Dollar)

Tatsächlich können die drei Portfolios ihre definierten Ziele erreichen. So erzielte das defensive Portfolio eine geringfügige Renditesteigerung gegenüber dem *MSCI World* und schaffte es gleichzeitig kontinuierlich das Risiko zu reduzieren. Demgegenüber erzielte, dass ausgewogene Portfolio eine höhere Rendite als der *MSCI World* und das defensive Portfolio, aber bei einem leicht erhöhten Risiko gegenüber dem defensiven Portfolio. Bemerkenswert war jedoch, dass das Risiko im Vergleich zum *MSCI World* etwas geringer war. Als Highflyer erwies sich das dynamische Portfolio. Es hatte die beste Wertentwicklung. Dafür musste der Anleger, eine zeitweise im Vergleich zum *MCSI World* deutlich höhere annualisierte Volatilität in Kauf nehmen.

Die Entwicklung der drei Portfolios in der Finanzkrise (2007-2009) zeigt, dass auch bei Smart-Beta-ETFs es keine Rendite ohne Risiko gibt. Schließlich stürzten die drei Portfolios im Schlepptau des *MSCI World* auch ab, aber nicht so stark[111]. Deshalb sollte man die Kirche im Dorf lassen: Smart-Beta-ETFs schützen nicht vor Verlusten, sie reduzieren nur das Risiko.

[111] Einige Experten konnten aufzeigen, dass Depots die „nur“ nach Assetklasse (wie Aktien und Anleihen) und innerhalb der Assetklasse nach Branche und Region (bzw. Länder), also nach der Portfoliotheorie diversifiziert wurden, schlechtere Ergebnisse als die drei obigen Portfolios erzielten.

3. Beispiel:

Ist ein Anleger auf der Suche nach „schüsselfertigen" Smart-Beta-Lösungen, so bieten sich Multifaktor-Indizes an, hier muss der Anleger nicht explizit entscheiden, welche Faktoren, wann und in welcher Kombination er einsetzen möchte. Solche Indizes kombinieren in der Regel die Faktoren: Quality, Value, Size und Momentum. Sie erzielen oftmals eine bessere Rendite als der breite Markt bei vergleichbarem Risiko. Darum können sie eingesetzt werden zur Optimierung des Risiko-Rendite-Profils eines bestehenden Portfolios. Hat z. B. ein Anleger folgendes diversifiziertes, globales Multi-Asset-Portfolio:

Fonds	Anlageschwerpunkt	Anteil am Depot
SPDR Bloomberg Barclays Global Aggregate Bond UCITS ETF	Der Bloomberg Global Aggregate Bond Index bietet Zugang zu Anleihen in Industrie- und Schwellenländern weltweit.	40 %
iShares Core MSCI Emerging Markets IMI UCITS ETF	Der MSCI Emerging Markets (IMI) Index bietet Zugang zu Aktien aus Schwellenländern der ganzen Welt.	5 %
iShares Core MSCI World UCITS ETF	Der MSCI World Index bietet Zugang zu den internationalen Aktienmärkten in 23 Industrieländern	50 %

Der Anleger möchte das Risiko-Rendite-Profil seines Depots verbessern. Dazu tauscht er den *„iShares Core MSCI World UCITS ETF"* durch den *„iShares Edge MSCI World Multifactor UCITS ETF* USD" aus. Das Portfolio sieht nun so aus:

Fonds	Anlageschwerpunkt	Anteil am Depot
SPDR Bloomberg Barclays Global Aggregate Bond UCITS ETF	Der Bloomberg Global Aggregate Bond Index bietet Zugang zu Anleihen in Industrie- und Schwellenländern weltweit.	40 %
iShares Core MSCI Emerging Markets IMI UCITS ETF	Der MSCI Emerging Markets (IMI) Index bietet Zugang zu Aktien aus Schwellenländern der ganzen Welt.	5 %
iShares Edge MSCI World Multifactor UCITS ETF USD	Der MSCI World Diversified Multiple-Factor Index bietet Zugang zu Unternehmen in entwickelten Aktienmärkten weltweit. Die Titelauswahl und Titelgewichtung basiert auf mehreren Faktoren: Value, Momentum, Qualität und Size.	55 %

Wie entwickelten sich die beiden Portfolios im „real Life". Dazu schauen wir uns wieder die Entwicklung für den 10-Jahres-Zeitraum von Okt. 2004 bis Okt. 2015 an

	Portfolio mit "iShares Core MSCI World UCITS ETF"	Portfolio mit "iShares Edge MSCI World Multifactor UCITS ETF USD"
Annualisierte Rendite	4,75 %	6,19 %
Annualisierte Standardabweichung	11,12 %	10,16 %
Max. Drawdown*	-36,40 %	-35,91 %

*Dies ist der Rückgang vom Höchst- auf den Tiefststand in einem Anlagezeitraum

Es zeigt sich, dass das Portfolio mit der Multifaktor-Position, eine höhere Rendite bei niedrigerem Risiko vorweisen kann, als das Portfolio ohne Multifaktor-Position. Der Anleger hat, also durch den Austausch des „*iShares Core MSCI World UCITS ETF*" durch den „*iShares Edge MSCI World Multifactor UCITS ETF USD*" tatsächlich das Rendite/Risiko-Profil seines Portfolios verbessert.

Möchte der Anleger das Risiko seines Portfolios weiter senken, so kann er die Multifaktor-Strategie mit Einzelfaktoren kombinieren. Zur Senkung des Risikos bietet sich der Einzelfaktor Low Volatility an, da er eine geringe Volatilität hat. Um den Einzelfaktor Low Volatility in sein Portfolio einzubauen, reduziert der Anleger den Anteil des „*iShares Edge MSCI World Multifactor UCITS ETF USD*" um 20 % am Depot.

Fonds	Anteil am Depot
SPDR Bloomberg Barclays Global Aggregate Bond UCITS ETF	40 %
iShares Core MSCI Emerging Markets IMI UCITS ETF	5 %
iShares Edge MSCI World Multifactor UCITS ETF USD	35 %
iShares Edge MSCI World Minimum Volatility UCITS ETF	20 %

Um festzustellen, ob diese Maßnahme tatsächlich das Risiko des Portfolios weiter gesenkt hat, sehen wir uns wiederum die Entwicklung der Depots für den 10-Jahres-Zeitraum von Okt. 2004 bis Okt. 2015 an.

	Portfolio mit "iShares Edge MSCI World Multifactor UCITS ETF USD"	Portfolio mit "iShares Edge MSCI World Multifactor UCITS ETF USD" und "iShares Edge MSCI World Minimum Volatility UCITS ETF"
Annualisierte Rendite	6,19 %	6,02 %
Anualisierte Standardabweichung	10,16 %	9,16 %
Max. Drawdown*	-35,91%	-34,91 %

*Dies ist der Rückgang vom Höchst- auf den Tiefststand in einem Anlagezeitraum

Tatsächlich führt die Hinzunahme des Einzelfaktors Low Volatility zu einer Senkung des Risikos im Vergleich zu dem Depot mit „nur" der Multifaktor-Strategie. Hierfür muss der Anleger allerdings bezahlen, in Form einer etwas geringeren Rendite.

Antoine de Saint-Exupery stellte klar „*Um klar zu sehen, genügt oft ein Wechsel der Blickrichtung.*" Also wechseln wir die Blickrichtung und nutzen die Smart-Beta-ETFs, um Risiken und Renditen in einem bestehenden Portfolio aus Aktien zu beeinflussen.

4. Beispiel:

   Ein Anleger hält in seinem Portfolio eine breit diversifizierte Auswahl an Aktien aus entwickelten Märkten, wie Deutschland, Schweiz, USA usw. Dabei orientiert er sich am *MSCI World Index*. Der Anleger hat gelesen, dass kleinere Unternehmen höhere Wachstumschancen haben und damit ein größeres Potenzial bieten, sich also besser als der Marktdurchschnitt (MSCI World Index) entwickeln. Allerdings haben sich kleinere Unternehmen in der Vergangenheit durch eine höhere Volatilität ausgezeichnet. Diese würde er gerne verringern. Um diese Quadratur des Kreises zu lösen, greift der Anleger auf Smart-Beta-ETFs zurück. Um seine Positionen in kleineren Unternehmen zu erhöhen, wählt er den „*iShares MSCI World Size Factor UCITS ETF*" aus. Dieser bietet ihm Zugang zu Titeln mit mittlerer Marktkapitalisierung und ergänzt das Portfolio so um eine Position, die auf eine Outperformance des Marktes abzielt. Um die höhere Volatilität abzumildern, wählt er den „*iShares MSCI World Minimum Volatility UCITS ETF*" aus. Damit erhält er Zugang zu einem globalen Aktienportfolio, das eine niedrigere Volatilität als der Standardindex (MSCI World) aufweist. Hierdurch hofft er die gestiegene Volatilität seines Depots, durch die Hinzunahme der kleinen Unternehmen, im Griff zu bekommen, also die Volatilität effektiv zu reduzieren.

5. Beispiel:

   Wiederum hält ein Anleger eine breit diversifizierte Auswahl an weltweiten Aktien. Bei seiner Auswahl der Aktien hat er sich an dem *MSCI World* orientiert. Kürzlich nahm er an einem WEB-Seminar seiner Bank zur zukünftigen Entwicklung an den Finanzmärkten teilt. Dort erfuhr er, dass die Experten seiner Bank glauben, dass sich die Weltwirtschaft im Frühstadium einer Erholungsphase befindet. Hiervon möchte natürlich der Anleger profitieren. Darum möchte er sein Portfolio so anpassen, dass es sich gut in dieser Phase des Konjunkturzyklus entwickelt. Aber er möchte seine Aktien gerne behalten, weil er an die Zukunft der Unternehmen glaubt. Natürlich möchte der Anleger auch seine Handelskosten niedrig halten. Sein Anlageberater empfiehlt dem Anleger auf dem Momentum-Faktor zu setzen, weil er besonders im Frühstadium einer Erholungsphase gute Erträge liefert. Um dies kostengünstig umzusetzen, bietet sich der *„iShares MSCI World Momentum Factor U-CITS ETF“* an. Der ETF zielt darauf ab, kurzfristige Chancen wahrzunehmen. Hierzu hält der ETF Positionen in Unternehmen, die über die vergangenen 6 bzw. 12 Monate einen positiven Kurstrend zeigen. Durch die Hinzunahme dieses ETF, kann der Anleger von diesen Entwicklungen taktisch profitieren.

Beim Lesen der Beispiele kommt man ins Schwärmen für die Smart-Beta-EFTs und deren Möglichkeiten. *„Hört einfach sich viel zu gut an! Wo ist der Haken?“* Natürlich gibt es auch bei den Smart-Beta-ETFs Haken. Der erste Haken ist, sie sind nicht so leicht zu verstehen wie klassische ETFs. Folglich brauchen Anleger mehr Know-how, um mit diesen ETFs umgehen zu können. Zwar werden die Algorithmen offengelegt, anhand deren die Faktoren bzw. Aktien ausgewählt werden, aber sie sind oftmals schwer zu verstehen.

Der zweite Hacken ist, das Smart-Beta-ETFs mehr kosten als klassische ETFs. Dies kann langfristig zu Lasten der Rendite gehen.
Der dritte Hacken ist, das Smart-Beta-ETFs den grundsätzlichen Vorteil von ETFs, nämlich die breite Risikostreuung verlieren, d. h. man ist nicht mehr im gleichen Maße diversifiziert wie mit herkömmlichen ETFs. Beispielsweise hat der *MSCI World Index* ca. 1.600 Aktien, während der „*MSCI World Diversified Multiple-Factor Index*" dagegen „nur" 350 Aktien enthält.
Der vierte Hacken ist, dass es für den Anleger schwierig zu entscheiden ist, welche der vielen möglichen Faktoren aktuell der vielversprechendste ist. Einzelne Faktoren können nämlich über Jahre hinweg deutlich schlechter performen als der Gesamtmarkt.
Der fünfte Hacken ist, dass der Anleger sich auf längere Renditedurststrecken einstellen muss als mit einem marktneutralen Investment. Dies erfordert ein erhöhtes Maß an Leidensfähigkeit und Durchhaltevermögen.

4.3.4 ESG, SRI & Co.: Was sind nachhaltige ETFs?

Außerhalb der Finanz-Community erntet man schnell verständnislose Blicke, wenn man den Small Talk auf der Cocktailparty mit der nonchalanten Frage beginnt: „Investierst Du schon deine Ersparnisse nach ESG-Regeln?"
„So wart" hört man meistens als Antwort. Fällt dann das Stichwort „Nachhaltigkeit", kommt vielen zuerst der Schutz des Klimas in den Sinn. Manch anderer wiederum denkt spontan an ökologische Landwirtschaft, BIO-Produkte oder den Artenschutz. Wie funktioniert nachhaltig Investieren?
Für Investments bedeutet nachhaltig beim Investieren, sein Geld in Unternehmen zu investieren, die Wert auf einem schonen Umgang mit den natürlichen Ressourcen legen, die die Umwelt schützen, die Arbeits- und Menschenrechte achten und sich sozial agieren. Um diese Wunschvorstellung abzubilden, wurden die ESG-Regeln (auch Nachhaltigkeitskriterien genannt) erfunden.
Sie umfassen ein ganzes Bündel von Eigenschaften, die ein Unternehmen aufweisen muss, damit es als nachhaltig gilt. Was versteht man unter dem Kürzel ESG?

- Der Buchstabe **E** („Environment“):
  Das „E“ kategorisiert, wie sich das Handeln von Unternehmen auf die Umwelt auswirkt. Hierzu wirft man einen Blick darauf, ob das Unternehmen die Umweltrechtlinien einhält, einen effizienten Umgang mit Ressourcen hat, umweltschonende Produktions- und Vertriebsprozesse hat. Natürlich auch, ob das Unternehmen eine Reduzierung von Kohlenstoffemissionen auf der Agenda stehen hat, etwa durch den Einsatz alternativer Energien oder durch energieeffizientes Gebäudemanagement.
  Nachhaltiges Wirtschaften ist nicht nur im Interesse des Gemeinwohles, sondern auch im Sinne des Unternehmenserfolgs wichtig. Trifft ein Unternehmen z. B. keine Maßnahmen etwa zur CO_2-Reduzierung, zum Gewässerschutz oder zur Bergbausicherheit, könnte es mit staatlichen oder behördlichen Sanktionen, strafrechtlicher Verfolgung oder Reputationsschäden konfrontiert werden. Dies stellt für Unternehmen und damit auch für dessen Aktionäre ein potenzielles Risiko dar, welches den Aktienkurs beeinflussen kann.
- Der Buchstabe **S** („Social“):
  Das „S“ berücksichtigt die sozialen Kriterien bei der Unternehmensbewertung bzw. -führung. Hierzu zählen z. B. gute Arbeitsbedingungen, eine faire Entlohnung, die Einhaltung von Arbeitsrechten, Antidiskriminierungsrichtlinien, Aus- und Weiterbildungsmöglichkeiten, Verbot von Kinder- und Zwangsarbeit. Dies gilt nicht nur für das betrachtete Unternehmen, sondern für die ganze Lieferkette. Also wie sind z. B. die Arbeitsbedingungen bei den Sub-Unternehmen und Lieferanten. Aber auch Verbraucherschutz und die Produkthaftung werden unter diesem Punkt beleuchtet. Dies ist für die Unternehmen keine lästige Pflicht, sondern wirkt sich auf den unternehmerischen Erfolg aus. Da es Unternehmen mit hohen Sozialstandards meist besser gelingt, langfristig Vertrauen und Loyalität aufzubauen, gegenüber den Mitarbeitern und den Kunden.
- Der Buchstabe **G** („Governance“):
  Das „G“ beleuchtet den Aspekt der Unternehmensführung und dessen Auswirkungen auf die langfristige und nachhaltige Unternehmensent-

wicklung. Es betrachtet auch, dass ethische Verhalten des Unternehmens sowohl in der Gesellschaft als auch firmenintern. Dabei dreht es sich, im Wesentlichen um folgende Fragen:

Erstens: Welche Richtlinien gibt es zur Bekämpfung von Bestechung, Korruption und Betrug? Werden diese auch umgesetzt?

Zweitens: Ist die Aufsichtsratsvergütung angemessen? Wird diese transparent dargestellt?

Drittens: Werden die Aktionärsrechte eingehalten? Welche Rechte haben Aktionäre?

Viertens: Wie transparent ist die Geschäftstätigkeit im Jahresbericht dargestellt? Wie transparent ist der Nachhaltigkeitsbericht?

Bei nachhaltiger Geldanlage ist es wichtig, dass nur jene Unternehmen berücksichtigt werden, die bei allen drei ESG-Regeln gute Werte aufweisen. Zum Beispiel können Unternehmen, die in puncto guter Unternehmensführung weit unter dem Durchschnitt liegen, anfälliger für Missmanagement oder Skandale sein.

Zusätzlich werden gewisse Branchen und Wirtschaftsbereiche (und damit die darin enthaltenen Unternehmen) komplett ausgeschlossen, weil sie nicht zu den Prinzipien einer ethischen und nachhaltigen Lebensführung passen. Dies sind z. B. Unternehmen, die ihre Geschäfte im Wesentlichen in folgenden Branchen tätigen: Produktion oder Vertrieb von Alkohol, Tabak, Waffen, Atomkraft, Kohleverbrennung, Gentechnik, Glücksspiel oder Pornographie.

Die meisten Anleger sehen, etwas perplex aus, wenn sie zum ersten Mal mit der Definition der ESG-Regeln konfrontiert werden. Es ist schließlich eine Mammutaufgabe duzende oder gar hunderte Unternehmen auf ihre Nachhaltigkeit hin zu analysieren. Darum stehen sie vor der Frage: Wie erkenne bzw. ermittele ich, wie ein Unternehmen die ESG-Regeln einhält bzw. umsetzt?

Denen möchte man den Spruch entgegenrufen: „*Die Lösung ist immer einfach, man darf nur nicht zu kompliziert denken. Am besten man lässt andere für sich arbeiten!*“

Der erste Weg, um herauszufinden, wie ein Unternehmen es mit den ESG-Regeln hält, führt zu dem Unternehmen selbst. Dort wird meistens unter dem Punkt Verantwortung oder Nachhaltigkeit Auskunft geben, in weit sie die ESG-Regeln erfüllen. Beispielsweise tut dies EVONIK auf ihre WEB-Seite:

https://corporate.evonik.de/de/verantwortung/nachhaltig-investieren/sri-ratings-rankings. Um diese Angaben machen zu können, lassen sich die Unternehmen von Rating-Agenturen bewerten.

In der EU gibt es 30 bis 40 ESG-Ratingagenturen. International am meisten beachtet sind: MSCI ESG, ISS ESG, Sustainalytics oder ecovadis. Das Problem: Jede Agentur hat eigene Messmethoden, Prozesse oder Gewichtungen zur Erstellung eines ESG-Ratings. Angesichts dieses Problems, *„dürfen wir jetzt nicht den Kopf im Sand stecken."* Sehen wir uns einfach mal an, wie die größte Ratingagentur das Rating durchführt.

Der Platzhirsch unter den Ratingagenturen ist MSCI ESG Research. Dementsprechend genießt MSCI ESG Research ein hohes Ansehen in der Branche.

MSCI ESG Research bewertet immer im Hinblick auf die Branche, in der ein Unternehmen tätig ist und definiert unterschiedliche Bewertungsmaßstäbe. So ist z. B. Coca-Cola in der Softdrink-Industrie tätig. In Sachen Unternehmensführung gelten dieselben Kriterien wie auch für alle anderen Firmen. Zusätzlich wird jedoch zum Beispiel speziell darauf geachtet, wie viel Verpackungsmüll während der Produktion anfällt.

Zudem wirft MSCI ESG Research immer einen Blick in die Vergangenheit, um folgende Frage zu beantworten: Hat sich das Engagement verbessert oder haben die Bemühungen in Sache Nachhaltigkeit abgenommen?

Letztlich beurteilt MSCI ESG Research an rund 30 Kriterien, sogenannte „Key Issues", die ESG-Bilanz eines Unternehmens. So spielt in der Sparte „Environment" (Umwelt) eine Rolle, wie hoch die CO_2-Emissionen sind, wie groß die Menge an nicht-recycelbarem Abfall oder wie hoch der Wasserverbrauch ist. Dagegen schaut sich in der Kategorie „Sozial" MSCI ESG Research Dinge an, wie die Einhaltung des Arbeitsschutzes oder wie hoch die Gesundheitsrisiken für Mitarbeiter sind. Im Bereich „Governance" sieht sich MSCI ESG Research u.a. an wie transparent das Unternehmen bei der Offenlegung von Gewinnen und Steuern vorgeht oder wie die Korruptionsbekämpfung ist.

Nach der Analyse folgt die Bewertung: Wie nachhaltig agiert ein Unternehmen? Dazu verwendet MSCI ESG eine Zahlenskala. Je nachdem, wie viele Punkte das Unternehmen bei der Bewertung durch die spezifischen Indikatoren bzw. „Key Issues" erreichen konnte (immer im Vergleich zu seinen Branchenkollegen), errechnet MSCI ESG Research eine Zahl zwischen 1 und 10. Je mehr Punkte ein Unternehmen erreicht, desto besser.

Letter Rating	Leader/Laggard	Final Industry-Adjusted Company Score
AAA	Leader	8.571* - 10.0
AA	Leader	7.143 – 8.571
A	Average	5.714 – 7.143
BBB	Average	4.286 – 5.714
BB	Average	2.857 – 4.286
B	Laggard	1.429 – 2.857
CCC	Laggard	0.0 – 1.429

Abbildung 24: MSCI ESG-Rating (Quelle: msci.com, Juni 2021)

Als Leader in seiner Branche gilt ein Unternehmen mit einem AAA oder AA (Leader) (Punkte mindestens 7,143) Rating, also als Branchenführer, was das Management von ESG-Risiken angeht.
Mit den Buchstaben A bis BBB (Average) werden Unternehmen bewertet, deren Umsetzung von ESG-Kriterien im Vergleich zu seinen Branchenkollegen eher mittelmäßig ist.
Sind Unternehmen nicht willens oder demonstrieren nicht die Fähigkeit, ESG-Risiken managen zu können, so bekommen sie ein B bis CCC Rating (Laggard). Dies könnte z. B. daran liegen, weil die Treibhausgas-Emissionen zu hoch sind. Ein solches Rating bekommen auch Unternehmen, die sich im Laufe der Zeit hinsichtlich ihrer Nachhaltigkeit verschlechtert haben.
Nach diesem Schema haben sechs DAX-Konzerne die Top-Wertung AAA von MSCI ESG Research erhalten. Lediglich Volkswagen bekam mit CCC ein desolates Rating[112].

---

[112] Dies Rating wurde von Ratingagentur Sustainalytics bestätigt. Die Auswertung von Sustainalytics zeigt aber auch dass sich die Ratings unterscheiden können. So vergab Sustainalytics gleich 16 Unternehmen die Top-Bewertung darunter BASF, die Deutsche Post oder Infineon. Wiederum bei ISS, erhält kein DAX-Unternehmen die Bestnote A. Jetzt ist Delivery Hero das Unternehmen, das am schlechtesten bewertet ist.

Allerdings haben die ESG-Ratings eine erhebliche Schwäche. Die Ergebnisse bzw. Ratings der einzelnen Ratingagenturen, weichen voneinander teilweise stark für die einzelnen Unternehmen ab. Beispielweise hat die Deutsche Börse von MSCI ESG und ISS ESG gut bis sehr gut bewertet, fällt in den beiden anderen Ratings von Sustainalytics und ecovadis jedoch eher ab. Oftmals befinden sich zwei oder drei der Ratings in ähnlichen Sphären, aber in den seltensten Fällen kommen alle vier Ratingagenturen zu demselben Schluss. Das heißt die Ratings geben dem Anleger ehr einen Fingerzeig, wo die Reise hingeht[113].

Oftmals erstellen die Ratingagenturen Ranglisten zu speziellen Fragestellungen, wie z. B.: Welches Unternehmen in Europa erfüllt die ESG-Regeln am besten? Um die Frage zu beantworten, betrachtet die Ratingagentur zunächst alle europäischen Unternehmen mit einem ESG-Rating. Dann untersucht es, welches dieser Unternehmen am stärksten auf die Einhaltung der ESG-Regeln achtet und in ihrer täglichen Arbeit umsetzt. Dadurch entsteht ein regelrechtes Ranking. Das Unternehmen mit den höchsten Werten in allen drei Punkten bekommt den ersten Rang usw. Nach dieser Rangliste können Anleger beispielsweise Aktien oder Anleihen von Unternehmen auswählen, die im ESG-Rating eine hohe Platzierung in der Rangliste erreicht haben, weil sie überdurchschnittlich gut das Thema nachhaltiges Wirtschaften in der Praxis umsetzen

Ein frustrierter Anleger stellte einmal zu diesem Thema pointiert fest: „*Nachhaltigkeit ist ein sehr komplexes Wesen. Es wimmelt nur so von Kürzeln ESG, SRI, PRI usw.*“

Das Kürzel SRI (eng. für Socially Responsable Investment) ist eine Abkürzung für sozial verantwortliches (ethisches) Investieren. Im Kern bedeutet sozial verantwortliches Investieren, nur in das zu investieren, was man als Anleger selbst für moralisch und ethisch vertretbar hält.

Wie ein Anleger hierbei „sozial verantwortlich“ definiert, bleibt im Grunde dem Anleger selbst überlassen. Dem einem Anleger liegt die Umwelt am Herzen,

---

[113] Um hier Ordnung zu schaffen hat die EU-Kommission die sogenannte EU-Taxonomie ins Leben gerufen. Sie verpflichtet Unternehmen u. a. dazu bestimmte Nachhaltigkeitskriterien von sich aus offen zu legen. Auch sieht die Taxonomie ein Klassifizierungssystem vor, das festhält, durch welche Kriterien sich ein nachhaltiges Finanzprodukt auszeichnet.

darum nimmt er Investitionen in grüne Energiequellen ins Visier, wie z. B. Wind- und Solarunternehmen. Wiederum ein anderer Anleger liebäugelt mit der Förderung von Frauen, deswegen investiert er gezielt in Unternehmen die von Frauen geführt werden.

Diese kleine Aufzählung offenbar schon das Dilemma: Jeder Anleger hat andere Werte die er für besonders förderungswürdig hält, insofern ist die Definition von SRI von Anleger zu Anleger unterschiedlich.

Deshalb raten Experten Anlegern auch, bevor sie sozial verantwortliches Investieren praktizieren, sich genau zu definieren, was dies für sie persönlich bedeutet. Meistens münden diese Überlegungen in einer Liste von Ausschlusskriterien, d.h. ein Investment in diese Branchen bzw. Unternehmen kommt aus ethischen Gründen für den Anleger nicht in Frage. Eine solche Liste könnte so aussehen:

- Ich möchte nicht in Unternehmen investieren, die unethische bis hin zu (wirtschafts-)kriminellen Geschäftspraktiken durchführen.
- Ich möchte mich nicht in moralisch anrüchige bzw. nicht vertretbare Branchen investieren, wie Glücksspiel, Pornographie etc.
- Ich toleriere nicht, dass ein Unternehmen seine Mitarbeiter schlecht behandelt in Bezug auf Arbeitszeiten, Arbeitnehmerrechte, Entlohnung etc.
- Ich möchte nicht, dass das Unternehmen Profit aus dem Einsatz von Kinderarbeit in Entwicklungsländern schlägt.
- Ich möchte nicht in ein Unternehmen investieren, welches bestimmte Personengruppen unfair behandelt, wie z. B. Frauen und Minderheiten.
- Das Unternehmen muss die ESG-Regeln und SDG[114] einhalten
- Das Unternehmen sollte sich nicht beteiligen an Umweltzerstörung und an Ressourcenverschwendung.

---

[114] Wenn von SDG die Rede ist, sind „Sustainable Development Goals" gemeint. Dies sind die 17 von den Vereinten Nationen aufgestellten Ziele für nachhaltige Entwicklung: Keine Armut, Kein Hunger, Ernährung sichern, Gesundheit und Wohlbefinden, Bildung, Gleichberechtigung, Sauberes Wasser und Hygiene, Günstige und saubere Energie, Gute Beschäftigung und Wirtschaftswachstum, Industrie, Innovation und Infrastruktur, Reduktion von Ungleichheit, Nachhaltige Städte und Gemeinden, Verantwortlicher Konsum und Produktion, Klimaschutz, Leben unter Wasser (z. B. Fische schützen), Leben zu Land, Friede, Recht und starke Institutionen sowie Partnerschaften für diese Ziele.

- Das Unternehmen darf nicht Gewinne aus Atomkraft erzielen.
- usw.

Ein anderer Anleger würde seine Präferenzen wohlmöglich anders legen. Er könnte z. B. sagen, ich schließe Energieunternehmen aus, die mehr als 5 % der hergestellten Energie aus Atomenergie und Kohle erzeugen. Dies verdeutlich sozial verantwortliches Investieren ist immer subjektiv. Denn kein Unternehmen ist jemals völlig sauber, aus Sicht jedes Anlegers auf der Welt. Es gibt immer wieder einige Anleger-Präferenzen, die ein Unternehmen nicht erfüllt.

Bleiben wir bei der Metapher „sauber", so geht es meiner Ansicht nach bei dem sozial verantwortlich Investieren darum, den *saubersten Pullover in einem Korb voller schmutziger Wäsche zu finden*. Demgemäß sind die aus diesem Ansatz, hervorgehenden Anlageprodukte, wie z. B. nachhaltige ETFs, immer eine Art „Kompromiss". Denn wie sozial verantwortliches (ethisches) Investieren in den Anlageprodukt umgesetzt wird, hängt von den Präferenzen des Anbieters ab. Da in dem Produkt aus der individuellen Sichtweise des Anlegers immer Unternehmen aus „inakzeptablen" Branchen oder/und zu einem gewissen Prozentsatz „tolerierbare" Branchen enthalten sind, muss er sich immer entscheiden, ob das Anlageprodukt nach seinen Vorstellungen sozial verantwortliches (ethisches) Investieren umgesetzt hat oder nicht.

Wer sich auf die Suche nach nachhaltigen Aktien-ETFs macht, wird auf den gängigen Suchplattformen im deutschsprachigen Raum (wie justetf.com und extraETF.com) vor allem mit Aktien-ETFs mit dem Zusatz **ESG** und **SRI** konfrontiert. Sie stehen für die nachhaltige Variante eines klassischen Index, wie etwa dem *MSCI World* oder dem *DAX*.

Dies offenbar schon einem Wesenszug der nachhaltigen Indizes, sie haben einen Elternindex (oder auch Mutterindex)[115]. Dies können z. B. der *MSCI World* oder auch der *Deutsche Aktienindex* (DAX) sein. Diese Mutterindizes enthalten natürlich auch nicht-nachhaltig wirtschaftende Unternehmen. Um diese „schwarzen Schafe" im Sinne des nachhaltigen Investierens zu entfernen, gibt es mehrere Möglichkeiten.

---

[115] Die Indexanbieter gehen von folgender Intention der Anleger aus: Sie möchten in die nachhaltigsten Unternehmen eines klassischen Index investieren.

Wie dies funktioniert sehen wir uns am besten an einigen Beispielen von nachhaltigen Indizes von MSCI an. Denn, wer sich für nachhaltige ETFs interessiert stößt früher oder später wahrscheinlich auf die nachhaltigen Indizes von *MSCI*. Dies liegt daran, dass rund 2/3 aller nachhaltig angelegten Gelder in Produkten, wie ETFs, stecken, die auf einem nachhaltigen Index von *MSCI* beruhen. So bietet der Indexanbieter *MSCI* eine Indexreihe mit dem Namen „ESG Screened“ an[116].

Wie der Name „ESG Screened“ andeutet, stehen diese Indizes für eine „gefilterte“ nachhaltige Variante des jeweiligen Elternindex. Als Elternindex kommt eigentlich jeder MSCI Index in Frage. Derzeit gibt es sechs verschiedene Elternindizes auf denen ETFs angeboten werden. Dies sind: *MSCI World*, *MSCI EM IMI*, *MSCI Europe*, *MSCI USA* und *MSCI Japan*.

Durch eine Filterstufe in Form von sieben Ausschlusskriterien wird vom Elternindex der nachhaltige Ableger gebildet. D.h. durch diese Ausschlusskriterien wird festgelegt, nach welchen Kriterien Unternehmen vom ESG Screened Index ausgeschlossen werden. Diese Ausschlusskriterien orientieren sich grob an die drei ESG-Säulen:

- **E**nvironment (Umwelt):
    - Kohle

      Es werden alle Unternehmen ausgeschlossen, deren Umsatz >5% aus dem Abbau von Kohle (inkl. Braunkohle u. Steinkohle) stammt. Ebenfalls werden Unternehmen ausgeschlossen, deren Umsatz >5% aus der Stromerzeugung mit Kraftwerkskohle stammt. Ausgenommen von diesem Ausschlusskriterium sind Unternehmen, die Kohlenergie für die unternehmenseigene Stromerzeugung verwenden oder wenn er Verkauf von geförderter Kohle innerhalb des Unternehmens erfolgt.
    - Ölsand

      Ausgeschlossen werden sämtliche Unternehmen, deren Umsatz >5 % aus der Ölsandgewinnung stammt oder auch wenn die Umsätze aus eigenen Ölsandreserven erzielt werden. Wiederum gibt es Ausnahmen. So werden Unternehmen nicht ausgeschlossen,

[116] Wie die nachhaltigen Indizes gebildet werden, ist bei eigentlich bei allen Indexanbietern ähnlich. Sie legen nur auf andere Kriterien wert.

wenn deren Umsätze „nur“ aus der Verarbeitung von Ölsanden stammen, also z. B. aus der Erforschung, Vermessung, Raffinerie von Ölsand. Ebenso werden Unternehmen nicht ausgeschlossen, die Ölsandreserven besitzen, aber keine Umsätze daraus erzielen.

- **S**ocial (Sozial):
  - Tabak
    Es werden jegliche Unternehmen ausgeschlossen, die als s.g. Tabakproduzenten klassifiziert sind oder die mehr als 5 % Umsatz aus Produktion, Vertrieb, Handel, Lieferung oder auch Lizenzierung von Tabakprodukten erzielen.
  - Kontroverse Waffen
    Unternehmen die Verbindung zu kontroversen Waffen, gemäß *MSCI Global Ex-Controversial Weapons* Indexes Regeln haben, werden ausgeschlossen.
  - Nuklearwaffen
    Es werden sämtliche Unternehmen die im Bereich atomarer Waffen bzw. nuklearer Rüstung tätig sind ausgeschlossen, wie z. B. „Hersteller“ nuklearer Waffen, Komponenten und Trägerplattformen oder wenn sie unterstützende Dienstleistungen anbieten.
  - Zivile Schusswaffen
    Ausgeschlossen werden jegliche als „Hersteller“ von zivilen Schusswaffen klassifizierte Unternehmen. Dazu zählen auch Unternehmen die Munition herstellen. Daneben werden alle Unternehmen ausgeschlossen, die mehr als 5 % ihres Umsatzes aus dem Vertrieb mit Produkten aus der zivilen Rüstungsbranche erzielen. Ausgenommen sind hingegen die Hersteller von zivilen Schusswaffen für das Militär, Regierung oder Strafverfolgung.
- **G**overnance (Unternehmensführung)
  - Zur Ermittlung der guten Unternehmensführung verwendet MSCI den globalen Pakt der Vereinten Nationen – den sog. UN Global Compact[117]. Der UN Global Compact ist die weltweit größte und

[117] Die Prinzipien kann man grob in folgende Punkte unterteilen:
- Menschrechte

wichtigste Initiative für nachhaltige und verantwortungsvolle Unternehmensführung. Alle Unternehmen, die gegen die 10 Prinzipien des UN Global Compact verstoßen, werden ausgeschlossen.

Durch die Ausschlusskriterien verbleiben automatisch weniger Titel im nachhaltigen Ableger, als im originären Elternindex. Je nach Elternindex verbleiben zwischen 94 % und 97 % der Titel des Elternindex in der nachhaltigen Variante.

Tabelle 34: Anzahl der Positionen je Elternindex und der ESG Screened Variante (Stand: Mai 2021)

	MSCI Europe	MSCI USA	MSCI Japan	MSCI World	MSCI EMU	MSCI EM IMI
Anzahl der Titel im Elternindex	434	627	272	1562	237	3250
Anzahl der Titel in der ESG Screened Variante	416	590	265	1481	229	3137

„*Es kommt darauf an, sich von anderen zu unterscheiden; ein Engel im Himmel fällt niemandem auf.*“ (George Bernard Shaw) So ähnlich ist es auch mit den nachhaltigen Indizes von *MSCI*. Damit man sie unterscheiden kann, führte MSCI eine Indexreihe mit dem Akronym SRI (Abk. für Socially Responsible Investing) ein. Hierbei muss man stets beachten, dass der Begriff SRI unter-

---

1. Unternehmen sollen den Schutz der internationalen Menschenrechte unterstützen und achten.
2. Unternehmen sollen keine Menschenrechtsverletzungen tätigen bzw. sich mitschuldig machen.
3. Unternehmen sollen die Rechte ihrer Beschäftigten, sich gewerkschaftlich zu betätigen und die wirksame Anerkennung des Rechts auf Kollektivverhandlungen respektieren.

- Arbeitsrechte bzw. Arbeitnehmerrechte

4. Unternehmen sollen für die Beseitigung aller Formen von Zwangsarbeit eintreten.
5. Unternehmen sollen für die Abschaffung von Kinderarbeit eintreten.
6. Unternehmen sollen jede Diskriminierung in Bezug auf Beschäftigung und Beruf ausschließen.

- Umwelt

7. Unternehmen sollen im Umgang mit Umweltproblemen dem Vorsorgeprinzip folgen
8. Unternehmen sollen Initiativen ergreifen, um größeres Umweltbewusstsein zu fördern.
9. Unternehmen sollen die Entwicklung und Verbreitung umweltfreundlicher Technologien beschleunigen.

- Korruption

10. Unternehmen sollen gegen alle Arten der Korruption eintreten, einschließlich Erpressung und Bestechung.

(siehe auch https://www.globalcompact.de/ueber-uns/united-nations-global-compact).

schiedlich verstanden und verwendet wird. Somit spiegelt die Indexreihe „SRI" auch nur, dass wider, was der Indexanbieter MSCI unter sozial verantwortliches Investieren versteht. Diese Vorstellung kann sich deutlich von anderen Indexanbietern abweichen.

In diesem Beispiel möchte ich darstellen, wie der „*MSCI World SRI*" Index konzipiert wird. Dazu werden zunächst alle rund 1562 Unternehmen aus dem Elternindex „*MSCI World*" für die Filter-Stufen ausgewählt.

Im ersten Schritt werden alle Unternehmen, die in unerwünschten Branchen ihr Geld verdienen, aussortiert. Diese sind:

- Unternehmen die an Produktion, Vertrieb oder Verkauf von umstrittenen Waffensystemen beteiligt sind. Zu solchen Waffen gehören z. B. Clusterbomben, Landminen usw.
- Unternehmen die an der Produktion von Atomwaffen mitwirken (auch als Zulieferer).
- Unternehmen die Kleinwaffen für den Privatgebrauch herstellen.
- Jeglicher Tabakproduzent
- Unternehmen die am Kohleabbau beteiligt sind.
- Unternehmen die Vorkommen fossiler Brennstoffe (Kohle, Gas, Öl) zum Zwecke der wirtschaftlichen Ausbeutung besitzen oder unkonventionelle Abbaumethoden bei Erdöl und Erdgas verwenden.
- Unternehmen welche einen Umsatz von mehr als 5 % aus Tabakvertrieb, alkoholischen Getränken, Gentechnik, Pornographie, konventionellen Waffen, Betrieb von Kohlekraftwerken oder Glücksspiel erzielen.
- Energieunternehmen die mehr als 5 % der von ihnen gewonnenen Energie aus Atomkraft generiert.

Im zweiten Schritt sieht sich der Indexanbieter *MSCI* von den verbliebenen Unternehmen die ESG-Ratings an. Hierzu verwendet *MSCI* die „hauseigene" MSCI ESG-Rating. Um in den SRI-Index aufgenommen zu werden, benötigen die Unternehmen ein MSCI ESG Rating von „A" oder höher.

In der dritten Stufe werden Unternehmen ausgeschlossen, die Gegenstand von Kontroversen sind (Negativ Screening)[118]. Denn auch, wenn man nicht in

[118] Unter Kontroverse versteht MSCI ein Vorkommnis oder eine anhaltende Situation, in der Unternehmen und/oder Produkte negative Auswirkungen auf die Umwelt, die Gesellschaft und/oder Auswirkungen auf die Unternehmensführung haben.

kontroversen Branchen arbeitet, kann man in allerhand Skandale verwickelt sein. Auch hier gibt es ein Rating das s.g. ESG Kontroversen-Score. Dieser „Score" prüft beispielsweise ob Unternehmen gegen internationale Abkommen verstoßen, wie die Erklärung der Menschenrechte der UN und Übereinkommen der internationalen Arbeitsorganisation zum Schutz der Rechte in der Arbeitswelt einhalten. Beispiele die zum Ausschluss führen können sind: Dieselskandal von VW oder das Leck der Deepwater Horizon Bohrplattform, die im Auftrag von BP betrieben wurde. Für den SRI-Index, kommen nur Unternehmen in Frage, die ein Kontroversen-Score von 4 oder höher haben.

Im vierten und letzten Schritt erfolgt nach den „Best-in-class"-Ansatz die schlussendliche Auswahl der Unternehmen für den SRI-Index. Dafür werden die verbliebenen Unternehmen nach Sektoren gruppiert und entsprechend der MSCI ESG Ratings sortiert. Anschließend wird für jeden Sektor die 25 % besten ESG-Rating-Unternehmen nach „Marktkapitalisierung" für den Index ausgewählt. So wird sichergestellt, dass der SRI-Index eine ähnliche Sektor-Diversifikation wie der Elternindex hat.

Schlussendlich bleiben vom Elternindex „*MSCI World*" rund 21 % der Unternehmen in den „*MSCI World SRI*"-Index enthalten, d. h. im „*MSCI World SRI*" sind 370 Aktien enthalten, während im *MSCI World* 1.532 Aktien sind (Stand: Januar 2022).

Wer auf der Suche nach einem passenden ETF auf dem „*MSCI World SRI*"-Index ist, erlebt sein „blaues Wunder." Zurzeit gibt es keinen ETF, der den „*MSCI World SRI*"-Index abbildet, sondern ausschließlich verschiedene Ableger bzw. Varianten davon. Der Ableger in den am meisten investiert wird, ist der „*MSCI World SRI Select Reduced Fossil Fuel In*dex" . Hier liegt u.a. die Umsatzgrenze bei der Kohle-, Öl- und Gasgewinnung bei 0 %.

Es ist natürlich immer eine Abwägungsfrage, wie weit man sich vom Elternindex (z. B. MSCI World) entfernen möchte. In der Regel sind die ESG-ETF näher am Elternindex als die SRI-ETFs, weil sie deutlich weniger Indexmitglieder ausschließen. In der Praxis hat sich gezeigt: Je nachhaltiger ein ETF ist, desto stärker kann sich die Rendite vom Elternindex unterscheiden. Dies muss aber nicht gleichbedeutend mit Verlust sein. Denn Nachhaltigkeit führt nicht zwangsläufig zu einer schlechteren Performance als der Elternindex. Dies ist, ein längst begrabener Irrglaube, wie folgendes Beispiel zeigt:

Tabelle 35: Rendite MSCI World SRI und MSCI World vom 2015 bis 2020

Index	Rendite in % p. a.	Schwankungsbreite (Volatilität) in % p. a.	aus 10.000 € wurden, in €
nachhaltig: MSCI World SRI	11,2 %	16,6 %	16.694
klassisch: MSCI World	9,3 %	16,4 %	15.620
nachhaltig: S&P 500 ESG	12,2 %	14,8 %	17.781
Klassisch: S&P 500	12,3 %	14,9 %	17.783

Die obige Tabelle zeigt, dass nachhaltige Indizes in etwa dieselbe Rendite bzw. sogar etwas mehr Rendite abwerfen, wie herkömmliche Indizes. Dafür sind sie aus Sicht der Portfoliotheorie weniger breit diversifiziert, weil die nachhaltigen Indizes in weniger Unternehmen investieren als die herkömmlichen Indizes. Sind deswegen die nachhaltigen Indizes riskanter? Um dies zu beantworten, werfen wir einen Blick auf die Volatilität von nachhaltigen Indizes im Vergleich zu ihren herkömmlichen Gegenstücken. Tatsächlich zeigt sich wieder ein ähnliches Bild, wie bei der Rendite, die nachhaltigen Indizes sind etwas bzw. sogar weniger riskant als ihre konventionellen Ebenbilder.

Natürlich hat das Thema Nachhaltigkeit auch die Anleihen erfasst. Beispielsweise bildet der *„Xtrackers ESG Corporate Bond ETFs"* die Entwicklung von entweder in Euro oder in US-Dollar begebenen Unternehmensanleihen ab. Alle berücksichtigten Anleihen haben ein Investment-Grade-Rating (d. h. Anleihen mit hoher Bonität). Um die ESG-Kriterien zu erfüllen, werden Anleihen von Unternehmen ausgeschlossen, die in folgenden Bereichen tätig sind: Fossile Brennstoffe (Extraktion und Energieproduktion), Kontroverse Waffen, Nuklearwaffen, Tabakproduzenten sowie Unternehmen, die mehr als einen bestimmten Anteil ihrer Umsätze aus Bereichen wie Alkohol, Glücksspiel, zivilen Schusswaffen, konventionellen Waffen oder genetisch modifizierten Organismen generieren. Weiterhinwerden alle Anleihen von Unternehmen ausgeschlossen, die nicht ein MSCI-ESG-Mindestrating von mindestens BBB haben.

Manche Anleihe-ETFs werden auch als „dunkelgrün" bezeichnet. Zum Beispiel der *„Xtrackers Corporate Green Bond ETF"*. Er bildet die Entwicklung von entweder in Euro oder in US-Dollar begebenen grünen Unternehmensanleihen und von Agenturanleihen ab. Das Anleiheuniversum umfasst nur Anleihen mit Investment-Grade-Rating und von Emittenten, die sich verpflichtet haben die Anleiheerlöse zur Finanzierung nachhaltiger Projekte zu verwenden. Allerdings werden Unternehmen aus besonders kontroversen Bereichen ausschlossen, wie bspw. Waffen- oder Tabakherstellung. Außerdem werden Anleihen von Unternehmen ausgeschlossen die ein MSCI-ESG-Rating von CCC oder schlechter haben.

„Die Realität folgt nur selten den Plot-Lines, die wir von Hollywood gewohnt sind.“ So taucht im Zusammenhang mit nachhaltigem Investment vermehrt der Begriff „Impact Investing“ auf. Impact Investing geht noch ein bisschen weiter als die bisherigen Kriterienkataloge für eine nachhaltige Geldanlage. Sie wird als Sonderform der nachhaltigen Geldanlage betrachtet. Es geht bei diesem Konzept darum, dass die Investition eine konkrete nachhaltige ökologische oder soziale Wirkung erzielen soll. Demgegenüber kann sogar der Wunsch nach einer möglichst hohen Rendite zurücktreten, aber natürlich möchte der Investor mit seiner Anlage mindestens eine „bescheidende“ Rendite erzielen. Ein Beispiel dafür ist: Die Investition in ein junges Unternehmen (Start-Up), die sich der Erforschung und Entwicklung sauberer Energie widmet, unabhängig davon, ob der Erfolg garantiert ist.

Ein anderer Begriff taucht auch manchmal auf – nämlich „PRI“. Die Abkürzung „PRI“ steht für „Principles of Responsible Investment“ (zu Deutsch: Prinzipien für verantwortliches Investieren). Sie gehen auf eine Initiative der Vereinten Nationen zurück. Hierbei handelt es sich um 6 Prinzipien, die international für nachhaltige Investments stehen sollen. Diese Prinzipien[119] lauten:

1. Wir werden ESG-Themen in die Analyse- und Entscheidungsprozesse im Investmentbereich einbeziehen.
2. Wir werden aktive Anteilseigner sein und ESG-Themen in unserer Investitionspolitik und -praxis berücksichtigen. Demnach sollen Aktionäre z. B. bei Entscheidungen und Abstimmungen auf Hauptversammlungen bei ihren Abstimmungsverhalten Werte wie Umweltschutz und soziales Verhalten mit einfließen lassen.
3. Wir werden Unternehmen, in die wir investieren, zu einer Offenlegung in Bezug auf ESG-Themen anhalten. Beispielsweise soll in Jahresbe-

[119] Vgl. https://www.kfw.de/nachhaltigkeit/%C3%9Cber-die-KfW/Nachhaltigkeit/Nachhaltige-Unternehmensprozesse/Nachhaltiges-Investment/Principles-for-Responsible-Investment-(PRI)/

richten und anderen Controlling-Mechanismen Nachhaltigkeits-Kriterien eine Rolle spielen.

4. Wir werden die Akzeptanz und die Umsetzung der Prinzipien in der Investmentbranche vorantreiben.
5. Wir werden zusammenarbeiten, um unsere Wirksamkeit bei der Umsetzung der Prinzipien zu steigern. Beispielsweise können Anleger sich zu Netzwerken zusammenschließen und so regelmäßig einen Austausch über die erreichten Erfolge oder Maßnahmen durchführen.
6. Wir werden über unsere Aktivitäten und Fortschritte bei der Umsetzung der Prinzipien Bericht erstatten.

In Abgrenzung zu ESG oder SRI geben die PRI-Regeln genaue Handlungslinien für Investoren vor. Hauptsächlich trifft man die PRI-Regeln in der Fondsverwaltung (z.B. bei Robo-Advisor) an, wo die Kundengelder nach den PRI-Regeln verwaltet werden. Auch werben einige ETF-Anbieter damit, wie z. B. Amundi, Gründungsmitglieder dieser Initiative zu sein.

„*Wenn die anderen glauben, man ist am Ende, so muss man erst richtig anfangen.*" (Konrad Adenauer) Nach dieser Aufzählung der wichtigsten Konzepte des nachhaltigen Investierens, sind wir noch nicht am Ende. Jetzt fängt es erst richtig an. Indem wir uns der Frage zu wenden: Welche nachhaltigen ETFs gibt es?

Grüne ETFs, also nachhaltige Finanzprodukte sind in erster Linie durch ihre Bezeichnung von herkömmlichen Anlagen zu unterscheiden. Am häufigsten finden sich grüne ETFs, die die Kürzel „ESG" oder „SRI" im Namen tragen. Manchmal tauchen auch in der Namensgebung die Begriffe Sustainable oder Sustainability auf, das ist die englische Bezeichnung für nachhaltig. Weiterhin heißen grüne ETFs auch gerne Responsible Fonds, Fair Value oder Nachhaltigkeitsfonds, außerdem können sie die Zusätze Öko, Climate oder Ethik enthalten. Ab und Zu teilen ETFs bzw. nachhaltige Indizes, bereits mit ihren Namen mit, welche Branchen sie ausschließen. Hier zwei Beispiele: Der Index *MSCI ex Controversial Weapons* schließt Produzenten kontroverser Waffen aus, der *Dow Jones Sustainability ex Alcohol, Tobacco, Gambling and others* schließt unter anderem Glücksspielbetreiber sowie Hersteller von Alkohol und Tabak aus. Wiederum andere ETFs widmen sich speziellen Themen, wie z. B. sauberer Energie, Elektromobilität oder Geschlechtergerechtigkeit. Auch dies erkennt man anhand des Namens. Dort finden sich solche Zusätze, wie „Clean Energy" oder „Low Carbon". Bei Letzterem kommen nur solche Unternehmen in den ETF, die einen vergleichsweise geringen CO_2-Ausstoß verursachen. Das Problem ist, es gibt noch kein einheitliches Klassifizierungssystem. Ich teile die EFTs nachfolgenden Schema ein, um dem Namenswirrwarr Herr zu werden. Ich lasse mich dabei von der Intention, die ich mit einem nachhaltigen Investment verfolge, leiten:

1. Intention: „**Ich möchte in die nachhaltigsten Unternehmen eines herkömmlichen Index investieren**". Um dies umzusetzen bieten sich ETF-ESG und ETF-SRI an, weil sie aus herkömmlichen Indizes die nachhaltigen Unternehmen herausfiltern. Einige Beispiel-ETFs: *Amundi Index MSCI Emerging Markets SRI - UCITS ETF DR* oder *Amundi Index Euro Corporate SRI 0-3 Y - UCITS ETF DR.*
2. Intention: „**Ich möchte alles, nur diese Branche nicht oder Unternehmen die zu einem bestimmten Prozentsatz ihre Umsätze damit generieren**", d. h. Ausschluss von Unternehmen, die in einer bestimmten Branche tätig sind. Hierzu bieten sich ETFs mit dem Namenskürzel ex Alcohol, ex Tobacco, ex Gambling usw. an Beispiel-ETF: *BNP Paribas Easy ETF MSCI World ex Controversial Weapon*
3. Intention: „**Ich möchte nur in solche Unternehmen investieren, die aktiv und messbar an einer Verbesserung sozialer oder ökologischer Standards arbeiten**. (Ich will Impact Investition durchführen!) Hierzu bieten sich ETF an, die gezielt auf Impact Investition setzen. So nimmt der MSCI Women Leadership nur Unternehmen auf, in denen u. a. der Vorstand aus mindestens drei Frauen besteht. Beispiel-ETF: *Barclays Women in Leadership ETN ETF*
4. Intention: „**Ich möchte mein Geld direkt in den Klimaschutz investieren**" Hierzu bieten sich Klima-ETFs. Sie richten ihre Anlagen auf das Netto-Null-Ziel aus. Einige Beispiele: *Amundi MSCI World Climate Paris Aligned PAB UCITS ETF DR* oder *Lyxor Green Bond (DR)*
5. Intention: "**Ich möchte gezielt in nachhaltige Branchen investieren**" Hierzu bieten sich thematische ETFs. Sie investieren in wichtige Megatrends innerhalb des nachhaltigen Investierens, wie Saubere Energie usw. Einige Beispiel: *Lyxor MSCI Water ESG Filtered (DR) UCITS ETF*

Oder *Lyxor MSCI Future Mobility ESG Filtered (DR) UCITS ETF*

„*An unmöglichen Dingen soll man selten verzweifeln, an schweren nie*" (Johann Wolfgang von Goethe). So hat auch die Europäische Kommission gedacht und die European Union Sustainable Finance Disclosure Regulation, kurz SFDR aus der Taufe gehoben. Sie soll es Anlegern erleichtern, Nachhaltigkeitsstrategien von Anlageprodukten zu vergleichen. Hierfür hat die Europäische Kommission Mindestkriterien für Fonds definiert, die als nachhaltig gelten. So müssen seit 2021 Fonds, die nach Artikel 8 oder Artikel 9 SFDR klassifiziert werden möchten, eine Nachhaltigkeitsstrategie verfolgen und diverse Transparenzpflichten erfüllen.

ESG-Fonds nach „Artikel 8" investieren in Wertpapiere von Unternehmen, die Nachhaltigkeitsmerkmale erfüllen. Dabei wird besonders das Augenmerk auf ökologische oder soziale Merkmale gelegt.

Zusätzlich zu den Anforderungen aus „Artikel 8" müssen ESG-Fonds die nach „Artikel 9" zertifiziert werden möchten ein nachhaltiges und messbares Anlageziel haben. Beispielsweise dass durch ihre Investitionen eine Reduktion von CO_2-Emissionen oder die Schaffung von bezahlbarem Wohnraum erreicht wird. Beispielsweise ist der „*Xtrackers ESG Corporate Bond ETFs*" nach Artikel 8 und der „*Xtrackers Corporate Green Bond ETF*" ist nach Artikel 9 zertifiziert.

Mit zwei weiteren Vorgaben beziehungsweise Orientierungsmaßstäben im Jahr 2022 setzt die EU noch einen drauf. Diese Orientierungsmaßstäbe sollen den Anleger helfen gezielt in Unternehmen mit geringen CO_2-Emissionen zu investieren. Zu diesem Zweck hat die EU definiert, wie klimafreundliche Indizes gebaut werden müssen. Zum einen müssen in PAB (steht für Paris Aligned Benchmark) -Indizes enthaltene Unternehmen im Jahr eins (ihrer Aufnahme) mindestens 50 Prozent weniger CO_2- Emissionen gegenüber den Standardindizes (Mutterindex) aufweisen, während im CTB (steht für Climate Transition Benchmark) der Prozentsatz 30 Prozent beträgt. Zudem müssen die Unternehmen in PAB und CTB im Durchschnitt ihre Treibhausgase Jahr für Jahr um sieben Prozent reduzieren. Zusätzlich, wie bei eigentlich allen nachhaltigen Indizes, werden Unternehmen bestimmter Branchen ausgeschlossen. PAB-Indizes schließt Unternehmen aus, die in den Bereichen Kohle und – oberhalb gewisser Umsatzschwellenwerte – Erdöl, Erdgas sowie kohlenstoffintensive Stromerzeugung tätig sind. Sowohl bei PAB als auch bei CTB-Indizes bleiben außerdem Unternehmen draußen, die ihr Geld mit Tabakwaren oder kontroversen Waffen verdienen, ebenso wie Unternehmen, die gegen den UN Global Compact verstoßen.

Um dieser Entwicklung Rechnung zu tragen hat der Indexanbieter MSCI schon PAB- und CTB-Versionen seines beliebten *MSCI-World* aufgelegt. Auch andere Indexanbieter wie *FTSE-Russell*, *Qontigo* (Stoxx-Indizes), *Morningstar* und *S&P-Dow-Jones* sind mit an den Benchmarks orientierten Indizes auf dem Markt. So tauchen jetzt PAB- und CTB-ETFs am Markt auf, die sich an diese neuen Indizes orientieren.

„*Wenn ein Volkswirt einem antwortet, versteht man überhaupt nicht mehr, was man ihn gefragt hat.*" So ähnlich ist es auch bei den nachhaltigen Investments. Häufig hört man, dass bestimmte nachhaltige Geldanlagen doch nicht „so" nachhaltig sind, wie sie es vorgeben.

So findet man bei „Low Carbon"-ETF, die auf geringen CO_2-Ausstoß setzen, oftmals lediglich Unternehmen oder Branchen, deren Geschäftsfeld grundsätzlich wenig CO_2-Ausstoßen. Dies können beispielsweise Dienstleistungsunternehmen oder Tech-Firmen sein. So findet man in so einem ETF häufig Aktien wie Amazon, Nestlé, Facebook oder Microsoft. Viele sprechen deswegen auch von einem „Greenwashing" der ETFs. In die gleiche Kerbe haute der ehemalige Nachhaltigkeitschef des ETF-Riesen Blackrock, Tariq Fancy. Er warf im August 2021 seinem früheren Arbeitgeber wie auch der ganzen Branche vor, Greenwashing zu betreiben. Seiner Ansicht nach, ist der Versuch, mit nachhaltigem Investieren einen gesellschaftlichen Effekt erreichen zu wollen, ähnlich wie Druck auf eine Schnur auszuüben. Daher plädiert Francy für Gesetzesänderungen, um Unternehmen zu nachhaltigerem Wirtschaften zu bringen, und nennt grüne Anlageprodukte ein Placebo, das von beherzteren Maßnahmen ablenkt.

Wie kann man nun „echte" nachhaltige ETFs von falschen Öko-Werbeversprechen unterscheiden? Wie trennt man die Spreu vom Weizen? Wie viel Nachhaltigkeit steckt also in einem ETF?

Wegen dieser Fragen empfehle ich, die enthaltenen Titel bzw. Positionen im Index bzw. ETF zu prüfen und für sich selbst zu entscheiden, ob der ETF für den eigenen Nachhaltigkeitsanspruch geeignet ist. Hierzu bieten sich grund-

sätzlich zwei Möglichkeiten an: Erstens über den Index-Anbieter (wie z. B. MSCI) oder Zweitens über den ETF-Anbieter.
Bei unserem Beispiel der „ESG Screened" Indexfamilie können wir also entweder bei MSCI oder z. B. bei iShares (bzw. BlackRock) uns zu den gehaltenen Titeln informieren.
Der Indexanbieter MSCI veröffentlicht die in dem Index gehaltenen Titel unter: https://www.msci.com/constituents. Wie nachhaltig die Unternehmen sind kann man u.a. unter https://www.faire-fonds.info/ in Erfahrung bringen. Außerdem kann man sich die ESG-Ratings der Unternehmen von den großen Rating-Agenturen ansehen.
Beim ETF-Anbieter iShares muss man den entsprechende ETF suchen und dort finden. Auf der Produktseite des ETFs veröffentlicht iShares sämtliche Nachhaltigkeitseigenschaften oder jeder einzelnen Position des ETFs. IShares zeigt auch konkret, wie viel des Fondsvermögens in unerwünschte Geschäftsfelder investiert sind.

MSCI – Umstrittene Waffen Per 14.Sep.2021	0,00%	MSCI – Verstöße gegen die „Global Compact"-Prinzipien der Vereinten Nationen Per 14.Sep.2021	0,69%
MSCI – Atomwaffen Per 14.Sep.2021	0,00%	MSCI – Kraftwerkskohle Per 14.Sep.2021	0,00%
MSCI – Zivile Feuerwaffen Per 14.Sep.2021	0,00%	MSCI – Ölsande Per 14.Sep.2021	0,20%
MSCI – Tabak Per 14.Sep.2021	0,00%		

Abbildung 25: IShares Nachhaltigkeitseigenschaften von ETFs

Ebenso veröffentlicht IShares auf der Produktseite z. B. das MSCI ESG Fonds Rating (AAA-CCC). Einen noch detaillierteren Blick enthält man über den ETF unter: https://www.msci.com/our-solutions/esg-investing/esg-fund-ratings/funds. Hier wird der Fonds unter allen Aspekten der Nachhaltigkeit unter die Lupe genommen. Ähnliches bieten eigentlich alle anderen ESG-Ratingagenturen auch an.
Folgende kleine Checkliste kann Ihnen helfen den geeigneten nachhaltigen ETF zu finden:

1. Überlegen Sie sich, welche Kriterien Ihnen (!) bei einer nachhaltigen Anlage wichtig sind bzw. welche Branchen Sie bewusst ausschließen möchten (z. B. Pornografie).
2. Informieren Sie sich bei einem Indexanbieter MSCI, S&P, Stoxx oder FTSE über die verfügbaren nachhaltigen Indizes. Meist wird man zu einer Übersicht über das gesamte nachhaltige Index-Universum weitergeleitet. Anschließend kann man zwischen verschiedenen Kategorien wählen und etwas spezifischer nach nachhaltigen Indizes suchen. Von dort aus kann man jeden nachhaltigen Index einzeln aufrufen und über zusätzliche Anhänge wie "Methodology" oder ein Factsheet erfahren, was genau in einem Index drinsteckt. Alternativ kann man auch direkt nach einem nachhaltigen Index umsehen, beispielsweise auf Online-Vergleichsportalen wie justETF oder extraETF. So kann man die Kriterien in Erfahrung bringen, wie der Indexanbieter den nachhaltigen Index zusammenstellt. Dies ist leider eine zeitaufwendige Aufgabe, nur so können sie vermeiden eine Enttäuschung zu erleben. Es gilt herauszufinden, ob der jeweilige Index zu ihren individuellen nachhaltigen Ansprüchen passt.
3. Achten Sie aber auch auf die Risikostreuung. Der Index sollte das Risiko breit streuen und möglichst über verschiedene Länder und auch Branchen das Risiko verteilen.
4. Haben sie den passenden Index gefunden, können sie sich auf die Suche nach den passenden ETF machen. Hierzu gehen Sie auf eine der gängigen Suchplattformen im deutschsprachigen Raum für ETFs (wie justetf.com und extraETF.com). Hier brauchen Sie in der Suchfunktion nur noch den Indexnamen eingeben und die Suchmaschine zeigt Ihnen, welche ETFs diesen Index abbilden.
5. Ich persönlich bevorzuge bei nachhaltigen ETFs immer die Replikationsart „physisch". Ich möchte sichergeben, dass auch nur die nachhaltigen Aktien gekauft werden, welche die jeweiligen Kriterien des Index erfüllen. Swap-ETFs sind mir hier eigentlich suspekt. Sie bilden zwar auch den nachhaltigen Index ab, aber im Sicherheiten-Portfolio des ETF-Anbieters, können auch andere Positionen sein, welche meine persönlichen Nachhaltigkeitsgrundsätzen vielleicht nicht entsprechen.

6. Zum Schluss, wenn sie mehrere ETFs zur Auswahl haben, sollte Sie die Kosten vergleichen. Nehmen Sie den ETF der am billigsten ist, weil Kosten immer zu Lasten der Rendite gehen.

4.3.5 Rohstoff-ETFs

Rohstoff-ETFs ermöglichen eine Partizipation an der Entwicklung der Rohstoffmärkte. Sie beziehen sich auf die unterschiedlichsten Rohstoffindizes. Die jeweilige Gewichtung von fossilen Brennstoffen (wie Rohöl), Edel- und Industriemetallen sowie Agrarerzeugnissen im Index ist für seine Wertentwicklung von entscheidender Bedeutung. Viele Anleger reiben sich die Augen und stellen verwundert fest, dass ihre Rohstoff-ETFs nicht steigen, obwohl die Rohstoffnotierungen gestiegen sind. Oftmals mussten sie sogar Verluste hinnehmen. Der Grund ist, dass sich viele Anleger vom aktuellen Marktpreis (Spotpreis) blenden lassen. Doch eins zu eins wird dieser meist nicht in den Rohstoff-ETFs nachvollzogen. Denn diese basieren auf Terminkontrakten und diese Papiere müssen in regelmäßigen Abständen verkauft werden, um neue mit längeren Laufzeiten zu erwerben. Bei diesem Umwandeln (Rollen), gibt es Gewinne, wenn der neue Kontrakt günstiger ist als der fällige *(Backwardation)*, und Verluste, wenn der kommende Futurekontrakt teurer ist *(Contango)* (s. S. 150 ff.). Überdies gilt: Die Inhaber eines ETFs profitieren in vollem Umfang von den drei Renditearten von Futureinvestments (s. S. 151 ff.), d. h. von der Preisbewegung des nächst fälligen Futures, der Rollperformance sowie den Zinserträgen, die durch die Verzinsung des Indexgegenwertes (abzüglich der Sicherheitsmarge) mit dem risikolosen Geldmarktzins erzielt werden können. Zudem gibt es noch eine indirekte Ertrags- oder Verlustkomponente: die Währung. Die überwiegende Anzahl der Rohstoffe werden nämlich in US-Dollar oder britischem Pfund gehandelt. Je nach Veränderung der Wechselkurse (s. S. 330) wird daran verdient oder verloren.

Allerdings gibt es vor allem bei den Edelmetallen ETFs, die jeden eingenommenen US-Dollar wirklich in das Edelmetall investieren, also nicht in Rohstofffutures. Demzufolge ist jeder Anteil des ETFs durch das entsprechende Edelmetall physikalisch abgesichert. Beispielsweise ist bei den *Lyxor Gold Bullion Securities (Lyxor GBS)* jeder Anteil durch eine Zehntel Unze Gold besichert und lässt sich an der Börse so einfach handeln wie jeder andere ETF auch. Hätte z. B. ein Anleger in einen solchen Fonds im Jahr 1980 bei einem Goldpreis von 790 US-Dollar je Feinunze investiert, hätte er bis zum September 2008 überhaupt kein Geld verdient, weil der Goldpreis zu diesem Zeitpunkt bei 775 US-Dollar je Feinunze stand. Zu den Kursverlusten von 2 % gesellen sich noch die Verwaltungsgebühren in Summe von knapp 14 % (28x0,5 % Gebühr p. a.). Nach Ansicht der Kritiker kann man deswegen mit diesen Fonds dauerhaft kein Geld verdienen, da historisch gesehen rund 2/3 aller Erträge im Rohstoffbereich aus der Rollperformance und den Zinsen stammen.

Prinzipiell unterscheidet sich der Aufbau der am Markt befindlichen ETFs kaum voneinander. Deswegen sollte der Anleger bei der Auswahl eines ETFs sein Augenmerk auf die unterschiedliche Gewichtung der einzelnen Rohstofffutures im Index werfen. Allerdings kommen jetzt immer mehr ETFs auf den Markt die einen „alternativen" Rollmechanismus haben, um den Contango-Effekt zu minimieren. Hier lohnt sich ein Blick, da der Anleger in ausgeprägten Contango-Phasen, wie z.B. im Jahr 2008, Verluste im zweistelligen Bereich erleiden kann. Allerdings liegen bis jetzt nur Rückberechnungen vor, wie diese Indizes sich in einer ausgeprägten Backwardation-Phase verhalten. Auch hier hatten sie leichte Vorteile.

Rohstoff-ETFs können zu Zwecken der Portfoliodiversifikation und Inflationsabsicherung genutzt werden. Ebenso bieten sie sich zur kurzfristigen Spekulation an.

4.3.6 Kredit-ETFs

Lord Asquith stellte fest: „*Wer unangenehme Wahrheiten ausspricht, darf nicht mit Popularität rechnen.*" Warum also nicht die Risiken direkt handeln, anstatt den Umweg über Anleihen gehen? Lange Zeit trafen die Kredit-ETFs nicht auf große Gegenliebe bei den Privatanlegern, sie investierten lieber in Renten-ETFs. Das beginnt sich langsam zu ändern. Mit Kredit-ETFs kann der Anleger auf steigende oder fallende Risikoprämien an den Kreditmärkten spekulieren.

Hierzu bietet sich der *iTraxx Crossover Index* (s. S. 147 ff.) an. Er spiegelt die Absicherungskosten für Forderungen gegenüber 50 europäischen Firmen mit relativ geringer Bonität wider[120]. Zurzeit sind in diesem Index Unternehmen wie TUI oder Infineon vertreten. Im April 2008 stand der Index bei 500 Basispunkten, was bedeutet, dass die Absicherung der Forderungen jährlich fünf Prozent der versicherten Summe kostet. Wie können nun Anleger in diesen Index investieren?

Mit dem *db x-trackers iTraxx ETF* kann der Anleger die Kreditrisiken bestimmter Sektoren der europäischen Wirtschaft abbilden. Im Allgemeinen beschreibt das Kreditrisiko (oder Kreditausfallrisiko) die Gefahr eines Verlustes, falls der Kreditnehmer, z. B. durch Insolvenz, seine Pflichten gegenüber seinem Gläubiger nicht erfüllen kann. Geht man von einer risikoorientierten Bepreisung aus, so müssen Kreditnehmer je nach Stand der Bonität Aufschläge auf den risikolosen Kreditzins als Risikoprämie (oder *Spread*) bezahlen. Deswegen sinken die *Spreads*, wenn sich die Bonität des Kreditnehmers verbessert, wohingegen bei Verschlechterung der Bonität des Kreditnehmers die Risikoprämie größer wird. Gemessen wird dies durch den CDS-Spread (*Credit Default Swap*, s. S. 144 ff.)[121].

Genau dieses Prinzip liegt dem *db x-trackers iTraxx ETF* zugrunde. Die hier abgebildeten *iTraxx Total Return Indizes* bilden die Entwicklung der Risikoprämien eines bestimmten Referenzschuldnerportfolios ab.

So bildet der *iTraxx Europe 5-Year Total Return Index* die Entwicklung eines gleich gewichteten Portfolios der 125 liquidesten europäischen Referenzschuldner im Investment-Grade-Bereich (gute Bonität) ab. Der *iTraxx HiVol 5-Year Return Index* spiegelt die Entwicklung eines Portfolios der 30 Referenzschuldner des *iTraxx Europe Non Financial Index* mit dem größten *Spread* wider. Dagegen enthält der *iTraxx Europe Senior Financials 5-Year Return Index* die vorrangigen Verbindlichkeiten, während der *iTraxx Europe Subordinated Financials 5-Year Total Return Index* die nachrangigen Verbindlichkeiten von 25 europäischen Finanzunternehmen enthält.

Weiterhin bieten die *db x-trackers ETFs* dem Anleger sowohl die Möglichkeit, auf eine sich verbessernde als auch auf eine sich verschlechternde Bonität

---

120 Vgl. Extra Investieren mit Exchange Traded Funds: Depotabsicherung. Mit Risiken handeln, 25.04.08, S. 5-6

121 Ein CDS stellt einen Kontrakt dar, bei dem ein Sicherungsgeber gegen Erhalt einer Risikoprämie (oder *Spread*) ein Kreditrisiko übernimmt, welchem der Sicherungsnehmer (z. B. Besitzer einer Anleihe) ausgesetzt ist. Dabei kann es sich um einen spezifischen Referenzschuldner oder einen Korb von Schuldnern handeln.

der Referenzschuldner im Index zu spekulieren.
Mit den *db x-trackers* auf die iTraxx-Indizes (Long-Position) spekuliert der Anleger auf eine sich verbessernde Bonität der Referenzschuldner im Index. Das heißt, wenn sich die finanzielle Situation des Unternehmens verbessert und daher das Kreditrisiko sinkt, gewinnen die entsprechenden *db x-trackers ETFs* an Wert. Umgekehrt verlieren sie, wenn sich die Bonität der Unternehmen eintrübt und damit das Kreditausfallrisiko ansteigt.
Dagegen setzen die Anleger mit den *db x-trackers Short iTraxx ETFs* auf eine sich verschlechternde Bonität der Referenzschuldner im Index. Diese ETFs steigen also, wenn die Bonität der Referenzschuldner abnimmt, und fallen, wenn die Bonität der Unternehmen ansteigt.
Sowohl die *Long-* als auch die *Short-iTraxx-Indizes* werden nach der Total-Return-Methode berechnet. Deswegen wird der Betrag, der nicht in den Kreditmarkt investiert wird, zum Geldmarktsatz verzinst.

4.3.7 Währungs-ETFs (oder Currency-ETFs)

db x-trackers hat vier Währungs-ETFs eingeführt. Drei dieser ETFs verfolgen regelbasierte Strategien, einer kombiniert diese drei Strategien. Sie alle beziehen sich auf die so genannten G-10 Währungen, also US-Dollar, Australischer Dollar, Neuseeländischer Dollar, Yen, Euro, Britisches Pfund, Norwegische und Schwedische Krone sowie Schweizer Franken.
Dabei setzt der *Currency-Valuation-ETF* auf die Unterbewertung einzelner Währungen. Als Bezugsgröße dient die Kaufkraftparität. Zur Umsetzung der Strategie werden jeweils über Terminkontrakte drei unterbewerte Devisen gekauft und drei überbewertete verkauft. Überprüft wird diese Strategie jedes Quartal und entsprechend angepasst.
Dagegen setzt der *Currency-Momentum-ETF* immer auf die drei Währungen, die in den vergangenen zwölf Monaten am stärksten gegenüber dem US-Dollar zugelegt haben. Zusätzlich werden die drei Währungen verkauft, die gegenüber dem US-Dollar den größten Wertverlust verzeichnet haben.
Der *Currency-Carry-ETF* setzt auf Währungen, die besonders hohe Zinsen bringen. Hierzu kauft er die drei Währungen mit den höchsten Zinsen und verkauft die drei Währungen mit den niedrigsten Zinsen. Der *Currency-Return-ETF* setzt auf eine Kombination dieser drei Strategien.

Nach einer Rückberechnung der *Deutschen Bank* konnten Anleger mit diesen Strategien seit 1980 drei bis fünf Prozentpunkte mehr als am Geldmarkt erzielen. Damit liegt der Ertrag auf dem Niveau von Unternehmensanleihen. Zudem ist die Renditeentwicklung dieser Strategien volatil. So konnte die Currency-Valuation-Strategie in den vergangenen drei Jahren rund fünf Prozent pro Jahr zulegen. Dagegen war das Ergebnis der Currency-Momentum-Strategie mit einem Minus von 1,04 Prozent enttäuschend.
Deswegen eignen sich *Currency-ETFs* auch nur als Beimischung zu einem Portfolio, weil die Währungen eine geringe Korrelation zu anderen Anlagen, wie Aktien, haben. Anleger, die in Währungen investieren möchten, können dies auch machen, indem sie mit dem *SONIA Total Return Index ETF* auf den britischen Geldmarkt und dem *Fed Funds Effective Rate Total Return Index ETF* auf den amerikanischen Geldmarkt sowie mit dem *Euro Short-Term Rate (€STR) ETF* auf den europäischen Geldmarkt setzen.

4.3.8 Hegdefonds-ETFs

Am 16. Januar 2009 wurde der erste ETF auf einen Hedgefondsindex zum Handel zugelassen. Er bietet den Anlegern einen liquiden Zugang zur Wertentwicklung des Hedgefondsmarktes an. Der *db x-trackers db Hedge Fund Index ETF* bildet den *db Hedge Fund Index* in Form eines so genannten *Hedged Portfolios* ab, d. h. über Terminkontrakte mit einer einmonatigen Laufzeit in Euro, welche teilweise abgesichert sind.
Dieser Index zeigt zurzeit die Wertentwicklung folgender Hedgefondsstrategien: *Equity Hedge Index, Event Driven Index, Credit and Convertible Arbitrage Index, Systematic Marco Index* und *Equity Market Neutral Index*. Der Index wird vierteljährlich neu gewichtet. Dabei entspricht die Gewichtung dem Anteil der jeweiligen Strategie am gesamten Vermögen der Hedgefondsbranche und orientiert sich an einem anerkannten Benchmarkindex, zurzeit dem von *Hedge Fund Research*.
Die genaue Zusammensetzung des *db Hedge Fund Indizes* können die Anleger bei *db x-trackers* erfahren. Die Managementgebühr beträgt 0,90 Prozent. Hegdefonds-ETFs eignen sich zur Portfoliodiversifizierung. Das Haar in der Suppe bei diesen Fonds ist, dass zur Berechnung des Nettoinventarwerts

(NAV), der den aktuellen Gegenwert eines ETF-Anteils widerspiegelt, die benötigten Indexkurse mit einer Zeitverzögerung von drei Tagen herangezogen werden. Somit sind in den aktuellen Fondspreisen nur bedingt die neuesten Kapitalmarktentwicklungen berücksichtigt.

Vor allem Strategien wie Long/Short-Equity, Market Neutral oder Managed Futures zielen auf stetige, absolute Renditen, unabhängig von den Trends am Aktien- und Anleihenmarkt ab. Somit empfehlen sich Hedge-Fonds-ETFs als probates Mittel, um die Wertentwicklung eines Portfolios zu stabilisieren. So ist es nicht verwunderlich das seit 2009 eine Reihe weiterer Hedgefonds-ETFs auf dem Markt gekommen sind.

Beispielsweise wendet der *JP-Morgan-Equity-Long-Short-ETF* (ISIN: IE00BF4G7308) die wohl populärste und älteste Hedge-Fonds-Strategie - die Long-Short-Equity-Strategie - an. Bei dieser Strategie kauft de ETF unterbewertete Aktien und verkauft überbewertete Aktien.

4.3.9 Short- und Leverage-ETFs

Mit den Short-ETFs (s. S. 407ff.) kann der Anleger eins zu eins von fallenden Indizes profitieren. Wie funktioniert der ShortDAX? Der ShortDAX verläuft umgekehrt proportional zum DAX. Fällt der DAX um 1 %, steigt der ShortDAX um 1 % – und umgekehrt. Dabei bildet der ShortDAX die DAX-Entwicklung gegenüber dem Vortagesschlusskurs mit einen Faktor von -1 ab. Allerdings darf für die Performanceberechnung nicht die absolute Entwicklung in Punkten herangezogen werden, sondern die relative prozentuale Entwicklung, wie Tabelle 36 zeigt. Zudem zeigt

Tabelle 36, dass die Performance des ShortDAXes nicht 100-prozentig der umgekehrten Performance des DAXes entspricht. Dies liegt daran, dass beim ShortDAX zunächst die Mittel leer verkauft werden und für die gehaltenen Mittel ein Zins gezahlt wird. Zudem gesellen sich noch Zinsen für das investierte Anlagevolumen in Höhe des aktuellen ShortDAX-Standes. Somit erhält der Anleger den doppelten Tagesgeldsatz, was die leichte Überperformance des ShortDAXes gegenüber dem DAX erklärt.

Den Gegenpart zu den Short-ETFs bilden die Leverage-ETFs. Mit diesen kann der Anleger mit einem Hebel auf die Entwicklung z. B. der deutschen

Bluechips des DAXes setzen. So fällt und steigt der LevDAX (s. S. 412 ff.) doppelt so stark wie der Leitindex selbst. Das bedeutet deutlich höhere Renditechancen, aber auch ein höheres Risiko. Der Hebel wird täglich angepasst. Dadurch erzielt der LevDAX immer die doppelte Performance des DAXes bezogen auf den Schlussstand vom Vortag. Kommt es zu einem Tagesverlust des DAXes über 25 Prozent (höchster DAX-Tagesverlust bis jetzt ca. -10 %, s. S. 35ff., beim *Dow Jones* ca. -29 % im Oktober 1987), wird der Hebel auch untertägig angepasst, um einen Totalverlust zu verhindern. Ob dies ein theoretisches Risiko ist oder nicht, muss jeder Anleger für sich selbst entscheiden.

Tabelle 36: Vergleich der Performance von DAX, ShortDAX und LevDAX

		Tagesperformance			Tagesperformance			Tagesperformance	
	DAX	in %	absolut	ShortDAX	in %	absolut	LevDAX	in %	absolut
10.06.2009	5051,18			8156,64			2982,61		
11.06.2009	5107,26	1,11	56,08	8066,44	-1,11	-90,2	3048,77	2,22	66,16
12.06.2009	5069,25	-0,74	-38,01	8126,64	+0,75	60,2	3003,31	-1,49	-45,46

4.3.10 ETF-Dachfonds

ETF-Dachfonds werden z. B. mit dem Werbespruch *„ETFs gut bedacht"* beworben. Hierbei handelt es sich aber um nichts anderes als eine aktive Vermögensverwaltung, bei der überwiegend in börsengehandelte ETFs investiert wird. Im Gegensatz zu einer aktiven Verwaltung durch klassisch gemanagte Investmentfonds fällt meistens kein Ausgabeaufschlag an. Allerdings kommen deutlich höhere Kosten auf den Anleger zu, als er bei ETFs gewohnt ist.

So nehmen ETF-Dachfonds eine *Management Fee* von bis zu 2 %, was mit der Oberklasse im Aktienfondssegment vergleichbar ist, sowie eine *Performance Fee* (sonst nicht üblich bei ETFs) von bis 15 % der Rendite, die über der Benchmarkrendite liegt.

Allerdings gibt es bei der Ausgestaltung der *Performance Fee* viele Unterschiede zwischen den Anbietern. Die Höhe der Benchmarkrendite ist von Anbieter zu Anbieter unterschiedlich, beispielsweise setzt die Fondsgesellschaft *SG Veritas* 5 % als Benchmarkrendite an. Das heißt: Ab einer Rendite von 5 % darf die Fondsgesellschaft 15 % der übersteigenden Rendite einbehalten.

Obendrein haben einige Anbieter, ähnlich wie bei Hedgefonds, eine *High-Water-Mark*. Die *High-Water-Mark* sagt aus, dass die Manager keine Performancegebühr beziehen dürfen, bis zuvor erlittene Verluste wieder ausgeglichen wurden. Ferner muss der kumulierte Ertrag des ETFs über der erwarteten Mindestrendite liegen, andernfalls bekommt der Manager keine oder eine geringere Performancegebühr. Aber die genaue Ausgestaltung der High-Water-Mark liegt in den Händen der Anbieter.

Folgende kleine Überlegung zeigt, dass die ETF-Dachfonds alles andere als billig sind. Nimmt man eine Rendite von zehn Prozent an, so ergibt sich für den Anleger folgende Rechnung: 0,5 % ETF-Gebühr (für im Dachfonds enthaltene einzelne ETFs) plus 1,5 % Managementgebühr des Dachfondsmanagements plus *Performance Fee* von 0,75 % (ergibt sich aus 10 % Rendite minus 5 % Benchmarkrendite verbleibt 5 %. Von diesen 5 % muss der Anleger 15 % *Performance Fee* bezahlen, also 0,75 %). Zusammen sind das Kosten von 2,75 %. Von solchen Gebührensätzen träumen die herkömmlichen Fondsmanager.

Ferner sind die *Spreads* bei ETF-Dachfonds in der Regel größer als bei normalen ETFs. Das liegt daran, dass die Arbeit der *Designated Sponsors* durch aktiv konstruierte ETFs indirekt erschwert wird, da für eine optimale Liquidität und kleine *Spreads* die *Designated Sponsors* jederzeit wissen müssen, wie viel ein Fondsanteil tatsächlich wert ist bzw. was im Portfolio des Fonds enthalten ist. Doch gerade bei aktiv gemanagten Fonds ist es eher unwahrscheinlich, dass ein Fondsmanager zu dieser Transparenz bereit ist, da er durch eine Veröffentlichung seiner Portfolios Nachahmer auf den Plan rufen könnte, was seine Rendite gefährdet. Was bekommt der Anleger nun aber für sein Geld?

Der Anleger erhält einen Fonds, der je nach Marktlage in Aktien bestimmter Branchen sowie bestimmter Regionen, in Rentenindizes oder in Rohstoffe auf Basis verschiedener Modelle investiert.

Durch das Dachfondskonzept kann der Anleger weltweit attraktive Investmentchancen nutzen, ohne sich selbst um etwas zu kümmern. Zudem kann ein Dachfonds auch Derivate einsetzen, um das Gesamtrisiko des Portfolios effizient zu steuern und Zusatzerträge zu generieren.

Außerdem wird bei den meisten ETF-Dachfonds zur Selektion und Gewichtung der Kapitalanlagen ein computergestütztes Modell hinzugezogen. Bei diesem Ansatz erfolgt die Steuerung der Investition mithilfe einer technisch-quantitativen Marktanalyse. Hierzu ermittelt ein Computer für jedes Finanzinstrument einmal wöchentlich Kauf- und Verkaufssignale auf Basis der Wochenendschlusskurse. Bei einem Kaufsignal wird in den entsprechenden Markt über einen ETF investiert, bei einem Verkaufssignal wird der entsprechende Markt bzw. ETF verkauft und der Verkaufserlös in ein Geldmarktkonto investiert.

Andere Dachfonds orientieren sich eher am Core-Satellite-Ansatz (s. S. 399 ff.). Dazu tätigen sie neben Engagements in regionalen Hauptmärkten (wie Europa, Amerika, Japan) – Core – auch gezielte Investitionen in Randmärkte (wie Schwellenländer, Strategie-ETFs) – die Satelliten. Die Basis für die Selektion und Gewichtung der Kapitalmärkte ergibt sich aus den Ergebnissen eines Trendphasen-Modells. Auch hierbei handelt es sich um ein computergestütztes mathematisches Modell. Es dient zur systematischen Analyse des Trendverhaltens an den Kapitalmärkten. Die Berechnung der Trendphasen erfolgt über ein komplexes Scoring-Modell, mit dem z. B. mehrere technische Indikatoren mathematisch und quantitativ zusammengeführt werden.

Obendrein können die Dachfonds die Aktien- und Rentenquote flexibel zwischen 0 und 100 Prozent steuern, je nach taktischer Ausrichtung. So kann z. B. im Zuge einer Kursschwäche an den internationalen Aktienmärkten die Aktienquote auf deutlich unter 50 % gesenkt werden. Dadurch konnten viele ETF-Dachfonds in der Finanzkrise Ende 2008 vor deutlichen Abstürzen bewahrt werden, denen viele klassische Aktien-ETFs ausgesetzt waren. Allerdings hat die Vergangenheit auch gezeigt, dass es gerade im Bereich von flexiblen Mischfonds trotz bewährter Modelle manche Renditeflops gab. Es bleibt also abzuwarten, ob die ETF-Dachfonds auf Dauer einen Mehrwert für die Anleger generieren. Solche ETF-Dachfonds haben mittlerweile eine Reihe von Anbietern im Programm, darunter die DWS, Lyxor und Blackrock. Das bekannteste und gemessen am verwalteten Vermögen erfolgreichste Produkt ist der sogenannte ARERO-Weltfonds.

Kritiker der ETF-Dachfonds führen ins Feld, dass bei diesem Ansatz ein Großteil der grundlegenden Mentalität von Indexinvestments verloren geht.

Hier wird ja angenommen, dass die Aktienmärkte auf Dauer steigen werden und man am besten ohne aktiven Eingriff profitieren kann. Die Dachfonds sind hingegen durch ihre aktive Auswahl der ETFs definitiv keine passiven Produkte mehr. So ist ähnlich wie bei aktiv gemanagten Fonds wieder die Qualität des Fondsmanagements für die Rendite des ETF-Dachfonds ausschlaggebend.

Günstiger und vor allen passiver sind die so genannten Multi-Asset-Indexfonds. Sie bilden zwar auch die Entwicklung mehrerer verschiedener Indizes ab, sind aber wie ein klassischer Indexfonds aufgebaut. Die zugrunde liegenden Indizes stammen in der Regel aus verschiedenen Regionen der Welt und sind oftmals noch über verschiedene Investmentklassen wie Aktien, Immobilien, Anleihen oder Rohstoffe gestreut. Häufig werden diese Portfolios mittels der Portfoliotheorie zusammengestellt, unter der Prämisse der optimalen Diversifikation. Wurde nun die optimale Aufteilung gefunden, bildet der Fonds diese dann passiv ab. Er führt nur noch regelmäßig ein *Rebalancing* durch und hat die Möglichkeit, die Gewichtungen bei ungewöhnlichen Marktlagen zu ändern.

Dabei erfolgt die Abbildung meist nicht durch den Kauf von ETFs auf die einzelnen Indizes, sondern direkt über Swap-Vereinbarungen. Dazu kauft der Anbieter des Fonds einfach nur einen Korb von Aktien oder Anleihen und tauscht dessen Performance mit seinem Swap-Partner gegen die eigentliche Performance des abzubildenden Portfolios. Hierdurch sind die Kosten meist geringer als die von echten ETF-Dachfonds. Zudem verzichtet diese Variante auf das aktive Management. Somit ist dieses Konzept näher an dem eigentlichen ETF-Gedanken als die „normalen“ ETF-Dachfonds. Der Nachteil ist, dass die Multi-Asset-Indexfonds fallenden Kursen beinahe ohne Möglichkeit zum Eingreifen ausgeliefert sind, während ETF-Dachfonds aktiv z. B. durch Senkung der Aktienquote einschreiten können. Ein Beispiel für einen solchen Multi-Asset-Indexfonds ist der Global Multi-Asset Income Fund von BlackRock.

4.3.11 Aktiv gemanagte ETFs

Seit die Fondsmanagerin Cathie Wood mit dem *ARK Innovation ETF* den Markt aufmischt, sind aktive ETFs in aller Munde. Mit rund 25 Mrd. US-Dollar verwaltetem Vermögen ist der Ark Innovation ETF mittlerweile der größte aktive ETF der Welt (Stand: Juli 2021).

Denn mit einem passiven ETF ist Rosinenpickerei nicht möglich. Wer etwa beispielsweise einen DAX-ETF kauft, beteiligt sich damit an der Performance des gesamten Indexes. Es gibt keine Möglichkeit, nur in die erfolgreichsten Unternehmen des DAX zu investieren und die schwächelnden auszulassen. Genau aus diesem Grund gibt es seit geraumer Zeit die aktiven ETFs.

Die aktiven ETFs versprechen die Vorzüge der passiven ETF mit denen klassischer Investmentfonds zu verbinden.

Ebenso wie die passiven ETFs haben die aktiven ETFs einen Index als Referenzgröße. Allerdings bilden die aktiven ETFs ihn nicht eins zu eins ab. Stattdessen trifft ein Fondsmanager die Investmententscheidungen. Hierbei hat er zumeist freie Hand und darf auch andere Aktien als solche aus dem Referenzindex kaufen. Beispielweise weist der Ark Innovation ETF laut Factsheet (Stand Mai 2021) einen sogenannten „Active Share" von 97 % von seiner Benchmark-Index *S&P 500* aus. Liegt die Kennzahl „Active Share" bei null Prozent, folgt der ETF komplett seinem Referenz-Index. Liegt sie bei 100 Prozent, weicht der Fonds vollständig davon ab. Der *Ark Innovation ETF* orientiert sich also nicht gerade eng an der gewählten Benchmark, dem *S&P 500*. Darum werfen auch Kritiker ein, dass ein Performance-Vergleich zwischen den *Ark Innovation ETF* und den *S&P 500* eher den Vergleich eines Apfels und einer Birne gleich. Denn der *Ark Innovation ETF* hat ein deutliches Gewicht in der Technologie-Branche. Würde der Vergleich z. B. mit den *NASDQ* oder den *S&P Branchenindex Technologie* erfolgen, wäre der Erfolg des *Ark Innovation ETFs* im Vergleich dieser Indizes nicht mehr so spektakulär. Er würde wohl nicht mehr scharrenweise die Anleger in den Fonds locken.

Weiterhin haben die aktiven ETF gemein mit den passiven ETF, dass die Anteile börsentäglich gehandelt werden. Hierzu müssen die Fondsmanager tagesaktuell die Käufe und Verkäufe der einzelnen Positionen des ETFs preis-

geben. Ein Beispiel ist, hier wieder der *ARK Innovation ETF* von Frau Wood. Dies geschieht meist auf den WEB-Seiten der Fonds.
Dies hat natürlich Vorteile. Zum einen haben Anleger die Chance eine höhere Rendite zu erzielen als der Referenzindex, da aktive ETFs nicht von einem Gesamtindex abhängig sind, sondern gezielt in Unternehmen investieren, von denen sich der Fondsmanager eine hohe Wertentwicklung verspricht. Ein anderer Vorteil ist die Flexibilität der aktiven ETFs. Wenn sich der Wind an den Märkten dreht, bleiben einen Anleger in Passiv-ETFs wenig Optionen außer Halten oder Verkaufen. Dies sieht bei einem aktiven ETF anders aus. Hier kann der Fondsmanager gegensteuern und das Portfolio anpassen, um mögliche Verluste abzufedern oder gar ganz zu vermeiden. Klingt dies nicht gut? Allerdings haben aktiven ETFs auch ihre Nachteile.
Auch hier gilt natürlich das eiserne Gesetz des Investierens: Die höhere Chance auf Rendite geht gleichzeitig einher mit einem höheren Risiko. Fondsmanager sind halt auch nur Menschen und machen Fehler. So können Fehleinschätzungen des Fondsmanagers zu einzelnen Aktien, zu Verlusten führen. Beispielsweise sehen viele Experten den hohen Anteil des Fondsvermögen in Tesla-Aktien des *ARK Innovation ETF* als bedenklich an.
Natürlich führt der aktive Ansatz dazu, dass die Transparenz etwas verloren geht, weil aktiv gemanagte ETFs meist Wertpapiere aus unterschiedlichen Indizes enthalten. Somit können Anleger die Kursentwicklung eines aktiven ETFs in der Regel nicht so gut nachvollziehen wie bei einem passiven ETF, zumal die Investmentstrategie dem Fondsmanager obliegt.
Das Wort „aktiv“ deutet es eigentlich schon an, oftmals sind aktive Fonds wesentlich teurer als ihre passiven Pendants. Durch die höheren Kosten der aktiven ETF findet man sich schnell in einer Kostenspirale wieder, welche die eventuell vorhandene Überrendite gegenüber dem Benchmark-Index „auffrisst.“
Dennoch greifen, viele Anleger zu aktiven ETF, weil sie auf bestimmte Themen oder sogar Fondsmanager (wie z. B. Frau Cathie Wood) setzen möchten.

4.3.12 Themen-ETFs

Die aktiven ETFs sind eine wunderbare Erfindung, aber das sind Themen-ETFs auch. Dies zeigt sich daran, dass sich das verwaltete Vermögen in Themen-ETFs in den letzten drei Jahren mehr als verdreifacht hat. Dies liegt daran, dass viele Themen-ETFs eine starke Performance in den letzten Jahren hatten und anschauliche „Geschichten" verargumentieren, weshalb weitere Wertzuwächse bevorstehen sollen. Diese Geschichten laden Themenfonds emotional auf und machen sie dadurch attraktiv für Anleger. Nach dem Motto: Was einem einleuchtet, das erscheint einem bedeutender.

Dabei widmen sich Themen-ETFs bestimmten Anlagethemen. Beispiele für solche Themen sind der 3D-Druck, Cannabis, Blockchain, Wasserstoff oder der 5G-Mobilfunkstandard. Folglich investieren die Themen-ETFs in Firmen, deren Geschäftsmodell stark auf ein bestimmtes Trend-Thema wie beispielsweise „Digitalisierung" ausgerichtet ist. Um dies Thema möglichst umfassend abzubilden, dürfen die Unternehmen in einem Themen-ETFs auch aus unterschiedlichen Branchen stammen. So kann ein ETF zum Thema „Elektromobilität" beispielsweise in die Aktien von Batterieherstellern, Fahrzeugbauern, Carsharing-Anbietern und Software-Unternehmen investieren. Daneben haben Themen-ETFs Freiheitsgrade, die klassische Branchen-ETFs oder breit gestreute Markt-ETFs nicht aufweisen können. Dazu zählt z. B. die Möglichkeit, gezielt in „Pure Player" zu investieren, d.h. Unternehmen, deren Geschäftsmodell direkt auf ein Zukunftsthema ausgerichtet ist.

Hierdurch ermöglichen die Themen-ETFs dem Anleger eine Chance auf eine „Outperformance", d. h. auf Wertgewinne, die die Performance von breit gestreuten Markt-ETFs schlagen. Zudem ermöglichen sie den Anleger, von greifbaren und intuitiv verständlichen „Megatrends" zu profitieren. Zudem ermöglichen die Themen-ETFs mitunter die Beteiligung an vielzählige kleinere Unternehmen mit großem Potenzial, die unter Umständen nicht in den regulären Indizes gelistet sind.

„*Themen sind das Salz in der Suppe*" – allerdings sind viele Themen durch das Marketing der großen Fondsgesellschaften mächtig aufgeblasen. Das Marketing soll den Anlegern das Gefühl geben, dass ein vom ETF-Anbieter ausgerufenes Thema per se auch ein gutes Investment sei. So machte beispielsweise der britische Unternehmer Richard Branson im Juli 2021 als erster Tourist vom Boden der USA aus ins All flog von sich reden. Gleichzeitig rührte er kräftig die Werbetrommel für das Thema Weltraum. Wo er von den unglaublichen Möglichkeiten des Weltraums nur so schwärmte. So kamen verstärkt Themen-ETFs auf dem Markt mit dem Thema Weltraum. Sie investieren etwa in Satellitenproduzenten oder Hersteller von Navigationsgeräten usw. Ich rate dazu, Anleger sollten sich mit dem Thema ansatzweise auskennen, bevor sie investieren.

Kritiker vergleichen die Themen-ETFs mit dem „Phoenix aus der Asche". Wie der mythische Vogel steigen die Produkte quasi aus dem Nichts, wie seit 2018, auf und treten einen fulminanten Siegeszug an. Denn Themen-ETFs waren in der Vergangenheit immer wieder mal populär, gerade in Phasen, in denen die Anlagemärkte richtig heiß liefen, um danach schnell wieder abstürzten. Beispielsweise sind von den Themen-ETFs, die im letzten Boom im Jahr 2003 aufgelegt wurden, innerhalb von 15 Jahren bis 2018 60 % wieder geschlossen, mit teilweise dramatischen Verlusten für die Anleger.

Dies liegt daran, dass gut performende Themen-ETFs einige Zeit lang wie eine „selbsterfüllende Prophezeiung" funktionieren, d. h. die steigende Preise erzeugen Nachfrage unter den Anlegern und dadurch steigende Preise. Wenn die Euphorie abflaut, können deutliche Verluste bevorstehen, weil viele Aktien aus Themen-ETFs sehr illiquide sind, d. h. nur begrenzt gehandelt werden. Deshalb können Themen-ETFs, die gerade noch eine unglaubliche Performance hingelegt haben, schon im nächsten Moment in ungeahnte Tiefen stürzen. Beispielsweise legte der „*iShares Global Clean Energy*" im Jahr 2019 um 46,56 % und im Jahr 2020 um 119,95 % zu. Dies war deutlich mehr als der breite Markt-ETF „*iShares Core MSCI World*" (Jahr 2019:30,22 %; Jahr 2020: 6,13 %). Um dann im Jahr 2021 um -17,86 % zu fallen, wohingegen der „*iShares Core MSCI World*" 32,08 % gestiegen ist.

Auch darf der Anleger niemals die Volatilität der Themen ETFs unterschätzen. Hohe mögliche Renditen gehen mit einem hohen Risiko einher. Beispielsweise war die Volatilität des „*iShares Global Clean Energy ETF*" mit 30 Prozent seit 2007 fast doppelt so hoch, wie die des „*iShares MSCI World*". Zudem büßte der Themen-ETF zeitweise 87 Prozent seines Wertes ein, wohingegen ein MSCI-World-ETF in der Spitze „nur" 53 Prozent verlor.

Dies wird untermauert durch eine Studie der Ohio State University[122]. In dieser Studie stellte sie fest, dass Themen-ETFs kosten- und risikobereinigt durchschnittlich 2,9 % Rendite pro Jahr weniger verzeichneten als breit aufgestellte Weltmarkt-ETFs. Der Hauptgrund hierfür war, dass Themen-ETF oft mit sehr hohen Bewertungen aufgesetzt werden und sich anschließend meist unterdurchschnittlich entwickeln. Denn Themen-ETFs werden zu einem Zeitpunkt aufgelegt, wo die Trends bereits in aller Munde, (zu) hoch bewertet und somit keine lukrative Investition mehr sind. Somit besteht die Gefahr das die Rendite der Themen-ETFs deutlich hinter den Erwartungen bleibt, wegen des schlechten Timings.

Auch die begrenzte Risikostreuung vieler Themen-ETFs wird von Experten bemängelt. Einige Themen-ETFs haben nur wenige Dutzend Titel im Portfolio, während breit aufgestellte Markt-ETFs mehrere hundert oder tausend Wertpapiere umfassen können. Beispielsweise hat der größte Themen-ETF nach Fondsvolumen der *„iShares Global Clean Energy“* nur 77 Werte im Portfolio. Dies liegt u. a. daran, dass die ETF-Anbieter einen zu engen thematischen Fokus legen.

Der Erfolg der Themen-ETFs rührt daher, dass sie oft eine gute Geschichte verkaufen – und gute Geschichten lassen sich gut verkaufen. Dies zeigt sich auch an den Gebühren der Themen-ETFs, sie sind deutlich teurer als andere ETFs.

Dies liegt daran, dass bei Themen-ETFs etwas mehr Gehirnschmalz vonnöten ist, um den passenden Index zu finden – oder ihn, überhaupt erst zu erstellen.

Meiner Ansicht nach, sind Themen-ETFs allenfalls als Beimischung im Portfolio sinnvoll, aber nicht als „Grundbaustein“.

4.3.13 Bitcoin ETF bzw. Krypto ETN

„Ein Bitcoin-ETF-Kauf ist wie die Eröffnung beim Schach: Die Konsequenzen sind unabsehbar.“ Darum muss der Anleger bevor, er in Bitcoins & Co inves-

[122] In der Studie wurden alle Aktien-ETF, die zwischen 1993 und 2019 in den USA gehandelt wurden, insgesamt 1080 Produkte, zu Grunde gelegt. 526 davon waren auf einzelne Themen oder Marktsektoren spezialisiert.

tiert zu mindestens ein rudimentäres Verständnis von Kryptowährungen haben.

Es gibt nicht die Kryptowährung [123] [124] [125], es ist vielmehr ein Sammelsurium aus verschiedenen Währungen, laut der Plattform CoinMarketCap gibt es aktuell (März 2022) mehr als 17.000 Kryptowährungen. Die wichtigsten Kryptowährungen (Stand: März 2022) sind: Bitcoin (BTC) (Marktkap.[126] 850 Mrd. US-$), Ethereum (ETH) (Marktkap. 379 Mrd. US-$), Theter (USDT) (Marktkap. 79 Mrd. US-$) usw.

Wie eine Kryptowährung aufgebaut ist, möchte ich am Beispiel vom Bitcoin der mit Abstand wichtigsten Kryptowährung erläutern. Die anderen Währungen werden meistens nach einem ähnlichen Prinzip erstellt.

Seine Ursprünge hat der Bitcoin in einem White Paper mit dem Titel „Bitcoin: A Peer-to-Peer Electronic Cash System“ (Quelle bitcoin.org), welches im Jahr 2008 von Satoshi Nakamoto (hierbei handelt es sich um ein Pseudonym) veröffentlicht wurde. In diesem White Paper wurde dargelegt, wie eine Währung zu entwickeln ist, die ohne zentrale autoritäre Instanz (Notenbanken), sich selbst reguliert.

Um den Entstehungsprozess eines Bitcoins nachvollziehen zu können, ist es wichtig, zu wissen, was eine Blockchain[127] [128] ist. Denn die Blockchain ist das

---

[123] Kryptowährungen haben keinen fassbaren Gegenwert, wie etwa Goldmünzen, sondern existieren nur als Bytes auf Computern, Festplatten, Smartphones usw.

[124] Letzten Endes regeln die Kryptowährungen eigentlich nur das Recht auf Eigentum über den Besitz computergenerierter Schlüssel.

[125] Alle Kryptowährungen, die als Zahlungsmittel eingesetzt werden können, nennen sich Coins.

[126] Unter Marktkapitalisierung versteht die Anzahl der Coins multipliziert mit dem aktuellen Wert in US-$.

[127] Vereinfachtes Beispiel einer Blockchain: Die Blockchain ist vergleichbar mit einem Register, welches viele einzelnen Karten (in der Blockchain Welt als Blöcke bezeichnet) hat. Jede Transaktion wird von jedem Nutzer auf eine Registerkarte aufgeschrieben. Irgendwann ist natürlich die Karte voll. Dann wird sie abgelegt und verschlüsselt. Hierfür gibt es natürlich eine Belohnung. Sie bekommt der (Miner genannt), dessen Computer die Verschlüsslung als erste durchgeführt hat. Als Belohnung winken Bitcoins. Diese Belohnung wird alle vier Jahre halbiert, man sprich von Halving.

[128] Mit Blockchain kann man auch die Richtigkeit von Verträgen oder die Einzigartigkeit von digitalen Inhalten bestätigen. Hierzu werden Token, eine Art Hülle, in der man unterschiedliche Sachen reinpacken kann, verwendet. Diese Token können dann auf der Infrastruktur der Blockchain von A nach B geschoben werden und zwar in Echtzeit und rechtssicher.

Herzstück der Bitcoins, ohne Blockchain keine Bitcoins. Also, wie funktioniert eine Blockchain?

Blockchain basiert auf einem P2P (Abk. für Peer to Peer) - Netzwerk. Ein solches Netzwerk setzt auf die dezentrale und redundante Speicherung auf vielen Computern. Jeder von diesen Computern verwaltet eine vollständige Kopie der Daten. Fällt ein Rechner aus, bleibt die Gesamtheit der Information so immer noch auf allen anderen erhalten. Zusammengehalten wird das Netzwerk von Bitcoin Nodes[129], den Knotenpunkten, welche alle Netzwerkteilnehmer miteinander verbinden. Sie übernehmen auch zufällig ausgewählt die Aufgabe der Validierung von Transaktionen und ihre Dokumentation.

Innerhalb des P2P-Netzwerkes können Teilnehmer direkt miteinander agieren. Hierzu wird keine zentrale Partei benötigt, die sich um Regulierung, Kontrolle, Steuerung oder die Kontoverwaltung kümmert.

Somit führt das P2P-System zu einer dezentralisierten Kontoverwaltung. Um dies zu gewährleisten werden die Konten nach Zufallsprinzip mittels Kryptographie erstellt, ohne dass diese untereinander abgeglichen werden müssen. Hierzu erhält jeder Teilnehmer bei Erstellung eines Kontos, einen zufällig generierten „Private Key". Er besteht aus einer Kombination von 64 Zahlen und Buchstaben. Der Key sieht zum Beispiel so aus:

9df7858rg817h6f90q361b1e3fgf57674dq45hj286l7d479l35196966b10wy1m

Dieser „Private Key" ist die Eintrittskarte in die Welt der Blockchain, weil mittels diesen Key alle Transaktionen des Kontoinhabers im Blockchain-Netzwerk digital signiert werden müssen.

Aus dem „Private Key" wird anschließend die „Public Address" abgeleitet. Sie verhält sich zum „Private Key" wie die Mail-Adresse zum Passwort. Man muss sich das so vorstellen, die „Private Key" ist das Passwort und die „Public Address" ist die E-Mail-Adresse.

Natürlich kann man nicht von der „Public Address" auf die „Private Key" schließen. Sollen z. B. Bitcoin übertragen werden, adressiert man diese an die „Public Address" der Person, die den Bitcoin haben soll.

---

[129] Dabei unterstützt ein «full node» das Netzwerk durch Validierung und Weiterleitung von Transaktionen und erhält dafür eine Kopie der gesamten Blockkette. Dagegen spricht man von einem «light node» vom jemanden (Endnutzer) der lediglich die Dienstleistung, welche durch die Blockchain bereitgestellt, nutzt.

„Nichts macht einen zarteren und tieferen Eindruck auf den Geist des Menschen als das Beispiel.“ (John Locke)

Beispiel:
Rüdiger möchte fünf Bitcoin an Hans-Jürgen übertragen. Rüdiger signiert die Transaktion mit seinem „Private Key“ und definiert die „Public Address“ von Hans-Jürgen als neuen Besitzer der Bitcoins. Jetzt kann nur noch Hans-Jürgen mittels seiner „Private Key“ auf den fünf gesendeten Bitcoin zugreifen. Das heißt die Teilnehmer der Blockchain können mittels der kryptografisch verschlüsselten Konten interagieren.

Wie werden die Informationen genau verarbeitet? Dies geschieht mithilfe eines Distributed Leder (zu Deutsch verteiltes Kassenbuch). Dies System hat im Wesentlichen zwei Eigenschaften. Erstens alle neuen Informationen bekommen einen Eintrag in das Kontenbuch. Dies geschieht selbst dann, wenn nur eine vorangegangene Information geändert oder nichtig gemacht werden soll. Es gilt: Einmal verfasste Einträge in das Kontenbuch dürfen nicht mehr geändert werden.

Beispiel:
Rüdiger hat Hans-Jürgen fünf Bitcoin übertragen. Diese Information bekommt einen Eintrag ins Kontenbuch. Hans-Jürgen gibt die fünf Bitcoin sofort wieder an Rüdiger zurück, womit wieder alles beim Alten wäre. Allerdings wird der alte Eintrag nicht gelöscht. Stattdessen wird ein neuer Eintrag mit der Information „Hans-Jürgen hat fünf Bitcoin zu Rüdiger übertragen“ geschrieben.

Zweitens wird das komplette Kontenbuch mit jedem neuen Eintrag aktualisiert, kopiert und separat jedem, der aktiv an dem P2P-System teilnimmt, zur Verfügung gestellt. Dies ist notwendig wegen der Dezentralität und Sicherheit des Systems. Folglich protokolliert die Blockchain wie ein öffentliches Kassenbuch sämtliche Transaktionen des Bitcoins. Sie sind im Prinzip für jedermann einsehbar.

Beispiel:
Behauptet jetzt Rüdiger, dass er die Rückzahlung der fünf Bitcoin nicht erhalten hat, kann man ihm der Lüge überführen, weil es ein dezentrales und öffentlich einsehbares Kontenbuch gibt, in dem alle Informationen bzw. Transaktionen dokumentiert sind. Schnell finden die Mitglieder des Systems den Eintrag „Hans-Jürgen hat fünf Bitcoin zu Rüdiger übertragen".

Widmen wir uns nun den Einträgen in das Kontenbuch zu. Jeder dieser Einträge besteht aus mehreren Informationen. Sie werden zusammengefügt in einem Block[130]. Daher der Name Blockchain.
Diese Blöcke werden anschließend hintereinander gereiht, wobei immer der neuste Block mit dem vorherigen kryptografisch verkettet wird. Hierdurch entsteht eine unveränderbare Kette, bei der ältere Einträge nicht mehr geändert werden können. Dies gelingt, weil jedem Block bei seiner Erstellung ein Hashwert hinzugefügt wird.
Dieser Hashwert ergibt sich mittels komplexer mathematischer Verfahren aus dem digitalen Inhalt bzw. Informationen des Blocks. Darum ist der Hashwert stets gleich, wenn sich nicht der Inhalt des Blocks ändert. Man kann jedoch nicht aus dem Hashwert auf den Inhalt des Blocks schließen.

Beispiel:
Der Inhalt eines Blocks besteht aus den Zahlen 1,2,3. Dann lautet die Quersumme (mathematisches Verfahren), also der Hashwert 6. Aus dem Inhalt des Blocks lässt sich immer wieder der Hashwert von 6 ableiten. Andersherum geht es aber nicht, weil die Quersumme 6 auch aus anderen Zahlenkombinationen wie 1,1,4 bestehen kann. Natürlich sind in der Blockchain die mathematischen Funktionen zur Berechnung des Hashwertes wesentlich komplizierter.

Das mathematische Verfahren der Hashwerte zur Berechnung des Bitcoins heißt SHA-256. Wichtig ist, dass eine Kollisionsresistenz vorherrscht, die es unmöglich macht, dass unterschiedliche Inhalte denselben Hashwert kreieren. Dadurch bekommt jeder Block eine Art digitalen Fingerabdruck, der ihn

[130] Im Durchschnitt werden etwa 2000 Transaktionen pro Block gespeichert.

eindeutig identifiziert und darüber hinaus unveränderlich mit den Nachbarblock verkettet. Würde jemand nun die Informationen eines alten Blocks verändern, würde die Folgeblöcke dies bemerken, weil sich ihr jeweiliger Hashwert auch ändert.

Um einem Block inklusive seines Hashwertes zu kreieren, benötigt man einem großen Rechenaufwand. Der eigentlich nur noch von einem Computer zu leisten ist. Erschwerend kommt hinzu, dass je größer die Blockchain wird, desto aufwendiger wird der Prozess. Wer stellt diese Rechenleistung zur Verfügung?

Dies sind die sog. Miner (oder Schürfer). Bei den Miner handelt es sich um Teilnehmer des Blockchain-Netzwerks, welche Rechenleistung zur Verfügung stellen, um Informationen zu validieren und daraus Blöcke zu kreieren. Nur dank den Miner wird die Blockchain am Laufen gehalten. Darum gibt es einen finanziellen Anreiz. Als Belohnung winken Bitcoins. Diese Belohnung wird alle vier Jahre halbiert, man sprich von Halving. Die letzte Blockhalbierung bei der Bitcoin-Blockchain fand am 11. Mai 2020 statt. Hatte ein Block z. B. vor dem Halving noch eine Größe von 12,5 BTC, so liegt die Größe nach der Blockhalbierung nur noch bei 6,25 BTC.

Dabei gibt es zwei Arten der Belohnung für die Miner. Erstens erhalten die Miner für jede Bitcoin-Transaktion eine Gebühr (Fee). Die Transaktionsgebühren (Fee) für Zahlungen mit dem Bitcoin, darf jeder Bitcoin-Nutzer selbstfestlegen. Man muss sich die Gebühr, als eine Art Gebot für die Miner verstehen, tätig zu werden. Logischerweise verarbeiten die Miner die profitabelsten Transaktionen (hohe Gebühr) zuerst. Zudem ist die Anzahl der Transaktionen auf höchstens 2000 pro Sekunde begrenzt. Zusätzlich ist der Speicherplatz pro Block limitiert. Darum gilt: Wer eine rasche Verarbeitung seiner Bitcoin-Transaktion haben möchte, muss eine hohe Gebühr bieten. Dieser Gebührenpoker und die beschränkte Anzahl von Transaktionen pro Sekunde, werden vor allem bei einem raschen Bitcoin-Verfall zum Problem. In diesem Fall möchten nämlich viele ihre Bitcoins verkaufen. Somit schnellen die Transaktionskosten in die Höhe und die Wartezeiten bis die Transaktionen ausgeführt werden verlängern sich, während der Bitcoin-Kurs unerbittlich in die Tiefe rauscht.

Zweitens erhalten die Miner für jeden Transaktionsblock, welcher erfolgreich an die Blockchain angehängt wird einen „Reward“. Zurzeit werden 6,25 neue Bitcoins ausgeschüttet, und zwar an denjenigen Miner, der es als erster schafft, der Blockchain einen neuen Block hinzuzufügen. Da dies sehr verlockend ist, möchten natürlich mehrere Miner, die lohnende Rechenarbeit erledigen. Deshalb entsteht darum ein Wettbewerb. Beim Bitcoin heißt dieser Wettbewerb *Proof of Work*.
Hierbei bestimmt der Aufwand, wer den Zuschlag erhält. Um dies zu ermitteln müssen die Teilnehmer am Wettbewerb komplexe Rechenaufgaben erledigen, die im Grunde genommen daraus bestehen, komplizierte Hashwerte zu erraten. Diese Berechnungen werden durch Computer durchgeführt. Wer die Aufgabe zuerst löst, darf den Block erstellen. Sobald der Gewinner den Block erstellt hat, wird dieser von anderen Miner kontrolliert, ob keine Fehler vorliegen. Nach mehreren Prüfungen, wird der Block und die zugrundeliegende Information als valide angesehen und an die Blockchain gehängt. Dieser Prozess wird für jeden neuen Block durchgeführt. Wegen dieses Aufwandes wird etwa alle zehn Minuten ein neuer Block erstellt[131].
Ein weiters Konzept von vielen Kryptowährungen ist die Begrenzung der Geldmenge. Beim Bitcoin sind es 21 Millionen BTC, bis zum Mai 2021 sind knapp 18 Millionen BTC geschürft. Geschätzt wird, dass der letzte Bitcoin 2140 entstehen wird. Das heißt es gibt eine eingebaute Deflation, die den Kurs nach oben treibt. Allerdings gibt es auch Kryptowährungen wie Ether die keine Begrenzung haben.
Wie bei „echten“ Währungen gibt es auch beim Bitcoin kleine Einheiten, um kleine Transaktionen zu ermöglichen. Der Satoshi ist die kleinste Einheit der Kryptowährung Bitcoin, wobei 100 Millionen Satoshis einem Bitcoin entsprechen. Wie kann man am Bitcoin-System teilnehmen?

---

[131] Noch macht die Blockbelohnung den weitaus größeren Teil der Miner-Einkünfte aus. Als Kompensation für die sinkende Blockbelohnung werden das tägliche Transaktionsvolumen und damit vor allem auch die Höhe der Transaktionsgebühren steigen müssen. Damit sich das Geschäft der Miner bei steigenden Energiepreisen noch lohnt, da die Gewinnung des Bitcoins bzw. die Aufrechterhaltung der Blockchain sehr energieintensiv ist. Dies ist meiner Ansicht auch die Achillesferse des Bitcoins. Er könnte sich in eine Sackgasse manövrieren. Steigen die Transaktionsgebühren nicht an, bietet das Mining nicht mehr genügend Anreize, das Bitcoin-Netzwerk aufrechtzuerhalten. Da immer mehr Miner den Betrieb einstellen, weil es sich nicht mehr lohnt. Ziehen allerdings die Gebühren stark an, nimmt die Attraktivität des Bitcoins ab.

Um Zahlungen über das Bitcoin-System machen zu können, benötigt man eine digitale Brieftasche (eng. Wallet) sowie eine Internetverbindung. Wallets gibt es als Desktopanwendungen wie z. B. Bitcoin Core und Electrum sowie als Webanwendungen. Daneben werden auch Hardware-Wallets angeboten, die z. B. über USB mit einem Computer verbunden werden. Zudem existieren Onlinedienste, die anbieten, die digitalen Brieftaschen der Nutzer zu verwalten.

Für dieses persönliche Wallet erhält man dann einen kryptographischen Schlüssel („Private Key" und „Public Address"), um Zahlungen zu autorisieren.

Mit dem Wallet, kann man Bitcoin bei einem Broker für Kryptowährungen kaufen. Abhängig vom Broker kann man die Bitcoins mit anderen Kryptowährungen oder mit US-Dollar oder Euro bezahlen. Daneben kann man auch Bitcoins auf verschiedenen Marktplätzen im Internet, wie Bitcoin.de, kaufen und verkaufen. Die Plattform, also z. B. Bitcoin.de, selbst bekommt eine Gebühr zwischen 0,6 und 1%, die sich Käufer und Verkäufer teilen. Eine weitere Möglichkeit zum Kauf und Verkauf von Bitcoin ist die Digital Exchange in Stuttgart (betrieben von der Stuttgarter Börse). Dort werden verschiedene Kryptowährungen gehandelt.

Meiner Ansicht nach ist wegen der hohen Volatilität des Bitcoins die Nutzung als tatsächliches Zahlungsmittel deutlich erschwert, obwohl die Akzeptanz als Zahlungsmittel zunimmt. Allerdings dominiert zurzeit die Nutzung des Bitcoins als Spekulationsobjekt. Denn der Bitcoin-Kurs zu den gesetzlichen Zahlungsmitteln wie Euro oder US-Dollar folgt dem Grundsatz der Preisbildung an der Börse. Dabei läuft der Handel rund um die Uhr, auch an Wochenenden und Feiertagen. Aus diesem Grund gibt es auch keinen Spotpreis für Kryptowährungen, wie es etwa bei Edelmetallen der Fall ist. Darum beziehen sich die in den Medien genannten Preise von Kryptowährungen im Verhältnis zu traditionellen Währungen, wie Euro, meist auf einen bestimmten Handelsplatz oder auf einen Durchschnitt mehrerer Handelsplätze (oftmals gewichtet nach Handelsvolumen) sowie zu einer bestimmten Uhrzeit. Außerdem ist der Handel mit Kryptowährungen sehr volatil. So konnten Bitcoin-Investoren, die im Juni 2011 zu 10 Euro pro Bitcoin (BTC) kauften, bis Juni 2020 eine jährliche Rendite von fast 100 % erzielen. Ihren Januskopfartigen Charakter offenbart der Bitcoin Anlegern, die Ende 2017 kauften, bis Juni 2020 hatten sie 49 % ihrer ursprünglichen Investition verloren.

„*Es ist nicht genug zu wissen - man muss auch anwenden*" (Johann Wolfgang von Goethe) Darum möchte ich meine kleine Einführung in die Welt des Bitcoins abschließen und aufzeigen, welche Möglichkeiten es gibt in Kryptowährungen mittels ETFs zu investieren.

So wurde unter großem Getöse im Oktober 2021 vom Anbieter Proshares der erste Bitcoin-ETF an der New Yorker Börse lanciert. Die Krypto-Community feierte den Tag als den „*Eintritt des Bitcoins in den Mainstream. Jeder kann jetzt Bitcoin ohne viel Firlefanz kaufen und verkaufen. Schließlich erhalten Privatanleger mit dem Bitcoin-ETF die Möglichkeit, über ein bekanntes Finanzinstrument in Kryptowährungen zu investieren.*"

Bei aller Freude sollten die Anleger einen „kühlen Kopf" bewahren und einem detaillierten Blick auf das „Innenleben" des Bitcoin-ETF werfen. Der Titel „*Proshares Bitcoin Strategy ETF* (Abk. Bito)"[132] lässt zwar vermuten, dass der ETF auch wirklich mit Bitcoin gefüllt ist, doch der Schein trügt. Tatsächlich beinhaltet der ETF Bitcoin Futures – also Terminkontrakte auf dem Bitcoin. Prinzipiell folgenden die Futures dem Wert des Bitcoin. Da Futures[133] endlich sind, der ETF aber nicht, muss der Fonds in den nächstfälligen Future rollen. Bei diesem Umwandeln (Rollen), gibt es Gewinne, wenn der neue Kontrakt günstiger ist als der fällige (Backwardation), und Verluste, wenn der kommende Futurekontrakt teurer ist (Contango). Das kann zu einer deutlichen Differenz zwischen dem Bitcoin Kurs und dem Bitcoin-ETF führen.

Trotz dieses Mankos gibt es mittlerweile mehrere Bitcoin-ETFs, die auf Termingeschäfte basieren. Ein „echter" Bitcoin-ETF mit echten Bitcoins ist dagegen noch nicht zugelassen, trotzdem versuchen prominente Emittenten wie VanEck oder WisdomTree einen direkten Bitcoin-ETF aufzulegen. Bis jetzt stellte sich die US-amerikanische Zulassungsbehörde SEC immer quer. Die Behörde hat Bedenken bezüglich einer ausreichenden Liquidität des Kryptomarktes. Die gesamte Marktkapitalisierung der Krypto-Währungen beläuft sich gegen Ende 2021 auf zwei bis drei Billionen US-Dollar, was im Vergleich

[132] Derzeit kann man BITO ETF bei LYNX Broker handeln.

[133] Was sind Futures? Ein Future-Geschäft ist eine Verpflichtung, ein Bitcoin zu einem festgelegten Zeitpunkt zu einem festgelegten Preis zu kaufen.

zum klassischen Finanzmarkt nur ein Bruchteil ist. Dagegen sind die Bitcoin Futures mit hinreichend liquiden Geldmitteln gedeckt.

In Deutschland bzw. der EU schieben die UCITS-Richtlinien Bitcoin-ETFs einem einen Riegel vor. Hier müssen ETFs mindestens fünf verschiedene Assets enthalten, bevor sie als börsengehandelter Fonds gelistet werden dürfen. Darum haben sich hierzulande Alternativen ausgebildet. Dies sind die börsengehandelten Exchange Traded Notes (ETNs) oder auch Exchange Traded Products (ETPs)[134]. Ein ETN ist eine Inhaberschuldverschreibung[135] (s. für mehr Informationen Kapitel 4.6.). Der ETN ermöglich also nicht die direkte physische Investition in Kryptowährungen. Er kann besichert oder nicht besichert sein. Wenn ein ETN nicht besichert ist, kann es bei Zahlungsunfähigkeit des Emittenten zu einem hohen Verlustrisiko kommen. Es gibt beispielsweise Krypto-ETNs auf die Platzhirsche Bitcoin und Ethereum, aber auch auf seltenere Cyberdevisen wie Cardano oder Solana. Viele dieser ETNs sind an der Deutschen Börse Xetra gelistet und werden wie ETFs fortlaufend gehandelt. Beispielsweise hat der Anleger mit dem „*VanEck-Vectors-Crypto-Leaders-ETN*“ die Möglichkeit, über ein einziges Anlageprodukt gleichzeitig in sechs der derzeit größten und liquidesten Kryptowährungen zu investieren: Bitcoin, Ether, Solana, Cardano, Polkadot und Litecoin. Dagegen setzt der „*Iconic-Funds-Physical-Ethereum-ETP*“ gezielt auf Ethereum und ist zu 100 Prozent durch Coins besichert, die bei Coinbase Custody verwahrt werden.

Eigentlich alle physikalisch hinterlegten Krypto-ETN lagern die gekauften Bitcoin & Co in einem Offline-Speicher (Fachbegriff „Cold Storage“). Hierzu haben sich spezielle Firmen gebildet, die diesen Speicher anbieten. Beispielsweise werden die zur Besicherung gehaltenen Bitcoins des „*Invesco Physical Bitcoin*“ von Zodia Custody verwahrt. Zodia Custoy ist ein in Großbritannien ansässiger Verwahrer digitaler Vermögenswerte, der bei der FCA gemäß den britischen Anti-Geldwäsche-Bestimmungen als Crypto Asset Business regis-

---

[134] Ein ETP als solches ist kein Anlageprodukt. Es ist vielmehr ein Überbegriff für eine ganze Palette an börsengehandelten Anlageprodukte wie Exchange Traded Funds (ETF), Exchange Traded Commodities (ETC) und Exchange Traded Notes (ETN).

[135] Dies sollte sie nicht abschrecken, weil z. B. alle Rohstoffe an der Börse, wie zum Beispiel XETRA-Gold, sind so strukturiert.

triert ist. Zodia Custody ist ein von SC Ventures, der Innovationseinheit von Standard Chartered (große britische Bank), gegründetes Unternehmen.
Bei Krypto ETNs müssen Anleger mit laufenden Kosten rechnen, die jährlich bis zu 2,5 Prozent betragen können. Gerade bei seltenen Krypto-Währungen, die wenig liquide sind, kann der Spread – also die Differenz zwischen An- und Verkaufspreis – üppig ausfallen. Im extremsten Fall schlägt dieser mit bis zu 4,5 Prozent zu Buche. Angesichts der bislang märchenhaften Renditen gerät der Kostenaspekt gerne aus dem Blickfeld. Doch gerade bei einer langfristig ausgerichteten Anlagestrategie kann das für erhebliche Renditeeinbußen sorgen. Steuerlich gesehen fallen die Krypto ETNs wie gewöhnliche Wertpapiere unter die Abgeltungsteuer, die pauschal 25 Prozent beträgt.
Es heißt „*zum Reichtum führen viele Wege*“, so ist es nicht verwunderlich, dass viele an den Krypto-Währungen mitverdienen möchten: Krypto-Börsen, Zahlungsdienstleister, Banken, Miner, Händler, Spekulanten usw. Dies erinnert stark an die alten Geschichten vom kalifornischen Goldrausch. Dort wurden auch einige Händler, die vor Ort Schaufeln, Essen etc. verkauften, am Ende reicher als die meisten Goldsucher. So ist es nicht verwunderlich, dass die Index-Anbieter spezielle Indizes konzipiert haben, die auf Unternehmen setzen die besonders stark von den Krypto-Währungsboom profitieren, wie z. B. die Entwickler von Blockchain-Technologien, Aktien von Miner usw. In diesen Indizes findet man dann solche Aktien, wie Coinbase, Bitfarms oder Microstrategy. Ein Beispiel für einen solchen Index ist der „*CoinShares Blockchain Global Equity Index*“. Auf diese Indizes legen dann die ETF-Anbieter einen ETF auf, wie z. B. der „*Invesco CoinShares Global Blockchain UCITS ETF Acc*“ Diese ETFs werden sowohl als Krypto-ETF als auch als Blockchain-ETF vermarktet.
Die Produktfamilie, zu der die ETFs gehören, ist noch viel größer. Sie wird unter dem Oberbegriff *Exchange Traded Products* (ETPs) zusammengefasst. Neben den ETFs gibt es die *Exchange Traded Commodities* (ETCs), *Exchange Traded Notes* (ETNs) sowie die *Exchange Traded Structured Funds* (ETSFs). Alle werden an der Börse gehandelt. Also lassen Sie uns nun einen Blick auf die Brüder der *Exchange Traded Funds* werfen.

4.4 Der kleine Bruder des ETFs – *Exchange Traded Commodities* (ETCs)

Seit November 2006 wird an der Handelsplattform *Xetra* auch der kleine Bruder der ETFs, *Exchange Traded Commodities* (ETC), gehandelt. Sie werden u. a. von dem ETC-Anbieter *ETF Securities* aufgelegt. Ihr fulminantes Wachstum verdankten die ETCs größtenteils dem seit 2007 beginnenden Rohstoffboom, der das Interesse der Anleger auf Rohstoffinvestments lenkte. Denn bei ETCs handelt es sich um Wertpapiere auf einzelne Rohstoffe oder Rohstoffkörbe, die den Anlegern einen direkten Zugang zu dieser Assetklasse geben. Der Vorteil der ETCs ist, dass sie die bisherigen Barrieren, die Privatanleger hatten, um überhaupt in den Rohstoffmärkten Fuß zu fassen, einrissen. Somit haben Anleger erstmals Zugriff auf eine breite Palette in Euro notierter Rohstoffe.

Überdies sind ETCs sehr effizient, sie ermöglichen dem Anleger, einen bestimmten Rohstoff, -korb oder -index fortlaufend während der gesamten Handelszeit auf *Xetra* zu günstigen Transaktionskosten zu handeln. Ähnlich wie bei Aktien können auch beim Handel mit ETCs *Market-*, *Limit-* oder *Stop-Orders* (s. S. 383 ff.) ausgegeben werden. Die kleinste handelbare Einheit ist ein ETC-Anteil. Ebenso wie bei ETFs fällt kein Ausgabeaufschlag an und der Anleger muss nur geringe Managementgebühren bezahlen. Zusätzlich sind die ETCs ein sehr transparentes Investmentvehikel, da die Kurse den Preis des zugrunde liegenden Rohstoffs widerspiegeln. Im Prinzip sind ETCs ähnlich gestaltet wie ETFs und haben somit ähnliche Vorteile (s. S. 342 ff.) und Nachteile (s. S. 323 ff.). Die Wichtigsten sind:

- Sie sind transparent und nachvollziehbar strukturiert.
- Sie sind kostengünstig ohne Ausgabeaufschlag an der Börse zu handeln. Zudem bietet ihre fortlaufende Quotierung mit Mindestvolumina sowie maximaler Handelsspanne eine hohe Preistransparenz.
- Sie haben beide eine unbegrenzte Laufzeit.
- Sie bieten ein hohes Maß an Liquidität, weil *Designated Sponsors* dafür sorgen, dass verbindliche Geld- und Briefkurse während der Handelszeit gestellt werden.

Der wesentliche Unterschied zwischen ETFs und *Exchange Traded Commodities* ist ihre rechtliche Struktur. Während ETFs Sondervermögen sind, handelt es sich bei ETCs etwas salopp formuliert um Anleihen. Genauer gesagt: ETCs sind unbefristete, besicherte Schuldverschreibungen des jeweiligen Emittenten, deren Wertentwicklung an einen oder mehrere Rohstoffpreise gekoppelt ist, und zwar entweder direkt an den Spot-Preis oder an einen Rohstofffuture.

Somit ist der einzige wirkliche Nachteil der ETCs gegenüber den ETFs, dass sie neben dem Marktrisiko auch ein schwer abzuschätzendes Emittentenrisiko haben. Deswegen sagen Spötter: *„Disteln sind dem Esel (Anleger) lieber als Rosen.“* Allerdings lohnt hier differenzierterer Blick.

So sind die physisch hinterlegten ETCs des Anbieters *ETF Securities* zu 100 Prozent besichert. Ferner werden die Edelmetalle im Tresor der HSBC verwahrt, dem weltweit größten Verwahrer von Edelmetallen. Deswegen haben physisch hinterlegte ETCs kein Emittentenrisiko, da ihre Investoren ein Wertpapier halten, das mit physischem, nicht verleihbarem Metall hinterlegt ist. Auf dass Sie bei Insolvenz des Emittenten zugreifen können.

Zudem bietet der Anbieter *ETF Securities* noch weitere ETCs an, die zu 100 Prozent besichert sind. *ETF Securities* erklärt dazu, dass diese ETCs durch entsprechende durch den US-amerikanischen Versicherungskonzern AIG[136] garantierte Kontrakte gedeckt sind. Wegen der Marktturbulenzen im September 2008 hat *ETF Securities* ein weiteres Abkommen mit der AIG-Tochter AIG-FP und der *Bank of New York Mellon* (BNY Mellon) geschlossen, das alle durch AIG-FP hinterlegten ETCs auf DJ-AIG-Indizes zu 100 Prozent besichert. Hierzu verpflichtet sich die AIG-FP, alle Produkte täglich auf Basis der aktuellen Preise zu 100 % zu besichern. *BNY Mellon* verwaltet die Sicherheiten auf einem separaten Konto. Als Sicherheiten kommen u. a. Bareinlagen, Geldmarktfonds mit höchstmöglichem Rating oder US-Anleihen infrage. Zudem ist AIP-FP verpflichtet, zusätzliche Sicherheiten zur Verfügung zu stellen, sollten diese unter den Wert aller ETCs fallen.

Von *ETF Securities* werden außerdem noch ETCs gehandelt, die durch einen Dritten gedeckt sind. Beispielsweise werden der *ETFS Brent Oil* und der *ETFS WTI Oil* durch entsprechende Kontrakte der *Royal Dutch Shell* besichert. Diese sind durch treuhändische Verwahrung der Einlagen vor einem

136 Allerdings ist die AIG selbst im Rahmen der Finanzkrise Anfang 2009 in Schwierigkeiten geraten und konnte nur durch milliardenschwere Stützprogramme der US-Regierung vor dem Konkurs gerettet werden.

Ausfall der *ETF Securities* geschützt. Kommt es jedoch zu einem Ausfall seitens *Royal Dutch Shell*, wären diese ETCs dem Kreditrisiko von *Royal Dutch Shell* ausgesetzt.

Das Xetra-Gold, welches durch die *Deutsche Börse Commodities* herausgegeben wird, ist zu jederzeit zu 100 Prozent durch Gold gedeckt. Trotz der physischen Hinterlegung sind bei Xetra-Gold im Falle einer Insolvenz des Emittenten die Ansprüche der Gläubiger aus den Schuldverschreibungen (Xetra-Gold ist als Anleihe aufgelegt) nicht besichert. Das heißt, die Ansprüche der Anleger von Xetra-Gold wären gleichrangig mit den Forderungen anderer Gläubiger gegenüber der Emittentin. Demnach besteht bei Insolvenz der Emittentin das Risiko, dass die Vermögenswerte der Emittentin nicht zur Befriedigung der Forderungen sämtlicher Gläubiger ausreichen und somit Xetra-Gold-Schuldverschreibungen teilweise oder vollständig ausfallen könnten.

Trotz dieses Nachteils setzen sich ETCs am Anlagemarkt durch. Aktuell sind am ETC-Segment[137] der *Deutschen Börse* über 150 ETCs (Q1 2022) gelistet, mit weiter steigender Tendenz. So gibt es physisch besicherte ETCs auf Gold, Silber, Platin, Palladium sowie alle vier in einem Korb, ETCs auf einzelne Rohstoffe und Rohstoffindizes. Überdies kann der Anleger mit ETCs auch auffallende Kurse setzen, und zwar mit den Short-ETCs. Durch die umgekehrte Korrelation zu dem zugrunde liegenden Rohstoff bzw. -index erzielt der Anleger eine positive Rendite durch einen Indexrückgang und eine negative durch einen Indexanstieg. Das bedeutet: Steigt der Rohstoff über einen längeren Zeitraum, kann ein Short-ETC seinen Wert teilweise oder gar vollständig verlieren. Theoretisch besteht sogar ein Totalverlustrisiko. Das tritt auf, wenn der Rohstoff bzw. -index an einem Tag um 100 % steigt. Dann ist der Short-ETC wertlos. Deswegen handelt es sich bei den Short-ETCs auch nur um eine Möglichkeit zur Erzielung von kurzfristigen Renditen, aber um kein langfristiges Anlageinstrument.

Ebenso kann der Anleger seine Investments im Rohstoffbereich mit den Leverage-ETCs hebeln. Zum Beispiel spiegelt der *ETFS Leveraged Gold* 200 % der täglichen prozentualen Veränderung des *DJ AIG Gold Sub-Index* wider. Folglich bietet ein Leverage ETC eine zweifache Hebelwirkung bei einfachem

[137] Eine Auflistung aller im ETC-Segment der *Deutschen Börse* verfügbaren ETCs finden Sie unter www.boerse-frankfurt.de/etc.

Kapitaleinsatz an. Die Hebelwirkung wirkt zu beiden Seiten. Demnach werden auch Kursverluste mit dem doppelten Faktor weitergereicht. Fällt der Rohstoff an einem Tag um 50 % oder mehr, verliert der Leverage ETC seinen gesamten Wert. Dieses breite Anlagespektrum führte zu durchschnittlichen Tagesumsätzen von über 10 Mio. Euro im ETC-Segment der *Deutschen Börse*. Aber auch exotische Produkte können mittels ETCs gehandelt werden.
Seit November 2008 bietet *ETF Securities* auch einen ETC auf Kohlendioxid (CO_2), der an der *London Stock Exchange* gehandelt wird, an. Es wird erwartet, dass dieser Fonds auch in Deutschland gelistet wird. Mit dem *ETFS Carbon* wird die Kursentwicklung der CO_2-Emissionsrechte abgebildet. Als Benchmark fungiert der EUA-Future-Kontrakt der *Londoner Intercontinental Exchange*. Er ist der zurzeit liquideste Kontrakt innerhalb des Europäischen Emissionshandelssystems. Ein Anteil des *ETFS Carbon* entspricht einem Emissionszertifikat, was zu einer Emission von einer Tonne CO_2 berechtigt. Der Emissionshandel ist ein Teil des internationalen Maßnahmenkatalogs zum Umwelt- bzw. Klimaschutz, wie dem Kyoto-Protokoll von 1997.

4.5 ETSF – der jüngste Bruder der *Exchange Traded Funds*

Exchange Traded Structured Funds (Abk. ETSF) treten langsam ins Bewusstsein der Anleger. Sie erblickten erst im Jahr 2007 das Licht der Welt. Denn die ETSF vereinigen das Beste aus zwei Welten, den ETFs und den strukturierten Produkten (wie Zertifikate).
Strukturierte Produkte haben den Vorteil, dass der Anleger mit ihnen jede mögliche Marktkonstellation (ob fallend, seitwärts oder steigend) gewinnbringend für sich ausnutzen kann. Er muss nur die Marktkonstellation erkennen und dazu das passend strukturierte Produkt kaufen. Das beinhaltet allerdings eine zusätzliche Risikokomponente, das Emittentenrisiko. Sollte der Emittent insolvent werden, könnte der Anleger einen Teil oder sein gesamtes investiertes Kapital verlieren. Das ist kein theoretisches Risiko, sondern ein reales, wie die Insolvenz der amerikanischen Investmentbank *Lehman Brothers* zeigte, in deren Folge alle von *Lehman Brothers* emittierten Zertifikate wertlos wurden.

Um das Emittentenrisiko zu umgehen, kann der Anleger auf ETFs zurückgreifen. Die Vorteile sind u. a. hohe Liquidität und geringe Kosten. Der entscheidende Nachteil ist, dass der Anleger mit ETFs nicht so viele Anlagestrategien umsetzen kann, wie mit strukturierten Produkten. In diese Lücke springen nun die ETSF.

Deswegen wird bei den ETSF – ähnlich wie bei ETFs – das investierte Vermögen als Sondervermögen verbucht. Daher ist das Emittentenrisiko ausgeschlossen. Zudem können ETSF – wie gewöhnlich strukturierte Produkte – auf spezifische Marktkonstellationen zugeschnitten werden. Dies gelingt, weil ein traditionelles Anlageinstrument wie eine Aktie oder Anleihe mit einem Derivat kombiniert wird. Dadurch besteht die Möglichkeit attraktive Renditen zu erzielen, wenn die Märkte seitwärts tendieren. Zusätzlich kann der Anleger sein Kapital ganz oder teilweise schützen, wenn die Märkte nach unten tendieren. Zudem partizipiert er auch von steigenden Märkten. Man spricht in diesem Zusammenhang auch davon, dass die Erträge asymmetrisch anfallen können. So ist es in Zeiten von seitwärts laufenden Börsen schwierig, Renditen mit klassischen ETFs zu erwirtschaften. Hier bieten sich jetzt ETSFs mit einer Discountstruktur an. Bei einem solchen ETSF erwirbt der Anleger das Produkt zu einem reduzierten Preis, also mit einem Rabatt (oder *Discount*). Um solche Strategien umsetzen zu können, setzen die Emittenten auf Swaps (s. S. 183 ff.). Durch diese Discountstruktur ist der ETSFs in einem seitwärts gerichteten, leicht steigendem oder leicht fallendem Marktumfeld einer Anlage in einen klassischen ETF auf denselben Index überlegen. Denn in der Regel gilt für klassische ETFs: Steigt der Markt, auf den sich der ETF bezieht, so verdient der Anleger. Sinkt der Markt, so verliert der Anleger. Das heißt, ein ETF bewegt sich in der Regel parallel zu seiner Benchmark. Allerdings brechen die ETFs langsam diese Regel auf, da es mit den Swap-ETFs möglich geworden ist, auch derivative Strukturen abzubilden, wie z. B. die Covered-Call-Writing-Strategie (s. S. 424 ff.).

Obendrein werden die ETSF – genauso wie ETFs – an der Börse kontinuierlich gehandelt, weil ihr Nettoinventarwert laufend berechnet wird. Dafür muss der Anleger allerdings höhere Gebühren bezahlen als bei ETFs. In der Regel sind ETSF wegen der Fondshülle ca. 0,2 % Prozent teurer als ein entsprechendes strukturiertes Produkt. Weiterhin gibt es ETSF mit einer beschränk-

ten oder einer unbeschränkten Laufzeit, dies hängt von ihrer Konstruktion ab – ähnlich wie bei Zertifikaten.
Zurzeit werden an der Börse nur wenige ETSF gehandelt. Dies dürfte sich mit der Zeit ändern, da das Emittentenrisiko immer mehr ins Bewusstsein der Anleger dringt. Besonders interessant sind die ETSF für institutionelle Anleger wie Pensionskassen, da die ETSF speziell für ihre Wünsche maßgeschneidert werden können. Um das babylonische Sprachgewirr komplett zu machen, betreten auch noch *Enhanced Trades Notes* die Bühne.

4.6 ETN – der Ritt auf der Erfolgswelle

Jeder Anleger sollte wissen, dass Index nicht gleich Index ist. Und insbesondere ist Indexierung nicht gleich Indexierung. Durch eine verbesserte Indexierung können passive Anlagen, wie ETFs, in der Performance geschlagen werden. Ein *Enhanced Trades Notes* (ETN) versucht, eine kleine und kontinuierliche Outperformance bei gleichzeitiger Übereinstimmung der Volatilität (Risiko) mit der Benchmark zu erreichen. Somit stellt ein Enhanced-Index-Fonds eine Zwischenform zwischen passivem und aktivem Portfoliomanagement dar. Mit Enhanced-Index-Fonds hat der Anleger die Möglichkeit, eine vollständige Abhängigkeit von einem Index zu umgehen, weil ein ETN bewusst vom Indexverlauf abweicht.
Deshalb bieten Enhanced-Index-Notes zusätzlich zu den Merkmalen einer klassischen Indexanlage, wie geringe Gebühren und Transaktionskosten, auch den Spielraum für eine Mehrrendite gegenüber dem Index. Das bedeutet aber zugleich, dass der Anleger mit diesen Produkten ein höheres Risiko auf eine Minderrendite im Vergleich zum Index als z.B. mit ETFs hat, da die Zusammensetzung von Enhanced-Index-Fonds von der Zusammensetzung des Indexes abweicht. Dieses erhöhte Risiko drückt sich auch aus durch einen höheren *Tracking Error* (in der Regel zwischen 0,5 % bis 2,5 %). Das ist der Preis, den der Anleger für eine potenzielle Mehrrendite zu zahlen hat.
Normalerweise wird für Enhanced-Index-Notes eine leistungsabhängige Gebührenstruktur verwendet. Ist die Wertentwicklung der Anlage gleich oder liegt sie unter dem Index, so verlangen die Anbieter von Enhanced-Index-Fonds ähnliche Gebühren wie für ETFs auf denselben Index. Darüber hinaus

fallen Gebühren erst bei einer Mehrrendite im Vergleich zum Index an, die mit einer reinen Indexierung nicht zu erreichen gewesen wäre.

In Amerika sind bereits über 300 verschiedene ETNs gelistet. In Deutschland befindet sich eine große Produktpalette im Aufbau. Seit dem 10. Dezember 2009 können Anleger an der Börse in Frankfurt die ersten *Exchange Traded Notes* handeln. Sie werden von *Barclays Capital* unter der Marke *iPath* vermarktet. Diese beiden ETNs spiegeln die Entwicklung von amerikanischen Volatilitätsindizes wider. Eine Besonderheit ist, dass diese ETNs – im Unterschied zu *Exchange Traded Funds* – rechtlich gesehen Schuldverschreibungen sind, deren Kursentwicklung an den Index (hier Volatilitätsindex) geknüpft ist.

Der wesentliche Unterschied zu ETCs ist, dass ETNs keine undatierten Schuldverschreibungen sind, sondern in der Regel eine Restlaufzeit von zehn Jahren haben. Ein weiterer Vorteil der ETNs ist ihre hohe Flexibilität. So lässt sich die Wertentwicklung schwer replizierbarer Anlageklassen, z. B. Volatilität oder Währungen, exakt abbilden. Da ETNs per Definition immer einen *Tracking Error* von Null haben, d. h. dass ihre Wertentwicklung immer 1:1 dem entsprechenden Index abzüglich der Verwaltungsgebühren entspricht. Beispielsweise liegt die Verwaltungsgebühr für den *iPath S&P 500 VIX Short-Term Futures Index ETN* bei jährlich 0,89 %.

4.7 Robo-Advisor[138]

Langweilig oder kompliziert ist das Thema Geldanlage in den Augen vieler Menschen. Genau an diese Menschen richten die Robo-Advisor ihr Angebot: Geldanlage soll Spaß machen, wenig kosten, auf die individuellen Bedürfnisse eingehen und natürlich ganz einfach vom Sofa online möglich sein. Denn Robo-Advisor (kurz Robo) sind digitale Geldberater. Dabei steht „Robo“ für die maschinelle Automation und „Advisor“ für die Anlageberatung. Allerdings ist ein Robo-Advisor keine Maschine in Beratergestalt. Es ist vielmehr eine Software-Applikation (Computerprogramm) und darauf ausgelegt, Geld zu

[138] Dieser Abschnitt stammt zum Teil aus dem Buch: Götte, Rüdiger: Vermögensverwaltung 2.0: Das 1x1 der Robo-Advisors, ibidem Verlag Stuttgart 2021

verwalten. Viele Menschen die Robo-Advisors zum ersten Mal Nutzen staunen. Sie sind erstaunt darüber, was Ihnen alles die Robo-Advisor zeigen. Ein deutsches Sprichwort sagt: „*Wer eine Leiter hinaufsteigen will, muss bei der untersten Sprosse anfangen.*" Was ist also der Startpunkt, die unterste Sprosse? Dazu sollten wir uns zunächst mit dem Begriff Vermögensverwaltung auseinandersetzen, weil es sich bei den Robo-Advisor, um eine digitale Vermögensverwaltung handelt. Bei der klassischen Vermögensverwaltung (auch Finanzportfolioverwaltung oder Asset-Management genannt) trifft ein Portfoliomanager (oder Vermögensverwalter) Anlageentscheidungen für das Vermögen des Kunden. Der Portfoliomanager kann dabei natürlich nicht willkürlich handeln. Er ist an einem Rahmen gebunden. Der Rahmen ist die Anlagestrategie. Sie schützt ähnlich, wie der Rahmen ein Bild, das Geld des Anlegers.

Als Anlagestrategie werden nämlich die Vorgaben bezeichnet, nach denen ein Vermögensverwalter, seine Investmententscheidungen trifft, d. h. das Geld des Anlegers verwaltet. Die Anlagestrategie des Kunden gibt, beispielsweise Maximalgrößen für Aktien- oder Anleihequoten vor. Dementsprechend ist der Vermögensverwalter zu Beginn verpflichtet, Informationen über die persönlichen und finanziellen Verhältnisse, Kenntnisse und Erfahrungen mit Wertpapiergeschäften sowie über die Anlageziele einzuholen, um mit dem Kunden zusammen eine Anlagestrategie zu erarbeiten.

Zudem ist im Rahmen der Geeignetheitsprüfung festzustellen, ob die strategische Ausrichtung der Vermögensverwaltung mit der Anlagestrategie des Kunden vereinbar ist. Außerdem, ob die gewählte Anlagestrategie und die damit verbundenen Anlagerisiken für den Kunden finanziell tragbar sind und ob er mit seinen Kenntnissen und Erfahrungen die Chancen und Risiken der Anlagestrategie verstehen kann. Jetzt für Sie, dass vielleicht überraschende. All dies ist schon im Hintergrund passiert. Denn zur Feststellung der Geeignetheit dient dem Vermögensverwalter die oben genannten Angaben des Kunden zu dessen Anlageziel, Anlagehorizont, Risikoneigung, Alter, Einkommen, Vermögen usw. Ist die Hürde Geeignetheitsprüfung genommen, geht es an die konkrete Abwicklung der Vermögensverwaltung. Hierzu eröffnet der Kunde ein Wertpapierdepot bei einer Bank und gibt dem Vermögensverwalter eine Vollmacht auf das Depot, auf Grundlage derer er Käufe und

Verkäufe für den Kunden tätigen kann, entsprechend der zuvor festgelegten Anlagerichtlinien. Fortan kümmert sich also der Vermögensverwalter, um das Geld des Kunden. Dabei wendet er folgende allgemeine Grundsätze an:

- *Hoch diversifiziertes Portfolio:* Der Portfoliomanager investiert das Kundengeld in viele verschiedene Anlageklassen. Die Auswahl der Anlageklassen erfolgt dabei nicht durch den Kunden, sondern durch den Vermögensverwalter.
- *Laufende Portfolioanpassung:* Das Portfolio, das heißt die Aufteilung des Vermögens, wird laufend an die Marktsituation angepasst.
- *Passende Anlagestrategie:* Da die Risikoneigung unterschiedlich ist, werden auch die Strategien auf die persönlichen Anlagewünsche des Kunden abgestimmt.
- *Regelmäßige Berichte:* Der Vermögensverwalter ist verpflichtet dem Kunden regelmäßig über die Entwicklung seiner Geldanlage zu informieren.

Kann ein Robo-Advisor dies auch leisten? Diese Frage gehen wir jetzt nach und sehen uns dazu die Funktionsweise eines Robo-Advisors an.

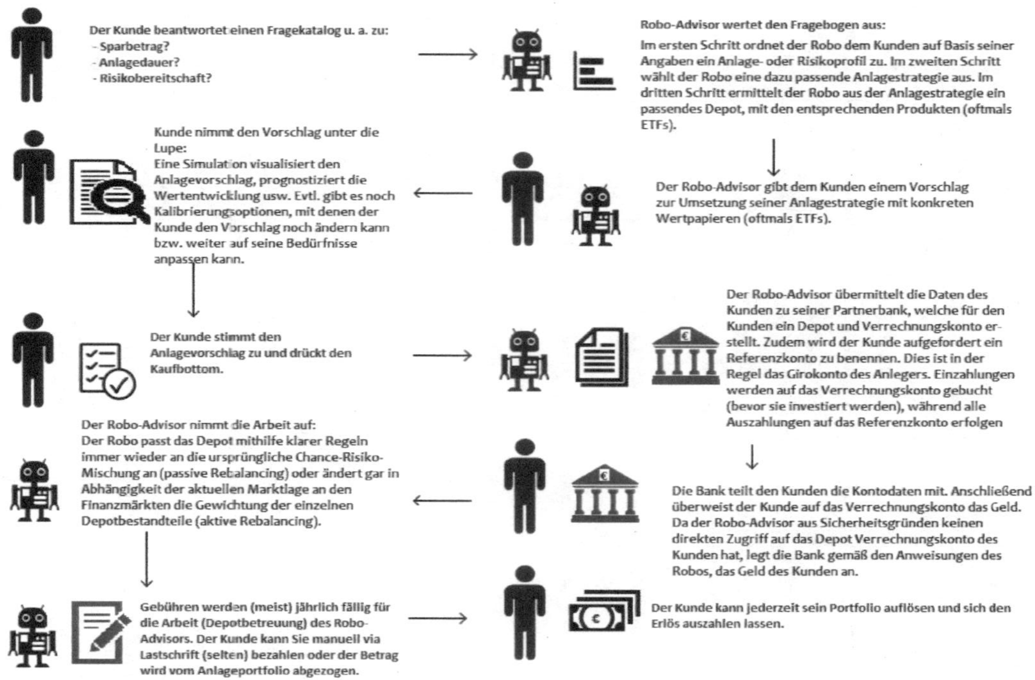

Abbildung 26: Funktionsweise eines Robo-Advisors

Vermögensanlage ist im Kern Vertrauenssache, um Vertrauen aufzubauen, muss man sich kennenlernen. Deshalb muss der Robo-Advisor, wie ein seriöser Arzt, zunächst eine Anamnese durchführen und erkennen, wen er vor sich hat. Somit beginnt eigentlich jede gute Vermögensverwaltung mit Fragen und Zuhören. Denn nicht jede Kapitalanlage ist für jeden Anleger geeignet. Deswegen versucht der Robo-Advisor ein individuelles Anlegerprofil zu erstellen. Zum Anlegerprofil gehören Anlageziel, Anlagehorizont, Risikoneigung, Alter, Einkommen, vorhandenes Vermögen und Verbindlichkeiten sowie die Erfahrungen und Kenntnisse am Kapitalmarkt. Aus diesen Daten lässt sich u. a. die Risikotragfähigkeit abschätzen, ein wesentliches Element des Anlegerprofils. Um dies herauszufinden stellt der Robo-Advisor gezielte Fragen. Dazu arbeitet er meist eine Checkliste mit Fragen ab, genauso, wie das jeder Pilot vor dem Start und der Landung tut.

Dabei werden zunächst die klassischen Fragen rund um die Investitionsbedürfnisse, Risikobereitschaft oder bisheriges Anlageverhalten – also genau wie bei der Bankberatung – gestellt, wie zum Beispiel:

- Wie lange soll das Geld angelegt werden?
- Welches Ziel verfolgen Sie mit Ihrer Anlage?
- Welchen Anlagehorizont haben Sie?
- Wie sieht es mit der persönlichen Risikoneigung aus?
- Wie sieht es mit Ihren Vermögensverhältnissen aus?
- Welche Wertpapiererfahrungen haben Sie?
- In welchen Anlagen haben Sie Kenntnisse erworben bzw. schon gehandelt?
- Wie hoch ist Ihr frei verfügbares Einkommen?

Die Beantwortung der Fragen ist ein kniffliger Punkt, bei den Robo-Advisor. Vor allem die Ermittlung der Risikobereitschaft des Kunden bereitet oftmals Schwierigkeiten. Der Aufwand, mit dem die Robo-Advisor versuchen, das individuelle Risikoprofil der Kunden herauszufinden, unterscheidet sich gewaltig. Die größte Mühe gibt sich Investify. Dort bekommen Anleger in spe 24 Fragen gestellt. Robin, Quirion und Vaamo fallen jeweils nur drei Fragen ein, um eine Vorstellung von der Risikoneigung ihres Kunden zu bekommen. Andere Robo-Advisor nutzen hierfür Kategorien wie mäßig oder stark risikobereit. Andere wiederum stellen konkrete Fragen, etwa: Wie würden Sie reagieren, wenn die Märkte um 10 % nachgeben? Das Problem: Je nachdem wie der Kunde über Renditen und Risiken befragt wird, gibt er seine Antworten. So zeigen viele Versuche, dass viele Anleger ihre ursprünglichen Angaben zur eigenen Risikofähigkeit überarbeiten, wenn ihm auf der anderen Seite hohe Renditen in Aussicht gestellt werden. Hierdurch werden die Anleger, dazu verleitet ein zu hohes Risiko einzugehen, als sie tatsächlich bereit sind zu tragen[139]. Denn jede Anlagestrategie ist ziemlich schnell zum Scheitern verurteilt, wenn der Anleger nicht mehr gut schlafen kann, sobald sein Depot um einen gewissen Prozentsatz schwankt. Das Problem für den Robo-Advisor ist nämlich, sie können nicht wie ihre menschlichen Kollegen, durch gezielte Nachfragen die wirkliche Risikobereitschaft des Anlegers herauskitzeln. Um dieses Problem zu entschärfen, bemüht sich der Robo-Advisor nicht nur auf die hohen Renditen aufmerksam zu machen, sondern versucht auch die damit einhergehenden Risiken deutlich zu machen. Aber auch der Anleger kann selbst aufpassen, dass er in diese Falle nicht tappt, indem er sich an folgende Regel hält: *100 minus Lebensalter sollte der Anteil risikobehafteter Anlagen (wie Aktien) sein.* (Beispielsweise sollte ein Sechzigjähriger maximal 40 % Aktienanteil in seinem Portfolio haben.) Deshalb sollten Anleger bei der Beantwortung der Fragen zum Risiko mit Bedacht die Antworten geben und gegebenenfalls ein niedrigeres Risiko angeben, als er wirklich bereit ist zu tragen. Das Risiko bestimmt nämlich zum Großteil in welche prozentuale Aufteilung in Aktien und Renten der Robo-Advisor später das Geld des Anlegers investiert, d. h. welche Strategie der Robo-Advisor vorschlägt.

Denn je geringer das gewünschte Risiko, desto mehr investiert der Robo-Advisor in Anleihen. Hat der Anleger eine hohe Risikoneigung angegeben, wird vermehrt in Aktien investiert. Je höher die Anlagedauer, umso mehr Aktien mischen die Robo-Advisor dem Portfolio zu, weil Aktien auf lange Sicht deutlich mehr Rendite versprechen bei einem vertretbaren Risiko.

Natürlich wertet der Robo-Advisor nicht nur die Fragen zum Risiko aus, sondern auch alle anderen gestellten Fragen, z. B. zu Wertpapiererfahrungen. Hieraus baut der Robo-Advisor, dann das Anlageprofil (Chance-Risiko-Profil) des Kunden zusammen.

---

[139] Das ist einer der Gründe, warum Anleger ein gewisses finanzielles Grundwissen mitbringen sollten, wenn sie Robo-Advisor nutzen möchten.

Dieser Prozess ist das Herzstück der Robo-Advisors. Denn ein ausgeklügelter Algorithmus checkt nicht nur das Anlageprofil des Kunden, sondern errechnet in wenigen Millisekunden auch die passende Anlagestrategie mit entsprechenden Produkten, die dazu passt – und zwar auf Basis wissenschaftlicher Erkenntnisse. Ein Algorithmus ist kein Hexenwerk. Hinter dem Wort „Algorithmus“ steht eigentlich folgendes simples Muster: *Wenn dieses oder jenes passiert, dann musst du dieses oder das tun.*

Zeit ist ein kostbares Gut. Deshalb führt der Algorithmus im Stillen die Geeignetheitsprüfung durch. Hierzu nutzt er den gewonnenen Datenschatz aus den gestellten Fragen. Er überprüft, ob die vorgeschlagene Anlagestrategie und die damit verbundenen Anlagerisiken für den Kunden finanziell tragbar sind und ob er mit seinen Kenntnissen und Erfahrungen die Chancen und Risiken der Anlagestrategie verstehen kann. Der Robo-Advisor checkt natürlich noch mehr ab im Rahmen der Geeignetheitsprüfung, u. a.:

- Passen die empfohlenen Anlageprodukte (z. B. Auswahl der ETFs) zu den Anlagezielen des Kunden?
- Deckt sich das Risiko der Anlage mit der Risikobereitschaft des Kunden?
- Erfüllt die Anlagestrategie den gewünschten Zweck? Möchte der Kunde z. B. für den Ruhestand vorsorgen?
- Passt die Anlagestrategie zu den sonstigen Angaben des Kunden?

Besteht der Kunde die Geeignetheitsprüfung, geht es weiter. Ansonsten bricht der Robo-Advisor ab, d. h. der Kunde kann den Robo-Advisor nicht nutzen.

Henry Ford erklärte einmal: „*Der größte Feind der Qualität ist die Eile*“. Deshalb sollten wir den Algorithmen mehr Beachtung schenken. Sie sind schließlich die DNA der Robo-Advisor. Das Problem: Die Robo-Advisor lassen sich nicht in die Karten schauen. Die Algorithmen werden genauso gehütet, wie die geheime Coca-Cola-Rezeptur. Doch beim genauen Hinsehen, entdeckt man erstaunliches.

Die Handlungsvorschrift für die meisten Algorithmen besteht dabei aus fest vorgegebenen Regeln, die - einmal implementiert – für die gleichen Eingaben immer wieder zu den exakt gleichen Ausgaben führen.

Was bedeutet dies? Der Algorithmus ermittelt auf Basis der Antworten des Fragekatalogs den Anlagetyp bzw. das Anlageprofil des Kunden. Nach Auswertung aller Daten schlägt der Algorithmus eine von mehreren vorgefertigten Anlagestrategien im Programm[140] vor. Der Robo-Advisor wählt nach dem Motto – *Wenn Anlageprofil X, dann wähle die Anlagestrategie Y aus* – die passende Anlagestrategie aus. Meistens schlägt der Robo-Advisor zusammen mit der Anlagestrategie auch gleich ein vorstrukturiertes Portfolio (oder auch Musterportfolios genannt) vor, also eine Art Warenkorb mit verschiedenen Finanzprodukten. Das Portfolio ist auf die individuellen Anlageziele und das persönlichen Risikoprofil des Kunden zugeschnitten. Diese Portfolios wurden ebenfalls vom Robo-Advisor-Anbieter im Algorithmus hinterlegt. Um das richtige Portfolio für den Kunden zu finden, wendet der Algorithmus, folgende Handlungsvorschrift an: *Wenn Anlagestrategie X, dann wähle Portfolio Y aus.*[141] Beispielsweise ermittelt der Robo-Advisor von Robin mit Hilfe der Fragen zunächst das Anlageprofil des Kunden. Anhand dieses Ergebnisses wird aus 19 verschiedenen Anlagestrategien diejenige für den Kunden ausgewählt, die am besten zu seinen Zielen und Erfahrungen passt. Hinter jeder Anlagestrategie steckt ein entsprechendes Portfolio aus passiven und aktiven Fonds[142]. Das heißt, die Robo-Advisors kreieren für den Kunden kein individuelles Portfolio, sondern greifen auf ein Musterportfolio zurück. Der Robo-Advisor erstellt die Portfolios nicht aus irgendeinen Bauchgefühl heraus, son-

[140] Die Anlagestrategien sind vom Robo-Advisor-Anbieter festgelegt und im Algorithmus hinterlegt.

[141] Mit anderen Worten: Der Robo-Advisor-Anbieter hat zu jeder Anlagestrategie ein passendes Portfolio mit entsprechenden Produkten hinterlegt. Diese wurden von Experten zusammengestellt.

[142] Dies bedeutet: Die Robo-Advisor bieten Anlegern vorgefertigte Musterportfolios, die auf Basis wissenschaftlicher Erkenntnisse konzipiert worden, an. Welches für den Anleger davon in Frage kommt, wird anhand des Fragebogens ermittelt. Anhand dieser Fragen kann der Robo-Advisor ermitteln, wie risikoavers ein Anleger ist. Hiernach empfiehlt er dem Kunden nicht einzelne Produkte, sondern bietet direkt ein stimmiges Portfolio an und prüft dieses auch fortlaufend. Mit stimmig ist gemeint, dass das Gesamtrisiko des ausgewählten Portfolios auf den Kunden zurechtgeschnitten ist. Ist der Anleger risikoscheu, so tauchen viele sichere Anleihen in dem vorgeschlagenen Portfolio auf. Anleger die dagegen kein Problem mit einem gewissen Risiko haben und vor allem auf Rendite aus sind, dem wird eine Lösung präsentiert, bei der deutlich mehr Aktien in Portfolio aufgenommen werden. Somit ist der Robo-Advisor ein Instrument, das Menschen entsprechend ihrer Ziele, Präferenzen und Lebenssituationen optimierte Portfolios vorstellt. Dies bezeichnet man auch mit dem englischen Begriff „matching people with portfolios.

dern nach aktuellen finanzwissenschaftlichen Theorien. Um möglichst viele Anleger anzusprechen, bieten die Robo-Advisors viele unterschiedliche Musterportfolios mit aufsteigendem Risiko an.
Grundlage der Robo-Advisors stellen also die unterschiedlichen Musterportfolios dar, welche die Anbieter hinterlegt haben. Sie weisen unterschiedliche Risiko-Rendite-Verhältnisse auf und eignen sich so jeweils für unterschiedliche Ziele der Geldanlage, Risikoneigung usw. Je größer die Anzahl der hinterlegten Portfolios ist, desto genauer können die Anbieter das Portfolio auf den Anleger bzw. Kunden abstimmen. Das muss aber nicht zwingend besser als eine einfache Lösung, mit wenigen Portfolios, sein.
Dies ist wie bei den Schuhherstellern. Es gibt große Marken, die nur ganzzahlige Schuhgrößen (wie 40, 41, ...) anbieten, andere bieten auch halbe Größen (wie 40,5, 41, 41,5 ...) an und wiederum andere sogar drittel Größen (wie 40 1/3; 40 2/3; 41 ...) an. Welcher Schuh Ihnen am besten passt, hängt vom Schnitt des Schuhs ab und nicht von der Anzahl der Schuhgrößen. Ähnlich ist es bei den Robo-Advisor, welche Anlagestrategie am besten passt, hängt davon ab, wie das Musterportfolio zusammengesetzt ist.
Die Unterschiede zwischen den Musterportfolios sind beachtlich, sie reichen von schlicht bis ausgetüftelt. Beispielsweise bietet der Robo-Advisor Fintego 5 Portfolios mit unterschiedlichen Risikoprofilen an. Dagegen wirft der Robo-Advisor Ginmon 10 Portfolios mit unterschiedlichen Risikoprofilen ins Rennen oder Quirion hat 11 verschiedene Strategien. Dies ist auch der Grund, warum die Robo-Advisor-Kunden bei ähnlicher Risikovorstellung ganz verschiedene Anlagevorschläge bekommen, von den verschiedenen Robo-Advisor. Jeder Robo-Advisor bedient seine Kunden halt anders[143].
Grundsätzlich gilt, dass ein risikoreicheres Anlegerprofil sowie ein längerer Anlagehorizont zu einer Übergewichtung von schwankungsintensiveren Anlagen (z. B. Aktien) führt. Denn langfristig gesehen versprechen sie höhere Erträge als klassische Zinsprodukte, wie Anleihen. Allerdings bilden die verzinslichen Anlagen (z. B. Anleihen, Pfandbriefe usw.) das Gegenstück zu den

[143] Es gibt auch Robo-Advisor die Fondslösungen anbieten. Der Robo-Advisor-Anbieter stellt, selbst ein Portfolio aus Fonds zusammen, welches er zum Kauf an der Börse anbietet. Man spricht vom Dachfonds. Diese Lösungen werden meistens in Form von ETFs angeboten. Das heißt der Anleger kauft die gesamte Strategie, wie er es von der Geldanlage in Fonds gewöhnt ist.

schwankungsstärkeren Anlagen und sind folglich ebenfalls in fast allen Portfolios enthalten[144].

Es ist wichtig an dieser Stelle zu erwähnen, dass ein Robo-Advisor kein autonom handelnder Roboter ist. Er ist lediglich ein webbasiertes Beratungsinstrument. Das heißt hinter jeden Robo-Advisor stehen Menschen aus Fleisch und Blut, welche z. B. die Musterportfolios entwerfen. Ebenfalls ist der Algorithmus nachdem ein Robo-Advisor handelt, von Menschenhand programmiert.

Leonardo da Vinci sagte einmal: „*Die Zeit verweilt lange genug für denjenigen, der sie nutzen will.*" Also lassen Sie uns die Zeit nutzen und den nächsten Schritt tun. Jetzt ist nämlich der Zeitpunkt gekommen, wo der Robo-Advisor den Anlagevorschlag bzw. -strategie dem Kunden mitteilt.

Natürlich in einer entsprechend aufbereiteten Form. Dazu dient eine Allokations-Grafik, Simulationen einer erwarteten zukünftigen Wertentwicklung usw. Der Anlagevorschlag enthält aber noch mehr, nämlich eine strategische Asset Allokation, d. h. einer geeigneten Auswahl an Anlageklassen (z. B. Aktien oder Anleihen) und deren Gewichtung zueinander, sodass der Anleger seine Ziele erreichen kann. Dies bleibt aber nicht auf einer theoretischen Stufe stehen, also z. B. investiere 50 % deines Anlagekapitals in Renten, 30 % in Immobilien und 20 % in Aktien. Nein! Der Robo-Advisor geht noch ein Stückchen weiter[145]. Er empfiehlt auch gleich die passenden Produkte, also ETF XY, um seinen Vorschlag umzusetzen.

Die meisten Robo-Advisor-Anbieter setzen bei ihrer Produktauswahl bzw. -vorschläge bewusst nur auf ETFs, um die einzelnen Anlageklassen möglichst risikodiversifiziert abzubilden und die Fondskosten niedrig zu halten, sodass sie trotz ihrer zusätzlichen Vergütungsgebühr noch als relativ günstig dastehen. Natürlich haben die Robo-Advisor deutlich höhere Kosten als ein reines ETF-Portfolio, aber meistens sind sie deutlich günstiger als die klassische Vermögensverwaltung durch eine Bank bzw. aktiv gemanagte Fonds.

Ein Sprichwort lautet: „*Es ist allerhöchste Eisenbahn – Es ist allerhöchste Zeit!*" So wie jetzt auch. Der Anleger muss den Anlagevorschlag und dessen

[144] Bei einigen Anbieter kommen auch noch Rohstofffonds, Immobilien usw. dazu.

[145] Damit bietet der Robo-Advisor weit mehr als das bekannte Online-Brokerage. Beim Online-Brokerage stehen in der Regel nur Fondslisten und Filterfunktionen zur Verfügung.

Umsetzung mit einem Portfolio bestehend aus ETFs oder Fonds genaustens studieren. Das ist ein weiterer Grund, warum Anleger ein gewisses Grundwissen mitbringen sollten, wenn sie Robo-Advisor nutzen. Ansonsten fehlt ihnen die Möglichkeit den Anlagevorschlag wirklich zu verstehen.

Hierzu bieten viele Robo-Advisors dem Anleger im Rahmen der grafischen Simulation des Anlagevorschlages noch die Möglichkeit an, verschiedene Punkte individuell zu kalibrieren. So kann sich der Anleger beispielsweise für mehr oder weniger Risiko entscheiden, d. h. weitere Anlageklassen (z. B. Aktien, Renten, Rohstoffe usw.) hinzunehmen oder abwählen. Oder die Gewichtung der Anlageklassen zueinander ändern und Anlageinstrumente - also bestimmte ETFs – nach eigenem Geschmack auszutauschen, um die für ihn optimale Aufstellung zu finden. Der Robo-Advisor unterstützt den Anleger in dieser Findungsphase. So können die Anleger mit nutzerfreundlichen Vergleichstools verschiedene Szenarien durchspielen und mögliche Auswirkung der Veränderung der Depotzusammensetzung in Echtzeit simulieren. Wie Architekten, mittels Software einen Hausbau simulieren und das Aussehen des Hauses in jedem Stadium darstellen können, können sich die Anleger über die Online-Applikation realistisch über die künftigen Folgen ihres Tuns ins Bild. Ebenfalls leuchten Warnhinweise auf, wenn die neue Zusammenstellung nicht mehr den eingangs ermittelten Anlegerprofil entspricht, und erst nach expliziter Genehmigung des Anlegers, ordnet der Robo-Advisor, dass für den Anlagevorschlag notwendige neue Risiko-Profil dem Anleger zu.

Dies Vorgehen hat den Vorteil, dass sich der Kunde visuell mit den Unterschieden zwischen verschiedenen Anlagevorschlägen auseinandersetzen muss, und so seine individuellen Präferenzen finden kann. Der Anleger darf aber niemals das Risiko aus den Augen verlieren. Dies geschieht leicht, weil er am Computerbildschirm nur eine Simulation vor Augen hat. Diese kann zum Beispiel einen starken Kursrutsch nicht vorhersehen und so unter Umständen den Anleger dazu verleiten, mehr Risiko einzugehen als er realistisch wegen seines Anlagezieles oder -horizontes aushalten kann.

Natürlich fällt es den Kunden bei den automatisierten Robo-Advisor schwer, Verständnisprobleme zum Anlagevorschlag mitzuteilen bzw. Nachfragen zu stellen. Um dieses Problem etwas zu entschärfen bieten viele Robo-Advisor eine „persönliche Beratung“ über Video-Chat oder Telefon an.

Hat der Anleger jetzt sein Portfolio nach seinen Wünschen und im Rahmen seines Risiko-Profils ermittelt, muss er nur noch den Kauf-Bottom drücken und der Robo-Advisor übernimmt fortan die Verwaltung seines Vermögens nach seinen Wünschen. Das heißt der Anleger erteilt dem Robo-Advisor das Mandat, die vom ihm ausgewählte Anlagestrategie für ihn umzusetzen. Der Anleger muss allerdings noch eine „Hürde" überwinden, bevor er sich zurücklehnen und den Robo-Advisor für sich arbeiten lassen kann. Diese „Hürde" ist, welche der Robo-Advisor den Kunden nicht abnehmen kann, ist die Eröffnung eines Depots und Verrechnungskonto (oder Depotverrechnungskonto genannt)[146] bei der jeweiligen Partnerbank. Wie bei jeder Kontoeröffnung ist hierzu eine Identifizierung via Postident oder Videochat nötig. Um dies möglichst bequem für den Kunden zu machen, stellt der Robo-Advisor alle Unterlagen, die dafür erforderlich sind, im Zuge der Anmeldung online. Außerdem muss der Anleger ein Referenzkonto[147] festlegen. Dies ist meistens das Girokonto vom Kunden.

---

[146] Das Verrechnungskonto dient für Aus- und Einzahlungen vom Depot. Deswegen wird es auch als Depotverrechnungskonto bezeichnet. Der Anleger zahlt auf diesem Konto seine Einzahlungen ein, welche anschließend in Wertpapiere nach Vorgabe des Robo-Advisors investiert werden. Verkaufserlöse aus dem Depot werden ausschließlich auf das Verrechnungskonto gezahlt.

[147] Es dürfen Abhebungen vom Verrechnungskonto nur auf das Referenzkonto des Anlegers gezahlt werden. Darum bietet das Referenzkonto dem Anleger Sicherheit, weil Fremde nicht unbefugt Geld auf irgendein Konto überweisen können, d. h. das Geld des Anlegers ist vor unberechtigten Zugriff Dritter geschützt.

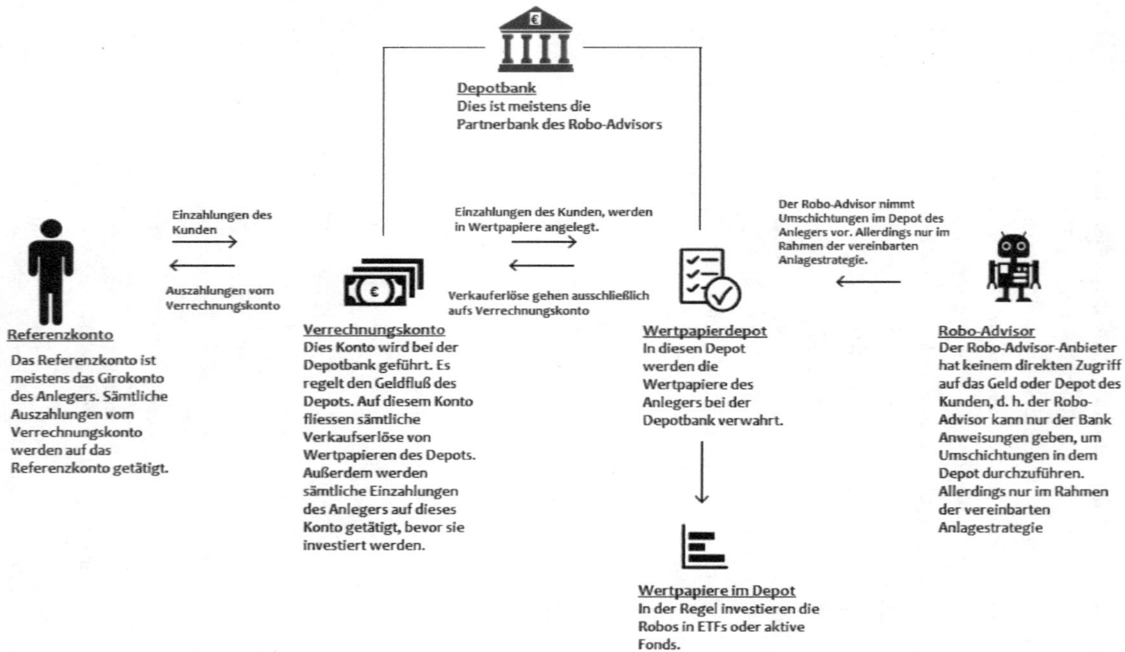

Abbildung 27: Geldfluss zwischen Robo-Advisor und Anleger

Zur weiteren Sicherheit wird das Depot bei der Partnerbank des Robo-Advisor-Anbieters geführt. Das Geld liegt also nicht bei „irgendeinem", vielleicht noch unbekannten Robo-Advisor-Anbieter, sondern bei einer deutschen lizenzierten Bank. Der Robo-Advisor-Anbieter hat zudem auch keinem Zeitpunkt Zugriff auf das Geld des Kunden, d. h. der Robo-Advisor kann nur der Bank Anweisungen geben, um Umschichtungen in dem Depot durchzuführen. Denn nur die Bank ist berechtigt Käufe und Verkäufe im Depot des Anlegers vorzunehmen. Natürlich auf Weisung des Robo-Advisors. Alle daraus resultierenden Verkaufserlöse werden auf das Verrechnungskonto eingezahlt. Prinzipiell gehen alle Verkaufserlöse des Portfolios und Einzahlungen des Anlegers zunächst auf das Verrechnungskonto[148]. Auf diesem Konto „wartet" das Geld solange bis der Robo-Advisor es investiert oder der Kunde eine Auszahlung auf sein Referenzkonto veranlasst. Auszahlungen vom Verrechnungskonto gehen ausschließlich auf das Referenzkonto des Anlegers.

Im Normalfall liegt immer etwas Geld auf dem Verrechnungskonto, welches vom Robo-Advisor gerade nicht investiert wurde. Denn nur in den seltensten Fällen ist ein Anleger voll investiert. Ein gewisser Prozentsatz an Liquidität hält der Robo-Advisor meistens vor, um z. B. Chancen am Finanzmarkt kurzfristig ergreifen zu können oder als Sicherheitspuffer bei einem schwachen Börsenumfeld. Darum ist es wichtig, dass das auf dem Verrechnungskonto liegende Geld geschützt ist. Bei Banken in Deutschland oder der EU beträgt die gesetzliche Einlagensicherung bis zu 100.000 Euro pro Kunde. Somit ist die Sicherheit des Verrechnungskonto gewährleistet.

Ist dieser Schritt erledigt, d. h. Verrechnungs-, Referenzkonto und Depot eröffnet, wird der Kunde aufgefordert den vereinbarten Betrag auf das Verrechnungskonto zu überweisen. Anschließend wird der Anlagebetrag in das entsprechende Portfolio investiert.

Immanuel Kant stellte trefflich fest: *„Es gibt nur eine Ausflucht vor der Arbeit: andere für sich arbeiten zu lassen."* Genau diesen Spruch nimmt sich jetzt der Kunde zu Herzen und lässt den Robo-Advisor für sich arbeiten, d. h. sein Geld verwalten.

---

148 Ein anderes Verfahren ist, der Kunde erteilt dem Robo-Advisor eine sogenannte Dispositionsvollmacht. Mit dieser Vollmacht erhält der Robo-Advisor Zugang zum Depot des Kunden bei der Depotbank. Er erhält jedoch keine Befugnis, sich Eigentum und Besitz an Geldern und Wertpapieren des Kunden zu verschaffen.

Der Robo-Advisor überprüft regelmäßig das Depot – gibt es deutliche Wertänderungen bei den einzelnen Positionen, muss er handeln. Denn wenn einzelne Anlagen im Depot über Gebühr an Wert gewinnen oder verlieren, ändert sich das ursprüngliche Chance-Risiko-Mix im Portfolio des Anlegers. Dies balanciert der Robo-Advisor aus, indem er Gewinner-Anlagen verkauft und dafür Verlierer zukauft. Dies Vorgehen nennt sich Rebalancing. Ob und wie oft das Portfolio umgeschichtet wird, unterscheidet sich von Robo-Advisor zu Robo-Advisor und ist natürlich auch zum Teil von der gewählten Strategie oder Risikobereitschaft des Anlegers abhängig. Beispielsweise setzt der Robo-Advisor von Scalable Capital auf ein dynamisches Risikomanagement auf Grundlage bestimmter Risikokennziffern. Hieraus ergeben sich recht häufige Änderungen im Depot und schwankende Aktienquoten. Dagegen verfolgt der Robo-Advisor von Truevest (vom Vermögensverwalter Patriarch) einen anderen Ansatz. Hier liegt das Risiko-/Strategiemanagement in der Hand von menschlichen Vermögensberatern. Der Robo-Advisor ermittelt lediglich den idealen Zeitpunkt zum Kauf oder Verkauf auf Grundlage charttechnischer Signale. Da Mensch und Roboter hier Hand in Hand arbeiten, spricht man von einen Hybrid-Modell. Wiederum andere Robo-Advisor führen das Rebalancing schlicht zu bestimmten Stichtagen durch, d. h. entweder monatlich, quartalsweise oder jährlich. Sie orientieren sich dabei an die Vorgehensweise der großen Indexanbieter, die ihre Indizes auch nur zu bestimmten Stichtagen anpassen. So führt Vaamo automatisch einmal pro Jahr eine Rebalancing durch.

In allen Phasen des Anlageprozesses ermöglichen die Robo-Advisors den Kunden ihre Depots über Smartphone-Apps und Internetseiten laufend im Auge zu behalten. Die Anleger können ihre Portfolios jederzeit anpassen und ihre Präferenzen oder das Sparvolumen flexibel ändern. Natürlich können Sie auch jederzeit Ihre Depots verkaufen.

„*Holz hacken ist deshalb so beliebt, weil man bei dieser Tätigkeit den Erfolg sofort sieht.*“ stellte Albert Einstein fest. So ähnlich ist der Erfolg der Robo-Advisor zu erklären. Schon nach knapp 10 bis 20 Minuten hält man einen Anlagevorschlag in der Hand. Zudem ist es den Robo-Advisor tatsächlich gelungen, den Prozess der Vermögensverwaltung vom Anlagegespräch, Geeignetheitsprüfung, Anlagestrategie sowie dessen Umsetzung digital abzubilden. Sie entspricht im Großen und Ganzen der Vermögensverwaltung die

„menschliche“ Vermögensverwalter anbieten. Genauso wie zwischen „menschlichen“ Vermögensverwalter und Kunden, muss natürlich auch die Chemie zwischen dem Robo-Advisor und Kunden stimmen. Sollten Sie sich beim Robo-Advisor wohlfühlen, weil Ihnen die WEB-Seite oder die Bedienung des Robo-Advisors gut gefällt, steht einer vertrauensvollen Zusammenarbeit nichts mehr im Weg. Bis auf eine Kleinigkeit - die Mindestanlage. Sie ist derjenige Betrag, den ein Anleger mindestens anlegen muss, um sich die Dienste eines Robo-Advisor bedienen zu können. Die Mindestanlage variiert bei den einzelnen Robo-Advisor sehr stark. Während einige Robo-Advisor weder Mindestanlagebeträge verlangen, ist der Einstieg bei anderen Anbietern erst ab 100.000 Euro möglich. Wer den Robo-Advisor mit seinen teils hohen Mindestanlagesummen ein Schnippchen schlagen möchte und mit wenig Geld einsteigen möchte, der kann auf die Sparpläne zurückgreifen. Denn die Robo-Advisor bieten ihre Dienste oft schon für geringe Monatsraten an. Bei einigen Robo-Advisor kann man mit einer monatlichen Sparrate von einem Euro schon anfangen. Andere beginnen bei 50 Euro im Monat. Meistens sind die Beträge über die Mindestsparrate frei wählbar. Dies alles hat natürlich seinen Preis:

Tabelle 37: Kosten von einigen Robo-Advisor bei einer Anlagesumme von 10.000 €

Anbieter	Kosten in € bei 10.000 € Anlagesumme (im Jahr)	Verwaltungsgebühr	Fondskosten der im Depot enthaltenen Fonds	zusätzliche Gebühren
Scalable capital	100 €	0,75 % p. a.	ø 0,25 % p. a.	
Vaamo	124 €	0,79 % p. a.	ø 0,30 % p. a.	
Prospery	142 €	0,69 % p. a.	ø 0,73 % p. a.	
Robin	125 €	0,90 % p. a.	ø 0,25 % p. a.	
Whitebox	118 €	0,95 % p. a.	ø 0,22 % p. a.	ø 0,02 % p. a. für Spread
Quirion	87 €	0,48 % p. a.	ø 0,39 % p. a.	

Die Kosten eines Robo-Advisors setzen sich zusammen aus den Fondskosten (z. B. Verwaltungsgebühr eines ETFs. Lohn des Managements des gekauften Fonds) und der Verwaltungsgebühr (Lohn den der Robo-Advisor für seine Arbeit bekommt). Sie machen den Löwenanteil der Kosten aus. Daneben können noch weitere Kosten entstehen, wie: Gebühr für die Verwahrung der Fonds bei der Depotbank, Transaktionskosten (Gebühren im Depot des

Kunden, die für den Kauf und Verkauf der ETFs anfallen) und Gewinnbeteiligung des Robo-Advisors. Alle diese Kosten zusammen summieren sich auf teilweise über 1 % p. a. je nach Robo-Adivsor. Diese Kosten kann der Anleger etwas drücken, wenn er bereit ist, mehr Aufgaben selber zu machen. Je nachdem, wie viel Arbeit der Robo-Advisor dem Anleger abnehmen soll, wird zwischen Full-Service, Half-Service und Self-Service-Robo-Advisors unterschieden.

- Full-Service: Diese Robo-Advisors übernehmen die Vermögensverwaltung des Kunden komplett. Sie machen nicht nur einen Anlagevorschlag und vermitteln das Portfolio, sondern verwalten das Depot des Anlegers danach eigenverantwortlich. Man muss sich um nicht mehr viel kümmern, das macht der Robo. (Sie werden auch als Finanzportfolio- oder Vermögensverwalter bezeichnet).
- Half-Service: Sie funktionieren ähnlich wie Full-Service-Robos. Entscheidender Unterschied ist, dass vor jeder Umschichtung des Depots der Robo, dem Anleger um Zustimmung bitten muss. Der Anleger hat also ein bisschen mehr Aufwand, als bei den Full-Service-Robos. (Diese Robos bezeichnet man als Finanzanlagen- oder Anlagenvermittler).
- Self-Service: Wer seine Geldanlage in den eigenen Händen behalten will, ist bei den Self-Service-Robos an der richtigen Stelle. Sie sind reine Tippgeber. Diese „Selbstbedienungs-" Robo-Advisor bietet je nach Risikoappetit des Anlegers unterschiedliche Einkaufslisten für Portfolios zum Selbstbauen an. Um die Abwicklung seiner Geldanlage - d. h. Kauf und Verkauf von Anlageprodukten, Eröffnung eines Depots usw. – muss der Anleger sich selbst kümmern.

In der Regel fallen die Gebühren von Full hin zum Self-Service Robo-Advisor ab.

Die Anlage in Robo-Advisors eignet sich prinzipiell für jeden. Aber, Grundvoraussetzung dafür, dass die Dienste eines Robo-Advisors für einen Anleger Sinn machen ist, dass dieser sich nicht selbst um seine Anlage kümmern möchte. Stattdessen möchte er eine Vermögensverwaltung haben, die sein Kapital verwaltet und natürlich im besten Fall mit einer guten Rendite vermehrt.

4.8 Unterschied zu anderen Anlageformen

Ein Sprichwort heißt „*Wagen wir, die Dinge zu sehen, wie sie sind*". (Albert Schweitzer) So ist es auch bei Indexprodukten. Heutzutage gibt es eine Vielzahl von Indexprodukten. Insbesondere stehen dem Anleger für indexnahe Anlagestrategien neben ETFs auch Indexzertifikate sowie aktiv gemanagte Investmentfonds zur Verfügung. All diese drei Anlagemöglichkeiten unterscheiden sich voneinander.

So ist zu beachten, dass das in Indexzertifikate investierte Vermögen zu 100 % einem Emittentenrisiko unterliegt, was bei ETFs nicht der Fall ist, da die rechtliche Struktur eines Indexzertifikates die einer Anleihe ist. Allerdings weisen die Swap-ETFs ein Emittentenrisiko von maximal 10 % aus. Ergänzend sei noch erwähnt, dass die Vermögenswerte des ETFs in einem Sondervermögen angelegt sind, welches von einer Depotbank verwahrt wird. Überdies unterliegen (fast) alle europäischen ETFs dem europäischen Fondsrechtsrahmen UCITS (s. S. 192), der umfangreiche Bestimmungen zu den zulässigen Anlagemöglichkeiten, zur Depotbank, zum Vertrieb, zum Anlegerschutz usw. enthält.

Ferner müssen bei Zertifikaten Dividenden nicht zwingend dem Anleger zufließen. In der Regel erhält der Anleger bei Zertifikaten, die einen Performanceindex als Referenzindex abbilden, die Dividenden, wohingegen bei einem Kursindex der Anleger meist leer ausgeht. Dagegen hat der Anleger bei ETFs einen Anspruch auf die Dividenden, egal ob es sich bei dem zugrunde liegenden Index um einen Performance- oder Kursindex handelt.

Ein weiteres wichtiges Kriterium bei der Anlageentscheidung sollte die Höhe des *Spreads*, d. h. die Kursspanne zwischen Geld- und Briefkurs, sein. Hier haben eindeutig die Zertifikate die Nase vorn. Häufig kommt es bei Zertifikaten zu so genannten Free-Trade-Aktionen, bei denen Zertifikate ganz kostenlos gekauft bzw. verkauft (ohne *Spread*, manchmal sogar ohne Kaufs- bzw. Verkaufsgebühren) werden können.

Leider muss man wohl sagen, dass sowohl bei ETFs als auch bei Indexzertifikaten die Transparenz etwas zu wünschen übriglässt. Die Anleger wissen zwar, dass ein Swap-ETF oder Indexzertifikat den Bruchteil des zugrunde liegenden Index widerspiegelt. Allerdings wissen Sie nicht, wie der Emittent den Index im Detail abbildet. Schließlich unterliegen diesen beiden Produkten mehr oder minder komplizierte Derivatekombinationen. Im Prinzip haben Sie nur das Versprechen, dass Ihr Produkt die Performance des Referenzindex nachvollzieht. Dagegen weiß der Anleger bei ETFs nach der Full-Replication-Methode, dass der ETF die einzelnen Wertpapiere des zugrunde liegenden Indexes tatsächlich gekauft hat.

Aber auch zwischen ETFs und aktiv gemanagten Fonds bestehen einige strukturelle Unterschiede. So steht im Zentrum eines aktiv gemanagten Fonds ein Fondsmanager, der versucht, eine Outperformance gegenüber dem Referenzindex zu erzielen. Um dieses Ziel zu erreichen, weicht der Fondsmanager bewusst von der Zusammensetzung des Referenzindexes ab. Er könnte z. B. gezielt auf vielversprechende Einzelwerte, Branchen oder geografische Regionen setzen. Im Gegensatz dazu ist das Hauptziel eines ETFs, die Performance seines Referenzindexes möglichst exakt abzubilden. Hier liegt auch der Hauptnachteil im Vergleich zu aktiv gemanagten Fonds. Mit ETFs lässt sich der Markt nicht schlagen, während aktiv gemanagte Fonds den Anlegern diese Chance auf Mehrertrag eröffnen. Allerdings schaffen nur die wenigsten Portfoliomanager dies wirklich. Dagegen schlägt bei den Kosten die Stunde der ETFs.

Tabelle 38: Kostenvergleich zwischen ETFs und aktiv gemangten Fonds

	ETF	Aktiv gemanagter Fonds
Transaktionskosten	Beim Kauf oder Verkauf fallen die üblichen Orderkosten (circa 0,5 % und 1 % des Orderwertes) der Hausbank an. Diese fallen sowohl beim Kauf als auch beim Verkauf an, d. h. sie fallen doppelt an.	Beim Kauf fällt ein Ausgabeaufschlag von bis zu 6 % an. Es gibt aber auch viele Fonds, die der Anleger bei Direktbrokern oder Fondsvermittlern mit einem reduzierten oder sogar ganz ohne Aufgabeaufschlag erwerben kann. Die Rücknahme des Fonds erfolgt jederzeit kostenlos über die Fondsgesellschaft.
Spread	Die Spread-Differenz zwischen An- und Verkaufskurs – fällt bei den gängigen ETFs, wie z. B. dem DAX, mit teilweise weniger als 0,10 % kaum ins Gewicht. Bei weniger gehandelten ETFs, wie Branchenindizes, kann dies deutlich mehr sein und bis in den Prozentbereich gehen.	Bei herkömmlichen Fonds gibt es in der Regel keinen Spread. Hier wird börsentäglich nur ein Ausgabe- und Rücknahmepreis von der Fondsgesellschaft gestellt. Die Differenz zwischen diesen beiden Kursen ist der Ausgabeaufschlag.
Managementgebühr	Sie bewegt sich in der Größenordnung von 0,15 % bis 1 %, in seltenen Fällen noch darüber.	Bei aktiv gemanagten Fonds fallen im Schnitt 1,5 % Managementgebühren an. Zusätzlich erheben viele Fonds eine Erfolgsbeteiligung, wenn der Fonds besser abgeschnitten hat als die Benchmark.

Unter Kostengesichtspunkten schneidet ein ETF deutlich besser ab als ein aktiv gemanagter Fonds. In der Regel ist die Gesamtkostenquote bzw. *Total Expense Ratio* (TER, s. S. 205) bei aktiv gemanagten Fonds dreimal höher als bei ETFs. Zudem fällt bei aktiv gemanagten Fonds ein Ausgabeaufschlag von bis zu 6 % an. Allerdings bieten viele Discountbroker auch aktiv gemanagte Fonds ohne oder mit reduziertem Ausgabeaufschlag. Seit 2006 ist ein weiterer Weg hinzugekommen: Der Kauf und Verkauf von aktiv gemanagten Fonds an der Börse. Mittlerweile werden mehr als 3.500 verschiedene aktiv gemanagte Fonds an der Börse gehandelt (siehe z. B. boerse-frankfurt.com/fonds). Dabei entwickelt sich dieser Weg für Anleger immer mehr zu einer kostengünstigen Alternative zu den etablierten Orderwegen.

So wird kein Ausgabeaufschlag berechnet, der Anleger muss nur den Börsenpreis bezahlen. Zusätzlich fällt noch die Maklercourtage in Höhe von ca. 0,8 % des Kurswertes an, sowie die individuelle Bankprovision und ein *Spread* (Differenz zwischen Kauf und Verkaufskurs, z.B. max. 1% bei Aktienfonds Schwerpunkt DAX)[149]. So kostet z. B. der *DWS Vermögensbildung Fonds I* an der Börse 73,60 Euro (Stand 15.06.2009). Dagegen muss der Anleger beim Kauf vom Emittenten einen Ausgabekurs von 77,27 Euro (Rücknahmepreis 73,59 Euro), also einen Ausgabeaufschlag von 5 %, bezahlen. Ähnlich wie ETFs können die Fonds jederzeit gehandelt werden. Dafür sorgen Spezialisten. Die Fonds werden von ihnen in den Börsenhandel einbezogen und anschließend von ihnen betreut, d. h. sie sorgen für faire Preise und Liquidität.

Generell fällt bei ETFs beim Kauf oder Verkauf über die Börse kein Ausgabeaufschlag an, aber Orderkosten, deren Höhe abhängig von der depotführenden Bank ist. Diese Orderkosten können besonders bei kleineren Anlagebeträgen auch schnell in den Prozentbereich gehen. Je exotischer der dem ETF zugrunde liegende Index wird, desto höher sind die jährlichen Gebühren und der *Spread*. Ihre Kostenvorteile können ETFs am besten bei den Standardindizes wie etwa dem *DJ Euro Stoxx 50* ausspielen. Hier sind die ETFs unschlagbar günstig.

Ein weiterer Vorteil der ETFs gegenüber aktiv gemanagten Fonds ist die fortlaufende Stellung von Geld- und Briefkursen im Börsenhandel, wohingegen bei aktiv gemanagten Fonds in der Regel nur einmal am Tag ein Kurs vom Emittenten festgestellt wird.

Bei deutschen aktiv gemanagten Fonds erfolgt die Kursveröffentlichung meist am frühen Nachmittag. Aufträge, die taggleich ausgeführt werden sollen, müssen in der Regel vor 11 Uhr bei der Kapitalanlagegesellschaft vorliegen.

Die Struktur des Sondervermögens unterscheidet sich dagegen bei beiden Fonds im Großen und Ganzen kaum voneinander. Beide können zeitweise Derivate enthalten. Dem ungeachtet bestehen deutliche Unterschiede im Ausgabe- und Rücknahmeprozess. Aktiv gemanagte Fonds werden in der Regel außerbörslich über eine Kapitalanlagegesellschaft (wie DWS) ausgegeben und zurückgenommen. Hierbei werden Ein- bzw. Auszahlungen direkt über das Fondsvermögen abgewickelt. Darum müssen aktiv gemanagte Fonds immer eine bestimmte Quote des Fondsvermögens als Barmittel be-

---

[149] Beispielsweise können Anleger das Sparpotenzial beim Kauf über die Börse gegenüber dem herkömmlichen Weg zum Kauf eines aktiv gemanagten Fonds über die Fondsgesellschaft mit Hilfe des Fondsrechners der Börse Hamburg (www.boersenag.de) berechnen.

reithalten, um nicht bei Kapitalauszahlungen Anlagen verkaufen zu müssen. Zudem werden sämtliche Transaktionskosten für die Kreierung bzw. Rücknahme von Fondsanteilen aus dem Fondsvermögen entnommen, weswegen bei jedem Kauf bzw. Verkauf von Fondsanteilen Transaktionskosten entstehen, die das Fondsvermögen belasten. Dagegen werden bei ETFs im Rahmen des Creation-Redemption-Prozesses (s. S. 177 ff.) sämtliche Kosten auf die *Designated Sponsors* abgewälzt und belasten somit nicht das Fondsvermögen.

Ein Bonmot von Abraham Lincoln lautet: „*Wer im Leben kein Ziel hat, verläuft sich.*" Damit wir uns nicht verlaufen, sollten wir noch einen Blick auf die wesentlichen Produkte werfen, die zur Umsetzung der Indexstrategie (Nachbildung eines Indexes) dienen. Zur Abbildung einer Indexstrategie werden heute hauptsächlich folgende vier Produkte eingesetzt: Indexnahe Fonds, Indexzertifikate, *Exchange Traded Funds* (ETFs) und *Enhanced Index Funds* (ETN). Die nachfolgende Tabelle gibt einen kurzen Überblick über die wichtigsten Unterschiede dieser Produkte.

	Indexzertifikat	**Indexnahe Fonds**	**Enhanced Index Fonds**	**Exchange Traded Funds**
Strategie	Bildet den Index 1:1 ab. Die Wertentwicklung läuft analog der Benchmark abzüglich der Kosten.	Der Index wird nicht 1:1 abgebildet. Weicht oft von den Gewichtungen im Index ab, da Einzelwerte im Fonds auf 10 % begrenzt sind.	Mit einem kleinen Teil des Fonds wird aktives Management betrieben.	Bildet den Index 1:1 ab.
Dividenden	Der Anleger erhält die Dividenden bei Performanceindizes und bei Kursindizes in der Regel nicht bzw. nicht vollständig.	Der Anleger bekommt auf jeden Fall die Dividenden. Bei einem Performanceindex werden sie thesauriert und bei einem Kursindex ausgeschüttet.	Der Anleger bekommt auf jeden Fall die Dividenden. Bei einem Performanceindex werden sie thesauriert und bei einem Kursindex ausgeschüttet.	Der Anleger bekommt auf jeden Fall die Dividenden. Bei einem Performanceindex werden sie thesauriert und bei einem Kursindex ausgeschüttet.
Laufzeit	Begrenzte und unbegrenzte Laufzeiten. Die Emittenten haben auch bei unbegrenzt laufenden Zertifikaten ein Kündigungsrecht.	Unbegrenzte Laufzeit	Unbegrenzte Laufzeit	Unbegrenzte Laufzeit
Handel	Börsenhandel	Kein Börsenhandel, da Kursfeststellung nur einmal am Tag erfolgt.	Kein Börsenhandel, da Kursfeststellung nur einmal am Tag erfolgt.	Können so wie Aktien an der Börse gehandelt werden.
	Indexzertifikat	**Indexnahe Fonds**	**Enhanced Index Fonds**	**Exchange Traded Funds**
Laufende Kosten	Spread (Differenzen zwischen Brief- und Geldkurs) und in der Regel keine Managementgebühr.	Kein Spread, dafür jährliche Managementgebühr zwischen 0,5 % und 2 % und weitere Kosten, wie Depotbankvergütung.	Spread von 0,25 % und eine jährliche Managementgebühr zwischen 0,5 % und 2 % sowie weitere Kosten, wie Depotbankvergütung.	Spread von 0,25 %, und eine jährliche Managementgebühr bis zu einem Prozent, selten mehr.
Kaufgebühren	Bankübliche An-und Verkaufsspesen und Marklercourtage	Ausgabeaufschlag von bis zu 5 %.	Ausgabeaufschlag von bis zu 5 %.	Bankübliche An- und Verkaufsspesen und Marklercourtage
Sicherheit	Schuldverschreibungen, Emittentenrisiko, sollte der Anbieter Pleite gehen, droht Totalverlust.	Sondervermögen, bei Insolvenz der Fondsgesellschaft ist das Vermögen der Anleger geschützt.	Sondervermögen, bei Insolvenz der Fondsgesellschaft ist das Vermögen der Anleger geschützt.	Sondervermögen, bei Insolvenz der Fondsgesellschaft ist das Vermögen der Anleger geschützt
Tracking Error	Geringer Tracking Error	Evtl. starker Tracking Error.	Tracking Error bis zu 2,5 %	Geringer Tracking Error
Rendite	Ähnlich wie der Index	Weicht von der Indexentwicklung ab.	Versuch der Outperformance	Ähnlich wie der Index

4.9 Risiken der Fondsanlage

„Je leiser der Flug, desto gefährlicher der Raubvogel." (Graham Greene) So ist es auch bei *Exchange Traded Funds*. Auch sie haben Risiken, auch wenn der Werbespruch zu ETFs – ETF: Einfach, transparent und flexibel – den Anlegern eher etwas anderes suggeriert. Deswegen werfen wir in diesem Abschnitt einen Blick auf die grundsätzlichen Risiken, die einer Anlage in ETFs drohen. Da die *Exchange Traded Funds* in Wertpapiere (wie z. B. Aktien oder Renten) investieren, die wiederum speziellen Risiken unterliegen, lässt es sich nicht vermeiden, dass auch ETFs entsprechend ihren Vermögenswerten ebenfalls nicht zu unterschätzenden Risiken unterliegen. Je nach Art des Fonds sind diese Risiken unterschiedlich hoch zu bewerten.

Abstrakt gesehen stellen Chance und Risiko die beiden Seiten der Medaille Unsicherheit dar. Jede Investmententscheidung ist nämlich mit einer Unsicherheit im Ausgang behaftet. Für unsere Zwecke können wir die Sache deutlich eingrenzen. Unter Risiko versteht man die Möglichkeit, dass die zukünftige Rendite einer Anlage von dem Wert abweicht, den der Anleger aufgrund seiner Informationen erwartet. Demnach kann man das Risiko auffassen als das Maß für die Unsicherheit des Eintritts einer bestimmten Rendite. Generell wird zwischen dem systematischen und dem unsystematischen Risiko unterschieden.

Unsystematisches Risiko

Das unsystematische Risiko (s. auch S. 41 ff.) bezieht sich immer auf Einzelfälle und hat nichts mit höherer Gewalt zu tun. Überdies bezieht sich das unsystematische Risiko immer auf nur eine bestimmte Anlage. Deshalb wird häufig auch der Begriff titelspezifisches Risiko verwendet. So kann z. B. eine Aktiengesellschaft eine falsche Strategie einschlagen, mit einem wichtigen Projekt scheitern, mit Streiks konfrontiert werden oder auf harte Konkurrenz treffen. Je nach Fondstyp können unterschiedliche Risiken entstehen.

Wirtschaftliche Risiken sind meist makroökonomischer Natur und können nicht losgelöst von politischen Risiken betrachtet werden. Sie resultieren aus der Struktur der betreffenden Volkswirtschaft sowie der Art ihrer Einbindung in die internationale Wirtschaft. Sie manifestieren sich in Wechselkursrisiken und Transferrisiken, die den internationalen Zahlungsverkehr behindern bzw. sogar völlig zum Erliegen bringen können.

Das **Liquiditätsrisiko** beschreibt das Problem, dass zu dem Zeitpunkt, zu dem ein Wertpapier verkauft werden soll, keine Kaufnachfrage vorhanden ist. Dann kann der Anleger, etwas salopp formuliert, auf seinem Wertpapier sitzen bleiben. Zudem kann es vorkommen, dass ein Verkauf nur unter großen Kursabschlägen stattfinden kann. Im Allgemeinen ist dieses Risiko in Märkten mit großem Marktvolumen (wie z. B. Aktien des DAXes) zu vernachlässigen, aber es kann in kleinen Märkten (wie z. B. bei Aktien des SDAXes) oder bei exotischen Anleihen durchaus vorkommen. Daher muss der Anleger beachten, dass die Liquidität eines ETFs immer die Liquidität des zugrunde liegenden Indexes widerspiegelt. Besonders deutlich wurde dies z. B. im Herbst 2008, als die russische Börse über mehrere Tage geschlossen war. Die Folge war, dass sich der *Spread* – der Unterschied zwischen Geld- und Briefkursen – für ETFs auf russische Aktien deutlich ausgeweitet hat bzw. der Handel ganz eingestellt wurde.

Flaschenhals Basiswert. So gerieten die Preise von US-ETFs am Morgen des 24. August 2015 deutlich unter Druck. An diesem Tag sahen sich die amerikanischen Börsenwächter gezwungen, aktiv ins Geschehen einzugreifen, weil sie wegen schlechter Zahlen aus China Turbulenzen befürchteten. Sie riefen Regel 48 aus. Sie besagt, dass die Market Maker die Preisindikation für Wertpapiere nicht, wie es üblich ist, vor Handelsstart bereitstellen müssen. Hierdurch sollten starke Kursausschläge zu Handelsbeginn und panikartige Verkäufe verhindert werden. Oftmals führt diese Maßnahme nämlich zu einer „sanften“ Börseneröffnung. Die Folge war, dass es bei einzelne ETF zu einem Kursrückgang von bis zu 30 Prozent kam, d. h. die ETFs lagen weit unter dem fairen Wert ihrer Basiswerte. Grund hierfür ist die spezielle Konstruktion von ETFs. Denn im Primärmarkt werden neue ETF-Anteile durch den Creation-Prozess kreiert. Hierzu tauschen die Market Maker Aktienkörbe gegen ETF-Anteile, wobei die jeweiligen Wertpapiere vorgängig gekauft werden müssen. Diese neuen ETF-Anteile werden anschließend an die Anleger verkauft. Dagegen beschreibt der Redemption-Prozess den umgekehrten Vorgang: Der ETF-Anbieter verkleinert die Anzahl der ETF-Anteile, darum erhält der Market Maker den Wertpapierkorb zurück. Im Normalfall führt der Creation-/Redemption-Prozess zu einer guten Handelsqualität, also einem Preis des ETF-Anteils, der nahe beim indikativen Nettoinventarwert (iNAV) liegt. Befindet sich der Preis eines ETF-Anteils weit über den Nettoinventarwert, so kaufen Market Maker oder andere autorisierte Teilnehmer die zugrundeliegenden Aktien am Kapitalmarkt und tauschen sie mit dem ETF-Anbieter gegen ETF-Anteile. Im Anschluss können sie die erhaltenen ETF-Anteile auf dem Sekundärmarkt an Anleger weiterveräußern. So nähern sich die Preise für die ETF-Anteile wieder ihrem eigentlichen Wert an. Um diesen Mechanismus tätigen zu können müssen sich die Market Maker selber absichern. Dies ist umso schwieriger, wenn z. B. die Finanzmärkte illiquide oder sogar geschlossen sind. Dann muss der faire Wert des ETF geschätzt werden. In diesem Fall ist es für die Market Maker eine Herausforderung einem Preis zu stellen. Darum verwundern auch Phantasiepreise nicht, weil eigentlich die Market Maker wohl lieber, die Phase abwarten und nicht handeln möchten.

An besagtem 24. August geschah genau das. Durch die Inkraftsetzung der Regel 48 waren, die Kurse einiger S&P-500-Werte nicht verfügbar. Deswegen war der Arbitrage-Mechanismus außer Kraft gesetzt, der normalerweise dafür sorgt, dass sich Preisdifferenzen ausgleichen. Dies hat dann zu den enormen Kursdifferenzen am 24. August geführt. Nach knapp zwei Stunden hatten sich die ETF-Preise wieder an ihren fairen Wert angeglichen. Wer Ruhe bewahrte, musste keine großen Verluste verzeichnen, wer verkaufte müsste dagegen hohe Abschläge in Kauf nehmen.

Um dieses Risiko zu senken, sollten die ETFs nur gehandelt werden, wenn die Märkte offen sind und nicht unbedingt zum Handelsauftakt und -schluss. Zum anderen sollten Aufträge mit tagesgültigen Limiten aufgegeben und täglich angepasst werden.

Obacht! Ein ETF kann immer nur so liquide sein wie die Aktien seines zugrundeliegenden Index. Sie sind kein Wundermittel gegen Liquiditätsengpässe an den Märkten und sie überstehen Stresssituationen nicht ohne Schaden.

Dagegen können **Event-Risiken** die Bonität eines Unternehmens sowohl positiv wie negativ beeinflussen. Grundsätzlich beschreibt das Event-Risiko eine mögliche Veränderung im Risikoprofil des Schuldners bzw. Unternehmens wegen unvorhergesehener Ereignisse, wie z. B. Firmenübernahmen oder Kreditausfällen.

2. Rentenfonds

Das **Bonitätsrisiko** (oder Schuldner- oder Emittentenrisiko) beschreibt die Gefahr der Zahlungsunfähigkeit eines Schuldners (Emittenten) einer Anleihe, aber auch eine mögliche vorübergehende oder endgültige Unfähigkeit zur termingerechten Erfüllung der Zins- oder Tilgungsverpflichtungen.

In vielen Emissionsbedingungen von Anleihen hat sich der Schuldner einer Anleihe ein vorzeitiges Kündigungsrecht eingeräumt. Dies wird als **Kündigungsrisiko** bezeichnet. Üblich sind solche Klauseln in Hochzinsphasen. Dann sinkt das Marktzinsniveau und das Risiko des Anlegers, dass der Emittent von seinem Kündigungsrecht Gebrauch macht, steigt. In einem solchen Fall kann der Anleger sein Kapital meist nur zu schlechteren Konditionen (niedrigere Zinsen) wieder anlegen.

Ein besonderes Risiko tritt bei Tilgungsanleihen auf, bei denen die Anleihe nach dem Auslosungsverfahren zurückgezahlt wird. Dieses **Auslosungsrisiko** kann wegen der unsicheren Laufzeit zu merklichen Veränderungen der Renditen führen. Kauft z. B. der Anleger eine Tilgungsanleihe zu einem Kurs von über 100 Prozent und die Rückzahlung der Papiere erfolgt wegen der Auslosung zu einem unerwartet frühen Termin zu pari, so verschlechtert sich die Rendite für den Anleger wegen dieser Laufzeitverkürzung deutlich.

Das **Zinsveränderungsrisiko** ergibt sich aus der Ungewissheit über die zukünftige Entwicklung des Marktzinssatzes. Allgemein gilt: Eine Veränderung des Marktzinsniveaus nach der Ausgabe einer Anleihe beeinflusst deren Kursentwicklung jeweils in entgegengesetzter Richtung. Eine Erhöhung des Marktzinsniveaus führt in der Regel dazu, dass der Kurs der Anleihe sinkt, eine Erniedrigung dazu, dass er steigt, bis die Rendite der Anleihe in etwa wieder dem Marktzinssatz entspricht. Dabei ist die Heftigkeit, mit der eine Anleihe auf die Veränderungen des Marktzinssatzes reagiert, von zwei Faktoren abhängig: Der Restlaufzeit und der Höhe des Nominalzinssatzes der Anleihe. So sind bei Anleihen mit einer längeren Restlaufzeit und niedrigerer Nominalverzinsung die Kursänderungen größer als bei Anleihen mit kürzerer Laufzeit und höherer Verzinsung.

Markowitz stellte im Rahmen seiner Portfoliotheorie (s. S. 11 ff.) fest, dass das unsystematische Risiko durch eine geschickte Auswahl verschiedener Wertpapiere deutlich reduziert werden kann. Folglich kann man durch eine Anlage in ETFs, die viele verschiedene Wertpapiere enthalten, das unsystematische Risiko minimieren, und zwar im Prinzip sogar so weit, dass nur noch das systematische Risiko – das Marktrisiko – übrig bleibt. Das heißt, es verbleibt das nicht mehr diversifizierbare, systematische Risiko, dem alle Wertpapiere in einem Markt ausgesetzt sind, übrig. Dieses Marktrisiko wird als β (Beta-Faktor, s. S. 28 ff.) bezeichnet. Da die ETFs eine nahezu exakte Indexabbildung schaffen, verfügen sie über ein Beta von nahezu 1 (unter der Annahme, dass der betrachtete Index einen Gesamtmarkt vollständig abbildet, wie z. B. *DJ Stoxx 600*). Das bedeutet wiederum, dass ein ETF in etwa dieselbe Performance haben sollte wie der Index. Er kann ihn deswegen auch nicht schlagen.

Systematisches Risiko

Unter dem systematischen Risiko versteht man das Risiko, das z. B. ein Unternehmen nicht beeinflussen kann. Dazu zählen politische und wirtschaftliche Ereignisse wie Unruhen, Wahlen, Kriege, Steuerveränderungen oder die Schaffung von Freihandelszonen. Aber auch Naturkatastrophen oder starke Veränderungen von Wechselkursen oder Zinsen spielen hier hinein. Deswegen sagen Experten auch, dass der Anleger mit den systematischen Risiken leben muss. Daher betrifft das systematische Risiko nicht nur ein einzelnes Wertpapier, sondern immer die gesamte Anlagekategorie (z. B. Aktien, Anleihen, Rohstoffe usw.) gleichermaßen. Je Fondstyp können folgende Risiken entstehen:

Das **Marktrisiko** beschreibt den Umstand, dass die Preise und Erträge der einem ETF zugrunde liegenden Wertpapiere fallen oder steigen können, was somit auch den Wert des ETFs beeinflusst. Denn wer einen ETF kauft, erwirbt quasi den zugrunde liegenden Index. Jeder dieser Indizes repräsentiert einen Markt und unterliegt einem Marktrisiko. Ob ein DAX-ETF ein erfolgreiches Investment ist, hängt von der Kursentwicklung der 40 größten deutschen Aktiengesellschaften ab. Der Kursverlauf eines Renten-ETFs wird stark von der Zinsentwicklung beeinflusst. Die Rohstoffmärkte hängen vom Hunger der Welt nach Öl, Kupfer, Gold usw. ab. Dies ließe sich beliebig weiter führen. Letztlich muss sich jeder Anleger bewusst sein, dass jeder Markt sein eigenes spezielles Risiko hat, welches sich nicht vermeiden lässt. Es kann lediglich durch Streuung über andere Assetklassen hinweg verringert werden. Da ETFs versuchen, den zugrunde liegenden Index und damit auch den Markt möglichst exakt abzubilden, unterliegen ETF-Inhaber eben auch diesem Marktrisiko.

Demzufolge ist es möglich, dass ein Anleger beim Verkauf eines ETFs weniger erlöst, als er beim Kauf investiert hat. Außerdem könnte die Rendite des ETFs durch Änderungen der wirtschaftlichen und markttechnischen Bedingungen aufgrund von unsicheren politischen Entwicklungen, geänderten Regierungsstrategien, rechtlichen, steuerlichen sowie aufsichtsrechtlichen Anforderungen gefährdet sein. Für Investoren ist es oft gefährlich, die historische Performance eines Indexes in die Zukunft zu extrapolieren. Nicht umsonst weisen eigentlich alle Fondsprospekte im Kleingedruckten folgenden Risikohinweis aus: „*Vergangene Renditen sind kein zuverlässiger Hinweis auf künftige Erträge*."

Es können nämlich immer Ereignisse eintreten, die es in der Vergangenheit nicht gab, und die die historische Performance und Risikozahlen deutlich verschieben. Deshalb sind historische Renditen nur unvollständig richtungsweisend für zukünftige Anlageaussichten. So scheint der ewig junge Leitspruch „*Langfristig schlägt die Aktie das Sparbuch*" langsam aus der Mode zu kommen. Wer z. B. sein Geld vor zehn Jahren (Febr. 1999 - Febr. 2009) gleichmäßig auf die 40 DAX-Titel verteilt hat, beklagt 2009 eine Negativrendite von ca. 19 %. (Unter Berücksichtigung aller Dividenden und Ausklammerung von Kauf-, Depot- und Verwaltungsgebühren.)

Das **psychologische Marktrisiko** beschreibt die Tatsache, dass die allgemeine Kursentwicklung an den Börsen häufig von sehr irrationalen Faktoren abhängen kann wie Stimmungen, Meinungen und Gerüchten. Diese Faktoren können eine Aktie oder sogar den ganzen Markt in ungeahnte Höhen treiben oder einen Kursrückgang auslösen, obwohl sich die Ertragslage und die Zukunftsaussichten des Marktes oder Unternehmens nicht nachteilig verändert haben.

Risiken, die sich aus den unsicheren politischen, wirtschaftlichen und sozialen Verhältnissen eines Landes ergeben, werden als **Länderrisiko** zusammengefasst. So beeinflusst die Regierung eines Landes die Wirtschaft durch neue Gesetze auf den Gebieten Umwelt, Arbeitsrecht, Steuern, Renten, Import- und Exportvorschriften und Regulierungen, welche extreme Auswirkungen auf die Gewinne der Unternehmen haben können. **Politische Risiken** entstehen aus der innen- und außenpolitischen Situation eines Landes. Dagegen resultieren innenpolitische Risiken aus ideologischen Auseinandersetzungen verschiedenster Parteien in einem Land, aus sozialen Spannungen usw. Vornehmlich resultieren außenpolitische Risiken aus der Zugehörigkeit zu politischen Allianzen oder auf feindseligem Verhalten von anderen Staaten oder Volksgruppen.

„*Um Jemanden auf den rechten Weg zurückzubringen, genügt es nicht, ihm mit dem Lineal auf die Finger zu klopfen.*" So geschehen im Krieg zwischen Russland und Ukraine im Jahr 2022. Um Russland von seiner Aggression wiederabzubringen wurden scharfe Sanktionen verhängt. Diese Sanktionen betrafen auch den Finanzsektor. So wurde z. B. ein teilweiser Ausschluss aus dem Swift-Zahlungssystem von russischen Banken beschlossen. Als Reaktion auf die Sanktionen verbot die russische Zentralbank ausländischen Personen den Verkauf von russischen Wertpapieren.

Im März 2022 setzte die Deutsche Börse den Handel mit 52 russischen Wertpapiere aus, darunter Aktien und Anleihen von Sberbank und Rosneft. Die Londoner Börse stoppte ebenso das Trading von insgesamt 28 Papieren mit Russland-Verbindung.

Da nach Ansicht der größten Index-Anbieter der Welt, somit russische Aktien uninvestierbar geworden sind, gaben *MSCI* und *FTSE Russell* den bevorstehenden Ausschluss russischer Papiere aus ihren Indizes bekannt. Für *MSCI* ist der Stichtag der 9. März, für *FTSE Russell* der 7. März und für den Anbieter *Stoxx* der 18. März 2022. Ebenso wurde die Berechnung von speziellen Russland-Indizes eingefroren, z. B. stellte *MSCI* die Berechnung des *MSCI Russia* ein.

Eine andere Folge der Sanktionen und Gegensanktionen sind, dass viele russische Produkte für Anleger nicht mehr handelbar, einige der investierten Russlandfonds sind sogar eingefroren. Dies bedeutet: Neuinvestoren können nicht kaufen, Besitzer nicht verkaufen, es werden bis auf Weiteres keine Anteilpreise mehr festgestellt. Unter den betroffenen Investmentfonds sind auch einige ETFs.

So teilte BlackRock Anfang März 2022 mit. Wegen der stark gesunkenen Liquidität von russischen Wertpapieren, wird die Auflegung neuer Anteile des „*iShares MSCI Russia ETF*"[150] vorübergehend ausgesetzt. Darüber hinaus weißt BlackRock daraufhin, dass es zu einen erhöhten Tracking Error kommt, erhebliche Auf- oder Abschläge auf seinen Nettoinventarwert geben könnte und/oder eine Geld-Brief-Spanne aufweist, die über seinem historischen Durchschnitt liegt. Doch ob dieser eher notdürftige Handel auch noch in den nächsten Wochen fortbestehen wird, steht in den Sternen. Zudem gab die Deutsche Börse am 3. März 2022 bekannt, dass mit Börsenschluss alle ETFs, die sich auf russische Wertpapiere beziehen, bis auf Weiteres vom Handel ausgesetzt werden, wie z. B. der *Lyxor MSCI Russia ETF*.
Einige Experten sehen auch, dass es bei ETFs zu vorrübergehenden Fondsschließungen kommt. Die Gelder würden dann eingefroren. Sollte es dazu kommen, hätten Anleger zumindest vorübergehend einen Totalverlust, weil sie nicht an ihr Geld kommen. Und selbst, wenn sich die Lage später wieder entspannen sollte, dürften russische Aktien weiterhin größten Schwankungen ausgesetzt sein.
Wechselkursrisiken entstehen immer für einen Anleger, der in einem anderen Währungsraum investiert als in seinen heimatlichen.
In diesem Fall treffen mindestens zwei Währungen aufeinander. Und diese Währungen stehen in Relation zueinander, nämlich dem Wechselkurs. Dabei ist der Wechselkurs der relative Preis einer Währung abgebildet in einer anderen Währung. Weil der nominale Wechselkurs ein Quotient ist, existieren zwei Notationsmöglichkeiten. Die Mengennotierung drückt die Einheiten der ausländischen Währung je einer Einheit der inländischen Währung aus. Die Preisnotierung gibt die Einheiten der heimischen Währung für eine Einheit der ausländischen Währung an (d. h. den Kehrwert der Mengennotierung). Beispielsweise betrachtet man aus Europa die Mengennotation des angegebenen Wechselkurses zwischen Euro und US-Dollar, also wie viel US-Dollar man für einen Euro erhält. Derzeit sind es 1,30 US-Dollar. Dagegen sagt die Preisnotierung aus, wie viel Euro ein Europäer für einen US-Dollar bezahlen müsste, dies wären aktuell 0,77 Euro (=1/1,30). Man sagt zudem: Wenn der Euro/US-Dollar-Kurs von z. B. 1,30 auf 1,50 steigt, so fällt der US-Dollar, weil

[150] iShares Russia ETF hat sich in weniger als einer Woche fast halbiert.

es pro US-Dollar weniger Euro gibt, in diesem Beispiel wären es 0,67. Umgekehrt sagt man: Wenn der Euro/US-Dollar-Kurs von z. B. 1,50 auf 1,25 fällt, steigt der US-Dollar, weil es pro US-Dollar mehr Euros gibt, in diesem Fall 0,8 Euro.

„*Schrittweises Zurückweichen ist oft schlimmer als ein Sturz*" (Marie von Ebner-Eschenbach) Damit wir nicht stürzen sollten wir uns fragen: Was bedeutet das Währungsrisiko für ETF-Anlagen? Wie bereits erwähnt, kann die Währung des Landes, in das Sie Ihr Geld anlegen, im Vergleich zu Ihrer heimischen Währung fallen oder steigen[151]. Dies hat Auswirkungen auf den Wert ihrer Anlagen in heimischer Währung. Schwächt sich der US-Dollar gegenüber dem Euro ab, dann verlieren z. B. ihre US-Papiere in Euro an Wert, auch wenn sich die Kurse in der Zwischenzeit nicht verändert haben. Diesem Risiko steht aber auch eine Chance gegenüber. Wird der US-Dollar stärker gegenüber dem Euro, so gewinnen ihre US-Aktien in Euro an Wert, auch wenn sich die Kurse in der Zwischenzeit nicht bewegt haben. Das klingt sehr abstrakt, sehen wir uns das am besten an einem Beispiel an.

Im Jahr 2001 war der Euro nur 0,85 US-Dollar wert. In den folgenden sieben Jahren bewies der Euro seine Stärke und erreichte 2008 einen Höchststand von gut 1,57 US-Dollar. Im April 2009 kostete er immerhin noch 1,29 US-Dollar und im Juni 2009 schon wieder 1,38 US-Dollar. Sie sehen also, Währungsgewinne und -verluste sind nur unterschiedliche Seiten ein und derselben Medaille. Sehen wir uns dazu ein Beispiel an.

---

[151] Generell gilt: Als Anleger aus dem Euroraum gewinnen Sie bei einer Abwertung des Euros und verlieren bei einer Aufwertung des Euros gegenüber der Fremdwährung.

Szenario:
Ein Anleger möchte einen ETF auf den US-amerikanischen Index *Dow Jones Industrial Average* erwerben. Der Index wird in US-Dollar berechnet. Dagegen wird der ETF auf den *Dow Jones Industrial Average* an der Börse Frankfurt im Segment XTF in Euro gehandelt.

Fiktive Ausgangslage:
1 US-Dollar = 0,75 Euro / 1 Euro = 1,33 US-Dollar
Stand des *Dow Jones Industrial Average*: 8.750 Punkte
Stand des ETFs in US-Dollar = 87,50 US-Dollar entspricht 65,63 Euro

Folgende Situationen sind denkbar:

1. Index steigt, Dollar steigt
Der Index steigt auf 9.000 Punkte und somit steigt der Wert des ETFs auf 90 US-Dollar. Zudem steigt der US-Dollar auf 0,78 Euro. Dann ergibt sich ein Stand des ETFs in Euro von 70,2. Das bedeutet, dass der Indexanstieg durch den steigenden US-Dollar verstärkt wird.

2. Index steigt, US-Dollar fällt
Der Index steigt auf 9.000 Punkte und somit steigt der Wert des ETFs auf 90 US-Dollar. Aber der US-Dollar fällt auf 0,73 Euro. Somit ist der ETF in Euro nur 65,70 Euro wert. Folglich wird der Kursgewinn des Indexes durch den sinkenden US-Dollar fast vollständig aufgezehrt.

3. Index fällt, US-Dollar steigt
Der Index fällt auf 8.500 Punkte und somit hat der ETF einen Wert von 85 US-Dollar. Aber der US-Dollar steigt auf 0,79 Euro. Deswegen hat der ETF in Euro einen Wert von 67,15 Euro. Durch den US-Dollar-Anstieg kann der Kursverlust des Indexes abgemildert bzw. sogar noch in einen Gewinn umgewandelt werden.

4. Index fällt, US-Dollar fällt
Der Index fällt auf 8.500 Punkte und somit hat der ETF einen Wert von 85 US-Dollar. Gleichzeitig fällt der US-Dollar auf 0,74 Euro. Folglich hat der ETF in Euro einen Wert von 62,90 Euro. Der Kursverlust des Indexes wird durch den fallenden US-Dollar nochmals deutlich verstärkt.

So einfach ist es mit dem Währungsrisiko natürlich nicht. Sehen wir uns dazu den *iShares Core MSCI World UCITS ETF* an. Er bildet den *MSCI World* Index ab, welcher aus über 1.600 Aktien aus 23 Industrieländern besteht. Dieser ETF wird an der Frankfurter Börse in Euro gehandelt. Zur Ermittlung des Fondswertes des Indexfonds hat der Anbieter *iShares* hingegen US-Dollar festgelegt. Das Währungsrisiko des unterliegenden ETFs verteilt sich hingegen auf viele Währungen, u. a. US-Dollar, Euro, Japanischer Yen, Schweizer Franken, britische Pfund.

Sortiert man sich das im Kopf zurecht, so erkennt man, dass es drei verschiedene Währungsdefinitionen gibt.

1. Fondswährung: Dies ist die Währung, in welchen der Wert des ETF-Fondsvermögens berechnet wird. Dieser ergibt sich in der Regel aus der Indexwährung. Letztlich wird sie durch den ETF-Anbieter festgelegt. Bei unseren Beispiel MSCI World ETF ist dies US-Dollar.
2. Handelswährung: Dies ist die Währung, in der der ETF an der Börse gehandelt wird. Üblicherweise ist dies in der Eurozone der Euro. Aber an den Börsen werden auch ETFs gehandelt in US-$, Schweizer Franken, britischen Pfund usw. Die Handelswährung des Beispiels MSCI World ETF ist der Euro.
3. Währung der abgebildeten Titel innerhalb des ETFs: Das ist die Währung, der abgebildeten Titel des ETFs. Dies sind bei unseren Beispiels MSCI World ETF u. a. US-Dollar, Euro, Japanischer Yen, Schweizer Franken, britische Pfund.

Aus dem Beispiel *iShares Core MSCI World UCITS ETF* erkennt man, dass alle drei Währungsdefinitionen bei ein und demselben ETF gänzlich unterschiedlich ausfallen können. Allerdings betrachtet man, sowohl die Fondswährung als auch die Handelswährung nur als Rechnungswährungen, welche keinen direkten Einfluss auf die Rendite des ETFs haben. Das Währungsrisiko für Sie als Anleger dagegen wird maßgeblich durch die Währung der abgebildeten Titel bestimmt. Dies kann im Falle eines Regionen-ETFs, wie beim Beispiels MSCI World ETF, sogar ein Mix aus verschiedenen Fremdwährungen sein.

Um dem Währungsrisiko aus dem Weg zu gehen, können ETFs mit Währungsabsicherung erworben werden. Bei währungsgesicherten ETFs gleichen die ETF-Anbieter die Währungsschwankungen aus, so dass nur die Entwicklung der Vermögenswerte in deren Ursprungswährung ausschlaggebend ist. Die Währungsabsicherung ist natürlich nicht umsonst, sondern kostet Geld. Dies kann die Kosten für ein ETF-Investment deutlich erhöhen. Zudem muss man bedenken, dass das Währungshedging nicht immer perfekt funktioniert. Hierdurch können indirekt Kosten entstehen, wenn z. B. der Währungshedge monatlich angepasst wird und man nicht am Hedgetag selbst investiert. Dies

Problem versuchen viele ETF-Anbieter zu umgehen, indem sie das Währungshedging auf täglicher Basis durchführen.

Einige Experten vertreten sogar die Meinung, dass Investments im eigenen Währungsraum (also in Euro) grundsätzlich Fremdwährungsengagements vorzuziehen sind, weil Währungsrisiken zu den wenigen systembedingten Risiken gehören, die der Kapitalmarkt nicht mit einer entsprechend großen Risikoprämie belohnt. Deswegen ist es aus Sicht eines europäischen Anlegers ratsam, den Schwerpunkt seiner Investments in Euro zu halten. Risiken außerhalb des Euroraums sollten nur zur Diversifizierung des Portfolios dienen und nicht der Schwerpunkt sein. Einige Experten sagen sogar, dass der Anleger für das Eingehen von Währungsrisiken auf lange Sicht durch keine angemessene Rendite entschädigt wird. Denn anders als an den Aktienmärkten geht eine Aufwertung einer Währung zwangsläufig mit einer Abwertung einer anderen Währung einher. Darum entspricht das Währungsrisiko der Differenz des Risikos einer Anlage in Euro und dem Risiko gemessen in der Fremdwährung. Beispielsweise wiesen japanische Anleihen in den letzten fünf Jahren eine Volatilität von 3,7 % auf. In Euro betrug die Volatilität wegen der Währungsschwankungen 10,7 %. Das bedeutet, dass nur rund 1/3 des Risikos durch die Anleihen selbst bedingt ist, die restlichen 2/3 stammen aus den Währungsschwankungen. Darum sind besonders bei Anleihen Währungsrisiken kritisch zu sehen. Dagegen führen andere Experten an, dass auf lange Sicht (>5 Jahre) der saldierte Effekt aus allen Wechselkursveränderungen in einem gut diversifizierten Portfolio, welches verschiedene Fremdwährungen enthält, eher vernachlässigbar ist, da der Wechselkurs langfristig um einen Mittelwert, die so genannte Kaufkraftparität, schwankt.

Ferner können ETFs nicht garantieren, dass eine exakte 1:1-Nachbildung des jeweiligen dem ETF zugrunde liegenden Indexes erreicht wird. Dieses **Anlagerisiko** entsteht durch die Verwaltungsgebühren, die einige Basispunkte kosten und sich somit negativ auf den Kurs des ETFs niederschlagen. Dieses Risiko wird gemessen durch den *Tracking Error* (s. S. 195 ff.).

Das **Indexrisiko** beschreibt zum einen, dass die ETF-Anbieter nicht gewährleisten können, dass die abgebildeten Indizes auch zukünftig auf die gleiche Art und Weise zusammengestellt bzw. berechnet werden. Zum anderen kann natürlich auch in der Indexzusammensetzung eine Gefahr lauern. So sind z. B. in einigen Indizes die enthaltenen Mitglieder nach der Marktkapitalisierung gewichtet. Dies birgt das Risiko eines prozyklischen Verhaltens des auf diesen Index beruhenden ETFs, weil ein Aktientitel bevor er aufgenommen wird, eine gewisse Marktkapitalisierung erreichen muss. Allerdings ist es möglich, dass die Aktie ihren Höhenflug bald wieder beendet, der Kurs kräftig nachgibt und somit den Index mit nach unten reißt. So machte z. B. die MLP AG mit Umsatz- und Gewinnsteigerungen von jährlich mehr als 30 % Anfang 2000 auf sich aufmerksam, was zu Kursen von weit über 100 Euro führte. Diese Kurssteigerungen führten dazu, dass die MLP-Aktie am 23. Juli 2001 in den DAX aufgenommen wurde. In einem Artikel des Magazins *Börse Online* im Jahr 2002 wurde MLP Bilanzfälschung vorgeworfen. Daraufhin brach der Aktienkurs um bis zu 90 % ein, sodass die MLP-Aktie den DAX am 22. September 2003 wieder verlassen musste.

Ebenfalls kann der ETF-Anbieter nicht gewährleisten, dass der Referenzindex bis in aller Ewigkeit besteht. So kann der Indexanbieter die Berechnung des Indizes einstellen, z. B. als Folge eines starken Kursverfalls. So beschloss die Deutsche Börse aufgrund des starken Kursverfalls eine grundlegende Neusegmentierung im Aktienbereich, dem das Segment Neuer Markt zum Opfer fiel. Er wurde am 5. Juni 2003 geschlossen, mit Ihm der Nemax 50 Index.

Aber auch wegen administrativer Maßnahmen kann sich ein Referenzindex in „Luft auflösen". So gab am 2. Oktober 2019 die Europäische Zentralbank (EZB) bekannt einen neuen Index für den Geldmarkt der Eurozone namens €STR (Euro Short-Term Rate) einzuführen. Dieser Zinssatz wird den EONIA (Euro Over Night Index Average) am 3. Januar 2022 endgültig ersetzen.

Dies veranlasste z. B. den Indexanbieter Solactive AG die Ersetzung EONIA durch €STR für die Berechnung des Referenzindex „Solactive Euro Overnight" vorzunehmen.

In einem Branchen-ETF sind alle Mitglieder in einer Branche aktiv. Deswegen weisen die Aktienkurse dieser Unternehmen eine hohe Korrelation aus. Deswegen ist die **Korrelation bei Branchen-ETFs** wesentlich höher als bei ETFs, die nach anderen Anlagestrategien ausgewählt wurden, wie z. B. nach geografischer Region oder einer breiter gestreuten Branchenverteilung. Durch die Konzentration auf eine Branche wird der Diversifikationseffekt weitgehend neutralisiert. Diese Konzentration wird sogar noch verstärkt, wenn innerhalb einer Branche einige Unternehmen über eine starke Marktstellung verfügen und daher eine hohe Gewichtung im Branchenindex haben. So beträgt z. B. beim *Dow Jones STOXX 600 Automobiles & Parts* (enthält die größten europäischen Unternehmen der Automobilindustrie und -zulieferer) das Gewicht von *Volkswagen* 44 % (Stand November 2008). Als die VW-Aktie vom 24. Oktober 2008 von 214,50 bis zum 28. Oktober 2008 auf 945 Euro stieg, führte dies zu einem Kurssprung im *Dow Jones STOXX 600 Automobiles & Parts*, obwohl alle anderen Autoaktien mehr oder minder stark gefallen waren. Der Index stieg von knapp 16 Euro am 24. Oktober 2008 bis knapp über 29 Euro am 28. Oktober 2008 an. Wegen des Anstieges von VW spiegelte der Branchenindex die Entwicklung des Automobilaktienmarktes eigentlich nicht mehr wider. Denn da nahezu alle anderen Aktien gefallen waren, hätte die Kursentwicklung des Indexes auch negativ sein müssen, wenn er den Markt abgebildet hätte. Deswegen können Kurskapriolen von Schwergewichten die Aussage eines Branchenindexes ad absurdum führen und einen falschen Eindruck des Marktsegments wiedergeben. Kurze Zeit später fiel die Volkswagen-Aktie wieder und riss den Index mit. Daher sollten Anleger vor der Investmententscheidung genau prüfen, wie sich ein Index zusammensetzt.

Überdies lehrt die Börsengeschichte, dass es schnell zu einer Marktübertreibung kommen kann, wenn einzelne Branchen in den Fokus der Anleger kommen. Das heißt, die Aktienkurse gehen durch die Decke, um postwendend wieder in den Keller abzustürzen. Die Ursache dafür ist, dass die Börse nicht nur in ihrer Gesamtheit einen zyklischen Verlauf zeigt, sondern auch innerhalb dieses zyklischen Verlaufes eine permanente Branchenrotation betreibt. Das beobachtet man zurzeit bei den Rohstoffaktien. Hier sind einige Werte binnen weniger Jahre um mehr als 500 % gestiegen, wie z. B. der DAX-Wert K&S. Normalerweise genügt nun schon ein kleiner Funke am Pulverfass, und es kommt zu einer kräftigen Kurskorrektur. Ein solcher Funke kann z. B. ein geringeres als das erwartete Wachstum des Unternehmens sein.

Auch von anderer Stelle droht Gefahr. Indexanbieter wie *S&P Global* und *MSCI* können ihre Regeln zur Sektorklassifizierung ändern. Dabei geht es um die Frage, welche Branche ein bestimmtes Unternehmen zugeordnet wird. Es geht also um die Frage, ob beispielsweise die Tech-Aktien Mastercard (WKN: A0F602), Paypal (WKN: A14R7U) und Visa (WKN: A0NC7B) weiterhin zu der

Technologiebranche gehören oder eher dem Finanzsektor hinzugezählt werden. Ab dem 17. März 2023 – dann treten nämlich die beschlossenen Änderungen in Kraft – werden die drei Unternehmen zu den Finanztiteln zählen. Unternehmen, deren Geschäftsmodelle im Bereich Datenverarbeitung, Outsourcing und Gehaltsabrechnungen zu Hause sind, werden ebenfalls den Technologiesektor verlassen. Sie werden dann dem Industriesektor zu gezählt[152].

Besitzer von *S&P-500-* oder *MSCI-World-ETFs* sind von der Neugruppierung kaum betroffen. Doch für Investoren von Branchen-ETFs, die entsprechende Subindizes abbilden, sind die Änderungen relevant.

Dies liegt daran, weil z. B. die drei genannten Noch-Tech-Aktien Kernpositionen in jedem Technologie-ETF – ob USA- oder weltweit sind. Somit werden ab März 2023 die Tech-ETFs eine schlechtere Streuung aufweisen, da sich das investierte Kapital auf weniger Aktien verteilt. Dagegen werden ETFs auf den Finanzsektor ein Stück breiter.

Investoren müssen sich nach einer solchen Änderung generell fragen, ob der Branchen-ETF noch seine Vorstellung der Branche abbildet. Wenn ein Anleger beispielsweise in einem Tech-ETF investiert hat, weil er von den positiven Aussichten für Payment- und Fintech-Unternehmen überzeugt war, muss er sein Depot anpassen.

Zudem kann eine dauerhafte Börsennotierung und Kursfeststellung eines ETFs nicht garantiert werden. Das **Risiko von ETF-Schließungen** tritt auf, wenn das verwaltete Vermögen des ETFs so gering wird, dass die Kosten nicht mehr gedeckt werden können. Laut *Barclays* waren Mitte 2009 alleine in Europa 713 ETFs von 32 Emittenten an 20 verschiedenen Börsen gelistet. Allerdings ist die Mehrzahl dieser ETFs mit einem verwalteten Vermögen von unter 500 Millionen Euro eher klein. Ihre Verwaltungsgebühr liegt zwischen 0 und 1 % (im Durchschnitt bei 0,4 %). Zudem fällt auf, dass fast alle ETFs mit einem verwalteten Vermögen von über 1.500 Millionen Euro eine Verwaltungsgebühr von unter 0,2 % aufweisen.

Hinter jedem ETF steht eine Kapitalanlagegesellschaft (Abk. KAG), die an den Verwaltungsgebühren verdienen möchte. Da die Gebühren als Prozent-

[152] Eine vollständige Liste aller betroffenen Aktien soll spätestens am 15. Dezember 2022 veröffentlicht werden.

satz vom verwalteten Vermögen berechnet werden, steigt direkt proportional zum verwalteten Vermögen des ETFs das Einkommen der KAG. Es gilt: Je mehr die KAG an einem ETF verdient, desto eher wird sie den ETF fortführen.

Der Profit bzw. Gewinn der KAG ergibt sich, wenn die Kosten von den Einnahmen abgezogen werden. Diese Kosten sind allerdings relativ intransparent und werden von den ETF-Anbietern nicht bekannt gegeben. Kosten entstehen den Anbietern etwa für Management, Administration usw. Experten schätzen, dass ein typischer ETF Fixkosten von jährlich 100.000 Euro hat. Daneben fallen noch variable Kosten von schätzungsweise 0,1 % des verwalteten Vermögens an. Die darüberhinausgehenden, von ETFs unabhängigen Kosten der KAG sind so gering, dass sie vernachlässigt werden können, da die für ETFs erforderlichen Informationen, Computersysteme usw. meistens schon im Konzernverbund vorhanden sind. Konzernunabhängige ETF-Anbieter, die diese Kostenvorteile nicht nutzen können, haben deswegen höhere Kosten.

Falls dauerhaft nicht genügend Geld in einen ETF fließt, kann es passieren, dass die Gewinnschwelle nicht oder nicht signifikant überschritten wird. In diesem Fall wird die KAG früher oder später handeln, also den ETF in seiner bisherigen Form nicht mehr fortführen. Die KAG hat zwei Möglichkeiten zu reagieren. Sie kann den ETF mit einem anderen zusammenlegen, so dass sich der nachgebildete Wertpapierindex des ETFs ändert. Oder sie kann den ETF schließen. So gab Blockrock am Anfang 2021 bekannt fünf ETF zu schließen. Ebenfalls teilte Vanguard Anfang 2021 mit vier ETFs dicht zu machten. Was bedeutet es, wenn ein ETF geschlossen wird?

Wenn ein ETF geschlossen wird, verlieren Anleger nicht das investierte Kapital! Sie werden also nicht eines Tages aufwachen und einen geschlossenen ETF vorfinden. Dies liegt daran, dass der ETF-Anbieter die Schließung rechtzeitig im Voraus ankündigen muss, um den Anlegern Zeit zu geben entsprechende Schritte einzuleiten. Die wichtigsten Methoden einen ETF zu schließen sind: Fondsfusion und Fondsliquidation.

Bei einer Fondsfusion übernimmt der aufnehmende ETF alle Vermögensgegenstände des aufzulösenden (übertragenden) ETF. Die Fondsanteile des auszulösenden ETF werden automatisch zum Kurs am angegebenen Stichtag in die neuen Anteile des aufnehmenden ETF getauscht. Natürlich darf der

ETF-Anbieter eine Fondsfusion nicht nach Gutherrenart durchführen. Sie muss vorab von der Finanzaufsicht genehmigt werden. Im Rahmen der Genehmigung wird geprüft, ob der aufnehmende ETF eine möglichst gleiche Anlagestrategie verfolgt. Außerdem müssen die Anleger über die Fondsfusion in einem öffentlichen Register (z. B. Bundesanzeiger) informiert werden.

Anders sieht es bei der Fondsliquidation aus. Hier werden zu einem bestimmten Stichtag alle Vermögenswerte des ETFs verkauft (liquidiert). Der Verkaufserlös wird an die Anteilsinhaber der ETFs ausgeschüttet (Liquidationsausschüttungen). Üblicherweise verkaufen die meisten Anleger vor der Liquidation des Fonds ihre Anteile, weil sie zwischen der Einstellung der Kursberechnung und der letztendlichen Gutschrift des Verkaufserlöses des liquidierten ETFs immer mehrere Wochen liegen. Wie das folgende Beispiel zeigt.

Tabelle 39: Beispiel für eine ETF-Liquidation: iShares EURO STOXX 50 ex-Financials UCITS ETF EUR (Acc):

Datum	Aktion
Februar 2021	Bekanntgabe der Schließung
17.März 2021	Letzter Börsenhandelstag
18.März 2021	Letzter Handelstag
18.März 2021	Zwangsweise Rücknahme der ETF-Anteile
22.März 2021	Voraussichtliches Delisting von der Börse
01.April 2022	Voraussichtlicher Abwicklungstermin, d. h. Auszahlung des Liquidationserlöses an die Anleger

Der Anleger muss sich in Falle einer Fondsfusion oder -liquidation natürlich fragen: Wie sieht die steuerliche Behandlung bei Fondsschließungen aus?

Bei einer Fondsfusion muss der Anleger zunächst ermitteln aus welchen Domizilland (zum Beispiel stammt der ETF aus Irland oder Luxemburg) der zu übernehmende ETF kommt. Handelt es sich um eine Fusion von ETFs aus dem gleichen Domizilland oder wird die Fusion mit ETFs aus unterschiedlichen Domizilen (zum Beispiel irische ETF mit einem ETF aus Luxemburg) durchgeführt. Dies führt nämlich zu einer unterschiedlichen steuerlichen Behandlung.

Bei einer sog. Cross-Border-Fusion werden ETFs mit unterschiedlichen Fondsdomizilen zusammengelegt. Beispielsweise wird ein ETF aus Luxemburg mit einem aus Irland fusioniert. Aus steuerlicher Sicht bedeutet eine Cross-Border-Fusion ein Verkauf des untergehenden (geschlossenen) ETFs und eine Neuanschaffung des neuen ETFs. Diese Art der Fusion wird in der Regel durch die ETF-Anbieter vermieden, weil sie dazu führt, dass der Anleger steuerliche Gewinne oder Verluste realisiert und entsprechend versteuern muss.

Dagegen wirkt sich eine Fusion von ETFs mit dem gleichen Fondsdomizil (z. B. ein deutsche ETFs fusioniert mit einem deutschen ETF) steuerlich nicht schädlich aus. Das heißt die neuen Anteile treten in die steuerliche Position der alten Anteile ein, somit stellt die Anschaffung der neuen ETF-Anteile steuerlich keinen Neukauf dar, auch wird der untergehende (zu schließende) Fonds aus steuerlicher Sicht nicht veräußert. Darum sind die ETF-Anbieter bestrebt diese Art der Fusion durchzuführen, weil sich für den Anleger die steuerliche Situation seines Investments nicht ändert.

Dagegen ist die steuerliche Behandlung bei einer Fondsliquidation relativ einfach. Denn sie wird wie ein Verkauf der ETF-Anteile behandelt.

Eine andere Gefahr droht den Anleger bei einer ETF-Schließung auch noch. Findet er nach der Schließung eines ETFs keinen gleichwertigen Ersatz, droht sein Portfolio aus dem Gleichgewicht zu geraten. Tritt dieser Fall ein, muss der Anleger seine gesamte Aufteilung im Depot neu überlegen. So etwas kann passieren, wenn plötzlich eine gesamte Anlageklasse nicht mehr durch ETFs abgebildet wird, weil das Modethema bei den Anlegern nicht mehr en vogue ist. Wenn nun ein ETF geschlossen wird, ist dies für den Anleger nicht nur ärgerlich, sondern verursacht auch Wechselkosten. So muss er einen neuen ETF eines anderen Anbieters auf denselben Index oder auf einen vergleichbaren kaufen. Dies verursacht Transaktionskosten und schmälert so die Rendite. Das ist vielleicht noch zu verschmerzen. Wird aber ein vor 2009 erworbener ETF geschlossen, geht mit dem Verkauf bzw. der Rückzahlung auch ein Steuerprivileg verloren. Das erlöste Kapital ist nicht mehr von der Abgeltungsteuer befreit (s. S. 455 ff.). Für die Folgeinvestition in einen anderen ETF fällt die Abgeltungsteuer an, die richtig weh tun kann, weil bei einem Verkauf des ETFs 25 % Abgeltungsteuer auf den Gewinn anfallen, die aufgrund des Steuerprivilegs beim geschlossenen ETF nicht angefallen wären.

„*Lebenskünstler wissen, dass die Kunst des Lebens heute die Kunst des Weglassens ist.*" Deswegen sollten wir nicht so viel Zeit darauf verwenden, zu ergründen was passiert, wenn ein ETF geschlossen wird, sondern unser Augenmerk darauf richten, wie ein Anleger dieses Risiko minimieren kann. Schließlich sollten langfristig agierende Anleger die Überlebensfähigkeit ihres ETFs immer im Auge haben, um unangenehme Folgen zu verhindern. Der Anleger kann dieses Risiko fast komplett ausschalten, wenn er sein Depot nur mit profitablen, großen ETFs bestückt. Experten haben berechnet, dass ETFs mit einer Verwaltungsgebühr von 0,15 % ab einem verwalteten Vermögen von 200 Millionen Euro profitabel arbeiten können. Mit steigender Verwaltungsgebühr sinkt das Mindestvermögen des ETFs, um die Gewinnschwelle zu erreichen: 0,2 % Verwaltungsgebühr, Gewinnschwelle ab 100 Mio. Euro verwaltetem Vermögen; 0,4 % Verwaltungsgebühr, Gewinnschwelle ab 33 Mio. Euro verwaltetem Vermögen.

Als Faustformel gilt, dass ETFs ab einem verwalteten Vermögen von mehr als 100 Millionen Euro in der Gewinnzone arbeiten, sodass eine Schließung bzw. Zusammenlegung unwahrscheinlich ist. Dagegen besteht bei kleinen ETFs mit einem verwalteten Vermögen von weniger als 30 Millionen Euro eine Gefahr.

Außerdem muss der Anleger damit rechnen, dass sich die Namen der Indizes ändern. Beispielsweise wurden die Bezeichnungen von fünf Indizes, auf die *iShares* ETFs anbietet, geändert. Darunter waren vier Immobilien-ETFs aus der Indexfamilie *FTSE EPRA/NAREIT*. So wurde der *Asia und Europe Dividend + Index* um den Zusatz *Developed* erweitert, der *Global Dividend + Index* in *Developed Dividend + Index* umbenannt und der *UK Property Index* in *UK Index* geändert. Zudem kann es auch vorkommen, dass der Indexanbieter wechselt. Seit dem 18. April 2009 berechnet *FTSE* anstelle von *S&P* den Indexstand für den *iShares S&P/MIB ETF* (Index auf die 40 größten italienischen Unternehmen). Tritt dieser Fall ein, sollte der Anleger auch überprüfen, ob sich eventuell das Indexkonzept geändert hat.

Ebenfalls riskant sind ETFs, die nur sporadisch an der Börse gehandelt werden. Ist nämlich der Umsatz niedrig, steigt die Gefahr, dass Käufer und Verkäufer des ETFs keine fairen Preise erhalten bzw. sich der *Spread* enorm ausweitet. Darum lohnt sich vor dem Kauf bzw. Verkauf eines ETFs immer ein Blick auf die Handelsstatistiken der Fondsbörsen.

Aber auch eine kurzzeitige Aussetzung der Anteilsberechnung ist möglich. Das **Risiko der Aussetzung der Anteilsberechnung** tritt auf, wenn die Börse, an der der dem ETF zugrunde liegende Index berechnet wird, aufgrund

einer Ausnahmesituation (z. B. Terroranschläge) geschlossen wird. Beispielsweise kam es wegen der eintägigen Schließung der Börse von Bombay zu einer Aussetzung der Anteilsberechnung am 28. November 2008 für alle Lyxor-ETFs, die indische Indizes abbildeten. Prinzipiell führen alle Marktstörungen, die zu einer Aussetzung der Bewertung von Wertpapieren führen, dazu, dass keine Anteilsberechnung mehr stattfindet. In diesem Fall kann der Anleger nur abwarten, bis die Störung vorüber ist und der normale Geschäftsbetrieb wieder aufgenommen wird.
Abschließend kann man nur jedem Anleger raten, vor der Anlage in einen bestimmten ETF die Risikohinweise in den jeweiligen Verkaufsprospekten sorgfältig durchzulesen. Sie werden erstaunt sein, was dort alles aufgeführt wird. Die Verkaufsprospekte können kostenlos bei den ETF-Anbietern bezogen oder auf ihrer Internetseite eingesehen werden. Ein Bonmot sagt aus: *„Nichts geschieht ohne Risiko, aber ohne Risiko geschieht auch nichts. Darum frage nicht, was es kostet, sondern frage Dich, was Dir die Investition bringt."*

4.10 Was bringt eine Investition in ETFs?

Ein Reisereporter wurde einmal gefragt: *„Du kennst die halbe Welt, was empfiehlst Du uns als nächstes Ferienziel?"* Sein erster Tipp, der allgemeine Heiterkeit auslöste war: *„Fahrt einmal nur zwei Stunden weit mit dem Auto und besucht einen der vielen Orte in der Umgebung, die ihr noch nie gesehen habt."* So ähnlich ist es auch bei unserer Betrachtung der ETFs. Bisher haben wir uns eher mit Fernreisen beschäftigt als mit der näheren Umgebung. Nun wird es Zeit, die Stärken und Schwächen von ETFs zu untersuchen. Diese sind im Einzelnen:

Kostenstruktur
Im Allgemeinen besitzen ETFs gegenüber traditionellen, aktiv gemanagten Fonds eine äußerst vorteilhafte Kostenstruktur für den Anleger.
Da ETFs das Ziel haben, die Wertentwicklung eines Indexes nachzubilden, tätigen sie in der Regel wenige Käufe und Verkäufe. Im Gegensatz dazu schichten viele aktiv gemanagte Fonds ihr Portfolio durch Käufe und Verkäu-

fe mindestens einmal im Jahr vollständig um, mit entsprechenden Transaktionskosten. Deshalb haben aktiv gemanagte Fonds höhere Transaktionskosten innerhalb des Fondsportfolios als ETFs.

Grundsätzlich ist beim Kauf eines traditionellen Investmentfonds ein einmaliger Ausgabeaufschlag fällig. Die Höhe des Ausgabeaufschlages ist vom jeweiligen Anlageschwerpunkt (z. B. ob Aktien, Renten usw.) des Fonds abhängig und liegt in der Regel zwischen 2 und 6 Prozent. Dieser Aufschlag dient u. a. zur Deckung von Vertriebs- und Beratungskosten. In seltenen Fällen fallen beim Verkauf der Fondsanteile zusätzliche Rücknahmegebühren an. Dagegen fallen weder beim Kauf noch beim Verkauf von ETFs Ausgabe- oder Rückgabeaufschläge an, wenn die Anteile über die Börse gekauft werden. Der Investor trägt nur die üblichen Transaktionskosten für den Kauf bzw. Verkauf von Wertpapieren seiner Bank. Ein Sprichwort heißt; *„Das meiste Unglück lauert im Verborgenen.“* So muss der Anleger sowohl für den Kauf als auch für den Verkauf eines ETFs Spesen zahlen, im Prinzip fallen also zweimal die banküblichen Spesen an. Diese liegen in der Regel zwischen 0,5 und 2 %, je nach Volumen der Transaktion und Bank. Folglich muss der Anleger mit Bankspesen von insgesamt 1 bis 4 % rechnen, das ist fast so viel wie der Ausgabeaufschlag bei aktiv gemanagten Fonds.

Zusätzlich haben fast alle ETFs eine Handelsspanne. Sie liegt bei großen, liquiden ETFs zwischen 0,03 und 0,10 %. Daher genügt nach dem Kauf eines ETFs bereits ein kleiner Anstieg des Referenzindexes, um mit dem Investment in die Gewinnzone zu kommen. Aber bei spezielleren Produkten sind auch manchmal über 0,5 % fällig. Diese Handelsspanne ist aber deutlich geringer als der Ausgabeaufschlag bei traditionellen Fonds. Den aktuellen *Spread* eines ETFs können Sie z. B. aus den Handelsdaten auf boerse-frankfurt.de entnehmen. Weiterhin fallen die üblichen Depotführungsgebühren Ihres Kreditinstituts an. Ein weiterer Kostenblock sind die Verwaltungsgebühren, die sich in Managementgebühren und Transaktionskosten unterteilen. Sie sind wegen des eher passiven Managements bei ETFs[153] sehr gering.

---

[153] Bei manchen ETFs schleicht sich noch eine Fixgebühr ein. Sie kann durchaus die Größenordnung von 0,02 % und mehr erreichen. Diese Gebühr wird erhoben z. B. für die jährlich fälligen Steuern in Luxemburg (die *Taxe d'Abonnement*); Gebühren der Register- und Transferstelle und des Börsenzulassungsbeauftragten, Gebühren der

Aufgrund des Creation-Redemption-Prozesses fallen keine Transaktionskosten im ETF für Mittelzu- und -abflüsse an. Nur für die Indexanpassungen, Kapitalmaßnahmen sowie das Dividenden- bzw. Zinsmanagement werden dem Fondsvermögen Gebühren in Rechnung gestellt. Leider gibt es hier auch die sprichwörtliche Ausnahme von der Regel. Kommt es zu einer Nachfrage nach ETFs, so verkauft der *Designated Sponsor* einen Aktienkorb an den ETF-Anbieter, der dem Index entspricht, und erwirbt im Gegenzug vom ETF-Anbieter ETF-Anteile (Creation-Prozess). Zur Eindeckung der Aktien kauft der *Designated Sponsor* die jeweiligen Aktien an den Heimatbörsen, um eine maximale Liquidität zu erreichen. In einigen Ländern, wie Großbritannien, fallen Steuern beim Kauf von Aktien an. Erwirbt nun der *Designated Sponsor* britische Titel an der *London Stock Exchange*, fällt die so genannte *Stamp Duty* in Höhe von 0,5 % an. Diese Steuer reicht der *Designated Sponsor* innerhalb des *Spreads* an die Anleger weiter. So ist der *Spread* z. B. des *iShares DJ Euro Stoxx 50* mit 0,08 % in der Regel deutlich kleiner als der des *iShares DJ Stoxx 50 ETFs* mit 0,25 % (Stand April 2009). Denn im *DJ Stoxx 50* sind viele Aktien enthalten, bei denen eine *Stamp Duty* anfällt. Diese wird dem Anleger weitergereicht. Häufig beobachtet man auch, dass der *Spread* bei ausländischen Indizes zu Handelszeiten der ausländischen Börse kleiner ist, als wenn die ausländische Börse geschlossen ist. So sollten Anleger Investitionen z. B. in ETFs auf US-amerikanische Aktien ab 15.30 Uhr (Öffnung der US-Börsen) tätigen, denn dann sind die *Spreads* geringer und die ETFs können günstiger erworben werden. Außerdem kann es vorkommen, dass sich der *Spread* desselben ETFs an den deutschen Börsen voneinander unterscheidet. Dies liegt an den Eigenarten der Börsen. Schließlich findet unter den deutschen Regionalbörsen ein Wettkampf um Anlegergelder statt. So gibt es z. B. Aktionen, dass ETFs ohne *Spread* gehandelt werden können. Es lohnt sich also, vor der Orderabgabe kurz einen Blick auf die unterschiedlichen Börsen zu werfen. So kann man ein paar Eurocent sparen und erhöht

---

Depotbank oder für sonstige Verwaltungsaufwendungen. Allerdings wird die Fixgebühr nicht für solche Kosten wie die Vertriebs-, Verwaltungsgesellschafts- oder Anlageverwaltungsgebühren erhoben. Normalerweise sind die Fixgebühren schon in den Verwaltungsgebühren enthalten, d. h., der Anleger muss sie nicht separat bezahlen. Aber es gibt auch einige Fondsgesellschaften, die die Anleger zusätzlich mit diesen Kosten belasten. Leider muss der Anleger immer einen Blick in das Verkaufsprospekt werfen, um herauszufinden, ob auf eine Anlage solche Fixgebühren entfallen können.

so seine Rendite. Außerdem zeigt Tabelle 40, dass sich der Haupthandel von ETFs an den Börsen Stuttgart und Frankfurt abspielt.

Tabelle 40: iShare DAX (WKN 59393) Handel an unterschiedlichen Börsen

Handelsplatz*	Preis aktuell Spread	Letzter Kurs	Tagestief/hoch	Trades	Tagesumsatz
Xetra	45,88 - 45,91 0,07 %	45,89 16.06.09 14:58	45,47 /46,04	238	27,12 Mio. Euro 593.531 Stk.
Frankfurt	45,89 - 45,92 0,07 %	45,93 16.06.09 14:56	45,44 / 46,01	38	364.108,20 Euro 7.954 Stk.
München	45,89 - 45,92 0,07 %	46,00 16.06.09 11:23	45,77 / 45,77	1	6.786,70 Euro 146 Stk.
Stuttgart	45,92 - 45,92 0,00 %	45,93 16.06.09 15:07	45,58 / 45,92	11	3,37 Mio. Euro 9.749 Stk.
Berlin	45,53 - 45,59 0,13 %	45,84 16.06.09 09:05	45,84 / 45,84	1	2.292,00 Euro 50 Stk.
Düsseldorf	45,88 - 45,93 0,11 %	47,50 11.06.09 08:47	45,68 / 45,68	1	29.434,40 Euro 619 Stk.

* Quelle: https://wertpapiere.ing-diba.de/DE/showpage.aspx?pageID=33&ISIN=DE000 5933931&, Stand: 16.06.09

Die folgende Auflistung zeigt einen Überblick über die Kosten, die bei einer Investition in einen ETF anfallen können. Ob diese Kosten tatsächlich berechnet werden, hängt von den ETF-Anbietern ab.

  Verwaltungsgebühr
+ Depotbankvergütung für die Verwahrung der Bestandteile des ETFs[154]
+ Versand- und Veröffentlichungskosten
+ Druckkosten für Rechenschafts- und Halbjahresberichte
+ Prüfungskosten (einschließlich der Kosten für die Ausstellung der Jahresbescheinigung)
+ Gebühren aus Lizenzvertrag

= **Management Fee**

[154] Die ETF-Anbieter müssen die Wertpapiere des ETFs in einem gesonderten Depot verwahren. Da die ETF-Anbieter aus aufsichtsrechtlichen Gründen die Depotverwaltung nicht selbst übernehmen dürfen, müssen sie damit eine Depotbank beauftragen. Für die Depotführung verlangt die beauftragte Depotbank eine Vergütung.

Heute werden bei ETFs in der Regel keine Kosten für die Lizenzen oder die Prospekterstellung in Rechnung gestellt. Veränderungen der Indexgewichtung und das Management von Dividendeneinnahmen sind bei den meisten ETFs ebenfalls kostenlos. Somit entspricht die *Management Fee* heute eigentlich den Verwaltungsgebühren.

Die durchschnittlichen Verwaltungsgebühren bei ETFs liegen z. B. an der Börse Frankfurt je nach abgebildetem Index zwischen 0,01 bis 1 Prozent. Die Gebühren werden anteilig jeden Tag errechnet und vom Fondsvermögen abgezogen. Die Verwaltungskosten eines Fonds werden als Gesamtkostenquote (*Total Expense Ratio*, TER) angegeben.

	Management Fee bzw. Verwaltungsgebühren
+	Bankübliche Depotgebühren, ggf. Kosten für die Verwahrung ausländischer Wertpapiere im Ausland und damit im Zusammenhang stehende Steuern
+	Lieferspesen bei Indexanpassungen
+	Kosten, die im Zusammenhang mit der laufenden Kontoführung des ETFs stehen
=	**Total Expense Ratio**

Die TER gibt die jährlichen Kosten eines Fonds an, die zusätzlich zum Ausgabeaufschlag bzw. zu den Verwaltungsgebühren anfallen können. Sie wird jeweils für das zurückliegende Geschäftsjahr ermittelt. Sie bezieht sich immer auf das durchschnittliche Fondsvermögen. Die TER umfasst u. a. Management-, Verwaltungskosten und andere Kosten zum Betrieb eines Fonds (wie Aufwendungen für Prüfungs- und Beratungsgesellschaften oder Verwaltung). Kritiker dieser Kennzahl sagen auch, dass sie die wohl irreführendste Bezeichnung in der Fondswelt sei, weil sie bei Weitem nicht alle Kosten abbildet, die auf die Anleger zukommen. Der wohl größte Kostenblock, der unter den Tisch fällt, sind die Handelskosten, d. h. Aufwendungen, die aus Käufen und Verkäufen innerhalb des Fondsvermögens entstehen. Diese fallen häufiger an, als die meisten Anleger denken. Dabei geht es nicht allein um die in der Regel quartalsweise durchgeführte Überprüfung der Zusammensetzung durch die Indexanbieter. Vielmehr kommt es fast täglich durch Entscheidungen der Unternehmen zu leichten Verschiebungen in den Indizes. Denn jede Kapitalerhöhung oder Auszahlung einer Sonderdividende hat Auswirkungen auf die Zusammensetzung eines Indexes. So fallen z. B. beim *Dow Jones Stoxx 600* regelmäßig zwei bis drei Änderungen pro Woche im Index an.

Wenn das Portfolio häufig umgeschichtet wird, können Transaktionskosten auflaufen, die gut und gerne noch einmal so viel kosten wie die TER. Bei einfachen ETFs auf bekannte Indizes, wie DAX oder *Euro Stoxx 50*, entstehen die einzigen Kosten außerhalb der TER fürs Dividendenmanagement oder wenn der Index umgebaut wird. Als grobe Richtschnur gilt, dass bei großen ETFs vielleicht ein oder zwei Prozent Kosten anfallen, die nicht in der TER enthalten sind. Die restlichen 98 bis 99 % der Kosten sind bereits in der TER enthalten. So hat z. B. ein durchschnittlicher DAX-ETF neben einer TER von 0,15 % noch etwa 0,02 % Kosten mehr zu tragen. Je aufwendiger und exotischer die abgebildeten Märkte werden, desto höher werden auch die Kosten, die neben der TER anfallen. Dann wird die TER zur Kostenkontrolle auch bei ETFs unsicherer. Generell kann man sagen, dass je komplizierter bzw. exotischer der abzubildende Index wird, desto teurer wird der ETF. Insofern stimmt die Gleichung „ETF = billig“ nicht immer. In einigen Bereichen haben sogar aktiv gemanagte Fonds günstigere Gebühren als ETFs.

Häufig verlangen die ETFs aber nur die ausgewiesene TER oder Verwaltungsgebühr. Das wird dann meist als All-in-Management-Fee bezeichnet. Andere ETF-Anbieter begrenzen die Kosten generell auf einen Maximalwert. Damit sind dann sämtliche Kosten für den Anleger abgedeckt, also auch die Transaktionskosten. Auch ein zeitweiser Verzicht auf z. B. die Verwaltungsgebühr ist nicht unüblich, meist aus Marketinggründen. Ähnlich wie bei der Handywerbung: „*Null Euro in den ersten drei Monaten, danach monatlich 29,95 Euro.*“ Auf diese Vermarktungsstrategie setzte z. B. die britische *ETF Securities* (ETFS), um ihre 13 neuen Aktien-ETFs in den Markt zu drücken. Sie offeriert diese Produkte mit dem Hinweis, dass bis Ende Januar 2009 keine Verwaltungsgebühren anfallen, anschließend sollen die Gebühren zwischen 0,3 bis 0,65 Prozent liegen. Es scheint sich eine Unsitte aus dem aktiv gemanagten Fondsbereich langsam im ETF-Bereich einzuschleichen: Der Rabatt für Großanleger. Vorreiter ist die Schweizer Großbank UBS. Sie brachte im ersten Quartal 2010 einige Indexfonds mit einer sehr großen Stückelung auf den Markt. So bietet UBS zwei ETFs auf den MSCI-Europe-Index an. Die Version für Privatanleger ist mit einer jährlichen Verwaltungsgebühr von 0,3 % belastet, während in der Variante für Großanleger nur 0,18 % jährliche Verwaltungsgebühr berechnet werden. Damit UBS erkennen kann, wer ein bevorzugter Großanleger ist, beträgt die Mindestanlage in den ETF für

Großanleger das 1.000-fache (d. h. 1.000 Anteile) der Tranche für Privatanleger, also zur Zeit etwa 45.000 Euro.

Die durchschnittliche Gesamtkostenquote für einen Aktien-ETF liegt bei 0,50 % und bei 0,19 % für einen Renten-ETF. Im Vergleich dazu beträgt in Europa die durchschnittliche Gesamtkostenquote laut *FWW Fonds-Factbook* 2007/2008 für einen aktiv gemanagten Aktienfonds im Jahr 2007 1,81 % und für einen Anleihenfonds 1,14 %. Betrachtet man allerdings nur aktiv gemanagte Aktienfonds für Standardwerte, so liegt die TER bei 1,58 %, ähnlich sieht es bei Rentenfonds aus. Das heißt, auch bei aktiv gemanagten Fonds nehmen mit zunehmender Spezialisierung des Fonds die Kosten zu.

„*Kleinvieh macht auch Mist*" lehrt ein Sprichwort. Der auf den ersten Blick geringe Kostenunterschied zwischen aktiv gemanagten Fonds und ETFs (Differenz bei Aktienfonds in der TER ca. 1,2 % p.a.) hat über die Zeit gesehen eine enorme Sprengkraft für Ihre Rendite.

Tabelle 41: Kostenvergleich zwischen ETFs und aktiv gemanagten Fonds für eine Anlage von 10.000 Euro.

Kostenposition	ETF (Börsenhandel Xetra)*	aktive gemanagter Fonds (Kauf über Fondsgesellschaft)*
Handelsspanne	0,05 %= 5 €	Entfällt
Orderkosten	0,25 % = 25 €	Entfällt
Börsenplatzgebühr	0,95 €	Entfällt
Ausgabeaufschlag		3 % = 300 €
Anlagebetrag nach Gebühren	9969,05	9700
TER p. a.	0,25 %	1,50 %
Anlagebetrag nach 10 Jahren bei durchschnittlich 8 % p. a.	19.484,26 €	17.393,77 €

* Referenzindex DAX; der aktive gemanagte Fonds hat auch die Benchmark DAX

Tabelle 41 zeigt, dass der aktiv gemanagte Fonds aufgrund seiner Kostenstruktur bei gleicher Rendite immerhin ca. 10 % schlechter abschneidet als der ETF. Das ist auch der Grund, warum viele aktive Fonds nicht dauerhaft ihren Vergleichsindex schlagen. Aber wegen der Kosten schneidet ein Besitzer eines ETFs ebenfalls schlechter ab als der Vergleichsindex. Eine Anlage in den DAX ohne Kosten hätte nämlich im selben Zeitraum 19.990,05 Euro gebracht. Das bedeutet, dass ein Anleger in ETFs immer eine Underperformance zum Vergleichsindex erzielt. Eines vergessen viele Anleger nämlich: Die Kosten, die über lange Zeiträume wirken, schaukeln sich auf (negativer Zinseszinseffekt).

Allerdings können ETFs z. B. mittels Wertpapierleihe (s. S. 201) zusätzliche Erträge generieren. So konnte z. B. im Jahr 2007 der *UBS-ETF DJ Euro Stoxx 50 I* durch Wertpapierleihe einen Ertrag in Höhe der *Total Expense Ratio* (TER) erzielen, d. h., die Nettokosten für den Anleger betrugen im Jahr 2007 null.

Die meisten Anleger richten zunächst ihren Blick auf die Renditechancen einer Anlage und vernachlässigen ganz die Kosten. Kosten reduzieren zuallererst den Ertrag. Je höher sie sind, desto weniger Gewinn kommt beim Anleger an. Überdies dürfen die Anleger niemals Kosten, Erträge und Risiko isoliert betrachten. Sie stehen in einem direkten Zusammenhang, mit teilweise unschönen Konsequenzen. Vereinfacht ausgedrückt steigt das Anlagerisiko mit den Kosten, und zwar nicht linear, sondern exponentiell. Das liegt daran, dass Anleger Anlagen mit einem höheren Risiko eingehen müssen, um den durch die Kosten verursachten Renditeverlust wieder aufzuholen. Möchte der Anleger also ein definiertes Risikoniveau halten, müsste er auf umso mehr Rendite verzichten, je höher die Kosten sind. Gerade bei Indexinvestments führt das Vernachlässigen der Kosten in die Renditefalle, wie folgender Versuch zeigt.

> „Der Blick der Märkte richtet sich häufig zuerst auf die Renditechancen einer Anlage und vernachlässigt die Kosten. Ein Modellversuch unter mehr als 100 Studenten der renommierten amerikanischen Wirtschaftsuniversitäten WhartonSchool und Harvard College hat dieses Missverhältnis zwischen Renditeaussichten und Kosten im Anlageprozess jüngst verdeutlicht. Die Teilnehmer des Projekts sollten aus vier Indexfonds auf den S&P 500 den besten auswählen. Die Fonds unterschieden sich dabei hinsichtlich der Gebühren und des Zeitpunktes ihrer Auflage. Im ersten Schritt wurden die Probanden gebeten anhand des Verkaufsprospekts den optimalen Fonds auszuwählen. 95 Prozent schafften es in diesem Schritt nicht, die Kostenbelastung ihres Portfolios so gering wie möglich zu halten. Auch als sie in einem zweiten Schritt aufbereitete Informationen zur Gebührenstruktur der Fonds erhielten, gelang es vier von fünf Teilnehmern nicht die Gebührenbelastung auf das Minimum zu reduzieren. (...) Im dritten und letzten Schritt des Experiments wurde den Teilnehmern dann die Performance der Produkte seit ihrer Auflage mitgeteilt. Aufgrund des mehrere Monate auseinander liegenden Zeitpunkts der Auflage wiesen die vier Fonds, obwohl sie alle den S&P 500 abbilden, eine um bis zu 4 Prozentpunkte voneinander abweichende ‚Performance seit Auflage' auf. Dabei wurden die vier Fonds von den Autoren gezielt so ausgewählt, dass die Performance seit Auflage positiv mit der Höhe der Kosten korrelierte. Das Ergebnis: Die Teilnehmer des Versuchs schichteten ihr Portfolio zugunsten des vermeintlichen Outperformers in das teure Produkt um. Der Versuch verdeutlicht ein in mehrerlei Hin-

sicht irrationales Verhalten der Anleger: Sie unterschätzen von vorneherein die Gebührenbelastung als Stellschraube für die Performance des Portfolios und das selbst, wenn sie hierzu informiert werden. Und die Anleger lassen sich von Performanceangaben blenden, auch wenn diese wenig aussagekräftig sind. ... Als Fazit kann man sagen, ein Blick auf die Kostenseite ist offenbar häufiger der bessere Ratgeber als das Vertrauen auf eine gute Performance. Die Studenten der WhartonSchool und des Harvard College werden diese Lektion gelernt haben. Sie auch?"[155]

Demzufolge lohnt sich auch bei ETFs der Kostenvergleich. Beispielsweise bekommen die Anleger einen ETF auf den *MSCI Europe* bei *iShares* für 0,35 Prozent Gesamtkosten im Jahr, während bei *db x-trackers* lediglich 0,3 Prozent anfallen. Denken Sie dabei immer daran, dass Kauf- und Verkaufsgebühren sowie Verwaltungsgebühren nur durch Kursgewinne des ETFs ausgeglichen werden können. Ein Börsianer sagte einmal zum Thema Kosten: *„Rendite durch Kosten, die erst gar nicht angefallen sind."* Die Anleger müssen einfach kostensensibler werden. Besinnt sich nämlich der Anleger auf die Normalität bei den Renditen zurück, so erkennt er, dass ein Aktienindex im Durchschnitt eine Gesamtrendite von 5 - 8 % p. a. bringt. Dann spielt es natürlich eine Rolle, ob eine Anlage nur 0,1, 0,5 oder sogar mehr Prozente pro Jahr kostet.

Deswegen sind die Erwerbs- und Verkaufskosten (die Geld-/Briefspanne) für langfristig agierende Investoren nur von untergeordnetem Interesse. Ähnlich wie bei Zertifikaten kommen jetzt auch bei ETFs Aktionen in Mode, zu denen Anleger ETFs gebührenfrei ordern können. So bot z. B. *comdirect* den Anlegern die Möglichkeit, ETFs zwischen dem 14. April und dem 15. Mai 2009 gebührenfrei über die elektronische Handelsplattform *Xetra* zu kaufen. Dies galt schon ab einem Ordervolumen von 1.000 Euro. Die sonst übliche Ordergebühr von mindestens 9,90 Euro entfiel. Allerdings mussten die Anleger das Börsenentgelt von 1,50 Euro sowie ggf. Telefon-, Fax- und Briefzuschläge bezahlen. Solche Aktionen werden in Zukunft deutlich zunehmen.

Wirklich wichtig sind die laufenden Kosten eines ETFs, also die Verwaltungsgebühren bzw. TER und gegebenenfalls die Depotgebühren der Hausbank des Anlegers. Diese wirken sich über die Jahre gesehen auf die Performance des ETFs aus.

---

[155] Gibt's nicht – gibt's doch: Zusatzerträge machen ETFs noch günstiger, Express News 10/2006, S. 4

Transparenz

Transparenz ist heute nicht nur ein Schlagwort, der Begriff wird von Seiten der Emittenten immer mehr mit Leben erfüllt. Viele Anleger interessieren sich zunehmend dafür, in was sie investieren bzw. wie die Rendite ihres Anlageproduktes zustande gekommen ist. Früher war es üblich, dass Anleger erst bei fallenden Kursen zu verstehen versuchten, warum die Anlage nicht rentabel ist. Die heutigen höheren Ansprüche an die Transparenz sind mit dem verstärkten Einsatz von Asset-Allokationsmodellen, wie z. B. der Portfoliotheorie, zu erklären. Wer auf diese Modelle setzt, möchte bzw. muss zu jeder Zeit wissen, welche Wertpapiere mit welcher Gewichtung in seinem Portfolio enthalten sind. Schließlich dient bei der Umsetzung solcher Modelle jeder ETF als Baustein zur Konstruktion eines gesamten Portfolios, gleichgültig, ob dieser auf einem einzelnen Markt basiert (wie z. B. *Dow Jones*), sich auf eine Region bezieht (wie z. B. europäische Aktienmärkte) oder sich über ganze Assetklassen (wie z. B. Rohstoffe oder Renten) erstreckt. Um dies zu gewährleisten, zeichnen sich ETFs durch eine hohe Transparenz aus. So werden alle notwendigen Börseninformationen wie Kurse, Handelsvolumina oder Geld-/Briefpreise jederzeit auf der Internetseite des Emittenten oder z. B. auf boerse-frankfurt.de/etf veröffentlicht. Darüber hinaus veröffentlichen die ETF-Emittenten täglich die Zusammensetzung der jeweiligen ETF-Portfolios. Hierdurch kann der Anleger relativ einfach den Kurs des ETFs nachvollziehen. Normalerweise entspricht der Kurs eines ETFs einem Zehntel oder einem Hundertstel des zugrunde liegenden Indexes. Wegen dieser hohen Transparenz sind Anleger auch vor unangenehmen Überraschungen geschützt. Beispielsweise mussten viele Anleger von Geldmarktfonds im Rahmen der Subprime-Krise im Jahr 2008 erleben, dass ihre vermeintlich sicheren Fonds Renditeeinbrüche verzeichneten, weil sie u. a. auch spekulative ABS-Elemente (*Asset Backed Securities* sind mit Forderungen unterlegte Wertpapiere) enthielten. So etwas bleibt dem Anleger beim Investieren in ETFs erspart.

Doch zur Transparenz zählt natürlich auch die Frage, wie nahe ein ETF am Vergleichsindex dran ist. Das können Sie den in Echtzeit berechneten indikativen Nettoinventarwerten (Abk. iNAV, engl. *indicative Net Asset Values*) entnehmen, die während der Handelszeit des ETFs mindestens einmal pro Minute berechnet werden. Der iNAV gibt einen Näherungswert für das Vermögen des ETFs während der Handelszeit an. Als Anleger sollten Sie stets ein Auge auf den iNAV haben, denn er ermöglicht Ihnen den objektiven Vergleich zwischen den an der Börse gehandelten Kursen und dem fairen Preis des ETFs.

„*Am Anfang war das Chaos.*" Dieses alte Sprichwort gilt auch für ETFs. So beobachtete man in der Anfangszeit der ETFs, dass Börsenkurs und iNAV nicht immer übereinstimmten. Dieses Phänomen trat häufig bei extremen Kurssituationen auf, wie z.B. bei starken Kursrückgängen bzw. -aufschwüngen, also bei hohen Volatilitäten.

Fortlaufender Börsenhandel

ETFs können beispielsweise über *Xetra*, das elektronische Handelssystem der *Deutschen Börse AG* (führender Marktplatz für börsengehandelte Fonds), zu den üblichen Börsenzeiten von 9.00 bis 17.00 Uhr gehandelt werden. Der Handel an der Frankfurter Börse zeichnet sich durch eine hohe Liquidität ohne Ausgabeaufschlag und Mindesthandelsgröße von einem ETF-Anteil aus. Ferner ist ein untertägiger Handel möglich, weil die ETFs den ganzen Tag zu Echtzeitkursen gehandelt werden können. Das ist möglich, weil der iNAV, wie bereits erwähnt, in Abhängigkeit des zugrunde liegenden Indexes alle 15 oder alle 60 Sekunden von der *Deutschen Börse* neu berechnet wird und als Vergleichswert veröffentlicht wird. Dieser Intraday-Handel der ETFs hat den Vorteil, dass der Anleger weiß, zu welchem Kurs er tatsächlich den ETF kauft bzw. verkauft.

Zudem ermöglicht der permanente Börsenhandel dem Anleger eine hohe Transparenz. So hat er die Möglichkeit, mit ETFs schnell auf aktuelle Marktsituationen zu reagieren. Außerdem ermöglicht der fortlaufende Börsenhandel, dass sich mit ETFs die unterschiedlichsten Anlagestrategien umsetzen lassen. So können Sie mit ETFs sofort in ein bestimmtes Marktsegment investieren, das Ihnen vielversprechend erscheint. Damit kann der Anleger sich den hohen zeitlichen und zum Teil auch monetären Aufwand für *Research* und Überwachung des Depots sparen und zugleich von der Einfachheit der ETFs profitieren. So kann er lediglich einen Wert im Depot im Auge behalten – bei einem gleichzeitigen Investment z. B. in 50 europäische Aktien des *DJ Euro Stoxx 50*.

Hohe Diversifikation und Liquidität

Ein Schlagwort, das Anleger bei ETFs häufig zu hören bekommen, ist: „*Ein Trade, ein Markt.*" Schließlich vereinen ETFs die Handelbarkeit einer Aktie mit der Sicherheit eines Portfolios. So lehrt die Portfoliotheorie (s. S. 11 ff.), dass durch die Anlage in einen ganzen Wertpapierkorb, der einem Index zugrunde liegt, eine Risikodiversifikation entsteht. Normalerweise verringert sich das titelspezifische Risiko umso mehr, je ausgeprägter die Streuung ist. So deckt z. B. ein ETF auf den *Dow Jones Industrial Average* ca. 70 % der US-amerikanischen und etwa 35 % der weltweiten Marktkapitalisierung ab. Dennoch können ETFs genauso wie andere Wertpapiere schnell an Wert verlieren, wie z. B. der *DAX ETF* (WKN: DBX1DA), der im Jahr 2008 ca. 40 % verlor.

Durch den Kauf eines ETFs erhält der Anleger mit nur einer Transaktion Zugang zu ganzen Märkten. Hierdurch entfällt zeitraubende Research-Arbeit, um mittels *Stockpicking* die vermeintlich besten Wertpapiere eines Marktes zu finden, zum anderen reduzieren sich die Transaktionskosten deutlich.

Hinsichtlich der Diversifikation bietet das Spektrum der ETFs zahllose Möglichkeiten. So findet der Anleger Zugänge zu marktbreiten Indizes (wie z. B. den *S&P 500, DJ Stoxx 600*), zu Bluechipindizes (wie z. B. *DAX* oder *MDAX*) sowie zu Sektorenindizes (wie z. B. den *TecDAX*). Auch eine geografische Ausrichtung ist mit ETFs möglich, so unterscheidet man zwischen nationaler (z. B. *Dow Jones*, USA), regionaler (z. B. *DJ Euro Stoxx 50*, Europa) und gar globaler (z. B. *MSCI World*) Ausrichtung. Eine weitere Möglichkeit ist die Differenzierung zwischen den dem Growth-Ansatz zugehörigen Indizes, wie z. B. dem *DJ Euro Stoxx Growth*, und den dem Value-Ansatz zugehörigen Indizes, wie z. B. den *DJ Euro Stoxx Value*. Aber auch verschiedene Anlageklassen lassen sich auf ETF-Basis abdecken. Allerdings ist der Grad der Diversifikation je nach abgebildetem Index unterschiedlich. Nicht immer ist passiv gleichbedeutend mit guter Diversifikation. Beispielsweise investiert ein ETF auf den SMI in nur zwanzig Aktien, während der aktiv gemanagte Fonds *AXA-Rosenberg* teilweise mehr als 400 Aktien umfasst. Daher sind Anleger immer gut beraten, sich vor dem Kauf eines ETFs über dessen Diversifikationsgrad zu informieren. Vielen Anlegern ist nämlich die Gewichtung innerhalb des Schweizer SMI-Indexes nicht bekannt. So wird rund ein Fünftel des Indexes durch einen einzigen Titel, *Nestle*, beeinflusst. Geht es *Nestle* gut, so geht es auch dem Index gut. Hustet *Nestle* aber, dann bekommt der ganze SMI-Index eine Grippe.

Viele Anleger bevorzugen Wertpapiere, die über eine besonders hohe Liquidität[156] verfügen. Außerdem ist aus Sicht des Risikomanagements eine fortlaufende Handelbarkeit essenziell, um auf jede denkbare Marktsituation reagieren zu können.

Die hohe Liquidität von ETFs resultiert daraus, dass die geringen Geld-/Briefspannen *(Spreads)* unabhängig von der Höhe der Börsenumsätze festgelegt werden. Hierzu stellen die *Designated Sponsors* permanent An- und Verkaufskurse für ETFs. Sie gelten zu einem bestimmten Mindestvolumen. So hat sich der *iShares DAX ETF* zu einem der meistgehandelten Finanzinstrumente an der deutschen Börse entwickelt. Im Mai 2008 übertraf er beispielsweise mit mehr als 1,5 Milliarden Euro das Handelsvolumen von sechs der 30 im DAX notierten Aktien. Wie misst man aber die Liquidität?

Hierzu bietet sich die Kennzahl Xetra-Liquiditätsmaß an (kurz XLM, wird auf der Seite www.boerse-frankfurt.de publiziert. Sie finden sie bei den Datenblättern der ETFs unter dem Begriff „Handelsparameter"), welche die Liquidität im elektronischen Orderbuchhandel *Xetra* misst. Sie wird in Basispunkten angegeben, wobei 100 Basispunkte einem Prozent entsprechen, und entspricht den Kosten für einen *Round-Trip* (zeitgleicher Kauf und Verkauf einer Position) bei einem gegebenen Volumen. So bedeutet ein XLM von 6,03 Basispunkten bei den *ETFLAB DAX* und einem Auftragsvolumen von 25.000 Euro, dass die Kosten für den Kauf und Verkauf dieses ETFs in Summe 15,71 Euro betragen.

Es gilt: Je geringer das XLM eines ETFs ist, desto geringer sind die Kosten beim Handel eines ETFs und desto größer ist die Liquidität und Handelseffizienz eines ETFs. Das heißt auch, dass sich mit der XLM versteckte liquiditätsbedingte Transaktionskosten aufdecken lassen. Grundsätzlich gilt, das liquidere ETFs geringere Handelskosten aufweisen als illiquide. So hat z. B. der *ETFLAB DAX* ein XLM von 6,03. Im Vergleich dazu hat der *ETFLAB MSCI USA LC* ein XLM von 47,28, d. h. der *ETFLAB MSCI USA LC* hat höhere Handelskosten. Die Liquidität hat aber auch einen Einfluss auf die Ma-

[156] Unter Liquidität versteht man, wie schnell ein Wertpapier (hier ETF) umgewandelt werden kann in flüssige Mittel, wie Bankguthaben oder Bargeld.

nagementgebühren eines ETFs. Je entwickelter und liquider der Index, desto einfacher der Zugang und desto niedriger sind die Gebühren. Unterscheidet sich die Liquidität von verschiedenen ETFs auf ein und denselben Vergleichsindex? Ja, wie Tabelle 42 zeigt, lohnt sich genaues hinschauen. Da bei allen ETFs die *Management Fee* gleich ist, spielt unter Kostengesichtspunkten nur noch die Liquidität eine Rolle. Demnach ist der *iShares DAX* am günstigsten, weil er die kleinste XLM hat. Zudem zeigt sich, dass die Kennzahl XLM nicht konstant ist, sondern sich mit der Zeit ändert. Deswegen muss der Anleger immer auf aktuelle Werte zurückgreifen.

Tabelle 42: XLM für verschiedene ETFs auf den DAX

ETF	Management Fee	XLM[1] (August 2008) in Bp.	XLM[1] (Juni 2009) in Bp.
db x-trackers DAX ETF	0,15 %	5,66	6,97
ETFlab DAX	0,15 %	6,03	6,50
iShares DAX	0,15 %	4,74	5,26
Lyxor ETF DAX	0,15 %	9,27	8,20

[1] Bezogen auf ein Ordervolumen von 25.000 Euro. DAS XLM misst die Liquiditätskosten für die sofortige Ausführung einer Kauf- und Verkaufsorder auf das Ordervolumen von 25.000 Euro.

Bei Zertifikaten oder Hebelprodukten ist es üblich, auch die Handelsqualität des Emittenten bzw. *Market Makers* zu beachten. Hierunter versteht man die fortlaufende Verfügbarkeit von An- und Verkaufskursen sowie die Schnelligkeit der Orderausführung. Denn umso schneller eine Order ausgeführt wird, desto höher ist die Wahrscheinlichkeit, dass sich der Kurs des Zertifikates bzw. Hebelproduktes nicht zu Ungunsten des Anlegers verschiebt und sein Geschäft zum gewünschten Kurs abgeschlossen werden kann. Für Zertifikate und Hebelprodukte wird die Handelsqualität z. B. bei www.scoach.de im Bereich Statistiken & Performancedaten angegeben. Die fortlaufende Verfügbarkeit von Kursen stellt somit eine wichtige Voraussetzung für die Durchführung eines Geschäftes dar. Schließlich gilt: kein Kurs, kein *Trade*. Da ETFs immer häufiger auch zum Zwecke des *Tradings* genutzt werden, wird auch dieser Aspekt früher oder später in die Welt der ETFs einziehen. Sie sollten sich beim ETF-Anbieter informieren, wie schnell eine Order ausgeführt werden kann. Im Regelfall legen nämlich die ETF-Anbieter mit den *Designated Sponsors* die jeweilige Reaktionszeit fest, ähnlich wie den maximalen

Spread. Besonders in Zeiten von hohen Volatilitäten, wie im Januar 2009 mit Tagesschwankungen beim DAX von über 5 %, kann eine langsame Orderausführung schnell viel Geld kosten.

Zudem möchte ich auch noch auf ein eher theoretisches Problem mit den *Designated Sponsors* hinweisen. Die Krise der *Allgemeinen Hypothekenbank Rheinboden* (AHBR) hat am Beispiel der Jumbo-Pfandbriefe gezeigt, dass *Market Maker* (vergleichbar mit *Designated Sponsors*) sich klammheimlich aus dem Markt verabschieden können und für die Papiere der AHBR keine Kurse mehr stellen. Bis dahin eigentlich undenkbar im Jumbo-Pfandbriefemarkt. Sollten sich auch die *Designated Sponsors* eines ETFs eines Tages als Schönwetterakteure herausstellen, so haben die Anleger zwar noch die Möglichkeit, ihre Anteile an den ETF-Anbieter zurückzugeben. Allerdings würde sich dann die jeweilige Handelbarkeit und ständige Liquidität als Makulatur erweisen. Die Anbieter versuchen dieses Problem dadurch zu umschiffen, dass sie die externen *Designated Sponsors* sehr sorgfältig auswählen. Allerdings haben die ETF-Anbieter kein wirkliches Druckmittel, wenn sich der externe *Designated Sponsor* zurückzieht. Darum haben viele ETF-Anbieter eigene *Designated Sponsors*, die, so lange der Markt es zulässt, Kurse für die ETFs stellen. Z. B. agiert die Konzernmutter *Commerzbank* für die *Comstage* als *Designated Sponsor*. Aber wenn die Zahl der *Designated Sponsors* für einen ETF zurückgeht, steigt unweigerlich die Gefahr, dass sich der *Spread* ausweitet, weil kein Wettbewerb um den günstigsten Preis stattfindet.

Ein weiteres Problem offenbarte die Finanzkrise Ende 2008. Sie zeigte nämlich, dass sich die *Spreads* (Differenz zwischen An- und Verkaufskurs) in Abhängigkeit der Volatilität des zugrunde liegenden Indexes ändern. Ein Ansteigen der Volatilität führt in der Regel zu einem größer werdenden *Spread*. So stiegen bspw. vom ersten Quartal 2008 die *Spreads* in der Krisenphase (viertes Quartal) um das 6- bis 15-fache an.

Dennoch zählen die ETFs zu den liquidesten Finanzprodukten überhaupt. Demzufolge kann der Anleger davon ausgehen, dass alle seine Verkäufe bzw. Käufe von ETFs schnell ausgeführt werden. Dagegen ist es bei traditionellen Fonds möglich, dass die Rücknahme von Fondsanteilen ausgesetzt wird. In Folge der Finanzkrise im zweiten Halbjahr 2008 hatten zahlreiche Immobilienfonds in Deutschland massive Mittelabflüsse zu verzeichnen.

Dadurch sanken die frei verfügbaren Geldmittel in den Fonds unter das vom Gesetzgeber vorgesehene Limit. Da die Fonds ihre Immobilien in der Regel nicht schlagartig verkaufen können, sieht das Gesetz für diesen Fall die Schließung der Produkte vor, so wurde z. B. der *AXA-Immoselect* am 28.10.2008 geschlossen. Trotzdem werden die Fonds natürlich weiterhin aktiv gemanagt. In einem solchen Fall können Anleger mindestens drei oder sechs Monate keine Anteile mehr an die Fondsgesellschaft zurückgeben.

Für die permanente Liquidität sorgen die *Designated Sponsors* durch den Creation-Redemption-Prozess. Wie schon mehrfach angesprochen findet hierbei ein Tausch von Aktienkörben (entspricht 1:1 dem abgebildeten Index des ETFs) gegen Fondsanteile statt. Deswegen hängt die Liquidität eines ETFs ausschließlich vom Index ab, den er abbildet. Je mehr illiquide Wertpapiere im Index enthalten sind, desto größer wird das Transaktionsrisiko für den *Designated Sponsor* und umso größer wird der *Spread*. Deswegen ist z. B. bei europäischen Standardaktien der *Spread* in der Regel deutlich geringer als bei brasilianischen oder russischen Aktien. Zudem spielt auch die Zeitzone eine gewisse Rolle. Das liegt daran, dass bei Märkten, die zu unserer Uhrzeit geschlossen sind, der *Designated Sponsor* ein hohes Transaktionsrisiko (Kurse können unvorhersehbare Kurskapriolen schlagen) trägt, deswegen weiten sich die *Spreads* aus.

In der Regel gilt: Je höher die Marktabdeckung eines Indexes ist, desto niedriger ist seine Liquidität, was oftmals zu höheren Geld-/Briefspannen führt. So hat z. B. der DAX eine viel höhere Liquidität als der *MSCI World*, der einem weltweiten Aktienkorb von 1.800 Aktien entspricht.

Außerdem muss noch der Marktzugang – d. h. der Zugang zu den Aktien, die im Index enthalten sind – berücksichtigt werden. So ist ein Indexinvestment auf den DAX einfacher darzustellen, als ein Investment in den *MSCI Emerging Markets*, weil die *Designated Sponsors* in unterschiedlichen Märkten und Währungen agieren müssen. Allgemein gilt: Je schwieriger der Marktzugang, umso höher sind die jährlichen Kosten des ETFs und umso breiter wird die Geld-/Briefspanne.

Wiederum hat die Finanzkrise Ende 2008 gezeigt, dass der für die Liquidität so wichtige Creation-Redemption-Prozess aus dem Tritt kommen kann. So wurde z. B. Ende 2008 die Einstellung der Anteilsausgabe des *db x-trackers*

Stoxx 600 Banks Shorts aufgrund der unklaren Situation hinsichtlich der Möglichkeiten des Leerverkaufes bekannt gegeben.

Konstante Performance

Die eigentliche Aufgabe eines ETFs ist, sich entsprechend dem zugrunde liegende Index zu entwickeln, ähnlich wie eine Sonnenuhr, die immer dem Lauf der Sonne folgt. Somit ist die Performance des ETFs sehr nah an der Performance des zugrunde liegenden Indexes. Dadurch kann das Risiko schwankender Renditen des Portfolios im Vergleich zur Benchmark vermieden werden, d. h., man übertrifft nicht in einer Periode die Performance des Marktes und in der nächsten verfehlt man sie deutlich.

Der Finanzwissenschaftler Mark P. Kritzman stellte Folgendes fest: *„Die historischen Daten scheinen die Auffassung zu bestätigen, dass Aktienrenditen zu ihrem Durchschnitt zurückpendeln."* Dieses als Regression zum Mittelwert bezeichnete Phänomen ist durch viele Studien nachgewiesen worden. Es wurde festgestellt, dass sich sowohl überdurchschnittliche als auch unterdurchschnittliche Renditen einzelner Wertpapiere langfristig wieder dem für die jeweilige Asset-Klasse durchschnittlichem Wert annähern, d. h., Über- oder Unterrenditen haben nahezu immer vorübergehenden Charakter. Im Umkehrschluss bedeutet das natürlich auch, dass das Phänomen der Regression zum Mittelwert verlangt, dass für jede überdurchschnittliche Rendite p. a. irgendwann eine unterdurchschnittliche auftreten muss, damit die Rendite wieder zu ihrem Mittelwert zurückkehrt.

So ist z. B. die durchschnittliche Rendite des *Euro Stoxx 50* von 21,0 % p. a. in den zehn Jahren von 1991 bis 2000 unter keinen Umständen dauerhaft zu wiederholen. Das lässt die Haupttriebkraft für Aktienrenditen nicht zu, das Wachstum der Unternehmensgewinne. Ein Anleger, der nach mehreren Jahren hoher Aktienrenditen glaubt, dieses Wachstum würde sich fortsetzen, geht davon aus, dass sich die Unternehmensgewinne in Zukunft dauerhaft etwa alle drei Jahre verdoppeln (nur unter dieser Annahme wäre eine Aktienrendite von 21 % p. a. dauerhaft möglich). Das hat es noch nie gegeben. Somit folgte in den Jahren 2001 bis 2003 eine Baisse mit Kursverlusten von mehr als 40 % im *Euro Stoxx 50*, d. h., die Aktienrendite näherte sich wieder ihrem historischen Durchschnittswert an.

Daher sagen Kritiker der aktiv gemanagten Fonds auch, die Wahrscheinlichkeit einer kontinuierlichen Outperformance entspricht der eines Münzwurfes. Folglich erfolgt durch den Einsatz von ETFs auch eine Eliminierung des Managerrisikos, da keine Performancebeeinträchtigung durch Fehlentscheidungen des Fondsmanagers zu befürchten ist.

Wer kennt nicht den Spruch: „*Traue keiner Statistik, die du nicht selbst gefälscht hast.*“ So sollte man sich auch die Performance von ETFs und aktiv gemanagten Fonds, die sich auf denselben Vergleichsindex beziehen, im Detail ansehen. So stellt man fest, dass in Aufschwungphasen nur ca. 46 % der aktiven Fonds erfolgreicher waren als vergleichbare ETFs, in Abschwungphasen waren es nur noch ca. 25 % der aktiven Fonds. Weiter ist zu beobachten, dass in heißen Abschwungphasen (sehr schnelle Kursverluste) wie in der Finanzkrise Ende 2008 ca. 1/3 der aktiven Fonds erfolgreicher waren als vergleichbare ETFs, in Seitwärtsphasen waren es 22 %. Über alle Phasen hinweg ist festzustellen, dass 19 % der aktiven Fonds besser abschneiden als vergleichbare ETFs. Man kann als Ergebnis also festhalten, dass ETFs häufig das bessere Investment sind. Überdies wurde durch die *Gecam AG* festgestellt, dass rund 94 % der 7.548 untersuchten Aktienfonds zu mehr als 80 % mit ihrem Vergleichsindex korrelieren (s. S. 28 ff.). Nur ein Prozent der untersuchten Fonds wies eine Korrelation von weniger als 60 % auf. Nach Ansicht von *Gecam* kann man erst unterhalb einer Korrelation von 60 % von wirklich aktivem Management sprechen.

Einige Kritiker solcher Vergleiche sagen, dass meistens unzulässigerweise Markt und Index in einen Topf geworfen bzw. gleichgesetzt werden. Schon der Blick auf den Aktienmarkt in Deutschland zeigt, dass es den deutschen Aktienmarkt nicht gibt. So gibt es den *DAX, CDAX, GEX, MDAX, TecDAX, HDAX, SDAX, Entry Standard Index, General Standard Index, Classic All Share, Prime All Share, Entry All Share* usw., deren Performances und Zusammensetzungen sich um Welten unterscheiden. Welcher Index bildet jetzt den deutschen Markt ab? Dies ist im Prinzip eine reine Geschmackssache, ich persönlich tendiere zum *CDAX* (alle deutschen Unternehmen aus den Marktsegmenten *Prime* und *General Standard*), weil er breiter aufgestellt ist als sein bekannter Bruder *DAX*.

Zudem beobachtet man, dass mit abnehmenden Grad der Effizienz (s. S. 9 ff.) eines Marktes der Anteil der erfolgreichen aktiven Fonds wächst. So waren z. B. fast 53 % der aktiv gemanagten Aktienfonds mit Schwerpunkt *Emerging Markets* besser als der vergleichbare *iShares MSCI Emerging Markets*.

Wegfall des Emittenten- und Wiederanlagerisikos

ETFs sind ein vom Vermögen der ETF-Verwaltungsgesellschaft getrenntes Sondervermögen. Daher besteht kein Emittentenrisiko. Überdies sind eigentlich alle ETFs so konstruiert, dass sie keinen Fälligkeitstermin haben. Folglich besteht für den Anleger kein Risiko, dass der ETF aufgrund eines Laufzeitendes aufgelöst wird und eine Wiederanlage zu deutlich ungünstigeren Bedingungen erfolgen muss. Somit entfallen beim ETF Kosten und Aufwand der Wiederanlage der frei werdenden Gelder.

Dividendenausschüttung

Prinzipiell stehen dem Anleger die Dividenden im vollen Maße zu. Wie der ETF die Dividenden behandelt, hängt davon ab, ob der zugrunde liegende Index ein Kursindex oder ein Performanceindex ist. Da bei einem Kursindex der Indexstand ausschließlich aufgrund der Aktienkurse ermittelt wird, zahlt der ETF die Dividenden quartalsweise oder jährlich aus. Dagegen wird bei einem Performanceindex unterstellt, dass alle Bardividenden und sonstigen Einnahmen (wie Bezugsrechte) wieder in die Aktien des Indexes investiert werden. Deswegen schüttet ein ETF, der sich auf einen Performanceindex bezieht, keine Dividenden aus, weil diese sich schon im Index befinden.

Leerverkäufe von ETFs

Ein weiterer Vorteil, der in Deutschland eigentlich nur institutionellen Anlegern vorbehalten ist, ist, dass ETFs leer verkauft werden können, genauso wie Aktien. Solche Long-Short-Strategien (s. S. 452 ff.) befinden sich im Werkzeugkasten vieler Finanzprofis. Ein institutioneller Anleger, der einen Leerverkauf durchführt, setzt auf sinkende Kurse des ETFs. Das Risiko besteht darin, dass der ETF steigt, nachdem der institutionelle Anleger ihn verkauft hat. Dann macht er einen Verlust. Verkauft z. B. ein institutioneller Anleger 10.000 ETF-Anteile leer zu einem Kurs von 100 Euro und spekuliert somit auf fallende Kurse, dann erzielt er bei einem Kurs von 95 Euro einen Gewinn von 50.000 Euro, wohingegen er bei einem Kurs von 105 Euro 50.000 Euro Verlust erzielt. Einen weiteren Verlust kann er nur unterbinden, indem er den ETF zu einem höheren Kurs (als er ihn geliehen (100 Euro) hat) zurückkauft. Damit besteht das große Risiko bei Leerverkäufen darin, dass der Verlust nach oben hin theoretisch unbegrenzt ist, während er beim klassischen Kauf des ETFs auf 100 % beschränkt ist. Der Leerverkäufer macht also grundsätzlich bei steigenden Kursen Verluste und bei fallenden Gewinne.

Die Gefahren des dummen Indexinvestments

Mit normalen ETFs ist man fast immer voll investiert, weil das Portfolio der Zusammensetzung des zugrunde liegenden Indexes entspricht. Denn passiv auf einen Index zu setzen, bedeutet dessen Wertentwicklung in beide Richtungen eins zu eins mitzumachen – das ist nur zeitweilig attraktiv. In der Regel wird in langen Baissephasen und Seitwärtsphasen ein Indexinvestment eine schlechte Alternative. So sagt Volker Dosch (Leiter für Branchenfonds in der DWS, der Fondstochter der *Deutschen Bank*):

> „Ein ETF hat immer 100 Prozent seines Geldes investiert. Ein Fondsmanager dagegen könnte auch mal einen Teil seines Geldes aus den Aktien herausnehmen und auf ein Konto legen. So könnten Fondsmanager auch in schlechten Zeiten immer noch Geld verdienen. .... Indexfonds dagegen haben immer die Aktien im Programm, die zuvor gut gelaufen sind. Denn mit dem Kurs steigt deren Börsenwert und damit auch ihr Anteil am Index. Und besonders gut laufende Aktien sind am Schluss oft überbewertet. Die Zusammensetzung des Marktes wird nicht hinterfragt. Wenn der Trend dreht, stürzen diese Aktien am heftigsten – so wie das zuletzt die Bankaktien getan haben.“[157]

Diese These wird von einer Reihe von Wissenschaftlern unterstützt. Sie sagen, dass nach Marktkapitalisierung gewichtete Indizes das Potenzial haben, den Markt ernsthaft zu verzerren, weil sie zu hohen Konzentrationen führen und Momentum-Effekte entstehen können.

Mit Zunahme der Bedeutung des Indexinvestments ist natürlich auch ihr Einfluss auf den abzubildenden Markt gewachsen, mit oftmals verhängnisvollen Konsequenzen. Solche Konsequenzen entstehen dann, wenn Kapitalmarktblasen in einzelnen Regionen, Ländern oder Branchen auftreten. Dann steigt unaufhörlich das Gewicht der betroffenen Marktbereiche in den Indizes. Das zwingt Indexanleger dazu, ihren Aktienbestand in diesem Marktbereich aus-

---

[157] Frankfurter Allgemeine Zeitung, 23. Juni 2008

zuweiten – was der Hausse weitere Nahrung gibt. Wenn dann die Blase platzt, macht die übermäßige Gewichtung des Marktbereiches die Verluste umso größer.

Beispielsweise zeigt der breit gefasste *DJ Stoxx 600*, dass die Performance der vergangenen 12 Monate durch den Sektor „Finance“ (Banken, Versicherungen, sonstige Finanzdienstleister) mit einer Gewichtung von über 25 % der Hauptgrund für die Berg- und Talfahrt des *DJ Stoxx 600* war (s. Tabelle 42). Deswegen muss sich ein Anleger auch über den Inhalt eines Indexes, wie Bestandteile und Gewichtung, Gedanken machen. Schließlich stehen für ein Anlageland oftmals eine Vielzahl von Indizes zur Verfügung. Der Anleger sollte nur in solche Indizes investieren, die er auch tatsächlich versteht. Ansonsten drohen mehr oder minder große Enttäuschungen bei der Rendite.

Tabelle 43: Sektorenentwicklung des *DJ Euro Stoxx 600*

	Gewichtung im Index in %	6 Monate in %	1 Jahr in %
Euro Stoxx 600 Performance		39,88	-15,15
Banken	17,52	116,61	-17,72
Öl & Gas	9,69	19,37	-17,11
Gesundheitswesen	9,24	18,20	-6,94
Industriegüter und Dienstleistungen	8,25	42,82	-16,70
Nahrungsmittel und Getränke	6,79	23,29	-2,12
Telekommunikation	6,79	16,58	-4,32
Versorger	6,59	21,29	-22,03
Versicherung	5,76	63,70	-21,28
Rohstoffe	4,49	70,79	-36,30
Konsumgüter und Haushaltswaren	4,44	29,49	-7,08
Chemieindustrie	3,59	33,52	-15,76
Einzelhandel	3,31	24,50	0,74
Technologie	3,17	36,74	-22,85
Baugewerbe und Werkstoffe	2,71	59,94	-4,70
Finanzdienstleistungen	2,59	57,40	-22,79
Medien	2,05	19,33	-12,09
Automobil	1,83	51,26	-13,84
Reise und Freizeit	1,19	20,58	-21,58
annualisiert 31.08.09			

Aber auch einfach nur der Blick auf den *DAX* offenbart ein Problem. Beispielsweise gelingt es dem *DAX* seit mehreren Jahren nicht, sein Hoch vom März 2000 zu überschreiten. Wer zum unglücklichen Zeitpunkt im Jahr 2000 eingestiegen ist, liegt mit seinem passiven DAX-Investment auch unter Berücksichtigung der Dividenden nach zehn Jahren immer noch tief im Minus. Woran liegt das?

Wer einen Index kauft, verzichtet, je nach Wahl des Indexes, mehr oder minder stark auf Diversifikation und investiert immer prozyklisch in jene Aktien, die zuvor kräftig gestiegen sind. Das liegt am Konzept der meisten großen Indizes, weil sie nach der Marktkapitalisierung gewichtet werden, d. h. der Börsenwert eines Unternehmens bestimmt sein Gewicht im Index. Zwecks Liquidität findet meistens noch eine Orientierung am Streubesitz bzw. Börsenumsatz statt. Daher führt ein steigender Aktienkurs zunächst zur Aufnahme in den Index und anschließend auch noch zu einem höheren Gewicht. Deswegen werden die Aktienindizes zu einem Sammelbecken für Aktien, deren Kurse in der Vergangenheit überdurchschnittlich gestiegen sind. Dies führt tendenziell zu einer Übergewichtung von überbewerteten Aktien. Auf der anderen Seite verlieren unpopuläre Aktien langsam an Gewicht und fallen schließlich aus dem Index. Somit werden eher unterbewertete Aktien in einem Index untergewichtet. Deswegen werden viele Indizes faktisch von wenigen populären, hoch kapitalisierten Aktien dominiert. Das heißt, dass besonders bei Anlegern beliebte Branchen überproportional im Index vertreten sind. Man denke an folgendes Beispiel. 1997 machte der Anteil der *Cisco AG* im *S&P 500* ca. 0,4 % aus, bei einem KGV von 30. Im Rahmen der Euphorie für Technologieaktien Anfang 2000 stieg der Anteil am *S&P 500* auf 4 %, bei einem KGV der *Cisco* von 130. Nach dem Platzen der so genannten Technologieblase verlor der *S&P 500* überproportional im Vergleich zu anderen Indizes, die weniger Gewicht in Technologie hatten. Allerdings haben auch die Indexanbieter dieses Problem erkannt und versuchen, die Folgen zu begrenzen, indem sie für die Gewichte einzelner Aktien im Index Höchstgrenzen vorschreiben.

Aber auch Aktienindizes, die Hunderte oder sogar Tausende von Aktien enthalten, sind oftmals wesentlich schlechter diversifiziert, als die Anleger gemeinhin glauben. Die hohe Anzahl der Aktien übertüncht, dass meistens wenige Schwergewichte für die Indexentwicklung verantwortlich sind. Beispielsweise machen beim *S&P 500* die 25 größten Aktien mehr als ein Drittel des Indexes aus, die 50 größten Aktien bestimmen sogar mehr als die Hälfte der Indexperformance. Zudem hat eine Untersuchung für das Jahr 2004 gezeigt, dass die Indexschwergewichte (die Top-Ten nach Marktkapitalisierung) meistens schlechter abschneiden als der Index. So wurde beobachtet, dass die Schwergewichte in einem Ein-Jahres-Zeitraum nur in 40 % der Fälle eine bessere Performance hatten als der Index. Auf Fünf-Jahres-Sicht verschlechtert sich dieser Wert sogar auf 32 %.

Um z. B. die Verteilung von international angelegten Geldern auf einzelne Länder zu steuern, wird häufig auf kapitalisierungsgewichtete Indizes zurückgegriffen. Das Problem ist, dass die Gewichtungen in kapitalisierungsgewichteten Indizes starken Schwankungen unterworfen sind. Das zeigt die Länderaufteilung im *MSCI World*. So stieg z. B. im Rahmen der Hausse an den japanischen Aktienmärkten in den 1980er Jahren ihr Gewicht im *MSCI World* stark an, und zwar von 4 % (1970) auf 39 % (1987). Nach dem Platzen der Japanblase belastete diese Gewichtung in den folgenden Jahren den Index stark. So reduzierte sich das Gewicht Japans bis 2006 auf 10 %. Aber auch teilweise absurde Situationen kommen in den Indizes vor. So hatte die Schweiz z. B. im Oktober 2002 im *MSCI World* ein höheres Ländergewicht als Deutschland, obwohl Deutschland eine wesentlich größere Volkswirtschaft ist. Viele Indexanbieter brüsten sich damit, Indexausschüsse zu haben, die das Problem der prozyklischen Gewichtung populärer Aktien verkleinern sollen. Dass das nicht immer funktioniert, zeigt das Beispiel *Dow Jones*. So beschloss der Indexausschuss, den *Dow Jones Industrial Average* kurz vor dem Höhepunkt der Technologieblase im ersten Quartal 2000 durch die Aufnahme von Technologieaktien aufzuwerten. Der Zeitpunkt war, wie sich zeigte, ziemlich ungünstig, weil die US-Technologieaktien vor der schwersten Baisse ihrer Geschichte standen.

Einen anderen Ansatz zum Verständnis der Märkte gibt der Vermögensverwalter Hans Sauer. Er vergleicht die Welt der Quantenmechanik mit der Welt der Kapitalmärkte. Dabei ist er auf ein interessantes Phänomen gestoßen: Die Verschränkung.

> „Einzelne Teilchen, die sich an entgegengesetzten Enden der Welt aufhalten, ändern scheinbar wie auf Kommando zum gleichen Zeitpunkt – in der Theorie heißt das instantan – ihr Verhalten, obwohl die Information, die zwischen ihnen dazu ausgetauscht werden muss, der Relativitätstheorie zufolge maximal mit Lichtgeschwindigkeit unterwegs sein kann. Wenn beide Teilchen wie auf ein Geisterkommando hin also ihr Verhalten ändern, ohne dass Zeit zum Informationsaustausch bleibt, so ist das ein eklatanter Verstoß gegen Einsteins Relativitätstheorie. Genau diese Verschränkung beobachtet Sauer auch zwischen einzelnen Aktien: Gibt es

schlechte Nachrichten für die Microsoft-Aktie, so fallen oft auch zugleich die Kurse anderer Technologieaktien wie beispielsweise SAP oder Oracle – als ob ein unsichtbares Band zwischen diesen Aktien bestände.“[158]

Weiterhin hat Sauer festgestellt, dass es umso riskanter ist, je höher die Verschränkung innerhalb eines Portfolios ist, weil die Diversifikation zurückgeht. So berechnet Sauer für den *DAX* einen Verschränkungsgrad von 80 %. Das bedeutet, dass der wirkliche Diversifikationsgrad des *DAXes* einem Diversifikationsgrad von sechs Aktien entspricht anstatt der 40 enthaltenen Aktien. Sauer formulierte provokant: Alle Kapitalmarktindizes sind aus quantenmechanischer Sichtweise nicht effizient, da sich ihr Diversifikationspotenzial mit wesentlich weniger Titeln herstellen lässt.
Als Anmerkung möchte ich noch anfügen: Jeder Anleger sollte sich stets daran erinnern, dass die konventionellen Aktienindizes nicht zum Zwecke des Investierens erfunden wurden, sondern um die Bewegung von Märkten zu erfassen und in einer Zahl zu verdichten.

Volatilität – Wenn Ignoranz zu einer Gefahr für die Rendite wird

Long-Only-Indexinvestments, die nur auf steigende Kurse setzen, vergleichen Spötter mit einem Fahrzeug ohne Bremsen. Der Fahrer kann nur Gas geben, bei steigenden wie sinkenden Börsen. Das kann teuer werden. Warum?
Eine der meist unterschätzten Gefahren für einen Indexinvestor ist die Volatilität. Sie ist sein größter Feind[159]. Sie entscheidet letztendlich über seine wirkliche Rendite. Viele Anleger denken, einzelne Verlustjahre relativieren sich vor dem Hintergrund einer angemessenen Durchschnittsverzinsung. Sie blenden dabei vollständig aus, dass die Durchschnittverzinsung keine zielführende Kennzahl ist. So sagt die Aussage *„Mit deutschen Aktien hätte man langfristig im Durchschnitt 7,2 % p. a. verdient“* nichts darüber aus, was der Anleger tatsächlich auf seinem Konto hat.

[158] Geldanlage mit Quantenmechanik – Auch an der Börse würfelt Gott: F.A.Z., 14.10.2006, Nr. 239, Seite 23 aus faz.net

[159] Vgl. Wambach, Martin: Verluste aussitzen? Nein! ETF Magazin Ausgabe 2, 6. April 2009, S. 44 - 45

Tabelle 44: Einfluss der Volatilität auf das Anlageergebnis

Jahr	Rendite 1, fix	Anlage 1, aus 10.000 Euro werden	Rendite 2, schwankt	Anlage 2, aus 10.000 Euro werden
1999	5	10.500,00	5	10.500,00
2000	5	11.025,00	-10	9.450,00
2001	5	11.576,25	20	11.340,00
2002	5	12.155,06	5	11.907,00
2003	5	12.762,82	10	13.097,70
2004	5	13.400,96	2	13.359,65
2005	5	14.071,00	20	16.031,58
2006	5	14.774,55	5	16.833,16
2007	5	15.513,28	5	17.674,82
2008	5	16.288,95	-10	15.907,34
2009	5	17.103,39	3	16.384,56
arithmetischer Zins	5,0		5,0	
geometrischer Zins	5,0		4,6	
Volatilität	0,0		9,7	

Tabelle 44 zeigt, dass die Anlage 1 mit der geringeren Volatilität deutlich mehr abwirft, obwohl beide Anlagen im Mittel 5 % bringen. Bei schwankenden Jahresrenditen – was meist die Realität ist – ist die geometrische Durchschnittsrendite stets niedriger als die arithmetische. Je größer die Volatilität, desto größer ist auch der Unterschied zwischen den Renditen. Nun mag man denken, was solls, wenn meine Anlage eine höhere Durchschnittsverzinsung hat, dann spielt das doch keine Rolle. Weit gefehlt.

Tabelle 45: Unterschiedliche Durchschnittsrendite und Volatilität

Jahr	Rendite 3, schwankt	Anlage 3, aus 10.000 Euro werden	Rendite 4, schwankt	Anlage 4, aus 10.000 Euro werden
1999	10	11000,00	15	11500,00
2000	18	12980,00	20	13800,00
2001	8	14018,40	10	15180,00
2002	-10	12616,56	-30	10626,00
2003	-15	10724,08	-24	8075,76
2004	5	11260,28	15	9287,12
2005	15	12949,32	20	11144,55
2006	27	16445,64	40	15602,37
2007	20	19734,77	32	20595,13
2008	30	25655,20	30	26773,66
2009	-35	16675,88	-40	16064,20
arithmetischer Zins	6,64		8,00	
geometrischer Zins	4,25		3,40	
Volatilität	19,58		26,92	

Tabelle 45 zeigt ein verblüffendes Ergebnis. Ein Anleger, der nur den Durchschnittszins sieht, erkennt nicht die gesamte Wahrheit. Trotz des höheren Durchschnittszins bringt Anlage 4 wegen der höheren Schwankungen weniger Ertrag als Anlage 3. So lehrt die Mathematik, dass der prozentuale Zuwachs stets größer sein muss als der vergangene Rückgang, um die Anlage wieder ins Plus zu ziehen. Folgt also auf heftige Verluste (Anlage 4, Jahr 2002) keine extrem gute Wertsteigerung, braucht eine Anlage schon mehrere Jahre, um den Rückstand zur Anlage 3 wieder aufzuholen bzw. um überhaupt wieder in die Pluszone zurückzukommen. Mathematisch gesehen bedarf es nach einem Verlust von 30 Prozent schon eines Gewinns von 43 Prozent, um den Rückgang wieder auszugleichen.

Der Grund für dieses verblüffende Ergebnis ist der Zinseszinseffekt. Denn Verluste reduzieren die Kapitalbasis und sind schwerer wieder aufzuholen, als die meisten Anleger denken. Darum sagen auch Finanzexperten: **Volatilität kostet Geld bzw. Rendite**. Sie umschreiben dies mit dem Begriff der Kompensationsrendite.

$$\text{Kompensationsrendite} = \sqrt{1 + \text{Volatilität}^2} - 1$$

Aus der Gleichung der Kompensationsrendite sieht man, dass in Abhängigkeit der Höhe der Volatilität auch der Renditeanspruch wächst. So ist z. B. bei einer Volatilität von 25 % zum Ausgleich eine Zusatzrendite von mehr als 3 Prozent nötig, bei einer Volatilität von 50 % wird schon eine Zusatzrendite von 12 % benötigt.

Deshalb muss ein Anleger immer die Volatilität seines Depots im Auge haben. So könnte tatsächlich ein Anleihedepot wegen der geringeren Schwankungsbreite eine höhere Rendite erzielen als ein sehr schwankungsreiches Aktiendepot, obwohl die Aktien eine höhere Durchschnittverzinsung haben. Es gilt: Je höher die Volatilität der Aktienmärkte ist, umso höher muss die Rendite sein, damit sie über der von Anleihen liegt.

Gerade für Indexinvestments ist die Volatilität gefährlich, da der Anleger bestenfalls die Marktrendite erwirtschaftet. Steigt die Volatilität an, verbleibt dem Anleger tatsächlich weniger von der Marktrendite. Somit muss der Anleger bei der Auswahl seiner Investments unbedingt die Volatilität berücksichtigen. So können weniger schwankungsintensive Indizes (z. B. *MSCI World, DJ Euro Stoxx 50, MDAX* usw.) auf längere Sicht eine deutlich höhere Rendite bringen als schwankungsreiche Indizes (z. B. *MSCI Emerging Markets*). Denken sie immer daran, Schwankungen kosten Geld. Je geringer die Volatilität ihres Depots ist, desto mehr Rendite verbleibt Ihnen.

Um diesem Problem Herr zu werden, wurde eine Vielzahl von Kennzahlen entwickelt, die das Risiko und die Rendite einer Anlage beurteilen. Die bekannteste ist das *Sharpe Ratio*. Ihr Zweck ist es, das Risiko und die Rendite in einer Zahl zusammenzuführen, um so Anlagen vergleichbar zu machen, von denen die eine bessere Rendite und die andere ein geringeres Risiko aufweist. Deswegen bezeichnet man das *Sharpe Ratio* auch als risikogewichtete oder risikoadjustierte Ertragskennzahl.

$$\text{Sharpe-Ratio} = \frac{\text{Rendite - risikofreier Zins}}{\text{Standardabweichung}}$$

Der risikofreie Zinssatz ist der Zinssatz, der kein Ausfallrisiko beinhaltet. In der realen Welt gibt es nur Näherungsgrößen für diesen Zinssatz. Ich verwende den Durchschnittszinssatz für einjährige Finanzierungsschätze der Bundesrepublik Deutschland. Sie lagen am 10. Juni 2009 bei 0,75 %. Man kann aber auch das *Sharpe Ratio* in seiner vereinfachten Form anwenden, indem man nur die Rendite durch die Standardabweichung teilt und auf die Subtraktion des risikofreien Zins verzichtet.

Sehen wir uns Anlage 3 und Anlage 4 aus Tabelle 45 nochmals an. Anlage 3 hat eine Rendite von 6,64 % und eine Volatilität (Standardabweichung) von 19,58 %. Anlage 4 hat eine Rendite von 8 % und eine Volatilität von 26,92 %. Welche Anlage ist vorziehen?

$\textit{Sharpe Ratio}_{\text{Anlage3}}$= (6,64 % -0,75 %) / 19,58 % = 0,3
$\textit{Sharpe Ratio}_{\text{Anlage4}}$= (8 % -0,75 %) / 26,92 % = 0,27

Anlage 3 ist risikoadjustiert die bessere Anlage. Je Risikoeinheit (Standardabweichung) weist Anlage 3 eine höhere Rendite aus als Anlage 4. Somit besitzt Anlage 3 eine höhere risikogewichtete Rendite, obwohl die Rendite dieser Anlage für sich genommen in der Vergangenheit deutlich niedriger war als diejenige von Anlage 4.

4.11 Kauf und Verkauf eines ETFs

Die Brillenträger kennen das: Einige haben den scharfen Blick auf der kurzen Distanz, anderen wiederum entgeht nichts in der Ferne, das naheliegende erkennen sie jedoch nur ungenau. Kurz- oder Weitsichtigkeit sind nicht von bedrohlicher Natur, sie können mit den richtigen Hilfsmitteln leicht korrigiert werden. Was hat das mit der Auswahl von ETFs zu tun? Auch bei der Auswahl von ETFs konzentrieren sich die Anleger nur auf einige Aspekte und verlieren so das große Ganze aus den Augen. In diesem Abschnitt möchte ich dem Anleger eine Brille geben, mit der Sie bei der Auswahl eines ETFs alles im Blick haben. Dabei ist die Vorbereitung entscheidend. So kosten überstürzte Kaufentscheidungen meist Geld und führen zu Frust. Es braucht Zeit und Recherche, um den passenden ETF zu finden.

Festlegung der Anlagestrategie:

Eine Anlagestrategie hilft Ihnen, den für Sie passenden ETF zu finden. Stellen Sie sich dazu folgende Fragen:

- Was möchte ich mit dem ETF erreichen? Überlegen Sie sich also ihr Anlageziel. Möchten Sie z. B. fürs Alter vorsorgen, für eine große Reise sparen oder ein passives Einkommen erzielen.
- Wie hoch darf das Risiko sein? Sind Sie eher der Typ, der das risikoscheut. In diesem Fall wären risikoarme ETFs, wie Renten-ETFs, die bessere Wahl. Vielleicht sind Sie ja auch der Typ, der bewusst ein Risiko eingeht. Dann können Sie auch riskantere ETFs erwerben.
- Wie lange möchte Sie ihr Geld anlegen? Hierzu sollten Sie zunächst berechnen welche Anlagesumme zu Ihrem Budget passt und wie lange sie darauf verzichten können. Bedenken Sie, sie sollten nur Geld investieren was Sie nicht für kurzfristige Anschaffungen oder als Notreserve benötigen.

Nachdem Sie diese Fragen für sich beantwortet haben, können Sie sich auf der Suche nach den passenden ETF machen, der Ihren persönlichen Vorlieben und Ansprüchen gerecht wird.

Die Wahl des zugrunde liegenden Index:

Nachdem Sie ihre Strategie gefunden haben, geht es im nächsten Schritt um die Wahl des „richtigen Index". Ich habe bewusst das Wort „richtig" verwendet, denn Sie müssen zunächst den Index auswählen, mit dem Sie ihre Anlageziele am besten umsetzen können. Eines müssen Sie immer im Hinterkopf haben: *Ein ETF ist immer nur so gut wie sein Index*. Denn Indizes sind die Grundlage aller ETFs und bestimmen deren Chance/Risiko-Profil. Vereinfacht ausgedrückt bildet ein ETF nur einen Index nach, daher folgt die Rendite des ETFs recht exakt der Indexentwicklung. Auf langer Sicht, wird die Rendite des ETFs allerdings etwas hinter der Indexentwicklung zurückbleiben, weil der Index ja keine Nebenkosten verkraften muss, ein ETF jedoch schon. Somit ist die Wahl des Indizes für den Anleger passiver Investments die wohl wichtigste aktive Entscheidung bei seiner Investition.

Um einen Index wirklich beurteilen zu können, muss man die wesentlichen Kriterien des Indizes kennen, wie z. B. Gewichtung, größte Indexmitglieder, Branchenverteilung usw. Nehmen wir an, Sie haben sich für den *Euro Stoxx 50* entschieden. Dann sollten Sie folgenden Steckbrief zum Index beantwortet haben. Anhand dieses Steckbriefes bekommen Sie einen guten Überblick über den Index.

Tabelle 46: Steckbrief für einen Index (Stand: Feb. 2022)

Kriterien	Antwort	
Name	DJ Euro Stoxx 50	
Indexanbieter	Stoxx Limited , www.stoxx.com	
WKN	965814 (Kurs); 965815 (Performance)	
ISIN	EU0009658145 (Kurs); EU0009658152 (Performance)	
Region/Land/Branche	Euroraum	
Indextyp	Kurs- und Performanceindex, wobei in der Öffentlichkeit der Kursindex Beachtung findet. Er wird alle 15 Sekunden berechnet. Zurzeit sind Aktien aus 7 Ländern der Eurozone enthalten.	
Gewichtung	Im Index sind die 50 Aktienunternehmen der Eurozone mit der größten Börsenkapitalisierung nach Streubesitz zusammengefasst.	
Handelszeiten	9.00 bis 17.30 Uhr, d. h. zu dieser Zeit sollte der Spread eines ETFs möglichst klein sein.	
Berechnungswährung	Euro	
Anzahl der Titel im Index	50	
Top (5)-Branchen	Zyklische Konsumgüter Financials IT Industrie Materialien	20,81 % 15,24 % 14,67 % 13,56 % 9,87 %
Top (5)-Unternehmen	ASML LVMH Linde TotalEnergies SAP	7,77 % 6,02 % 4,53 % 4,19 % 3,81 %

Um den richtigen Index zu finden müssen Sie mit Hilfe des Steckbriefes folgende Fragen beantworten:

- Welcher Index bildet ihr gewünschtes Anlageuniversum am besten ab?
- Was passiert mit den Dividenden? Werden sie reinvestiert oder ausgeschüttet (dies ist für alle Anleger relevant, die ein regelmäßiges Einkommen haben möchten)?
- Sind Index Klumpenrisiken enthalten? Also, ist eine Branche besonders hoch in dem Index gewichtet. Zum Beispiel besteht der FTSE MIB (wichtigster Börsenindex Italiens), zu ungefähr 30 Prozent (Stand April 2022) aus Finanztiteln. Daher ist FTSE MIB ein ungeeignetes Instrument für die Abbildung der italienischen Wirtschaft, weil die Finanzwerte schlicht überrepräsentiert sind.

- Wie stellt der Indexanbieter die Daten zum Index zur Verfügung? Hier ist besonders wichtig, dass der Index zu Börsenzeiten jederzeit verfügbar ist. Als Anleger sollten sie zu jedem Zeitpunkt in Erfahrung bringen können, welchen Wert der Index hat und wie er sich aktuell zusammensetzt. Denn nur wenn diese Informationen zu einem Index zur Verfügung stehen, kann ein ETF-Anbieter diesen bestmöglich abbilden und so einen möglichst geringen Tracking Error erreichen.
- Wie werden die Wertpapiere im Index gewichtet? Viele Aktien-Indizes gewichten nach Marktkapitalisierung. Darum nehmen z. B. in einem Aufschwung teurer werdende Aktien gegenüber günstigeren so ein größeres Gewicht ein. Obligationsindizes ihrerseits gewichten häufig nach Emissionsvolumina, wodurch die größten Schuldner am stärksten im Index repräsentiert sind. Daneben bestehen noch viele andere Gewichtungsmöglichkeiten. Beim Gleichgewichts-Prinzip werden die einzelnen Indextitel gleichgewichtet. Eine solche Gleichgewichtung bedingt jedoch regelmäßige Neuanpassungen und somit höhere Kosten für den ETF-Anleger. Aufwind haben auch Ansätze die dem «Smart Beta» folgen. Hier erfolgt die Gewichtung anhand von Faktoren wie z. B. Firmenumsatz, Qualität, Volatilität oder Momentum.

Nachdem Sie den richtigen Index für sich gefunden haben, steht die Wahl des passenden ETF auf der Agenda.

Wahl des passenden ETF

Ein altes Sprichwort lehrt: „*Wenn zwei das Gleiche tun, ist es immer noch nicht dasselbe.*“ So ist es auch bei den ETFs. Jeder ETF ist einzigartig. Dies bedeutet, selbst wenn zwei oder gar mehrere ETFs sich auf den gleichen Index beziehen und ähnlich klingende Namen besitzen, können sie sich voneinander unterscheiden. Beispielsweise in der Art der Abbildungsmethode und Ertragsverwendung. Damit Sie keine Überraschung bei der künftigen Wertentwicklung erleben, sollten Sie sich vor jeder Investmententscheidung genauestens über den ETF informieren.

Denn bei vielen beliebten Indizes hat der Anleger die Qual der Wahl. Auf den *Euro Stoxx 50* gibt es mittlerweile 19 verschiedene ETFs. Darunter sind

ETFs, die die Dividenden ausschütten, genauso wie thesaurierende. Es gibt ETFs auf Swap-Basis besichert oder unbesichert und ETFs mit direkter Nachbildung des Indexes. Auch die jährlichen Gebühren schwanken. Außerdem variiert die Größe der ETFs extrem, von sehr klein (64 Millionen) bis riesig (5.347 Millionen Euro).

Tabelle 47: Auswahl der ETFs (Bezugsverhältnis 1:100) auf den Index DJ Euro Stoxx 50

KAG	WKN	Verwaltungsgebühr	Ausschüttung	SWAP[1]	Größe[2]	XLM[3]	Spread[4]
iShares	935927	0,10 %	ausschüttend	Nein	4.076 Mio. €	3,76 Bp.	0,04 %
Deka	ETFL02	0,15 %	ausschüttend	Nein	1.003 Mio. €	4,88 Bp.	0,04 %
iShares	593395	0,10 %	ausschüttend	Nein	5,980 Mio. €	3,07 Bp.	0,05 %
x-trackers	DBX1EU	0,09 %	ausschüttend	Nein	3.338 Mio. €	3,59 Bp.	0,05 %
	DBX1ET	0,00 %	thesaurierend	Nein	4.460 Mio. €	3,80 Bp.	0,03 %
Lyxor	798328	0,20 %	thesaurierend	Nein	3.380 Mio. €	5,24 Bp.	0,07 %
UBS	794357	0,15 %	ausschüttend	Nein	414 Mio. €	13,96 Bp.	0,10 %
Invesco	A0RGCL	0,05 %	thesaurierend	Ja	217 Mio. €	4,86 Bp.	0,04 %

[1] Nein= direkte Nachbildung, Ja =Swap-ETF, Ja (besichert) = besicherter Swap-ETF; [2] Stand 23.02.2022; [3] Stand 23.02.2022; [4] Börse Frankfurt Xetra

Anmerkung: Alle benötigten Informationen bekommen Sie z. B. bei boerse-frankfurt.de über die ETF-Suche oder die Auflistung aller handelbaren Indexfonds. Aber auch ein Blick auf die Seiten der ETF-Anbieter oder von Finanzportalen, wie onvista.de, lohnt sich. Ferner beziehen sich die thesaurierenden ETFs auf den Performanceindex des *Euro Stoxx 50* und die ausschüttenden auf den Kursindex des *Euro Stoxx 50*.

KAG	WKN	Tracking Error	Tracking Difference	Wertpapierleihe	Anzahl der Designated Sponsors[4]
iShares	935927	0,2211 %[2]	-0,52 %	Ja	6
Deka	ETFL02	0,2200 %[1]	-0,58 %	Ja, vermutlich	5
iShares	593395	0,2211 %[2]	-0,79 %	Ja	6
db x-	DBX1EU	0,2071 %[2]	-0,50 %	Ja	6
trackers	DBX1ET	0,2071 %[2]	-0,52 %	Ja	6
Lyxor	798328	0,3554 %[2]	-0,68 %	Ja, vermutlich	8
UBS	794357	0,2231 %[2]	-0,38 %	Ja, vermutlich	5
Invesco	A0RGCL	0,2331 %[2]	-0,34 %	Ja, vermutlich	4

[1] Angabe des Anbieter; [2] Eigene Berechnung; [4] An der Frankfurter Börse

Die Gretchenfrage ist: Welcher der in Tabelle 47 vorgestellten ETFs ist der beste?
Offensichtliche Kriterien für die Auswahl eines ETFs sind die jährliche Verwaltungsgebühr (besser noch: die *Total Expense Ratio*) (je kleiner desto besser), die Größe des ETFs (je größer desto unwahrscheinlicher ist eine frühzeitige Fondsschließung), der *Tracking Error* (je kleiner desto besser), die Behandlung der Dividenden oder Zinsen (thesaurierend oder ausschüttend, je nach Geschmack des Anlegers) sowie die Liquidität (möglichst hoch, d. h. geringer XLM).

Kosten, Gebühren und Tracking Error

Die Kosten eines ETF setzten sich aus Transaktionskosten für Kauf- und Verkauf der Anteile, der Total Expense (TER) des jeweiligen ETF sowie dem Spread zusammen.
Die Transaktionskosten entstehen einmalig beim Kauf oder Verkauf und sind vom jeweiligen Depot (das Sie gewählt haben) abhängig. Manche Broker bieten kostenlose ETFs an, andere nehmen eine Pauschalgebühr, wiederum andere bieten Sonderaktionen mit ETF-Partner an oder nehmen einen bestimmten prozentualen Satz. Wenn Sie beispielsweise pro Order 4,95 € Grundgebühr und zusätzlich 0,25 % des Orderbetrages zahlen, macht das bei einer Order von 1.000 € eine Gesamtgebühr von 7,45 € (=4,95 € + 2,50 €).
Zu alledem gesellt sich eventuell noch eine Depotführungsgebühr (je nach Broker den Sie gewählt haben). Diese Kosten fallen auf Ihre Seite an und werden deswegen bei einem ETF-Vergleich nicht beachtet. Da diese unabhängig vom gewählten ETF anfallen.
Eines der wichtigsten Kriterien des Kostenvergleichs ist die TER, also die Gesamtkostenquote. Beispielsweise fallen unter die TER die Verwaltungsgebühren, wie Kosten für die Fondsgeschäftsführung, Wirtschaftsprüfer und Betriebskosten sowie die Depotbankgebühr, die der ETF zur Verwaltung seines Vermögens entrichten muss, und eine mögliche erfolgsabhängige Gebühr.
Letztlich zeigt Ihnen die TER an, um wie viele Prozentpunkte Ihr Gewinn pro Jahr, durch Ausgaben für die Fondsverwaltung, reduziert wird. Sie wird in der Regel einmal jährlich rückwirkend für vollständig abgeschlossene Geschäfts-

jahre berechnet. Der ETF-Anbieter entnimmt sie direkt aus dem Fondsvolumen.

Bei der Auswahl eines ETF nach Kostengesichtspunkten sollten Sie immer den Schwerpunkt auf die TER legen, weil diese über die gesamte Haltedauer des Fonds anfällt. Deswegen sollte sie niedrig sein. Dazu gibt es eine einfache Grundregel: Je länger ein Investor sein Geld anlegt, desto niedriger sollten die laufenden Kosten wie beispielsweise die TER sein. Gerade die Kosten bei einem mittel- bis langfristigen Anlagehorizont darf der Anleger nicht unterschätzen. Denn wegen des Zinseffekts vergrößert sich diese Differenz (günstiger ETF zu teuerster ETF) mit zunehmender Anlagedauer nicht linear, sondern exponentiell. Angenommen ein Anleger investiert 100.000 Euro und erwartet im Durchschnitt eine jährliche Anlagerendite von 5 Prozent. Würde der gleiche Investor in teuren ETF zu einer TER von 0,2 Prozent statt in einem kostengünstigen ETF (TER 0,1 Prozent) investieren, würde sich seine Gesamtrendite nach 10 Jahren um 1.320 Euro verringern. Das wäre immerhin ein schöner Fernseher.

Um die Handelskosten gering zu halten, sollten die Anleger auf einen ETF mit geringen XLM und *Spread* achten. Als Geld-Brief-Spanne (Spread) bezeichnet man die Differenz zwischen den Ankaufs- und Verkaufspreisen eines ETF. Der Kauf eines ETF erfolgt für Anleger zum höheren Briefkurs und der Verkauf zum niedrigeren Geldkurs. Zudem sollten die Anleger auch darauf achten, wie viel *Designated Sponsors* einen ETF betreuen. Es hat sich gezeigt, dass mit steigender Anzahl der *Designated Sponsors* zum einen der *Spread* günstiger ist und zum anderen eine hohe Liquidität in jeder Marktlage sichergestellt ist.

Qualität des ETFs

ETFs haben das Ziel, die Performance eines Vergleichsindex möglichst exakt nachzubilden. Darum sollte die Wert- bzw. Kursentwicklung des ETFs exakt der des zugrundeliegenden Index entsprechen.

Ein Kriterium um dies zu beurteilen ist die Tracking Difference. Sie beschreibt die Differenz des Wertverlaufs des ETFs zum Vergleichsindex. Sie sagt also aus, um wie viel Prozent sich der ETF gegenüber seinem Vergleichsindex besser oder schlechter entwickelt hat. So bedeutet eine negative Tracking Difference (Beispiel -0,15 %), dass der ETF den Index im Betrachtungszeit-

raum geschlagen hat. Mit anderen Worten der ETF hat sich besser entwickelt als der abzubildende Index. Deswegen sollte der ETF anderen ETFs auf den gleichen Index vorgezogen werden.
Dagegen bedeutet eine positive Tracking Difference (Beispiel 0,25%), dass der ETF den Index im Betrachtungszeitraum nicht geschlagen hat. Folglich hat der ETF dem Anleger nicht die gesamte Indexrendite geliefert. Dies ist der Regelfall, weil die laufenden Gesamtkosten (TER) automatisch für eine positive Tracking Difference sorgt, die der ETF-Anbieter nur durch verschiedene Optimierungstechniken „zurückverdienen" kann, wie z. B. mit Wertpapierleihe.
Aber nur wer, neben der Tracking Difference auch den Tracking Error beachtet, erhält ein gesamtheitliches Bild, wie gut ein ETF die zugrundeliegende Benchmark abbildet.
Dabei gibt der Tracking Error an, wie stark die Schwankungen der Abweichungen zwischen einem ETF und seinem zugrundeliegenden Index in einem bestimmten Zeitraum ausfallen. Je kleiner die Abweichung zwischen ETF und Benchmark ist, desto besser bildet der ETF den zugrundeliegenden Index ab. Allerdings sagt der Tracking Error dabei aber nicht aus, ob diese Abweichung vom Index positiv oder negativ ist. Er dient als Maßstab für die Qualität der Indexabbildung.
In der Regel ist der *Tracking Error* bei den großen Indizes kleiner 0,5 %, sodass dieser Punkt eigentlich kein wichtiges Kriterium ist. Er spielt nur eine Rolle bei exotischen Indizes, wo der *Tracking Error* schnell mehrere Prozentpunkte betragen kann.

Größe des ETFs

Hier gilt folgende einfache Regel: Der ETFs sollte nicht zu klein sein, weil je geringer, dass im ETF verwaltete Vermögen ist, desto größer ist die Gefahr, dass der ETF-Anbieter den ETF irgendwann schließt oder diesen mit einen anderen ETF zusammenlegt. Beides ist zwar keine Katastrophe, trotzdem ärgerlich für den Anleger, weil für die Wiederanlage der freiwerdenden Mittel zusätzliche Kosten anfallen.
Sie sollten sich also vorab informieren, wie groß das Volumen des ETFs ist. Als Faustformel sagt man, dass die Wahrscheinlichkeit einer Schließung eines ETF ab einem Volumen von 100 Mio. € sehr gering ist.

Dies liegt daran, das ETFs ein Skalengeschäft sind, sie basieren auf Masse. Das heißt mit wachsender Größe steigen die Kosten nur unterproportional an. In der ETF-Welt bezeichnet man die Schwelle, ab der ein ETF für den Anbieter Gewinn erzielt, als Break-Even-Schwelle. Ab wann diese Schwelle überschritten wird hängt im Wesentlichen von der TER ab. Je größer die TER ist, umso geringer kann das verwaltete Vermögen des ETFs sein, damit der Anbieter Geld verdient und so die Schließungswahrscheinlichkeit gering ist. Laut Tenor der Branche, liegt z. B. die Break-Even-Schwelle bei einer TER von 30 Basispunkten ungefähr bei 50 Millionen.
Also sehen Sie die 100 Millionen eher als Richtschnur an, statt im Stein gemeißelt. Es kommt immer auf den ETF an.

Abbildungsmethoden
Ein wichtiges Kriterium bei der Auswahl zwischen verschiedenen ETFs auf den gleichen Referenzindex ist die Art der Indexabbildung. Diese kann je nach ETF unterschiedlich sein. Sie reicht von voller (physische) Replikation bis hin zu der synthetischen Replikation durch Swaps.
Doch eigentlich ist die Frage der Indexnachbildung eher sekundär geworden. Die Kritik an den Swap-ETFs, dass je nach Marktentwicklung durch den Swap eine Forderung[160] des ETFs gegenüber dem Swap-Partner entstehen kann, die im Falle einer Insolvenz des Swap-Partners verloren geht, und somit zu Verlusten im ETF führt, ist gelöst. Beispielsweise sichert *Comstage* seine Swap-ETFs wie folgt ab. Entsteht aufgrund der Kursentwicklung eine Forderung des ETFs gegenüber dem Swap-Partner, so wird diese durch Hinterlegung von Wertpapieren besichert. Dabei übersteigt der Wert der Sicherheiten generell die Forderung des Fonds, sodass eine Übersicherung gegeben ist (aktuell ca. 130 %). Somit ist das Kontrahentenrisiko ausgeschaltet und ein Swap-ETF ähnlich sicher wie ein Full-Replication-ETF.
Beide Varianten haben ihre Vor- und Nachteile. Die physische Replikation hat den Vorteil, dass sie Klarheit bringt über die Einzelwerte, in die der ETF investiert. Dafür kostet die physische Replikation durch den größeren Aufwand der Nachbildung mehr Gebühren.

---

[160] Diese entsteht, wenn sich der Index relativ gesehen besser entwickelt als das Sicherheitenportfolio des ETFs.

Dagegen hat die synthetische Replikation den Vorteil, dass sie in der Regel günstiger ist als physisch nachgebildete ETFs. Hierfür muss der Anleger in Kauf nehmen, dass der Swap-Partner des ETFs ausfallen kann.
Sie müssen abwägen, welche Kriterien für sie bei der Art der Indexabbildung ausschlaggebend sind.

Die Art der Ertragsverwendung

ETFs bekommen regelmäßig Erträge z. B. in Form von Dividenden und Zinsen. So bekommen beispielsweise Aktien-ETFs regelmäßig Dividendenzahlungen von den Unternehmen, deren Aktien sie halten, oder Renten-ETFs erhalten Zinszahlungen von den Emittenten der von ihnen gehaltenen Anleihen. ETFs unterscheiden sich darin, was sie mit diesen Erträgen machen. Eigentlich gibt es nur zwei Möglichkeiten:

1. Ausschüttende ETFs: Sie geben die Dividenden und Zinsen quartalsweise, halbjährig oder jährlich direkt an die Anleger weiter. Darum müssen sich die Anleger entscheiden, was sie mit den ausgeschütteten Erträgen tun möchten.
2. Thesaurierende ETFs: Sie schütten die Erträge nicht aus, sondern führen sie dem Sondervermögen des ETFs zu, d. h. sie verbleiben bei dem ETF. Somit schlagen sich die Dividenden und Zinsen in höhere ETF-Anteilspreise nieder. Da das Geld im ETF verbleibt, müssen sich Anleger keine Gedanken über eine Wiederanlage machen.

Für welche Variante Sie sich entscheiden, hängt in erster Linie von ihrer persönlichen Investmentstrategie ab. Wer etwa regelmäßige Einnahmen wünscht, also ein passives Einkommen, für den sind ausschüttende ETFs die richtige Wahl. Für Anleger, die ein Vermögen ansparen möchten, sind thesaurierende ETFs praktischer, weil sie die Ausschüttungen nicht wieder investieren müssen.

Performanceanalyse

Hierzu nutze ich eigentlich nur den Nettoinventarwert (NAV), weil er alle Kosten enthält, die auf Produktebene (also vom ETF) anfallen enthält. Zur Performanceanalyse verwendet man historische Renditen des ETFs die auf NAV-Zahlen beruhen. Die auf dem NAV beruhenden Renditezahlen finden sich meist in den Factsheets der einzelnen ETF. Hier findet man auch die

Performancezahlen der abgebildeten Indizes für dieselben Zeiträume. Anhand dieser Performancezahlen kann man verschiedene ETFs miteinander vergleichen und den besten auswählen. Da auch allfällige Dividendenausschüttungen in den NAV mit eingerechnet sind.

Sie müssen jetzt für sich entscheiden, wie Sie die einzelnen Kriterien zueinander gewichten. Um nicht Äpfel mit Birnen zu vergleichen: *Vergleichen Sie nur, was vergleichbar ist.* Das heißt vergleichen Sie nur ETFs auf denselben Index. Beachten Sie das Kriterium, welches für Sie am ausschlaggebendsten ist, schwerpunktmäßig. Sind Sie z. B ein eher langfristiger Anleger, so sollten sie ihr Augenmerk auf die laufenden Gebühren des ETFs, wie TER, lenken. Sehen Sie sich eher als kurzfristigen Trader, sollten sie die Handelskosten im Blick haben.
Zu welchen der vorgestellten ETFs auf den Euro Stoxx 50 tendiere ich? Da ich mich eher als langfristiger Anleger sehe, ist für mich, dass entscheidende Kriterium die TER. Sie sollte möglichst klein sein. Daneben möchte ich gerne ein passives Einkommen erzielen, somit kommt für mich eigentlich nur ausschüttende ETFs in Frage. Am besten erfüllt die ausschüttende ETF-Variante von *db x-trackers*, meine Kriterien.

Wie kaufen Sie nun einen ETF?
Van den Beurse – so soll nach einer Börsenanekdote der Name der Brügger Kaufmannsfamilie gelautet haben, auf den der Begriff Börse zurückgeht. Der Legende nach trafen sich im 14. Jahrhundert vor dem Haus der Kaufmannsfamilie mehrere Händler und hielten dort einen Markt ab. Auch die heutigen Börsen sind im Prinzip nichts anderes als ein Marktplatz, auf dem Händler ihre Waren (u. a. Renten, Aktien, Rohstoffe) potenziellen Käufern anbieten. Lassen Sie uns also den Marktplatz Börse betreten und ansehen, wie der Handel dort funktioniert.

Schritt 1: Wertpapierdepot eröffnen

Für den Kauf von ETFs wird ein Depot vorausgesetzt. Denn nur über das Depot können Sie ETFs kaufen und verkaufen[161].

Schritt 2: Geldbetrag festlegen und ETF auswählen

Damit Sie einem ETF kaufen können, müssen Sie einige Vorarbeiten leisten. Sie müssen sich für einen ETF entschieden haben. Im vorherigen Abschnitt haben wir uns für den *„Xtrackers EURO STOXX 50 UCITS ETF 1D"* entschieden, also spielen wir durch, wie man diesen ETF kauft.

Danach müssen Sie auf eine der gängigen Suchplattformen für ETFs, wie z. B. justetf.com und extraETF.com, die ISIN und/oder WKN heraussuchen. Sie wird in der Regel bei den ETF-Profilen veröffentlicht. Die ISIN des *„Xtrackers EURO STOXX 50 UCITS ETF 1D"* lautet LU0274211217 (oder WKN DBX1EU).

Abschließend müssen Sie sich überlegen, welchen Betrag Sie in den ETF investieren möchten. Dabei müssen Sie berücksichtigen, dass die Gebühren bei einer Kauforder unter 1.000 € aufgrund der Mindestgebühren bei vielen Banken bzw. Brokern meist zu hoch sind. Als Faustregel gilt: Die Kaufgebühren sollten höchsten 1 bis 2 % des Auftragswertes betragen.

Möchten Sie dennoch kleinere Geldbeträge investieren, so können Sie auf einen ETF-Sparplan ausweichen oder die ETFs bei einem günstigen Neo-Broker handeln. Oftmals nehmen die Neo-Broker sogar keine Gebühren für den Kauf oder Verkauf eines ETF-Anteils. In unserem Beispiel entscheiden

---

[161] Besonders im Hinblick auf die Gebühren sind Neobroker wie Trade Republic oder Scalable Capital interessant. Sie bieten ihren Kunden oftmals kostenfreien Wertpapierhandel an, d. h. man kann die ETFs ohne Kauf- oder Verkaufsgebühren des Brokers kaufen. Natürlich fällt noch die Geld-Brief-Spanne an. Wie funktioniert das? Beispielsweise erlaubt Trade Republic ihren Kunden aktuell ausschließlich Transaktionen über LS Exchange und als Backup über Tradegate abzuschließen. Handeln über die Börse Frankfurt oder die Börse Stuttgart? Nicht möglich. Diese Verengung des Angebots der Börsenplätze ist das Erfolgsrezept der Neobroker. Denn der Börsenplatzbetreiber zahlt den Neobrokern sogenannte Abwicklungskostenzuschüsse. Mit anderen Worten: Provisionen, dass der Broker die Kunden zum Börsenplatz weiterleitet. Dies nennt sich Payment for Orderflow. Bekommen die Kunden durch dieses Modell schlechtere Kurse als z. B. auf Xetra oder anderen Börsen? Nein! Mehrer Studien kommen zu dem Schluss, dass in der Mehrzahl der gestellten Kurse ähnlich sind, wie die an den Börsen. Mit anderen Worten der Anleger kann auch hier die ETF zu ihren Nettoinventarwert ver- bzw. kaufen.

wir uns 5.000 Euro in den „*Xtrackers EURO STOXX 50 UCITS ETF 1D*" zu investieren.

Schritt 3: Geld auf das Verrechnungskonto überweisen

Zu eigentlich jedem Depot erhält der Anleger bei der Depoteröffnung ein Verrechnungskonto (oder Depotverrechnungskonto genannt). Es dient für Aus- und Einzahlungen vom Depot. Zudem zahlen Sie auf diesem Konto den Betrag ein, den Sie beabsichtigen, in einem ETF zu investieren. D. h. im Vorfeld zu einer Order muss auf dem Verrechnungskonto der Kaufbetrag bereitliegen.

Deswegen müssen für den Kauf des „*Xtrackers EURO STOXX 50 UCITS ETF 1D*" 5.000 € auf das Verrechnungskonto zahlen.

Schritt 4: Wie viele ETF-Anteile kaufen?

Hier kommt jetzt eine Besonderheit zum Tragen. Sie können nur ganze ETF-Anteile an der Börse kaufen bzw. verkaufen. Dazu müssen Sie die Stückzahl immer auf ganze Anteile abrunden. Dazu teilen Sie ihren festgelegten Orderbetrag durch den Kaufpreis. Um den Kaufpreis zu ermitteln gehen sie auf die WEB-Seite der https://www.boerse-frankfurt.de/ oder onvista.de. Dort werden die Geld/Brief-Kurse des Fonds veröffentlicht. Da wir einen ETF kaufen möchten, ist der dort veröffentlichte Briefkurs für uns relevant.

Wir wollen in dem *Xtrackers EURO STOXX 50 UCITS ETF 1D* 5.000 € investieren. Der Briefkurs des ETF beträgt laut Börse Frankfurt 40,97 €. Deshalb teilen wir 5.000 / 40,97 = 122,04. Diese 122,04 runden wir auf ganze Anteile ab, also 122. Somit können wir 122 ETF-Anteile erwerben.

Schritt 5: Kaufen oder Verkaufen

Ein Tipp: Sie sollten ihre Order am besten in der Mitte der Handelszeit (11-16 Uhr) platzieren, weil der Handel zu Beginn und am Ende des Tages am schwersten ist. Das liegt daran, dass die Volatilität zu dieser Zeit am höchsten ist und daher große Handelsspreads keine Seltenheit sind.

So kaufen Sie einen ETF:

Bevor Sie einen Auftrag abgeben können, müssen Sie noch den Börsenplatz bestimmen. Dazu sehen Sie sich z. B. unter www.ing-diba.de die aktuellen Spreads an den unterschiedlichen Börsenplätzen an. Da Stuttgart einen Spread von 0,00% hat und Xetra von 0,02 %, wird der Kauf des ETFs an der Börse Stuttgart durchgeführt.

Beispiel: Sie erteilen Ihrer Bank einen Auftrag zum Kauf von 122 Anteilen *„x-trackers ETF Euro Stoxx 50“* mit der ISIN LU0274211217. Als Börsenplatz verwenden Sie die Börse Stuttgart. Außerdem sollten sie ein Limit bei der Orderaufgabe geben. So sichern Sie ab, dass Sie den ETF nur zu dem Preis kaufen, den Sie auch wirklich zu zahlen bereit sind.

So verkaufen Sie einen ETF:

Der Verkauf eines ETFs gestaltet sich ähnlich wie der Kauf. Wie Sie es beim Aktienverkauf gewöhnt sind, geben sie bei der Verkaufsorder einfach nur die ISIN und die zu verkaufende Stückzahl an, und den Rest erledigt die Bank für Sie.

Beispiel: Sie erteilen Ihrer Bank einen Auftrag zum Verkauf von 122 Anteilen des *„x-trackers ETF Euro Stoxx 50“* mit der ISIN LU0274211217. Als Börsenplatz wählen Sie wiederum Stuttgart aus. Zusätzlich geben Sie ein Limit, zu dem Sie bereit sind, den ETF zu verkaufen.

Außerdem können Anleger mittels Orderzusätzen festlegen, wie ihr Auftrag ausgeführt werden soll. Prinzipiell gibt es zwei Typen von Kauf- oder Verkaufsaufträgen:

- Die *Market Orders* werden zum bestmöglichen Kurs ausgeführt, im Börsenchinesisch auch als Billigstorder bezeichnet. Geben Sie einen Billigst-Kaufauftrag, so wird der ETF zum geringst möglichen Kurs gekauft. Bei einem Billigst-Verkaufsauftrag wird der ETF zum höchstmöglichen Kurs verkauft.
- Dagegen geben Sie bei einer *Limit Order* eine Preisober- (bei Kaufauftrag) bzw. -untergrenze (bei Verkaufsauftrag), bis zu dem der Auftrag ausgeführt werden soll.

Außerdem gibt es für die *Market* und *Limit Order* weitere Zusatzarten, wie z. B. die Gültigkeitsbeschränkungen (mit ihr wird die Geltungsdauer der Order festgelegt) oder die Bestimmungen, wie eine Order im fortlaufenden Handel ausgeführt werden soll.

Es gibt aber auch noch die so genannten *Stop Orders*. Bei einer *Stop Order* wird der ETF erst gekauft bzw. verkauft, sobald der Kurs auf einen vorher festgelegten Wert, den Stop-Kurs, sinkt oder steigt. Ist dies der Fall, geht die *Stop Order* automatisch als normale *Market Order* in den Markt und wird zum bestmöglichen Preis ausgeführt.

Eine *Stop Sell Order* (zu Deutsch: Stop-Auftrag zum Verkauf) wird unter den aktuellen Kurs des ETFs gesetzt. Erst wenn der ETF unterhalb des Stop-Kurses gehandelt wird, wandelt sich die *Stop Sell Order* um in eine Bestens-Verkaufs-Order. In der Regel dient die *Stop Sell Order* zur Verlustbegrenzung und wird deswegen auch als Stop-Loss-Auftrag bezeichnet.

Der große Vorteil der *Stop Orders* ist, dass der Anleger nicht laufend den Markt beobachten muss. Er kann mithilfe dieser Order seine Verluste begrenzen, bereits angefallene Gewinne schützen oder sich günstige Einstiegskurse sichern. Der Nachteil ist: Legt der Anleger den Stop-Kurs falsch, so kann er bei kurzfristigen Kursrückschlägen in einem Aufwärtstrend unfreiwillig ausgestoppt werden. Leider sind die Stopps keine Garantie für eine wirkliche Verlustbegrenzung. Das Problem ist nämlich, dass die Stop-Orders beim Berühren des Stop-Kurses umgewandelt werden in eine Bestens-Verkaufs-Order. Kommt es zu einem kräftigen Kursrutsch, so kann es passieren, dass der Verkaufsauftrag zu weit schlechteren Kursen abgewickelt wird als der Stop-Kurs vorgibt.

Um diesen Abschnitt nicht zu ermüdend zu machen, beschränke ich mich auf die dargestellten wichtigsten Orderzusätze. Interessierte Leser finden auf der Internetseite boerse-frankfurt.de/orderzusaetze viele weitere nützliche Informationen zu diesem Thema.

4.11.1 Schritt für Schritt ein Vermögen aufbauen – Sparpläne mit ETFs

Wer kennt nicht das alte Sprichwort: „*Spare in der Zeit, dann hast du in der Not.*“ Dafür bieten sich Sparpläne an. Auf einen Sparplan zahlt der Investor über einen längeren Zeitraum regelmäßig einen bestimmten Betrag (die meisten Sparpläne haben einen Mindestbetrag von 25 Euro) ein. Anschließend wandelt der Broker die Einzahlungen unverzüglich in Anteile eines ETFs um. Durch das professionelle Management der depotführenden Bank hat der Investor eine mühelose Vermögensanlagemöglichkeit, weil er sich normalerweise um nichts mehr kümmern muss. Hierbei kann der Anleger zwischen zwei Vorgehensweisen wählen. Bei der Preismethode wird jeden Monat eine fixe Summe angelegt, wohingegen bei der Mengenmethode eine feste Zahl von Anteilen erworben wird.

Viele Untersuchungen zeigen, dass sowohl bei Aktien- als auch bei Renten-ETFs die Preis- der Mengenmethode vorzuziehen ist. Dies liegt daran, dass durch das antizyklische Handeln bei der Preismethode der Einstandspreis stärker optimiert wird, als bei der Mengenmethode.

Allerdings fällt bei ETFs im Rahmen eines Sparplans oftmals ein Ausgabeaufschlag von bis zu 3 % an. Das liegt daran, dass die ETF-Anteile nicht an der Börse gekauft werden, sondern direkt beim ETF-Anbieter bzw. *Designated Sponsor*.

Ein wesentlicher Vorteil eines Sparplanes ist der Cost-Average-Effekt. Dieser Effekt beschreibt die Tatsache, dass ein Anleger für einen konstanten Sparbeitrag bei niedrigen Kursen mehr und bei hohen Kursen weniger ETF-Anteile kauft. Demzufolge erhält er auf längere Sicht die Fondsanteile zu einem günstigen Durchschnittskurs. Die Auswirkungen des Cost-Average-Effekts fallen umso stärker aus, je länger der ETF-Sparplan läuft und je volatiler der Kursverlauf des ETFs ist. Wer z. B. in den vergangenen 30 Jahren monatlich 100 Euro in einen Aktienfonds mit Schwerpunkt deutsche Wertpapiere investiert hätte, hätte nach Berechnungen des BVI zum Stichtag 30. September 2008 ein Vermögen von 132.131 Euro gehabt, und dies bei Einzahlungen von nur 36.000 Euro, d. h., der Anleger konnte eine durchschnittliche Rendite von 7,6 % p. a. erzielen. Allerdings sind vergangenheitsbezogene Daten keine Garantie für die zukünftige Entwicklung. Welche Sprengkraft dieser Satz hat, erkennt man aus einem anderen Beispiel.

Hätte ein Investor nämlich einen Sparplan auf einen DAX-ETF mit einer monatlichen Zahlung von 25 Euro im Januar 1998 abgeschlossen, sähe das Ergebnis nach 10 Jahren im Januar 2009 ganz anders aus. Der Investor hätte im Januar 2009 65,016 Anteile am DAX-ETF, dies entspricht einem Wert von 3.233,27 Euro (Stand 02.01.2009). Dafür hätte er über 10 Jahre insgesamt 3.225 Euro eingezahlt. Das heißt, die Rendite betrüge für den ganzen Zeitraum nur magere 0,25 %. Dagegen hätte der Investor bei einer Einmalzahlung von 3.225 Euro zu Beginn immerhin 74,774 Anteile (Preis des ETFs 43,12 Euro) des DAX-ETFs gekauft. Dies entspräche am 02.01.2009 einem Wert von 3.718,50 Euro, das wäre also deutlich mehr als beim Sparplan[162].

[162] Ins gleiche Horn stieß die vom BVI *(Bundesverband Investment und Asset Management)* veröffentlichte Sparplan-Statistik zum Stichtag 30. Juni 2009. So verbuchten Aktienfonds-Sparpläne mit Anlageschwerpunkt Deutschland nach zehn Jahren eine Jah-

Das liegt daran, dass die Aktienmärkte langfristig eine positive reale Rendite aufweisen, weil sie im Durchschnitt an sechs von zehn Tagen steigen. Und natürlich muss der Zinseszinseffekt berücksichtigt werden. Schon Albert Einstein stellte fest: „*Der Zinseszinseffekt ist die größte Entdeckung der Mathematik.*" Er begründete dies damit, dass bedingt durch den Zinseszinseffekt eine Geldanlage (bei konstanter Rendite) nicht linear, sondern exponentiell anwächst. Das heißt, in Geldeinheiten gemessen nimmt der Wert einer Anlage jedes Jahr schneller zu. Anderseits können die Aktien- oder Rentenmärkte in bestimmten Phasen so hoch bewertet sein, dass sie mehrere Jahre in „Richtung Süden" gehen.

Außerdem kann der Cost-Average-Effekt den Durchschnittspreis für einen Fondsanteil nur senken, man bekommt also niemals den bestmöglichen Preis innerhalb der Zeitperiode. Für unser DAX-ETF-Beispiel liegt der Durchschnittspreis bei 49,73 Euro. Dieser Durchschnittspreis liegt immer über dem günstigsten (DAX-Beispiel 24,32 Euro) und unter dem teuersten Preis (DAX-Beispiel 80,25 Euro) für einen Fondsanteil in der Zeitperiode. Je nachdem, wie sich der Fondspreis entwickelt hat, kann innerhalb einer Periode eine Einmalzahlung oder eine monatliche Sparrate besser sein.

Allerdings haben die meisten Anleger natürlich nicht den Betrag für eine Einmalzahlung zur Verfügung. So ist ein Sparplan ein sinnvolles Instrument zum Vermögensaufbau. Obendrein sollte der Anleger seinen Sparplan möglichst über einen langen Zeitraum anlegen. Denn der Löwenanteil der Wertentwicklung entsteht erst gegen Ende eines langen Anlagehorizonts, da dann der Wiederanlageeffekt zum Tragen kommt. Außerdem vermeidet ein langfristiger Sparplan durch die regelmäßige Anlage Timing-Probleme.

Zudem lassen sich mit einem Sparplan auf einen ETF die Chancen zusätzlich steigern, weil sie im Vergleich zu klassischen Fonds weniger Gebühren mit sich schleppen. Es gilt: Sind die Kosten niedrig, steigt das Renditepotenzial. Dementsprechend wächst die Nachfrage nach ETF-Sparplänen stetig. Diesem Umstand tragen die großen Direktbanken (wie *comdirect*, www.comdirect.de, oder *DAB Bank*, www.dab-bank.com) mit einer Ausweitung des Angebotes an ETF-Sparplänen Rechnung. Im Prinzip können Anle-

---

resrendite im Schnitt von minus 2,6 %, aber immerhin betrug nach 30 Jahren die Jahresrendite 6,8 %.

ger nun mithilfe eines ETF-Sparplanes alle wichtigen Anlageklassen abdecken, sodass für jeden Anlegertyp und jede Risikopräferenz etwas dabei ist. Aber Vorsicht: Auch bei ETF-Sparplänen ist nicht alles eitel Sonnenschein. Hier schlagen nämlich die Kosten von einer anderen Seite brutal zu. So berechnen die meisten Direktbanken pro Sparplanausführung einen Gebührensatz von 2 bis 2,5 % oder eine Kombination aus Mindestgebühr zuzüglich einer variablen Gebühr (z. B. fallen bei *Cortal Consors* zwei Prozent der Sparrate als Gebühr an, bei *comdirect* und *Maxblue* 2,50 Euro plus 0,4 % vom Ordervolumen der Transaktion (Stand 25.02.2009)). Das führt besonders bei kleinen Sparbeträgen von 25 bis 50 Euro zu einer Gebührenbelastung von bis zu 10 % je Sparrate. Deswegen sollten kleine Sparbeträge in einem größeren Intervall gespart werden, so könnte z. B. eine quartalsweise Ausführung die Ausführungskosten deutlich senken. Allerdings bieten heute immer mehr Direktbanken oder Broker Sonderaktionen an. Dort können viele Wertpapiersparpläne gebührenfrei oder mit Rabatt ausgeführt werden. Beispielsweise fallen bei Maxblue auf viele ETF der Anbieter Amundi, Vanguard und Xtrackers keine Kaufgebühren an.

Nach der Ansparphase kommt natürlich irgendwann die Entnahmephase. Dabei steht der Anleger vor dem Problem, wie er seinem Vermögen am besten Geld entnimmt. Hierzu bietet sich die vom *VZ-Vermögenszentrum* entwickelte Etappenstrategie[163] an. Bei dieser Strategie wird das Kapital in einen Verbrauchs- und einen Wachstumsteil gruppiert. Dabei stellt der Verbrauchsanteil über zehn Jahre die notwendigen Entnahmen sicher. Deswegen wird das Kapital im Verbrauchsteil streng sicherheitsorientiert angelegt und über die Laufzeit verzehrt. Für den Bedarf im ersten Jahr sollte deswegen der Anleger auf Tagesgeld- und Festgeldanlagen zurückgreifen. Für die nächsten Jahre könnte er z. B. ein Rentendepot so zusammenstellen, dass jedes Jahr eine Anleihe fällig wird. Die Zinseinnahme der verbleibenden Anleihen und der fälligen Tilgungssumme kann der Anleger dann verbrauchen. Der Teil des Kapitals, der nicht in den Verbrauchsteil investiert wird, wandert in den Wachstumsteil. Das Kapital, was hier angelegt wird, soll zehn Jahre kontinuierlich arbeiten, mit dem Ziel, die durch die Entnahmen verbrauchte Vermö-

[163] Vgl. Lyxor ETF: Die Welt der ETFs: Geld in Etappen mehren. Vom Vermögen leben und das Kapital arbeiten lassen, Ausgabe 08 / November 2008, S. 20-23

genssubstanz wiederaufzubauen. Deswegen kann hier durchaus eine etwas offensivere Anlagestrategie gewählt werden. Hierbei muss der Anleger bei den Anlagen berücksichtigen, dass sein Zeithorizont 10 Jahre ist. Deshalb kommen in die Auswahl ETFs auf große Standardindizes oder offene Immobilienfonds, aber auch Unternehmensanleihen usw.

In der Regel sollte der Verbrauchsanteil ca. 40 % des Kapitals ausmachen und der Wachstumsanteil ca. 60 %. So ist sichergestellt, dass der Anleger nach Ende der Verbrauchsphase, d. h. nach 10 Jahren, sein ursprüngliches Kapital wieder zur Verfügung hat. Hat beispielsweise der Anleger 100.000 Euro zur Verfügung, so legt er 40.000 Euro in den Verbrauchsteil und 60.000 Euro in den Wachstumsanteil an. So stehen dem Anleger im Verbrauchsteil jedes Jahr ca. 4.000 Euro plus drei Zehntel der Zinsen zur Verfügung. Die übrigen Zinsen werden wieder angelegt, um in den letzten Jahren der Entnahme über ähnliche Zinseinnahmen zu verfügen wie am Anfang der Periode. Erwirtschaftet der Wachstumsteil durchschnittlich 5,2 % p. a., stehen dem Anleger am Ende der Zehnjahresperiode wieder 100.000 Euro zur Verfügung und das Spiel kann von Neuem beginnen.

4.12 Grau ist alle Theorie – Einsatz- und Handelsstrategien

Wer kennt nicht die Situation, einen Vortrag gehört zu haben und sich insgeheim die Frage zu stellen: Welchen Nutzen hat das Präsentierte für mich? Allzu häufig geht in der theoretischen Wissensvermittlung das tatsächlich Anwendbare unter. Beispielsweise gehören zum Erlangen des Führerscheines viele langweilige Theoriestunden, wirklich spannend ist aber eigentlich nur das Fahren. Viele Autofahrer sagen deswegen auch, dass sie am meisten auf der Straße gelernt haben, also in der Praxis.

Ausgehend von diesen Überlegungen steht dieser Abschnitt ganz im Fokus der Praxis, genauer gesagt des strategischen Einsatzes von ETFs. Ich möchte Ihnen auf den kommenden Seiten zumindest einen Teil des Rüstzeuges mit auf den Weg geben, das Sie ein wenig erfolgreicher machen kann. Dazu werde ich Ihnen zunächst zeigen, wie sie die häufigsten Fehler bei der Geldanlage vermeiden. Danach schließt sich der strategische Einsatz von ETFs an.

4.12.1 Häufige Fehler bei der Geldanlage

Der Handel mit ETFs ist eigentlich relativ simpel. Anleger benötigen lediglich vier Dinge: eine Marktmeinung, den passenden ETF zur Umsetzung, ein Wertpapierdepot und natürlich Kapital. Doch „*der Teufel steckt im Detail*". Man muss mehr Dinge beachten, als ursprünglich gedacht, und so kommt es zu Fehlern bei der Geldanlage. Diese Fehler kosten dem Anleger Geld bzw. Rendite. Im nachfolgenden Abschnitt möchte ich Ihnen aufzeigen, wie Sie diese Fehler vermeiden und so Ihr Kapital gewinnbringender einsetzen können.

Vor dem Kauf eines ETFs

Bevor Sie den Kauf eines ETFs ins Auge fassen, sollten Sie unbedingt eine Marktmeinung haben. Hier ist jetzt gesunder Menschenverstand gefragt. Bei aller Lektüre, die im deutschen Zeitungswald rund um die Geldanlage angeboten wird, sollten Sie zunächst von der Suche nach dem heißen, gewinnbringenden Tipp Abstand nehmen. Viele erfolgreiche *Trader* sagen: Erfolgreich zu handeln bedeutet im Geschäft zu bleiben, und nicht die Verluste ausufern zu lassen. Im Auswahlprozess für einen ETF sollten Sie sich solche Fragen stellen wie: In welchen Index bzw. Markt und in welche Anlageklassen, wie Aktien, Anleihen, Rohstoffe, Immobilien usw., soll investiert werden? Und besonders wichtig, in welcher Marktentwicklung – fallend, seitwärts oder steigend – befindet sich der Markt? Schließlich halten ETF-Anbieter ein ganzes Arsenal von Produkten für den Anleger breit. Neben den großen Standard-ETFs auf die bekannten Indizes gibt es auch Short-ETFs, ETFs auf Indizes in Wachstumsregionen (wie China) oder ETFs auf den Kredit- bzw. Geldmarkt und vieles mehr.

Zudem offenbaren die Verkaufsstatistiken der Fondsgesellschaften, dass die Masse der Privatanleger viel zu spät auf den fahrenden Zug aufspringt. Erst wenn sich die Hausse nahe ihrem Hoch befindet, ringen sich offensichtlich viele Anleger zu Käufen durch, angezogen durch die in den Medien publizierten Gewinne. Dagegen kaufen erfolgreiche Investoren, wenn sich die Mehr-

heit von den Märkten abgewendet hat, und nehmen anschließend den nächsten Kaufaufschwung voll mit, d. h. sie investieren antizyklisch.
Haben Sie aber auch immer einen Plan B in der Tasche, falls sich Ihre Markteinschätzung bzw. Strategie nicht bewahrheitet, um Ihre Verluste zu begrenzen. Nur zur Erinnerung: Um einen Verlust von 50 % wieder aufzuholen, muss sich ein neues Investment verdoppeln. Somit liegt der Erfolg eines langfristig ausgerichteten Depots nicht in der maximalen Gewinnerzielung, sondern vielmehr darin, Verluste so gering wie möglich zu halten. Doch leider begrenzen die meisten Anleger ihre Verluste noch nicht. Heiko Aschoff fasste dies so zusammen:

> „Es ist wie bei der Pflege eines schönen Gartens: Das Unkraut wird gerupft (Stop-Loss), damit die schönen Pflanzen sich prächtig entfalten können (Gewinne laufen lassen). Leider rupft man gelegentlich junge Pflanzen aus, die man für Unkraut hält (unglücklich ausgestoppt, danach Kursrallye). Dennoch sollte die Hege und Pflege der guten Pflanzen den Garten erblühen lassen. Lässt man dagegen Unkraut seinen freien Lauf, verwildert der Garten sehr schnell. Den erwünschten Pflanzen fehlt der Freiraum zur Entfaltung. Möchte man das verhindern, ist konsequente Selektion oberste Pflicht."[164]

Warum es sich auszahlt, Verluste zu vermeiden, zeigt folgende kleine Rechnung. Aus einer Anlagesumme von 100.000 Euro werden in zwanzig Jahren bei einem konstanten Zinssatz von 5 % und einer Volatilität von null 278.596 Euro. Bei schwankender Rendite – mal plus 10 %, mal minus 5 % – aber wiederum einer arithmetischen Durchschnittsrendite von 5 % ergibt sich ein Betrag von nur 237.119 Euro (bei einer unterstellten Volatilität von 13 %). Das liegt daran, dass die Volatilität beim geometrischen Zins circa 0,8 Prozentpunkte Rendite pro Jahr oder in Summe mehr als 40.000 Euro kostet (s. S. 365 ff.). Mit anderen Worten, eine hohe Volatilität beschädigt die Rendite. Darum lohnt es sich, Schwankungen in der Anlagestrategie zu minimieren[165]. Nebenbei könnte dies zu einem wirklichen Problem für die passiven Anleger werden, da einige Experten darüber berichten, dass die Volatilitäten besonders von Aktienindizes gestiegen sind. Somit könnte trotz gleichbleibender

---

[164] Aschoff, Heiko: Leitfaden und Tutorial Methoden & Strategien. Geschäftsberichte, Risikomanagement, Investment, www.institutionell.info, 2. Auflage 2008, S. 86

[165] Vgl. Wambach, Martin: Neue Strategien – Immer mehr Kommunen setzen auf ETF-Vorsorgefonds, ETF Magazin. Die neue Generation der Geldanlage, Januar 2009, S. 39

Durchschnittsrendite der Ertrag zurückgehen, weil der geometrische Zins rückläufig ist.

Das Produktangebot an ETFs ist in den letzten Jahren enorm gewachsen. Daher nutzen viele Anleger die Suchfunktionen auf den Internetseiten *Onvista* oder *Finanztreff*, um den richtigen ETF zu finden. Zur Sicherheit sollten sie immer auf der Webseite der Emittenten überprüfen, ob die angegebenen Daten noch korrekt sind.

Ein weiterer wichtiger Ratschlag an der Börse ist: „*Kaufe nur, was du verstehst.*" Ein Anleger sollte die Methodik kennen, wie die Indizes ihre Mitglieder aufnehmen oder ausschließen. Denn auch Indizes sind nicht perfekt. Dies gilt besonders für Themen- und Strategieindizes. So hatten z. B. viele Value-Indizes Anfang des Jahres 2008 ein Gewicht von mehr als 50 Prozent in der Finanzbranche. Die Folge war, dass diese Indizes im Rahmen der Finanzkrise überproportional gegen Ende 2008 abstürzten. Deswegen sollten Sie einen Index auf Herz und Nieren prüfen. Nutzen Sie hierzu die vielfältigen kostenlosen Informationsangebote der ETF-Anbieter und des Internets. Bei einfachen Produkten wie ETFs auf die großen Standardindizes bieten Onlineportale den Anlegern einen guten Überblick.

Tabelle 48: Finanzinformationen aus dem Internet

ETF-Anbieter-Internetseiten: www.abnamromarketaccess.de; www.lyxoretf.de; www.axa-im.de; www.dbxtrackers.de; www.ishares.de; www. etf.ubs.com; www.comstage.de; www.etfsecurities.com; www.etflab.com
Externe Finanzseiten: www.onvista.de; www.godmode-trader.de; www.ftd.de; www.finanztreff.de; www.boerse-online.de; www.ariva.de; www.spiegel.de: www.boerse-go.de sowie www.manager-magazin.de
E-Mail-Newsletter mit Themenschwerpunkt ETFs: www.handelsblatt.com (Bietet den E-Mail-Newsletter *IndexNews* an.); www.10x10.ch (Bietet den E-Mail-Newsletter *10 x 10 The ETF Newsletter* an.); www.extra-funds.de (Bietet den E-Mail-Newsletter *Extra Newsletter Investieren mit Exchange Traded Funds* an.)
Internetseiten der wichtigsten Indexanbieter (gut um Methodik der Indizes zu verstehen) www.mscibarra.com (MSCI-Indexwelt, z. B. MSCI World); www.stoxx.com (Stoxx-Indexwelt, z.B. z.B. DJ Euro Stoxx 50); www.ftse.com (FTSE-Welt, z.B. FTSE100); www.boerse-frankfurt.com (DAX-Indexwelt, z.B. DAX) ; www.djindexes.com (Dow Jones Indexwelt, z.B. Dow Jones); www.indices.standardandpoors.com (Standard and Poors Indexwelt, z.B. S&P 500)

Vorsicht ist jedoch bei komplexeren ETFs, z. B. Strategie-ETFs, geboten. Hier sollte sich der Anleger bei Fragen auch direkt an den ETF-Anbieter wenden. Als Ergänzung bieten sich auch die Onlineangebote klassischer Finanzzeitungen, wie *Handelsblatt*, an. Um den Blick über den Tellerrand zu werfen, lohnt sich auch ein Blick auf die Seiten klassischer Magazine, wie *Spiegel*.
Falls mehrere ETFs zu dem von Ihnen ausgewählten Index zur Verfügung stehen, lohnt sich ein genauer Blick auf die Kosten, wie im vorherigen Abschnitt erläutert. Jetzt ist es an der Zeit, den ETF zu kaufen. Bedenken Sie dabei, dass es nicht leicht ist, den richtigen Einstiegszeitpunkt zu finden. Die wenigsten Anleger schaffen das. Achten sie vielmehr darauf, dass der ausgewählte Index nicht überteuert (s. S. 113 ff.) ist und somit schon die Entwicklung um Jahre vorweggenommen hat. Hier liegt der Schlüssel zum Erfolg beim passiven Investieren. Am einfachsten zu erkennen, ob ein Aktienindex zu teuer ist, ist mittels des KGVs möglich. Als Faustregel gilt: Je niedriger das KGV des Indexes ist, desto günstiger bewertet ist er. Angaben zu den KGVs von Aktienindizes findet der Anleger z. B. in Anlegermagazinen wie *Börse Online*.

Während des Engagements

„*Vertrauen ist gut – Kontrolle ist besser*" lehrt ein Sprichwort. Fügen Sie deswegen die von Ihnen gehaltenen ETFs in eine leistungsstarke Watchlist ein. Das ist unkomplizierter, als ständig einen Blick ins Depot zu werfen. Zudem bieten einige Watchlisten sogar die Möglichkeit, sich per SMS oder E-Mail Alarme zusenden zu lassen, wenn vorher definierte Kurse erreicht werden. So ist gewährleistet, dass sie immer am Ball sind. Dieses Vorgehen ist besonders dann ratsam, wenn Sie ETFs im Depot haben, deren Referenzindex ein Strategie- oder Themenindex ist. Solche Indizes unterliegen extremen Schwankungen. Watchlisten bieten z. B. die Internetseiten www.yahoo.de, www.hsbc-zertifikate, www.maxblue oder www.onvista.de an. Der Spruch „*die Aktie bzw. der Index kommt schon wieder*" trifft leider nicht immer zu. Wer z. B. 1998 Aktien der *Deutschen Telekom* kaufte, machte zunächst einen fantastischen Schnitt. In nur zwei Jahren verfünffachte sich der Kurs. Anschließend folge ein ebenso grandioser Absturz von 90 % Verlust bis September 2002. Von diesem Aderlass hat sich die Aktie bis heute nicht erholt. Mehr als 700 % Kursgewinn wären jetzt nötig, um den entstandenen Schaden wieder auszugleichen. Ähnlich sieht es bei den Technologie- oder Telekommunikationsindizes aus. Auch sie haben sich bis heute nicht von ihren großen Verlusten erholen können. So warnt die Börsenlegende Jim Rogers: *„Verluste bringen Sie um. Große Kursrückgänge können Sie nie mehr aufholen."* Also verkaufen Sie, falls der Kurs des ETFs unter ein bestimmtes Niveau fällt. Sie sollten also Verlustbegrenzung betreiben.

Verkauf

Beachten Sie immer die Handelszeiten des zugrunde liegenden Basiswertes. Möchten Sie z. B. einen ETF auf einen vergleichsweise illiquiden Index außerhalb seiner Handelszeiten verkaufen, kann es vorkommen, dass der *Spread* größer ist als zur Handelszeit des Indexes. Genau wie der ehemalige Trainer des *FC Bayern München*, Jürgen Klinsmann, versuchte, *„die Spieler jeden Tag ein bisschen besser zu machen"*, sollten Sie auch versuchen, besser zu werden. Hierzu sollten Sie sich kritisch mit dem getätigten Geschäft auseinandersetzen. Fragen Sie sich dazu, was gut gelaufen ist und was Sie beim nächsten Geschäft besser machen können.

Wenn sie alle in diesem Kapitel beschriebenen Punkte beachten, sollte der Handel mit ETFs für Sie ganz einfach sein. Wenden wir uns jetzt dem strategischen Einsatz von ETFs zu.

4.12.2 Strategischer Einsatz von ETFs

Passives Investieren darf nicht mit dem Verzicht auf das Treffen von (aktiven) Entscheidungen gleichgesetzt werden. Wie jede andere Anlageentscheidung muss auch der Entschluss ETFs einzusetzen, im Rahmen des Gesamtdepots gefasst werden. In der Praxis bietet sich folgender stufenweiser Prozess zur Entscheidungsfindung an. Dabei ist das *Risk Budgeting* einer der zentralen Bestandteile beim Investmentprozess. Darunter versteht man das Risiko, das ein Anleger bereit ist, bei seinem Portfolio einzugehen. Deswegen ist das Hauptziel des *Risk Budgeting* sicherzustellen, das Investmentstrategien im vollen Bewusstsein über die Risiken getroffen werden. Der Satz *„wer mehr Rendite haben möchte, muss mehr Risiko eingehen"* ist keine leere Worthülse, sondern bittere Wahrheit an den Börsen. Erst wenn der Anleger festgelegt hat, wie viel Risiko er eingehen möchte, lässt sich festlegen, welche verschiedenen Investitionen und Allokationen sich für ihn eignen. Im Prinzip hängt die Performance seines Portfolios davon ab, welches Risiko eingegangen wird und wie dieses auf die verschiedenen Investments verteilt wird.

1. Schritt: Bestimmung der Anlageziele
2. Schritt: Bestimmung der Anlagestrategie (Wahl der Anlageklasse, wie z.B. Aktien) und ihrer Gewichtung und des Risikos (so genanntes Risk Budgeting)
3. Schritt: Wie setze ich die Anlagestrategie um? Aktive oder passive Produkte? Wahl der Portfoliostruktur.
4. Schritt: Wahl der Produkte (passiv: z.B. große Benchmarkindizes; aktiv z. B. Anlagestile)
5. Schritt: Anlagetätigkeit
6. Schritt: Überwachung, so genanntes *Investment Controlling*

Abbildung 28: Stufenprozess zur Entscheidungsfindung im Investmentprozess

Hat nun ein Anleger seine Anlageziele entsprechend seiner Strategie gesteckt, muss er danach Entscheidungen über ihre Umsetzung treffen. Dazu bieten ETFs vielfältige Möglichkeiten. Jeder Anleger sollte sich an den Ratschlag von Garri Kasparow halten *„Klassische Ratschläge taugen nichts. Weder im Schach noch im Leben. Eine Strategie, die für mich funktioniert, kann den anderen ins Verderben führen."* Jeder Anleger muss also die für sich passende Strategie finden.

4.12.2.1 *Strategie, um dem Index zu folgen*

In diesem Abschnitt lenken wir unser Augenmerk auf Strategien, mit denen der Anleger einfach die Performance eines Indexes nachverfolgt.

Benchmarking

Wie bereits erwähnt, schaffen es die meisten aktiv gemanagten Fonds langfristig nicht, die Performance ihres Vergleichsindexes nachhaltig zu übertreffen. Möchte ein Anleger sein Portfolio dennoch in Einklang mit der Performance eines bestimmten Indexes bringen, so muss er nicht die einzelnen Werte des Indexes kaufen, sondern kann den gesamten Index mit einem einzigen Wertpapier – eben einem ETF – erwerben. Der Vorteil ist, dass der Anleger durch den Erwerb eines Wertpapieres das aktienspezifische Risiko seines Portfolios deutlich verringern kann, da er ein diversifiziertes Investment in den zugrunde liegenden Index tätigt. Mit ETFs können Sie im Rahmen Ihrer taktischen Vermögensanlage kurzfristig Länder-, Regionen- oder Branchenstrategien umsetzen. Überdies tragen die ETFs dem Umstand Rechnung, dass die Performance eines Depots weniger von der Einzeltitelauswahl abhängt, sondern vielmehr von der Auswahl der richtigen Anlageklassen und - märkte (s. S. 30 ff.) zueinander. Ein Anleger, der die Strategie Benchmarking durchführen möchte, könnte sie zum Aufbau eines Weltportfolios nehmen. Die Gewichtung innerhalb des Weltportfolios sollte grob ihrem Anteil am Weltbruttoinlandsprodukt entsprechen. Hierfür könnte sich der Anleger die BIP-Originaldaten des *Internationalen Währungsfonds* IWF (imf.org > Daten und Statistiken) herunterladen. Dazu wählt man den aktuellen „World Economic Outlook" aus und dort die Funktion „World Econmonic data by all countries". Danach wählt man „Gross domestic product, current prices, U.S. dollars" und wertet das letzte Jahr mit überwiegend gesicherten Daten aus. Jetzt wird es etwas mühsam. Weil man die Ergebnisse je Land und nicht je Wirtschaftsraum erhält, müssen sie die Ergebnisse noch nach den typischen Regionen sortieren: Westeuropa, Nordamerika, Japan und Ozeanien und die *Emerging Markets*. Dann bekommt man folgende Einteilung: Westeuropa 32,86 %, Nordamerika 32,51 %, Japan und Ozeanien 13,72 % und *Emerging Markets* 20,91 % (Stand April 2008). Hätte man eine Aufteilung nach der Marktkapitalisierung der Aktienmärkte vorgenommen, sähe die Aufteilung ganz anders aus. Dann hätte Nordamerika ein Gewicht von mehr als 50 %. Doch meiner Ansicht nach spiegelt die Abbildung nach dem BIP je US-Dollar die wirkliche Bedeutung der Länder am besten wider. Außerdem erhält man eine bessere Diversifikation. Nun braucht man eigentlich nur noch die ETFs bzw. Indizes auszuwählen, die am besten die Wirtschaftsräume abbilden.

Tabelle 49: Weltportfolio für ein Startkapital von ca. 10.000 Euro

Wirtschaftsraum	ETF	Betrag
Westeuropa	db x-trackers MSCI Europe	3.286
Nordamerika	iShares ETF MSCI North America (enthält Aktien aus den USA und Kanada)	3.251
Japan und Ozeanien	Lyxor ETF Japan Topix (marktbreiter Index für japanische Aktien) Lyxor ETF MSCI AC Asia-Pacific ex Japan (Dieser Index spiegelt die Wertentwicklung der Aktienmärkte der Industrieländer des pazifischen Raums ohne Japan wider. Vertreten sind u. a. Australien, Hongkong, Neuseeland und Singapur.)	1.372
Emerging Markets	Lyxor ETF MSCI Emerging Markets.	2.091

Außerdem sollte der Anleger seine Portfolioanteile so weit wie möglich konstant halten. Man bezeichnet das als *Rebalancing*. Hierzu sollte der Anleger in festen Abständen alle 12 bis 36 Monate überprüfen, ob die gewählte Aufteilung noch dem BIP der Länder entspricht. Warum ist das so wichtig? Die Erklärung liegt darin, dass die unterschiedlichen ETFs eine unterschiedliche Wertentwicklung aufweisen. So könnte z. B. der *Lyxor ETF MSCI Emerging Markets* innerhalb eines Jahres um 20 % gestiegen sein, wohingegen der *Lyxor ETF Japan Topix* nur um 5 % gestiegen sein könnte. Hierdurch gerät das Depot zwangsläufig aus dem Gleichgewicht, weil sich nun der Anteil des *Lyxor ETF MSCI Emerging Markets* erhöht und der des *Lyxor ETF Japan Topix* verringert. Allgemein gilt, dass risikoreiche Teile des Depots mit der Zeit an Gewicht gewinnen, da sie zumeist eine höhere Rendite aufweisen. Um jetzt nicht unbeabsichtigt mit einem allmählich immer risikoreicheren, schlechter diversifizierten und volatileren Depot dazustehen, muss der Anleger aktiv seine ursprüngliche Struktur verteidigen.

Dies kann er tun, indem er Neuanlagen primär in die inzwischen untergewichteten Portfolioteile investiert, oder indem er das Portfolio umschichtet. Das Umschichten, also der teilweise Verkauf in jüngerer Vergangenheit stark rentierender Segmente und der Nachkauf der im selben Zeitraum schwach rentierten Anlagen, kann dem Anleger einige Bauchschmerzen bereiten. Allerdings zeigen viele Studien das *Rebalancing* zur Risikosteuerung und -kontrolle notwendig ist und in der Mehrzahl der Fälle die langfristige Durchschnittsrendite eines Portfolios leicht erhöht. Das liegt daran, dass Aktienrenditen langfristig um ihren Mittelwert schwanken, d. h. das Phänomen der Regression zum Mittelwert (s. S. 358) schlägt hier wieder zu.

Investments in fremde Märkte – der Länderansatz

Möchte ein Anleger attraktive Chancen fernab der eigenen Haustür wahrnehmen, so betritt er meistens ein unbekanntes Land. Indische Turbinenbauer, chinesische Spielwarenhersteller oder chilenische Reedereien usw. – überall auf der großen weiten Welt wachsen kraftstrotzende Weltkonzerne heran und fordern die westlichen Marktführer heraus. Sie haben solch klingende Namen wie *Baiaj, Shougang* oder *Charoen Pokphand Foods*, die die Anleger in unseren Breitengraden noch nie gehört haben.

Dabei tun die Anleger gut daran, sich mit diesen Märkten bzw. Unternehmen auseinanderzusetzen. Schließlich strotzen die Märkte nur so vor Wirtschaftskraft, wie z. B. China. Durch das steigende Angebot kann der Anleger mit ETFs nahezu jede Anlageregion bzw. jeden Kontinent abdecken. Hat sich der Anleger eine Marktmeinung gebildet, reicht eine Börsentransaktion aus, um eine komplette Anlageregion in sein Portfolio aufzunehmen. Die Möglichkeiten sind vielfältig, wie nachfolgende Tabelle zeigt.

Tabelle 50: Investitionsmöglichkeiten in die *Emerging Markets*

Index		Land	Beispiel-ETF
Asien	Daxglobal Asia	10 asiatische Länder, ca. 40 Indexmitglieder	Market Access DAXglobal Asia Index Fund
	FTSE/XINHUA China 25	Die 25 größten und liquidesten chinesischen Aktien, die an der Börse Hong Kong gelistet sind und gehandelt werden	iShares FTSE/XINHUA China 25
	MSCI AC Far East ex Japan	China, Indonesien, Korea, Malaysia, Philippinen, Taiwan und Thailand	iShares MSCI AC Far East ex-Japan
	MSCI EM Asia	China, Indien, Korea, Malaysia, Pakistan, Philippinen Taiwan und Thailand	Db x-Trackers MSCI EM ASIA TRN INDEX ETF
	S & P CNX Nifty	Länderindex Indien	Db x-Trackers S&P CNX NIFTY ETF (INDIEN)
Osteuropa	South-East Europe Traded Index	Der Index beinhaltet derzeit 17 Unternehmen aus Rumänien, Bulgarien, Slowenien und Kroatien.	Market Access South-East Europe Traded Index Fund
	Daxglobal Russia	Länderindex Russland	Market Access DAXglobal Russia Index Fund
	DJ Turkey Titans 20	Länderindex Türkei	Lyxor ETF DJ Turkey Titans 20
Lateinamerika	Ibovespa	Länderindex Brasilien	Lyxor ETF Brazil (Ibovespa)
	MSCI EM Latin America	Argentinien, Brasilien, Chile, Kolumbien, Mexiko, Peru	Lyxor ETF MSCI EM Latin America
Global	DAXglobalBRIC	Brasilien, Russland, Indien China	Market Access DAXglobal BRIC Index Fund
	MSCI EM EMEA	Tschechien, Ägypten, Ungarn, Israel, Jordanien, Marokko, Polen, Russland, Südafrika, Türkei	Db x-trackers MSCI EM EMEA TRN INDEX ETF
	MSCI Emerging Markets	Globale Emerging Markets, enthält ca. 27 Länder	iShares MSCI Emerging Markets

Zieht z. B. ein Anleger ein Investment bei unseren osteuropäischen Nachbarn in Betracht, so müsste er eigentlich ein kostspieliges und zeitaufwendiges *Research* durchführen, um nicht „ins Blaue" zu investieren. Ansonsten riskiert er, in schlecht recherchierte Einzelwerte in unbekannten Märkten zu investieren.

Außerdem steht der Anleger vor dem Problem, dass viele ausländische Aktien überhaupt nicht oder nur in geringen Stückzahlen in Deutschland gehandelt werden. Dies kann dazu führen, dass die Kurse in Deutschland von denen der Heimatbörse mehr oder minder stark abweichen. Diese *Spreads* werden in der Regel umso größer, je exotischer die Heimatbörse der Aktie ist. Außerdem kann der Anleger hier nicht alle Aktien eines ausländischen Marktes erwerben, sondern immer nur einen Ausschnitt, der sich auf die größten Unternehmen oder auf die Aktien beschränkt, die durch die Börsenzeitschriften aktuell gepusht werden. Häufig kommt es auch vor, dass die gehandelten Stückzahlen der betreffenden Aktien deutlich sinken, wenn die Märkte bei den Anlegern aus der Mode sind. Das heißt, dass die Liquidität der Aktien dramatisch zurückgeht. Es kann sogar so weit gehen, dass der Anleger wochenlang warten muss, bis er seine Aktien verkaufen kann. Auch beobachtet man dann, dass der *Spread* zwischen dem Kurs der Heimartbörse und dem deutschen Kurs weiter auseinandergeht.

Durch den Kauf eines ETFs, z.B. dem *Market Access South-East Europe Traded Index Fund,* kann der Anleger völlig unkompliziert in die osteuropäischen Aktienmärkte investieren. Seine Aufgabe besteht jetzt nur noch darin, anhand von makroökonomischen Daten zu entscheiden, ob ein Investment in Osteuropa Gewinn versprechend ist oder nicht. Solche Daten werden z. B. von den ETF-Anbietern in den Produktinformationen gegeben. Zudem muss der Anleger noch den für sich passenden Index finden, der seiner Meinung nach am besten die osteuropäischen Märkte widerspiegelt.

Allerdings kann der Einstieg in einige Länder- und Regionenindizes mit einem Währungsrisiko (s. S. 330 ff.) verbunden sein, wenn der ETF in Wertpapiere investiert, die nicht auf Euro, sondern auf US-Dollar, Real oder einer anderen Fremdwährung lauten. Das Wechselkursverhältnis zwischen Euro und der betreffenden Fremdwährung beeinflusst die Kursentwicklung des ETFs. Daher sollte der Anleger immer auch einen Blick auf die Zusammensetzung der Indizes werfen.

4.12.2.2 Von Kernen und Satelliten – Die Core-Satellite-Strategie

„In eine leere Scheune kommt keine Maus." Damit in Ihrem Depot keine Ebbe herrscht, müssen Sie Sicherheit und Rendite in Einklang bringen, und das

möglichst kostengünstig. Dazu bietet sich die Core-Satellite-Strategie an. Die Idee hinter dem Core-Satellite-Konzept ist, das Portfolio in zwei Segmente aufzuteilen.

Das Kerninvestment (engl. core = Kern) bildet die Basis des Portfolios. In der Regel werden die Kerninvestments auf breit gestreute Anlagen mit niedrigem Risiko konzentriert. Das Ziel der Anlage ist es also, eine Rendite zu erzielen, die in etwa der Marktperformance entspricht. Hierzu sind gerade ETFs prädestiniert, da sie bei geringen Kosten einen breiten Zugang zu einem Markt bzw. Index gewähren. Als Kerninvestment bieten sich ETFs auf große Standardindizes, wie z. B. *MSCI World* oder *DJ Stoxx 600*, an. Aber auch Bluechipindizes, wie z. B. DAX, *Euro Stoxx, S&P 500*, sowie Rentenindizes mit erstklassigen Staatsanleihen oder Unternehmensanleihen eignen sich als Kerninvestment.

Als zweiten Bestandteil des Depots werden mehrere kleinere Einzelinvestitionen (Satelliten) mit einem höheren Risiko- und Renditepotenzial aufgenommen. Oftmals haben Investments in Satelliten auch höhere Gebühren als ein Kerninvestment. Das Ziel ist, mit den Satelliten eine höhere Rendite als die Benchmark zu erzielen. Dazu soll eine Anreicherung bzw. Diversifizierung des Kernportfolios durch gezielte Investments in zusätzliche geografische Regionen (Beispiele: Osteuropa, Asien) oder Assetklassen (Beispiele: Rohstoffe, Hedgefonds) oder Managementstile bzw. -strategien (Beispiele: aktiv gemanagte Fonds, Strategieindizes, Themenindizes) erfolgen.

Aktiv gemanagte Fonds kommen hier auch zum Einsatz, vor allem zur Abdeckung von *Emerging Markets*, hochverzinslichen Anleihen oder Nebenwerten. In diesen Bereichen hat sich nämlich gezeigt, dass aktives Management dem Anleger tatsächlich Vorteile bringt.

Die jeweilige Gewichtung zwischen Kern- und Satelliteninvestments ist abhängig von der individuellen Risikobereitschaft (s. dazu auch Abschnitt 2.1.2, s. S. 69) des Anlegers und der allgemeinen wirtschaftlichen Marktlage. Im Allgemeinen sollte der Kern eine Größe von 50 % aufwärts haben. Jeder Anleger muss zunächst seine eigene Risikobereitschaft prüfen.

Bei der Zusammenstellung eines Depots nach der Core-Satellite-Strategie sollte man sich von der alten Volksweisheit „*Nicht alles auf eine Karte setzen*" inspirieren lassen. Schließlich macht die Mischung den Unterschied. So haben langfristige Studien gezeigt, dass die Rendite eines Portfolios zu mehr

als 93 % von der strategischen Struktur des Depots abhängt, also von der Streuung des Vermögens über verschiedene Anlageklassen, Märkte und Branchen. Zudem sollte man nicht sklavisch an der einmal getroffenen Wahl festhalten, falls sich die Marktverhältnisse grundlegend ändern. Schließlich lässt sich mit der Core-Satellite-Strategie die genaue Zielsetzung jeder einzelnen Position im Portfolio leicht bestimmten. Im Rahmen dieser Strategie werden ja für jedes Investment klare Ziele definiert. Sollten diese nicht erreicht werden, kann der Anleger darauf reagieren, ohne die anderen Positionen im Portfolio anzutasten.
Häufig stellen Anleger ihre Core-Satellite-Strategie nach der Theorie von Markowitz (Portfoliotheorie, s. S. 11 ff.) zusammen. Die besondere Leistung dieser Theorie ist, dass sie die Anleger sensibilisiert hat, beim Aufbau ihrer Portfolios auf Diversifikation zu achten. Dennoch hat diese Theorie ihre Haken. Das Problem bei der Anwendung ist, dass dieses Modell voraussetzt, dass man die erwarteten Renditen, Volatilitäten und Korrelationen der verschiedenen Wertpapiere kennt. Aber in Wirklichkeit kennt man sie natürlich nicht, sondern schätzt sie aufgrund von Vergangenheitswerten. Dabei kommt es immer wieder zu Schätzfehlern. Demgemäß erhält der Anleger auf Basis dieser falsch geschätzten Parameter am Ende zwar ein optimiertes, aber nicht das optimale Portfolio. Schon kleine Schätzfehler haben große Auswirkungen. Gerade die erwartete Rendite stellt bei der Schätzung das schwierigste Problem dar. Sie wird meistens aus den Vergangenheitswerten abgeleitet. Dumm ist nur, dass der Einfluss der erwarteten Rendite auf das Ergebnis der Markowitz-Optimierung weitaus größer ist als der Einfluss von Volatilitäten oder Korrelationen. Wenn man z. B. die erwartete Rendite des *DAXes* für einen bestimmten Zeitraum mit 12 % (Rendite in den 1990er Jahren) ansetzt, aber die tatsächliche Rendite dann nur 7 % beträgt, bekommt man ein optimiertes Portfolio, das sich dramatisch vom optimalen Portfolio unterscheidet. Deswegen sagen auch einige Kritiker dieser Theorie: *„Anleger sollten es aufgeben, die erwartete Rendite zu schätzen und sich auf den Kern der Theorie besinnen, die Risikodiversifikation.“* Hierzu ist ein guter Anhaltspunkt die Volatilität des jeweiligen Basiswertes. So lehrt Markowitz, dass die Volatilität eines Depots insgesamt sinkt, wenn man weitere Assetklassen ins Depot nimmt. Deshalb raten auch einige Experten, in der Vermögensanlage nicht zu stark auf einzelne Assets oder Assetklassen zu setzen. Mischung ist Trumpf.

Überdies sollte eigentlich jedes Depot über einen gewissen Anteil (zwischen 3 bis 5 %) an Barmitteln oder kurzfristig verfügbaren Geldern (z. B. im Geldmarktbereich) verfügen, sodass der Anleger nicht gezwungen ist, zu einem ungünstigen Zeitpunkt aus seinen Investments auszusteigen, weil er einen plötzlichen Geldbedarf, z. B. wegen einer Autoreparatur, hat. Allerdings sollte der Anteil nur in Sonderfällen größer als 5 % werden, weil die Renditen, die am Geldmarkt zu realisieren sind, deutlich geringer sind als am Aktien- oder Rentenmarkt.

Auf dem Weg zur langfristigen Geldanlage sind zwei Schritte wichtig. Der erste Schritt sollte die Erstellung einer passenden Anlagestrategie in Form einer grundlegenden *Asset Allocation* (Gewichtung der einzelnen Anlageklassen, wie Aktien, Immobilien, Renten usw.) sein. Danach kann der Anleger sich eine passende Strategie unter Berücksichtigung seiner Risikobereitschaft und seines Anlagehorizonts aussuchen. Im zweiten und letzten Schritt wird jede Strategie mit ETFs abgebildet. Mit Hilfe von Portfoliorechnern aus dem Internet (z. B. bei www.dbxtrackers.com) können die Anleger verschiedene Portfolios zusammenstellen und so ihre möglichen Portfolios optimieren. Zudem lässt sich berechnen, welche Stückzahlen Sie von welchem Produkt kaufen bzw. welche Anlagesumme Sie zur Umsetzung der von Ihnen gewählten Strategie aufwenden müssen. Einige Portfoliorechner zeigen auch an, wie sich das Portfolio in der Vergangenheit entwickelt hätte.

Ferner muss der Anleger beim Einsatz von ETFs beachten, dass es nicht unbemerkt zu übermäßigen Währungs- und Klumpenrisiken im Depot kommt. So kauft sich z. B. ein Anleger mit den *MSCI World* immense Währungsrisiken ein, da zurzeit in diesem Index mehr als 50 % US-Titel enthalten sind, die in US-Dollar notieren. Zudem könnte es bei der Anwendung von Strategieindizes unbemerkt zu Klumpenrisiken kommen. Beispielsweise enthält der Strategieindex *DJ Stoxx Global Dividend 100 Index* für die dividendenstärksten Aktien der Welt über 50 % Finanzwerte (Stand Dezember 2008). Aus diesen beiden Gründen sollte der Investor bei der Auswahl der ETFs immer einen Blick auf die Branchenzusammensetzung und Länderallokation im Fonds werfen. Aber auch die klassischen Indizes, wie DAX & Co, können ein Klumpenrisiko aufweisen. Solche Indizes basieren auf der Kennzahl Marktkapitalisierung, deswegen kommt es oft zu einer risikobehafteten Übergewichtung bestimmter Branchen. In der Regel dominieren dann die Branchen den Index, die am höchsten bewertet sind. Dies kann unangenehme Folgen haben. Beispielsweise dominierten im Jahr 2000 die Branchen Telekommunikation und Technik sowie im Jahr 2007 Finanzwerte den *DAX*. Entsprechend groß waren die Kursverluste im *DAX*, als die Titel dieser Branchen unter Druck gerieten. Dies kann der Anleger umgehen, indem er zusätzlich zu einem klassischen Index in Branchenindizes mit einer niedrigen Korrelation (s. S. 28 ff.) zum Index bzw. in Branchen, die im klassischen Index niedrig gewichtet sind, investiert. So erhält er ein robusteres Portfolio.

Prinzipiell werden die Anleger in drei Risikoklassen eingeteilt: risikoscheu, ertrags- und wachstumsorientiert. Zum einem ist der Übergang innerhalb dieser Risikoklassen fließend und zum anderen gibt es eine Vielzahl von Variationen innerhalb dieser Klassen. Außerdem sollte der Anleger sein Portfolio so zusammenstellen, dass er es voraussichtlich möglichst wenig umstellen muss, um Kosten zu sparen. Nicht umsonst sagt eine alte Börsenregel aus: *„Hin und Her macht Taschen leer.“* Folglich sollte die grundlegende Richtung beim Zusammenstellen des Portfolios sein: Kaufen und Liegenlassen.

Das risikoscheue (konservative) Depot ist für Anleger gedacht, die nur geringe Risiken in Kauf nehmen möchten. Dennoch möchte der Anleger langfristig eine Rendite erzielen, die oberhalb der von Festgeld liegt. So könnte z. B. der Kerninvestmentanteil aus 70 % Renten bestehen, während der Satellitenanteil aus den restlichen 30 % besteht. Wegen der Sicherheit wird 30 % in europäische Staatsanleihen investiert. Um die Rendite zu erhöhen, werden weitere 20 % in Pfandbriefe investiert, die wegen der gesetzlichen Auflagen als sehr sicher gelten, aber höhere Renditeaussichten haben als Staatsanleihen. Um noch ein bisschen mehr Rendite zu erwirtschaften, werden noch 10 % Industrieanleihen zugemischt. Um dem Depot zusätzliche Stabilität zu geben, wird mit 5 % ein offener globaler Immobilienfonds zugegeben. Im Satellitenanteil wird ein Strategieindex auf dividendenstarke Aktien mit 14 % beigemischt, weil Dividendenzahlungen langfristig gesehen bis zur Hälfte der Aktienperformance beitragen. Zwecks globaler Streuung werden zusätzlich 14 % in den *MSCI World* investiert. Überdies werden zwecks Portfoliodiversifikation 2 % in Rohstoffe investiert.

Tabelle 51: Beispiel für ein risikoscheues Depot

Core/ Satellit	Anlageklasse	Fondsname	WKN	Verwaltungs-gebühr	Prozent am Depot
Core	Geldmarkt Euro	Lyxor ETF Euro Cash[1]	LYX0B6	0,150	5
Core	Staatsanleihen Euro	Lyxor ETF EuroMTS Global[2]	A0B9ED	0,165	30
Core	Pfandbriefe Euro	Lyxor ETF Euro MTS Covered Bond[3]	LYX0B3	0,165	20
Core	Unternehmens-anleihen Euro	iShares € Corporate Bonds[4]	251124	0,200	10
Core	Immobilien Global	UniImmo: Global[5]	980555	0,860	5
				Summe Core	70
Satellit	Aktien Dividendenstrategie	ETF DJ Stoxx Global Select Dividend 100[6]	DBX1DG	0,500	14
Satellit	Aktien Welt	iShares MSCI World[7]	A0HGZR	0,500	14
Satellit	Rohstoffe	iShares Dow Jones-AIG Commodity[8]	A0H072	0,470	2
				Summe Satellit	30

[1]Dieser ETF bildet den *€STR* ab. Dieser Index bildet die täglich rollierte Einlage zum ESTR-Satz ab; [2]Dieser Renten-ETF spiegelt den *EuroMTS Global Index* wider. Dieser beinhaltet Staatsanleihen der Mitgliedstaaten der europäischen Union; [3] Dieser Renten-ETF zeigt die Entwicklung des *EuroMTS Covered Bond Aggregate* an. Dieser Index bündelt euro-notierte Pfandbriefe (Restlaufzeit von mindestens einem Jahr) nichtstaatlicher Emittenten, deren Schuldnerbonität mindestens mit AAA *(Standard & Poors-Rating)* bewertet ist; [4] Dieser ETF spiegelt die Wertentwicklung des *iBoxx € Liquid Corporates-Index* wider. Der Index ist so konzipiert, dass er die Performance des Marktes der liquidesten und auf Euro lautenden Unternehmensanleihen widerspiegelt; [5] Bei diesem Fonds handelt es sich um einen offenen Immobilienfonds, der seine Investments in Immobilien weltweit streut; [6] Der *DJ Stoxx Global Dividend 100 Index* gibt die Wertentwicklung der Unternehmen mit der höchsten Dividendenrendite in Europa, Amerika und Asien wieder; [7] Dieser ETF spiegelt den *MSCI World* wider; [8]Dieser ETF bildet den *Dow Jones-AIG Commodity Index Total Return* ab.

Das ertragsorientierte (ausgewogene) Depot ist für Anleger mit einer mittleren Risikoneigung gedacht. Zudem möchte der Anleger eine Rendite deutlich über dem Festgeldniveau erzielen. Darum besteht der Kern des Depots nur noch aus 50 % Anleihen. Um die Renditeziele erreichen zu können, wird jetzt der Schwerpunkt auf Industrieanleihen und Pfandbriefen gelegt, weil diese eine deutlich höhere Verzinsung haben als Staatsanleihen. Die Staatsanleihen dienen, genauso wie der offene Immobilienfonds, nur noch zur Diversifikation des Kerninvestments. Dagegen dominieren im Satellitenanteil die Aktien-ETFs, um die Chance auf Rendite zu steigern. Wiederum werden 2 % in Rohstoffe investiert, weil ein Rohstoffanteil zur Stabilisierung eines Portfolios beitragen kann.

Tabelle 52: Beispiel für ein ertragsorientiertes Depot

Core/ Satellit	Anlageklasse	Fondsname	WKN	Verwaltungs-gebühr	Prozent am Depot
Core	Geldmarkt Euro	Lyxor ETF Euro Cash	LYX0B6	0,150	5
Core	Staatsanleihen Euro	Lyxor ETF EuroMTS Global	A0B9ED	0,165	5
Core	Pfandbriefe Euro	Lyxor ETF Euro MTS Covered Bond	LYX0B3	0,165	15
Core	Unternehmensan-leihen Euro	iShares € Corporate Bonds	251124	0,200	20
Core	Immobilien Global	UniImmo: Global	980555	0,860	5
				Summe Core	50
Satellit	Aktien Dividen-denstrategie	ETF DJ Stoxx Global Select Dividend 100	DBX1DG	0,500	15
Satellit	Aktien Emerging Markets	Lyxor ETF MSCI Emerging Markets[1]	LYX0BX	0,650	10
Satellit	Aktien USA	iShares S&P 500[2]	264388	0,400	7
	Aktien Europa	iShares DJ Euro Stoxx 50[3]	593395	0,169	9
	Aktien Japan	iShares Nikkei 225[4]	A0H08D	0,520	7
Satellit	Rohstoffe	iShares Dow Jones-AIG Commodity	A0H072	0,470	2
				Summe Sa-tellit	50

[1] Der Index *MSCI Emerging Markets* repräsentiert 85 % der Marktkapitalisierung der aufstrebenden Entwicklungsländer; [2] Dieser Aktien-ETF spiegelt die Entwicklung des *S&P 500* wider; [3] Dieser Aktien-ETF spiegelt die Entwicklung des *Dow Jones Euro Stoxx 50* wider; [4] Dieser Aktien-ETF spiegelt die Entwicklung des *Nikkei 225* wider.

Das wachstumsorientierte (oder dynamische) Depot ist auf Rendite getrimmt und hat somit hohe Risiken. Der Anleger sprüht nur so vor Risikofreude. Rendite geht ihm vor Sicherheit. Deswegen kann er kurzfristige Verluste verkraften, erwartet dafür aber im Gegenzug schnelle Gewinne.

Dafür schmilzt jetzt im Core-Bereich der Anteil von Renten- und Geldmarkt auf 25 % ab. Weiterhin befinden sich jetzt im Kern wegen der höheren Renditechance nur noch Industrieanleihen im Rentenanteil. Weiterhin findet man jetzt auch im Kernbereich Aktien-ETFs. Hierbei handelt es sich allerdings um große, wenig schwankende Bluechipindizes. Um die Rendite zu steigern, wird im Satellitenbereich jetzt spekulativer investiert. Dazu befinden sich nun auch Branchen-ETFs auf aussichtsreiche Sektoren im Depot. Außerdem wird ein breites Investment in den *Emerging Markets* getätigt, weil Aktien aus dieser Region eine sehr dynamische Entwicklung zeigen. Hierzu bietet sich der *MSCI Emerging Markets* an, er umfasst 840 Aktien aus verschiedenen

Schwellenländern. Um etwas Stabilität ins Depot zu bringen, bleibt der ETF auf einen Strategieindex für dividendenstärkste Aktien im Depot erhalten. Ebenfalls werden Rohstoffe mit einem Anteil von 2 % am Depot gewichtet.

Tabelle 53: Beispiel für ein wachstumsorientiertes Depot

Core/ Satellit	Anlageklasse	Fondsname	WKN	Verwaltungs-gebühr	Prozent am Depot
Core	Geldmarkt Euro	Lyxor ETF Euro Cash	LYX0B6	0,150	5
Core	Unternehmens-anleihen Euro	iShares € Corporate Bonds	251124	0,200	18
Core	Immobilien Global	UniImmo: Global	980555	0,860	2
Core	Aktien Europa	iShares DJ Euro Stoxx 50	593395	0,169	10
Core	Aktien USA	iShares S&P 500	264388	0,400	7,5
Core	Aktien Japan	iShares Nikkei 225	A0H08D	0,520	7,5
				Summe Core	50
Satellit	Aktien Dividen-denstrategie	ETF DJ Stoxx Global Select Dividend 100	DBX1DG	0,500	15
Satellit	Aktien Emerging Markets	Lyxor ETF MSCI Emerging Markets	LYX0BX	0,650	10
Satellit	Aktien Branchen	iShares DJ Stoxx 600 Technology[1]	628936	0,520	8
Satellit	Aktien Branchen	iShares DJ Stoxx 600 Banks[2]	628934	0,520	7
Satellit	Aktien Branchen	iShares DJ Stoxx 600 Health Care[3]	628937	0,520	8
Satellit	Rohstoffe	iShares Dow Jones-AIG Commodity	A0H072	0,470	2
				Summe Satellit	50

[1] Der Branchen-ETF bildet die Performance des gesamten Technologiesegmentes des *Dow Jones Stoxx 600* ab; [2] Der Branchen-ETF bildet die Performance des gesamten Banksegmentes des *Dow Jones Stoxx 600* ab; [3] Der Branchen-ETF bildet die Performance des gesamten Gesundheits- und Pharmasegmentes des *Dow Jones Stoxx 600* ab.

4.12.2.3 Aktives Management mit passiven Instrumenten – Der Versuch, den Index zu schlagen

Nach Grinold Kahn (fundamentales Gesetz des aktiven Fondsmanagements) *„ist jede aktive Strategie eine bewusste Abweichung von der Benchmark“*. Wie das Wort aktiv schon aussagt, wird versucht, durch eine kleine, individuelle Gestaltungsfreiheit bei der Auswahl der Aktien, Renten usw. den Index zu schlagen. Das kann durch kurzzeitiges *Traden* geschehen, z. B. um mit Short-Indizes den DAX in einer Baissephase auszustechen oder in einer

Haussephase mit Leverage-Indizes zu punkten. Dagegen versuchen die Strategieindizes mit strukturierten Strategien den Referenzindex zu schlagen. Mit den Themenindizes versucht der Anleger, durch das gezielte Bedienen einzelner Anlagethemen die Performance eines Referenzindexes outzuperformen. All diese Strategien erfordern vom Anleger, dass er sich aktiv mit ihnen auseinandersetzt. Sie offenbaren ihren „janusköpfigen“ Charakter nur dem wissenden Anleger. Den unwissenden Anleger blenden sie durch die Möglichkeit traumhafte Renditen zu erzielen. Aber das zweite Gesicht ist immer mit dabei, nämlich das Risiko, weniger Rendite zu erzielen als der Referenzindex. Das heißt, der Anleger trägt zusätzlich zum Marktrisiko noch das Risiko einer Underperformance, falls die gewählte Strategie nicht aufgeht.

Short-Indizes: Auf fallende Märkte setzen

„*Wenn die Börsenkurse fallen, regt sich Kummer fast bei allen, aber manche blühen auf: Ihr Rezept heißt Leerverkauf.*“ Genau darauf setzen die Short-Indizes. Prinzipiell wandeln diese Indizes die Kursverluste des Referenzindizes eins zu eins in Gewinne um. Die Idee hinter diesen Indizes ist ein Leerverkauf. Hierbei wird ein Index, den man gar nicht besitzt, verkauft. Den hierfür benötigten Index leiht man sich von einem anderen Marktteilnehmer. Wenn die Kurse fallen, kauft man den Index zu einem günstigeren Kurs zurück und vereinnahmt die Differenz zwischen Kauf- und Verkaufspreis abzüglich der Leihgebühr als Gewinn.

Beispielsweise ist der *ShortDAX* so konstruiert, dass er die Indexbewegung des *DAXes* gegenüber dem jeweiligen Vortag mit einer Hebelwirkung von -1 abbildet. Fällt z. B. der *DAX* an einem Tag um 1 %, so erhöht sich der Wert des *ShortDAXes* ebenfalls um diesen Prozentsatz. Dasselbe gilt vice versa bei einem Anstieg des *DAXes*. Steigt beispielsweise der DAX um 1 %, verliert der *ShortDAX* ebenfalls um diesen Prozentsatz. Diese Relation gilt aber nur für einen Handelstag. Denn über ein Jahr gerechnet müsste der *ShortDAX*, wenn der *DAX* in diesem Zeitraum um 100 % stiege, wertlos werden. Aus diesem Grund wird an jedem Handelstag, basierend auf dem Bezugsindex-Schlusskurs des Vortages, die Hebelwirkung auf -1 zurückgedreht. Um einen Totalverlust zu vermeiden, falls der *DAX* innerhalb eines Tages um 100 % performt, wurde ein *Cap* eingebaut, dass die Partizipation verringert.

Zusätzlich zu der inversen DAX-Bewegung bekommt der Anleger noch Zinszahlungen in Höhe des doppelten Tagesgeldzinssatzes. Diese Zinsen ergeben sich, weil sowohl auf das investierte Anlagevolumen als auch für die durch den Leerverkauf erhaltenen Geldmittel Zinsen fällig werden. Somit fließen unabhängig davon, wie sich der Aktienmarkt entwickelt, immer börsenwetterfeste Einnahmen in den Index.

Vereinfachtes Beispiel für die Wertentwicklung eines Short-ETFs:

Nehmen wir an, dass Sie in den db x-trackers ShortDAX ETF bei einem DAX-Indexstand von 4.400 Punkten 1.000 Euro investiert haben. Zudem beträgt der EONIA-Zinssatz 3 % p. a. Jetzt kommt es wie erwartet, und der DAX fällt innerhalb eines Tages um 2 % auf 4.312 Punkte. Damit würden Sie folgende Rendite einfahren.

Anlagesumme	1.000,00 €
+ Zwei Prozent inverse Indexperformance	20,00 €
+ Zinsen (3 % • 2) / 365, entspricht dem doppelten risikolosen Zins für einen Tag	0,16 €
- Verwaltungsgebühr (0,4 % /365), für den Tag	0,01 €
= Erwarteter Wert am Tagesende	1.020,15 €, dies entspricht einer Rendite von 2,015 %

Neuerdings gibt es auch die ersten Short-Indizes auf die Rentenmärkte. Dazu spiegelt der neue Renten-Short-ETF von *db x-trackers* die Wertentwicklung europäischer Staatsanleihen umgekehrt wider. Fallen die Rentenkurse (fallende Rentenkurse bedeuten steigende Zinsen), steigt der Index – und natürlich auch der ETF. Genau wie bei den Aktien-Short-Indizes fließt zusätzlich in etwa der doppelte Geldmarktsatz ESTR in die Wertentwicklung des ETFs ein. Ein solcher Renten-ETF dürfte seine Stärke ausspielen, falls die Inflationsraten zu steigen beginnen. Dann beobachtet man üblicherweise, dass Anleger bei Staatsanleihen höhere Renditen verlangen, entsprechend fallen dann die Kurse der Staatsanleihen (und die Zinsen steigen).

Mit diesen ETFs kann der Anleger ohne Verwendung von Derivaten Short gehen. So kann er z. B. sein Aktienportfolio (besteht aus einem ETF auf den DAX) gegenüber fallenden Kursen mithilfe eines ETFs auf den *ShortDAX* absichern. So fiel der DAX von Anfang des Jahres bis November 2008 um ca. 45 %, wohingegen der *ShortDAX* um ca. 66 % zulegen konnte.

Der Anleger kann aber auch einfach mit den Short-ETFs auf fallende Märkte wetten, also sie als Tradinginstrument nutzen. Zudem bekommt er noch wegen des 2-fachen ESTR-Satzes eine kleine Verzinsung des eingesetzten Kapitals in seitwärts laufenden Märkten. Anleger, die diese Fonds als Tradinginstrument nutzen möchten, sollten wirkliche Bären sein, um von den Short-Indizes profitieren zu können. Denn steigt der Referenzindex, drohen dem Anleger mehr oder minder große Verluste. So stieg im Jahr 2007 der DAX um ca. 23 %, während der ShortDAX nur um 1 % zulegte. Außerdem zeigt der Vergleich der Renditen zwischen *DJ Euro Stoxx 50* und dem *DJ Euro Stoxx 50 Short*, dass seit Auflage am 01.01.1992 mit der Short-Variante kein Geld zu verdienen war. Denn der *DJ Euro Stoxx 50 Short* verlor ca. 48 %, während der *DJ Euro Stoxx 50* 150 % zulegen konnte, trotz diverser Krisen am Markt. Daher sind Short-Indizes eigentlich nur für kurzfristige Investments interessant. Zugleich bläst dem ShortETF der Wind entgegen. So stellte die amerikanische *Financial Industry Regulatory Authority* (FINRA) fest, dass ETFs mit Hebel nicht für jeden Investor geeignet sind. Besonders ungeeignet sind diese Produkte nach Ansicht der FINRA für private Anleger mit langfristigem Anlagehorizont. Im Gegensatz zu den üblichen Buy-and-Hold-Strategien bei ETFs ist bei Short- und Leverage-ETFs nur ein kurzfristiges Engagement ratsam – nach dem Motto „Rein und Raus". Daraufhin schränkten diverse US-Anbieter in den USA die Verfügbarkeit solcher ETFs ein. Auch in Europa gab z.B. *iShares* bekannt, solche ETFs nicht in der Schweiz anbieten zu wollen. Inwieweit sich diese Haltung auch in Deutschland durchsetzt, kann noch nicht abgeschätzt werden. Experten vermuten, dass diese Produkte vornehmlich institutionellen Anleger angeboten werden.

Alpha-Strategie mit Short-Indizes

„Oktober ist ein sehr gefährlicher Monat, um an der Börse zu spekulieren. Andere gefährliche Monate sind: Januar, Februar, März, April, Mai, Juni, Juli, August, September, November und Dezember." (Mark Twain) Wenn man also permanent damit rechnen muss, an der Börse im Regen zu stehen, wäre es doch schön, einen Regenschirm zu haben. Die Elimination des Marktrisikos bietet einen solchen Schutz (s. S. 327 ff.).

Möchte ein Anleger auf die Outperformance eines Einzelwertes gegenüber dem Gesamtmarkt setzen, kann er dies realisieren durch den gleichzeitigen Kauf eines Short-ETFs und einer Aktienposition. Dies führt zu folgendem Gewinn- und Verlustprofil. Der Profit des Anlegers besteht in der positiven prozentualen Differenz der Wertentwicklung zwischen Aktie und Gesamtmarkt (z. B. DAX). Dabei ist die absolute Kursbewegung unerheblich. Fällt beispielsweise die Aktie um zehn und der Gesamtmarkt um zwanzig Prozent, so beläuft sich der Profit idealtypisch auf zehn Prozent. Allerdings muss sich die Aktie besser entwickeln als der Gesamtmarkt. Diese Separierung des Marktrisikos von der Wertentwicklung eines Einzelwertes ermöglicht die Teilhabe an positiven Unternehmensentwicklungen auch in Zeiten fallender Notierungen am Gesamtmarkt. Das wird auch als Alpha-Strategie bezeichnet.

Beispiel für eine Alpha-Strategie mit Short-ETFs:

Nehmen Sie an, Sie besaßen Anfang 2008 20 Beiersdorf-Aktien. Sie rechnen mit fallenden DAX-Kursen (steht für den Gesamtmarkt) aufgrund der sich abzeichnenden Finanzmarktkrise. Sie möchten sich aber nicht von der Aktie Beiersdorf trennen, weil sie davon ausgehen, dass das Unternehmen solide Zahlen bekannt geben wird. Die Beiersdorf-Aktie kostete Anfang 2008 50,80 Euro und der DAX (Gesamtmarkt) stand bei 7.813 Punkten. Zur Umsetzung der Strategie kaufen Sie 17 Anteile des ETFs *db x-trackers ShortDAX*. Jetzt haben Sie 1.016 Euro in Beiersdorf-Aktien und 995,52 Euro in 17 Anteilen des ETFs investiert, d. h., das Gesamtpaket hat einen Wert von 2.011,52 Euro. Tatsächlich liefert Beiersdorf solide Zahlen ab. So bricht der Aktienkurs bis Ende 2008 „nur" um 17 % ein, während der DAX (Gesamtmarkt) um satte 38 % verliert. Jetzt spielt der ShortDAX seine Stärke aus, er steigt um ca. 53,6 %. So hat das Gesamtpaket (Beiersdorf + ShortDAX) einen Wert von 2.372,40 Euro, d. h., Sie gewinnen trotz des Kursrückganges von Beiersdorf noch knapp 18 %. Das entspricht der positiven prozentualen Differenz in der Wertentwicklung der Aktien und des Gesamtmarktes DAX.

Falls sich die Aktie schlechter als der Gesamtmarkt entwickelt, drohen auch bei dieser Strategie Verluste. So fiel die Deutsche-Bank-Aktie im Jahr 2008 um 68 %, während der Gesamtmarkt in Form des DAXes nur 38 % verlor. Hat ein Anleger jetzt zu Jahresbeginn 12 Deutsche-Bank-Aktien zu 87,18 Euro und 17 Anteile des ShortDAX ETFs gekauft, dann beträgt sein Paketpreis 2.041,68 Euro. Am Jahresende 2008 betrug der Paketpreis (Deutsche-Bank-Aktienkurs 27,83 Euro + ShortDAX) nur noch 1857,11 Euro, also machte der Anleger einen Verlust von ca. -9 % – deutlich weniger als mit einen Investment nur in Deutsche-Bank-Aktien.

Viele Anleger setzen diese Strategie anstatt mit Aktien auch gerne mit Strategie- bzw. Themen-ETFs um. So ist eine beliebte Kombination der *DivDAX* (15 dividendenstärkste Aktien im DAX) und der *ShortDAX*, da sich in der überwiegenden Mehrzahl der Jahre der *DivDAX* besser entwickelt hat als der DAX. Somit sollte bei dieser Strategie auch bei fallenden Märkten mit hoher Wahrscheinlichkeit ein Plus herauskommen.

Ein Börsenmärchen? *Free Lunch* an der Börse

Zugegeben, es klingt wirklich wie ein Märchen: Sie investieren einen Teil Ihres Anlagekapitals auf steigende Kurse und setzen gleichzeitig mit der gleichen Summe auf fallende Kurse. Das Endergebnis sollte dann ein Gewinn ohne jedes Risiko sein.

Der Hintergrund dieses verblüffenden Ergebnisses ist recht banal. Wenn zwei Wertpapierpositionen entgegengesetzt laufen, kann die eine viel weiter steigen als die andere, und unterm Strich bleibt immer etwas übrig. Dieser Effekt kommt besonders zum Tragen, wenn sich eine Position mehr als verdoppelt hat, weil auf der anderen Seite z. B. ETFs auf den *DAX* oder *ShortDAX* nur bis zu 100 % verlieren können. Denn es gilt: Wenn sich der *DAX* z. B. verdoppelt, wird sich der *ShortDAX* in etwa halbieren. Sollte der *DAX* beispielsweise auf ein Drittel seines Wertes sinken, dann wird sich der *ShortDAX* ungefähr verdreifachen.

Eine Rückberechnung zeigt: Wenn ein Anleger im März 2003 jeweils 1.000 Euro in einen DAX-ETF und in einen ShortDAX-ETF investiert hätte, hätte er im März 2007 circa 71 % mit dem ShortDAX verloren und 268 % mit dem DAX gewonnen. Somit hätte der DAX-ETF einen Wert von circa 2.680 Euro und der ShortDAX-ETF von 300 Euro, d. h. der Anleger hätte insgesamt 2.980 Euro. Das bedeutet, er hätte innerhalb von vier Jahren einen risikolosen Gewinn von 970 Euro oder 49 % erzielen können.

Ich habe lange überlegt, ob ich diese Strategie hier erläutern soll, da sie bis jetzt noch nicht über einen längeren Zeitraum real getestet wurde, weil die ersten ShortDAX-ETFs erst im Jahr 2007 auf den Markt kamen. Allerdings sind die ersten realen Erfahrungen mit dieser Strategie sehr überzeugend.

So kostete ein *db x-trackers ShortDAX* am 03.01.2008 57,85 Euro und das entsprechende *db x-trackers DAX ETF* 79,15 Euro. Somit kann ein Anleger, der jeweils 1.000 Euro in die beiden ETFs investieren möchte, 17 ShortDAX und 12 DAX-ETFs kaufen (Wert Gesamtposition 1.933,25 Euro). Nach etwa einem Jahr, am 02.01.2009, stand der DAX-ETF bei 49,65 Euro (Wert der Position 595,80 Euro und der ShortDAX-ETF bei 87,99 Euro (Wert der Position 1.495,83 Euro). Damit haben die beiden ETFs einen Wert von 2.091,63 Euro. Demzufolge erzielte der Anleger einen risikolosen Gewinn von 158,33 Euro oder 8,2 %.

Das Problem dieser Strategie ist, dass der *ShortDAX* kein perfektes Delta -1 hat. Denn die Wertentwicklung des *ShortDAXes* wird nicht unbegrenzt fortgeführt, sondern täglich eingefroren. Sie wird quasi am Ende jeden Börsentages zurück auf null gedreht, sodass der Anleger wieder an der Wertentwicklung des nächsten Tages spiegelbildlich teilnehmen kann. Dies kann zu Verzerrungen führen, die sich negativ auf die Rendite dieser Strategie auswirken können. Darum setzen auch einige Anleger anstatt auf ShortDAX-ETFs lieber auf Put-Optionen. Der Vorteil der ShortDAX-ETFs ist allerdings, dass sie keine Laufzeitbegrenzung haben.

Investment mit Hebel: Vom Börsenbullen profitieren

ETFs können den Anlegern sogar einen Hebel auf ihre Investments geben. Dazu bieten sich die Leverage-Indizes an. Diese Indizes sind unter folgender Annahme konstruiert: Der Anleger nimmt zusätzlich zu seiner Investitionssumme den gleichen Betrag als Darlehen auf. So kann der Anleger den doppelten Betrag in den Index investieren, d. h., er partizipiert mit dem zweifachen Hebel an der Wertentwicklung des Indexes. Sie müssen keine Angst haben, all das wickelt der ETF-Anbieter im Hintergrund für Sie ab. Sie nehmen auch keinen Kredit auf, sondern der ETF-Anbieter. Als Preis für das Darlehen berechnet der ETF-Anbieter dem Anleger den einfachen €STR-Satz. Dieser €STR -Satz wird dem Fondsvermögen täglich entnommen.

Beispielsweise werden Leverage-Indizes auf den DAX angeboten. Der LevDAX ist mit einem Hebel von zwei ausgestattet. Das bedeutet, dass der Anleger eine Aufwärtsbewegung des DAX doppelt mit vollzieht, und im Gegenzug verliert er doppelt bei einer Abwärtsbewegung. Der Mechanismus sieht wie folgt aus. Täglich wird im Umfang des Anlagebetrages ein Kredit zum €STR -Zinssatz aufgenommen. Anschließend wird der Gesamtbetrag (Kredit + Anlagebetrag) in den DAX investiert. Nach Börsenschluss wird dann der Kredit getilgt. Folglich wird der Hebel täglich angepasst. Somit spiegelt der LevDAX die doppelte Performance des DAXes bezogen auf den Schlussstand vom Vortag wider.

Investitionssumme + (Geliehenes Geld) = Anlagevermögen ⇒

Doppelte Indexperformance (2 Hebel) - Zinszahlung (Finanzierung) = Tatsächliche Performance

$$\text{LevDAX}_t = \text{LevDAX}_T \cdot \left(2 \cdot \frac{\text{DAX}_t}{\text{DAX}_T} - 1\right) - \text{LevDAX}_T \cdot \left(\frac{€STR\text{-Zinssatz}}{360}\right) \cdot d$$

Um das Totalverlustrisiko zu mindern, wird bei fallenden DAX-Kursen ein Sicherheitsmechanismus bei extremen Marktschwankungen (hohe Volatilität) aktiv, welcher bei einem Tagesverlust von mehr als 25 % den Hebel automatisch verringert.

Ebenso gibt es einen Leverage-Index auf den *DJ Euro Stoxx 50*, den so genannten *LevDJ Euro Stoxx 50*.

Im Fußball würde man sagen, dass Leverage-Indizes nur Schönwetterspieler sind. Sie eignen sich für die Anlage eigentlich nur, wenn der Anleger von steigenden Kursen ausgeht, d. h., sie sind Tradinginstrumente. Beispielsweise fiel der *Lyxor ETF LevDAX* im Jahr 2008 um ca. 70,41 %, während der DAX nur um 40 % fiel. Dagegen schlug die Stunde für den ETF im Jahr 2007, da stieg er um 40 %, obwohl der DAX nur um 20 % zulegte.

Viele Fondsmanager setzen den LevDAX zur Schaffung von Liquidität für andere Geldmarktinvestments ein. Vorher waren sie z. B. 100 % in DAX-Aktien investiert. Dies kann man aber auch abbilden durch ein Investment in 51 % LevDAX-ETF und 49 % Immobilienfonds (da sie eine höhere Rendite als der Geldmarkt abwerfen, aber als ähnlich sicher gelten). Das Ergebnis ist eine leichte Outperformance gegenüber dem DAX.

Mit Strategieindizes den Index schlagen

Strategieindizes (s. S. 112 ff.) werden so konstruiert, dass sie höchstwahrscheinlich eine Outperformance gegenüber einer Benchmark bzw. einem Referenzindex erzielen. Das Wesen dieser ETFs fasste ein Anleger einmal so zusammen: *„Mit nüchternem Verstand zur gehaltvollen Rendite.*"

Bei der Entwicklung von Strategieindizes kommen u. a. quantitative Methoden zum Einsatz. Dadurch erfolgt die Auswahl der Aktien für den Strategieindex rein mechanisch. Prinzipiell sind alle nur denkbaren Kriterien für eine Anpassung der Zusammensetzung des ETFs möglich. Die wichtigsten sind:

Eine der beliebtesten Ansätze sind die mechanischen Dividendenstrategien. Sie beruhen auf der Erkenntnis, dass dividendenstarke Aktien nicht nur eine höhere Ausschüttung bieten, sondern häufig auch andere Aktien bei der Kursentwicklung übertreffen. Populär hat sie Anfang der 1990er Jahre der amerikanische Fondsmanager Michael O'Higgings mit seinem Buch *Beating the Dow* gemacht. Bei seiner Strategie werden die zehn dividendenstärksten Aktien des *Dow Jones* ausgewählt und ein Jahr lang gehalten. Dann werden die Titel überprüft und gegebenenfalls ausgewechselt. In vielen Jahren konnte so der *Dow-Jones*-Index geschlagen werden. An dieser Strategie orientiert sich der *DivDAX*, der die 15 ausschüttungsstärksten Aktien des *DAXes* umfasst. Tatsächlich hat der *DivDAX* den *DAX* von 2005 bis 2008 outperformt.

Eine weitere populäre Value-Strategie ist, auf Unternehmen mit geringer Marktkapitalisierung zu setzen. Diese Strategie beschreibt den Effekt, dass kleine Unternehmen (*Small Caps* oder *Mid Caps*) langfristig eine höhere Rendite aufweisen als große Unternehmen. Anleger können auf diesen Effekt setzen, u. a. mit ETFs auf den *DJ Stoxx Mid 200* oder *DJ Stoxx Small 200* von *iShares*.

Kritiker werfen den klassischen Indizes, die nach der Marktkapitalisierung gewichtet sind, vor, dass temporär überbewertete Firmen systematisch zu hoch und somit zeitweise unterbewertete Unternehmen zu niedrig bewertet werden. Aussichtsreicher sollten Indizes sein, deren Gewichtungsmethode weniger schwankungs- und stimmungsanfällig ist und daher den Unternehmenswert besser widerspiegelt. Solche Indizes setzen auf andere fundamentale Kriterien. So stellen die RAFI-Indizes solche Faktoren wie Dividende, *Cashflow*, Umsatz und Buchwert in den Vordergrund. Sie blenden also die Marktkapitalisierung bei der Aktiengewichtung im Index komplett aus. Beispielsweise erzielte der *RAFI US 1000 Index* von 1962 bis 2005 im Durchschnitt eine Wertsteigerung von 12,33 % p. a. und schlug somit den *S&P 500* um rund zwei Prozentpunkte.

Auch sehr beliebt bei Anlegern sind die Value- oder Growth-Strategien. Dabei setzen die Value-Indizes auf Substanz und berücksichtigen so eigentlich nur Aktien mit einer niedrigen Bewertung. Mit Hilfe von Bilanzkennzahlen wird der Nettobuchwert (Vermögen des Unternehmens abzüglich Schulden) bestimmt. Ist der aktuelle Kurs im Verhältnis niedrig zum Buchwert, so ist die Aktie nach dem Value-Ansatz kaufenswert. Dagegen legen die Growth-Indizes Wert auf Aktien von Unternehmen mit starkem Umsatz- und Gewinnwachstum.

Anleger bevorzugen besonders in einer Baisse Value-Titel, während sie in der Boomphase eher zu Growth-Titeln greifen. Das liegt daran, dass in steigenden Märkten der Growth-, in fallenden Märkten dagegen der Value-Ansatz eine Outperformance gegenüber dem Markt erreichen kann. Um diese Strategie umzusetzen, gibt es ETFs auf den *Euro Stoxx Value und Growth*.

Einen guten Ruf genießen auch Nachhaltigkeitsstrategien, wie sie mit dem neu ausgerichteten *Dow Jones Euro Stoxx Sustainability 40* umgesetzt werden können. Unternehmen, die in diesem Index gelistet werden möchten, müssen zuverlässig Werte schaffen und ökologische Mindestanforderungen erfüllen.
Überdies muss der ETF bzw. die abgebildete Strategie nicht zwangsläufig schon lange am Markt präsent sein. Normalerweise versorgen die Emittenten den Anleger mit einer Rückrechnung der Strategie in die Vergangenheit. In der Regel sind solche Rückrechnungen für die jeweilige Strategie zuverlässig, weil die Strategie mechanisch umgesetzt wird. Das heißt, der Emittent kann ganz genau sagen, welche Entscheidung er in der Vergangenheit getroffen hätte. Mit diesem Wissen über die historische Entwicklung der Strategie können Sie abschätzen, wie sich die Strategie bei unterschiedlichen Marktphasen im Vergleich zum Gesamtmarkt geschlagen hätte. Allerdings sind solche Rückberechnungen keine Gewähr für die Zukunft, denn die Börsen haben immer eine Überraschung parat. Bedenken Sie also immer: Strategieindizes basieren auf Annahmen, aber diese Annahmen können sich in der Zukunft als falsch herausstellen.

Auf spezielle Themen setzen

In Portfolios sollten neben Basisinvestments auch Nischenprodukte mit einem höheren Spezifikationsgrad enthalten sein. Durch derartige Beimischungen erreicht man nämlich eine verbesserte Unabhängigkeit der Portfolios vom Gesamtmarkt. Hierzu bieten ETFs als Lösung Themen-ETFs an, die sich einem gezielten Anlagebereich widmen. Im Aktiensegment steht eine Vielzahl von Themen-ETFs zur Verfügung. Beispielsweise gibt es Themenindizes, deren Mitglieder um die Wertschöpfungskette der Wasserversorgung aktiv sind. Diese Indizes werden von den Emittenten selbst bzw. von Indexanbietern (wie der *Deutschen Börse* mit ihrer DAXglobal-Indexfamilie) entworfen. Die genaue Zusammensetzung der Indizes unterliegt dabei einem klar definierten Regelwerk, das sich an solch quantitativen Kriterien wie Marktkapitalisierung oder Jahresumsatz orientiert. Der Vorteil der Themen-ETFs ist, dass der Anleger mit ihnen zeitsparend in komplexe Investmentstrategien investieren kann.

Schon Cornelius Tacitus wusste zu berichten, *„wenn man schon fallen muss, muss man der Gefahr entgegenlaufen"*. Deshalb sollte man als Anleger den gewählten Investmentthemen immer mit gesunder Skepsis gegenübertreten. Der Anleger sollte sich immer fragen: Ist das gewählte Thema nur eine kurzfristige Mode an der Börse oder steckt wirklich etwas dahinter? Die Geschichte lehrt nämlich, dass kurzfristige Moden an der Börse wie Sternschnuppen sind. Sie glühen einmal wunderschön auf und verglühen dann. Für den Anleger bedeutet das, die Aktienkurse gehen durch die Decke, um postwendend wieder in den Keller abzustürzen.

Wie die Finanzindustrie ihre Themen findet und sie in den Markt drückt, möchte ich Ihnen anhand der folgenden Glosse zeigen. Überlegen Sie beim Lesen, ob vielleicht schon einmal so versucht wurde, Ihnen ein Anlagethema schmackhaft zu machen.

> „Die Finanzindustrie hat uns noch nie enttäuscht, wenn es darum ging, neue Anlagetrends schnell aufzunehmen. Innerhalb eines Jahres sind Esel 590 Prozent teurer geworden. Das sind Zahlen, die Börsianer elektrisieren, bei diesem Boom müssen sie dabei sein – unbedingt.
>
> Wir warten noch. Gespannt. Um nicht zu sagen: erregt. Doch gleichzeitig sind wir ruhig und entspannt, denn wir wissen, dass das Warten nicht vergebens sein wird. Die Hoffnung wird sich erfüllen. Esel sind das neue Anlageziel. Nein, das steht nicht für „Energy Sentiment Equity Loan" oder ähnlich krude Anglizismen, die irgendwelche billigen Trends abbilden wollen. Gemeint ist ganz konkret jenes graue Geschöpf Gottes, das immer etwas dumm dreinblickt und vornehmlich in südlichen Ländern die Aufgabe des bescheidenen Lastenträgers übernimmt. Diese Tiere sind nämlich nicht nur lieb, sie sind neuerdings auch teuer geworden. Im türkischen Zentralanatolien stieg der Preis für einen Esel binnen Jahresfrist von umgerechnet rund 26 Euro auf bis zu 180 Euro. Das ist eine Steigerung um genau 590 Prozent.
>
> Und solche Zahlen sind es, die jeder Börsianer liebt, die ihn elektrisieren. „Wie kann ich dabei sein?", fragt er sofort. Wie kann man von diesem Esel-Boom profitieren?
>
> Auf Fragen finden sich Antworten. Und so dürfte es nicht lange dauern bis die Zertifikateindustrie das erste Donkey-Turbo-Bull-Papier auf den Markt wirft. Mit zehnfachem Hebel können Anleger dann von den Preissteigerungen bei anatolischen Eseln profitieren. Eine Garantievariante darf natürlich auch nicht fehlen, denn schließlich können solche Tiere ja auch mal krank werden – davor sollte man sich als Anleger schon schützen. Und das Donkey Quanto Papier befreit den besorgten Anleger schließlich vom Währungsrisiko der türkischen Lira.
>
> Wenn die Zertifikate-Emittenten den Boden bereitet haben, wird schließlich auch die Fondsindustrie auf den Eselskarren, äh, Zug aufspringen. Sie werben damit, dass der Eselpreis auch langfristig aufgrund der steigenden Nachfrage aus China weiter steigen wird. Der erste Donkey Fund wird das Risiko zudem streuen, indem

er nicht mehr nur in anatolische, sondern auch in griechische, spanische und südamerikanische Esel investiert. Die Fondsrichtlinien werden auch die Beimischung von Maultieren, Halbeseln und tibetischen Wildeseln erlauben. Anleger sollten sich dabei aber stets des Risikos bewusst sein, das mit Investments in Schwellenländern verbunden ist.
Anschließend wird einer der Fondsmanager sich mit einer eigenen Anlagegesellschaft selbstständig machen. Asinus Capital wird das ganze Spektrum der neuen Anlageklasse als Investmentboutique abdecken. Deren Chef sammelt in kurzer Zeit mehrere Milliarden weltweit ein und wird deshalb in der Branche nur noch „Goldesel" genannt.
Gleichzeitig werden die gemanagten Fonds aber auch Konkurrenz von Indexfonds erhalten. Sie bilden den neuen All-Donkey-Index einfach eins zu eins ab. Und wer es etwas sicherer haben will, der kann auch Exchange Traded Commodities (ETC) kaufen. Sie bieten den Vorteil, dass im Gegenwert des Investments physisch Esel gekauft und in einem Stall im Keller der Londoner Börse gehalten werden. Die *Deutsche Börse* wird nachziehen und ebenfalls ETCs listen lassen und dabei vor allem damit werben, dass in Großbritannien Tiere gern von BSE, Maul- und Klauenseuche oder anderen Krankheiten befallen werden, während die Ställe unter der Frankfurter Börse absolut seuchensicher seien.
Schließlich wird aber irgendwann die Euphorie abebben. Türkische Bauern werden plötzlich auf Ochsen umsteigen. Große US-Pensionsfonds werden daher ihr Esel-Exposure drastisch reduzieren. Die Preise der Zertifikate und Fonds verfallen und die Esel, äh, Privatanleger werden viel Geld verlieren. Aber es wird ja Alternativen geben, wie die neuen Ox-Absolute-Return-Funds."[166]

Diese Glosse spiegelt leider die Wirklichkeit wider. Viele Trends werden so geboren und auf die Anleger losgelassen. Denken Sie z. B. an den kürzlichen Boom bei Eisenbahnaktien oder Infrastrukturaktien.

Nach diesem kleinen Risikohinweis sollten wir uns ansehen, wie den Themen-ETFs Leben eingehaucht wird. Man trifft eigentlich nur zwei Varianten an: ETFs auf Branchenindizes oder auf speziell zusammengestellte Themen-Baskets.

Wie schon erwähnt, gibt es Branchenindizes (s. S. 110 ff.). Als ETFs werden hauptsächlich die 18 Branchenindizes des *DJ Stoxx 600* gehandelt. Sie reichen von der Automobil- bis hin zur Versorgerbranche (oder *Utilities*). Der Vorteil dieser ETFs ist, dass sie nur unwesentlich höhere Managementgebühren haben als ETFs auf den *Stoxx 600* bzw. *Euro Stoxx 50*. Deswegen kann der Anleger relativ kostengünstig hier einige Themen spielen. Glaubt er z. B.

---

[166] Stocker, Frank: Glosse. So profitieren Sie richtig vom Esel-Boom. Welt-Online-Finanzen. (Unter: www.welt.de/finanzen/article2100553/So_profitieren_Sie_richtig_vom_Esel_Boom.html; Stand 06. 03. 2009)

daran, dass Technologie der Schüssel für die Zukunft ist, so könnte er auf den Branchenindex Technologie setzen.
Als Gegenstück zu den ETFs auf Branchenindizes werden die Themen-ETFs aufgefasst. Ihr *Underlying* ist auch ein eigenständiger Index. Er wird entweder von den Emittenten selbst zusammengestellt oder von einem Indexanbieter. Allerdings klingeln bei diesen Indizes häufig die Kosten an der Tür des Anlegers, in der Gestalt von höheren Managementgebühren als bei Branchenindizes. Häufig ist auch der *Spread*, d. h. die Differenz zwischen Ausgabe- und Rücknahmepreis, relativ groß. Ein extremes Beispiel hierfür ist der *ETFS WNA Global Nuclear Energy Fund.* Er bildet den *WNA Nuclear Energy Index* ab. Dieser Index spiegelt die Entwicklung der Aktien weltweit gehandelter Unternehmen im Bereich Atomenergie wider. Der *Spread* bei diesem ETF betrug im Januar 2009 stolze 6,6 Prozent. So kommen fast so viele Kosten zusammen, wie bei einer Investition in einen klassisch aktiv gemanagten Fonds. Die Themen-ETFs werden beworben wie z. B. Waschmittel. Beispielsweise:

> „WOWAX WAEX – Neue Energien für sprudelnde Renditen.
>
> Wasserknappheit und Energiemangel – diese Probleme zählen laut Experten zu den größten Herausforderungen des 21. Jahrhunderts. Innovative Technologien sind gefragt, um die wachsende Erdbevölkerung künftig mit sauberem Trinkwasser und klimafreundlichen Energien versorgen zu können. Die entsprechenden Branchen verfügen deshalb über ein großes Aufwärtspotenzial. Investoren können mit zwei neuen Lyxor ETFs von dieser Entwicklung profitieren. ... Anleger können mit dem Lyxor New Energy vom anhaltenden Boom der erneuerbaren Energien profitieren. Referenzindex ist der World Alternative Energy Index – Kurz WAEX. Er enthält die Aktien der weltweit 20 größten Unternehmen, die im Bereich der erneuerbaren Energien tätig sind.“ [167]

Wie unstetig sich die Rendite solcher Themen entwickelt, sieht man an der Kursentwicklung des *Lyxor New Energy ETFs*. Er stieg im Jahr 2007 um 52 % und fiel postwendend im Jahr 2008 um 53 %. Über drei Jahre gesehen verlor der Fonds rund 15 %. Wenn der Anleger 5 Jahre durchgehalten hätte, hätte er 112 % verdienen können. Gerade bei speziellen Themen sollte der Anleger hellhörig werden, wenn er die Aussage hört, Aktienkurse steigen langfristig immer. Es stellt sich stets die Frage, welche Aktien gemeint sind

[167] Lyxor Exchange Traded Funds Magazin – Die Welt der ETFs. Ausgabe 06 / März 2008, S. 20 ff.

und was langfristig bedeutet. So hat z. B. der Bruderfonds des *Lyxor New Energy*, der *Lyxor World Water ETF* (enthält Aktien, die rund um die Wasserversorgung aktiv sind), seit fünf Jahren einen kumulierten Verlust von 11 % aufgehäuft. Der Fonds fiel im Jahr 2008 um 44 %, stieg dafür aber im Jahr 2007 nur um 7 %.

Bevor Sie sich für ein Themen-ETF entscheiden, müssen Sie unbedingt mit dem Thema vertraut sein. Sie müssen die Fakten genau studieren und entscheiden, wie glaubhaft die dargestellte Entwicklung ist. Sie müssen der Frage nachgehen, ob das dargestellte Thema, z. B. erneuerbare Energien, nachhaltig ist oder sich als Strohfeuer erweisen wird. Danach sollten Sie die Bewertung des abgebildeten Indexes genauer untersuchen. Es hilft Ihnen nichts, wenn das Thema super ist, aber die Bewertung der Aktien schon durch die Decke gegangen ist. Auch gute Unternehmen können zu teuer sein. Z. B. war das Internet Anfang 2000 bei vielen Anlegern, ähnlich wie 2008 die erneuerbaren Energien (hier in Deutschland besonders Solarwerte[168] und Windenergie), als die Goldquelle schlechthin angesehen. Es herrschte Goldgräberstimmung. Die Aktien erreichten irrwitzige KGVs. Einige Experten sagten sogar, dass die Anleger bereit waren, die Entwicklung der nächsten einhundert Jahre im Voraus zu bezahlen. So kostete z. B. die Aktie des Internetausrüsters *Cisco Systems* im Juli 2000 knapp 75 Euro (KGV 130). Nach dem Platzen der Internetblase kostete die Aktie im Januar 2009 nur noch 12 Euro (KGV 13). Und das vor dem Hintergrund, dass das Unternehmen im Jahr 2009 wesentlich größer ist als im Jahr 2000 und sogar in den *Dow Jones* aufgenommen wurde. Das heißt, die *Cisco AG* hat sich gut entwickelt, aber der Markt billigt ihr jetzt nur noch ein normales KGV von 10-15 zu. Zudem hat sich auch bewahrheitet, dass das Internet einen Siegeszug in die Wohnzimmer der Menschen hält und nicht mehr aus unserem Leben wegzudenken ist. Folglich stimmten auch viele Annahmen, die damals getätigt wurden. Demnach war das Internet keine Eintagsfliege, sondern etwas,

---

[168] So vollführte die Solarworld-Aktie (einer der bekanntesten Solarwerte in Deutschland) zwischen 2006 bis 2009 eine wahre Achterbahnfahrt. Den Anlegern standen buchstäblich die Haare zu Berge. So schwankten die Aktien zwischen 10,83 und 50,73 Euro. Heute notiert sie bei 16,34 Euro (Stand 25.10.2009). Und dass, obwohl sich der Umsatz von 515 Mio. Euro im Jahr 2006 bis zum Jahr 2008 auf 900 Mio. Euro gesteigert hat. Der Unterschied ist, dass der Markt der Solarworld heute nur noch ein KGV von 12 zugesteht, und nicht wie früher eines von über 25. Im Mai 2017 ging Solarworld sogar insolvent.

was unser Leben nachhaltig verändert hat. Dennoch haben viele Anleger mit Internetaktien eigentlich nur Geld verloren, weil sie zu teuer eingestiegen sind. Jede Branche wird früher oder später an der Börse normal bewertet, d. h., die irrwitzigen KGVs werden abgebaut. Aus dieser Tatsache leitet sich die alte Börsenweisheit „*Der Markt hat immer Recht – er übertreibt nur manchmal*“ ab.

Deswegen eignen sich Themenindizes für Anleger, die bestimmten Segmenten eine besonders günstige Wertentwicklung zutrauen. Wegen der hohen Spezifität sollten Themen-ETFs allerdings nie einen zu großen Teil im Depot ausmachen, da sie ein hohes unsystematisches Risiko (s. S. 41 ff.) haben. Als grobe Richtschnur gilt, dass ein einzelnes Themeninvestment nicht mehr als fünf Prozent des Depots ausmachen sollte. Zudem sollte die Konstruktion des Themenindexes dem Anleger im Detail bekannt sein, weil sich wegen des hohen Spezifikationsgrades sehr unausgewogene Produkte am Markt befinden, in denen einzelne Aktienwerte stark übergewichtet sind und dadurch ein beträchtliches Risiko im Index steckt. Dabei hilft ein Blick in das Emissionsprospekt. Tätigen Sie also keine esoterischen Wertpapierwetten, die Sie selber nicht verstehen, sondern kaufen Sie nur solche Themen- bzw. Strategie-ETFs, deren Grundlagen Sie wirklich kennen.

Anlagezyklen – Die besten Anlagezeiträume ausnutzen

Der Begriff Zyklus stammt aus dem Griechischen und bezeichnet einen Kreislauf. Auch periodisch wiederkehrende wie auch gleichartige Ereignisse werden hierunter verstanden. Ein solches Ereignis ist das Phänomen der kalendarischen Saisonalitäten an der Börse.

So zeigt sich, dass z. B. für deutsche *Bluechips* die Monate August und September besonders schlechte Monate sind, während die Kurse üblicherweise von November bis Januar deutlich anziehen (Jahresendrallye). Eine Berücksichtigung solcher Regelmäßigkeiten aus der Vergangenheit hätte zu Überrenditen gegenüber der klassischen Buy-And-Hold-Strategie (Kauf eines DAX-ETFs und Halten) geführt. Zur Umsetzung dieser Strategie sind lediglich zwei Transaktionen im Jahr notwendig.

Wie gut diese Strategie funktioniert, zeigt der *DAX_{Plus} Seasonal Strategy-Index*. Er setzt die Indexberechnung für die historisch gesehen schwachen Monate August sowie September aus. Der zurückgerechnete Startpunkt für den DAX und Strategieindex war der 30. Dezember 1987 bei jeweils 1.000 Punkten. Im Juni 2009 notierte der *DAX* bei 4.858 Punkten und der *DAX_{Plus} Seasonal Strategy-Index* bei 19.291 Zählern. Das heißt, ein Investment mit einer Anlagedauer von jährlich nur zehn Monaten schlug den deutschen Leitindex um beinahe das Vierfache.

Leider gibt es zurzeit noch keinen ETF auf den *DAX_{Plus} Seasonal Strategy-Index*. Deswegen muss der Anleger diese Strategie manuell umsetzen. Dazu verkauft er jährlich am letzten Handelstag im Juli einen DAX-ETF und kauft ihn am ersten Handelstag im Oktober wieder. In den Monaten August und September wird das Anlagekapital im Geldmarkt investiert, z. B. in einen ETF auf den €STR.

Der Ritt auf den Konjunkturzyklen

Ein Bonmot von Anatol France lautet: *„Es liegt in der menschlichen Natur, vernünftig zu denken und unlogisch zu handeln.“* Warum also nicht zur Abwechslung vernünftig sein? So weiß jeder Anleger, dass bei einer Abkühlung der Konjunktur mehr oder minder große Verluste am Aktienmarkt drohen, und es ist doch nur vernünftig, die Aktien bei einer drohenden Konjunktureintrübung zu verkaufen. Wie erkennt man eine solche Eintrübung?

Hierzu bietet sich die Erwartungskomponente des ifo-Geschäftsklimaindexes (www.ifo.de, www.cesifo-group.de) als konjunktureller Frühindikator an. Dieser Index wird vom *ifo Institut für Wirtschaftsforschung* erstellt und ist einer der meist beachteten Frühindikatoren in Deutschland. Zur Ermittlung werden ca. 7.000 Unternehmen des verarbeitenden Gewerbes, des Bauhauptgewerbes, des Großhandels und des Einzelhandels gebeten, ihre gegenwärtige Geschäftslage und ihre Erwartungen für die nächsten sechs Monate zu beurteilen. Die Antworten werden dann nach der Bedeutung der Branchen gewichtet und aggregiert; das geometrische Mittel bezieht sich auf das Basisjahr 1991.

Um rechtzeitig vom Konjunkturzug abzuspringen, verwendet man folgende Strategie. Geht man von einer konjunkturellen Belebung aus, so kauft man europäische Aktien, z.B. den fundamental gewichteten Aktienindex *FTSE RAFI Europe Index*. Diesen Index bildet z.B. der *PowerShare FTSE RAFI Europe Fund* ab. Dagegen wechselt man bei einer konjunkturellen Abkühlung in langlaufende deutsche Staatsanleihen, z.B. mit den *iShares eb.rexx Govern-*

ment Germany 10,5 +. Zur Umsetzung der Strategie verwendet man folgenden Ansatz:

- Falls die Erwartungskomponente des ifo Geschäftsklimaindexes mindestens drei Monate in Folge um mindestens zwei Indexpunkte gefallen ist, wird von Aktien in Renten gewechselt.
- Falls dagegen die Erwartungskomponente des ifo Geschäftsklimaindexes mindestens drei Monate in Folge um mindestens zwei Indexpunkte gestiegen ist, wird von Renten in Aktien gewechselt.

Eine erforderliche Umschichtung nimmt man am ersten Bankarbeitstag nach Bekanntgabe des ifo Geschäftsklimaindexes vor. Mit dieser Strategie konnte der Anleger bislang jeder Baisse den Schrecken nehmen. Beispielsweise war diese Strategie vom 3. Januar 2000 bis zum 31. August 2009 nur während 40 % der Zeit in Aktien investiert. Weiterhin kam es während dieses Zeitraumes zu 10 Umschichtungen. Der Nachteil dieser Strategie ist, dass der Anleger sie permanent überwachen muss. Dafür wird er aber mit einer Outperformance gegenüber dem Vergleichsindex belohnt.

Garantiezertifikate oder Total-Return Fonds selbst erstellen

Im Jahr 2008 rauschten die deutschen Aktien um fast 40 % in die Tiefe. Trotz der flotten Börsenerholung im Jahr 2009 wird es wohl noch einige Zeit dauern, bis diese Horrorverluste wieder ausgeglichen sind. Dagegen konnten Anleger von Garantiezertifikaten oder Total-Return-Fonds die Börsenturbulenzen relativ entspannt betrachten, weil sie zumindest mittelfristig kein Geld verloren haben. Warum nicht auch zu diesem exklusiven Club gehören? Lassen Sie uns versuchen, mit ETFs ein vollkommen transparentes Total-Return-Portfolio zu erstellen.

Nach meinem Verständnis soll das zu bildende Total-Return-Portfolio dadurch gekennzeichnet sein, dass zum Ende einer festgelegten Investitionsdauer (auch Garantiezertifikate haben eine begrenzte Laufzeit) mit hoher Wahrscheinlichkeit der Wert des Portfolios nicht unter dem ursprünglichen Wert liegt, d. h. im Plus notiert. Als Bausteine verwenden wir Aktien aus dem Euro-Raum und den Schwellenländern sowie Euro-Staatsanleihen, da diese Anlagen die geringste Korrelation zueinander haben, d. h. wir haben einen großen Diversifizierungseffekt.

Ferner nehmen wir für die Aktien aus dem Euro-Raum einen maximalen Kursverlust von 40 % zum Ende der fünfjährigen Investitionsdauer an. Obendrein nehmen wir für die risikoreicheren Aktien der Schwellenländer einen maximalen Verlust von 60 % zum Ende der fünfjährigen Investitionsdauer an. Überdies nehmen wir für beide Aktienpositionen eine durchschnittliche Dividendenzahlung von zwei Prozent der investierten Summe an. Zudem gehen wir davon aus, dass die erhaltenen Dividenden zum Ende eines Jahres ausgeschüttet werden und sogleich in Euro-Staatsanleihen investiert werden. Ferner haben wir folgende Aufteilung innerhalb des Aktiendepots vorgenommen. Es wird 75 % in den Euro-Raum und 25 % in die Schwellenländeraktien investiert. Dazu investiert man 75 Prozent in einen *Euro Stoxx 50 ETF* und 25 % in einen *MSCI Emerging-Market ETF*.

Nun gehen wir davon aus, dass beide Aktienblöcke innerhalb des 5-Jahres-Zeitraumes den maximalen Kurseinbruch erleiden. Somit beträgt der maximale anzunehmende Kursverlust des Aktiendepots 45 % ($=0{,}75 \cdot 0{,}4 + 0{,}25 \cdot 0{,}6$). Dämpfend auf die Aktienkursverluste wirken sich die Dividendenzahlungen von 10,83 % ($=0{,}02 \cdot 1{,}04^4 + 0{,}02 \cdot 1{,}04^3 + 0{,}02 \cdot 1{,}04^2 + 0{,}02 \cdot 1{,}04^1 + 0{,}02 \cdot 1{,}04$) in den fünf Jahren aus. Folglich ergibt sich für das Aktiendepot ein maximaler Verlust 34,17 %.

Jetzt betrachten wir den Euro-Staatsanleiheteil am Portfolio. Hier nehmen wir einen Zinssatz für die fünf Jahre von 4 % an. Um diesen Rentenanteil abzubilden, setzen wir auf einen Renten-ETF auf die Rentenindizes *iBoxx € Eurozone 5-7* oder *eb.rexx Government Germany 2.5 – 5.5 (DE).*

Daher ergibt sich eine Rendite für die Staatsanleihen über fünf Jahre hinweg von 21,67 % ($=1{,}04^5-1$). Auf Grund dieser Basis können wir nun die Aktien und Rentenquote für unser Depot nach folgender Gleichung bestimmen.

$$x \cdot (-)0{,}3417 + (1-x) \cdot 0{,}2167 = 0$$

Aufgelöst erhält man eine Aktienquote von 38,5 %. Im Umkehrschluss bedeutet dies, dass die Rentenquote 61,5 % beträgt. Ein so aufgeteiltes Depot sollte in fast 95 % der Fälle nach fünf Jahren im Plus sein. Andere Investoren verwenden auch einen Zeitraum von 10 Jahren, weil sie einen höheren Aktienanteil präferieren, da Aktien bezüglich der Renditechancen Staatsanleihen überlegen sind. Die Rechnung für einen 10-Jahreszeitraum sieht ähnlich aus.

Derivate Strategieindizes

Die folgenden Strategien setzen sich aus einer Position in einen klassischen Index, vornehmlich aus dem Aktienmarkt, und einer Position in ein Derivat, wie z. B. einer Option, zusammen. Mit diesen Strategieindizes werden also in der Finanzwelt bekannte Derivatestrategien umgesetzt.

Covered-Call-ETFs – Investments mit Puffer

Bei der Covered-Call-Writing-Strategie wird ein Basiswert, z. B. der Aktienindex *DAX*, und eine Stillhalterposition in einer Call-Option[169] auf diesen Basiswert miteinander kombiniert. Demzufolge besteht diese Strategie aus zwei Transaktionen, nämlich aus dem Kauf des Indexes sowie dem gleichzeitigen Verkauf einer Kaufoption (Call) auf den gleichen Index. Durch den Verkauf der Call-Option nimmt der Stillhalter eine Optionsprämie ein. Im Gegenzug muss der Stillhalter auf Kursgewinne im Basiswert, die über den Basispreis der Option hinausgehen, verzichten, da der Inhaber der Kaufoption diese dann ausübt. Aus diesem Grund verkaufen die ETFs eigentlich nur Aus-dem-

169 Eine Call-Option ist das verbriefte Recht, aber nicht die Pflicht, eine bestimmte Menge (Basiswert: hier ein Index) zu einem vereinbarten Preis (Basispreis) innerhalb eines bestimmten Zeitraumes zu erwerben. Für dieses Recht zahlt der Optionskäufer dem Verkäufer einen Optionspreis (Optionsprämie). Hierfür verpflichtet sich der Optionsverkäufer (Stillhalter), den Basiswert gegen Zahlung des vereinbarten Preises zu verkaufen, wenn der Optionskäufer sein Recht ausüben möchte. Falls der Optionskäufer sein Recht nicht wahrnimmt, erlischt das Optionsrecht am Ende der Laufzeit und die Option verfällt wertlos. Der Preis einer Option ergibt sich aus dem inneren Wert addiert mit dem Zeitwert. Der innere Wert einer Option ergibt sich aus der positiven Differenz zwischen dem aktuellen Kurs des Basiswertes und dem Basispreis multipliziert mit dem Bezugsverhältnis. Weiterhin kann der innere Wert niemals negativ werden. Der Zeitwert ergibt sich, indem man von dem Börsenkurs der Option den inneren Wert abzieht. Demnach ist am Verfallstag der Option der Zeitwert null. Man sagt auch, dass der Zeitwert die Wahrscheinlichkeit von Kursschwankungen des Basiswertes bis zum Ende der Laufzeit der Option widerspiegelt. Deswegen beeinflusst besonders die Volatilität des Basiswertes den Zeitwert. Beispielsweise fiel der Call-Optionsschein auf den DAX mit einem Basispreis von 7.100 Punkten und einer Fälligkeit am 8. September 2009 innerhalb eines Monates von 0,025 Euro Geldkurs / 0,045 Euro Briefkurs auf 0,008 Euro Geldkurs / 0,028 Briefkurs, obwohl der DAX gleichzeitig um 5 % gestiegen ist. Das der Call-Optionsschein die Marktentwicklung nicht mitgemacht hat, liegt daran, dass die Volatilität dramatisch zurückgegangen ist.

Geld liegende Optionen[170], um ihre Gewinnchance nicht zu sehr zu schmälern.
Für die Covered-Call-Writing-Strategie sind derzeit zwei ETFs erhältlich. Der eine ETF bildet den *DAX$_{plus}$Coverd Call-Index* für deutsche *Bluechips* ab und der andere spiegelt eine Buy-Write-Strategie für europäische *Bluechips* im *DJ Euro Stoxx50*, den *Euro Stoxx50 BuyWrite*, wider. Bei beiden ETFs ist die Partizipation an Wertsteigerungen des *DAX* bzw. *DJ Euro Stoxx 50* auf maximal 5 % im Monat begrenzt. In der Regel verkaufen diese Fonds also Call-Optionen, die ca. 5 % oberhalb des aktuellen Indexstandes liegen und eine Restlaufzeit von einem Monat haben. Deswegen wird monatlich eine neue Option verkauft. Welche zusätzliche Rendite kann ein ETF nun mit den Optionsprämien erzielen? Allgemein gilt: Je höher die Volatilität ist, d. h. je stärker der DAX schwankt, desto höher werden die Optionsprämien und damit die mögliche zusätzliche Rendite, die mit einer Covered-Call-Writing-Strategie eingefahren werden kann.
Doch Vorsicht, schon Jean de La Fontaine stellte fest: *„Man läuft Gefahr zu verlieren, wenn man zu viel gewinnen möchte."* Denn die Volatilität ist ein zweischneidiges Schwert. Sie kann für den Anleger einmal ein purer Genuss sein und ein anderes Mal einen faden Beigeschmack haben. So führen hohe Volatilitäten dazu, dass die Optionsprämien bei der Covered-Call-Writing-Strategie deutlich zunehmen, d. h., der Anleger kann in hitzigen Börsenphasen Volatilität verkaufen. Auf der anderen Seite gehen meistens steigende Volatilitäten mit einem Kursverlust des Indexes einher, sodass die zusätzlichen Einnahmen durch die höheren Optionsprämien schnell durch den Kursverlust des Basiswertes wieder aufgezerrt werden.
Dies liegt daran, dass die Volatilität negativ zu den Aktienrenditen korreliert. So führen Phasen mit negativer Aktienrendite oftmals zu einem Anstieg der Volatilität und Phasen mit steigenden Aktienkursen meistens zu einem Rückgang der Volatilität. Doch was bringt diese Strategie? In fallenden Märkten sollte diese Strategie den Kursrückgang wegen der Einnahme von Optionsprämien etwas abfedern. So fiel der *Lyxor ETF DJ Euro Stoxx 50 BuyWrite* im Jahr 2008 nur um ca. -34 %, während der *Euro Stoxx 50* um ca. -44 % fiel.

[170] Eine Call-Option ist dann „aus dem Geld", wenn der Basispreis zum Betrachtungszeitpunkt über dem Kurs des Basiswertes liegt. In diesem Fall hat die Option keinen inneren Wert.

Doch bei steigenden Märkten beobachtet man eine mehr oder minder starke *Underperformance*. Das liegt daran, dass man bei stetig steigendem Markttrend eine abnehmende Volatilität beobachtet, weshalb die vereinnahmten Optionsprämien geringer werden. So stieg im Jahr 2007 der *Euro Stoxx 50* um knappe 7 %, dagegen konnte der *Lyxor ETF DJ Euro Stoxx 50 BuyWrite* nur um ca. 5 % zulegen. Dieser Unterschied ist damit zu erklären, dass durch den Verkauf von Call-Optionen eine Art Gewinndeckelung (ein so genanntes *Cap*) beim ETF eingeführt wurde. Das heißt, konstruktionsbedingt wirft die Buy-Write-Strategie in Aufschwungphasen (besonders in starken) weniger ab, als der entsprechende Referenzindex (wie z. B. *Euro Stoxx 50*).
Im Prinzip sollen mit der Strategie Covered-Call-Writing die Erträge einer Anlage im Vergleich zu einer reinen Indexinvestition geglättet werden. Hierfür werden außerordentlich hohe Gewinne in guten Jahren für eine zwar ungleichmäßig hohe, aber dennoch regelmäßige Optionsprämie getauscht. So wird in jeder Betrachtungsperiode die Wahrscheinlichkeit erhöht, einen positiven Ertrag aus der Gesamtposition (Indexinvestment + Optionsprämie) zu erzielen. Somit sind das ideale Marktszenario für diese Strategie stabile (seitwärts) bzw. leicht steigende Märkte. Außerdem taugt diese Strategie eigentlich nicht zur Absicherung von größeren Verlusten, weil die Optionsprämie lediglich die Verluste abfedert. Hierzu bietet sich die Protective-Put-Strategie eher an.

Protective-Put-ETFs – Investments mit Airbag

„Nicht der ist ein Verlierer, der hinfällt, sondern der, der liegen bleibt." (Thomas Anders) Aus diesem Gedanken heraus wurden die Protective-Put-ETFs geboren. Dabei werden Protective-Put-Indizes aus einer Long-Position in einen Basiswert und einer Put-Option[171] auf diesen Basiswert zusammengestellt. Das Ziel ist die Vermeidung großer Verluste bei einem geringstmöglichen Verzicht auf mögliche Kursgewinne des Basiswertes. In der Theorie verbleiben circa 80 % der Performance bei rund 70 % des Risikos des Basiswertes.

[171] Eine Put-Option verbrieft das Recht, aber nicht die Pflicht, eine bestimmte Menge eines Basiswertes zu einem vereinbarten Preis innerhalb oder zu einem bestimmten Zeitpunkt zu veräußern. Die Funktionsweise gleicht der von Call-Optionen – nur umgekehrt.

Sie sehen, diese Strategie ist ähnlich der Buy-Write-Strategie, nur kauft der ETF jetzt eine Put-Option und besitzt gleichzeitig den zugehörigen Basiswert. Hierdurch sind die Verluste auf Höhe der gezahlten Put-Optionsprämie beschränkt. Dafür verzichtet der Anleger bei steigenden Notierungen wegen der gezahlten Optionsprämie auf etwas Rendite gegenüber einem ungesicherten Basiswert.

Um diese Strategie mit Leben zu füllen, sichern die Protective-Put-ETFs quartalsweise einen Mindestkurs für den abgebildeten Index ab. Dazu wird eine Put-Option mit einem Ausübungspreis von 5 % unter dem aktuellen Indexstand und einer Restlaufzeit von 3 Monaten erworben. Beim Auslaufen wird ein neuer Put gekauft. So erreichen sie eine Absicherung gegenüber großen Kursverlusten. Mittels dieser Theorie kann ein Protective-Put-ETF nicht mehr als 5 % plus die gezahlte Optionsprämie im Quartal verlieren. Das Problem hierbei ist allerdings, dass Kursrückgänge üblicherweise mit einem Anstieg der Volatilität einhergehen, was wiederum zu deutlich steigenden Optionsprämien führt. Durch die steigende Volatilität nimmt der Preis der gekauften Put-Option zu. Zwar verliert der Fonds in einer Abwärtsbewegung deutlich weniger an Wert als der zugrunde liegende Index, aber durch die höheren Kosten für die Put-Option steigt der maximale Verlust für den Anleger weit über die 5-Prozent-Grenze hinaus.

Richtig ärgerlich wird es für den Anleger erst, wenn die Abwärtsbewegung an den Börsen länger als ein Quartal dauert. Dann muss sich der Fonds nämlich zu einem teureren Niveau neu absichern. So kann es vorkommen, dass die Optionsprämie in den Prozentbereich des Fondsvermögens steigt, d. h. dass der Fonds deutlich mehr als die versprochenen 5 % verlieren kann. Besonders problematisch ist es, wenn sich die Volatilität innerhalb eines Quartals wieder legt, dann verliert nämlich die Put-Option überdurchschnittlich an Wert, was dazu führen kann, das die Fondsentwicklung deutlich von der Performance des zugrunde liegenden Indexes abweicht.

Das ruft auch die Kritiker dieser Strategie auf den Plan. Sie werfen diesen Fonds vor, die Anleger zu täuschen. Übers Jahr gesehen können bei solchen Fonds auch Kursverluste in Höhe von mehr als 20 % auflaufen. Beispielsweise verlor der *Lyxor ETF DAX$_{Plus}$ Protective Put* im Jahr 2008 immerhin 18,3 %. Dies klingt viel, relativiert sich aber, wenn man bedenkt, dass der *DAX* im selben Zeitraum knapp 40 % verloren hat. Somit hat der Fallschirm

des ETFs den Aufschlag für den Anleger merklich abmildern können. Das ist typisch für diesen Ansatz. Er zeigt eigentlich immer eine deutlich bessere Wertentwicklung gegenüber der Benchmark in schlechten Börsenzeiten, in denen durch die Put-Option große Teile der Kursverluste aufgefangen werden können. Doch wie verhält sich der ETF bei steigenden Kursen?
Im Jahr 2007 stieg der *DAX* um fast 21 %, wohingegen der ETF nur um 13,8 % zulegen konnte. Sie sehen also, die Absicherung führt zu einem deutlichen Renditenachteil bei steigenden Aktienkursen. Geeignet sind solche ETFs für sehr vorsichtige Anleger, die große Kursverluste vermeiden, aber dennoch an der Entwicklung der Aktienmärkte teilhaben möchten.
Wer kennt nicht die alte Börsenweisheit „*Die Börse ist keine Einbahnstraße*". Für Anleger, die nicht immer auf dasselbe Auto setzen möchten, um den Aktienmarktparcour zu bewältigen, bieten sich vier DAX-Strategien (*Protective Put, Covered Call,* DAX sowie *LevDAX*) mit unterschiedlichem Risiko/Renditeprofil an. Mit diesen vier DAX-Strategien hat der Anleger die Möglichkeit, sich ein Fahrzeug nach seinen Fähigkeiten auszuwählen, vom langsamen Trecker bis hin zum Sportwagen ist alles im Angebot.
Wer sich nicht sehr sicher ist oder Aktienmarktkorrekturen nicht ausschließt, ist gut mit der Absicherungsstrategie *DAX_{Plus} Protective Put* beraten. Mit dieser Strategie wird das Risiko des *DAXes* deutlich gesenkt, aber gleichzeitig die Renditeaussichten limitiert. Der Anleger fährt so ähnlich wie mit einen Trecker den Aktienmarktparcour langsam und sicher ab.
Ein Anleger, der etwas mehr Gas geben möchte, setzt auf die Strategie *DAX_{Plus} Covered Call.* Hier steht nicht die Risikovermeidung oben auf der Agenda, sondern die Ertragsoptimierung. Zudem geht der Anleger davon aus, dass die Aktienmärkte keine Steilkurven (Hausse) oder Schlaglöcher (Baisse) aufweisen. Denn wenn der DAX-Index lustlos seitwärts läuft, punktet diese Strategie besonders gut. In fallenden Märkten bietet sie obendrein noch einen kleinen Risikopuffer an. In steigenden Märkten ist der Anleger zwar auch dabei, aber nur bis zu bestimmten Limits.
Möchte ein Anleger einfach nur gemütlich mit seinem Kompaktwagen über die Landstraße fahren, so bietet sich ein direktes DAX-Investment an. Dann geht der Anleger von einer steigenden Börse aus, die ihm keine Hindernisse in den Weg legt. Mutigere Anleger steigen nun auf den Sportwagen um und wechseln mit der Strategie *LevDAX* auf die Autobahn. Diese Strategie ermög-

licht es dem Anleger, doppelt von der Tagesentwicklung des *DAXes* zu profitieren. Durch den Hebel kann der Anleger mehr Ertrag erzielen, aber auch mehr Verluste bei einer ungünstigen Entwicklung. Diese Strategieindizes erhöhen also den Aktionsradius des Anlegers.

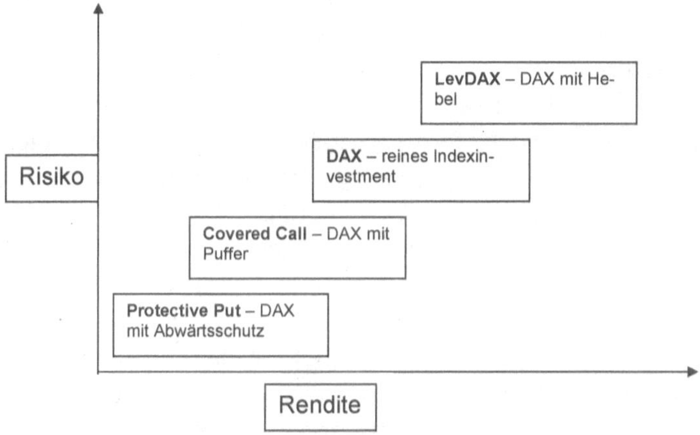

Abbildung 29: Vergleich von vier DAX-Strategien (Quelle: Bauen Sie ihr Portfolio mit dem Werkzeug der Profis. Lyxor ETFs 3 Quartal 2008, S. 27)

Bonusstruktur selbst gemacht

In der Zertifikatewelt sind die Bonuszertifikate äußerst beliebt. Denn solange der Basiswert eine vorher festgelegte Barriere nicht unterschreitet oder berührt, greift ein Teilschutz. In diesem Fall wird das Zertifikat mindestens zum Bonusbetrag zurückgezahlt. Der Bonusbetrag liegt üblicherweise über dem Kurs des Zertifikates bei der Emission. Sollte der Basiswert über den Bonusbetrag steigen, partizipiert der Anleger bis zum Laufzeitende in unbegrenztem Umfang an den steigenden Kursen. Fällt allerdings der Basiswertkurs des Zertifikates unterhalb die Barriere oder berührt sie, so verliert das Zertifikat seinen Teilschutz. Ab diesem Zeitpunkt spiegelt das Zertifikat nur noch 1:1 die Bewegungen des Basiswertes wider. Die Bonusstruktur erhält der Anleger nicht geschenkt, sondern er muss dafür auf sämtliche Erträge (wie Dividenden) des Basiswertes verzichten.

Durch die Kombination aus dem zeitgleichen Kauf eines ETFs und einer Down-And-Out-Put-Option entsteht ein Vehikel, welches während der Laufzeit des Down-And-Out-Puts die wesentlichen Eigenschaften eines Bonuszertifikates widerspiegelt. Dieses Vehikel bietet einen Teilschutz während der Laufzeit der Down-And-Out-Puts sowie einen Bonus.

Bei einem Down-And-Out-Put ist die Auszahlung nicht nur vom Stand des Basiswertes am Laufzeitende, sondern auch vom Kursverlauf des Basiswertes während der Laufzeit abhängig. Dies äußert sich darin, dass ein Down-And-Out-Put eine Barriere hat, die der Basiswert (Index) während der gesamten Laufzeit nicht berühren oder unterschreiten darf. Geschieht dies dennoch, so verfällt der Put wertlos. Deswegen streiten um den Wert einer Down-And-Out-Put zwei Effekte. Der Wert einer Down-And-Out-Put steigt bei fallendem Basiswert an, gleichzeitig steigt aber das Risiko, das die Barriere berührt wird, was zu einer Wertminderung führt. Deswegen besitzt eine Down-And-Out-Put einen maximalen Wert, ein weiterer Kursrückgang des Basiswertes verringert den Wert des Down-And-Out-Put wieder, da die Wahrscheinlichkeit ansteigt, dass die Barriere berührt wird und somit der Put wertlos verfällt. Das heißt, bei weiter fallenden Kursen muss der Anleger den kompletten Kursverlust selbst tragen. Deswegen gilt: Je höher die Barriere gewählt wird, desto billiger wird der Down-And-Out-Put. Gleichzeitig steigt die Wahrscheinlichkeit, dass die Barriere verletzt wird und der Put wertlos verfällt. Deswegen raten Experten auch dazu, nur Down-And-Out-Puts zu verwenden, deren Barriere zwischen 30 und 50 % unterhalb des aktuellen Kurses des Basiswertes liegt. Größere Barriereabstände sind nicht zu empfehlen, weil dann die Preise der Down-And-Out-Puts fast auf Höhe der normalen Puts (die eine Absicherung von 100 Prozent des Depots ermöglichen) liegen. Wird die Barriere während der Laufzeit nicht berührt oder unterschritten, so entspricht am Ende der Laufzeit das Auszahlungsprofil eines Down-And-Out-Puts dem eines „normalen" Puts. Das bedeutet, dass die Differenz von Basispreis und Basiswertkurs zum Laufzeitende (gehebelt um einen festgelegten Multiplikator) ausbezahlt wird. Im schlimmsten Fall kann diese Differenz bei null liegen.

Beispiel: Down-And-Out-Put in Kombination mit einem ETF			
Kauf eines DJ Euro Stoxx 50 ETF Kauf eines Down-And-Out-Puts* Investitionssumme	: 19,50 € : 2,25 € : 21,75€		
(*mit einem Basispreis von 2.754 und einer Barriere von 1.272 und einer Fälligkeit 17.12.2010) Unterschiedliche Szenarien			
	Szenario 1 Anstieg	Szenario 2 Seitwärts	Szenario 3 Rückgang
Wert DJ Euro Stoxx 50 ETF	28,00 €	20,00 €	12,70 €
Wert Down-And-Out-Put	0,00 €	7, 54€	0,00 €
Summe	28,00 €	27,54 €	12,70 €
Gewinn/Verlust mit Down-And-Out-Put	6,25 €	5,79 €	(-) 9,05 €
Gewinn/Verlust ohne Down-And-Out-Put	8,50 €	0,50 €	(-) 6,80 €
Mehrertrag der Strategie	- 2,25 €	5,29 €	-2,25 €

Im Szenario 1 des Beispiels hat der *DJ Euro Stoxx 50* während der gesamten Laufzeit die Barriere nicht berührt oder unterschritten und am Ende der Laufzeit des Down-And-Out-Puts [172] notiert der *DJ Euro Stoxx 50* bei 2.800 Punkten, also deutlich über dem Basispreis des Down-And-Out-Puts. Deswegen ist der Wert des Down-And-Out-Puts auch null. Aufgrund der Investition in den Down-And-Out-Put hätte man in diesem Szenario etwas schlechter abgeschnitten als bei einer reinen ETF-Anlage.

Dies sieht ganz anders aus beim Szenario 2. Auch hier hat der *DJ Euro Stoxx 50* während der gesamten Laufzeit die Barriere nicht berührt oder unterschritten und am Ende der Laufzeit des Down-And-Out-Puts notiert der *DJ Euro Stoxx 50* bei 2.000 Punkten, also unterhalb des Basispreises. Nun hat der Down-And-Out-Put einen Wert und die Strategie bietet dem Anleger jetzt einen Mehrwert. Sie schneidet also deutlich besser ab als eine reine ETF-Anlage. Diese Vorteilhaftigkeit bleibt erhalten, solange der *DJ Euro Stoxx 50* am Laufzeitende zwischen 2.754 und 1.272 Punkten notiert. Im Szenario 3 hat der *DJ Euro Stoxx 50* die Barriere unterschritten und notiert am Laufzeitende der Down-And-Out-Put bei 1.270 Punkten. Der Down-And-Out-Put ist

[172] Auch hinsichtlich ihres Volatilitätseinflusses bestehen große Unterschiede zwischen einem „normalen" Put und einem Down-And-Out-Put. Ein Ansteigen der Volatilität führt bei einem „normalen" Put zu einem Wertzuwachs, während dies bei einer Down-And-Out-Put regelmäßig zu einem Wertverlust führt. Das liegt daran, dass eine hohe Volatilität das Risiko erhöht, dass die Barriere berührt wird und daher der Put wertlos verfällt.

wertlos verfallen. Auch bei diesem Szenario wäre eine reine ETF-Anlage die bessere Wahl gewesen.

4.12.2.4 Spezielle Strategie für Rentenindizes – Das Spiel mit der Zinskurve

Um erfolgreich mit der Zinsstrukturkurve (s. S. 128) zu spielen, muss der Anleger das Einmaleins der Zinsstrukturkurve kennen.

- Unterteilung nach Laufzeiten
  - Kurze Laufzeiten: 3 Monate bis 3 Jahre
  - Mittlere Laufzeiten: 3 Jahre bis 7 Jahre
  - Lange Laufzeiten: 7 und mehr Jahre
- Unterscheidung der Lage der Zinskurve
  - Niveau: absolute Höhe der Rendite in %
  - Steilheit: absolute Renditedifferenz zwischen kurz- und langfristigen Zinsen in %. Eine Änderung der Steilheit wird z. B. durch den Twist hervorgerufen. Hierbei bleibt das mittelfristige Segment konstant, kurz- und langfristige Renditen bewegen sich entgegengesetzt.
  - Bauchig- oder Buckligkeit: Scheitelpunkt der Zinskurve, nach dem sie sich verflacht. Hervorgerufen z. B. durch den Butterfly-Effekt. Er beschreibt, dass das mittlere Segment der Zinskurve sich entgegengesetzt zu kurzen und langen Laufzeiten bewegt.

Zudem unterscheidet man drei hauptsächliche Bewegungen der Zinskurve:

- Parallelverschiebung der Zinskurve
- Veränderungen der Steilheit der Zinskurve (*Twist* oder *Rotation*)
- Veränderungen der Bauchigkeit der Zinskurve *(Butterfly)*

All diese Bewegungen können sowohl durch steigende als auch durch fallende Zinsen hervorgerufen werden. Obendrein können sich die Laufzeitsegmente in unterschiedliche Richtungen bewegen. Häufig treten Veränderungen in der Zinsstrukturkurve als gemischter Effekt aus diesen drei Bewegungen auf.

Die drei klassischen Portfoliostrategien, die sich aus der Erwartung über die Zinsstruktur ergeben, sind:

- Kugel- oder Bullet-Strategie: Im mittleren Zeitsegment wird ein Drehpunkt *(Twist)* der Zinskurve erwartet.
- Hantel- oder Barbell-Strategie: Es wird von einer Verflachung der Zinskurve ausgegangen.
- Leiter- oder Ladder-Strategie: Bei dieser Strategie ist keine Zinserwartung notwendig.

Zur Umsetzung dieser Strategien bieten sich Renten-ETFs an, da Anleger mit Renten-ETFs auf z. B. den *iBoxx Sovereign Eurozone Total Index* sämtliche Laufzeiten der Zinskurve abdecken können. Dieser Index spiegelt die Entwicklung europäischer Staatsanleihen mit breiter Diversifikation wider.

Tabelle 54: Verfügbare ETFs auf den *iBoxx Sovereign Eurozone Index*

Indexname	Zinsen	Modified Duration
iBoxx € Eurozone	4,38	6,04
iBoxx € Eurozone 1-3	4,21	1,82
iBoxx € Eurozone 3-5	4,21	3,55
iBoxx € Eurozone 5-7	4,23	5,15
iBoxx € Eurozone 7-10	4,37	6,92
iBoxx € Eurozone 10-15	4,65	8,91
iBoxx € Eurozone < 15 aber >25	4,82	13,10
iBoxx € Eurozone > 25	4,83	15,23

Zur Umsetzung der Kugelstrategie legt der Anleger den Schwerpunkt seiner Renteninvestments in den mittelfristigen Bereich (5 bis 7 Jahre). Hierzu legt er in die Laufzeitenbereiche 3 bis 5 Jahre sowie 7 bis 10 Jahre jeweils 30 % an. Die verbleibenden 40 % investiert er in den Laufzeitenbereich 5 bis 7 Jahre. Die Kugelstrategie bietet sich an, wenn der Anleger von einem fallenden Zinsniveau oder von einer steiler werdenden Zinsstrukturkurve ausgeht.

Dagegen setzt der Anleger bei der Hantelstrategie auf eine Verteilung der Renten auf 2 Positionen. Erwartet er z. B. eine Verflachung der Zinskurve durch einen Rückgang der langfristigen Zinsen, so könnte er sein Rentenportfolio zu 50 % im kurzfristigen (1 bis 3 Jahre) und die andere Hälfte im langfristigen Bereich (10 Jahre und mehr) gewichten. Prinzipiell bietet sich die Hantelstrategie an, wenn das Zinsniveau steigt oder die Zinsstrukturkurve invers wird.

Möchte der Anleger sich keine Gedanken über die Zinsentwicklung machen, so bietet sich eine Investition über den gesamten Laufzeitbereich an. Tatsächlich kann durch ein kurzfristiges Switchen zwischen den Strategien ein

Mehrertrag generiert werden, vorausgesetzt man erkennt die Zinsänderungen richtig.

Allerdings kann ein Anleger je nach Bedarf ein individuelles und gut diversifiziertes Anleihedepot zusammenstellen, indem er Renten-ETFs mit verschiedenen Laufzeitenbändern miteinander kombiniert. Dies ist möglich, weil die Renten-ETFs eine fast konstante Duration haben. Geht der Anleger beispielsweise von einer negativen Parallelverschiebung der Zinssätze aus, so erhöht er die Duration seines Portfolios. Dann kann er einen höheren Kapitalgewinn erwirtschaften als mit der zugrunde gelegten Benchmark.

Kursgewinne bei steigenden Zinsen – mit Short-ETFs auf Rentenindizes setzen

In Phasen mit steigenden Zinsen sind Kursverluste für Anleger mit Anleihen oder Renten-ETFs vorprogrammiert. Denn Anleihen verlieren an Kurswert, wenn die Renditen steigen. Kursverluste kann der Anleger nur vermeiden, wenn er die Anleihen verkauft oder bis zum Laufzeitende hält. Jetzt gibt es noch eine weitere Alternative. Mit dem *db x-trackers Short iBoxx Sovereigns Eurozone TR Index ETF* kann der Anleger gezielt auf fallende Anleihekurse (bzw. steigende Zinsen) setzen. Dieser Index spiegelt die umgekehrte Wertentwicklung des *iBoxx € Sovereigns Eurozone TR Index* für europäische Staatsanleihen wider. Darüber hinaus erhält der ETF noch den doppelten Geldmarktsatz (€STR) abzüglich einer indikativen Leihgebühr von 0,15 % gutgeschrieben. Je stärker nun die Zinsen steigen bzw. die Anleihekurse nachgeben, umso stärker fällt das Plus beim Renten-Short-ETF aus.

Somit können Anleger nun in Phasen von steigenden Zinsen ihren Depots Renten-Short-ETFs beimischen. Dann werden die Kursverluste auf der Renten-ETF-Seite durch die Kursgewinne des Renten-Short-ETFs kompensiert. Hat nun das Zinsniveau die erwartete Höhe erreicht, kann die Position im Renten-Short-ETF wieder aufgelöst werden. So hat der Anleger jetzt die Möglichkeit, sein Anleihedepot auf einfache Weise gegenüber dem Risiko von steigenden Zinsen abzusichern.

Inflationsgeschützte Anleihen – Der Inflation ein Schnippchen schlagen

Welch bittere Folgen es hat, wenn Geld über Nacht wertlos wird, kann man sich aktuell in Simbabwe ansehen. In diesem afrikanischen Land beträgt die

Inflationsrate 165.000 Prozent – zurzeit die höchste der Welt. Sicherlich ein Extrembeispiel, aber viele Ökonomen gehen auch davon aus, dass in den westlichen Industriestaaten die Inflationsraten nach Beendigung der Wirtschaftskrise wieder steigen, da die Notenbanken zur Überwindung der Krise den Kapitalmarkt mit frischem Geld nur so überziehen. Bei einem solchen Szenario bieten sich inflationsgeschützte Anleihen (oder inflationsindexierte Anleihen, *Inflation Linked Bonds* (ILB) oder *Linker* genannt) an. Dabei garantiert der Emittent wie bei einer herkömmlichen Anleihe einen festen Zins. Bei der gebräuchlichsten Variante in Europa bleibt der reale, also inflationsbereinigte, Zinssatz gleich. Es wird nur der Nominalwert der Anleihe verändert. Beträgt die Inflation z. B. im ersten Jahr 2 %, so steigt der Rückzahlungsbetrag der Anleihe im Wert, von 100 Euro auf 102 Euro (=100 + 2 % (Inflationsrate)). Steigt die Inflationsrate im Folgejahr um 3 %, legt der Rückzahlungswert auf 105,06 Euro (=102 + 3 % (Inflationsrate)) zu. Diese Prozedur wiederholt sich während der Laufzeit der Anleihe jedes Jahr.

Die jährliche Zinszahlung ergibt sich aus der Multiplikation des angepassten Nominalwerts mit dem realen Zinssatz der Anleihe. Hat die Anleihe z. B. einen Zinssatz von 2,5 %, dann erhält der Anleger im ersten Jahr 2,55 Euro Zinsen (=102 · 2,5 /100) ausbezahlt. Im zweiten Jahr sind es 2,63 Euro Zinsen (=105,06 · 2,5 /100) usw.

Der Inflationsschutz ist natürlich nicht umsonst. Normalerweise liegt der reale (inflationsbereinigte) Zins unter den Renditen der normalen Anleihen. Die Differenz ist die vom Markt eingepreiste Inflationserwartung, die so genannte Break-Even-Inflation. Das heißt, eine inflationsgeschützte Anleihe hat bei der Ausgabe immer einen niedrigeren Zins als eine vergleichbare normale Anleihe.

Bleibt nun die jährliche Teuerungsrate unterhalb der Break-Even-Inflation oder fällt sie gar, so schneidet die normale Anleihe besser ab als ihre inflationsgeschützte Variante. Die Anlage in eine solche Anleihe ist also wie eine Wette auf die Inflation. Hat der Anleger recht, winkt eine bessere Rendite als mit normalen Anleihen, liegt er falsch, muss er sich mit etwas weniger Rendite zufriedengeben. Abgesehen vom Inflationsschutz gibt es aber auch noch strategische Gründe, um über inflationsgeschützte Anleihen nachzudenken. Sie können das Chance-Risiko-Profil eines Anleihedepots verbessern, da die Kurse der inflationsgeschützten Anleihen kaum mit denen von klassischen

Anleihen korrelieren. Sie eignen sich somit auch gut zur Risikostreuung eines Anleihedepots. Beispielsweise kaufen sie mit dem *iBoxx € Inflation-Linked Index ETF* von *db x-trackers* ein Portfolio von inflationsgeschützten Anleihen, deren Schwerpunkt Staatsanleihen von Frankreich und Italien bilden. Aber auch *iShares* bietet mit den *Euro Government Inflation Linked Bond ETF* oder *Lyxor* mit den *EuroMTS Inflation Linked ETF* eine Alternative an. Ebenso kann der Anleger auf die Inflationsraten fremder Länder wetten, z. B. mit den *Barclays U.S. Government Inflation Linked All Bonds ETF* von *iShares* auf die amerikanische, oder sogar auf die weltweite Inflationsrate mit den *iBoxx Global Inflation Linked TR Hedged ETF* von *db x-trackers*.

Allerdings könnte sich auch ein Investment in den neuen *db x-trackers Inflation 5y Swap* anbieten, um der Inflation zu trotzen. Um zu verstehen, wie dieser ETF funktioniert, müssen wir uns mit der Break-Even-Inflation beschäftigen. Sie stellt die vom Markt erwartete Inflation für einen bestimmten Zeitraum dar. Um sie zu ermitteln, vergleicht man die Rendite einer klassischen Staatsanleihe mit der Rendite einer inflationsindexierten Staatsanleihe. Im August 2009 renditiert eine klassische deutsche 5-jährige Staatsanleihe mit etwa 2,8 % p.a., eine identische inflationsindexierte deutsche Staatsanleihe mit 1,6 % p.a. Die Renditedifferenz zwischen den beiden Anleihen von 1,20 % entspricht der Break-Even-Inflation, also der vom Markt heute für einen 5-Jahres-Zeitraum pro Jahr erwarteten Rendite.

Der ETF bezieht sich nun auf einen von der *Deutschen Bank* entwickelten *DB Euro Inflation-Swap 5-Jahres TR Index*. Dieser Index bildet die monatlich rollierende 5-Jahres-Inflation-Swap auf die Inflationsrate der Eurozone (genauer gesagt dem vom Statistikamt *Eurostat* veröffentlichten *Eurozone HICP – all items ex Tabacco Index*) ab. Steht am Ende der Monatsfrist nun die realisierte Inflation über der Break-Even-Inflation, generiert der Index Gewinne, liegt sie darunter, entstehen Verluste. Die im Index enthaltenen Cash-Komponenten werden zum Geldmarktzinssatz €STR verzinst. Beispielsweise konnte der Index von Mitte 2007 bis Mitte 2008 wegen der überraschend stark anziehenden Inflationsrate Gewinne erzielen. Doch gegen Ende 2008, als die Energiepreise unerwartet stark fielen, verlor der Index knapp 10 %. In den letzten 5 Jahren (Rückberechnung) hat der Index pro Jahr um 2 % zugelegt. Dies entsprach in etwa der im selben Zeitraum realisierten Inflation.

Über den Tellerrand hinweg – Mit Anleihen von Schwellenländern hohe Zinsen abstauben

Um ein Kännchen mehr Rendite zu erzielen, bietet sich ein Investment in Emerging-Markets-Renten an. Wer in ein diversifiziertes Portfolio aus Emerging-Markets-Anleihen investiert, kann sich über hohe Renditen (deutlich höhere Verzinsung als europäische Staatsanleihen) freuen und eventuelle Schuldnerausfälle gut überstehen. So hat z. B. Argentinien in der Folge einer Wirtschaftskrise seine bestehenden Auslandschulden nur mit 50 % der ursprünglichen Summe bedient.

Zurzeit bieten sich für Privatanleger zwei ETFs an, um in diesen interessanten Anleihemarkt zu investieren. Dies ist zum einen der *JPMorgan $ Emerging Markets Bond ETF* von *iShares*. Er bildet den etablierten *JPMorgan EMBI Global Core Index* ab. Der Index spiegelt die Entwicklung für staatliche und halbstaatliche Emerging-Market-Anleihen wider und notiert in US-Dollar. Im Index sind Anleihen der großen *Emerging Markets*, wie Russland oder Brasilien, sowie auch von kleineren Schwellenländern, wie El Salvador oder Uruguay, enthalten. Das Besondere an diesem Fonds ist, dass die aufgelaufenen Zinserträge monatlich ausgeschüttet werden und er in US-Dollar notiert.

Um Wechselkursschwankungen zu umgehen, bietet sich der in Euro notierende abgesicherte *Emerging Markets Liquid Eurobond ETF* von *db x-trackers* an. Außerdem ist dieser nicht wie viele andere Emerging-Markets-Rentenindizes auf Lateinamerika konzentriert, sondern bietet eine breitere Diversifikation an.

Unternehmensanleihen – Darf es ein bisschen mehr Rendite sein?

Gerade in volatilen Marktphasen bieten sich Unternehmensanleihen anstelle von Aktieninvestments an. Sie bieten hohe laufende Ausschüttungen und sorgen zudem für zusätzliche Stabilität im Portfolio. Im Gegensatz zu Aktien stellen Unternehmensanleihen Fremdkapital dar. Als Gegenleistung für die Gewährung des Fremdkapitals erhält der Anleger eine feste Kuponzahlung. Dabei reicht es, wenn das Unternehmen wirtschaftlich in der Lage ist, seine Verbindlichkeiten zu bedienen, weil Anleihegläubiger ihre Zinszahlung vor den Dividenden der Aktionäre bekommen.

Auch für diesen Investmentbereich gibt es ETFs. So bietet z. B. der ETF-

Anbieter *iShares* den ETF *iShares Euro Corporate Bond* an. Dieser Fonds bildet die Entwicklung des *iBoxx Euro Liquid Corporates Bond Index* ab. Dieser Index umfasst 40 liquide Unternehmensanleihen und wird auf Euro-Basis berechnet. Somit ist ein Währungsrisiko ausgeschlossen, obwohl auch Unternehmensanleihen außerhalb des Euro-Raums im Index vertreten sind.
Dem kritischen Betrachter fällt aber auf, dass der ETF die im Index enthaltenen Anleihen nicht exakt nachkauft. Beispielsweise sind im Index 40 Anleihen vertreten, aber der Fonds umfasst 51 Werte. *IShares* begründet dies mit der teilweise extrem geringen Liquidität der dem Index zugrunde liegenden Unternehmensanleihen. Experten sprechen bei bereits am Markt befindlichen Unternehmensanleihen häufig auch von einer eingeschränkten Liquidität am Sekundärmarkt, d. h., es findet nicht permanent ein Handel mit den Anleihen statt. Deswegen können die *Market Maker* für den Fonds nicht ständig Anleihen in größeren Stückzahlen erwerben bzw. verkaufen. So kann der Creation-Redemption-Prozess aus dem Tritt kommen. Um dieses Problem zu umgehen, hat *iShares* einfach das Anlageuniversum vergrößert. Hierdurch besteht natürlich die Gefahr einer Abweichung der Wertentwicklung des Fonds vom Index. Daher hat dieser Fonds auch ein hohen *Tracking Error*, im Schnitt von über 1,5 %.
Zu allem Überfluss ist das Bezugsverhältnis von ETF zum Index nicht konstant, sondern ändert sich im zeitlichen Ablauf. Das liegt daran, dass die im Index ausgezahlten Zinsen wieder eingerechnet werden (Performanceindex), der *iShares*-Fonds aber die Zinserträge ausschüttet. Für Anleger, die auf in US-Dollar bzw. britische Pfund notierte Unternehmensanleihen setzen möchten, bietet *iShares* ähnliche Produkte, wie den *iShares Euro Corporate Bond*, an.

Aktives *Cash Management* – Liquiditätsmanagement

In turbulenten Börsenzeiten hört man häufig die Empfehlung: „*Es muss noch etwas Pulver im Topf bleiben, damit man nachlegen kann.*“ Doch wohin mit dem Pulver? Es sollte möglichst gewinnbringend und flexibel angelegt werden. Die Aufgabe besteht also darin, die Erträge aus dem Pulver zu maximieren und diese dabei möglichst flexibel zu halten. Je länger die Entscheidung zu investieren dauert, desto höher sind die Kosten aus den verpassten möglichen Erträgen des Kapitals. Genau hier setzt das *Cash Management* an.

Seine Zielsetzung ist es, die Zinserträge für die Barmittel zu maximieren und gleichzeitig die Transaktionskosten möglichst gering halten. Dazu bietet sich ein ETF an. Hier kann der Anleger sein Geld parken, bis er eine langfristige Anlageentscheidung getroffen hat. So bietet sich eine Anlage in einen Kurzläufer-Rentenindex *(eb.rexx Government Germany 1.5 bis 2.5 Index)* an. Das Anlagerisiko ist gering, ebenso wird durch die kurze Restlaufzeit das Zinsänderungsrisiko beschränkt. Deswegen sind solche Anlagen im Vergleich zu einem Geldmarktfonds nach Ertrags- und Risikogesichtspunkten attraktiv. Durch die etwas höhere Restlaufzeit und Schwankungsbreite kann so innerhalb eines Jahres etwas mehr Rendite erzielt werden, bei einem ähnlichen Risiko. So konnte der Index seit Juni 2003 immerhin um 3,28 % p. a. zulegen.

Tabelle 55: Vergleich Geldmarktfonds und kurzläufiger Renten-ETFs

	eb.rexx Government Germany 1,5 bis 2,5 Index	Geldmarktfonds
Restlaufzeit in Jahren	1,5 bis 2,5 Jahre	Max. 1 Jahr (bei festverzinslichen), dagegen alle Laufzeiten bei variablen verzinslichen Anleihen, wenn mindestens einmal jährlich eine Anpassung stattfindet.
Art der Wertpapiere	Höchste Bonität, deutsche AAA-Rating Staatsanleihen	Diverse, auch Unternehmensanleihen
Risiko	Zinsänderungsrisiko	Zinsänderungsrisiko sowie, falls Unternehmensanleihen enthalten, ein Kreditrisiko.

Eine andere Möglichkeit kurzfristig Gelder anzulegen, bieten die ETFs auf den Tagesgeldzinssatz EONIA an. Die Wertentwicklung des ETFs ist gekoppelt an eine täglich rollierte Einlage zum EONIA-Satz. Dieser Satz unterliegt allerdings Schwankungen. Beispielsweise lag er wegen der Vertrauenskrise der Banken Anfang 2008 um die 4 % und stieg sogar bis über 4,6 %. Nachdem sich die Lage etwas stabilisierte, fiel der Satz bis Februar 2009 auf ca. 1,2 %. Ein Anleger kommentiert dies so: *„Die Finanzkrise sollte nicht nur Angst machen. Schließlich bedeutet das griechische Wort ‚krisis' entscheidende Wende. Darin liegt stets auch eine Chance, wie man beim EONIA-Satz sah."* Aber auch der *eb.rexx Government Germany 1,5 bis 2,5 Index* legte im Jahr 2008 kräftig zu, um satte 7,3 %. Das sind allerdings Sondersituationen im Geldmarktbereich. Anleger können im Geldmarkt eher Rendite zwischen 2 bis 3 % erwarten. Das liegt daran, dass die Notenbanken auf die

Zinsen im Geldmarktbereich einen starken Einfluss haben: Sinkt der Leitzins, so fallen etwas zeitverzögert auch die Geldmarktzinsen. Nur kurzzeitig weicht der Markt von diesem Gesetz ab, und zwar dann, wenn Panik im Markt ist. So fiel z. B. der EONIA-Satz im April 2009 auf ca. 0,89 %, weil die *Europäische Notenbank* massiv die Leitzinsen in mehreren Schritten auf 1,5 % gesenkt hatte. Das antizipiert der Geldmarkt. Wegen eines Skandals wurde der EONIA Tagesgeldzinssatz zum 01.01.2022 abgeschafft. Er wurde ersetzt durch den €STR. Er verhält sich im Großen und Ganzen ähnlich wie der EONIA-Tagesgeldzinssatz.

ETFs auf Kreditderivate – Mit Risiken handeln[173]

John Paulson soll durch eine Spekulation auf den Zusammenbruch des US-Immobilienmarktes 3,7 Milliarden US-Dollar verdient haben. Das ist mehr als je ein einzelner Mensch an der *Wall Street* innerhalb eines Jahres verdient hat. Seine Strategie war: Er setzte gegen die *Collateralized Debt Obligations* (CDOs)[174], jene massenhaft zu Paketen zusammengestellten zweifelhaften Kredite, die viele Anleger und Banken ins Verderben stürzten. Sie waren der Auslöser der berühmt berüchtigten Subprime-Krise im Jahr 2008. Gegen einen Zahlungsausfall der CDOs konnten sich die Anleger mit *Credit Default Swaps* (CDS, s. S. 144 ff.) absichern. Paulson kaufte diese CDS und gewann. Generell kosten CDS wenig, wenn die dahinter stehenden Kredite sicher sind. Schwindet jedoch die Bonität, steigt ihr Preis unaufhörlich. Wie kann nun aber der Anleger vom Auf und Ab an den Kreditmärkten profitieren? Mit den *db x-trackers iTraxx ETFs*. Sie sind darauf ausgelegt, die Kreditrisiken bestimmter Sektoren der europäischen Wirtschaft darzustellen. Dabei beschreibt das Kreditrisiko die Gefahr eines Verlustes, falls der Kreditnehmer seinen Verpflichtungen nicht nachkommen kann, z. B. wegen seiner Insolvenz. Je nach dem Stand der Bonität müssen die Kreditnehmer Aufschläge auf den risikolosen Kreditzins als Risikoprämie zahlen. Verbessert sich die Bonität des Kreditnehmers, sinken die Risikoprämien, verschlechtert sich die Bonität, steigen die Risikoprämien.

[173] Vgl. Depotabsicherung. Mit Risiken handeln, Extra – Investieren mit Exchange Traded Funds, 25.04.08, S. 5 bis 6

[174] Bei einem synthetischen CDO verkauft die emittierende Gesellschaft ein Portfolio von *Credit Default Swaps* an Dritte.

Dieses Prinzip liegt auch dem *db x-trackers iTraxx ETFs* zugrunde. Die von den ETFs abgebildeten *iTraxx Total Return Indizes* bilden die Entwicklung der Risikoprämien eines Referenzportfolios von Schuldnern ab. Dabei gewinnen die *db x-trackers iTraxx ETF-Long*, wenn die Bonität der zugrunde liegenden Referenzschuldner zunimmt, d. h. die Risikoprämie *(Spread)* sinkt. Umgekehrt verlieren sie an Wert, wenn sich die Bonität der Referenzschuldner eintrübt und das Kreditrisiko steigt. Das genaue Spiegelbild zum *db x-trackers iTraxx ETF-Long* ist die Short-Variante.

Der *db x-trackers iTraxx ETF-Short* gewinnt dann an Wert, wenn sich die Bonität der zugrunde liegenden Referenzschuldner verschlechtert. Im Umkehrschluss verliert der *db x-trackers iTraxx ETF-Short*, wenn sich die Bonität der Referenzschuldner verbessert. Zusätzlich erhält der Anleger bei beiden Varianten für den Betrag, der nicht in den Kreditmarkt investiert wird, eine Verzinsung in Höhe des €STR-Zinssatzes.

Im zweiten Halbjahr 2008 wurden die Kreditrisiken als sehr riskant eingestuft. So stiegen die Kredit-Spreads auf 1.050 Basispunkte. Ein Anleger könnte nun mit einem ETF darauf spekulieren, dass der Markt sich beruhigt und die Kredit-Spreads wieder abnehmen werden. Dazu setzt er auf die *db x-trackers iTraxx ETF-Long*, weil sie von einer Abnahme der Kredit-Spreads profitieren.

Aber ein Anleger könnte mit dem *db x-trackers iTraxx ETF-Short* auch einen Renten-ETF auf Unternehmensanleihen absichern. Fürchtet er also eine Bonitätsverschlechterung der im Renten-ETF enthaltenen Unternehmen, was fallende Anleihekurse (steigende Zinsen) zur Folge hätte, so könnte er die drohenden Verluste mit dem *db x-trackers iTraxx ETF-Short* abfangen, da der *db x-trackers iTraxx ETF-Short* von einer zunehmenden Risikoaversion der Anleger und somit von einer Ausweitung der Kredit-Spreads profitiert. Den anderen Fall, steigende Bonität der Unternehmen, muss der Anleger nicht fürchten, weil dann die Anleihekurse steigen (sinkende Renditen), somit erzielt sein Renten-ETF ohnehin Kursgewinne.

Aber Vorsicht, nicht immer führt eine Verschlechterung der Bonität zu einer Ausweitung der Zinsen. So wurde im Juni 2009 bekannt gegeben, dass Irland zum zweiten Mal innerhalb von drei Monaten eine zweite Herabstufung droht. Begründet wurde dies mit der ausufernden Staatsverschuldung zur Rettung der irischen Banken. Entgegen der Erwartung rutschten die Renditen der zehnjährigen irischen Anleihen nicht in den Keller, sondern konnten sich stabil halten. Der Renditeabstand zu den deutschen Bundesanleihen verringerte sich sogar auf 1,8 Prozentpunkte im Juni 2009. Im März 2009 lag der Abstand noch bei 2,9 Prozentpunkten. Dieses Phänomen beobachtet man häufig, wenn im Zuge der steigenden Risikofreude der Investoren die Risikoaufschläge von riskanten Anleihen zu sicheren Anleihen zurückgehen.

4.12.2.5 Das Spiel mit den Währungen

ETFs Währungsinvestition – Strategien für US-Dollar und Pfund

Anleger können schon seit einiger Zeit über einen ETF in den €STR-Zinssatz im europäischen Geldmarkt investieren. Mit dem *db x-trackers II Sonia Total Return Index ETF* und dem *db x-trackers II Fed Fund Total Return Index ETF* (s. S. 142) können Anleger aber auch in britische oder US-amerikanische Tagesgeldzinsen anlegen. Indirekt eröffnet sich so dem Anleger eine Währungsposition, da die beiden ETFs in Euro gehandelt werden, aber auf US-Dollar (Fed Funds) oder britischem Pfund (SONIA) lauten.

Für den Anleger ergibt sich ein Währungsgewinn, wenn z. B. der US-Dollar gegenüber dem Euro aufgewertet wird, weil er dann für einen investierten US-Dollar mehr Euros zurückgewechselt bekommt. Legt ein Anleger z. B. in den *db x-trackers II Fed Fund Total Return Index ETF* für ein Jahr 1.000 Euro am US-Geldmarkt zu 2 Prozent bei einem aktuellen Wechselkurs (1 Euro = 1, 30 US-Dollar) an, entspricht dies einer Anlagesumme von 1.300 US-Dollar. Legt der US-Dollar binnen Jahresfrist auf 1 Euro = 1,27 US-Dollar zu, dann erhält der Anleger für seine ursprüngliche Investitionssumme von 1.300 US-Dollar rund 1.023,62 Euro zurück, d. h. er realisiert einen Wechselkursgewinn von 23,62 Euro oder 2,4 %. Aber auch für die Zinsen ergibt sich ein positiver Währungseffekt. Bei 1.300 US-Dollar erhält der Anleger bei 2 % Zinsen 26 US-Dollar ausbezahlt. Der Gegenwert der Zinsen in Euro entspricht 20,47 Euro bzw. 2,05 %. Insgesamt hätte der Anleger also eine Rendite von 4,41 % (Währungsgewinn + Zinsen) erzielt, also 44,09 Euro. Irrt sich der Anleger und der US-Dollar wird schwächer, dann drohen mehr oder minder große Währungsverluste.

Ähnliches ist mit dem *db x-trackers II Sonia Total Return Index ETF* möglich. Hier spekuliert der Anleger auf einen steigenden Pfundkurs, da die Fondswährung des ETFs britisches Pfund ist. Wer sein Geld in ausländische Währungen anlegt, sollte neben den Zinsen auch immer die Wechselkursentwicklung im Blickfeld haben.

Devisenhandel – Spiel und Spaß mit den Währungen

Der Handel mit Devisen gewinnt stetig an Beliebtheit. Am Rande sei noch erwähnt, dass der Devisenmarkt vom Handelsvolumen her der größte Finanzmarkt der Welt ist. Üblicherweise wird der Devisenhandel nicht über die Börse abgewickelt, sondern der Handel findet direkt zwischen den Banken und Devisenhändlern statt, im so genannten Interbankenhandel.

Möchte ein Anleger am Devisenhandel teilnehmen, sollte er zunächst verstehen, wie der Handel funktioniert. Die Grundlage des Devisenhandels besteht darin, dass stets zwei Währungen gehandelt werden. In diesem Zusammenhang spricht man auch von Währungspaaren, wie z.B. Euro zu US-Dollar. Dabei können nahezu alle Währungen[175] in ein Wertverhältnis zueinander gestellt werden, welches sich im Devisenkurs (Währungskurs) niederschlägt. Das bedeutet, dass man, wenn man eine Währung kaufen möchte, zeitgleich eine andere Währung verkaufen muss. Beim Devisenhandel werden also im Rahmen eines Handelsgeschäftes zwei Währungen zugleich bewegt. Die Kurse der einzelnen Währungen zueinander werden von vielen Faktoren beeinflusst, wie z. B. fundamentalen Daten wie der Wirtschaftslage des Landes oder der Zinsentwicklung. Wie kann der Anleger am Devisenhandel partizipieren?

Hierzu bieten sich die Währungs-ETFs von *db x-trackers* an. Sie bilden beispielsweise eine der beliebtesten Währungsstrategien ab, die *Currency Carry Trade* (auch CCT). Bei dieser Strategie nimmt der Investor in einer Währung einen Kredit mit vergleichsweise niedrigen Zinsen auf. Das so aufgenommene Geld wird postwendend in eine Währung mit vergleichsweise hohen Zinsen investiert. Der Anleger trägt hier sowohl ein Wechselkursrisiko als auch ein Zinsänderungsrisiko. Somit setzt sich die Rendite aus zwei Komponenten

---

175 Grundsätzlich können nur frei konvertierbare (frei handelbare) Währungen auch am Devisenmarkt gehandelt werden, das sind aktuell über 100 Währungen weltweit. Allerdings nehmen fünf Währungen rund 90 Prozent des gesamten Handelsvolumens ein. Dies sind: Euro, US-Dollar, japanischer Yen, Schweizer Franken und das Britische Pfund.

zusammen: 1. der Differenz zwischen Haben- und Sollzinsen (für Kredit) und 2. dem Ertrag oder dem Verlust aus der Wechselkursentwicklung.

Beispielsweise leiht sich ein Anleger Geld in Yen zu einem Zinssatz von 0,5 % und legt es in US-Dollar zu 3 % an. Bleibt der Wechselkurs stabil (d. h. bewegt er sich in einem schmalen Korridor), wie meist üblich, ist das Geschäft profitabel. Kommt es allerdings zu einem Währungscrash, dann verliert der Anleger schnell massiv Geld. Das passierte im Oktober-Crash 2008, als innerhalb weniger Tage der Yen um mehr als 10 % im Verhältnis zum US-Dollar stieg. Somit wurde die gesamte Zinsdifferenz zwischen US-Dollar und Yen aufgezehrt. Da der Anleger seinen Kredit in Yen zurückzahlen musste, liefen schnell enorme Verluste auf, sodass er bestrebt war, möglichst schnell aus seinem Geschäft auszusteigen. Das führte dazu, dass der Anleger Yen für US-Dollar kaufte und daher der Yen weiterstieg. So führen häufig große *Carry Trades* zu starken Devisenschwankungen.

Um diese Risiken zu reduzieren, können das Zinsschwankungsrisiko über festverzinsliche Geschäfte eliminiert und das Wechselkursrisiko über Terminmarktgeschäfte minimiert werden. Allerdings führen diese Absicherungen zu einer Reduktion der erwarteten Rendite.

4.12.2.6 Sonstige Strategien

ETFs als Future-Ersatz

Durch ihre hohe Liquidität sind ETFs eine Alternative zu Future-Positionen. Schließlich gibt es viele Indizes, auf die es keine oder nur illiquide Futures gibt. Dagegen bilden ETFs neben Standardwerten auch zahlreiche Sektoren und andere Anlageklassen ab. Beispielsweise gibt es keinen Future auf Pfandbriefeindizes, wohl aber einen ETF auf den *eb.rexx Jumbo Pfandbriefe*. Überdies entstehen keine Rollkosten, weil die ETFs keine Laufzeitbeschränkung haben. Im Gegensatz dazu haben Futures eine Laufzeitbegrenzung. In der Regel haben Futures Fälligkeiten im 3-Monats-Rhythmus, daher müssen sie regelmäßig gerollt werden, was mit Kosten und Risiken verbunden ist. Dafür muss der Anleger beim Erwerb eines Futures nur einen Bruchteil des eigentlichen Wertes des Futurekontraktes bezahlen, die so genannte Margin (s. S. 149 ff.). Hierdurch erhält er eine Hebelwirkung seiner Investments. Dage-

gen muss er bei ETFs den Gegenwert vollständig bezahlen. Dafür entfallen die Kosten und der Administrationsaufwand für das Rollen der Futures, Sicherheitsleistungen und mögliche Nachschussleistungen.
Gerade für Anleger, die keine Termingeschäftsfähigkeit für den Future-Handel besitzen, bieten sich Investments in ETFs an. Schließlich kann der Anleger mit ETFs auch gehebelte Investments tätigen oder auf fallende Märkte setzen.

Tabelle 56: Vergleich von ETFs zu Futures

Futures	ETFs
Haben ein Verfallsdatum. Deswegen haben Futures Rollkosten.	Kein Verfallsdatum.
Minimale Investition Da zur Eröffnung einer Futureposition nur eine Margin in Höhe von 5 - 10 % des Futurewertes hinterlegt werden muss, eher gering.	Vergleichsweise hohe Investition, da immer ein ETF-Anteil vollständig bezahlt werden muss, anstatt wie beim Future nur ein Bruchteil.
Futures haben ein hohes Leverage.	ETFs haben in der Regel kein Leverage, mit der Ausnahme von ETFs, die auf Leverage-Indizes setzen. Der Hebel ist aber wesentlich geringer als bei Futures.
Bei Futures konzertiert sich die Liquidität in den näheren Terminen.	ETFs sind sehr liquide, da Market Making stets für verbindliche Brief- und Geldkurse sorgt.
Anzahl von Index-Futures im März 2008 weltweit ca. 85	Im März 2008 wurden über 1.172 ETFs weltweit gehandelt.

Im nächsten Kapitel werden wir uns Optionen und Futures auf ETFs ansehen. Sie ermöglichen es dem Anleger, viele zusätzliche Strategien mit ETFs umzusetzen.

5. Optionen und Futures auf ETFs

In der Seefahrt sagt man: „*Gerade in stürmischen Zeiten dienen Leuchttürme der Schifffahrt zur Orientierung. Diese stabilen Bauwerke sind zugleich Symbol der Hoffnung, dass der Mensch dem stürmischen Wetter stets trotzen kann.*" So ähnlich mag es vielen Anlegern bei der Einführung der Optionen (s. S. 424 ff.) und Futures (s. S. 149 ff.) auf ETFs kurz nach dem TMT-Aktiendebakel 2001 gegangen sein. Denn am 18. November 2002 wurden an der *EUREX* die ersten Futures und Optionen auf ETFs eingeführt. Dafür wurden die liquidesten Index-ETFs auf *Xetra* ausgewählt, wie z. B. der *DAX ETF* oder *DJ Euro Stoxx 50 ETF*.

Dabei sind Futures und Optionen standardisierte Terminverträge. ETF-Futures beinhalten die Verpflichtung, einen ETF zu einem im Voraus bestimmten Preis, Zeitpunkt und einer festgelegten Menge entweder zu übernehmen (Käufer) oder zu liefern (Verkäufer). Dagegen erwirbt der Käufer einer ETF-Option gegen Zahlung der Optionsprämie das Recht, einen ETF zu einem im Voraus bestimmten Preis (Ausübungspreis) zu kaufen (Call-Option) oder zu verkaufen (Put-Option). Die Optionen können während der Laufzeit jederzeit ausgeübt werden. Der Preis, sowohl des Futures als auch der Option, ist abhängig vom Preis des zugrunde liegenden ETFs. Ab dem Kaufzeitpunkt partizipiert der Käufer des Futures bzw. der Option an der Entwicklung des zugrunde liegenden ETFs. Das eingesetzte Kapital ist im Verhältnis zu einer Direktinvestition in den ETF klein, somit entsteht eine Hebelwirkung.

Um gleich zu Beginn die Liquidität der Optionen und Futures zu gewährleisten, führen internationale Handelshäuser ein aktives *Market Making* durch, d. h., sie stellen verbindliche Geld- und Briefkurse. Wie sehen solche Futures und Optionen genau aus? Das wird in den so genannten Kontraktspezifikationen geregelt.

Aus den Kontraktspezifikationen erkennt man, dass sich mit Futures und Optionen auf ETFs maßgeschneiderte Risikomanagement- und Absicherungsstrategien umsetzen lassen. Das liegt daran, dass der Kontraktwert deutlich geringer ist (100 ETF-Anteile) als bei bereits bestehenden Indexfutures oder -optionen. Das hat den Vorteil, dass wegen des geringeren Kontraktgegenwertes die Kapitalbindung sinkt und zudem auch kleine Kapitalbestände optimal abgesichert werden können.

Kontraktspezifikationen eines EXTF-Futures	
Kontraktgröße	100 ETF-Anteile des zugrunde liegenden ETFs
Minimale Preisänderung	0,01 Euro
Erfüllung	Physische Lieferung von 100 ETF-Anteilen
Erfüllungstag	2 Börsentage nach der Ausübung
Letzter Handelstag	Der dritte Freitag eines Verfallmonats, sofern dies ein Börsentag ist. Ansonsten der davor liegende Börsentag.
Täglicher Abrechnungspreis	Letztbezahler Kontraktpreis, falls dieser nicht älter als 15 Minuten ist oder nicht den aktuellen Marktverhältnissen entspricht. Ansonsten wird dieser von der Eurex festgelegt.
Schlussabrechnungspreis	Der im elektronischen Handelssystem des Kassamarktes festgestellte Schlussauktionspreis des jeweiligen Basispreises. Falls es keinen Schlussauktionspreis gibt, wird der volumengewichtete Durchschnitt der drei für den jeweiligen Basiswert im elektronischen Handelssystem des Heimatkassamarktes letztbezahlte Preis zugrunde gelegt.
Fälligkeitsmonate	Die jeweils nächsten Quartalsmonate des Zyklus März, Juni, September und Dezember.
Margin	Bei einem DAX-EX-Futures-Kontrakt sind bei einem Indexstand von 4.500 Punkten und damit verbundenem Kontraktwert von 4.500 Euro nur ca. 450 Euro als Sicherheit zu hinterlegen.
Handelszeit (in Deutschland)	9.00 bis 17.30 Uhr
Kontraktspezifikationen einer EXTF-Option	
Kontraktgröße	100 ETF-Anteile des zugrunde liegenden ETFs
Minimale Preisänderung	0,01 Euro
Erfüllung	Physische Lieferung von 100 ETF-Anteilen
Erfüllungstag	2 Börsentage nach der Ausübung
Letzter Handelstag	Der dritte Freitag eines Verfallmonats, sofern dies ein Börsentag ist. Sonst der davor liegende Börsentag.
Täglicher Abrechnungspreis	Letztbezahler Kontraktpreis, falls dieser nicht älter als 15 Minuten ist oder nicht den aktuellen Marktverhältnissen entspricht. Ansonsten wird dieser von der Eurex festgelegt.
Schlussabrechnungspreis	Der im elektronischen Handelssystem des Kassamarktes festgestellte Schlussauktionspreis des jeweiligen Basispreises. Falls es keinen Schlussauktionspreis gibt, wird der volumengewichtete Durchschnitt der drei für den jeweiligen Basiswert im elektronischen Handelssystem des Heimatkassamarktes letztbezahlte Preis zugrunde gelegt.
Fälligkeitsmonate	Die jeweils nächsten Quartalsmonate des Zyklus März, Juni, September und Dezember. Also Laufzeiten bis zu 24 Monaten
Handelszeit (in Deutschland)	9.00 bis 17.30 Uhr

Außerdem ist von Vorteil gegenüber anderen Indexderivaten, dass bei Fälligkeit zwingend eine physische Lieferung erfolgt. Das ist besonders für Investoren interessant, die nach Ende der Laufzeit in die jeweiligen ETFs investieren möchten.

Die Futures und Optionen sollen sowohl private als auch institutionelle Investoren ansprechen. Dennoch werden sie zum überwiegenden Teil von institutionellen Investoren genutzt. Denn diese Marktteilnehmer sind bereits mit Futures und Optionen vertraut und nutzen sie schon lange als Absicherungsinstrumente, um gesetzte Ertragsziele zu erreichen bzw. wenn möglich sogar zu übertreffen. So können sie z. B. über Futures kostengünstig ETFs handeln und noch einfacher Short-Positionen aufbauen, und zwar mit einem wesentlich größeren Hebel, als ihn z. B. der *ShortDAX* gewährt.

Außerdem lässt sich durch den Einsatz von Optionen das Spektrum an Handelsstrategien deutlich erweitern. Mit solchen Optionsstrategien lassen sich Erwartungen hinsichtlich der Bandbreite und Volatilität der Kursentwicklung eines ETFs konkretisieren. Sehen wir uns doch einmal ein paar gängige Strategien an.

Sie erwarten steigende Kurse. Nehmen wir weiter an, der *DAX* steht bei 4.000 Punkten. Anstatt einen *DAX-ETF* oder *LevDAX-ETF* zu kaufen, entscheiden Sie sich zum Kauf eines Futures auf den *DAX-ETF*. Durch den Kauf des Futures bei einem DAX-Stand von 4.000 Punkten gewinnen oder verlieren Sie pro steigendem oder fallendem DAX-Punkt einen Euro. Sie müssen nicht 4.000 Euro investieren, sondern nur ca. 360 Euro als Sicherheit hinterlegen. Steigt nun tatsächlich der DAX auf z. B. 4.300 Punkte, so realisieren Sie einen Gewinn von ca. 300 Euro, d. h. ca. 83 %, obwohl der Index nur um 7,5 % gestiegen ist.

Häufig werden Future-Positionen auch zur Absicherung von bestehenden ETF-Depots verwendet. Ihr Portfolio besteht z. B. aus einem ETF auf den *Euro Stoxx 50* im Wert von 10.000 Euro. Sie haben die Befürchtung, dass ein Marktrückgang bevorsteht, Sie möchten aber ihre ETFs auch nicht verkaufen, um den folgenden Aufschwung nicht zu verpassen. Alternativ können Sie einen Future auf den *Dow Jones Euro Stoxx 50 ETF* verkaufen. Der Future gewinnt bei jedem Punkt, den der Index verliert, einen Euro. Bei einem Depotwert von 10.000 Euro und einem Indexstand von 2.000 Punkten muss der Anleger 5 Futures verkaufen, damit sein Depot vollständig abgesichert ist.

Verliert jetzt der *DJ Euro Stoxx 50* z. B. 10 %, so gewinnt der ETF-Futurekontrakt 10 %. Somit gleicht der ETF-Futurekontrakt den Wertverlust des ETF-Depots aus.

Ein Anleger, der eine Straddle-Strategie anwendet, hält es für wahrscheinlich, dass der zugrunde liegende ETF steigen oder fallen kann. In welche Richtung der Kurs des ETFs nun geht, spielt dabei keine Rolle. Zur Umsetzung dieser Strategie kauft der Anleger gleichzeitig die gleiche Anzahl von Call-Optionen und Put-Optionen (s. S. 426 ff.) mit identischem ETF und Basispreisen sowie demselben Verfallsdatum und gleichen Kontraktspezifikationen. Überdies muss sich der Basispreis der Optionen am gegenwärtigen Kurs des ETFs orientieren. Sobald sich der Kurs des ETFs vom Basispreis weg bewegt, egal in welche Richtung, kommt eine der beiden Optionen ins Geld. Die andere Option geht dann aus dem Geld, d. h. sie verliert an Wert. Das bedeutet, dass bei dieser Strategie in der Regel mindestens ein Optionsschein wertlos verfallen wird. Um mit dieser Strategie einen Gewinn zu erzielen, muss der Wert eines der beiden Optionsscheine zum Verkaufszeitpunkt mindestens so groß sein, wie der Preis, dem man zum Kaufzeitpunkt für beide Optionen bezahlt hat. Dieser Punkt wird als *Break Even Point* bezeichnet.

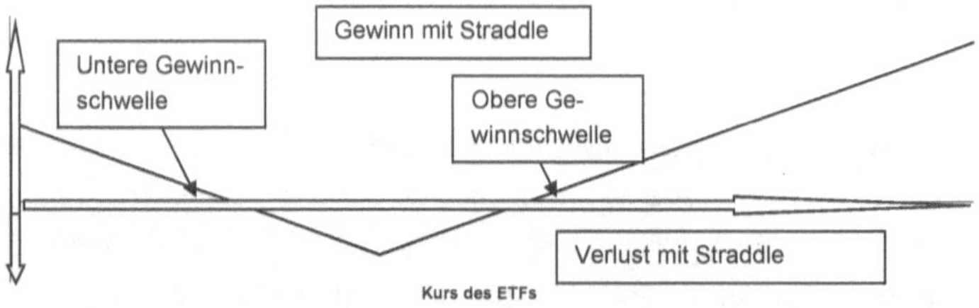

Abbildung 30: Gewinnmöglichkeiten mit der Straddle-Strategie

Was ist nun aber, wenn man die Kursentwicklung des ETFs nach einer Seite für wahrscheinlicher hält, sich aber gegenüber einer gegenteiligen Entwicklung absichern möchte? In diesem Fall kommen die Sonderformen der Straddle-Strategie zum Einsatz, die Strap- und Strip-Strategien.

Auch bei diesen Strategien werden Call- und Put-Optionen mit demselben ETF, Basispreis, Bezugsverhältnis und Verfallsdatum gekauft. Jedoch kauft der Anleger nicht die gleiche Anzahl von Call- und Put-Optionen.

Um die Strip-Strategie umzusetzen, wird eine Call-Option mit zwei Put-Optionen verbunden. Bei der Strip-Strategie geht der Anleger davon aus, dass eher ein Kursrückgang des ETFs bevorsteht. Die Folge des Übergewichtes an Put-Optionen ist, dass die untere Gewinnschwelle aus Abbildung 30 bereits bei geringeren Kursverlusten des zugrunde liegenden ETFs erreicht wird. Die Kehrseite der Medaille ist, dass die obere Gewinnschwelle aus Abbildung 30 deutlich nach oben verschoben wird. Das bedeutet, dass bei einem Kursanstieg des ETFs die Einstellung eines Gewinnes mit der Strip-Strategie deutlich länger dauert als bei der Straddle-Strategie.

Im Gegensatz zur Strip-Strategie werden bei der Strap-Strategie im Regelfall zwei Call-Optionen mit einer Put-Option kombiniert. Hierdurch wird die obere Gewinnschwelle aus Abbildung 30 abgesenkt. Deswegen erzielt man bei dieser Strategie bei steigenden Kursen des ETFs eher einen Gewinn als mit der Straddle-Strategie. Aus diesem Grund wird diese Strategie verwendet, wenn man eher mit einem Kursanstieg des ETFs rechnet.

Die Strategien *Straddle, Strip* und *Strap* ermöglichen es dem Anleger, sowohl von steigenden als auch von fallenden Kursen des zugrunde liegenden Basiswertes zu profitieren. Sie sehen schon aus dieser kleinen Zusammenstellung, dass Optionen und Futures zusätzliche Handelsfacetten ermöglichen und somit die Attraktivität des gesamten ETF-Marktes steigern. Aber auch solche Strategien – die heute in Form von Covered-Call-ETFs (s. S. 424 ff.) angeboten werden – kann der Anleger nun im Selbstbau für seine persönlichen Ziele zusammenstellen. Die gängigste Variante ist der Verkauf einer gedeckten Call-Option aus dem Geld, die durch einen entsprechenden Bestand des ETFs im Depot des Anlegers unterlegt ist.

Aber auch Absicherungen, die in Form von Protective-Put-ETFs (s. S. 426 ff.) angeboten werden, kann der Anleger jetzt selbst zusammensetzen. Geht der Anleger also von einem Kursrückgang aus, so könnte er seinen Portfoliobestand über den Kauf von Put-Optionen auf ETFs entsprechend absichern, ohne diese veräußern zu müssen. Viele Anleger verwenden dazu ein Hilfsmittel aus der technischen Analyse, die 200-Tage-Linie. Sie wird folgendermaßen berechnet: Für einen Börsentag wird zunächst ein Durchschnitt aus den Kursen der letzten 200 Börsentage des ETFs gebildet. Weiterhin wird an jedem folgenden Börsentag der jeweils in die Berechnung einbezogene erste bzw. älteste Börsentag weggelassen und stattdessen wird der aktuellste Kurs in die Berechnung einbezogen. Wenn der Kursverlauf des ETFs die 200-Tage-Linie von unten nach oben durchschneidet, spricht man von einem Kaufsignal, im umgekehrten Fall von einem Verkaufssignal. Gibt nun die 200-Tage-Linie ein Verkaufssignal, so kauft der Anleger mechanisch eine Put-Option am Geld, um sein Depot abzusichern. Das heißt, der Anleger hat nicht permanent eine Put-Option im Depot, wie beim Protective-Put-ETF, und kann so Kosten sparen.

Der Anleger kann jetzt auch die Long-Short-Strategie umsetzen. Man kann diese Strategie wohl am besten beschreiben durch folgende Aussage von William Sharpe[176]: *„Ich möchte, dass Sie die Aktien kaufen (long sind), von denen Sie überzeugt sind, dass sie sehr gute Aktien sind, und die Aktien verkaufen (short sind), die Ihrer Meinung nach wirklich schlechte Aktien sind. Das würde dann bedeuten, dass ich damit – netto betrachtet – überhaupt nicht vom Aktienmarkt abhängig bin ...“*

Daher muss der Anleger, der die Long-Short-Strategie anwenden möchte, seiner Meinung nach unterbewertete Märkte (Kauf von Finanzinstrumenten=Long-Strategie) kaufen und gleichzeitig seiner Meinung nach überbewertete Märkte leer (Short-Strategie) verkaufen.

Ein Beispiel: Ein Anleger glaubt, dass im Rahmen der Finanzkrise im Jahr 2008 der *DJ Stoxx 600 Banks* überproportional verlieren wird, d. h. überbewertet ist. Zusätzlich glaubt er, dass die Pharmabranche von dieser Krise nicht so stark betroffen ist, daher sollte sie sich deutlich besser entwickeln als die Bankbranche. Deswegen verkauft der Anleger Anfang 2008 100 Anteile des Branchen-ETFs *DJ Stoxx 600 Banks* zu 72,37 Euro, d. h. er erlöst aus dem Leerverkauf 7.237 Euro. Hierfür wird eine Leihgebühr von 5 % erhoben. Diesen Erlös investiert er in den Branchen-ETF *DJ Stoxx 600 Health Care*. Dieser ETF kostet 51,81 Euro. Deswegen kann der Anleger 139 Anteile zu 7.201,59 Euro erwerben. Den verbleibenden Rest von 35,41 Euro investiert er in den Geldmarkt. Das Geschäft löst der Anleger Ende 2008 (29.12.2008) wieder auf. Hierzu verkauft er die 139 Anteile des Branchen-ETF *DJ Stoxx 600 Health Care* zum Stückpreis von 42,97 Euro, d. h. er erlöst 5.972,83 Euro. Hinzu kommen noch die 35,41 Euro aus dem Geldmarktinvestment,

---

[176] Konferenzbinder II. Forum Alternative Investments 30. September – 1. Oktober 2003 Neue Börse Frankfurt, S. 122

macht zusammen 6.008,24 Euro. Jetzt muss er noch die 100 Anteile des Branchen-ETFs *DJ Stoxx 600 Bank* zum Stückpreis von 26,24 Euro zurückkaufen. Hierfür muss er also 2.624 Euro aufwenden. Außerdem muss er dem Verleiher des ETFs eine Leihgebühr von 5 % zahlen, d. h. 361,85 Euro. Insgesamt muss er also Kosten von 2.985,85 Euro bezahlen. Unter dem Strich bedeutet dies, dass der Anleger einen Gewinn von 3.022,39 Euro erzielt hat.

Aus diesem Beispiel erkennt man, dass es genügt, wenn sich die Kurse des gekauften ETFs (*DJ Stoxx 600 Health Care*) relativ besser entwickeln als diejenigen der leer verkauften ETFs (*DJ Stoxx 600 Banks*), um erfolgreich zu sein.

6. Steuern – Das Wichtigste kurz erläutert[177]

Grundsätzlich muss man zwischen Steuern unterscheiden, die auf Fondsebene erhoben werden und solche die direkt von dem Anleger zuzahlen sind. Auf Fondsebene fallen z. B. Quellensteuern auf ausländische Dividenden an. Da die erhobenen Steuern auf Fondsebene seit 2018 über die sogenannte Teilfreistellung kompensiert werden (siehe unten), können wir einen Schritt weiter gehen und uns ansehen, welche Steuern auf dem Anleger direkt zu kommen

Vor dem Jahr 2018 (wegen Investmentsteuerreform von 2018)[178] gab es „steuerhässliche" ETFs, bei denen die Anleger einen erhöhten Aufwand bei der Steuererklärung hatten und „steuereinfache" ETFs, die so gut wie keinen Aufwand machten. Seit 2018 sind alle ETFs „steuereinfach" und werden nach derselben Systematik versteuert. Somit werden die fälligen Steuern direkt von der Bank oder Broker, wo der Anleger den ETF verwahrt, erhoben. Somit passiert aus steuerlicher Sicht das Meiste automatisch, doch Baron Rotschild stellte fest: *„Die Unkenntnis von Steuergesetzen befreit nicht von der Pflicht, Steuern zu zahlen. Die Kenntnis aber häufig.*" Insofern ist es wichtig zu verstehen, welche Steuern auf einem Anleger zukommen. Ein Anleger der in ETFs investiert muss seit 2018 immer dieselben drei Dinge versteuern.

1. **Ausschüttungen**
   Bei einem ETFs, der seine Erträge, z. B. aus Dividenden und Zinsen, ausschüttend, muss der Anleger diese Erträge versteuern. Diese Steuer wird bei jeder Ausschüttung von der Bank des Anlegers direkt einbehalten. Hiervon sind thesaurierende ETFs nicht betroffen, weil sie keine Ausschüttungen vornehmen.

---

177 Die enthaltenen Informationen zur Abgeltungsteuer sind nur allgemeiner Natur. Sie sind nicht auf die spezifische Situation eines Anlegers ausgerichtet. Zudem kann sich das Steuerrecht jederzeit ändern, und das auch rückwirkend. Daher empfehle ich Ihnen, gegebenenfalls geeigneten fachlichen Rat einzuholen.

178 Mit Einführung der Abgeltungssteuer für Fonds, wurden den Fonds, die vor 2009 gekauft wurden, ein Bestandsschutz ausgesprochen. Gewinne aus Wertzuwächsen, sollten nach dem Ende einer einjährigen Spekulationsfrist auch zukünftig steuerfrei bleiben. Dieser Bestandschutz wird nun verändert: Alle Kursgewinne, die ab Anfang 2018 anfallen, werden in Zukunft besteuert. Ganz gleich gestellt sind die Fonds die vor und nach 2009 gekauft wurden jedoch nicht. Denn die Kursgewinne aus den älteren Fonds (vor 2009 gekauft), welche nach dem Stichtag 01.01.2018 anfallen, gilt ein Freibetrag von 100.000 Euro. Erst wenn dieser Freibetrag ausgeschöpft ist, müssen die Gewinne versteuert werden.

2. **Vorabpauschale**
   Die Vorabpauschale (siehe unten) ist im Zuge der Neuordnung der Investmentfondsbesteuerung 2018 eingeführt worden. Sie wird von der Bank des Anlegers direkt vom Konto (meistens ist es das Verrechnungskonto) des Anlegers abgezogen. Sie wird am Jahresanfang fällig.
3. **Veräußerungsgewinne**
   Sämtliche Gewinne die ein Anleger mit einem ETF erzielt, die noch nicht versteuert wurden, werden einmalig beim Verkauf der ETF-Anteile versteuert. Die Steuer wird direkt von der Bank des Anlegers vom erzielten Verkaufserlös des ETFs abgezogen.

Wieviel Steuern muss der Anleger zahlen? In diesem Zusammenhang spricht man von Abgeltungsteuer. Sie beträgt pauschal 25 Prozent. Hinzu kommt noch der Solidaritätszuschlag (Abk. Soli) in Höhe von 5,5 Prozent. Somit beläuft sich die gesamte Steuerbelastung auf 26,375 % (= 25 Prozent + 5,5 Prozent von 25 Prozent). Gehört der Anleger einer Kirche an, fällt zusätzlich auch die Kirchensteuer an. Liegt der Wohnsitz in Bayern oder Baden-Württemberg liegt die Kirchensteuer bei 8 Prozent. Dagegen werden in allen anderen Bundesländern 9 Prozent abgezogen. Allerdings gibt es noch eine kleine Ermäßigung, sodass die Steuerbelastung 27,82 Prozent (bei 8 Prozent Kirchensteuer) bzw. 27,99 Prozent (bei 9 Prozent) beträgt.

Diese Abgeltungssteuer fällt auf alle Kapitalerträge (z.B. Ausschüttungen wie Dividenden, Vorabpauschalen, Veräußerungsgewinne, Zinsen) an. Allerdings gibt es ein Hintertürchen, um Abgeltungssteuer zu sparen.

Dies Hintertürchen ist die Teilfreistellung. Durch ihr wird ein Teil der Kapitalerträge von der Abgeltungsteuer befreit. Sie wurde eingeführt, um u. a. die auf Fondsebene anfallende Steuern (z.B. Quellensteuern auf ausländische Dividende) zu kompensieren und somit eine Doppelbesteuerung zu vermeiden. Außerdem weil Deutsche Fonds seit 2018 auf bestimmte Erträge (wie z. B. auf deutsche Dividenden oder deutsche Mieterträge) 15 Prozent Körperschaftsteuer zahlen müssen, deswegen können Sie weniger an die Anleger ausschütten oder reinvestieren. Die Körperschaftssteuer wird direkt von dem ETF-Anbieter abgeführt, d. h. aus dem Vermögen des ETFs genommen. Die Höhe der Teilfreistellung ist abhängig vom Inhalt, also den Wertpapieren des Fondsvermögens.

Tabelle 57: Teilfreistellungen verschiedener ETFs

ETF-Art	Quote	Teilfreistellung	Steuersatz*
Anleihen-ETF	Aktienanteil = 0 %	0 %	ca. 26,375 %
Rohstoff-ETF	Aktienanteil = 0 %	0 %	ca. 26,375 %
ETF-Mischfonds	Aktienanteil >= 25 %	15 %	ca. 22,500 %
Aktien-ETF	Aktienanteil >= 51 %	30 %	ca. 18,500 %

*nur Abgeltungssteuer und Soli von 26,375 % berücksichtigt

Die obige Tabelle zeigt, dass z. B. bei Aktien-ETFs die Kapitalerträge zu 30 % von der Steuer befreit sind. Im Umkehrschluss bedeutet dies, dass „nur" 70 % der Kapitalerträge bei Aktien-ETFs versteuert werden müssen.

„*Geld: etwas, das nur kurz in Deiner Tasche haltmacht - auf dem Weg zum Finanzamt*" Dies muss nicht so sein. Tatsächlich lässt sich die Abgeltungssteuer zu mindestens zum Teil umgehen.

Anleger können über einen sog. Freistellungsauftrag bei ihrer depotführenden Bank sicherstellen, dass die Bank die sonst fällige Abgeltungssteuer bis zum Erreichen des Sparer-Pauschalbetrags nicht abführt, so dass keine unnötige Steuerbelastung entsteht[179]. Der Sparer-Pauschalbetrag[180] ermöglicht es Anlegern, jährliche Kapitaleinkünfte (z. B. aus Kursgewinnen, Dividenden, Zinsen usw.) bis zu einer Höhe von 801 € (für Singles) [181] bzw. 1.602 € (für Ehepartner) nicht versteuern zu müssen[182]. Ungenutzte Freibeträge (bzw. Sparer-Pauschbetrags) lassen sich nicht ins Folgejahr übertragen, aber Freistel-

179 Ohne Freistellungsauftrag lässt sich zu viel gezahlte Steuern nur über die Steuererklärung zurückholen.

180 Muss der Anleger die Vorabpauschale zahlen, wenn er bei seiner Depotbank einen Freistellungsauftrag erteilt hat? Nein. Die Bank zieht die Pauschale erst ab, wenn der Freistellungsauftrag erschöpft ist. So muss der Anleger in Zukunft damit rechnen, dass der Freistellungsauftrag schneller ausgeschöpft ist als früher. Denn künftig fallen ja auch auf ausländische thesaurierende Fonds jährliche Steuern (Vorabpauschale) an. Falls die Fondsgesellschaft diese Vorabpauschale nicht aus dem Fondsvermögen abführt, was bei ausländischen Fondsgesellschaften die Regel ist, belastet die Depotbank den Anleger direkt mit dieser Steuer. Sie bucht die Steuer also vom Giro- bzw. Verrechnungskonto ab.

181 Ab dem Jahr 2023 plant die Bundesregierung den Sparerpauschbetrag von bisher 801 Euro auf dann 1.000 Euro pro Person zu erhöhen.

182 Dies ist die Gesamtsumme. Sie gilt für alle in einem Jahr erteilten Freistellungsaufträge. Wer also z. B. bei mehreren Banken Konten hat, auf die Erträge anfallen können, sollte der Sparerpauschbetrag sinnvoll auf die verschiedenen Banken verteilen werden. Reicht die Höhe des jeweiligen Freistellungsauftrages nicht aus, um die anfallenden Erträge bzw. Kursgewinne vollständig abzudecken, so ist die Bank verpflichtet, den „überschüssigen Teil" des Ertrages bzw. Kursgewinns, die Abgeltungssteuer an das Finanzamt abzuführen.

lungsaufträge können jederzeit unterjährig angepasst werden. Das heißt: Auf jeden Euro, der über 801 Euro (bzw. 1.602 € für Ehepartner) liegt, muss der Anleger Abgeltungssteuer zuzüglich Soli und gegebenenfalls Kirchensteuer zahlen.

Achtung: Hat der Anleger kein gesondertes Verrechnungskonto bei der Depotbank, darf die Depotbank künftig die fälligen Steuern vom Girokonto einziehen, auch wenn es dadurch ins Minus rutsch. Um dies vorzubeugen, kann der Anleger dies ausdrücklich widersprechen. Dann muss er allerdings in seiner Steuererklärung die Kapitaleinkünfte angeben, d. h. er muss die Kapitaleinkünfte selbst dem Finanzamt mitteilen.

Ein anderer Weg die Abgeltungssteuer zu sparen ist die sog. Günstigerprüfung. Liegt der persönliche Steuersatz unterhalb von 25 Prozent, so kann der Anleger im Rahmen der Günstigerprüfung die Veranlagung seines persönlichen Steuersatzes verlangen, anstatt der Abgeltungssteuer. Stellt sich in Rahmen der Günstigerprüfung heraus, dass die Veranlagung nicht günstiger für den Anleger ist, werden die Kapitaleinkünfte automatisch bei der Steuerfestsetzung nicht berücksichtigt, d. h. die Abgeltungssteuer greift. Liegt dagegen der persönliche Steuersatz oberhalb von 25 Prozent, so ist die Abgeltungssteuer immer die günstigere Variante.

Überdies kann ein Anleger die Abgeltungssteuer umgehen, wenn er eine Nichtveranlagungsbescheinigung (bekommt man beim Finanzamt) vorlegen kann. Erhalten tut der Anleger diese Bescheinigung, wenn sein zu versteuerndes Einkommen unter dem Grundfreibetrag (in 2022 für Singles 9.984 Euro und für Verheiratete 19.968 Euro pro Jahr (wird jährlich angepasst)) liegt. Der Vorteil der Nichtveranlagungsbescheinigung ist, dass der Anleger auch höhere Kapitalerträge als 801 Euro haben darf, zum Beispiel 1.000 Euro, und muss trotzdem keine Abgeltungssteuer bezahlen. Denn diese Bescheinigung stellt Sie von der Abgeltungssteuer frei. Dabei ist zu beachten, dass die gesamten Einnahmen – also zum Beispiel Gehalt und Kapitalerträge – unter dem Grundfreibetrag bleiben. Es gilt also:

Gehalt + Kapitalerträge < Grundfreibetrag → Nichtveranlagungsbescheinigung: Kapitalerträge sind über die Grenze von 801 Euro hinaus steuerfrei

Gehalt + Kapitalerträge > Grundfreibetrag → Freistellungsauftrag: Kapitalerträge bis 801 Euro bleiben steuerfrei

„*Um vorwärts zu kommen muss man stetig einen Schritt weiter machen.*" Da wir jetzt wissen, was man bei ETFs versteuern muss, wie man Abgeltungssteuer sparen kann und wie hoch der Steuersatz ist, gehen wir einen Schritt weiter und sehen uns an wie sich die Steuer genau zusammensetzt.

1. Besteuerung von ausgeschütteten Erträgen eines ETFs
   Bei den ausschüttenden Fonds wird zu verschiedenen Zeitpunkten Erträge (z. B. (Dividenden oder Zinsen) ausgeschüttet. Die Erträge bei ausschüttenden ETFs werden auf dem Konto des Anlegers gutgeschrieben. Aber die Erträge werden direkt (automatisch) von der depotführenden Bank versteuert, nachfolgender Formel:

   Ertrag (Dividende/Zins) in € · Steuersatz auf Kapitaleinkünfte · Wert der Teilfreistellung = Steuer in €

   Nehmen wir beispielsweise an, der Anleger ist in einem Aktien-ETF (Aktienanteil >= 51 %) investiert. Somit beträgt die Teilfreistellung 30 %. Die Abgeltungsteuer und Soli beträgt 26,375 % (ohne Kirchensteuer). Der Fonds schüttet dem Anleger 10 € aus. Die fällige Steuer ergibt sich so:

   10 € · 0,26375 % · 0,7 % = 1,85 Steuer in €

   Sofern der Anleger keinen Freistellungsauftrag bei seiner Bank erteilt hat, werden die 1,85 € automatisch von seiner Bank einbehalten, d. h. der Anleger bekommt auf sein Konto 8,15 € überwiesen. Denn eine erhaltene Ausschüttung muss immer versteuert werden. Dabei ist es vollkommen egal, ob der ausschüttende ETF im Wert gesunken, gestiegen oder stagniert ist.
   Die Welt sieht bei thesaurierenden ETF anders aus. Da bei thesaurierenden ETF keine Ausschüttungen an dem Anleger erfolgt, fällt logischerweise keine Steuer an. Denn die Erträge werden bei thesaurierenden ETF vom Fondsverwalter automatisch reinvestiert.

2. Besteuerung von der Vorabpauschale von ETFs

   Die Vorabpauschale ist der Betrag, der zusätzlich zu den ausgeschütteten Erträgen versteuert werden muss. Die Besonderheit ist, die Vorabpauschale fällt sowohl bei ausschüttenden als auch bei thesaurierenden ETFs an.

   Um die Vorabpauschale zu bestimmen, muss man zunächst den Basisertrag berechnen. Er ergibt sich aus dem Wert des ETFs zu Jahresbeginn multipliziert mit 70 %[183] des Basiszinses. Der Basiszins wird von der Deutschen Bundesbank ermittelt und vom Finanzministerium festgelegt. Er leitet sich aus der langfristig erzielbaren Rendite öffentlicher Anleihen ab. Er lag z. B. 2018 bei 0,87 %, 2019 bei 0,52 % und 2020 bei 0,07 %. Falls, wie im Jahr 2021 ein negativer Basiszins in Höhe von -0,45 Prozent festgesetzt wird, wird keine Vorabpauschale für das Jahr 2022 erhoben.

Basisertrag in € = Wert von deinem ETF am Jahresanfang in € · Basiszins · 0,7

Zur Berechnung des Basisertrag sind zwei Regeln zu beachten:

- Der Basisertrag ist maximal so groß wie die Wertsteigerung des ETFs innerhalb eines Jahres.
- Der Basisertrag ist minimal 0, d.h. er kann nicht negativ sein.

Die Vorabpauschale ist nichts anderes als der Basisertrag verringert um die Summe der jährlichen Ausschüttungen.

Vorabpauschale in € = Basisertrag in € – Summe der jährlichen Ausschüttungen in €

Der Anleger muss nur Steuern auf die Vorabpauschale zahlen, wenn der Basisertrag größer ist als die jährlich erhaltenen Ausschüttungen, weil nur in diesem Fall die Vorabpauschale positiv ist. Wenn hingegen

[183] Durch diesen Faktor soll berücksichtig werden, dass der Anleger durch eine ETF-Anlage auch Kosten entstehen, wie z. B. die jährlich erhobene Verwaltungsgebühr usw.

die errechnete Vorabpauschale negativ ist (sprich der Basisertrag kleiner ist als die jährlichen Ausschüttungen), fallen keine Steuern an.
Da bei thesaurierenden ETFs die jährlichen Ausschüttungen 0 sind, und der Basisertrag immer größer als 0 ist, entspricht die Vorabpauschale bei thesaurierenden ETFs immer genau dem Basisertrag.
Die zu zahlende Steuer auf die Vorabpauschale lässt sich wie folgt berechnen:

Vorabpauschale in € * Steuersatz auf Kapitaleinkünfte * Wert der Teilfreistellung

Das war erstmal genug Theorie. So erkannte schon Samuel Smiles: „*Das Beispiel ist einer der erfolgreichsten Lehrer, obgleich es wortlos lehrt.*" Anhand der Beispiele werden Sie sehen, dass es weitaus einfacher ist als Sie vielleicht gerade denken[184].

Szenario 1: hohe ETF-Gewinne und hohe Ausschüttungen bei <u>ausschüttenden</u> ETF	
Ausgangswerte	
ausschüttender-ETF:	Aktien-ETF, (d. h. 30 % Teilsteuerbefreiung)
Höhe der Ausschüttung:	500,00 €
Wert der Fondsanteile zum 01.01.2021:	10.000,00 €
Wert der Fondsanteile zum 31.12.2021:	11.000,00 €
Daraus ergibt sich ein Wertzuwachs von:	1.000,00 €
Berechnung der der Besteuerung	
Schritt1: Berechnung des Basisertrags Basisertrag = 10.000 € (Wert der ETF-Anteile zu Jahresbeginn) · 0,07 % (Basiszinssatz 2020) · 0,7 (Kostenpauschale) = 4,90 € Der Basisertrag ist maximal hoch wie der tatsächliche Wertzuwachs (plus Ausschüttungen) des ETFs und mindestens 0. Ist der Wertzuwachs negativ, hat der Anleger also einen Wertverlust erlitten, wird der Basisertrag auf 0 festgesetzt.	
Schritt2: Prüfen, ob Basisertrag den (realen) Wertzuwachs übersteigt 4,90 € (Basisertrag) < 1.000 € (Wertzuwachs) → Der Basisertrag ist kleiner als der Wertzuwachs, darum bleibt er bei 4,90 €.	
Schritt 3: Berechnung der Vorabpauschale Vorabpauschale = 4,90 € (Basisertrag) – 500 € (Ausschüttung) = -463,6 € = 0,00 € → Da die errechnete Vorabpauschale negativ ist, fällt keine Steuer auf die Vorabpauschale an.	
Schritt4: Steuer auf Vorabpauschale (Abk. StVP) StVP = 0 € (Vorabpauschale) · 0,7 (Teilsteuerfreistellung) · 0,26375 (Abgeltungssteuer inkl. Soli) = 0,00 €	
Schritt5: Steuer auf Ausschüttungen (Abk. StAU) StAu = 500 € (Ausschüttung) · 0,7 (Teilsteuerfreistellung) · 0,26375 (Abgeltungssteuer	

[184] Im Internet sind viele ETF-Steuerrechner verfügbar, wie z. B. https://de.extraetf.com/finanzrechner/etf-steuerrechner.

inkl. So-li) = 92,31 €
Schritt6: Gesamtsteuer Gesamtsteuer = StAu + StVP = 0 € + 92,31 € = 92,31 €

Szenario 2: hohe ETF-Gewinne bei <u>thesaurierenden</u> ETF	
Ausgangswerte	
thesaurierender-ETF: Höhe der Ausschüttung: Wert der Fondsanteile zum 01.01.2021: Wert der Fondsanteile zum 31.12.2021: Daraus ergibt sich ein Wertzuwachs von:	Aktien-ETF, (d. h. 30 % Teilsteuerbefreiung) 0,00 €, da thesaurierend 10.000,00 € 11.000,00 € 1.000,00 €
Berechnung der der Besteuerung	
Schritt1: Berechnung des Basisertrags Basisertrag = 10.000 € (Wert der ETF-Anteile zu Jahresbeginn) · 0,07 % (Basiszinssatz 2020) · 0,7 (Kostenpauschale) = 4,90 € Der Basisertrag ist maximal hoch wie der tatsächliche Wertzuwachs des ETFs und mindestens 0. Ist der Wertzuwachs negativ, hat der Anleger also einen Wertverlust erlitten, wird der Basisertrag auf 0 festgesetzt.	
Schritt2: Prüfen, ob Basisertrag den (realen) Wertzuwachs übersteigt 4,90 € (Basisertrag) < 1:000 € (Wertzuwachs) → Der Basisertrag ist kleiner als der Wertzuwachs, darum bleibt er bei 4,90 €.	
Schritt 3: Berechnung der Vorabpauschale Vorabpauschale = 4,90 € (Basisertrag) – 0 € (Ausschüttung) = 4,90 €	
Schritt4: Steuer auf Vorabpauschale (Abk. StVP) StVP = 4,90 € (Vorabpauschale) · 0,7 (Teilsteuerfreistellung) · 0,26375 (Abgeltungssteuer inkl. Soli) = 0,90 €.	
Schritt5: Steuer auf Ausschüttungen (Abk. StAU) StAu = 0 € (Ausschüttung) · 0,7 (Teilsteuerfreistellung) · 0,26375 (Abgeltungssteuer inkl. So-li) = 0 €	
Schritt6: Gesamtsteuer Gesamtsteuer = StAu + StVP = 0 € + 0,9 € = 0,90 €	

Aus dem Szenario 1 und Szenario 2 wird deutlich, dass bei gleichen Ausgangswerten die Steuerlast eines thesaurierenden ETFs deutlich günstiger ist, als die Steuerlast eines ausschüttenden ETFs. Daher dürften sich Anleger von thesaurierenden Fonds über einen gewissen Steuerstundungs-Effekt freuen.

Sieht man sich Szenario 1 an, so stellt sich die Frage: Entfällt die Vorabpauschale bei ausschüttenden ETFs?

Szenario 3: hohe ETF-Gewinne und niedrige Ausschüttungen bei ausschüttenden ETF	
Ausgangswerte	
ausschüttender-ETF: Höhe der Ausschüttung: Wert der Fondsanteile zum 01.01.2021: Wert der Fondsanteile zum 31.12.2021: Daraus ergibt sich ein Wertzuwachs von:	Aktien-ETF, (d. h. 30 % Teilsteuerbefreiung) 1,00 € 10.000,00 € 11.000,00 € 1.000,00 €
Berechnung der der Besteuerung	
Schritt1: Berechnung des Basisertrags Basisertrag = 10.000 € (Wert der ETF-Anteile zu Jahresbeginn) · 0,07 % (Basiszinssatz 2020) · 0,7 (Kostenpauschale) = 4,90 € Der Basisertrag ist maximal hoch wie der tatsächliche Wertzuwachs des ETFs und mindestens 0. Ist der Wertzuwachs negativ, hat der Anleger also einen Wertverlust erlitten, wird der Basisertrag auf 0 festgesetzt.	
Schritt2: Prüfen, ob Basisertrag den (realen) Wertzuwachs übersteigt 4,90 € (Basisertrag) < 1.000 € (Wertzuwachs) → Der Basisertrag ist kleiner als der Wertzuwachs, darum bleibt er bei 4,90 €.	
Schritt 3: Berechnung der Vorabpauschale Vorabpauschale = 4,90 € (Basisertrag) – 1 € (Ausschüttung) = 3,90 €	
Schritt4: Steuer auf Vorabpauschale (Abk. StVP) StVP = 3,90 € (Vorabpauschale) · 0,7 (Teilsteuerfreistellung) · 0,26375 % (Abgeltungssteuer inkl. Soli) = 0,72 €	
Schritt5: Steuer auf Ausschüttungen (Abk. StAU) StAu = 1 € (Ausschüttung) · 0,7 (Teilsteuerfreistellung) · 0,26375 % (Abgeltungssteuer inkl. So-li) = 0,18 €	
Schritt6: Gesamtsteuer Gesamtsteuer = StAu + StVP = 0,18 € + 0,72 € = 0,9 €	

Szenario 3 zeigt, bei ausschüttenden ETFs muss prinzipiell auch die Vorabpauschale versteuert werden. Allerdings beträgt bei ausschüttenden ETFs, die Vorabpauschale häufig nur den Wert Null. Dies liegt daran, dass der Basisertrag, der die Berechnungsgrundlage der Vorabpauschale darstellt, mit der Ausschüttung verrechnet wird. Ist jetzt die Ausschüttung größer als der Basisertrag, Ist die Vorabpauschale gleich Null, weil die Differenz nicht negativ sein darf. Nur wenn die Differenz zwischen Basisertrag und Ausschüttung einen positiven Wert annimmt, so muss diese Differenz, als Vorabpauschale, zusätzlich versteuert werden. Was passiert, bei ETF-Verlusten? Wie hoch sind dann die Steuern?

Szenario 4: ETF-Verluste bei ausschüttenden ETF	
Ausgangswerte	
ausschüttender-ETF: Höhe der Ausschüttung: Wert der Fondsanteile zum 01.01.2021: Wert der Fondsanteile zum 31.12.2021: Daraus ergibt sich ein Wertzuwachs von:	Aktien-ETF, (d. h. 30 % Teilsteuerbefreiung) 500,00 € 10.000,00 € 9.500,00 € -500,00 €
Berechnung der der Besteuerung	
Schritt1: Berechnung des Basisertrags Basisertrag = 0 € Der Basisertrag ist maximal hoch wie der tatsächliche Wertzuwachs des ETFs und mindestens 0. Ist der Wertzuwachs negativ, hat der Anleger also einen Wertverlust erlitten, wird der Basisertrag auf 0 festgesetzt.	
Schritt2: Prüfen, ob Basisertrag den (realen) Wertzuwachs übersteigt 0 € (Basisertrag) > -500 € (Wertzuwachs)	
Schritt 3: Berechnung der Vorabpauschale Vorabpauschale = 0 € → bei Verlust entfällt die Vorabpauschale und ist gleich Null.	
Schritt4: Steuer auf Vorabpauschale (Abk. StVP) StVP = 0 € (Vorabpauschale) · 0,7 (Teilsteuerfreistellung) · 0,26375 % (Abgeltungssteuer inkl. Soli) = 0 €	
Schritt5: Steuer auf Ausschüttungen (Abk. StAU) StAu = 500 € (Ausschüttung) · 0,7 (Teilsteuerfreistellung) · 0,26375 % (Abgeltungssteuer inkl. Soli) = 92,31 € Diese Steuer wird dem Anleger von der Ausschüttung direkt abgezogen.	
Schritt6: Gesamtsteuer Gesamtsteuer = StAu + StVP = 92,31 € + 0 € = 92,31 €	

Szenario 5: ETF-Verluste bei thesaurierenden ETF	
Ausgangswerte	
thesaurierende-ETF: Höhe der Ausschüttung: Wert der Fondsanteile zum 01.01.2021: Wert der Fondsanteile zum 31.12.2021: Daraus ergibt sich ein Wertzuwachs von:	Aktien-ETF, (d. h. 30 % Teilsteuerbefreiung) 0,00 €, da thesaurierend 10.000,00 € 9.500,00 € -500,00 €
Berechnung der der Besteuerung	
Schritt1: Berechnung des Basisertrags Basisertrag = 0 Der Basisertrag ist maximal hoch wie der tatsächliche Wertzuwachs des ETFs und mindestens 0. Ist der Wertzuwachs negativ, hat der Anleger also einen Wertverlust erlitten, wird der Basisertrag auf 0 festgesetzt.	
Schritt2: Prüfen, ob Basisertrag den (realen) Wertzuwachs übersteigt 36,40 € (Basisertrag) > -500 € (Wertzuwachs)	
Schritt 3: Berechnung der Vorabpauschale Vorabpauschale = 0 € → bei Verlust entfällt die Vorabpauschale und ist gleich Null.	
Schritt4: Steuer auf Vorabpauschale (Abk. StVP) StVP = 0 € (Vorabpauschale) · 0,7 (Teilsteuerfreistellung) · 0,26375 (Abgeltungssteuer inkl. Soli) = 0 €	
Schritt5: Steuer auf Ausschüttungen (Abk. StAU) StAu = 0 € (Ausschüttung) · 0,7 (Teilsteuerfreistellung) · 0,26375 % (Abgeltungssteuer	

inkl. Soli) = 0 € Diese Steuer wird dem Anleger von der Ausschüttung direkt abgezogen.
Schritt6: Gesamtsteuer Gesamtsteuer = StAu + StVP = 0 € + 0 € = 0 € (Es fällt keine Steuer an!)

Diese Beispiele zeigen, dass bei ausschüttenden ETFs normalerweise nur die Ausschüttungen versteuert werden müssen und keine Steuer auf die Vorabpauschale fällig wird, weil die ausgeschütteten Erträge für gewöhnlich höher sind als der Basisertrag. Auch zeigen die Beispiele, dass die jährlichen Steuern bei thesaurierenden ETFs oftmals geringer als bei ausschüttenden ETFs sind. Diese Erkenntnis ist besonders wichtig, wenn es darum geht Steuern zu sparen. Ein Sprichwort lehrt „*Jede neue Steuer hat etwas erstaunlich Ungemütliches für denjenigen, der sie zahlt. Etwas wunderbares, wenn man sie vermeiden kann. Drum gehen viele den Weg der Vermeidung, doch allzu oft erweist er sich als Irrweg.*" Sind also thesaurierenden ETF ein Steuersparmodell oder kommt es ganz anders als man denkt?

Abgerechnet wird immer zum Schluss. Wie wir bereits gesehen haben, kann der Fiskus Anleger ausschüttender und thesaurierender ETFs im Laufe der Haltedauer verschieden stark mit Abgeltungsteuer belasten. Das gleicht sich aber am Ende wieder aus. Denn bei ausschüttenden ETFs erhalten Anleger über die Jahre Erträge aus dem Fondsvermögen, die sie versteuern. Darum fallen Wertsteigerung, Verkaufsgewinn und die darauf zu zahlende Steuer kleiner aus, als bei thesaurierenden ETFs. So führt insbesondere ein niedriger Basiszins während der Haltedauer eines thesaurierenden ETFs zu geringen Vorabpauschalen und entsprechend wenig zu zahlender Steuer – ein zeitlicher Vorteil gegenüber ausschüttenden Fonds. Da wiederangelegte Erträge den Wert des ETFs steigern, ist beim Verkauf ein größerer Verkaufserlös zu versteuern, als bei ausschüttenden ETFs

Beim Verkauf eines ETFs muss der gesamte Wertzuwachs versteuert werden. Damit es nicht zu einer Doppelbesteuerung kommt, werden alle Vorabpauschalen, die bereits versteuert wurden, von dem Wertzuwachs abgezogen. Folglich ergibt sich die zu zahlende Steuer nachfolgender Formel:

Steuer in € = (Wert deines ETFs am Verkaufstag in € -Wert deines ETFs am Kauftag in € – Summe der bereits versteuerten Vorabpauschalen in €) · Wert der Teilfreistellung · Steuersatz auf Kapitalerträge

Diese Formel ist kein Grund zum Kopfzerbrechen. Schauen wir uns hier ein Beispiel an:

- Verkauf eines Aktien-ETF (Teilfreistellung 30 %)
- Wert des ETFs am Kauftag: 10.000 €
- Wert des ETFs am Verkaufstag: 20.000 €
- Summe der bereits versteuerten Vorabpauschalen: 500 €
- Wert der Teilfreistellung: 0,7
- Steuersatz: 26,375 %

Steuer in € = (20.000 € -10.000 € – 500 €) * 0,7 * 0,26375 = 1753,94 €

Der Anleger muss also 1753,94 € Steuern beim Verkauf zahlen. Es besteht auch hier noch die Möglichkeit etwas Steuern zu sparen. Der Anleger hat z.B. früher einem ETF mit einem Verlust von 1753,94 € verkauft. Dieser Verlust wird in den Sonstigen Verlusttopf eingebucht. Mit dem Sonstigen Verlusttopf[185] können Verluste mit sämtlichen positiven Kapitalerträgen verrechnet werden[186]. Darum darf der entstandene Verlust jetzt mit dem Gewinn aus dem ETF-Verkauf von 1753,94 € verrechnet werden. Folglich zahlt der Anleger keine Steuern.

[185] Generell gibt es einem „Verlusttopf für Aktienverluste“ und einen „Verlusttopf für sonstige Verluste“, also sämtliche Verluste aus Kapitalvermögen, die keine Aktienverluste sind. Der Topf für Aktienverluste kann nur mit Gewinnen aus Aktienveräußerungen verrechnet werden, wohingegen der Topf für die sonstigen Verluste mit sämtlichen Kapitalerträgen verrechnet werden darf.

[186] Dies gilt sogar für Dividenden und Zinseinnahmen.

7. Literaturverzeichnis

Lit. 1 : Allianz Global Investors: PortfolioPraxis Bonds mit Kick, Frankfurt am Main, März 2007

Lit. 2 : Alighanbari, M. und Chia, C.-P.: „Multifactor indexes made simple", MSCI Research Insight, November 2014

Lit. 3 : Bauen Sie Ihr Portfolio mit dem Werkzeug der Profis. Lyxor ETFs, 3. Quartal 2008

Lit. 4 : BayernLB: Megatrend Passivierung Smart Beta: Mit Faktorprämien zum Anlageerfolg? April 2017

Lit. 5 : Blackrock, Smart Beta Leitfaden, September 2015

Lit. 6 : Benesch, Thomas: Aktives versus Passives Portfoliomanagement – Was in Glaskugeln über effiziente Märkte steht. Working Paper Series Number 16 by the University of Applied Sciences of bfi Vienna, Juni 2005

Lit. 7 : Bogle, John C.: Common Sense on Mutual Funds, New Imperatives for the Intelligent Investor, New York 1999

Lit. 8 : Brown, Patrick: Constructing and Calculating Bond Indices – A Guide to the EFFAS European Bond Commission Standardized Rules, 2nd Edition, Cambridge, England, 2002

Lit. 9 : Buchner, Robert: Die Planung von Gesamt-Kapitalanlagen (Portefeuilles) und der Effekt der Markowitz-Diversifikation. In: Wirtschaftswissenschaftliches Studium (WiSt) 7 (1981), S. 310-323

Lit. 10 : Buffet, Warren: Die Essays von Warren Buffet. VNR Verlag für die Deutsche Wirtschaft, 2001

Lit. 11 : Clements, Jonathan: 25 Myths You've Got to Avoid If You Want to Manage Your Money Right: The New Rules for Financial Success. New York 1998

Lit. 12 : Credit Suisse Indexmatch: Indexfonds Knowhow Library, www.csam.ch/funds

Lit. 13 : db x-trackers: Fixed-Income-ETFs Exchange Traded Funds auf Geldmarkt-, Renten- und Kreditindizes, Frankfurt am Main, März 2008

Lit. 14 : Deutsche Bank Research: Exchange Traded Funds. Hohes Wachstumspotenzial dank innovativer ETF-Strukturen, Frankfurt am Main, 28. April 2008 (EU-Monitor 55)

Lit. 15 : Deutsche Bank: Exchange Traded ETFs 2.0 – die neue Art, Indizes zu replizieren, Frankfurt am Main, Juni 2008

Lit. 16 : Deutsche Börse AG market Data & Analytics: Die Indexwelt der Deutschen Börse, Frankfurt am Main, Januar 2007

Lit. 17 : Deutsche Börse AG: Leitfaden zur eb.rexx – Indexfamilie Version 3,7. Frankfurt am Main, Januar 2008

Lit. 18 : Deutsche Börse Group: XTF Exchange Traded Funds. Europas

führende ETF-Plattform, Frankfurt am Main, September 2008
Lit. 19 : Eller, Roland: Modernes Bondmanagement, Wiesbaden 1993
Lit. 20 : Ellis, Charles D.: Winning the Loser's Game. Timeless Strategies for Successful Investing. 3. Aufl., New York 1998
Lit. 21 : ETF Landscape: Industry Review from Barclays Global Investors, December 2008
Lit. 22 : Extra Investieren mit Exchange Traded Funds, Lohnender Tausch. 27.06.08, S. 6 ff.
Lit. 23 : Extra-Magazin: Investieren mit Exchange Traded Funds, 02/2009, 27.02.09, www.extra-funds.de
Lit. 24 : Fama, Eugene E: Random Walks in Stock Market Prices. In: Financial Analysts Journal, Sept./Okt. 1965, neu abgedruckt im Heft Jan./Febr. 1995
Lit. 25 : Fender, Ingo: Institutionelles Portfoliomanagement: Branchentrends, Anreizstrukturen und die Folgen für die Markteffizienz, BIZ-Quartalsbericht, September 2003, S. 85-97
Lit. 26 : Fortin, Rich / Michelson, Stuart: Fund Indexing vs. Active Management: The Results are. ... In: Journal of Financial Planning, February 1999
Lit. 27 : FWW Fonds-Factbook 2007/2008: Investments in Deutschland, FWW GmbH / FWW Research Services (RS) 2008
Lit. 28 : Galbraith, John Kenneth: Die Herrschaft der Bankrotteure, Hoffmann und Campe, 1992
Lit. 29 : Gomber, Peter und Schweickert, Uwe: Der Markt Impact: Liquiditätsmaß im elektronischen Wertpapierhandel. Deutsche Börse AG Xetra Research & New Markets. Frankfurt am Main 2002
Lit. 30 : Götte, Rüdiger: Das 1 x 1 der fundamentalen Aktienanalyse. ibidem-Verlag, Stuttgart 2004
Lit. 31 : Götte, Rüdiger: Das 1 x 1 des Portfoliomanagementes. ibidem-Verlag, Stuttgart 2005
Lit. 32 : Götte, Rüdiger: Aktien, Anleihen, Futures, Optionen. Tectum Verlag, Marburg 2001
Lit. 33 : Götte, Rüdiger: Hedgefonds: Die Millionenformel? Grundlagen, Einsatz und Strategien. Das 1x1 der Hedgefonds. ibidem-Verlag, Stuttgart 2007
Lit. 34 : Hamid, Nizam und Sanford, Yvonne: Exchange Traded Funds. Portfolio & Index Strategy. Deutsche Bank, 5. September 2007
Lit. 35 : Handelsblatt Indexnews, 02/2009, 29.1.2009, www.handelsblatt.com/newsletter
Lit. 36 : Handelsblatt Indexnews, 12/2008, 27.11.2008, www.handelsblatt.com/newsletter
Lit. 37 : Hänle, Ralf: Portfoliomanagement – Ein Essay. Universität Weimar 2000
Lit. 38 : Heese, Viktor: Psychologie und Aktienmarkt – Nicht nur Zahlen

machen Kurse. apoFokus Nr. 5, 2006

Lit. 39 : Hens, Thorsten: Behavioral und Evolutionary Finance: Die neue Sicht auf die Finanzmärkte. 4. März 2003, erschienen in einer Broschüre der Bank Leu

Lit. 40 : HfB Investment Investmentclub der Hochschule für Bankwirtschaft: Einige Anmerkungen zu Risikoüberlegungen im Portfoliomanagement

Lit. 41 : Holzer, Ch. S.: Anlagestrategien in festverzinslichen Wertpapieren, Wiesbaden 1990

Lit. 42 : Kennzahlen im Detail – eine kritische Betrachtung. H.C.M. Capital Management AG 2007

Lit. 43 : Kommer, Gerd: Souverän investieren – Wie Privatanleger das Spiel gegen die Finanzbranche gewinnen. Campus Verlag, Frankfurt / New York 2002

Lit. 44 : Kostolany; André: Kostolanys Börsenweisheiten – 100 Tipps für Geldanleger. Econ Taschenbuch Verlag, 2. Auflage, 2000

Lit. 45 : Lazard: Hintergrund Oktober 2007: Credit Default Swaps – Waffen und Pflugscharen? www.lazardnet.com/wissen

Lit. 46 : Leven, Franz-Josef/Schlienkamp, Christoph: Erfolgreiches Depotmanagement. Wie Ihnen die moderne Portfoliotheorie hilft. Wiesbaden, Gabler 1998

Lit. 47 : LYXOR EXCHANGE TRADED FUNDS: Lyxor ETFs SWAP- basiert. Professionell den Index tracken, Frankfurt am Main

Lit. 48 : Maurer, Raimond/Sebastian, Steffen/Stephan, Thomas G.: Immobilienindizes im Portfolio-Management, Deutscher Aktuarverein (Hrsg.). Investmentmodelle für Asset-Liability von Versicherungsnehmen, Frankfurt am Main 2000

Lit. 49 : Neumann, Rico: Psychologie von Börsencrashs /spekulativen Blasen. Diplomarbeit Berufsakademie Glauchau, 20. August 2007

Lit. 50 : Odean, Terrance: Are Investors Reluctant to Realize Their Losses?, Journal of Finance 53, 1775-1798. 1998

Lit. 51 : Odean, Terrance / Barber, Brad: Trading is Hazardous to Your Wealth: The Common Stock Investment Performance of Individual Investors. In: Journal of Finance, Vol. LV, No. 2, April 2000.

Lit. 52 : O'Shaughnessy, James P.: Die besten Anlagestrategien aller Zeiten. 3. Aufl., Landsberg Lech 1999

Lit. 53 : Portfoliotheorie.com, Jahr 4, Ausgabe 13, 28.08.2009

Lit. 54 : Rassidakis, Peter: Der Neue Markt: Anlegerverhalten und die Rolle der Banken. Marburg, 10. 06. 2006

Lit. 55 : Rau-Bredow, Hans: Value at Risk, Normalverteilungshypothese und Extremverhalten; Finanz Betrieb, Zeitschrift für Unternehmensfinanzierung und Finanzmanagement, 3. Jahrgang, Oktober 2002, S. 603-607

Lit. 56 : Sharpe, William: The Arithmetic of Active Management. In: Financial Analysts Journal, Vol. 47, No. 1/1991.

Lit. 57 : Shefrin, H. / Statman, M.: The Disposition to Sell Winners Too Early and Ride Losers Too Long: Theory and Evidence, Journal of Finance 40, 777-792. 1985

Lit. 58 : Spiwoks, Markus: Prognosekompetenz als wichtigste Determinante der Auswahlentscheidung, Sofia-Diskussionsbeiträge zur Institutionenanalyse Nr 01-2, Darmstadt 2001

Lit. 59 : Spremann, Klaus: Portfoliomanagement, R. Oldenbourg Verlag, München/Wien, 2. Auflage 2003

Lit. 60 : Swedroe, Larry E.: What Wall Street Doesn't Want You to Know. How You Can Build Real Wealth Investing in Index Funds. New York 2001

Lit. 61 : Swedroe, Larry E.: What Wall Street Doesn't Want You to Know. How You Can Build Real Wealth Investing in Index Funds. New York 2001

Lit. 62 : Swiss Exchange: Exchange Traded Funds (ETFs) Grundlagen, Funktionsweise und praktischer Einsatz. Zürich Januar 2009

Lit. 63 : The ETF Market Watch – Exchange Traded Funds Schweizer Markt, www.fundexplorer.ch

Lit. 64 : Von Rosen, Rüdiger: Aktienindizes. Deutsches Aktieninstitut, Heft 12, Frankfurt am Main 2000

Lit. 65 : Vontobel: Vontobel Exchange Traded Structured Funds, Zürich 2008

Lit. 66 : VZ-Studie: Eine Untersuchung von faktorbasierten Aktien-ETF - Wichtige Aspekte im Umgang mit Smart-Beta-Ansätzen, VZ VermögensZentrum April 2018

Lit. 67 : Winker, Michael: Der Einsatz von ETFs in Multi-Asset-Portfolios. Erfahrungen aus der Subprime-Krise, Präsentation für 2. Portfolio ETF-Forum 18. November 2008, Frankfurt am Main

Stichwortverzeichnis

ibidem.eu

www.ingramcontent.com/pod-product-compliance
Lightning Source LLC
La Vergne TN
LVHW102225300926
849160LV00005B/26